上場会社の経営監督における
法的課題とその検討

山中利晃
Toshiaki Yamanaka

商事法務

はしがき

　本書は、著者が 2015 年 11 月に東京大学大学院法学政治学研究科に提出した博士論文「上場会社の経営監督における法的課題——非業務執行役員の責任と救済を中心に——」に加筆修正を行ったものであり、上場会社の経営と業務執行に対する会社内部の監督における日本法の課題を包括的に明らかにするとともに、これを検討したものである。

　日本の上場会社では、取締役会の監督機能に着目して社外取締役の設置等が進められている。このような状況を踏まえつつ、本書は、アメリカ法、イギリス法およびドイツ法という主要な 3 法域における、経営と業務執行に対する監督制度の形成と展開、この下での会社内部における権限分配、経営者と監督者の責任法制および責任からの救済法制を分析し、日本法の在り方を論じている。

　本書は、多くの先行研究とともに、先生方からの直接のご指導に基づいて初めて形成されている。特に東京大学大学院法学政治学研究科博士課程において著者の指導教員をお務め頂き、現在も様々なご指導を頂いている神田秀樹教授に心からの感謝を申し上げたい。また、同課程在学中からご指導を頂いている神作裕之教授にも改めて感謝を申し上げる。

　著者のこれまでの在外研究に際しては、マックス・プランク外国・国際私法研究所において Klaus J. Hopt 教授に指導教員をお務め頂き、オックスフォード大学法学部において John Armour 教授に指導教員（Academic Advisor）をお務め頂いた。また、イェール・ロー・スクールにおける現在の在外研究に際して、Roberta Romano 教授に受入教員をお務め頂いている。このような得がたい機会を与えて頂き、また、ご指導やご配慮を頂いている先生方にも感謝を申し上げる。

　本書の内容については、国内外の研究会で報告する有益な機会を与えられている。特に国内では企業法プロジェクトおよび法の経済分析ワークショップを、

海外ではオックスフォード大学法学部 Business Law Workshop を、それぞれ挙げさせて頂きたい。これらの研究会等を通してご教示を頂いた先生方にも感謝を申し上げる。

　本書の出版に際して、株式会社商事法務書籍出版部の小山秀之氏（現・NBL編集部）から、また、小山氏のご異動後には岩佐智樹氏および井上友樹氏から、格別のご配慮を頂いた。厚く御礼を申し上げる。もっとも、本書の誤りは全て著者のみに帰するものである。

　最後に、著者の研究生活を理解してくれている妻の仁美にも改めて感謝の意を記したい。

　本書は、JSPS 科研費 16H06700 に基づく研究成果の一部である。本書のうち、第 2 章第 3 節第 1 款および第 4 章第 3 節第 3 款については、日本証券業協会客員研究員（第 6 期）としての著者の研究成果の一部である。本書は、公益財団法人　全国銀行学術研究振興財団の助成を得て刊行された。

　2018 年 7 月

山中　利晃

目 次 iii

目　次

序　本書の課題と検討の対象 2

　第 1 項　本書の課題 2

　第 2 項　考察の視点①──経営者と監督者の相違 4

　第 3 項　考察の視点②──経営者の責任 5

　第 4 項　考察の視点③──監督者の責任 6

　第 5 項　検討の対象と本書の構成 9

第 1 章　日本法の展開と現状 11

　第 1 節　取締役会による監督の在り方──モニタリング・モデルの受容と現状 ... 12

　　第 1 款　取締役会による監督制度の形成と展開 12

　　　第 1 項　取締役会制度の導入前（昭和 25 年改正前） 12

　　　　(1) 国立銀行条例（明治 5 年） 12／(2) ロエスレル草案（明治 17 年） 13／(3) 旧商法（明治 23 年） 13／(4) 現行商法（明治 32 年） 14／(5) 昭和 13 年商法改正 15／(6) 小括 15

　　　第 2 項　取締役会制度の導入以降（昭和 25 年改正以降） 16

　　　　(1) 昭和 25 年商法改正 16／(2) 昭和 49 年商法改正 18／(3) 昭和 56 年商法改正 19／(4) 平成 5 年商法改正 20／(5) 小括 21

　　　第 3 項　モニタリング・モデルの受容（平成 14 年改正以降） 21

　　　　(1) 平成 14 年商法改正 21／(2) 平成 17 年会社法制定 22／(3) 平成 26 年会社法改正 23／(4) 平成 27 年東証上場規則改正 24／(5) 小括 24

　　第 2 款　取締役会内部における権限分配の変容 25

　　　第 1 項　モニタリング・モデルの受容前の機関設計 26

　　　　1　権限委譲が可能な範囲──監査役会設置会社　26

　　　　　(1) 全般──取締役会設置会社一般に関する事項 26／(2) 監査役会設置会社 27

　　　　2　任意の委員会の設置状況　29

　　　第 2 項　モニタリング・モデルの受容後の機関設計 29

　　　　1　業務執行の決定権限の委譲と委員会の権限の根拠　29

　　　　　(1) 指名委員会等設置会社 29／(2) 監査等委員会設置会社 30

　　　　2　権限委譲の実態　31

　　　　　(1) 指名委員会等設置会社 31／(2) 監査等委員会設置会社 31

　　　第 3 項　小括 32

iv　　目次

第2節　上場会社の役員の義務と責任 ————————————————————— 32

　第1款　考察の視点 ———————————————————————————— 33

　　1　経営者の責任　33

　　2　監督者の責任——CheffinsとBlackによる日本法の分析　34

　　3　株主代表訴訟における和解の現状　36

　　4　概観と検討課題　37

　第2款　会社に対する責任 ——————————————————————— 38

　　第1項　分析の視点 —————————————————————————— 38

　　第2項　裁判所の判断 ————————————————————————— 41

　　　1　決定が問題となる場面①——経営判断原則　41

　　　　(1) アパマンショップ事件判決（平成22年）42／(2) 同事件判決後の裁判所の立場と経営判断原則の現状　43

　　　2　決定が問題となる場面②　44

　　　　(1) ネオ・ダイキョー自動車学院株主代表訴訟事件判決（平成12年）44／(2) ダスキン株主代表訴訟事件判決（平成18年）45／(3) 佐藤食品工業事件判決（平成25年）——業務執行の決定　47／(4) シャルレ事件（MBO株主代表訴訟事件判決（平成27年）48／(5) 東芝事件判決（平成28年）——監査委員会の不提訴の決定　49

　　　3　他の取締役の行為が問題となる場面——監視義務違反の場面　51

　　　　(1) 伝統的な判例の立場——対第三者責任における監視義務　51／(2) セイクレスト事件判決（平成27年）52／(3) AIJ投資顧問事件判決（平成28年）53／(4) 小括　54

　　　4　従業員等の行為が問題となる場面——内部統制システムが問題となる場面　55

　　　　(1) 日本航空電子工業株主代表訴訟事件判決（平成8年）55／(2) 大和銀行株主代表訴訟事件判決（平成12年）56／(3) 三菱石油株主代表訴訟事件判決（平成14年）57／(4) 日本システム技術事件判決（平成21年）59／(5) 小括　59

　　第3項　学説の展開 —————————————————————————— 60

　　　1　株主代表訴訟の役割と課題　60

　　　　(1) 竹内昭夫　60／(2) 岩原紳作　61／(3) 神田秀樹　61／(4) その後の諸説　62

　　　2　経営判断原則　62

　　　　(1) 神崎克郎　62／(2) その後の諸説　63

　　　3　監視義務と監督義務　64

　　　　(1) 神崎克郎　64／(2) 近藤光男　64／(3) 山田純子　65

　　　4　検討　65

　第3款　第三者に対する責任——不実開示の場面を例として ————————— 66

　　第1項　法制度の展開 ————————————————————————— 67

　　　1　証券取引法の制定と改正——昭和20年代　67

(1) 昭和 22 年証券取引法制定 67／(2) 昭和 23 年証券取引法全部改正 68／(3) 昭和 28 年証券取引法改正 68

2 昭和 46 年証券取引法改正 68

3 その後の改正——発行会社の民事責任 69

(1) 平成 16 年証券取引法改正 69／(2) 平成 26 年金融商品取引法改正 70

第 2 項 裁判所の判断 71

(1) 序 71／(2) 西武鉄道各事件等 71／(3) ライブドア事件（一般投資家集団訴訟）判決（平成 23 年）72／(4) アーバンコーポレイション事件（役員責任追及訴訟）判決（平成 24 年）74／(5) その後の事件 75／(6) 小括 76

第 3 項 学説の展開 77

1 1960 年代～1970 年代 77

(1) 龍田節 77／(2) 河本一郎 77／(3) 神崎克郎 78／(4) 谷川久 78／(5) 小括 79

2 1980 年代 79

(1) 黒沼悦郎 79

3 1990 年代以降 80

(1) 近藤光男 80／(2) 発行会社の責任等 81／(3) 検討 81

第 3 節 責任からの救済 82

第 1 款 責任限定契約 82

第 1 項 法制度の展開 82

1 平成 13 年 12 月商法改正 82

2 平成 17 年会社法制定 83

3 平成 26 年会社法改正 83

第 2 項 責任限定契約を締結することができる者 83

1 学説の状況 83

(1) 否定説 84／(2) 否定説以外の見解 84

2 議論の現状 84

第 2 款 会社補償 85

第 1 項 序 85

第 2 項 学説等の展開——会社補償の根拠と対象等 86

(1) 「在り方研究会」(2015 年)以前の議論 86／(2) 「在り方研究会」(2015 年) 87／(3) その後の議論 88／(4) 検討 88

第 3 項 会社補償の制度化に関する議論の現状 89

(1) 会社法研究会 90／(2) 法制審議会会社法制（企業統治等関係）部会 90

第 3 款 D&O 保険 91

第 1 項 日本における展開 91

vi 目次

第2項 塡補責任と免責事由 ·· 92

1 D&O 保険約款 92

2 学説の状況──約款の解釈を中心に 93

第3項 保険料負担の在り方 ·· 94

1 問題の所在 94

2 学説の状況 95

(1) 竹内昭夫 95／(2) 関俊彦・神作裕之 95／(3) 近藤光男・甘利公人 96

3 国税庁による税務上の取扱いの変更(2016 年) 96

(1) 「在り方研究会」(2015 年) 96／(2) 国税庁による税務上の取扱いの変更(2016 年) 97

第4項 議論の現状 ·· 98

(1) 会社法研究会 98／(2) 法制審議会会社法制(企業統治等関係)部会 98

第5項 その他の論点──告知義務関連 ·· 99

第4節 小括──日本法の展開と現状 ·· 100

第2章 アメリカ法 ·· 103

第1節 取締役会による監督の在り方──「監督する取締役会」の形成と展開 ··· 104

第1款 取締役会による監督制度の形成と展開 ·· 105

第1項 1950 年代以前 ·· 105

第2項 1960 年代～1970 年代 ·· 107

1 1967 年 DGCL 改正 107

2 1970 年代初頭における会社不祥事の顕在化 108

3 1974 年の制度整備 109

4 1977 年の制度整備──連邦法と NYSE の上場規則 110

(1) FCPA 110／(2) 内部統制 111／(3) NYSE の上場規則改正 111

第3項 1980 年代 ·· 112

1 概観 112

2 SEC 報告書(1980 年) 112

3 1986 年改正 DGCL102 条 b 項 7 号 113

4 1988 年改正 DGCL203 条 114

第4項 1990 年代 ·· 115

1 概観 115

2 SEC の委員長による講演と SEC の新規則 115

(1) SEC の委員長による講演(1998 年) 115／(2) Blue Ribbon 委員会と SEC の新規則 (1999 年) 117

第5項 2000 年代以降 ··· 117

1 概観 117

2 2002 年～2003 年の制度整備 118

(1) SOX 法 118／(2) NYSE の上場規則改正 119

3 Dodd-Frank 法（2010 年） 119

第6項 小括 ··· 120

第2款 取締役会内部における権限分配 ································· 121

第1項 概観──業務執行の決定と監督の分離 ····················· 121

第2項 「監督する取締役会」の形成前──1960 年代以前 ········· 122

1 早期における裁判所の判断 122

2 DGCL──業務執行の決定権限と監督権限の委譲 122

(1) 1901 年改正 DGCL 122／(2) 1927 年改正 DGCL 123／(3) 1969 年改正 DGCL141 条 c 項 124

第3項 「監督する取締役会」の形成と現状──1970 年代以降 ········· 124

1 DGCL と裁判所の判断 124

(1) Zapata Corp. v. Maldonado 事件判決（1981 年）124／(2) 2004 年改正 DGCL141 条 c 項 125／(3) 現在の DGCL141 条 c 項 126／(4) 小括 127

2 連邦法と NYSE の上場規則 127

(1) 概観 127／(2) 指名・CG 委員会 128／(3) 報酬委員会 129／(4) 監査委員会 131／(5) 小括 132

第4項 小括と検討 ··· 134

第3款 学説の展開 ··· 134

第1項 1950 年代以前 ··· 135

第2項 1960 年代 ··· 135

第3項 1970 年代 ··· 136

1 Melvin A. Eisenberg（1969 年～1975 年） 136

2 その他の見解 139

(1) Myles L. Mace（1971 年）139／(2) John C. Coffee（1977 年）139

第4項 1980 年代 ··· 140

1 Easterbrook & Fischel（1983 年） 140

2 その他の見解 141

第5項 1990 年代 ··· 142

1 Gilson & Kraakman（1991 年） 142

2 その他の見解 143

viii 目次

第6項 2000 年代以降 143

　1 John C. Coffee 143

　2 その他の見解 144

第4款 小括 145

第2節 上場会社の経営者と監督者の義務と責任 145

第1款 分析の視点——個人の出捐を伴う責任 145

　1 経営者の責任——執行役員と取締役の共通点と相違点 145

　2 監督者の責任——BCK によるアメリカ法の分析 147

　　(1) 訴訟件数と社外取締役個人の出捐 147／(2) 保護の層 149／(3) 和解に向けた当事者の誘因 151／(4)「完全な嵐」152／(5) 和解の状況 153

　3 分析の視点 155

第2款 会社に対する責任 155

第1項 検討の対象 155

　　(1) BCK の指摘 155／(2) 原告が直面する困難 156／(3) 検討の対象 157

第2項 裁判所の判断の展開 157

　1 序——前提となる法規範と判断枠組みの形成 157

　　(1) 早期の判例 157／(2) デラウェア州衡平法裁判所規則 23.1 条 158／(3) 派生訴訟の終結の在り方 159

　2 決定が問題となる場面①——経営判断原則による保護 160

　　(1) *Aronson v. Lewis* 事件判決（1984 年）162／(2) *In re Walt Disney Co. Derivative Litigation* 事件判決（2006 年）163／(3) 検討 165

　3 決定が問題となる場面②——経営判断原則の推定とその保護が否定される場合 165

　　(1) *Smith v. Van Gorkom* 事件判決（1985 年）166／(2) *In re Rural/Metro Corp. Stockholders Litigation* 事件判決（2014 年）167／(3) *In re Dole Food Co. Stockholder Litigation* 事件判決（2015 年）168／(4) 検討 169

　4 他の取締役の行為が問題となる場面——監視義務違反の有無 170

　　(1) *Guttman v. Huang* 事件判決（2003 年）171／(2) *In re American International Group, Inc.* 事件判決（2009 年）172／(3) 検討 173

　5 従業員等の行為が問題となる場面——内部統制システムが問題となる場面 174

　　(1) *Graham v. Allis-Chalmers Manufacturing Co.* 事件判決（1963 年）175／(2) *In re Caremark International Inc. Derivative Litigation* 事件判決（1996 年）176／(3) *Stone v. Ritter* 事件判決（2006 年）178／(4) *In re Citigroup Inc. Shareholder Derivative Litigation* 事件判決（2009 年）180／(5) 検討 181

　6 小括と検討 182

第3項 学説の状況 184

1 概観　184

2 経営者の責任──経営判断原則　185

　　(1) Holger Spamann(2016 年) 185 ／(2) 分析の背景 186 ／(3) 検討 186

3 監督者の責任①──責任の賦課に理解を示す見解　187

　　(1) Larry D. Soderquist(1977 年) 187 ／(2) David M. Phillips(1984 年) 187 ／
　　(3) 検討 188

4 監督者の責任②──責任の賦課に否定的な見解等　188

　　(1) Reinier H. Kraakman(1984 年) 188 ／(2) Arlen & Kraakman(1997 年) 189 ／
　　(3) Hamdani & Kraakman(2007 年) 189 ／(4) Strine, Hamermesh, Balotti & Gorris
　　(2010 年) 190

5 小括と検討　191

第3款　第三者に対する責任──不実開示の場面を例として ································ 191

第1項　序 ··· 191

第2項　法制度の展開 ·· 192

1 1930 年代の連邦法整備　192

　　(1) 1933 年証券法 192 ／(2) 1934 年証券取引所法 193

2 1990 年代の連邦法整備　194

　　(1) 1995 年私的証券訴訟改革法 194 ／(2) 1998 年証券訴訟統一基準法 194

第3項　裁判所の判断──BCK の指摘と分析の視点 ································· 195

1 1980 年～2005 年　195

2 2006 年以降　197

3 分析の視点　198

第4項　発行市場における不実開示の場面──裁判所の判断を中心に ········· 200

1 1979 年以前　200

　　(1) *Escott v. BarChris Construction Corp.*事件判決(1968 年) 200 ／(2) *Feit v. Leasco
　　Data Processing Equipment Corp.*事件判決(1971 年) 203 ／(3) 検討 204

2 1980 年～2005 年　205

　　(1) 証券法規則 176 条(1982 年) 205 ／(2) 概観 206 ／(3) *Laven v. Flanagan* 事件判決
　　(1988 年) 206 ／(4) *Weinberger v. Jackson* 事件判決(1990 年) 208 ／(5) 検討 209

第5項　流通市場における不実開示の場面──裁判所の判断 ······················ 209

1 1979 年以前　209

　　(1) *Lanza v. Drexel & Co.*事件判決(1973 年) 209 ／(2) *Cohen v. Franchard Corp.*事件
　　判決(1973 年) 211 ／(3) *Ernst & Ernst v. Hochfelder* 事件判決(1976 年) 211 ／
　　(4) *Sundstrand Corp. v. Sun Chemical Corp.*事件判決(1977 年) 213 ／(5) *Steinberg v.
　　Carey* 事件判決(1977 年) 214 ／(6) 検討 215

2 1980 年～2005 年　216

x　目次

(1) 概観 216／(2) *In re Zenith Laboratories Securities Litigation* 事件判決（1993 年）217／(3) 検討 218

第 6 項　学説の状況 220

1　概観　220

2　発行会社の取締役以外に責任を賦課すべきとする見解　220

(1) 発行会社に対して責任を賦課すべきとする見解 220／(2) 発行会社の執行役員や従業員に対して責任を賦課すべきとする見解 221

3　発行会社の取締役に対する責任の賦課に理解を示す見解　222

第 7 項　小括と検討 222

第 4 款　小括 224

(1) 小括 224／(2) Armour, Black, Cheffins & Nolan（2009 年）225

第 3 節　責任からの救済制度 226

第 1 款　会社補償制度 226

第 1 項　アメリカ全体の概観 226

1　総説　226

2　早期の裁判所の判断　227

第 2 項　デラウェア州における会社補償制度の形成と展開 229

1　1967 年改正前——早期の DGCL と裁判所の判断　229

(1) 早期の DGCL——1943 年改正法 229／(2) *Mooney v. Willys-Overland Motors, Inc.* 事件判決（1953 年）230／(3) *Essential Enterprises Corp. v. Automatic Steel Products, Inc.* 事件判決（1960 年）231／(4) *Essential Enterprises Corp. v. Dorsey Corp.* 事件判決（1962 年）232／(5) 検討 233

2　1967 年改正——会社補償制度の明確化　234

(1) 改正法成立までの流れ 234／(2) Folk 報告書 236／(3) 1967 年改正 DGCL145 条の概要 242／(4) 検討 243

3　1967 年改正後——議論と改正　245

(1) 1967 年改正 DGCL145 条について生じた議論 245／(2) 1967 年改正後の改正 246

第 3 項　デラウェア州における会社補償制度の現状 249

1　現在の DGCL145 条　249

2　附属定款と補償契約等　251

3　裁判所の判断　252

(1) *Waltuch v. Conticommodity Services, Inc.* 事件判決（1996 年）252／(2) *May v. Bigmar, Inc.* 事件判決（2004 年）254／(3) 誠実義務 256／(4) 検討 256

第 4 項　学説の状況——1967 年 DGCL 改正前後 257

1　1967 年改正前　257

(1) Joseph W. Bishop 257／(2) その他の見解 258

目次　xi

　　　2　1967 年改正後　258

　　　　　(1) Joseph W. Bishop 258 ／(2) その後の見解 258

　　第 5 項　小括と検討 ··· 260

　第 2 款　D&O 保険 ··· 262

　　第 1 項　序 ··· 262

　　第 2 項　DGCL145 条 g 項と D&O 保険約款 ··· 262

　　　1　DGCL145 条 g 項　262

　　　2　D&O 保険約款　263

　　第 3 項　開示の在り方 ··· 266

　　第 4 項　学説の状況 ··· 267

　　　1　開示を義務付けるべきであるとする議論　267

　　　2　実証分析等　268

　第 4 節　アメリカ法の総括 ··· 269

第 3 章　イギリス法 ··· 273

　第 1 節　取締役会による監督の在り方――コードによる推奨 ················ 274

　　第 1 款　取締役会による監督制度の形成と展開 ······································· 275

　　第 1 項　1970 年代以前 ·· 275

　　第 2 項　1980 年代 ··· 276

　　　1　概観　276

　　　2　PRO NED による提言　277

　　　3　1980 年代後半における法整備　277

　　　　　(1) 1985 年〜1986 年の法整備 277 ／(2) 1989 年会社法――D&O 保険の購入と保有
　　　　　278

　　第 3 項　1990 年代 ··· 278

　　　1　概観　278

　　　2　統合コードの策定(1998 年)　279

　　　　　(1) Cadbury 報告書および最善慣行コード(1992 年) 279 ／(2) Greenbury 報告書(1995
　　　　　年) 281 ／(3) Hampel 報告書(1998 年) 282 ／(4) 統合コード(1998 年) 284 ／
　　　　　(5) Turnbull 報告書(1999 年) 284

　　第 4 項　2000 年代以降 ·· 285

　　　1　2000 年代前半における議論と法制度の見直し　285

　　　　　(1) 取締役の義務についての見直しの議論 285 ／(2) Higgs 報告書(2003 年) 286 ／
　　　　　(3) 改定統合コード(2003 年) 286 ／(4) 適法と認められる会社補償の範囲の拡大(2004
　　　　　年) 287 ／(5) FRC 報告書(2005 年) 288

　　　2　2006 年会社法　288

xii　目次

　　　3　2000 年代後半以降の展開　288

　　　　　(1)　Walker 報告書（2009 年）288／(2)　UK CG コード（2010 年）289／(3)　スチュワードシップ・コード（2010 年、2012 年）289／(4)　以上以外の報告書 290

　　第 5 項　小括 ··· 291

第 2 款　取締役会内部における権限分配 ··· 291

　　第 1 項　序 ··· 291

　　第 2 項　Cadbury 報告書前 ··· 292

　　　1　1862 年会社法　292

　　　2　1985 年会社法　293

　　第 3 項　Cadbury 報告書以降 ··· 294

　　　1　2006 年会社法　294

　　　　　(1)　緩やかな規制 294／(2)　モデル定款 294／(3)　業務執行取締役と非業務執行取締役 295／(4)　検討 296

　　　2　上場規則と UK CG コード　297

　　　　　(1)　独立非業務執行取締役 298／(2)　指名委員会 298／(3)　監査委員会 299／(4)　報酬委員会 301

　　第 4 項　小括と検討 ··· 302

第 3 款　学説の展開 ··· 302

　　第 1 項　1980 年代以前 ··· 302

　　第 2 項　1990 年代 ··· 303

　　　　　(1)　DD Prentice 303／(2)　Paul L Davies 303

　　第 3 項　2000 年代以降 ··· 304

　　　　　(1)　Paul Davies 304／(2)　Brian R Cheffins 304／(3)　Marc T Moore 304／(4)　以上以外の見解 305

第 4 款　小括 ··· 305

第 2 節　上場会社の取締役の義務と責任 ··· 306

第 1 款　分析の視点 ··· 306

　　　1　エンフォースメントの在り方――John Armour（2009 年）　306

　　　2　経営者の責任――Armour and others（2009 年）　307

　　　3　監督者の責任――Cheffins and Black（2006 年）　309

　　　4　分析の視点　311

第 2 款　会社に対する責任 ·· 312

　　第 1 項　概観 ··· 312

　　第 2 項　法制度の展開 ··· 313

　　　　　(1)　総説 313／(2)　1986 年破産法 214 条 4 項 314／(3)　2006 年会社法 174 条 315／

(4) 2006 年会社法 260 条～264 条 317／(5) 検討 317

第 3 項 裁判所の判断の展開 —————————————————————————— 318

  1 決定が問題となる場面 318

    (1) 序 318／(2) *Dorchester Finance Co Ltd v Stebbing* 事件判決（1977 年）319／
(3) *Re D' Jan of London Ltd* 事件判決（1993 年）320／(4) *Equitable Life Assurance Society v Bowley* 事件判決（2003 年）322／(5) 検討 323

  2 他の取締役の行為が問題となる場面——監視義務違反の有無 323

    (1) *Re City Equitable Fire Insurance Co Ltd* 事件判決（1925 年）324／(2) *Lexi Holdings plc (in administration) v Luqman* 事件判決（2009 年）326／(3) *Madoff Securities International Ltd (in liquidation) v Raven* 事件判決（2013 年）327／(4) 検討 328

  3 従業員等の行為が問題となる場面 329

  4 小括 329

第 4 項 学説の状況 ————————————————————————————————— 330

    (1) Sarah Worthington（1997 年）330／(2) Deakin and Hughes（1999 年）331／(3) 以上以外の見解 331

第 3 款 取締役等の資格剥奪制度 ————————————————————————— 332

第 1 項 総説 ——————————————————————————————————————— 332

第 2 項 裁判所の判断等の展開 —————————————————————————— 334

  1 決定が問題となる場面 334

    (1) MG Rover Group Ltd（2011 年）334／(2) 検討 335

  2 他の取締役の行為が問題となる場面 335

    (1) *Re Continental Assurance Co of London plc* 事件判決（1996 年）335／(2) *Re Westmid Packing Services Ltd* 事件判決（1997 年）337／(3) *The Secretary of State for Trade and Industry v Swan* 事件判決（2005 年）338／(4) 検討 339

  3 従業員等の行為が問題となる場面 339

    (1) *Baker v Secretary of State for Trade and Industry* 事件判決（2000 年）339／
(2) 検討 341

第 3 項 小括と検討 ——————————————————————————————————— 341

第 4 款 第三者に対する責任——不実開示の場面を例として ————————— 342

第 1 項 概観 ——————————————————————————————————————— 342

第 2 項 発行市場における不実開示の場面 ——————————————————— 344

  1 法制度の展開 344

    (1) 1890 年取締役責任法 3 条 344／(2) 1967 年不実表示法 2 条 345／(3) 1985 年会社法 67 条 345／(4) 1986 年金融サービス法 150 条 1 項 345／(5) FSMA90 条 346／
(6) 小括 347

  2 裁判所の判断 348

xiv　目次

(1) 総説 348／(2) 条件付成功報酬と RBS 銀行事件 348／(3) *Greenwood v Goodwin* 事件判決(2014 年)350

　3　小括　352

第 3 項　流通市場における不実開示の場面 ⋯⋯⋯⋯⋯⋯⋯⋯⋯⋯⋯⋯⋯⋯⋯⋯⋯⋯ 353

　1　裁判所の判断　353

(1) 序 353／(2) *Caparo Industries plc v Dickman* 事件判決(1990 年)353／(3) *Hall v Cable and Wireless plc* 事件判決(2009 年)356／(4) 小括 357

　2　法制度の展開　357

(1) FSMA90A 条(2006 年)357／(2) Davies Review(2007 年)359／
(3) その後の展開360

　3　小括　361

第 4 項　学説の状況 ⋯⋯⋯⋯⋯⋯⋯⋯⋯⋯⋯⋯⋯⋯⋯⋯⋯⋯⋯⋯⋯⋯⋯⋯⋯⋯⋯ 361

　1　開示のエンフォースメントの在り方　361

(1) Paul Davies 361／(2) Armour, Mayer, and Polo 363

　2　ゲートキーパーの役割　363

第 5 項　小括 ⋯⋯⋯⋯⋯⋯⋯⋯⋯⋯⋯⋯⋯⋯⋯⋯⋯⋯⋯⋯⋯⋯⋯⋯⋯⋯⋯⋯⋯ 363

第 5 款　小括 ⋯⋯⋯⋯⋯⋯⋯⋯⋯⋯⋯⋯⋯⋯⋯⋯⋯⋯⋯⋯⋯⋯⋯⋯⋯⋯⋯⋯⋯⋯ 364

第 3 節　責任からの救済制度 ⋯⋯⋯⋯⋯⋯⋯⋯⋯⋯⋯⋯⋯⋯⋯⋯⋯⋯⋯⋯⋯⋯⋯⋯ 366

第 1 款　会社補償制度 ⋯⋯⋯⋯⋯⋯⋯⋯⋯⋯⋯⋯⋯⋯⋯⋯⋯⋯⋯⋯⋯⋯⋯⋯⋯⋯ 366

第 1 項　総説 ⋯⋯⋯⋯⋯⋯⋯⋯⋯⋯⋯⋯⋯⋯⋯⋯⋯⋯⋯⋯⋯⋯⋯⋯⋯⋯⋯⋯⋯ 366

第 2 項　法制度と判例の展開 ⋯⋯⋯⋯⋯⋯⋯⋯⋯⋯⋯⋯⋯⋯⋯⋯⋯⋯⋯⋯⋯⋯ 367

　1　2004 年改正前　367

(1) 1929 年会社法 152 条 c 号 367／(2) 1985 年会社法 310 条 3 項 368

　2　2004 年改正——適法と認められる会社補償の範囲の拡大　369

(1) 概観 369／(2) CLRSG(2001 年)369／(3) Higgs 報告書(2003 年 1 月)370／
(4) 通商産業省報告書(2003 年 12 月)371／(5) 2004 年会社法 371

　3　2004 年改正後　374

(1) 2006 年会社法 374／(2) 現状と検討 375

第 3 項　小括と検討 ⋯⋯⋯⋯⋯⋯⋯⋯⋯⋯⋯⋯⋯⋯⋯⋯⋯⋯⋯⋯⋯⋯⋯⋯⋯⋯ 376

第 2 款　D&O 保険 ⋯⋯⋯⋯⋯⋯⋯⋯⋯⋯⋯⋯⋯⋯⋯⋯⋯⋯⋯⋯⋯⋯⋯⋯⋯⋯⋯ 377

第 1 項　概観 ⋯⋯⋯⋯⋯⋯⋯⋯⋯⋯⋯⋯⋯⋯⋯⋯⋯⋯⋯⋯⋯⋯⋯⋯⋯⋯⋯⋯⋯ 377

第 2 項　会社法 ⋯⋯⋯⋯⋯⋯⋯⋯⋯⋯⋯⋯⋯⋯⋯⋯⋯⋯⋯⋯⋯⋯⋯⋯⋯⋯⋯⋯ 378

　1　1989 年会社法 137 条　378

　2　2006 年会社法 233 条　378

第 3 項　コードによる推奨 ⋯⋯⋯⋯⋯⋯⋯⋯⋯⋯⋯⋯⋯⋯⋯⋯⋯⋯⋯⋯⋯⋯⋯ 379

目次　xv

　　　　1　Higgs 報告書(2003 年)　379

　　　　2　改定統合コード(2003 年)　379

　　　　3　現状　380

　　　第4項　D&O 保険約款——塡補責任 ⋯⋯⋯⋯⋯⋯⋯⋯⋯⋯⋯⋯⋯⋯⋯⋯⋯⋯ 380

　　第4節　イギリス法の総括 ⋯⋯⋯⋯⋯⋯⋯⋯⋯⋯⋯⋯⋯⋯⋯⋯⋯⋯⋯⋯⋯⋯⋯⋯ 381

第4章　ドイツ法 ⋯⋯⋯⋯⋯⋯⋯⋯⋯⋯⋯⋯⋯⋯⋯⋯⋯⋯⋯⋯⋯⋯⋯⋯⋯⋯⋯⋯ 385

　第1節　業務執行に対する監督の在り方——業務執行と監督の株式法上の分離 ⋯ 386

　　第1款　取締役と監査役会の形成と展開 ⋯⋯⋯⋯⋯⋯⋯⋯⋯⋯⋯⋯⋯⋯⋯⋯⋯ 387

　　　第1項　1937 年株式法前 ⋯⋯⋯⋯⋯⋯⋯⋯⋯⋯⋯⋯⋯⋯⋯⋯⋯⋯⋯⋯⋯⋯ 387

　　　　(1) ドイツ普通商法典(1861 年) 387／(2) ドイツ普通商法典改正(1870 年) 388／(3) 商法典改正(1884 年) 388／(4) 商法典(1897 年) 388

　　　第2項　1937 年株式法以降 ⋯⋯⋯⋯⋯⋯⋯⋯⋯⋯⋯⋯⋯⋯⋯⋯⋯⋯⋯⋯ 388

　　　　(1) 1937 年株式法 388／(2) 1965 年株式法 389／(3) 共同決定法(1976 年) 389

　　　第3項　1990 年代以降 ⋯⋯⋯⋯⋯⋯⋯⋯⋯⋯⋯⋯⋯⋯⋯⋯⋯⋯⋯⋯⋯⋯ 390

　　　　(1) 会社不祥事の顕在化 390／(2) ARAG/Garmenbeck 事件判決(1997 年) 390／(3) KonTraG(1998 年) 390

　　　第4項　2000 年代以降 ⋯⋯⋯⋯⋯⋯⋯⋯⋯⋯⋯⋯⋯⋯⋯⋯⋯⋯⋯⋯⋯⋯ 391

　　　　(1) CG 政府委員会報告書(2001 年) 391／(2) DCGK ならびに「透明性及び開示法」(2002 年) 391／(3) UMAG(2005 年) 392／(4) 2006 年以降の見直し 392

　　　第5項　小括 ⋯⋯⋯⋯⋯⋯⋯⋯⋯⋯⋯⋯⋯⋯⋯⋯⋯⋯⋯⋯⋯⋯⋯⋯⋯⋯⋯ 393

　　第2款　会社内部における権限分配の形成とその修正 ⋯⋯⋯⋯⋯⋯⋯⋯⋯⋯ 393

　　　第1項　検討の対象 ⋯⋯⋯⋯⋯⋯⋯⋯⋯⋯⋯⋯⋯⋯⋯⋯⋯⋯⋯⋯⋯⋯⋯⋯ 393

　　　第2項　業務執行と監督の分離の形成——1937 年株式法 ⋯⋯⋯⋯⋯⋯⋯ 393

　　　　1　取締役と監査役会の間における権限分配　394

　　　　　(1) 取締役 394／(2) 監査役会 394／(3) 取締役と監査役会の関係 395

　　　　2　各機関からの権限委譲　395

　　　　　(1) 取締役からの権限委譲 395／(2) 監査役会からの権限委譲 396

　　　第3項　業務執行と監督の分離の修正 ⋯⋯⋯⋯⋯⋯⋯⋯⋯⋯⋯⋯⋯⋯⋯⋯ 396

　　　　1　1965 年株式法　396

　　　　2　CG の見直しにおける修正①——KonTraG(1998 年)　397

　　　　3　CG の見直しにおける修正②——「透明性及び開示法」(2002 年)　398

　　　　4　CG の見直しにおける修正③——VorstAG(2009 年)　398

　　　第4項　現状——現在の株式法と DCGK ⋯⋯⋯⋯⋯⋯⋯⋯⋯⋯⋯⋯⋯⋯⋯ 399

　　　　1　取締役と監査役会の間における権限分配　399

　　　　(1)　取締役 399／(2)　監査役会 400／(3)　取締役と監査役会の関係①──株式法 401／(4)　取締役と監査役会の関係②──DCGK 401

　　2　各機関からの権限委譲　401

　　　　(1)　業務執行権限の委譲 401／(2)　監督権限の委譲①──株式法 403／(3)　監督権限の委譲②──DCGK 404

　第5項　小括と検討──権限分配の形成とその修正 ………………………… 405

　　1　小括　405

　　2　検討　406

第3款　学説の展開 ……………………………………………………………… 407

　第1項　1980年代以前 …………………………………………………………… 407

　第2項　1990年代 ………………………………………………………………… 407

　第3項　2000年代以降 …………………………………………………………… 408

第2節　上場会社の取締役員と監査役員の義務と責任 ………………………… 408

　第1款　分析の視点 ……………………………………………………………… 408

　　1　経営者の責任　408

　　2　監督者の責任　410

　　　　(1)　Cheffins & Black（2006年）410／(2)　Roth（2008年）412

　　3　分析の視点　414

　第2款　会社に対する責任 ……………………………………………………… 416

　　第1項　概観 …………………………………………………………………… 416

　　　1　取締役員の義務と責任──株式法93条　416

　　　2　監査役員の義務と責任──株式法116条　416

　　　3　対会社責任の追及──株式法78条および112条　417

　　第2項　法制度と裁判所の判断の展開 ……………………………………… 417

　　　1　序──UMAG（2005年）による株主代表訴訟制度の導入　417

　　　2　決定が問題となる場面①──経営判断原則とその法定　419

　　　　　(1)　ARAG／Garmenbeck 事件判決（1997年）420／(2)　UMAG（2005年）による経営判断原則の法定 422／(3)　小括と検討 424

　　　3　決定が問題となる場面②　425

　　　4　他の取締役の行為が問題となる場面　426

　　　　　(1)　Balsam AG 事件判決（1999年）426／(2)　検討 428

　　　5　従業員等の行為が問題となる場面　428

　　　　　(1)　Siemens AG 事件判決（2013年）428／(2)　検討 431

　　　6　小括と検討　431

目次　xvii

第3項　学説の状況 433

1　株主代表訴訟と経営判断原則　433

(1) Grossfeld（1968 年）──株主代表訴訟 433／(2) その後の見解──経営判断原則 433

2　他の取締役の行為が問題となる場面における義務　434

3　従業員等の行為が問題となる場面における義務　434

4　エンフォースメントの在り方　436

第4項　小括と検討 436

第3款　第三者に対する責任──不実開示の場面を例として 438

第1項　総説 438

1　序　438

2　法制度の展開　439

(1) KapInHaG の討議草案（2004 年）439／(2) 2005 年 KapMuG 440／(3) 2012 年 KapMuG 441

3　裁判所の判断の展開　441

(1) Infomatec 事件判決（2004 年）441／(2) 2005 年以降の判決 444

第2項　発行市場における不実開示の場面 445

1　法制度の展開　445

(1) 取引所法（1896年）445／(2) 取引所法（1996年）445／(3) 取引所法改正（1998年）445／(4) 2005 年以降の法整備 446／(5) 小括 447

2　裁判所の判断　447

第3項　流通市場における不実開示の場面 448

1　法制度の展開　448

(1) WpHG（1994 年）448／(2) WpHG（1998 年）448／(3) WpHG 改正（2002 年）448／(4) 2.FiMaNoG（2017 年）449／(5) 小括 450

2　裁判所の判断　451

第4項　学説の状況 451

1　機関構成員の外部責任を否定する見解　451

2　機関構成員の外部責任を肯定する見解　452

3　小括　452

第5項　小括 453

第3節　責任からの救済 455

第1款　概観 455

1　定款等による責任の免除または制限の可否　455

xviii　目次

　　　　2　責任解除　455
　　　　3　賠償請求権の放棄または和解　455
　　第2款　会社補償 ·· 456
　　　第1項　序 ·· 456
　　　第2項　法制度と実務の状況 ·· 456
　　第3款　D&O 保険 ·· 457
　　　第1項　形成と展開 ·· 457
　　　　1　D&O 保険約款　457
　　　　2　実態面　458
　　　第2項　自己保有の合意 ·· 458
　　　　1　2002 年 DCGK　458
　　　　2　2009 年株式法改正および同年 DCGK 改定　458
　　　　　(1) 2009 年株式法改正 458／(2) 2009 年 DCGK 改定 459
　　　第3項　塡補責任——AVB-AVG 2017 ······························ 459
　　　　1　保険の対象　459
　　　　2　保険保護の除外　460
　　　第4項　保険料——負担者と報酬性 ···································· 460
　　　　1　負担者　460
　　　　2　報酬性　461
　　　第5項　開示の在り方 ·· 461
　　第4節　ドイツ法の総括 ·· 462

第5章　日本法の課題とその検討 ·· 469
　第1節　業務執行に対する監督の在り方 ···································· 470
　　第1項　比較法の総括 ·· 470
　　　1　3 法域の共通点および類似点　470
　　　2　3 法域の相違点　472
　　第2項　日本法の課題とその検討 ·· 473
　　　1　日本法の特徴と課題　473
　　　2　検討　475
　第2節　上場会社の経営者と監督者の義務と責任 ······················ 476
　　第1款　総説 ·· 476
　　第2款　会社に対する責任 ·· 478
　　　第1項　分析の枠組み ·· 478
　　　第2項　比較法の総括 ·· 479

1　総説　479

　　　2　決定が問題となる場面①──経営判断原則　480

　　　3　決定が問題となる場面②　481

　　　4　他の取締役の行為が問題となる場面　483

　　　5　従業員等の行為が問題となる場面　484

　　第3項　日本法の課題とその検討 ────────────── 485

　　　1　総説　485

　　　2　決定が問題となる場面①──経営判断原則　486

　　　3　決定が問題となる場面②　487

　　　4　他の取締役の行為が問題となる場面　490

　　　5　従業員等の行為が問題となる場面　492

　第3款　第三者に対する責任──不実開示の場面を例として ───── 494

　　第1項　比較法の総括 ──────────────────── 494

　　　1　総説　494

　　　2　発行市場における不実開示の場面　495

　　　3　流通市場における不実開示の場面　497

　　第2項　日本法の課題とその検討 ────────────── 498

　　　1　総説　498

　　　2　発行市場における不実開示の場面　499

　　　3　流通市場における不実開示の場面　500

第3節　責任からの救済制度 ──────────────────── 502

　第1款　責任限定契約 ──────────────────────── 502

　第2款　会社補償制度 ──────────────────────── 503

　　第1項　比較法の総括 ──────────────────── 503

　　第2項　日本法の課題とその検討 ────────────── 506

　　　1　日本法の課題　506

　　　2　検討　507

　第3款　D&O 保険 ──────────────────────── 510

　　第1項　比較法の総括 ──────────────────── 510

　　第2項　日本法の課題とその検討 ────────────── 511

補論　ヨーロッパにおける規範形成とその影響──会社法と資本市場法 ─ 513

　第1款　ヨーロッパ会社法 ────────────────────── 513

　　　1　概観──SE の形成と展開　514

　　　(1) *Centros Ltd* 事件判決（1999 年）514／(2) SE の形成と展開等 515

xx　目次

　　　2　SE における機関設計と責任法制　516

　　　　(1)　SE における機関設計 516／(2)　SE における責任法制 517

　　　3　会社形態と機関設計の選択における競争の評価①——実態面　517

　　　4　会社形態と機関設計の選択における競争の評価②——学説の状況　517

　第2款　ヨーロッパ資本市場法 ⋯⋯⋯⋯⋯⋯⋯⋯⋯⋯⋯⋯⋯⋯⋯⋯⋯⋯⋯ 518

　　　1　序　518

　　　2　発行市場における開示のエンフォースメント　519

　　　　(1)　概観——形成と展開 519／(2)　エンフォースメントの在り方 519

　　　3　流通市場における開示のエンフォースメント　520

　　　　(1)　概観——形成と展開 520／(2)　エンフォースメントの在り方 521

資料 ⋯⋯⋯⋯⋯⋯⋯⋯⋯⋯⋯⋯⋯⋯⋯⋯⋯⋯⋯⋯⋯⋯⋯⋯⋯⋯⋯⋯⋯⋯⋯⋯⋯ 523

　資料 1(1)　1967 年改正 DGCL145 条 ⋯⋯⋯⋯⋯⋯⋯⋯⋯⋯⋯⋯⋯⋯⋯ 523

　資料 1(2)　1967 年改正 DGCL145 条（和訳）⋯⋯⋯⋯⋯⋯⋯⋯⋯⋯ 526

　資料 2(1)　現在の DGCL145 条 ⋯⋯⋯⋯⋯⋯⋯⋯⋯⋯⋯⋯⋯⋯⋯⋯⋯ 530

　資料 2(2)　現在の DGCL145 条（和訳）⋯⋯⋯⋯⋯⋯⋯⋯⋯⋯⋯⋯⋯ 535

判例索引 ⋯⋯⋯⋯⋯⋯⋯⋯⋯⋯⋯⋯⋯⋯⋯⋯⋯⋯⋯⋯⋯⋯⋯⋯⋯⋯⋯⋯⋯⋯ 540

凡例

　本書のうち、第3章以外における英語文献の表記については、以下を参考にしている。THE BLUE BOOK: A UNIFORM SYSTEM OF CITATION (Columbia Law Review Ass'n et al. eds., 20th ed. 2015). また、特に第3章および補論におけるそれについては、以下を参考にしている。Faculty of Law, University of Oxford, *OSCOLA: The Oxford University Standard for Citation of Legal Authorities* (4th edn, 2012) <https://www.law.ox.ac.uk/research-subject-groups/publications/oscola> (OSCOLA). さらに、第3章および補論における英文雑誌の略語については、OSCOLA を踏まえるとともに、次頁の略語表に従っている。その際、併せて以下を参考にしている。Cardiff Index to Legal Abbreviations <http://www.legalabbrevs.cardiff.ac.uk/>.

（略語表）

名称	略語
American Journal of Comparative Law	Am J Comp L
Bank of England Quarterly Bulletin	BEQB
Cambridge Law Journal	CLJ
Capital Markets Law Journal	CMLJ
Company Financial and Insolvency Law Review	CfiLR
Company Lawyer	Co Law
Corporate Governance: An International Review	CGIR
Current Legal Problems	CLP
European Business Law Review	EBLR
European Business Organization Law Review	EBOR
European Company and Financial Law Review	ECFR
International & Comparative Law Quarterly	ICLQ
International Review of Law and Economics	IRLE
Journal of Business Law	JBL
Journal of Corporate Law Studies	JCLS
Journal of Empirical Legal Studies	JELS
Journal of Finance	J Fin
Journal of Financial and Quantitative Analysis	JFQA
Journal of International Banking Law	JIBL
Journal of Law & Economics	JLE
Journal of Law, Economics, and Organization	JL Econ & Org
Journal of Legal Studies	JLS
Journal of Management and Governance	JMG
Michigan Law Review	Mich L Rev
Modern Law Review	MLR
Singapore Journal of International & Comparative Law	Sing JICL
Stanford Law Review	Stan L Rev
Texas Law Review	Tex L Rev
Theoretical Inquiries in Law	Theo Inq L

序　本書の課題と検討の対象

第1項　本書の課題

　本書は、日本においてモニタリング・モデル[1] の実現に向けた法整備が進む下で、上場会社の経営に対する監督（以下「経営監督」ということがある）において現在の日本法が抱える課題を明らかにするとともに、これに対する基本的な考察の視点を提供するものである。本書は、特に取締役会による監督をめぐる法制度や裁判所の判断の中で、会社内部における権限分配、権限分配の下でその役員[2] に課される義務と責任[3] および責任からの救済の在り方に焦点を当てている。

　日本の上場会社の取締役会は、伝統的には、従業員出身の取締役のみによって構成されてきた。このため、上場会社の取締役の責任に関する法制は、主として業務執行取締役[4] について形成されてきており、業務執行取締役と非業務執行役員[5] はこれまでの裁判例において必ずしも明確に区別されているわけではない[6]。

---

[1]　「モニタリング・モデル」には様々な定義があるが、本書は、会社の業績ないし経営の評価（効率性の向上）について、「取締役会の役割を業務に関する決定については基本的な戦略の決定に限定し、取締役会の役割としては業績ないし経営の評価を社外取締役により行うことを重視する考え方」（神田秀樹『会社法［第20版］』185頁〔弘文堂、2018年〕）として考察を始める。

[2]　取締役、監査役および執行役を主として念頭に置いている。

[3]　①経営者の責任が株主代表訴訟を通してまたは例えば不実開示の場面で投資家によって追及される場合、これらの責任追及は会社外部からの経営監督といえる。これに対して、②経営者の責任が会社によって追及される場合には会社内部における経営監督としての面がある。さらに、責任の追及と別に、③例えば社外取締役が指名や報酬決定を始めとする監督権限の行使に関与する場合にも、会社内部における経営監督としての面がある。本書は、このような経営監督における課題を包括的に検討している。

[4]　上場会社の①代表取締役および②取締役会の決議によって会社の業務を執行する取締役として選定された代表取締役以外の取締役を念頭に置いている（会社法363条1項参照）。

[5]　業務執行取締役（前掲注4）参照）でない役員をいう。非業務執行役員には、常勤監査役も含まれるが、本書は、社外取締役、非業務執行取締役および社外監査役を主として念頭に置いている。

[6]　監査役会設置会社および重要な業務執行の決定を取締役に委任することができない監査等委員会設置会社において社外取締役が重要な業務執行の決定に参加する場合（会社法362条4項）、

序　本書の課題と検討の対象　　3

このような状況の下で、平成13年12月商法改正[7]により社外取締役の制度が導入され[8]、法制度として社外取締役が取締役会を構成することが可能となった。その後、日本法は、社外取締役の設置に関し、"Comply or Explain"アプローチ[9]を採用する形で、①平成26年会社法改正において少なくとも1名の社外取締役を設置することを推奨したことに加え（同年改正会社法327条の2）、②平成27年の東京証券取引所（以下「東証」という）の上場規則改正によって東証本則市場の上場会社に対して独立社外取締役を少なくとも2名以上設置することを推奨するに至っている[10]。さらに、平成29年4月以降、法制審議会会社法制（企業統治等関係）部会において、「社外取締役を置くことの義務付け」を含め、審議が進んでいる[11]。

当該権限行使において社外取締役でない取締役と社外取締役が区別されないことにつながり得る（後述第5章第1節第2項参照）。

[7]　平成13年12月12日法律第149号。後述第1章第3節第1款第1項1参照。

[8]　社外取締役は、「取締役ガ其ノ会社ノ業務ヲ執行セザル取締役ニシテ過去ニ其ノ会社又ハ子会社（第二百十一条ノ二第一項ノ子会社ヲ謂フ以下此ノ号ニ於テ同ジ）ノ業務ヲ執行スル取締役又ハ支配人其ノ他ノ使用人トナリタル コトナク且現ニ子会社ノ業務ヲ執行スル取締役又ハ其ノ会社若ハ子会社ノ支配人其ノ他ノ使用人ニ非ザルモノ（以下社外取締役ト称ス）」（同年同月改正商法188条2項7号ノ2）と定義された。

[9]　ある規範について、これを遵守するか、遵守しない場合はその理由を説明することを求める形でのエンフォースメントの手法であり、日本法以外では、特にイギリス法で採用されている。

[10]　東証上場会社のうち、独立社外取締役の複数設置は本則市場の上場会社のみについて推奨されている。これは、本則市場の上場会社についてコーポレートガバナンス・コードの基本原則、原則および補充原則の遵守が推奨され、マザーズおよびJASDAQの上場会社については基本原則の遵守が推奨されているためである（有価証券上場規程〔東証〕436条の3および同別添「コーポレートガバナンス・コード」原則4-8）。

[11]　平成26年改正会社法施行後2年を経過した後に、社外取締役の設置を会社法上義務付けるかどうかについての検討が行われる可能性があり（附則〔平成26年6月27日法律第90号〕25条）、法務大臣が平成29年2月にこの点を含めて諮問（第104号）を行った経緯である。

第 2 項 考察の視点①——経営者と監督者の相違

本書は、以下の考察において、国際比較が可能な講学上の概念として、「経営者」および「監督者」を用いている[12]。両者は、業務執行概念によって一応区別できる点で比較法的に一定の共通性が認められる[13]。

株主の利益の最大化その他が株式会社および会社法の望ましい目的であることを前提とし[14]、取締役は会社との間で委任関係に立つので（会社法 330 条）、取締役はそのために行為すべきであると考えた場合、取締役の行為規範に関する最適な法制度の設計は両者で異なると考えられる。すなわち、経営者には、会社の利益を最大化する意思決定および業務の適法かつ最適な執行を図ることが求められる。これに対して、監督者には、自身が業務を執行することではなく、経営者に対する監督や監視を通して経営者の行為を最適化することが求め

---

[12] 「経営者」は、アメリカ法の下での CEO（Chief Executive Officer）や執行役員（officer）、イギリス法の下での業務執行取締役（executive director）、ドイツ法の取締役員（Vorstandsmitglieder）および日本法の業務執行取締役（前掲注 4）参照）を含む。他方、「監督者」は、アメリカ法の下での独立取締役（independent director）や社外取締役（outside director）、イギリス法の下での独立非業務執行取締役（independent non-executive director）、ドイツ法の監査役員（Aufsichtsratsmitglieder）および日本法の下での非業務執行役員（前掲注 5）参照）を含む。

「独立取締役」や「社外取締役」については、その独立性や社外性について各法域で定義があり、それ自体考察の対象となり得る。本書は、BCK（後述第 4 項参照）と同様に、国際比較が可能な概念として「社外取締役」を用いている。

[13] 両者を区別する基準として、大まかにいえば、①業務執行権限の有無、②従業員出身であるかどうか、③兼職の有無等が挙げられる。

[14] *See* John Armour, Henry Hansmann, Reinier Kraakman & Mariana Pargendler, *What is Corporate Law?, in* Reinier Kraakman et al., The Anatomy of Corporate Law. A Comparative and Functional Approach 22-24 (3d ed. 2017). 落合誠一「企業法の目的——株主利益最大化原則の検討——」岩波講座『現代の法 7　企業と法』3 頁以下（岩波書店、1998 年）、同『会社法要説［第 2 版］』49 頁〜58 頁（有斐閣、2016 年）参照。

株主利益全体の最大化と別に、個別の場面においては、株主利益を株主間でどのように分配すべきかも問題になり得る。例えば不実開示の場面で発行会社の取締役が投資家からその責任を追及され、会社役員賠償責任保険から和解金が支払われる場合、当該保険の保険料の増加分を負担するのは当該会社の株主全体であるが、損害の填補は原告投資家に認められるため、株主利益の分配が問題になる。仮に市場が当該保険料の増加分を完全には予測できない場合、当該増加分は現在の株価に正確には反映されないため、将来の株主と現在の原告投資家および株主との間における異時点間での株主利益の分配も問題になり得る。

られると考えられる。このように、両者の行為規範が異なるため、その相違に応じて責任法制と責任からの救済法制（以下「責任・救済法制」という）にも異なる面が生じ得る。経営者については、故意がある場合を別として、その忠実義務違反や注意義務違反に基づく責任をどのような場合に認めるべきかが問題になるのに対し[15]、監督者については、「個人の出捐を伴う責任を負わせるべきではないのではないか」ということが特に問題となる。

　アメリカ法、イギリス法およびドイツ法（以下「3法域」と呼ぶことがある）では、経営および業務執行とこれらに対する監督とが区別され、このことから、権限分配、責任および責任からの救済という各段階において両者の相違が明確にされている面がある。これに対して、日本法では、社外取締役の設置が進められているものの、取締役会が伝統的に従業員出身の業務執行者のみから構成されてきたため、これら各段階において、法制度および裁判所の判断として、経営者と監督者の区別が必ずしも明確にされてこなかったように見受けられる。本書が経営者と監督者を区別するのは、両者がどのように共通し、または相違すべきかを明確にするためである[16]。

第3項　考察の視点②──経営者の責任

　後述する通り、アメリカ法およびイギリス法の下では、上場会社の経営者について、その義務違反──会社に対するそれであれ、会社以外の第三者に対するそれであれ──を理由にその民事責任を認めた公刊裁判例はあまり見受けら

---

[15]　他の法域と異なり、日本法の下では忠実義務と注意義務が必ずしも明確に区別されていない面がある（最判昭和45・6・24民集24巻6号625頁参照）。日本法の解釈論として、「善管注意義務」に忠実義務を含めて解する見解として、森本滋『取締役の義務と責任』299頁以下（商事法務、2017年）参照。

[16]　3法域における責任・救済法制には経営者と監督者とで相違が明確にされている面があるのに対し、日本法は、責任の一部免除制度を除き両者を必ずしも明確に区別していない。両者をめぐる責任・救済法制が、権限分配、責任および責任からの救済という各段階においてどのような点において共通し、また相違しているかを検討することが課題となる。

6　序　本書の課題と検討の対象

れない。これに対して、日本法の下では経営者の責任を認めた判決がそれなり
に見受けられる。これはなぜであり、どのように評価できるであろうか。

　このような状況が日本法の下で生じたのは、株主代表訴訟の訴えの提起の手
数料額の引き下げ（平成5年）以降である[17]。また、他の法域における上場会
社の経営者の責任については、経営判断原則を検討する必要がある。

第4項　考察の視点③──監督者の責任

　1980年代のアメリカにおいて、*Smith v. Van Gorkom* 事件判決[18] が社外取締役
を含む取締役の信認義務違反を認めたことにより、会社役員賠償責任保険
（Directors' and Officers' Liability Insurance、以下「D&O保険」という）の保険料
の高騰が生じるとともに、社外取締役のなり手が不足することへの懸念が生じ
たという有名な事象がみられている[19]。

　この点に関して、社外取締役がその賠償責任を追及され、これが当該社外取
締役個人の出捐につながった場合（"out-of-pocket liability"）は歴史的および比
較法的にみて稀であると Black, Cheffins & Klausner による一連の研究（以下
「BCK」ということがある）が指摘している[20]。具体的には以下の通りである。

---

[17]　後述第1章第1節第1款第2項(4)参照。

[18]　後述第2章第2節第2款第2項3(1)参照。

[19]　*See* Roberta Romano, *What Went Wrong with Directors' and Officers' Liability Insurance?*, 14 DEL. J.
CORP. L. 1 (1989). この事象の早期の紹介として、近藤光男『会社経営者の過失』73頁～92頁（弘
文堂、1989年）参照。

[20]　Bernard Black, Brian Cheffins & Michael Klausner, *Liability Risk for Outside Directors: A
Cross-Border Analysis*, 11 EUR. FIN. MGMT. 153 (2005); Bernard Black, Brian Cheffins & Michael Klausner,
Outside Director Liability, 58 STAN. L. REV. 1055 (2006); Brian R. Cheffins & Bernard S. Black, *Outside
Director Liability Across Countries*, 84 TEX. L. REV. 1385 (2006); Bernard S. Black, Brian R. Cheffins &
Michael Klausner, *Outside Director Liability: A Policy Analysis*, 162 J. INSTITUTIONAL THEORETICAL ECON. 5
(2006) [hereinafter, *Policy Analysis*].

　これらの研究をふまえ、アメリカとイギリスを中心とする研究者が関与して包括的な比較法研
究を行い、直接的にはロシアの会社法制に対する提言として執筆された論稿として、以下がある。
Bernard Black, Brian Cheffins, Martin Gelter, Hwa-Jin Kim, Richard Nolan, Mathias Siems & Linia Prava
Law Firm, *Legal Liability of Directors and Company Officials Part 1: Substantive Grounds for Liability
(Report to the Russian Securities Agency)*, 2007 COLUM. BUS. L. REV. 614 (2007); Bernard Black, Brian

上場会社で経営者を監視する中心的な役割が世界の各法域において一般的に社外取締役に期待されているが、訴訟の多いアメリカ法の下においてもそれ以外の法域においても、社外取締役が個人の出捐を伴う責任を負うことはほぼ皆無である[21]。それは、社外取締役がその義務に違反した場合でも、①会社補償（indemnification）、②D&O保険および③社外取締役個人による出捐なしに和解するという当事者の誘因等によって保護されているからである[22]。

　分析対象は8法域で[23]、分析期間は1980年から2005年までである。これら8法域の全てにおいて、社外取締役は会社に対して注意義務（duty of care and skill）を負っている[24]。また、①株主と債権者は、不実開示の場面で、証券法を根拠に取締役に対して訴訟を直接に提起することができるほか[25]、②会社が倒産した場合、倒産手続において、会社が取締役に対して有する請求権を清算人が行使することもある[26]。さらに、③これら8法域の全てで、行政機関が取締役に罰金等を課す刑事手続を開始する権限を様々な法規範を根拠に有しているほか、④4法域（アメリカ法、イギリス法、オーストラリア法およびカナダ法）において、取締役の義務違反を主張する民事訴訟を提起する権限を証券監督機関が有している[27]。

Cheffins, Martin Gelter, Hwa-Jin Kim, Richard Nolan, Mathias Siems & Linia Prava Law Firm, *Legal Liability of Directors and Company Officials Part 2: Court Procedures, Indemnification and Insurance, and Administrative and Criminal Liability (Report to the Russian Securities Agency)*, 2008 COLUM. BUS. L. REV. 1 (2008).

[21]　*Policy Analysis*, *supra* note 20, at 5.

[22]　*Id.* at 5-6. BCK が着目した社外取締役の義務は、監視の失敗（oversight failures）が問題となる場面におけるそれである。*Id.* at 6.

[23]　*Id.* 具体的には、アメリカ法、オーストラリア法、カナダ法、フランス法、ドイツ法、日本法、イギリス法および韓国法である。*Id.*

[24]　*Id.*

[25]　*Id.* 当該研究は2006年に公刊されたものである。イギリス法のように、その後の法改正によって、流通市場における不実開示の場面で投資家から取締役に対する直接の責任追及が認められないこととされた法域もある（後述第3章第2節第4款第3項2(1)参照）。

[26]　*Id.* オーストラリア法、イギリス法、フランス法およびドイツ法では、会社の債権者または破産管財人が、倒産が迫る中で経営を誤った取締役に対する訴訟原因を有することもある。*Id.*

[27]　*Id.* at 6-7.

8　序　本書の課題と検討の対象

　このように、社外取締役が個人の責任を負う潜在的な根拠が多く存在するに
もかかわらず、社外取締役が個人の出捐を伴う責任を負うことは稀であり、ア
メリカ法以外の法域においては、〔社外取締役に対する〕訴訟の提起自体が稀で
ある[28]。それは、対会社責任を追及する訴訟の提起を決定する権限を取締役会
が通常有するが、取締役会は同僚や元同僚に対する訴訟の提起をほとんど認め
ないからである。一定の条件の下で、会社のために派生訴訟を提起することが
株主に認められる場合もあるが、ここでは原告株主ではなく会社が受益者とな
るため、訴訟を提起して争訟費用を負担する誘因が株主に乏しい[29]。

　不実開示に対する訴訟には、手続的な障壁もある[30]。具体的には、潜在的な
原告が直面する集合行為問題（collective action problem）に対処するためのクラ
ス・アクション（class action）のような枠組みがない限り、この訴訟は株主の
費用〔負担〕と〔株式保有の〕分散により、提起されがたい。株主の請求を集
約することは、ドイツ法と日本法においては実質的に存在せず、イギリス法に
おいては不確実であるため、アメリカ法以外の法域ではいわゆる証券訴訟
（securities litigation）が提起されること自体が稀である[31]。

　さらに、分析対象法域では、争訟費用の敗訴者負担制度が採用されているこ
とから、却下されるであろう訴訟が抑制されるとともに、社外取締役が訴訟の
被告に含まれないことになる[32]。なぜなら、原告にとっては、①不正に最も直
接的に関与し、かつ、②十分な資力のある者（deep pockets）に訴訟の被告を絞
ることが合理的となるが、経営者、外部の会計監査人、会社自身と比較して、
社外取締役はこれらのいずれにも当てはまりにくいためである[33]。また、会社
が倒産し、清算手続に移行している場合、清算人は残余財産を債権者に対して

---

[28]　*Id.* at 7.

[29]　*Id.* これに対して、日本法の下においてのみ、原告が勝訴した場合の原告の争訟費用が敗訴者
である会社の負担となるため、株主代表訴訟を提起する誘因が与えられている。*Id.*

[30]　*Id.*

[31]　*Id.* 日本法の下における当該研究の公刊後の裁判所の判断について、後述第1章第2節第3款
第2項参照。また、ドイツ法における2005年KapMuGおよび2012年KapMuGの制定について、
後述第4章第2節第3款第1項2(2)および同(3)参照。

[32]　*Id.*

[33]　*Id.* at 7-8.

速やかに分配しようとするが、取締役に対する責任追及訴訟は当該取締役に責任があるとされ、かつ〔その者が〕非常に裕福でない限り、〔早期に債権回収を図りたい債権者の選好にも合致せず、〕時間の無駄になる[34]。

第5項 検討の対象と本書の構成

以上がBCKの指摘であるが[35]、当該研究が公刊された2006年以降の展開を経た現在の日本法の下においても、社外取締役が個人の出捐を伴う責任を負い得る場面はなお限られるのかどうか、関連して、日本法がどのような課題を抱えているのか、という点については、必ずしも明らかでない。

本書は、以上を踏まえ、3法域を対象とするより詳細な比較法研究を通して、経営者と監督者の責任・救済法制の在り方を中心に現在の日本法が抱える課題を明らかにするとともに、これに対する基本的な考察の視点を提供するものである。

日本法は、平成14年商法改正[36]において、アメリカ法を参考にしたモニタリング・モデルを採用可能なものとした。その後、非業務執行役員に求められる役割も変化している。本書が比較の対象とする法域としては、一層制の取締役会を有する会社内部において経営者と監督者が区別されるアメリカ法およびイギリス法の示唆が特に大きいと考えられる。その際には、両法域において、①経営者と監督者に期待される役割、②取締役会内部における権限分配および

---

[34] *Id.* アメリカ法以外の法域では、社外取締役が訴訟を提起されること自体が稀であるが、行政機関による民事訴訟の提起を中心に、責任が認められる危険は皆無ではない。具体的には、1990年以降〔2005年までに〕、民事訴訟における和解と審理（trial）後の命令（order）により上場会社の社外取締役が個人で出捐した事例が5件みられ、このうち4件は、オーストラリアの行政機関（Austrarian Securities and Investments Commission）が提起したものである。このほかの1件は、1980年代半ばに倒産した銀行の取締役に対してカナダの行政機関が提起したものである。*Id.*
　社外取締役が個人の出捐を伴う責任を負う危険はほぼ皆無であるとする分析結果を踏まえ、BCKは、このことが規範的および政策的に正当化できるかどうかを考察した上で、社外取締役をより大きな危険にさらすことは適切でないであろうとしている。*Id.* at 15-19.
[35] 個別の法域を対象としたBCKの分析については、後述第2章第2節第1款2（アメリカ法）、後述第3章第2節第1款3（イギリス法）および後述第4章第2節第1款2(1)（ドイツ法）参照。
[36] 後述第1章第1節第1款第3項(1)参照。

③責任・救済法制が歴史的にどのように変化したのかという点が検討課題となる。他方で、両法域と異なる二層制の機関設計を採用するドイツ法の下では、経営者である取締役員と監督者である監査役員が制度的に分離されているが[37]、両者における権限分配と責任・救済法制の在り方に一層制の法域との間における共通性も認められ、ドイツ法にも参考になる面がある。

　以下、まず、第1章において日本法の展開と現状を分析する。その上で、第2章においてアメリカ法を、第3章においてイギリス法を対象に、①両法域で取締役会による監督の在り方および取締役会をめぐる法制度と裁判所の判断がどのように形成されたのか、②経営者と監督者の義務と責任はどのように共通し、また相違するのか、③経営者と監督者の責任からの救済の在り方はどのようなものか、といった点を分析する。さらに、第4章においてドイツ法を対象に、①会社内部における経営と業務執行に対する監督の在り方および②この下での経営者と監督者の責任・救済法制の在り方を分析する。最後に、以上を踏まえ、第5章において日本法が抱える課題を指摘するとともに、これに対する基本的な考察の視点を提示する。

---

[37] なお、ドイツ法における「取締役」は日本の「執行役」に、「監査役会」は日本の「取締役会」にそれぞれ近いとの指摘がみられる（松井秀征「ドイツにおける株式会社法制の運用実態とわが国への示唆〔上〕」商事法務1941号25頁以下、26頁〔2011年〕）。関連して、クリストフ・H・サイプト（齊藤真紀訳）「ドイツのコーポレート・ガバナンスおよび共同決定——弁護士、監査委員、研究者としての視点から——」商事法務1936号34頁以下、特に34頁〜35頁（2011年）参照。

第 1 章

日本法の展開と現状

第1節　取締役会による監督の在り方──モニタリング・モデルの受容と現状

　本章では、日本法の展開と現状を分析する。業務執行取締役と非業務執行役員の責任・救済法制について、業務執行に対する会社内部における監督の担い手に係る歴史的展開が考察の前提になる。日本では、伝統的に、監査の担い手としての監査役と業務執行に対する監督機関としての取締役会が併存する下で、コーポレート・ガバナンス（以下「CG」という）[1]の改革として主に監査役制度の見直しが行われてきた[2]。

第1款　取締役会による監督制度の形成と展開

第1項　取締役会制度の導入前（昭和 25 年改正前）

(1) 国立銀行条例（明治 5 年）

　国立銀行条例（明治 5 年）[3]には、株式会社に関する日本で初めての法制として明治初期の時点で株式会社の原型を提供したという意義が認められる[4]。

---

[1]　コーポレート・ガバナンス（企業統治）とは、どのような形で企業経営を監視する仕組みを設けるかという問題であるが、不正行為の防止（健全性）の観点だけでなく、近年は企業の収益性や競争力の向上（効率性）の観点からも、世界的な規模で様々な議論がされている（神田・前掲序注 1) 179 頁注 1 参照）。

[2]　日本法は、社外取締役の設置に係る知見の蓄積について必ずしも長い歴史を有するわけではない。社外取締役の制度が導入されたのは平成 13 年 12 月商法改正によるものである（前掲序注 8) およびこれに対応する本文を参照）。

[3]　明治 5 年 11 月 15 日太政官布告第 349 号。国立国会図書館ウェブサイト（http://dl.ndl.go.jp/info:ndljp/pid/787952/200）から閲覧可能（最終アクセス：2018 年 6 月 27 日〔以下、本書が参照しているウェブサイト全てについて同じ〕）。

[4]　福島正夫『日本資本主義の発達と私法』28 頁（東京大学出版会、1988 年）（初出は法律時報 25 巻 2 号 53 頁以下、56 頁〔1953 年〕）、森泉章「明治前期における会社制度の形成──日本私法人史研究の一齣──」同『団体法の諸問題』203 頁以下、217 頁（一粒社、1971 年）（「国立銀行条例は銀行立法の最初のものであると同時に、会社組織の法的承認の発端でもあった」とする）、利谷信義＝水林彪「近代日本における会社法の形成」高柳信一＝藤田勇編『資本主義法の形成と展開 3　企業と営業の自由』1 頁以下、18 頁〜19 頁（東京大学出版会、1973 年）、浜田道代『『会

(2) ロエスレル草案（明治 17 年）

　その後、日本における最初の商法として考案されたのが、ロエスレル（Hermann Roesler）によって明治 17 年に起草され、政府に提出されたロエスレル草案である[5]。同草案は、編別についてフランス商法を参考にし[6]、第一編（商ヒ一般ノ事）第六巻（商社）第三章（株式会社）第五款に「頭取及ヒ取締役」[7] を置いた。この「頭取」が現在の取締役に、「取締役」が現在の監査役に相当する[8]。すなわち、業務執行を「頭取」が担う下で（同草案 219 条）、取締役会は存在せず、「取締役」（現在の監査役）が「頭取」に対する監督の役割を担っていた。ただし、この「取締役」は任意機関にすぎなかった（同草案 230条）。

(3) 旧商法（明治 23 年）

　明治 23 年のいわゆる旧商法[9] では、機関の名称として、現在と同じ「取締役」と「監査役」が採用された[10]。旧商法では、監査役は必置とされ（191 条）、監査役についてロエスレル草案と同様の規律が設けられた[11]。

社』との出会い──幕末から明治初期──」北澤古稀『日本会社立法の歴史的展開』2 頁以下、35 頁（商事法務研究会、1999 年）参照。

[5]　*Roesler*, Entwurf eines Handels-Gesetzbuches für Japan mit Commentar, Bd. 1-2, 1884. 同草案については、ロエスレル起稿（司法省訳）『商法草案［第 1〜第 4］』（1884 年）がある。併せて、同「商法草案脱稿報告書」（司法省『ロエスレル氏起稿商法草案［下巻］』末尾 1 頁以下〔1884 年〕）（国立国会図書館ウェブサイト〔http://dl.ndl.go.jp/info:ndljp/pid/793129〕から閲覧可能）参照。

[6]　ただし、その内容については、全体的に、1848 年のプロイセン株式会社法、1861 年のドイツ旧商法および 1870 年 6 月 11 日の「第一株式改正法」を継承したものであると指摘されている（浦野雄幸『株式会社監査制度論』80 頁〔商事法務研究会、1970 年〕）。

[7]　司法省『ロエスレル氏起稿商法草案［上巻］』396 頁以下（1884 年）（国立国会図書館ウェブサイト〔http://dl.ndl.go.jp/info:ndljp/pid/793128/237〕から閲覧可能）。浦野・前掲注 6）77 頁参照。

[8]　浦野・前掲注 6）80 頁参照。

[9]　明治 23 年 3 月 27 日法律第 32 号。以下、日本の法律は例えば国立国会図書館ウェブサイト「日本法令索引」（http://hourei.ndl.go.jp/）経由で参照可能である。

[10]　編纂過程について、志田鉀太郎『日本商法典の編纂と其改正』5 頁〜85 頁（明治大学出版部、1933 年）参照。旧商法はドイツ法の影響を受けて制定された。例えば今井潔＝淺木愼一「法典論争と国産会社法の成立──明治 32 年商法制定──」北澤古稀・前掲注 4）79 頁以下、79 頁〜95

14　第1章　日本法の展開と現状

(4) 現行商法(明治 32 年)

　その後、明治 32 年に現行商法[12]が成立した[13]。明治 32 年商法の下で、取締役の任期は最長で 3 年であったものの(166 条)、株主総会決議によって解任され得るものであった(167 条)。取締役は株主の中から選任すべきものとされ(164 条)、株主の資格と機関の資格が分離されていなかった[14]。

　この時期には、実態として、従業員出身でない取締役が徐々に減少したようである。すなわち、1890 年頃以降の日本の大規模な会社には、資本拠出者がいわゆる社外取締役や監査役として多数関与していたが、その機能度に対する評価が一般的に低く[15]、いわゆる社外取締役が従業員出身の取締役に次第に置き換えられ、従業員出身者のみが取締役会を構成する状況が 1910 年頃までに確立し、2000 年代前半まで続いてきたと指摘されている[16]。

頁参照。旧商法における監査役制度について、例えば神馬新七郎『監査役制度』8 頁〜12 頁、17 頁〜20 頁(日本経済新聞社、1958 年)参照。

[11]　尾崎悠一「わが国における非業務執行役員」監査役制度問題研究会『監査役制度問題研究会中間報告書—非業務執行役員の意義と役割について—』85 頁以下、91 頁(2014 年)参照(日本監査役協会ウェブサイト〔http://www.kansa.or.jp/support/el009_140227.pdf〕から取得可能)。当時における主要会社の株式保有構造等について、例えば伊牟田敏充「明治中期会社企業の構造」社会経済史学 35 巻 2 号 160 頁以下(1969 年)参照。

[12]　明治 32 年 3 月 9 日法律第 48 号。

[13]　同法の編纂から施行までの過程について、志田・前掲注 10)86 頁〜115 頁参照。

[14]　この下で、明治期における監査役は「その地方における財界の名門」から選ばれる例が多く(神馬新七郎「明治・大正・昭和の監査役を語る」月刊監査役 5 号 5 頁以下、6 頁〔1969 年〕参照)、業務執行を監視する役割を果たしていたとも指摘されている(浦野・前掲注 6)120 頁)。

[15]　当時において例えば「取締役は威權なき一隠居役の如し、世間に對する交際は取締役關せざるなり、内部の整理は取締役關せざるなり、唯た日々會社に來りて机に對して新聞を讀み雑談を爲すのみ、然り而して一切の事は皆な頭取一人の行ふものなり、」(田口卯吉『続経済策 完』335 頁〔経済雑誌社、1890 年〕〔国立国会図書館ウェブサイト〔http://dl.ndl.go.jp/info:ndljp/pid/799175〕から閲覧可能〕〔初出は 1884 年〕)との指摘がみられている。

[16]　江頭憲治郎「日本の公開会社における取締役の義務——特に監督について——」商事法務 1693 号 4 頁以下、4 頁〜5 頁(2004 年)。

(5) 昭和 13 年商法改正

昭和 13 年改正商法[17] は、取締役について株主であることを要件としないとしつつ（254 条）[18]、明治 32 年商法と同様に、定款に別段の定めがない限り、取締役がその過半数をもって会社の業務執行を決定するとしている（260 条）。

(6) 小括

明治初期から中期における株式会社の勃興期には、経営の専門化が進んでおらず、「頭取」ないし取締役も株主であることが求められたため、「所有と支配の分離」に伴う問題は幅広く観察されていたわけではないと考えられる。昭和 25 年商法改正による取締役会制度の導入[19] 以前における監査役は、有力者がその地位に就くことが多かった等の背景もあり、その役割を相応に果たしていたとする理解[20] もみられる。

しかし、株式会社がその数を増し、また明治後期から昭和初期にかけての経営の専門化とも時を同じくして、株主であることを取締役に要求する規律が不要とされ、いわゆる社外取締役がその役割を十分に果たしているわけではないとの見方[21] も生じている。こうした状況の下、取締役会制度の導入前に、定款の規定により取締役会を設置し、当該取締役会が業務執行についての意思決定を行う会社がみられていたようである[22]。

---

[17] 昭和 13 年 4 月 5 日法律第 72 号。なお、同年改正前に明治 44 年にも改正がされている（明治 44 年 5 月 2 日法律第 73 号）。

[18] このことは、当時、所有と経営の分離に対応したものであるとも指摘されている（三藤正「わが株式会社法の性格とその変質（二・完）」民商 14 巻 6 号 16 頁以下、18 頁〔1941 年〕）。

[19] 後述本款第 2 項(1)参照。

[20] 前掲注 14）参照。

[21] 前掲注 15）参照。

[22] 石井照久「取締役制度改正の方向」法曹会編纂『株式会社法改正の諸問題』60 頁以下、76 頁（法曹会、1949 年）。日本における取締役会制度は、アメリカ法を参考に会社法上導入されたものであるが（後掲注 24）参照）、実態としてこれを設置する例がそれ以前からみられていたようである。

16　第1章　日本法の展開と現状

第2項　取締役会制度の導入以降（昭和25年改正以降）

(1)　昭和25年商法改正

　昭和25年商法改正[23]は、取締役会を商法上の制度として確立した点で意義が大きい。すなわち、同年改正により、「会社ノ業務執行ハ取締役会之ヲ決ス」（同年改正商法260条）とされ、取締役は個人として業務執行を決定するのではなく、取締役会を構成し、取締役会が会社の業務執行を決定するとされた[24]。

　同時に、会社の運営全般に関与する権限を与えられてきた株主総会の権限が、法律または定款が定める事項に限られた（同230条ノ2）。換言すれば、経営に関する意思決定権限が、基本的な事項については株主総会に、それ以外の事項については取締役会に分配されたのである[25]。その上で、各取締役がそれぞれ会社を代表する（同年改正前商法261条1項）のではなく、取締役会決議によって代表取締役が定められ、代表取締役が会社を代表すべきものとされた（同年改正商法261条1項）[26]。

　同年改正商法において、取締役会は基本的な事項以外の事項の決定を行うとともに代表取締役による業務執行に対する監督も行う機関と解され、代表取締役は取締役会の下部機関として取締役会の命令と監督に服するものと解された[27]。

---

[23]　昭和25年5月10日法律第167号。

[24]　また、取締役の株主要件は定款によっても規定できないものとされた（同254条2項）。

　なお、昭和25年商法改正は、全体としてGHQの強い影響の下に行われたが、取締役会制度の導入については、日本側の意向ないし要望として実現されたものであり、特に日本の法務庁（法務府）、経済団体連合会、裁判所関係者、商法研究者の意向が反映されたようである。経済団体連合会商法改正委員会「商法改正に関する意見」（昭和24年10月15日）鈴木竹雄＝竹内昭夫『商法とともに歩む』622頁〜623頁（商事法務研究会、1977年）所収、中東正文「GHQ相手の健闘の成果——昭和25年・26年の改正——」北澤古稀・前掲注4) 218頁以下、松井秀征「要望の伏在——コーポレート・ガバナンス」中東正文＝松井秀征編著『会社法の選択——新しい社会の会社法を求めて』368頁以下、398頁〜400頁（商事法務、2010年）参照。

[25]　松井・前掲注24) 392頁参照。

[26]　具体的には、「会社ハ取締役会ノ決議ヲ以テ会社ヲ代表スベキ取締役ヲ定ムルコトヲ要ス」（同261条1項）とされている。

[27]　鈴木竹雄＝石井照久『改正株式会社法解説』157頁（日本評論社、1950年）（「代表取締役は取締役会の下部機関であって、その命令監督に服するものなるこというまでもない」とする）。

第1節　取締役会による監督の在り方──モニタリング・モデルの受容と現状　17

　取締役会制度の導入は、取締役の権限の拡大も伴うものであった。例えば同
年改正は、新株発行権限（授権資本制度）と社債発行権限を取締役会に委ねる
形で株主総会から権限を委譲したが（同年改正商法 280 条ノ 2、296 条）、この
ような権限を適切に行使する機関として、取締役の会議体である取締役会が法
制度として採用されたと理解されている[28]。また、監査役の権限から業務監査
権限が除かれ、監査役は会計検査のみを担う機関とされた（同 274 条）[29]。併
せて、株主代表訴訟制度が導入されている[30]。

業務執行に対する監督という役割が法律上明示的に取締役会に与えられるのは、昭和 56 年改正
によるものであり、昭和 25 年改正商法における「取締役会の監督機能」は、解釈によるもので
ある。
[28]　大隅健一郎＝大森忠夫『逐条改正会社法解説』251 頁（有斐閣、1951 年）、北村雅史「取締役
の地位の変遷」岩崎追悼『昭和商法学史』347 頁以下、353 頁（日本評論社、1996 年）参照。
[29]　代表取締役による業務執行に対する監督権限は取締役〔会〕が有し、業務監査機能は各個の
株主に委ねられたものと解された（大隅＝大森・前掲注 28）315 頁～317 頁、318 頁～319 頁参照）。
　昭和 30 年頃以降、大会社において常務会を設けることが多くなっていたとされている。すな
わち、経済同友会により昭和 32 年から昭和 36 年までに 3 回実施され主要企業約 200 社強から回
答を得た調査によれば、74%～85%の会社が「常務会」を有しているとされている。経済同友会
事務局調「わが国大企業におけるトップ・マネジメントの構造と機能」商事法務研究 125 号 10
頁以下、14 頁（1959 年）、経済同友会経営方策審議会「取締役と常務会──『わが国企業におけ
る経営意思決定の実態』調査より──」商事法務研究 178 号 14 頁以下、14 頁（1960 年）、経済
同友会事務局調「トップ・マネジメントの組織と機能」商事法務研究 212 号 7 頁以下、12 頁（1961
年）。服部栄三「常務会の序説的考察」小町谷古稀『商法学論集』83 頁以下、85 頁（有斐閣、1964
年）参照。このほか、野崎富作「取締役会と常務会」新潟大学法経論集 4 巻 3 号 1 頁以下（1955
年）、有田通元「会社の機関としての常務取締役会──その設置の意図と将来における課題──」
商事法務 27 号 5 頁以下（1956 年）、平尾賢三郎「常務会の現状とその将来について」商事法務研
究 264 号 7 頁以下（1962 年）等がある。
　常務会は、取締役会とは別の存在として、代表取締役による上位の業務執行取締役に対する諮
問機関であると同時に、後者から前者に対する一定の監視機能を有していたとも考えられる。常
務会は法律ではなく、会社内部の常務会規則等をその根拠にしている。
　その後の調査として、大脇茂「取締役会規則と常務会規則との事例比較（上・下）」資料版商
事法務 38 号 31 頁以下（1987 年）、39 号 28 頁以下（1987 年）、資料版商事法務編集部「取締役会
規則・常務会規則の事例研究＜第 1 回～第 9 回・完＞」資料版商事法務 107 号 6 頁以下、108 号
69 頁以下、109 号 13 頁以下、110 号 20 頁以下、111 号 24 頁以下、112 号 20 頁以下、113 号 25
頁以下、114 号 34 頁以下、115 号 30 頁以下（1993 年）等がある。
[30]　同年改正前においては、いわゆる間接訴権（債権者代位権）を規定する民法 423 条を根拠と
して株主は会社に代位して取締役等に対する請求権を行使し得るとする解釈がみられていたが

(2) 昭和 49 年商法改正

　昭和 40 年前後の大型倒産を契機にいわゆる粉飾決算が明らかとなり、業務執行に対する監督が機能していないとの認識が広まったことを背景として、昭和49 年商法改正[31] は、①新たに「大会社」を設け、公認会計士の監査を義務付けるとともに、②会計監査のみを行う機関とされた監査役に再び業務監査権限を与えた（同年改正商法 274 条）。同年改正によって、取締役会と監査役の双方が業務監査を担うことになるため、両機関の役割を整理する必要が生じ、取締役会の業務監査は妥当性監査を主とするのに対し、監査役は適法性監査を行う機関と解されるようになった[32]。

　（松田二郎『株式会社の基礎理論──株式関係を中心として──』534 頁〔岩波書店、1942 年〕）、同年改正が株主代表訴訟制度を明示的に導入したものである（同年改正商法 267 条）。
　訴訟費用の負担については、株主が勝訴した場合は被告取締役にこれを負担させ（民事訴訟法〔明治 23 年 4 月 21 日法律第 29 号〕89 条）、また、弁護士に支払う報酬額の範囲内で会社に対して相当な額の支払を請求することができるとされた（昭和 25 年改正商法 268 条ノ 2 第 1 項）のに対し、株主が敗訴した場合については明文の規定がなく、勝訴した取締役の訴訟費用を株主が負担する必要があると解されている（鈴木＝石井・前掲注 27）181 頁～182 頁）。

[31]　昭和 49 年 4 月 2 日法律第 21 号。

[32]　監査役の職務が、同年改正で再び業務監査にも及ぶこととされた背景には、公認会計士監査を導入したため、これとの重複を避ける観点から、その役割が見直されたという経緯がある。また、代表取締役の業務執行に対する取締役会による監督と監査役による業務監査との関係も問題となった。監査役の監査の対象は「取締役ノ職務ノ執行」（同年改正商法 274 条）の全般に及ぶとされ、取締役が会社の運営のために行う事項について業務監査も行うものと考えられたとされている。上柳克郎＝鴻常夫＝竹内昭夫編集代表『新版　注釈会社法(6)株式会社の機関(2)』441 頁～442 頁〔竹内昭夫〕（有斐閣、1987 年）。そして、監査役監査は妥当性監査にも及び得るものではあるが、それは「著しく不当」な場合にそれを指摘するという限られた範囲のものであると解するのが通説的見解であり、より広く企業価値や会社経営における効率性の向上という観点からの監督の役割は監査役には与えられていなかったといえる（同書 443 頁～446 頁〔竹内昭夫〕参照）。
　同年改正商法 274 条が「業務執行」という概念を用いず、「取締役ノ職務ノ執行」としたことについて、立案担当者は、業務執行を狭義に解すると例えば新株発行はこれに含まれないが、新株発行についての取締役会決議のように狭義の業務執行に属しないものも取締役の職務に属する限り監査役の監査の対象になることを明らかにしようとするものである、としている（味村治「株式会社監査制度改正要綱案（昭和 44 年 7 月 16 日法制審議会商法部会決定）の解説」商事法務 626 号 2 頁以下、4 頁〔1973 年〕）。

(3) 昭和 56 年商法改正

昭和 56 年商法改正[33] は、①「取締役会ハ会社ノ業務執行ヲ決シ取締役ノ職務ノ執行ヲ監督ス」（同年改正商法 260 条 1 項）として、業務執行に対する取締役会の監督権限を初めて明文で規定した[34]。その趣旨は、同権限が従来明確に規定されておらず、業務執行に対する監督が実務で等閑視されがちであったため、明文の規定を置くことで取締役会の監督権限が適切に行使されることを促したものとされている[35]。また、②一定の「重要ナル業務執行」（同条 2 項）については取締役に決定させることができないとした。

監査役監査の対象については、様々な見解が示された。具体的には、①監査役監査は適法性の監査に限られる等とする見解として、菅原菊志「新監査制度における監査役の職務──その意義と展望」商事法務 639 号 8 頁以下、10 頁（1973 年）、加藤一昶「行政法違反等と監査役の差止請求権」商事法務 670 号 26 頁以下、26 頁（1974 年）、久保欣哉「監査役による監査」企業会計 26 巻 5 号 55 頁以下、56 頁（1974 年）、吉田昂「新法における監査役と取締役会」商事法務 670 号 5 頁以下、6 頁（1974 年）、②効率性に関する監督は取締役会が担う一方、監査役の監査権限は業務執行の妥当性にも及ぶが、それは「消極的かつ防止的な意見の表明に止まる」と解する見解として、田中誠二「商法改正要綱案の問題点」商事法務 520 号 2 頁以下、3 頁（1970 年）、③取締役の職務執行の妥当性一般にも及ぶ（職務執行の妥当性について意見を表明することを妨げられない）とする見解として、大住達雄「監査の意義と限界」月刊監査役 6 号 2 頁以下、6 頁（1969 年）、④個々の権限についてその範囲を検討すべきとする見解として、水田耕一「監査役の業務監査権限の範囲──適法性監査と妥当性監査をめぐる議論への一提言──」商事法務 668 号 7 頁以下（1974 年）が示されている。

[33] 昭和 56 年 6 月 9 日法律第 74 号。

[34] 取締役会は業務執行の決定権限を有するとされていたものの（同年改正前商法 260 条）、代表取締役等による業務執行に対する監督権限を取締役会が有することは法文上必ずしも明確ではなく、これは解釈として認められてきた。その際、複数の考え方が存在した。すなわち、①取締役会・代表取締役並立機関説（業務執行の意思決定機関たる取締役会と執行機関たる代表取締役を分化した趣旨から代表取締役に対する業務監督権が生じると解する）と、②代表取締役派生機関説（代表取締役は取締役会の派生機関にすぎず、取締役会は当然に業務執行監督権を有すると解する）である（上柳＝鴻＝竹内編集代表・前掲注32）108 頁〜109 頁［堀口亘］、137 頁〜139 頁［山口幸五郎］参照）。両説の相違は、業務執行の監督権限を取締役会が有する点をどのように根拠づけるかに関するものである。

[35] 元木伸『改正商法逐条解説［改訂増補版］』122 頁（商事法務研究会、1983 年）、元木伸＝稲葉威雄「商法等の一部を改正する法律の概要」法務省民事局参事官室編『改正商法の概要』6 頁以下、36 頁（商事法務研究会、1981 年）（「各取締役の自覚を促し、取締役会の活性化をはかったものである」）。昭和 56 年は、アメリカ法の下で「監督する取締役会」が確立されていく時期

20　第1章　日本法の展開と現状

(4) 平成 5 年商法改正

　平成 5 年商法改正[36]では、①株主代表訴訟制度の実効性を確保するために、訴訟の目的価額が 95 万円に法定され（同年改正商法 267 条 4 項、民事訴訟費用等に関する法律[37]〔以下「費用法」という〕4 条 2 項）、訴えの提起の手数料額が一律に 8,200 円とされた（費用法別表第 1 の 1 の項）[38]。また、②株式会社一般について監査役の任期が 2 年から 3 年に伸張されるとともに（同年改正商法 273 条 1 項）、大会社において少なくとも 1 名の社外監査役が法律上初めて要求された[39]。これらは、①会社の業務執行に対する株主による監督機能を強化

であるが（後述第 2 章第 1 節第 1 款第 3 項参照）、効率性の向上のための監督という今日の考え方は同年改正商法では採用されず、取締役会の「活性化」においては、適法性を確保する観点からの他の取締役に対する監視義務の履行確保が意識されている（同箇所）。

　また、取締役会が代表取締役等による業務執行を十分に監督するためには、取締役会を構成する各取締役が会社の業務執行の状況について十分に情報を与えられる必要があるため、取締役は 3 か月に 1 回以上、業務執行の状況を取締役会に報告することが求められた（同年改正商法 260 条 3 項）（上柳＝鴻＝竹内編集代表・前掲注 32）109 頁［堀口亘］参照）。業務執行はその細部についても取締役会で決定すべきものとされ（同 260 条 2 項）、実質的には「経営者の相互監視の強化である」（江頭・前掲注 16）5 頁）とも指摘されている。

　なお、この時期に、アメリカにおける取締役会の在り方は既に日本に紹介されている。例えば加美和照「諸外国における取締役会制度の現状と課題〔中〕」商事法務 805 号 9 頁以下、9 頁〜12 頁（1978 年）、川内克忠「米国企業の取締役会の役割と構成——アメリカの経営円卓会議報告書より——」商事法務 831 号 16 頁以下（1979 年）等。

[36]　平成 5 年 6 月 14 日法律第 62 号。
[37]　昭和 46 年 4 月 6 日法律第 40 号。
[38]　法務省民事局参事官室編『一問一答平成 5 年改正商法』本文 20 頁、34 頁〜35 頁（商事法務研究会、1993 年）参照。ただし、直前の日興證券損失補塡株主代表訴訟事件の高裁判決（東京高判平成 5・3・30 判時 1460 号 138 頁）で訴訟物の価額は算定不能の場合（費用法 4 条 2 項）に準じて 95 万円とし、手数料は 8,200 円と判示されていたため、平成 5 年改正によって手数料額が変更されたわけではない。当該判決は、竹内・後掲注 210）法教 16 頁における見解と同様の立場と解される。
[39]　法務省民事局参事官室編・前掲注 38）88 頁、93 頁〜94 頁参照。大会社の監査役は、「三人以上で、そのうち一人以上は、その就任の前五年間会社又はその子会社の取締役又は支配人その他の使用人でなかつた者」（株式会社の監査等に関する商法の特例に関する法律〔昭和 49 年 4 月 2 日法律第 22 号〕18 条 1 項）に改められた。このように、ここでの「社外」は、業務執行から距離を置いていることを意味する（同書 104 頁〜105 頁参照）。なお、平成 3 年の日米構造問題協議フォローアップ会合でアメリカ側が「社外重役」制度の導入を要請したのに対し、平成 5 年改正

するとともに、②監査役制度の実効性を高めること等を目的としたものである[40]。

(5) 小括

日本では、取締役会制度の導入（昭和 25 年）により業務執行の決定権限が取締役会に与えられた後、業務監査について取締役会が妥当性監査を担う一方、監査役が適法性監査を担う機関と解された。昭和 56 年改正において、業務執行に対する監督権限も取締役会に与えられたが、上場会社の機関設計として監査役会設置会社のみが一貫して法定される下で、CG の見直しにおいては取締役会の監督機能よりも監査役制度に焦点が当てられてきた。社外監査役の設置が法律上要求されたのは平成 5 年改正によるものであり、社外役員の活用について、日本法は長い歴史を有するわけではない[41]。

第 3 項 モニタリング・モデルの受容（平成 14 年改正以降）

(1) 平成 14 年商法改正

平成 13 年以降の商法改正は、それ以前の CG 改革とは異なる「多様化」と呼ぶべき面を有しており[42]、平成 14 年商法改正[43]は、アメリカ法の下での取締役会の在り方を念頭に置いた「委員会等設置会社」（同年改正商法 1 条の 2 第 3 項）を導入したものである[44]。委員会等設置会社では、業務執行と監査・監督

商法で社外取締役ではなく社外監査役が法定された経緯として、経済界の抵抗があったとの指摘がある（北村・前掲注28）367 頁）。併せて、前田重行「会社の運営機構」竹内昭夫ほか『岩波講座　基本法学 7 ――企業』99 頁以下、114 頁〜121 頁（岩波書店、1983 年）参照。

[40] 法務省民事局参事官室編・前掲注38）本文 4 頁。

[41] このことから、社外取締役および社外監査役の責任・救済法制には課題が認められる（後述第 5 章第 2 節第 2 款第 3 項、同第 2 節第 3 款第 2 項および同第 3 節参照）。

[42] 神田秀樹『会社法入門 [新版]』24 頁（岩波新書、2015 年）参照。先進諸外国における会社法改正の背景等について、神田秀樹「会社法改正の国際的背景」商事法務 1574 号 11 頁以下（2000年）参照。平成 13 年商法改正について、神田秀樹＝久保利英明＝宮廻美明「座談会　企業統治に関する商法改正法の実務への影響」商事法務 1617 号 8 頁以下（2002 年）参照。

[43] 平成 14 年 5 月 29 日法律第 44 号。

[44] ただし、後掲注50）参照。

22　第1章　日本法の展開と現状

について監査役会設置会社と大きく異なる機関設計が採用された。具体的には、執行と監督が分離され、①業務執行は執行役が担い、業務の意思決定が大幅に執行役に委ねられるとともに、②3 委員会（指名委員会、監査委員会および報酬委員会）が監査・監督の役割を担うものとされた[45]。このため、③取締役会の役割は基本事項の決定や経営に対する監督（委員会のメンバーおよび執行役の選定・選任等）が中心とされた[46]。

(2)　平成 17 年会社法制定

　会社法制の現代化を図った平成 17 年制定の「会社法」[47]では、同年改正前商法のうち会社に関する部分を切り出し、特別法と併せて平仮名口語体化を図る等、多面にわたる見直しがされた[48]。本書の課題との関係では、①委員会等設置会社となることのできる株式会社がいわゆる「みなし大会社」に限られていたところ（平成 17 年改正前「株式会社の監査等に関する商法の特例に関する法律」1 条の 2 第 3 項）、全ての株式会社が委員会設置会社となることが認められた点で（平成 17 年会社法 326 条 2 項）[49]、モニタリング・モデルの実現に係る法整備が進んだことが注目される[50]。また、②委員会等設置会社以外の会社の取締役の責任には無過失責任とされるものがあったのに対し、それらを過

---

[45]　平成 14 年改正「株式会社の監査等に関する商法の特例に関する法律」21 条の 5。
[46]　神田秀樹『会社法［第 3 版］』152 頁～153 頁（弘文堂、2002 年）、神田・前掲序注 1) 253 頁参照。併せて、神作裕之「委員会等設置会社における業務執行に対するコントロール」学習院大学法学会雑誌 38 巻 1 号 57 頁以下（2002 年）参照。
[47]　平成 17 年 7 月 26 日法律第 86 号。
[48]　神田・前掲序注 1) 36 頁～37 頁、神田・前掲注 42)『会社法入門［新版］』15 頁～18 頁参照。「委員会等設置会社」は「委員会設置会社」に改められた（同年会社法 2 条 12 号）。
[49]　相澤哲編著『一問一答　新・会社法［改訂版］』141 頁～142 頁（商事法務、2009 年）参照。
[50]　ただし、アメリカ法の下での取締役会との間にはなお相違がある。例えば①取締役と執行役との兼任が禁止されていないこと、②委員会についてのみそのメンバーの過半数が社外取締役であることが求められ、取締役会については社外取締役の構成比についての求めがないこと、③指名委員会および報酬委員会の決定を取締役会が覆すことが認められていない等、委員会の権限が強力であること、④親会社関係者等であっても社外取締役の要件を満たすこと、である（コーポレート・ガバナンスに関する法律問題研究会「株主利益の観点からの法規整の枠組みの今日的意義」金融研究 31 巻 1 号 1 頁以下、8 頁～9 頁〔2012 年〕参照）。

失責任化する形で委員会設置会社とそれ以外の会社との間における均衡が確保された（同462条等）[51]。さらに、③大会社について、いわゆる内部統制システムの構築の基本方針の決定が義務付けられた（同362条5項、416条2項）[52]。

(3) 平成26年会社法改正

平成26年会社法改正[53]では、機関設計として、「監査等委員会設置会社」制度が創設された[54]。同制度は、代表取締役を始めとする業務執行者に対する監督機能を強化することを目的に、3人以上の取締役（「監査等委員」）から成り、かつ、その過半数を社外取締役とする「監査等委員会」が監査を担うとともに、取締役の指名および報酬に関して株主総会における意見陳述権を有することと

---

[51]　相澤編著・前掲注49）15頁～16頁参照。法令違反行為および利益相反取引に基づく取締役の責任については、吉原和志「会社法の下での取締役の対会社責任」江頭還暦『企業法の理論（上巻）』521頁以下（商事法務、2007年）参照。

[52]　相澤編著・前掲注49）121頁～122頁参照。

[53]　平成26年6月27日法律第90号。

[54]　「委員会設置会社」は、「指名委員会等設置会社」に改められた（同年改正会社法2条12号）。「指名委員会等設置会社」形態を採用する会社は東証上場会社の中でなお少数（約2%）にとどまっている（2018年6月27日時点）。東証「コーポレート・ガバナンス情報サービス」（日本取引所グループウェブサイト〔http://www.jpx.co.jp/listing/cg-search/〕参照）から検索可能。

　監査等委員会設置会社について、既に様々な指摘がされている。監査等委員会設置会社では、①監査役会を監査等委員会に置き換えただけの形をとることもできれば、②重要な業務執行の決定を取締役に大幅に委任することもできる。このことは、同機関設計には「社外取締役の設置について便宜を図るという点を除いて、明確な理念が欠けていることの現れでもある」とも指摘されている。江頭憲治郎『株式会社法［第7版］』583頁（有斐閣、2017年）。

　他方で、モニタリング・モデルへの移行を容易にする形態を用意する試みとも理解されている（藤田友敬「『社外取締役・取締役会に期待される役割——日本取締役協会の提言』を読んで」商事法務2038号4頁以下、7頁〔2014年〕）。また、日本の会社の一部がモニタリング・モデルに長期的に移行していく際の「エントリーモデル」とも位置づけられている（神田秀樹ほか「＜座談会＞平成26年会社法改正の検討」ソフトロー研究24号51頁以下、90頁～91頁〔藤田友敬発言〕〔2014年〕）。

　このほか、森本滋「監査等委員会設置会社をめぐる法的諸問題」月刊監査役651号4頁以下（2016年）、松元暢子「監査等に関する規律の見直し——監査等委員会設置会社制度の創設を中心に」神田秀樹編『論点詳解　平成26年改正会社法』43頁以下（商事法務、2015年）参照。

　また、監査等委員会設置会社に関して、平成26年改正会社法施行後1年間における移行の状況を実証的に明らかにするとともにその課題を検討したものとして、神田秀樹＝山中利晃「監査等委員会設置会社の現状と課題」ジュリスト1495号27頁以下（2016年）参照。

24　第 1 章　日本法の展開と現状

したものである[55]。監査等委員会設置会社では、監査役を置くことはできない点で（同年改正会社法 327 条 4 項）[56]、指名委員会等設置会社と同様に、アメリカとイギリスの一層制により近い面がある[57]。

(4) 平成 27 年東証上場規則改正

平成 27 年には、東証上場規則改正によって、東証本則市場の上場会社に対して独立社外取締役を少なくとも 2 名以上設置することが"Comply or Explain"規範として推奨されるに至っている[58]。

(5) 小括

平成 14 年商法改正前においては、上場会社はその機関設計として監査役会設置会社のみを採用可能であり、CG の見直しにおいては主として監査役制度の見直しがされてきた。しかし、同年改正が委員会等設置会社制度を導入して以降、業務執行に対して取締役会や委員会が有する監督権限を、社外取締役が関与して適切に行使することがより求められるようになっている[59]。取締役会と

---

[55]　坂本三郎編著『一問一答　平成 26 年改正会社法 [第 2 版]』16 頁〜17 頁（商事法務、2015年）。

[56]　この点は指名委員会等設置会社も同じである（同条同項）。

[57]　指名委員会等設置会社の 3 委員会の委員は、「取締役の中から、取締役会の決議によって選定する」（同法 400 条 2 項）とされている。もっとも、監査等委員会は日本法に固有の法制度であり、両法域の一層制との間で相違点も多い（後述第 5 章第 1 節第 2 項参照）。

[58]　前掲序注 10) 参照。これに先だって、東証は、平成 21 年 12 月に有価証券上場規程（東証）等の一部改正によって「独立役員」制度を導入している。平成 26 年改正前会社法における「社外取締役」および「社外監査役」のうち、「一般株主と利益相反が生じるおそれのない」者が「独立役員」と定義され、上場会社は独立役員を 1 名以上確保しなければならないとされた（同年改正有価証券上場規程 [東証] 436 条の 2 第 1 項）。株式会社東京証券取引所上場制度整備懇談会「独立役員に期待される役割」（平成 22 年 3 月 31 日）（日本取引所ウェブサイト〔http://www.jpx.co.jp/equities/improvements/general/tvdivq0000004uhd-att/yakuwari.pdf〕から取得可能）、神田秀樹監修・株式会社東京証券取引所編著『ハンドブック　独立役員の実務』（商事法務、2012 年）参照。

[59]　最近では、経済産業省が設置した「コーポレート・ガバナンス・システムの在り方に関する研究会」（以下「在り方研究会」ということがある）が、社外取締役の役割と機能等を、①「指名や報酬の決定を通じた業務執行の適切な評価と、評価等を通じた将来志向のインセンティブ付けによる監督」、②「利益相反の監督」、③「助言や議決権の行使による業務執行の意思決定への

委員会との間の権限分配や、社外取締役を含む上場会社の役員の責任・救済法制の在り方について解釈論および立法論として考察を深める必要が生じてきている[60]。

第2款　取締役会内部における権限分配の変容

本款では、取締役会制度が導入された昭和25年改正以降、モニタリング・モデルの受容に伴い、取締役会内部における権限分配が法制度と実態のそれぞれの面でどのように変容したのかを分析する[61]。具体的には、①取締役会からの業務執行の決定権限の委譲および②業務執行に対する監督権限というべき委員会の権限の根拠等を分析する。

関与」と整理している。コーポレート・ガバナンス・システムの在り方に関する研究会「コーポレート・ガバナンスの実践　〜　企業価値向上に向けたインセンティブと改革　〜　別紙3　法的論点に関する解釈指針」5頁（2015年）（経済産業省ウェブサイト〔http://www.meti.go.jp/press/2015/07/20150724004/20150724004-4.pdf〕から取得可能）。その後の検討として、CGS研究会（コーポレート・ガバナンス・システム研究会）「CGS研究会報告書　実効的なガバナンス体制の構築・運用の手引（CGSレポート）」19頁〜22頁（2017年）（同〔http://www.meti.go.jp/press/2016/03/20170310003/20170310003-1.pdf〕から取得可能）参照。

[60]　これらの点については、本章で続けて後述している。

[61]　役員の責任・救済法制の在り方について、前款で検討した事項とともに、会社内部における権限分配の在り方が考察の基本的な前提となる。すなわち、一般的に、権限と責任は表裏の関係にあり、権限分配は責任の分配という面を有すると考えられる。権限の所在は、これに伴う責任の所在を明確にする面を有するため、責任法制を分析する際、問題となった会社の行為等について誰が権限を有しているのかを分析することが有益である。

　本書との関係では、①取締役会による監督制度の形成と展開が、会社内部の権限分配にどのような変容をもたらしたのか、また、②このことが責任法制との関係でどのような示唆を有するかが問題になる。その際に、権限と責任の所在が不明確である場合と、会社内部における権限分配の設計を各会社に委ねておらず柔軟性がない場合との2点で課題が認められ得る（後述第5章第1節第2項、同第2節第2款第3項および同第2節第3款第2項参照）。

26　第1章　日本法の展開と現状

第1項　モニタリング・モデルの受容前の機関設計

1　権限委譲が可能な範囲──監査役会設置会社

(1)　全般──取締役会設置会社一般に関する事項

　取締役会設置会社では、「取締役会設置会社の業務執行の決定」(会社法 362条2項1号)と「取締役の職務の執行の監督」(同条同項2号)の両方の権限が取締役会に与えられている[62]。このように、業務執行の決定権限と監督権限の両者がデフォルト・ルールとしてまず取締役会に与えられている点では、日本法はアメリカ法およびイギリス法と同じである[63]。

　日本法の特徴であるのは、取締役会一般について、原則として「重要な業務執行の決定を取締役に委任することができない」(同条4項)とされており[64]、監査役会設置会社では、社外取締役が設置されている場合、重要な業務執行の決定に社外取締役も参加する必要がある点である[65]。取締役会設置会社の業務

---

[62]　日本では、モニタリング・モデルの受容前に、ソニー(1997年6月の定時株主総会で導入)を端緒として、各会社における自発的な取締役会改革として執行役員制(経営と執行の分離の観点から従来の取締役を取締役でない執行役員として取締役会の規模を縮小させる等)の導入が進んだ(例えば商事法務研究会「執行役員制度に関するアンケート集計結果〔集計対象会社=63社〕」資料版商事法務182号26頁以下〔1999年〕参照)。現在でも、相当数の会社が執行役員制を導入しているとされている。例えばCG報告書で執行役員制度の導入について記述している会社は51.7%(1,448社)であった(東証「東証上場会社コーポレート・ガバナンス白書2017」61頁〔2017年〕〔日本取引所ウェブサイト

〔http://www.jpx.co.jp/news/1020/nlsgeu000002drf0-att/white-paper17.pdf〕から取得可能〕)。執行役員制に関する先行研究は豊富であり、例えば近藤光男=牛丸與志夫=田村詩子=川口恭弘=黒沼悦郎=行澤一人「執行役員制度に関する法的検討〔上・下〕」商事法務1542号4頁以下、1543号17頁以下(1999年)参照。いわゆる執行役員は、会社の機関ではなく、業務執行権限を有する取締役の指揮下にある一種の「重要な使用人」(会社法362条4項3号)と位置づけられている(江頭・前掲注54)417頁注6参照)。

[63]　後述第2章第1節第2款第2項2(アメリカ法)および後述第3章第1節第2款第3項1(イギリス法)参照。

[64]　例えば内部統制システムの整備が「重要な業務執行」に含まれ(362条4項6号)、大会社である取締役会設置会社においては、取締役会は同号に掲げる事項を決定しなければならないとされている(同条5項)。

[65]　この点に関し、何が「重要な業務執行」に当たるのかについて、会社法上必ずしも明確な基準が設けられているわけではない。「重要な財産」(362条4項1号)や「多額の借財」(同条同項

執行は、代表取締役または代表取締役以外の業務執行取締役が行うものとされている（同法363条1項）。

(2) 監査役会設置会社

会社内部における権限分配として、業務執行の決定権限の委譲に加え、任意の委員会[66] が有する権限とその根拠が検討の前提となる。

監査役会設置会社における任意の委員会[67] の権限に関して、取締役会がある事項の決定を取締役会規則や個別の取締役会決議を根拠に取締役または常務会等に委任することができるかどうかは、当該事項が、①取締役会の法定決議事項であるかどうか、または、②当該会社の定款により取締役会の権限と定めら

2号）の具体的内容は解釈に委ねられている。取締役会への上程が求められる「重要な業務執行」に当たるかどうかは個別具体的に判断される、とも指摘されている（コーポレート・ガバナンス・システムの在り方に関する研究会・前掲注59）2頁）。

　この点に関する先行研究として、神作裕之「取締役会の実態とコーポレート・ガバナンスのあり方──『会社法下における取締役会の運営実態』を読んで──」別冊商事法務編集部編『会社法下における取締役会の運営実態』29頁以下、32頁（商事法務、2009年）、商事法務編集部「会社法下における取締役会の運営実態」同書43頁以下、62頁〜82頁参照。

　取締役会決議事項は、個別の会社における取締役会付議基準で定められており、実務では、弁護士会が作成したガイドラインも参考にされているようである（東京弁護士会会社法部編『新・取締役会ガイドライン［第2版］』［商事法務、2016年］参照）。このほか、弁護士によるものとして、山田和彦＝倉橋雄作＝中島正裕『取締役会付議事項の実務［第2版］』（商事法務、2016年）が挙げられる。取締役会報告事項については、中村直人『取締役会報告事項の実務［第2版］』（商事法務、2016年）が挙げられる。

[66] 日本法とアメリカ法を対象に検討を加えた最近の論稿として、津野田一馬「経営者報酬の決定・承認手続（一〜二・完）」法協132巻11号74頁以下（2015年）、133巻1号52頁以下（2016年）がみられている（指名委員会等設置会社以外の会社においても報酬委員会を任意で設けることが望ましい等とする）。報酬に関する法的規律全般については、伊藤靖史『経営者の報酬の法的規律』（有斐閣、2013年）参照。

[67] 監査役会設置会社において、委員会の設置は会社法上要求されていない。ただし、コーポレートガバナンス・コードは、本則市場に上場する監査役会設置会社および監査等委員会設置会社に対し、独立社外取締役がその取締役会の過半数に達していない場合に、独立社外取締役を主要な構成員とする任意の指名委員会・報酬委員会等、独立した諮問委員会を設置することにより、指名・報酬等の特に重要な事項に関する検討に当たり独立社外取締役の適切な関与・助言を得ることを"Comply or Explain"規範として推奨している（有価証券上場規程［東証］別添「コーポレートガバナンス・コード」補充原則4-10①）。

28　第1章　日本法の展開と現状

れているかどうかによって定まるとされている[68]。すなわち、監査役会設置会社が任意の委員会を設置する場合、当該委員会に取締役会がその権限を委譲できるかどうかは、これらに当たるかどうかによって定まる[69]。

　以上のように、監査役会設置会社では、取締役会から任意の委員会に権限が委譲され得るが、委譲される権限は取締役会の法定決議事項以外に限られる[70]。

---

[68]　江頭・前掲注54）412頁〜415頁参照。取締役会からの業務執行権限の委譲については、常務会を対象とした先行研究が豊富である（前掲注29）参照）。なお、アメリカの会社の常設委員会（Standing Committees）を検討したものとして、竹中正明「アメリカの取締役会・常設委員会——大企業のデータ分析を中心に——」商事法務1463号26頁以下、31頁〜32頁（1997年）参照。

[69]　権限の委譲には、取締役会規則の規定または個別の取締役会決議が必要であるため、委譲された権限について違法な行使がある場合、権限の委譲を行った取締役が、当該任意の委員会に委譲された権限の行使に対する監視義務違反を問われる余地がある。これに対し、指名委員会等設置会社における3委員会および監査等委員会設置会社における監査等委員会では、委員会の権限が法律上与えられているため、同じ場面で委員会の権限行使に対する委員会のメンバーでない取締役の監視義務違反が問題とならない点で、委員会の権限行使をめぐる取締役の義務と責任について不均衡が生じている。

　この点、指名委員会については以下の通りである。監査役会設置会社が任意で指名委員会を設置した場合、取締役の選任は株主総会の権限であるため（会社法329条1項）、取締役会からの権限委譲が問題となるわけではなく、取締役の選任議案を会社が株主総会で提出する際に、当該議案の作成および提案に係る権限を法的に誰が有するかの問題となる。取締役会設置会社において、役員等の選任が株主総会の目的である事項である場合には、当該事項に係る議案の概要を株主総会の招集に際して原則として取締役会決議で決定しなければならない（会社法298条1項5号、会社法施行規則63条7項イ、会社法298条4項）。岩原紳作編『会社法コンメンタール7——機関(1)』400頁〜402頁［浜田道代］（商事法務、2013年）参照。監査役会設置会社における任意の指名委員会の権限は、取締役の選任に係る議案の概要を決定する権限を取締役会が当該委員会に委譲できるかどうかの問題を含むが、以上から、このことは認められない。このため、監査役会設置会社における任意の指名委員会は、取締役会に対してあくまで推奨を行う地位にあるものと解される。指名委員会等設置会社について、後掲注76）参照。

　なお、関連して、神谷高保「取締役選任権の委譲——取締役の地位と任用関係をめぐって——（一〜三）」法協114巻11号109頁以下（1997年）、115巻2号109頁以下（1998年）、117巻9号90頁以下（2000年）がある（一定の要件が満たされた場合に株主総会は取締役選任権を第三者に委譲することができると解し、その要件を検討する）。

[70]　ただし、取締役会設置会社（指名委員会等設置会社を除く）では、一定の要件の下で、特別取締役制度（会社法373条1項）を用いることもできる。これは、法定の取締役会決議事項である「重要な財産の処分及び譲受け」（362条4項1号）と「多額の借財」（同条同項2号）等について、あらかじめ選定した3人以上の取締役（特別取締役）により取締役会決議とすることを認める制度である。

第1節　取締役会による監督の在り方——モニタリング・モデルの受容と現状　　29

2　任意の委員会の設置状況

　東証に上場している監査役会設置会社 2,662 社のうち、指名委員会または報酬委員会に相当する任意の委員会が「有」とする会社は、約 23%（611 社）である[71]。

　また、監査役会設置会社における任意的機関（以下「経営委員会等」という）の設置に関して 2009 年 1 月に実施された調査[72]では、これを設置している会社は約 76%（監査役会設置会社 872 社のうち 664 社）であるとされている[73]。取締役会から委任を受けた経営委員会等の専決事項が「ある」と回答した会社は約 18%（同 872 社のうち 153 社）であるとされている[74]。

第2項　モニタリング・モデルの受容後の機関設計

1　業務執行の決定権限の委譲と委員会の権限の根拠

(1)　指名委員会等設置会社

　指名委員会等設置会社の取締役会は、会社法の定める基本事項（416 条 4 項ただし書）を除き、業務執行の決定を執行役に委任することができる（同条同項）。すなわち、取締役会が有する業務執行の決定権限を執行役に委譲することが認められている。これに対し、「委員会等設置会社」が導入された平成 14 年

---

[71]　東証・前掲注 54）から検索可能（2018 年 6 月 27 日時点）。

[72]　国内証券取引所の上場会社 2,532 社に対して旬刊商事法務編集部が実施したアンケート調査である（901 社〔約 36%〕から回答、別冊商事法務編集部編・前掲注 65）はしがき）。同調査は、経営委員会等を対象としたものであり、任意の指名委員会、監査委員会、報酬委員会の設置状況については調査していない。

[73]　商事法務編集部・前掲注 65）117 頁（図表 104）。

[74]　同書 119 頁。各機関設計の合計での調査結果については、別冊商事法務編集部編『改正会社法下における取締役会の運営実態〔平成 26 年改正を受けて〕』はしがき、62 頁〜63 頁（商事法務、2016 年）参照（取締役会以外の任意的機関の専決事項が「ある」と回答した会社が約 25%〔711 社のうち 178 社〕であるとされている）。

30　第 1 章　日本法の展開と現状

商法改正[75] 以降、各委員会の権限は取締役会から委譲されるのではなく会社法
上規定されている（404 条 1 項〔指名委員会〕[76]、同条 2 項〔監査委員会〕[77]、
同条 3 項〔報酬委員会〕）[78]。

(2)　監査等委員会設置会社

　監査等委員会設置会社では、デフォルト・ルールとして、重要な業務執行の
決定を取締役に委任することができないとされているが（会社法 399 条の 13
第 4 項）、①取締役の過半数が社外取締役である場合（同条 5 項）、または、②
定款で定めた場合には（同条 6 項）、取締役会決議によって重要な業務執行の決
定を取締役に委任することができる[79]。監査等委員会の権限は指名委員会等設
置会社と同様に会社法上定められている（399 条の 2 第 3 項）[80]。

---

[75]　前述本節第 1 款第 3 項(1)参照。

[76]　株主総会に提出する取締役の選任および解任に関する議案の内容を決定する権限が指名委員
会に与えられている（404 条 1 項）。

[77]　指名委員会等設置会社において、会社が執行役または取締役に対して訴えを提起する場合に
は、監査委員が当該訴えに係る訴訟の当事者である場合を除き、監査委員会が選定する監査委員
が会社を代表するとされている（408 条 1 項第 2 号）。後述本章第 2 節第 2 款第 2 項 2(5)参照。

[78]　各委員会の権限が法定されることは平成 14 年商法改正の法律案要綱中間試案の段階で既に
その内容となっている。すなわち、「各種委員会の権限につき、以下に掲げる法定事項のほか、
定款、株主総会決議又は取締役会決議により、権限を付与することができることとするかどうか
については、その権限の内容を含めて、なお検討する」とされている（法務省民事局参事官室「商
法等の一部を改正する法律案要綱中間試案（平成 13 年 4 月 28 日）」商事法務 1593 号 28 頁以下、
40 頁～41 頁〔中間試案第 19 二 1（二）注 8〕〔2001 年〕）。併せて、同「商法等の一部を改正する
法律案要綱中間試案の解説」商事法務 1593 号 5 頁以下、18 頁～19 頁（2001 年）参照。この点は、
法制審議会会社法部会第 4 回会議（平成 13 年 3 月 28 日開催）で検討されている（法務省ウェブ
サイト〔http://www.moj.go.jp/shingi1/shingi_010328-1.html〕参照）。

　立案担当者は、平成 14 年商法改正当時において、取締役会のメンバーの過半数が社外取締役
でなければならないとすると、この要件を満たす会社が少数となることが懸念されたことから、
3 委員会についてその過半数を社外取締役とすることを求めるとともに、各委員会の行った決定
を取締役会が覆すことができないものとされたものであるとしている（始関正光編著『Q & A
平成 14 年改正商法』70 頁～71 頁〔商事法務、2003 年〕）。

　以上の経緯から、各委員会の権限が会社法上規定されている点は、日本法の特徴となっている
（後述第 5 章第 1 節第 2 項参照）。

[79]　重要な業務執行の決定を取締役に委任する取締役会決議が行われたこと、すなわち、モニタ
リング・モデルを実現したことを表明することは現行法上要求されていない。例えば当該決議は、

2 権限委譲の実態

(1) 指名委員会等設置会社

指名委員会等設置会社において、取締役会の専決事項（会社法416条4項ただし書）以外の業務執行の決定権限を執行役に全て委譲していると回答した会社は約3割（回答社数31社のうち8社）である[81]。

(2) 監査等委員会設置会社

平成26年改正会社法施行以降の1年間で監査等委員会設置会社に移行した327社を対象にした研究では、①重要な業務執行の決定を取締役に委任し、モニタリング・モデルを実現できる可能性のある会社が87%（286社）であり[82]、②監査等委員会とは別の任意の委員会として、少なくとも指名委員会または報酬委員会を設置した会社が14%（45社）であるとされている[83]。

「当該上場会社の運営、業務若しくは財産又は当該上場株券等に関する重要な事項であって投資者の投資判断に著しい影響を及ぼすもの」（有価証券上場規程〔東証〕402条1項ar）に当たらないと解されているようである。監査等委員会設置会社では、モニタリング・モデルの採否に関する透明性を向上することが課題であり、例えば「取締役会がどのような事項を委任するのかに関する基本方針を決定した上でこれを事前に表明することが考えられる」とする指摘として、神田＝山中・前掲注54）32頁参照。

[80] 監査等委員会設置会社において、会社が取締役に対して訴えを提起する場合には、監査等委員が当該訴えに係る訴訟の当事者である場合を除き、監査等委員会が選定する監査等委員が会社を代表するとされている（399条の7第1項2号）。

[81] 旬刊商事法務編集部「指名委員会等設置会社における委員会等の運営に関するアンケート調査結果〔Ⅰ〕」商事法務2069号24頁以下、28頁（図表9）。また、法定の3委員会以外に取締役のみで構成されている任意の委員会を設置していると回答した会社は約2割（同31社のうち5社）であるとされている（同書29頁〜30頁〔図表15〕）。なお、具体的な委任事項については、別冊商事法務編集部編・前掲注74）65頁（図表84）参照。

[82] 神田＝山中・前掲注54）30頁（図表4）。ただし、重要な業務執行の決定が実際に委任されていることまでを含意するわけではない。前掲注79）参照。具体的な委任事項については、別冊商事法務編集部編・前掲注74）65頁（図表84）参照。

[83] 神田＝山中・前掲注54）31頁（図表6）。ただし、当該委員会に権限が委譲されていることまでを含意するわけではない。その後、現在では、東証に上場している監査等委員会設置会社857

32　第1章　日本法の展開と現状

第3項　小括

　モニタリング・モデルの受容に伴う会社内部の権限分配の変容として、指名委員会等設置会社における3委員会および監査等委員会設置会社における監査等委員会の権限が挙げられるが、この権限は、個別の会社の定款や取締役会決議によって取締役会から委員会に委譲されるのではなく、画一的に会社法上規定されている[84]。また、取締役会設置会社において、取締役会が業務執行の決定を行うとされ（会社法362条2項1号）、取締役会一般について、原則として「重要な業務執行の決定を取締役に委任することができない」（同条4項）とされている。実態として、経営委員会等を除き、指名委員会または報酬委員会に相当する任意の委員会の設置は現時点においては必ずしも一般的でない。

第2節　上場会社の役員の義務と責任

　前節で述べた取締役会による監督の在り方——取締役会内部における権限分配を含む——を踏まえ、上場会社の役員の義務と責任を分析する[85]。

社のうち、指名委員会または報酬委員会に相当する任意の委員会が「有」とする会社は、約23%（194社）である（東証・前掲注54）から検索可能〔2018年6月27日時点〕）。
[84]　このことが役員の義務と責任について生じさせ得る課題について、後述第5章第2節第2款第3項3参照。
[85]　私法学会シンポジウムとして、①川又良也（司会）「役員の責任」私法42号77頁以下（1980年）、②森田章（司会）「取締役の義務と責任」私法68号56頁以下（2006年）参照。後者に係る報告として、商事法務1740号4頁以下（2005年）掲載の各論稿参照。

第2節　上場会社の役員の義務と責任　　33

第1款　考察の視点

1　経営者の責任

　日本では、業務執行権限を有する上場会社の取締役にその責任を認める判決が現在では見受けられるが、これはおおむね 1993 年以降にみられているものである。

　すなわち、取締役の対会社責任について、①株主代表訴訟の提起に要する手数料額の引き下げ（同年）[86] 前においては、株主代表訴訟制度は活用も濫用もされず[87]、また、②会社を代表して取締役の責任を追及する監査役（平成 5 年改正前商法 275 条ノ 4）にもその誘因が乏しかったと考えられる[88]。取締役の対第三者責任について、会社が倒産した場合の債権者からの責任追及（同 266 条ノ 3）も稀であったと考えられる[89]。このため、上場会社における典型的な場面として特に不実開示に係る取締役の責任が問題になるが、平成 16 年証券取引法改正前においては、投資家が役員[90] の開示責任を追及する誘因が乏しかったと考えられる[91]。以上から、上場会社の経営者の責任が追及されることが稀であったと考えられる。

---

[86]　前述本章第 1 節第 1 款第 2 項(4)参照。

[87]　アメリカ法と異なり、「わが国では、株主の代表訴訟は、それを採用してからまだ日も浅く、十分に活用されていないし……、濫用の弊害も生じていないようである。」（大森忠夫＝矢沢淳編集代表『注釈会社法（4）株式会社の機関』503 頁［北沢正啓］〔有斐閣、1968 年〕）と指摘された。同箇所を踏まえた指摘として、田中英夫＝竹内昭夫『法の実現における私人の役割』45 頁（東京大学出版会、1987 年）参照。その後の論稿として、竹内昭夫「株主代表訴訟の活用と濫用防止」商事法務 1329 号 34 頁以下（1993 年）参照。

[88]　近藤・前掲序注 19）10 頁、近藤光男『会社支配と株主の権利』144 頁（有斐閣、1993 年）参照。併せて、渋谷光子「取締役会」ジュリスト 686 号 47 頁以下、52 頁（1979 年）（「取締役の会社に対する責任が現実に追及されることがきわめて少なかったことに最大の問題があった」とする）参照。

[89]　上柳＝鴻＝竹内編集代表・前掲注 32）300 頁〜301 頁［龍田節］参照。

[90]　発行会社の取締役、監査役および執行役を主として念頭に置いている。

[91]　後述本節第 3 款第 1 項 3 参照。併せて、近藤光男「取締役の責任とその救済（三）——経営上の過失をめぐって——」法協 99 巻 9 号 1 頁以下、62 頁（1982 年）参照。

34 第1章 日本法の展開と現状

これに対し、1993年以降、取締役の対会社責任について株主代表訴訟が提起され[92]、会社による責任追及もみられている[93]。また、取締役の対第三者責任についても、平成16年証券取引法改正以降、不実開示の場面で取締役が投資家からその責任を追及されており、責任を認める判決がみられている[94]。

2 監督者の責任——CheffinsとBlackによる日本法の分析

会社法制定以前となる2005年までを対象としたCheffinsとBlackによる日本法の分析は、以下の通りである[95]。

会社による責任追及については、社外取締役が一般的でないことと相まって、会社がその身内といえる取締役を被告として提訴することは一般的に回避されている。株主代表訴訟制度は1950年から存在したが、同制度は1990年代まで多くの場合用いられなかった。取締役が会社法上の義務に違反した場合、せいぜい辞職する程度であったであろう。[96]

平成5年商法改正はこの状況を変化させ、代表訴訟の提起は2年あたりで改正前の1件から改正後は100件まで増加したが、取締役がその責任を認められる危険は件数の増加ほどには増加したわけではなく、取締役の行為が刑事法に反する場合を除き、原告株主が勝訴することは稀であり、和解も一般的ではない。しかし、①平成12年の大和銀行株主代表訴訟事件[97]と、②住友商事が関

---

[92] *See* Tomotaka Fujita, *Transformation of the Management Liability Regime In Japan in the Wake of the 1993 Revision, in* TRANSFORMING CORPORATE GOVERNANCE IN EAST ASIA 15, 17 (Hideki Kanda, Kon Sik Kim & Curtis J. Milhaupt eds., 2008).

[93] *See, e.g.*, Kenichi Osugi, *Directors' Liability and Enforcement Mechanisms in Japan, in* GERMAN AND ASIAN PERSPECTIVES ON COMPANY LAW: LAW AND POLICY PERSPECTIVES 57-58 tbls.6 to 10 (Holger Fleischer, Hideki Kanda, Kon Sik Kim & Peter Mülbert eds., 2016).

[94] 後述本節第3款第2項参照。

[95] Brian R. Cheffins & Bernard S. Black, *Outside Director Liability Across Countries*, 84 TEX. L. REV. 1385, 1457-62 (2006).

[96] *Id.* at 1458-59.

[97] （紹介者注）後述本章第2款第2項4(2)参照。

与した平成 13 年の和解[98] によって、取締役の責任が認められることへの懸念が強まり、取締役の責任制限制度が平成 13 年に導入[99] されている。[100]

　以上に対して、主に会社債権者と株主による取締役の対第三者責任の追及（平成 17 年改正前商法 266 条ノ 3 第 1 項）については、閉鎖会社で一般的である。目論見書や継続開示書類に不実記載がある場合、投資家が被った損害に対する責任が取締役に認められ得るが、日本では同様の訴訟をほとんど聞かない。これは、弁護士の成功報酬が認められておらず、また、請求額に応じて原告が支払うべき手数料が訴訟の提起を抑制しているためである。[101]

　以上を背景に、商法は、会社補償[102] と D&O 保険について明示的な規定を置いていない。会社が取締役に補償することが認められるかどうかは判然とせず、D&O 保険も 1990 年まで全く販売されてこなかった。もっとも、1990 年代末には、7 割から 8 割の上場会社が D&O 保険を購入している。[103]

　以上が、2006 年時点における Cheffins と Black の分析である。

---

[98]　（紹介者注）住友商事の従業員による銅の不正取引事件である。本文中の和解については、現在では会社ウェブサイト等における一次資料が見当たらないようである。ただし、株主代表訴訟による和解金は元社長ら 5 人に対して 4 億 3,000 万円に上ったとの当時の報道がある（日経産業新聞「住商株主代表訴訟で和解金 4 億 3000 万円」〔2001 年 3 月 21 日〕30 面）。

[99]　（紹介者注）同年 12 月改正（平成 13 年 12 月 12 日法律第 149 号）によるものである。一定の要件の下で、代表取締役では報酬等の 6 年分、取締役（代表取締役および社外取締役を除く）では同 4 年分、社外取締役では同 2 年分まで責任を軽減することが認められた（同年改正商法 266 条 7 項および同条 12 項 1 号、同条 17 項、同条 18 項）。

　責任軽減制度について、Cheffins と Black は以下のように指摘している。同制度は、取締役に重過失がある場合や違法配当による責任等には適用されないこと、当該定めを定款に置いた場合は報酬等の額を開示する必要があること等から、当初はほとんど用いられなかった。しかし、社外取締役の責任が報酬等の 2 年分に制限された場合、株主代表訴訟の原告がその訴訟の被告から社外取締役を除外するには十分に低い金額であると考えられる。Cheffins & Black, *supra* note 95, at 1460-61.

[100]　*Id.* at 1459-60.

[101]　*Id.* at 1461.

[102]　（紹介者注）後述本章第 3 節第 2 款第 1 項参照。

[103]　*Id.* at 1461-62.

36　第1章　日本法の展開と現状

3　株主代表訴訟における和解の現状

　Cheffins と Black が挙げた2件以外にも、日本の株主代表訴訟における主な和解[104] には、2000年12月以前に少なくとも5件があるようである[105]。

　株主代表訴訟において和解した場合、現行法の下で、当該和解金に対する会社補償が認められるかどうかについての裁判所の立場は必ずしも明らかでないところ、これが認められないとの解釈もみられている[106]。そこで、当該和解金に対して D&O 保険の保険金の支払が認められるかどうかが問題になるところ、当該和解金について、現在日本で普及しているとされている Side A の D&O 保険では、免責事由がある場合等を除き、保険会社が役員に保険金を直接支払うことが認められ得る[107]。

---

[104]　日本では、従来、代表訴訟を和解によって終結させることができるかどうか必ずしも判然としなかったが（前田雅弘「株主代表訴訟と和解」法学論叢134巻5＝6号247頁以下、248頁〔1994年〕参照）、平成13年12月商法改正（前掲注99）参照）によって訴訟上の和解について明文の根拠が設けられた（同年改正商法268条5項～7項）。例えば池田辰夫「株主代表訴訟における和解」小林秀之＝近藤光男編著『新版・株主代表訴訟大系』281頁以下、302頁～305頁（弘文堂、2002年）参照。

[105]　各会社のウェブサイト等における一次資料は現在では見当たらないようであるが、①1997年10月の日本航空電子工業元役員3人が1億円で、②1998年10月に野村證券元役員ら6人が3億8,000万円で、③1999年12月に日立製作所元専務が1億円で、④2000年2月に第一勧銀元役員ら5人が1億2,700万円で、⑤2000年12月に鹿島元社長ら2人が4,000万円で、それぞれ和解したとの当時の報道がある（日経産業新聞・前掲注98）30面）。①事件について、後述本節第2款第2項4(1)参照。

[106]　例えば弥永・後掲注311）148頁～149頁参照（「対会社責任については、賠償責任額を制限し、または賠償責任を一部免除することを認める規定が設けられていることの反対解釈として、和解金・賠償金の補償は許されていないと解するのが自然であるという見方もありえよう」とする）。関連して、後掲注311）およびこれに対応する本文を参照。

[107]　神田秀樹＝中原裕彦＝中江透水＝武井一浩「座談会『コーポレート・ガバナンスの実践』に関する会社法の解釈指針について」商事法務2079号4頁以下、22頁〔中江透水発言〕（2015年）参照。株主代表訴訟において D&O 保険の保険金の支払を前提に当事者が早期に和解する誘因を有し得る点でアメリカ法と類似する面があると考えられる。他方、不実開示の場面では告知義務違反が問題となり得る。後述本章第3節第3款第5項参照。

4 概観と検討課題

以上を踏まえると、日本の上場会社における経営者と監督者について、「保護の層」[108] の状況を含め、3 法域と比較して、責任・救済法制の相違がどこに存在し、その結果、両者が個人で出捐する可能性について具体的にどのような相違があるのか、という点が検討課題になる[109]。以下、上場会社を念頭に、①日本の裁判所が経営者と監督者にどのような義務と責任を課しているのかを各場面ごとに具体的に分析した上で[110]、②日本法の下における責任からの救済の在り方を分析する[111]。

---

[108] アメリカ法では、社外取締役が個人の出捐を伴う責任を認められることが和解も含めて稀であること、および、その背景として、①責任法制、②会社補償および③D&O 保険の 3 つが「保護の層」として機能していることが指摘されている（後述第 2 章第 2 節第 1 款 2(2)参照）。

[109] 役員の責任を含む 1955 年から 2015 年までの商事判例の歴史的な概観として、前田重行＝神田秀樹＝神作裕之＝齊藤真紀＝田路至弘＝吉原朋成「座談会・時代を彩った商事判例を振り返る」神田秀樹監修『時代を彩る商事判例』353 頁以下（商事法務、2015 年）が参考になる。

公刊裁判例を対象とした弁護士による調査では、1993 年から 2004 年までに判決が出される等した主要な公刊裁判例（役員の対会社責任が追及されたもの）が 164 件あるとされている（澤口実『新しい役員責任の実務――最近 10 年間の裁判例の分析――』190 頁～215 頁〔商事法務、2005年〕）。これに対し、1993 年から 2011 年までに期間を拡大したより新しい調査では、不実開示に係る責任が追及されたものを含め、裁判例は少なくとも 334 件あるとされている（澤口実編著『新しい役員責任の実務［第 2 版］』348 頁～397 頁〔商事法務、2012 年〕）。さらに、1993 年から 2016年までに期間を拡大した調査では、それは少なくとも 434 件あるとされている（澤口実＝奥山健志編著『新しい役員責任の実務［第 3 版］』416 頁～475 頁〔商事法務、2017 年〕）。また、平成 6年から平成 21 年までに会社の法令等違反に係る役員の責任が株主代表訴訟で追及され、判決が出された事案が少なくとも 12 件みられる（龍岡資晃＝小出篤監修『企業不祥事判例にみる役員の責任』1 頁～163 頁〔経済法令研究会、2012 年〕）。

以上のように、役員責任追及訴訟の提起が目立ってきており、上場会社の役員の責任・救済法制の在り方を検討することの必要性が増している。

[110] 後述本節第 2 款および同第 3 款参照。

なお、法的拘束力を有するものではないが、社外取締役の職務と責任の在り方については、弁護士会による検討もされている（日本弁護士連合会司法制度調査会社外取締役ガイドライン検討チーム編『「社外取締役ガイドライン」の解説［第 2 版］』57 頁～79 頁、186 頁～190 頁〔商事法務、2015 年〕〔社外取締役の善管注意義務の法的分析〕）。

[111] 後述本章第 3 節参照。

38　第1章　日本法の展開と現状

　前者（①）については、法改正等により[112]、Cheffins と Black による分析が必ずしも妥当しない面が生じている[113]。特に社外取締役の設置が進んだこと等から、社外取締役等がその責任を追及される事例が生じ、責任を認めた判決もみられている[114]。

第2款　会社に対する責任

第1項　分析の視点

　本款では、業務執行取締役および社外取締役を始めとする非業務執行役員の対会社責任を分析する[115]。日本法は、会社法423条において役員等の会社に対する任務懈怠責任を規定しており、主に同条が問題となる[116]。

　本書は、役員の対会社責任が問題となる場面を3類型に分け、他の3法域も同じ類型に基づいて分析する。すなわち、まず、①「決定が問題となる場面」

---

[112]　このほか、平成16年以降の証券取引法の改正について、後述本章第2節第3款第1項3参照。

[113]　損害賠償請求権の譲渡を受けた第三者からの責任追及、特に破綻金融機関の取締役の責任を整理回収機構が追及した事例については、岩原紳作「金融機関取締役の注意義務──会社法と金融監督法の交錯──」落合還暦『商事法への提言』173頁以下、175頁～176頁、185頁～210頁（商事法務、2004年）、同「銀行融資における取締役の注意義務──カブトデコム事件高裁判決を中心として──〔上・下〕」商事法務1741号4頁以下、1742号4頁以下（2005年）参照。このほか、吉井敦子『破綻金融機関をめぐる責任法制』311頁～337頁（多賀出版、1999年）（金融機関の取締役の注意義務）、山田剛志「金融機関の破綻と銀行取締役の注意義務」ジュリスト1237号220頁以下（2003年）等が挙げられる。

[114]　特に業務執行の決定に伴う責任や監視義務違反による責任（以上、対会社責任）および不実開示の場面における金融商品取引法（以下「金商法」という）上の責任（以上、対第三者責任）が問題になる（後述本節第2款および同第3款参照）。

[115]　以下、対会社責任（第2款）と対第三者責任（第3款）とを分けて検討している。これは、前者のみが株主代表訴訟の対象となる等、責任と責任追及に係る法制度が異なるためである。

[116]　同条の沿革については、岩原紳作編『会社法コンメンタール9──機関(3)』226頁～231頁〔森本滋〕（商事法務、2014年）参照。

　最判平成21・3・10民集63巻3号361頁、364頁は、「取締役ノ責任」（平成17年改正前商法267条1項）には、「取締役の地位に基づく責任のほか、取締役の会社に対する取引債務についての責任も含まれると解するのが相当である。」とした。

第 2 節　上場会社の役員の義務と責任　　**39**

を分析し[117]、この場面の 1 つとして経営判断原則の適用を検討する[118]。その上で、決定が問題とならない場面、すなわち、取締役会や委員会等の決定が存在しない場面[119]を、②「他の取締役の行為が問題となる場面」(主に監視義務違反が問題となる場面)と、③「従業員等の行為が問題となる場面」(主に内部統制システムおよび監督義務違反が問題となる場面)[120]に区分する[121]。

　この背景には、各法域では経営者と監督者の責任を認める判決が稀であるのに対し、日本では両者の責任を認める判決が見受けられるのはなぜか、という問題意識があり[122]、特に日本法が、①主に経営者の責任について経営判断原則を一般的な射程を有する判例ないし法規範として確立しておらず[123]、また、②

---

[117]　「決定が問題となる場面」とは、取締役会や委員会等の決定が問題となり、決定自体の違法性から役員の責任が問題となる場面である。典型的には、取締役会や委員会の決議事項について取締役会や委員会で決議がされ、当該決議が問題となる場合がこれに当たる。また、この場面には、取締役会から委譲された業務執行の決定権限を有する取締役(代表取締役を含む)が業務執行の決定をした場合が含まれる。後述本款第 2 項 1 および同 2 参照。決定の有無に着目する分類は 3 法域においても可能である。

[118]　注意義務違反に基づき取締役に責任が認められた事案は各法域で限られており、これは経営判断原則が主な理由であると指摘されている。Paul L. Davies & Klaus J. Hopt, *Corporate Boards in Europe: Accountability and Convergence*, 61 Am. J. Comp. L. 301, 347 (2013). このため、業務執行取締役の責任については経営判断原則の有無およびその適用の有無が特に問題となる(後述本款第 2 項 1 参照)。併せて、本書は、「決定が問題となる場面」のうち、経営判断原則が適用されているわけではないと解される裁判所の判断を分析している(後述本款第 2 項 2 参照)。

[119]　取締役会や委員会等の決定が存在しない場合とは、特に取締役会や委員会の決議事項でない事項に係る義務違反と責任が問題となる場合であるが、例えば委員会の法定決議事項でない事項について委員会で決定がされる場合もあり得る(後述本款第 2 項 2(5)参照)。本書は、このような場合も「決定が問題となる場面」に分類している。これは、監視義務違反または監督義務違反が問題となる場面を狭義かつ明確に定義するためである。

[120]　取締役でない執行役員の行為が問題となる場合は、この場面に含まれる。

[121]　この区分は、判例および学説で承認されてきた義務として、監視義務とリスク管理体制の構築義務が重要であると考えられることを踏まえている(神田・前掲序注 1) 228 頁～232 頁参照)。

[122]　経営判断原則が適用されれば義務違反による責任を免れるため、同原則が適用される場面以外において、経営者と監督者の義務違反と責任の有無が問題になる。

[123]　後述本款第 2 項 1 参照。

40　第 1 章　日本法の展開と現状

経営者と監督者の責任について両者に課される「監視義務」と「監督義務」の内容が明確でない点[124]で検討を要すると考えることがある。

　「監視義務」や「監視・監督義務」等とこれまで表現されてきた義務は、非上場会社における取締役の対第三者責任について、会社が倒産した場合の債権者からの責任追及において争われることが多かった[125]。しかし、社外取締役を設置し、取締役会の内部で経営者と監督者が分離されつつある上場会社の経営者と監督者の監視義務として、この従来の「監視義務」は妥当でない。両者が対会社責任について負うべき監視義務の内容について、これを具体的な場面に即して分析し、各法域における裁判所の判断を踏まえ、その内容を具体化することが有益であると考える[126]。

---

[124]　「監視義務」は条文上定義されているわけではなく、確立された定義はなお存在しない。このため、「監視義務」は、「監視・監督義務」や「監督義務」と表現されることがあり、様々な用語法がみられる。すなわち、①取締役に対する義務を監視義務、従業員に対する義務を監督義務とするもの（澤口＝奥山編著・前掲注109）136頁は、「最近の裁判例では、他の役員を対象とするのを監視義務、従業員を対象とするのを監督義務と区分して使用されることが多い。」とする、松本伸也「取締役の監視義務──定義・射程・そして刑法との交絡──〔上〕」商事法務1971号34頁以下、36頁～38頁〔2012年〕等）、②いずれも監視義務とするもの（大杉謙一「役員の責任──経営判断原則の意義とその射程」江頭憲治郎編『株式会社法大系』307頁以下、325頁〔有斐閣、2013年〕）、③いずれも監督義務とするもの（南健悟「企業不祥事と取締役の民事責任──法令遵守体制構築義務を中心に──（一）」北大法学論集61巻3号1頁以下、4頁～6頁〔2010年〕）等がみられる。また、「監視義務」概念について、「受動的監視義務」（取締役会に上程された事項に関する監視義務）と「能動的監視義務」（取締役会に上程されない事項に関する監視義務）を区別する見解もみられる（弥永真生『リーガルマインド 会社法〔第14版〕』233頁〔有斐閣、2015年〕、最判昭和48・5・22民集27巻5号655頁、656頁〔後掲注169）〕参照）。
[125]　ここでは、①会社の代表取締役が主に被告とされていたと考えられる。また、②このような会社では、取締役会の内部で経営者と監督者が分離されていたわけではなく、取締役は総じて従業員出身の業務執行者として、社外取締役でない均質な取締役であったといえる。このため、業務執行に対する関与の在り方の相違に応じて取締役ごとに異なる監視義務を認める必要が生じなかった面がある。
[126]　取締役会決議が存在する場合は、取締役会に上程された事項について社外取締役自身が決議に参加するため、これを「監視義務」概念からまず除き、次に、同決議が存在しない場合について、行為の主体に着目し、これを他の取締役の行為と従業員の行為とに区分している。この区分は、本書が採用する狭義の監視義務違反が主として問題となる場面と、内部統制システムおよび監督義務違反が主として問題となる場面との区別に対応する。これまでの学説では、背景の異なる様々な場面が、「監視義務」、「監督義務」、「監視・監督義務」の対象として論じられ、具体的

第2項　裁判所の判断

1　決定が問題となる場面①──経営判断原則

　日本法の下で、「経営判断原則」は法文上の用語ではなく、裁判所の一定の判断に対する呼称であるため[127]、本書の課題を検討する上で、①日本で「経営判断原則」と呼ばれている裁判所の判断をまず明らかにする必要がある。その上で、②どのような場合に経営判断原則の適用が否定され、経営者と監督者の責任が生じ得るのかを検討する[128]。

　ここでの課題は、上場会社の経営者が、業務執行の決定と業務の執行に伴う対会社責任をどのように認められており、3法域と比較してこれにどのような相違点があるのかを明確にすることである[129]。

な議論が必ずしも深められていたわけではない。本書は、以上の類型に基づき、各類型における経営者と監督者の責任について日本法と3法域とを具体的に比較している。

[127]　先行研究については、後述本款第3項2参照。

[128]　平成5年商法改正後の株主代表訴訟の増加を背景に、経営判断原則について論じられることも多くなっているが、同原則の意義とその適用の具体的な範囲および要件についてはむしろ多様な理解がみられていると指摘されている（近藤光男「経営判断原則・総論」近藤光男編著『判例法理　経営判断原則』3頁〔中央経済社、2012年〕）。

[129]　次に述べるアパマンショップ事件判決前における事案として、上場会社の取締役に対して株主代表訴訟が提起された最判平成5・9・9民集47巻7号4814頁（三井鉱山事件）が重要である。理論的側面等について、神田秀樹「三井鉱山事件に関する理論的問題」商事法務1082号2頁以下（1986年）、前田＝神田＝神作＝齊藤＝田路＝吉原・前掲注109）369頁〜370頁〔神田秀樹発言〕、評釈として、神田秀樹「判批」岩原紳作ほか編『会社法判例百選〔第3版〕』46頁以下（有斐閣、2016年）参照。調査官解説として、野山宏「判批」最判解民事篇（下）平成5年度795頁以下参照。

　このほか、非上場会社に関する事案として、例えば①福岡高判昭和55・10・8高民集33巻4号341頁（福岡魚市場株式会社事件）では、経営が破綻に瀕した子会社に対する融資を継続した親会社取締役の忠実義務違反が争われ、裁判所は、当該取締役の経営判断の過程を審査した上で忠実義務違反を否定している。また、②東京地判平成16・9・28判時1886号111頁（そごう旧取締役損害賠償査定異議訴訟判決）では、民事再生手続の開始決定を受けた百貨店が、その旧取締役らに対し、海外における出店のために行った貸付およびその回収に善管注意義務・忠実義務違反があったとして損害賠償請求権の査定を申し立て、裁判所は、取締役の責任の判断基準について述べた上で、役員の義務違反を否定している。評釈として、加藤貴仁「本件判批」商事法務

42　第1章　日本法の展開と現状

(1)　アパマンショップ事件判決(平成22年)[130]

[事実]　傘下の子会社を完全子会社化するに際し、会社の代表取締役の諮問機関である経営会議において、当該子会社の株式を特定の株主から1株当たり5万円で買い取る旨の決定がされた。当該経営会議でこれを決定した取締役3名(代表取締役を含む)に対し、当該決定に善管注意義務および忠実違反があったとして株主代表訴訟が提起された。

[原審の判断]　①買取価格について十分な調査と検討がされていないこと、②完全子会社化することが経営上どの程度有益な効果を生むかという観点からの検討が十分にされていないこと、③株式の1株当たりの価値は1万円であったと認められ、買取価格の設定に何ら合理的な根拠または理由を見出すことができないこと、を理由に、請求のほぼ全額を認容した[131]。

[判旨]　事業再編計画の策定は、経営上の専門的判断に委ねられているとした上で、「株式取得の方法や価格についても、取締役において、株式の評価額のほか、取得の必要性、参加人の財務上の負担、株式の取得を円滑に進める必要性の程度等をも総合考慮して決定することができ、その決定の過程、内容に著

1832号95頁以下(2008年)参照。その後、③東京高判平成20・5・21判タ1281号274頁(ヤクルト株主代表訴訟控訴審判決)では、会社の資金運用の一環としてのデリバティブ取引により多大な損失が発生したことから取締役等に対して株主代表訴訟が提起され、裁判所は、会社内部の決済規程において当該取引の決裁権限を有する担当取締役については善管注意義務違反を理由として責任を認めた一方、それ以外の取締役と監査役については監視義務違反を否定した原審(東京地判平成16・12・16判時1888号3頁、69頁～70頁)の判断を是認している(最決平成22・12・3平20(オ)1188号・平20(受)1440号LEX/DB25470403)。

[130]　最判平成22・7・15集民234号225頁。落合誠一「本件判批」商事法務1913号4頁以下、13頁(2010年)は、本判決を「高く評価」する。主な評釈等として、このほか、近藤光男「最近の株主代表訴訟をめぐる動向〔下〕」商事法務1929号39頁以下、42頁～44頁(2011年)、北村雅史「本件判批」ジュリスト1420号138頁以下(2011年)等参照。

　原審は、東京高判平成20・10・29金判1304号28頁、第1審は、東京地判平成19・12・4金判1304号33頁。

[131]　金判1304号28頁、31頁～33頁。

しく不合理な点がない限り、取締役としての善管注意義務に違反するものではないと解すべきである。」[132]と判示した。

［検討］　本判決は民集登載判例とされておらず、下級審裁判所の判断を統一する一般原則として最高裁判所が経営判断原則を示したわけではないと一般に理解されている[133]。

(2) 同事件判決後の裁判所の立場と経営判断原則の現状

同事件判決後、経営判断に係る決定が問題となる様々な場面で下級審裁判所の判断が蓄積されてきている。下級審裁判所は、同事件判決を明示的に参照しているわけではないが、決定の過程、内容に著しく不合理な点がないかどうかを本案審理において個別かつ詳細に審査し、取締役の義務違反の有無を判断している[134]。

---

[132]　集民234号225頁、231頁。

[133]　本判決の射程は一定の場面に限定されていると解される。田中亘「判批」ジュリスト1442号101頁以下、103頁（2012年）参照（「本判決は、子会社株式の買取りという特定の経営判断に特化した書きぶりになっているから、これをもって、経営判断の一般的な審査基準を最高裁が定立したと断言することはできない。」とする）。本件は、決定が問題となった事案であり（前掲注117）参照）、決定が存在しない場面、すなわち、「他の取締役の行為が問題となる場面」および「従業員等の行為が問題となる場面」にも射程を有する判示ではないと解される。

[134]　例えば以下が挙げられる。①東京地判平成25・2・28金判1416号38頁、55頁は、グループ会社の経営再建の過程における金融取引等が取締役会で決議され、取締役会に議案を提出した取締役に善管注意義務違反があったとして株主代表訴訟が提起された事案において、「決定の過程、内容に著しく不合理な点がない限り、取締役としての善管注意義務に違反するものではない」として義務違反を否定した（東京高判平成26・1・21平25（ネ）2121号Westlaw2014WLJPCA01216004が控訴を棄却）。また、②東京高判平成28・7・20金判1504号28頁、39頁は、会社による他社株の取得が不成立となり、これに係る取締役の善管注意義務ないし忠実義務違反と監査役の善管注意義務違反による各責任が株主代表訴訟で追及された事案において、「決定の過程、内容に著しく不合理な点がない限り、取締役としての善管注意義務に違反するものとの評価を受けることはない」等として義務違反を否定している。他方で、③大阪地判平成25・1・25判時2186号93頁、103頁は、会社が保有する他社の株式を廉価で売却した取締役3名の責任を会社が追及した事案において、「その判断過程にも判断内容にも著しい不合理が認められることは明らかである」として責任を認めている。以上が抱える課題について、後述第5章第2節第2款第3項2参照。

44 第1章 日本法の展開と現状

2 決定が問題となる場面②

次に、決定が問題となる場面に係る裁判例のうち、経営判断原則が適用されているわけではないと解されるものを検討する。

(1) ネオ・ダイキョー自動車学院株主代表訴訟事件判決（平成 12 年）[135]

［事実］　非上場会社において、会社が他社所有の建物等を購入した取引についてその取締役会で承認決議がされたことが利益相反行為および法令・定款違反行為に該当するとして、その取締役（代表取締役および非常勤のいわゆる社外取締役を含む）を被告として株主代表訴訟が提起された。取締役会議長を務め、当該承認決議に参加せず、決議に先立って賛成も反対もしないという立場を表明していた当該非常勤取締役の責任も問題になっている。

［第 1 審判旨］　当該代表取締役については、当該取引が利益相反取引であることにつき故意または過失があるとして賠償責任を認めた。当該非常勤取締役については、取締役会の決議自体には参加していないものの、本件取引の承認を阻止できる立場にありながら「慎重に審議するように」と告げるだけで採決に持ち込んだことがその監視義務に反すると判示した[136]。

［控訴審・上告審判旨］　これに対し、控訴審では、当該代表取締役らについてはその責任を認めた一方[137]、当該非常勤取締役については、取締役会の議長としての権限は「最小限の司会者としての権限しかないというべき」[138]であり、本件取引の詳細を知ったのは取締役会の席上が初めてである等としてその義務

---

[135]　最判平成 12・10・20 民集 54 巻 8 号 2619 頁。評釈として、神崎克郎「本件判批」リマークス 24 号 94 頁以下（2002 年）、北村雅史「本件判批」民商 130 巻 4=5 号 795 頁以下（2004 年）、星明男「本件判批」法協 119 巻 5 号 206 頁以下（2002 年）参照。

　　控訴審判決は、大阪高判平成 10・1・20 判タ 981 号 238 頁、第 1 審判決は、神戸地裁尼崎支判平成 7・11・17 判時 1563 号 140 頁。第 1 審判決の評釈として、髙橋美加「判批」ジュリスト 1132 号 156 頁以下（1998 年）参照。

[136]　判時 1563 号 140 頁、145 頁〜147 頁。

[137]　判タ 981 号 238 頁、244 頁〜245 頁。

[138]　判タ 981 号 238 頁、245 頁。

第 2 節　上場会社の役員の義務と責任　　45

違反を否定した[139]。前者の判断に対する上告が受理され、上告審は原審の判断
を是認した[140]。

　　［検討］　決定が問題となる場面で、非常勤のいわゆる社外取締役の責任が比
較的早期に認められたのが、本件の第 1 審判決である。もっとも、控訴審では、
当該非常勤取締役の義務違反が否定されている[141]。

(2)　ダスキン株主代表訴訟事件判決（平成 18 年）[142]

　　［事実］　違法な食品[143] が販売されたこと等に関し、会社の取締役（代表取締
役を含む）と監査役に善管注意義務違反があったとする株主代表訴訟が提起さ
れた。

　　［判旨］　一部変更（請求一部認容）、一部控訴棄却。代表取締役については、
違法な食品の販売継続について、その違法性を知りながらこれを了承したこと
等から、善管注意義務違反による責任を認めた。代表取締役等以外の取締役に

---

[139]　判タ 981 号 238 頁、245 頁〜246 頁。

[140]　民集 54 巻 8 号 2619 頁、2620 頁〜2621 頁。承認決議において賛成した取締役に責任が認め
られた点については、第 1 審から上告審まで同じである。ただし、第 1 審では平成 17 年改正前
商法 266 条 1 項 4 号の責任が認められているのに対し（判時 1563 号 140 頁、145 頁〜146 頁）、
控訴審（判タ 981 号 238 頁、244 頁〜245 頁）および上告審（民集 54 巻 8 号 2619 頁、2621 頁）
では同条 5 号の責任が認められている。

[141]　本判決の枠組みからは、決定が問題となる場面における取締役の責任を取締役会決議への参
加の有無で区別することが可能とも考えられるが、次の事件（後述本項 2(2)参照）はこの決定の
有無について興味深い事案である。

[142]　大阪高判平成 18・6・9 判時 1979 号 115 頁。最高裁への上告がされたが、上告不受理および
上告棄却決定がされている（最決平成 20・2・12 平 18（オ）1487 号〜1489 号・平 18（受）1720
号〜1723 号 LEX/DB28141097、LEX/DB28141098、LEX/DB28141099、LEX/DB28141100）。評釈
として、山下徹哉「本件判批」商事法務 1898 号 101 頁（2010 年）参照。原審は、大阪地判平成
16・12・22 判時 1892 号 108 頁。これらに対する評釈として、松井秀征「判批［上・中・下］」商
事法務 1834 号 4 頁以下、1835 号 20 頁以下、1836 号 4 頁以下（2008 年）参照。なお、同社の取
締役に対しては、別の株主代表訴訟も提起されている（大阪高判平成 19・3・15 判タ 1239 号 294
頁）。

[143]　具体的には、「人の健康を損なうおそれのない場合」（平成 11 年法律第 160 号による改正前
の食品衛生法［昭和 22 年 12 月 24 日法律第 233 号］6 条）として厚生大臣（当時）が定めるもの
以外の添加物を含み、使用が認められていない添加物を含む食品である（判時 1979 号 115 頁、
119 頁）。

46 第1章 日本法の展開と現状

ついては、「〔違法な添加物が食品に混入していること等を〕自ら積極的には公表しないとの方針については、同取締役会において明示的な決議がなされたわけではないが、当然の前提として了解されていたのであるから、取締役会に出席した上記その他の取締役ら〔社外取締役が含まれる〕もこの点について取締役としての善管注意義務違反の責任を免れない。」[144] とした。その際、当該方針については、「一審被告らはそのための方策を取締役会で明示的に議論することもなく、『自ら積極的には公表しない』などというあいまいで、成り行き任せの方針を、手続き的にもあいまいなままに黙示的に事実上承認したのである。それは、到底、『経営判断』というに値しないものというしかない。」[145] とした。

　[検討]　本件では、取締役会で決議がされたわけではないが、判旨は、自社が販売する食品への違法な添加物混入を「自ら積極的には公表しない」との方針が取締役会で事実上決定されたと判断し、当該取締役会に出席していたことから代表取締役等以外の取締役（社外取締役を含む）の善管注意義務違反に基づく責任を導いている[146]。各取締役の義務違反の有無を判断する際に、社外性は考慮されておらず、代表取締役等以外の取締役に等しく連帯責任が認められている。

---

[144]　判時 1979 号 115 頁、153 頁。
[145]　判時 1979 号 115 頁、154 頁。
[146]　本件では、内部統制システムの構築義務違反も争われているが、同義務違反は否定されており（判時 1979 号 115 頁、144 頁）、本文の判旨から、本件は「決定が問題となる場面」に位置づけられる。経営判断原則の適用との関係については、当該決定は「『経営判断』というに値しないもの」（判旨）とされている。

(3) 佐藤食品工業事件判決（平成 25 年）──業務執行の決定[147]

［事実］　取締役会決議に基づき、訴外会社の CP（コマーシャルペーパー）等を購入したところ、当該 CP が償還されず会社に損害が生じた。CP 購入決議への賛成は取締役の善管注意義務に違反するとして、当該会社が、会社法 423 条 1 項に基づき、その取締役（社外取締役を含む）4 名の責任を追及した。

［原審の判断］　取締役 2 名については、当該 CP の償還が困難であることを認識しながら当該決議に賛成したとしてその責任を認めた一方、社外取締役 2 名については、当該決議に参加したものの、当該 CP が償還されると考えても不合理とは言えない等としてその責任を否定した[148]。これに対して控訴がされた。

［判旨］　控訴棄却。「……〔当該 CP の発行会社の〕償還能力を積極的に肯定するに足りる特段の事情が認められない限り、本件 CP の引受けに賛成することは、被控訴人の取締役としての善管注意義務に違反するものといわざるを得ず、このことは、本件運用禁止決議の存在を踏まえると、被控訴人の取締役全員に均しく当てはまるというべきであ」[149] るとして、当該取締役 2 名の責任を認めた。

［検討］　本件では、原審が、当該取締役 2 名の責任を認めた一方、当該社外取締役 2 名の責任を否定しているが、これは、当該 CP の償還可能性に関する判断の相違によるものであり、社外性がその責任を否定する直接の根拠とされているわけではない。また、控訴審では、CP 購入決議への賛成に係る善管注意

---

[147]　名古屋高判平成 25・3・28 金判 1418 号 38 頁。原審は、名古屋地判平成 23・11・24 金判 1418 号 54 頁。これらの評釈として、木村真生子「本件判批」ジュリスト 1475 号 108 頁以下、110 頁（2015 年）は、控訴審判決に賛成し、条文上、社外取締役の職責は通常の取締役と異ならないため、取締役会決議に賛成した取締役は等しく責任を免れ得ないとしている。なお、上告受理申立てがされたが、不受理とされているようである（Westlaw2013WLJPCA03286005 参照）。
　　本判決以前では、例えば福岡高判平成 24・4・10 判タ 1383 号 335 頁が、委任契約または準委任契約の解除に際して同契約の相手方に支払った金員が民法 651 条 2 項の定める損害賠償の範囲を大幅に上回っており、この金員の支払についての取締役会決議（利益相反取引）に参加した取締役らが株主代表訴訟を提起された事案において、賠償責任が認められている。評釈として、飯田秀総「判批」ジュリスト 1476 号 96 頁以下（2015 年）参照。
[148]　金判 1418 号 54 頁、60 頁～63 頁。
[149]　金判 1418 号 38 頁、52 頁。

48　第1章　日本法の展開と現状

義務違反については、取締役全員に等しく妥当するとされている[150]。すなわち、取締役会で業務執行の決定がされる場合、社外取締役であっても、取締役会決議に参加することで責任を負う可能性を生じさせ得る判旨と解される[151]。

(4) シャルレ事件(MBO 株主代表訴訟事件)判決(平成 27 年)[152]

　[事実]　上場会社(シャルレ)の非上場化のために MBO が計画され、公開買付価格が取締役会で決定されたが、その取締役兼代表執行役がその MBO 担当執行役に対し働きかける等の関与が判明し、当該価格の公正性に対する疑義が生じた。このため、当該取締役会が公開買付について不賛同の決議を行い、当該 MBO が実現しなかった。当該会社の株主が、取締役 5 名(当該取締役兼代表執行役 1 名、取締役 1 名および社外取締役 3 名)の善管注意義務違反および忠実義務違反による責任を株主代表訴訟で追及した。

　[原審の判断]　請求一部認容。社外取締役でない当該取締役 2 名については MBO における「手続的公正性配慮義務」[153]と情報開示義務に違反し、当該社外取締役 3 名については情報開示義務に違反するとしたが[154]、後者については

---

[150]　本件では、CP 購入決議の前に、同様の運用を禁止する別の取締役会決議がされており、当該決議に反することが CP 購入決議への賛成に係る評価に影響している(木村・前掲注 147)110頁～111 頁参照)。

[151]　業務執行の決定が問題となり、これに伴って社外取締役が責任を負う可能性について、本件は典型的とも解される事案である(後述第 5 章第 2 節第 2 款第 3 項 3 参照)。

[152]　大阪高判平成 27・10・29 判時 2285 号 117 頁。原審は、神戸地判平成 26・10・16 判時 2245号 98 頁。原審の評釈として、弥永真生「判批」ジュリスト 1475 号 2 頁以下(2015 年)、志谷匡史「判批」商事法務 2061 号 4 頁以下(2015 年)参照。併せて、山下徹哉「平成 26 年度会社法関係重要判例の分析〔下〕」商事法務 2075 号 85 頁以下、90 頁～91 頁(2015 年)参照。

[153]　原審判決において、「手続的公正性配慮義務」とは、「MBO の手続的公正さ確保に向けての配慮義務」であり、「『公開買付価格それ自体の公正さ』はもとより、『その決定プロセスにおいても、利益相反的な地位を利用して情報量等を操作し、不当な利益を享受しているのではないかとの強い疑念を株主に抱かせぬよう、その価格決定手続の公正さの確保に配慮すべき』義務」(判時 2245 号 114 頁)と定義されている。

[154]　判時 2245 号 98 頁、121 頁。原審判決は、当該社外取締役らに、手続的公正性配慮義務に加え、「代表取締役等の業務執行一般を監視し、取締役会を通じて業務執行が適切に行われるようにする任務も負っていた」(同書 117 頁)としている。この判示は、他の取締役の行為が問題となる場面における社外取締役の監視義務に対応する(後述本項 3 参照)。

損害との間に相当因果関係が認められないとして、前者についてのみ責任を認めた[155]。

［判旨］　一部変更。当該取締役5名の情報開示義務違反をいずれも否定した[156]。社外取締役でない当該取締役2名については、その利益相反行為によってMBO の公正が疑われたことにより会社がその検証、調査等のために支出した費用について責任を認めた[157]。これに対し、当該社外取締役3名については、善管注意義務違反を否定した[158]。

［検討］　本件では、取締役会で決定された公開買付価格自体ではなく、当該決定をめぐって価格の公正性に疑義が生じたことが問題となっている。社外取締役でない取締役2名については、当該決定をめぐる行為にその義務違反と責任が認められたのに対し、原審と控訴審のいずれにおいても、社外取締役の責任は結論として否定されている[159]。

(5) 東芝事件判決（平成28年）[160] ——監査委員会の不提訴の決定

［事実］　指名委員会等設置会社において、その取締役等に対する不提訴の決定を行った監査委員会のメンバーに対し、当該決定に善管注意義務・忠実義務違反があるとして、監査委員4名を被告とする株主代表訴訟が提起された[161]。

---

[155]　判時 2245 号 98 頁、123 頁。

[156]　判時 2285 号 117 頁、134 頁。

[157]　判時 2285 号 117 頁、134 頁〜135 頁。

[158]　判時 2285 号 117 頁、128 頁〜134 頁。

[159]　本件では、社外取締役については、決定への参加が問題となっているわけではなく、他の取締役に対する監視義務（他の取締役の行為が問題となる場面における義務に対応する）が問題となっている。もっとも、本件とは別に、仮に取締役会で決定される公開買付価格自体に違法性が認められる場合には、当該取締役会決議で賛成した社外取締役にも責任が生じる可能性がある。

[160]　東京高判平成 28・12・7 金判 1510 号 47 頁。原審は、東京地判平成 28・7・28 金判 1506 号 44 頁。原審の評釈として、山下徹哉「判批」法教 436 号 140 頁（2017 年）参照（不提訴判断をした監査役や監査委員の任務懈怠責任が追及された先例は見当たらず、本件は極めて珍しい事例であるが、本件は第1次提訴請求の後、損害賠償請求権の消滅時効が完成したため、不提訴判断と因果関係のある損害を観念しやすく、争いになったとする）。

[161]　この場合、監査委員会が選定する監査委員が会社を代表するとされているが（前掲注 77）参照〔本件は平成 26 年法律第 90 号による改正前の事案であるが、この点については同じである〕）、

50   第1章　日本法の展開と現状

［原審の判断］　請求棄却。「責任追及の訴えを提起した場合の勝訴の可能性が非常に低い場合には、会社がコストを負担してまで同訴えを提起することが会社のために最善であるとは解されない」[162] 等として、当該不提訴の決定をした監査委員に善管注意義務・忠実義務違反は認められないとした[163]。

［判旨］　控訴棄却。当該監査委員らは、「合理的に知り得た情報を基礎として、不提訴の判断を行ったというべき」[164] であり、また、取締役等に対し「責任追及の訴えを提起した場合の勝訴の可能性は非常に低いというべき」[165] である等として、控訴を棄却した[166]。

［検討］　委員会の決定が問題になった現時点で代表的な事案と見受けられる。社外取締役が監査委員会のメンバーまたは会社を代表する監査委員として提訴または不提訴の決定を行う場合、当該決定に係る義務違反が認められれば、その責任が生じ得ることが明確にされてきている[167]。

本件では監査委員会で不提訴の決定がされ（金判1506号44頁、58頁）、当該決定が問題となっている。

[162]　金判1506号44頁、57頁。

[163]　金判1506号44頁、57頁〜60頁。

[164]　金判1510号47頁、56頁。

[165]　金判1510号47頁、56頁。

[166]　その際、一般論として、以下のように判示している。「提訴請求を受けた監査委員の善管注意義務・忠実義務の違反の有無については、当該判断・決定時に監査委員が合理的に知り得た情報を基礎として、同訴えを提起するか否かの判断・決定権を会社のために最善となるように行使したか否かによって決するのが相当である。そして、責任追及の訴えを提起した場合の勝訴の可能性が非常に低い場合には、監査委員が同訴えを提起しないと判断・決定したことをもって、当該監査委員に善管注意義務・忠実義務の違反があるとはいえないというべきである。」（金判1510号47頁、55頁）。

[167]　なお、本件の原審では、当該決定について、これが経営判断であり、同原則の適用を受けるとの主張は当事者からされておらず、争われていないことから、監査委員会の不提訴の決定に経営判断原則が適用されるかどうかについて、原審判決は特に判示していない。

3 他の取締役の行為が問題となる場面——監視義務違反の場面

次の類型が、決定自体が問題とならない下で、他の取締役の行為が問題とな
る場面である[168]。本書は、この場面を監視義務違反の場面として分析する。

(1) 伝統的な判例の立場——対第三者責任における監視義務

監視義務違反については、非上場会社におけるものを中心に伝統的判例が存
在するが[169]、これらは取締役の対第三者責任が問題となった事案であり、上場
会社における役員の対会社責任に現在どの程度妥当するのかは判然としない。
もっとも、以下で検討する事案のように、取締役の監視義務違反による対会社
責任が追及され、その内容が次第に明確にされてきている。

---

[168] 換言すれば、決定自体の違法性が争われ、当該決定を行ったことから取締役と監査役の義務
違反と責任が問題となるのではなく、他の取締役の違法行為があり、これに伴って取締役と監査
役の監視義務違反が問題となる場面である。典型的には、取締役会や委員会の決議が存在しない
中で他の取締役に対する監視義務違反が問題になる場合がこれに含まれる。なお、決定をめぐる
経営者の行為が問題となり、当該行為に対する社外取締役の監視義務違反が問題となる場合（前
述本項2(4)）等、複合的な事案も生じ得るが、このような事案は、当該決定への社外取締役の参
加の有無により区別することができる。

[169] 平成17年改正前商法下における判例として、特に以下が重要である。
　①最判昭和48・5・22民集27巻5号655頁、656頁（マンゼン事件）では、代表取締役の業務
執行に対する取締役の監視義務について判示され、「株式会社の取締役会は会社の業務執行につ
き監査する地位にあるから、取締役会を構成する取締役は、会社に対し、取締役会に上程された
事柄についてだけ監視するにとどまらず、代表取締役の業務執行一般につき、これを監視し、必
要があれば、取締役会を自ら招集し、あるいは招集することを求め、取締役会を通じて業務執行
が適正に行なわれるようにする職務を有するものと解すべきである。」とされた。評釈として、
竹内昭夫「判批」法協91巻12号66頁以下（1974年）（判旨に賛成）参照。
　②最判昭和55・3・18集民129号331頁、334頁〜335頁（大同酸素事件）は、この①事件判
決が示す取締役の監視義務は、「会社の内部的事情ないし経緯によっていわゆる社外重役として
名目的に就任した取締役についても同様であると解するのが相当である。」として、いわゆる社
外重役として名目的に就任した取締役に代表取締役に対する監視義務はないとした原審判決を
破棄し、同部分を原審に差し戻した。評釈として、竹内昭夫「判批」法教1号76頁以下（1980
年）、神崎克郎「判批」判時985号179頁（判評264号41頁）以下（1981年）参照。

52 第1章 日本法の展開と現状

(2) セイクレスト事件判決（平成 27 年）[170]

［事実］ 分譲マンションの販売等を目的とする上場会社 A 社において、営業状態の悪化により、債務超過を解消しない場合には上場廃止となるおそれが生じた。A 社の代表取締役 B は、第三者割当により新株予約権を発行し、X（A 社の非常勤の社外監査役）ら監査役の反対にもかかわらず、当該新株予約権の行使に係る払込金を原資として、訴外 C に対し金員を貸し付ける等した[171]。B は、上場廃止を回避すべく様々な資金調達を行い、その中には金商法違反（偽計取引）となる現物出資が含まれ、後に逮捕・起訴されている。

A 社の破産手続開始決定がされ、Y が破産管財人に選任された。Y は X を含む A 社の役員を相手方とする役員責任査定の申立てを行い、破産裁判所は、X に対する損害賠償請求権の額を 648 万円と査定決定したのに対し、X・Y が異議の訴え・反訴を提起する等した。

［原審の判断］ 査定決定認可。X の善管注意義務違反についての軽過失および A 社と X との間の責任限定契約の適用を認め、A 社の X に対する損害賠償請求権を X の監査役報酬の 2 年分に限定した[172]。

［判旨］ 控訴棄却。X は、A 社の取締役らまたは取締役会に対し、「内部統制システムを構築するよう助言又は勧告すべき義務」[173] および「X を代表取締役

---

[170] 大阪高判平成 27・5・21 判時 2279 号 96 頁。評釈として、弥永真生「判批」ジュリスト 1484 号 2 頁以下（2015 年）、得津晶「判批」ジュリスト 1490 号 119 頁以下（2016 年）参照。上告受理申立がされ、これが不受理とされている（最決平成 28・2・25 平 27（受）1529 号 Westlaw2016WLJPCA02256005）。

　原審は、大阪地判平成 25・12・26 判時 2220 号 109 頁。評釈として、伊藤靖史「判批」リマークス 50 号 90 頁以下（2015 年）、同「判批」ジュリスト 1479 号（平成 26 年度重判解）101 頁以下（2015 年）参照。

[171] 判旨は、当該金員交付が「重要な財産の処分」（会社法 362 条 4 項 1 号）に当たるにもかかわらず、取締役会の承認決議がされていないとした（判時 2279 号 96 頁、116 頁）。

[172] 判時 2220 号 109 頁、125 頁。その際、以下のように判示している。「原告ら監査役が再三に亘り、B の行為が不適切であることは指摘したにもかかわらず、それが受け入れられなかったことが繰り返されたという状況に鑑みると、原告には、上記リスク管理体制構築義務違反に係る勧告義務にとどまらず、B の代表取締役からの解職及び取締役解任決議を目的事項とする臨時株主総会を招集することを勧告すべき義務もあったと認められる。」（同書 124 頁）。

[173] 判時 2279 号 96 頁、120 頁〜121 頁。

第 2 節　上場会社の役員の義務と責任　53

から解職すべきである旨を助言又は勧告すべき義務」[174] に違反したものの、重過失は認められないとして、本件査定決定は相当であるとした[175]。

　［検討］　非常勤の社外監査役に責任が認められた実例である[176]。A 社には 3 名の監査役（①X、②常勤の社外監査役でない監査役 1 名、③非常勤の社外監査役 1 名）がおり、監査役会で監査役の職務分担が定められ、X が経理財務チームを含む部門の監査を担っていたことがその義務違反を基礎づけている[177]。判旨では、社外性や非常勤性が当該社外監査役に課される義務の水準を引き下げる等の判断はされていない。

(3) AIJ 投資顧問事件判決（平成 28 年）[178]

　［事実］　投資信託受益証券を会社が販売する際に、当該会社の代表取締役が当該受益証券の純資産の額を偽る等したために当該会社が第三者に対して損害賠償債務を負担したため、その後破産した当該会社の破産管財人が、当該会社の社外取締役 1 名の当該代表取締役に対する監視義務違反および常勤監査役 1 名の職務執行に対する監査義務違反による各責任を追及した。

　［判旨］　請求棄却。「社外取締役についても、同人が社外の者であることや、業務遂行に関与しない立場にあることを考慮する必要はあるが、一般的な善管

---

[174]　判時 2279 号 96 頁、121 頁。

[175]　判時 2279 号 96 頁、122 頁〜123 頁、124 頁。

[176]　本判決は、会社法 427 条 1 項の重過失に係る判断を初めて示したものと見受けられ、その上で責任限定契約の適用を社外監査役に実際に認めた裁判例として意義が大きい。なお、従来の裁判例では、取締役の任務懈怠を知りつつ何もしなかったか、または監査役自身が不実開示に関与した事案において、監査役に任務懈怠責任が認められる場合がみられていた。例えば①神戸地姫路支決昭和 41・4・11 下民集 17 巻 3=4 号 222 頁（山陽特殊製鋼事件、更生会社の元取締役および監査役に対する違法配当および違法役員賞与支給による損害賠償請求権を査定）、②前述本項 2(2)の事件（ダスキン株主代表訴訟事件控訴審）が挙げられる。これに対し、本件は、社外監査役が、代表取締役の行為を認識し、これに反対の意見を表明し、辞任も含めて対応を検討すること等を述べたにもかかわらず責任が認められた点でも特徴的である（伊藤・前掲注 170）ジュリスト 102 頁）。

[177]　また、本件では、日本監査役協会が策定した「監査役監査基準」にほぼ準拠した「監査役監査規程」が A 社で定められており、同規程から監査役の義務が導かれている（判時 2279 号 96 頁、121 頁）。

[178]　東京地判平成 28・7・14 判時 2351 号 69 頁。

54 第1章 日本法の展開と現状

注意義務の内容は〔社外取締役でない取締役と〕同様に解するのが相当である」[179]とした上で、「〔社外取締役と常勤監査役に〕監視義務ないし監査義務の違反があるというためには、被告らが、代表取締役の違法な業務執行行為を認識していたか、又は少なくとも代表取締役の違法な業務執行を発見することができるような事情若しくは違法な業務執行を行っていることに疑いを抱かせる事情が存在し、かつ、被告らが当該事情を知り得ることが必要である」[180]ところ、これらの事情は認められないとして、両者の義務違反と責任を否定している[181]。

〔検討〕 決定が問題とならない下で他の取締役の行為に対する社外取締役の監視義務違反による責任が追及された最近の実例である。判旨は、社外取締役の監視義務違反を認めるために、代表取締役の違法な業務執行を発見することができるような事情または違法な業務執行を行っていることに疑いを抱かせる事情を当該社外取締役が知り得ることが少なくとも必要であるとしている[182]。

(4) 小括

他の取締役の行為が問題となる場面で、社外監査役にも、自らが監査を担当する事項については常勤監査役と同様に責任が認められている。他方で、他の取締役が違法な業務執行を行っていることに疑いを抱かせる事情等を知り得ることができるかどうかで社外取締役の監視義務違反と常勤監査役の監査義務違反の各有無を区別する判示も地裁段階でみられている。これらの中で、社外性や非常勤性が義務の水準を引き下げる等の判示は見受けられない[183]。

---

[179] 判時 2351 号 69 頁、79 頁。

[180] 判時 2351 号 69 頁、80 頁。

[181] 判時 2351 号 69 頁、80 頁〜83 頁。

[182] 後述第 5 章第 2 節第 2 款第 3 項 4 参照。

[183] 決定が問題となる場面では、当該決定に社外取締役が参加している場合、当該決定に経営判断原則が適用されれば、この結果として社外取締役の行為にも同原則が適用され得る。他方で、他の取締役の行為が問題となる場面では、非業務執行役員の監視義務違反の有無を地裁判決が示したような認識や事情（前掲注 180）およびこれに対応する本文を参照）の有無で区別する場合、このような認識や事情がなければ判断が存在しないことから、同原則の適用は問題にならないものと考えられる。また、このような認識や事情がある場合の監視義務違反の有無について、これが経営判断であるとの理由によって義務違反を否定する判決が出されることが考えにくいとす

第 2 節　上場会社の役員の義務と責任　　55

4　従業員等の行為が問題となる場面——内部統制システムが問題となる場面

最後に、従業員等の行為が問題となる場面を検討する[184]。

(1)　日本航空電子工業株主代表訴訟事件判決(平成 8 年)[185]

[事実]　上場会社が、関税法および外為法違反となる製品の輸出を行った。当該輸出は従業員によって開始され、後に取締役および代表取締役がこれを認識した[186]。代表取締役 1 名および当該部門の担当取締役 2 名を被告として、善管注意義務・忠実義務違反による責任が株主代表訴訟で追及された。

[判旨]　請求一部認容。当該代表取締役 1 名および当該取締役 1 名については、「不正輸出を知りながらこれを阻止せず承認した」[187] ことが善管注意義務・忠実義務に違反するとした。また、当該輸出を主導した当該取締役 1 名についても、善管注意義務・忠実義務に違反するとした[188]。

[検討]　本件では、当該輸出が開始された際に、決裁権限を有する従業員による会社の決定が存在するが、決定が争点となっているわけではなく、従業員による会社の違法行為が取締役の監督義務違反として問題になっている。いずれの取締役についても、従業員の行為と決定による会社の当該輸出の存在とこ

れば、他の取締役の行為が問題になる場面では、経営判断原則の適用は問題にならないように思われる。

[184]　内部統制システムに関する文献として、法制度面について、柿﨑環『内部統制の法的研究』（日本評論社、2005 年）、責任との関係で、柿﨑環「SOX 法制定後の内部統制の展開と取締役の監視義務」石山＝上村還暦『比較企業法の現在』307 頁以下（成文堂、2011 年）が挙げられる。

[185]　東京地判平成 8・6・20 判時 1572 号 27 頁。評釈として、上村達男「判批〔上・下〕」商事法務 1433 号 2 頁以下、1434 号 9 頁以下（1996 年）、吉本健一「判批」商事法務 1562 号 40 頁以下（2000 年）等がある。

[186]　当該輸出を決裁する権限を有する当該従業員が、当該輸出後に取締役に就任し、本件の被告となった経緯がある（判時 1572 号 27 頁、34 頁、36 頁）。

[187]　判時 1572 号 27 頁、36 頁。

[188]　判時 1572 号 27 頁、36 頁〜37 頁。

56　第 1 章　日本法の展開と現状

れが違法であることを認識していたことが取締役の義務違反と責任を基礎づけている[189]。

(2)　大和銀行株主代表訴訟事件判決（平成 12 年）[190]

［事実］　会社（銀行）の海外支店において、その従業員が当該会社に無断かつ簿外で金融取引を行い、当該会社に損害が生じた。株主が、①代表取締役 1 名と同支店長である取締役 1 名を被告として内部統制システム構築義務違反による責任を、また、②その他の取締役と監査役を被告として両取締役の同義務の履行についての監視義務違反による責任を、各追及する代表訴訟を提起した[191]。

［判旨］　請求一部認容。①前者については、会社のリスク管理体制が適切な残高確認を欠くものであり、実質的に機能していなかったとして任務懈怠責任を認め[192]、②後者については、取締役としての監視義務違反と監査役の監査義務違反のいずれをも否定した[193]。

---

[189]　本件では、内部統制システムの構築義務違反や経営判断原則の適用は問題になっていない。なお、当該担当取締役 1 名（従業員兼務のいわゆる平取締役）に約 12 億円の賠償責任が認められている（判時 1572 号 27 頁、38 頁）。

[190]　大阪地判平成 12・9・20 判時 1721 号 3 頁。評釈として、特に岩原紳作「判批〔上・下〕」商事法務 1576 号 4 頁以下、1577 号 4 頁以下（2000 年）参照。

[191]　このように、本件では、①業務執行権限を有する取締役については従業員に対する監督義務違反が、②その他の取締役と監査役については他の取締役に対する監視義務違反が、それぞれ問題となっている。後者については、「他の取締役の行為が問題となる場面」における義務に対応する。

[192]　判時 1721 号 3 頁、32 頁～39 頁。「会社が営む事業の規模、特性等に応じたリスク管理体制（いわゆる内部統制システム）を整備することを要する。」（同書 32 頁）とされている。その上で、「取締役は、取締役会の構成員として、また、代表取締役又は業務担当取締役として、リスク管理体制を構築すべき義務を負い、さらに、代表取締役及び業務担当取締役がリスク管理体制を構築すべき義務を履行しているか否かを監視する義務を負うのであり、これもまた、取締役としての善管注意義務及び忠実義務の内容をなすものと言うべきである。」（同箇所）とした。

[193]　判時 1721 号 3 頁、38 頁～39 頁。当該海外支店における金融取引のリスク管理体制は、「その大綱のみならず具体的な仕組みについても、整備がされていなかったとまではいえず、ただ、財務省証券の保管残高の確認方法が著しく適切さを欠いていたものであること」（同書 38 頁）等を踏まえると、保管残高の確認方法について疑念を差し挟むべき特段の事情がない限り、不適切な検査方法を採用したことについての監視義務違反を認めることはできないとした。社外監査役

第2節　上場会社の役員の義務と責任　57

［検討］　本件では、内部統制システムの運用が主に問題となっていると解される[194]。この下で、従業員による会社の行為について、会社内部の権限分配を踏まえ[195]、当該従業員を監督すべき取締役に責任が認められている[196]。

(3) 三菱石油株主代表訴訟事件判決（平成14年）[197]

［事実］　会社が第三者に対し、報酬の名目で資金を供与し、後に取締役が不知の間に当該資金供与の金額が従業員によって増額された。その後、取締役が当該増額を知り、別の取締役が減額を指示したが、支払済の一部の資金供与については取締役がこれを了承した。当該会社は、当該資金供与を必要経費として税務申告したが、東京国税局によりこれが交際費であると認定され、重加算税を含む追徴課税を受けた。当該会社の株主が、その取締役を被告として、①

について、監視義務違反の有無を判断する際に、非常勤性と社外性が義務の水準を引き下げるとの判示はされていない（同書38頁～39頁）。

[194]　本判決は、リスク管理体制の大綱については、「重要な業務執行」として取締役会で決定する必要があり、その上で、代表取締役および業務担当取締役が、担当部門における体制を具体的に決定すべきであるとしている（判時1721号3頁、32頁）。この点で本件では決定も問題になっているが、リスク管理体制の内容については「経営判断の問題」（同書33頁）であるとして取締役に「広い裁量」を認めており、保管残高の確認方法の不備が義務違反を基礎づけている（同書38頁）。

[195]　当該会社において、会社内部の権限分配は、取締役会の承認を得て作成される「事務分掌規程」によって明確にされ、また、頭取決裁を経て、「決裁権限規程」が作成され、頭取決裁から担当次長決裁までの段階が定められていたと認定されている（判時1721号3頁、19頁）。代表取締役または取締役が有する業務執行の決定権限がそれらの指揮下にある従業員に委譲されていたものと解される。

[196]　このほか、本判決は、法令を遵守するかどうかの判断については、経営判断原則が適用されないとも判示している（判時1721号3頁、41頁～42頁）。

　なお、本判決に対して控訴がされ（同書7頁）、控訴審の大阪高裁で和解金額を2億5,000万円として和解がされたとの報道がみられる（日本経済新聞「大和銀代表訴訟が和解――旧経営陣　2億5000万円支払い」〔2001年12月11日夕刊1面〕）。この額は、原審判決で責任が認められた被告11名の報酬等を基準にして計算されたとの指摘がみられる（河本一郎「大和銀行株主代表訴訟の和解を語る」取締役の法務2002年1月号4頁以下、8頁〔2002年〕）。

[197]　東京高判平成14・4・25判時1791号148頁。原審は、東京地判平成13・7・26判時1778号138頁。両判決の評釈として、宮廻美明「判批」ジュリスト1267号195頁以下（2004年）参照。

58 第1章 日本法の展開と現状

当該利益供与および税務申告についての任務懈怠責任および②他の取締役の行為に対する監視義務違反による責任を各追及する代表訴訟を提起した。

［原審の判断］　請求棄却。当該資金供与は、増額前は違法でないのに対し、増額以降は正当な経営判断に基づくものと認められる合理的な報酬額の範囲を明白に逸脱したものであるが、取締役はこれを認識した後、直ちに減額を指示したとしてその責任を否定した[198]。また、その監視義務違反についてもこれを否定した[199]。

［判旨］　一部変更、請求一部認容。取締役が当該増額を知った時点で、「〔当該従業員の〕行為について綿密な管理監督をしなければならない具体的事情があった」[200] として、監督権限を有する取締役2名（代表取締役社長および同副社長）に善管注意義務違反による責任を認めた[201]。

［検討］　本件（控訴審）では、取締役の従業員に対する監督義務違反が問題となり、取締役が従業員の違法行為を認識した後、適切な監督を行わなかったことが取締役の善管注意義務違反による責任を基礎づけている[202]。

---

[198]　判時 1778 号 138 頁、152 頁〜153 頁。

[199]　判時 1778 号 138 頁、153 頁〜154 頁。

[200]　判時 1791 号 148 頁、151 頁。

[201]　判時 1791 号 148 頁、151 頁。これに対し、その他の取締役の監視義務違反の有無については、当該その他の取締役が当該資金供与を認識した段階で当該代表取締役副社長に報告している等から、「担当取締役に対する監視義務を尽くしていると認められる。」（同箇所）として、それらの善管注意義務違反を否定した。

[202]　本判決後の事案として、①東京地判平成 16・5・20 判時 1871 号 125 頁、141 頁（三菱商事株主代表訴訟事件）では、法令遵守体制の具体的な内容等について具体的主張を行わなかったとして原告の主張に理由がないとし、②東京地判平成 17・2・10 判時 1887 号 135 頁、147 頁〜148 頁（雪印食品株主代表訴訟事件）は、従業員による違法行為の実態に照らして、取締役らが適切な内部統制システムを構築し、これを運営すべき義務を怠ったとの主張に理由がないとしている。

(4) 日本システム技術事件判決（平成 21 年）[203]

本判決は、内部統制システム構築義務違反の有無について最高裁判所が初め
て判断したものと見受けられる点で重要である[204]。ただし、本件は、①第三者
に対する会社の不法行為責任（会社法 350 条）が追及された事案であり、役員
の責任が争われたわけではなく、また、②事例判決と解されるため[205]、取締役
の対会社責任にどの程度妥当するかは必ずしも明確でない[206]。

(5) 小括

従業員等の行為が問題となる場面における内部統制システム構築義務違反の
有無について、取締役の対会社責任の場面で一般的な射程を有する最高裁判例

---

203) 最判平成 21・7・9 集民 231 号 241 頁。評釈として、髙橋陽一「判批」商事法務 1993 号 52
頁（2013 年）参照。原審は、東京高判 20・6・19 金判 1321 号 42 頁。第 1 審は、東京地判平成
19・11・26 判時 1998 号 141 頁。
204) 本件は、取締役がこれを認識しない中で従業員による売上高の架空計上がされ、有価証券報
告書の不実記載が生じたことから損害を被った株主が、代表取締役の行為について内部統制シス
テム構築義務違反があるとして、会社を被告として平成 18 年改正前民法 44 条 1 項に基づき損害
賠償を請求した事案である。
第 1 審および控訴審は、代表取締役が各部門の適切なリスク管理体制を構築すべき義務を怠っ
たとして会社の賠償責任を認めた（判時 1998 号 141 頁、147 頁〜148 頁、金判 1321 号 42 頁、43
頁）。これに対し、上告審は、「上告人〔会社〕は、①職務分掌規定等を定めて事業部門と財務部
門を分離し、②A 事業部について、営業部とは別に注文書や検収書の形式面の確認を担当する B
課及びソフトの稼働確認を担当する C 部を設置し、それらのチェックを経て財務部に売上報告が
される体制を整え、③監査法人との間で監査契約を締結し、当該監査法人及び上告人の財務部が、
それぞれ定期的に、販売会社あてに売掛金残高確認書の用紙を郵送し、その返送を受ける方法で
売掛金残高を確認することとしていた」（集民 231 号 241 頁、249 頁）こと、また、当該架空計上
が「通常容易に想定し難い方法によるものであった」（同箇所）こと等から、「財務部におけるリ
スク管理体制が機能していなかったということはできない。」（同書 250 頁）として、リスク管理
体制構築義務違反を否定している。
205) 本判決の無記名コメント（判時 2055 号 147 頁、148 頁）参照。
206) 髙橋・前掲注 203）57 頁〜58 頁参照。例えば本判決後の事案として、東京地判平成 21・10・
22 判時 2064 号 139 頁（日経株主代表訴訟事件）は、会社の従業員によるインサイダー取引につ
いて会社の取締役（代表取締役を含む）を被告として株主代表訴訟が提起された事案において、
本判決を参照せずに一般的なリスク管理体制の構築義務を認めた上で（同書 149 頁）、当該事案
に即して取締役の同義務違反の有無を具体的に判断し、結論としてこれを否定している（同書 149
頁〜152 頁）。

60 第 1 章 日本法の展開と現状

は示されていない。この下で、下級審裁判例では、会社内部の権限分配上、違法行為を行った従業員を監督すべき取締役（代表取締役を含む）の監督義務違反と責任を認めたものがみられており、責任を負い得る役員とその根拠が明確にされてきている[207]。

第 3 項　学説の展開

次に、取締役の責任に関し、①株主代表訴訟の役割と課題、②経営判断原則および③監視義務と監督義務をめぐる代表的な学説の展開を概観する。

1　株主代表訴訟の役割と課題[208]

(1)　竹内昭夫

竹内昭夫は、平成 5 年商法改正[209] 前に、株主代表訴訟制度は株主が自己の経済的利益の擁護のために用いることを予定している手段の 1 つであるが、原告株主が経済的に得るものはほとんどない訴訟となっているため、これが経済的にも見合うよう解釈論的・立法論的検討を加えるべきであるとした上で、例えば代表訴訟の提起に要する手数料額は 8,200 円で足りると解している[210]。

---

[207]　これに対して、社外取締役は業務を執行しないため、従業員の違法行為について監督義務違反による責任が認められることは考えにくいものと解されるが、内部統制システムの整備に係る取締役会の「重要な業務執行の決定」（会社法 362 条 4 項 6 号）自体に違法性が認められる場合（決定が問題となる場面）については、裁判所の立場は必ずしも明らかでない。

[208]　以下で取り上げる学説より前の論稿として、北澤正啓「アメリカ会社法における株主の代表訴訟」法協 68 巻 6 号 143 頁以下（1950 年）、同「株主の代表訴訟と差止権」田中耕太郎編『株式会社法講座　第三巻』1141 頁以下（有斐閣、1956 年）、谷口安平「株主の代表訴訟」鈴木忠一＝三ヶ月章監修『実務民事訴訟講座　第 5（会社訴訟・特許訴訟）』95 頁以下（日本評論社、1969年）等参照。

[209]　前述本章第 1 節第 1 款第 2 項(4)参照。

[210]　竹内昭夫「取締役の責任と代表訴訟」同『会社法の理論Ⅲ　総論・株式・機関・合併』281頁以下、284 頁〜285 頁、301 頁（有斐閣、1990 年）（初出は法教 99 号 6 頁以下、7 頁〜9 頁、16頁〔1988 年〕）。同論稿の背景にある分析として、同「株主の代表訴訟」同書 221 頁以下（初出は法学協会編『法学協会百周年記念論文集　第三巻』153 頁以下〔有斐閣、1983 年〕）（日本では株

(2) 岩原紳作

岩原紳作は、平成 13 年の株主代表訴訟制度等の見直し[211] に際して、日本では、多くの会社で経営者に対する責任追及がめったにされず、法的なチェックが機能していなかったと考えられる中で、「違法・不当な経営に対する最も有効なチェック手段は株主代表訴訟である」[212] としている。

(3) 神田秀樹

神田秀樹は、株主代表訴訟制度の中心部分が株主の提訴で取締役の対会社責任の履行を実現する制度であるという点でアメリカ法と日本法が共通しており[213]、法が株主代表訴訟制度を認めた理由は、取締役や監査役にその「同僚」である取締役に対する「提訴懈怠可能性」が認められることであるとした[214]。

主代表訴訟についてこれを導入した立法政策的理由が説かれるだけで、訴訟の構造についての理論構成は試みられていないように思われるとし、アメリカ法を参考に株主代表訴訟の代位訴訟性と代表訴訟性を指摘する) 参照。

[211] 「商法及び株式会社の監査等に関する商法の特例に関する法律の一部を改正する法律案新旧対照条文」ジュリスト 1206 号 253 頁以下 (2001 年) 参照。

[212] その上で、「最近の株主代表訴訟により経営者に緊張感が増したことは、多くの人が認めるところであり、それは経営者を萎縮させたというより、むしろ経営者に適度の緊張感を与えていると評価すべきもののように思われる。それを覆すような株主代表訴訟の骨抜き改正は行うべきではない。」とした。岩原紳作「会社法制の見直し──株主代表訴訟」同『商事法論集 I　会社法論集』344 頁以下、345 頁〜346 頁 (商事法務、2016 年) (初出はジュリスト 1206 号 122 頁以下、122 頁〜123 頁〔2001 年〕)。また、取締役の責任追及等の訴えは、訴訟代理人である弁護士主導で訴訟が遂行される結果、会社に不利な和解が行われる危険があり、立法論としては、アメリカにおけるのと同様に、「〔株主代表訴訟における〕和解には裁判所の認可が必要な旨規定されるべきではなかろうか」としている (同書 361 頁〜362 頁〔初出はジュリスト同号 132 頁〕)。

この背景として、取締役の責任追及の訴えは、株主等が原告の場合でも、原告の訴訟代理人である弁護士主導で訴訟が遂行され、当該訴訟代理人は会社の利益より何時自身が報酬を得られるかに強い関心を持つ等の事情が生じがちであると指摘されている (江頭・前掲注 54) 490 頁〜491 頁注 31)。

[213] 神田秀樹「株主代表訴訟に関する理論的側面」ジュリスト 1038 号 65 頁以下、66 頁 (1994 年)。

[214] その上で、「会社の取締役に対する責任追及を株主の提訴によって実現するというややあいまいな (しかし事の中心部分をとらえた) 理解から、この〔株主代表〕訴訟に関する各種の各論的な問題を考えるべきではないかと思われる。」(同書 67 頁) としている。

62　第1章　日本法の展開と現状

(4)　その後の諸説

研究が深められており[215]、例えば日本において株主代表訴訟が提起される要因についても指摘がみられる[216]。

2　経営判断原則[217]

(1)　神崎克郎

神崎克郎は、1981年に、取締役の業務執行における注意義務違反が問題となる取引を類型化し、各類型における経営判断原則の具体的な発現を検討した上で、取締役が法的責任のために業務執行の決定を不当に慎重にしすぎ、会社が本来利用しえた事業機会を失わないようにするため、「取締役は、会社の業務執行として行なった行為については、それが企業人としての合理的な選択の範囲を外れたものでない限り、見込違いによって結果として会社に損失を生ぜしめ

---

[215]　河本一郎（司会）「座談会　株主代表訴訟」民商110巻2号1頁以下（1994年）、藤田友敬「株主代表訴訟の現代的展開」川嶋四郎＝中東正文編著『会社事件手続法の現代的展開』41頁以下（日本評論社、2013年）、加藤貴仁「会社法改正と企業統治──株主代表訴訟を題材にして」田中亘＝中林真幸編『企業統治の法と経済　比較制度分析の視点で見るガバナンス』331頁以下（有斐閣、2015年）等参照。このほか、日本における責任の役割に関する非公式なルールも含む分析として、以下が挙げられる。CURTIS J. MILHAUPT & MARK D. WEST, ECONOMIC ORGANIZATIONS AND CORPORATE GOVERNANCE IN JAPAN: THE IMPACT OF FORMAL AND INFORMAL RULES (2004).

[216]　*E.g.*, Mark D. West, *Why Shareholders Sue: The Evidence from Japan*, 30 J. LEGAL STUD. 351 (2001)（日本における大部分の派生訴訟は原告株主への直接の利益ではなく代理人弁護士の誘因によって説明されるとし、それ以外の要因についても指摘する）; Dan W. Puchniak & Masafumi Nakahigashi, *Japan's Love for Derivative Actions: Irrational Behavior and Non-Economic Motives as Rational Explanations for Shareholder Litigation*, 45 VAND. J. TRANSNAT'L L. 1 (2012)（日本の株主の非経済的な動機および非合理的な行動を指摘する）.

[217]　以下で取り上げる学説以前の論稿として、大阪谷公雄「取締役の責任」田中編・前掲注208）1115頁以下、1119頁〜1120頁、1123頁〜1124頁（アメリカにおける経営判断原則が忠実義務違反には適用されず、善管注意義務違反に適用されると分析した上で、取締役の業務執行に係る注意義務違反について日本でも同原則が採用されるべきであるとする）参照。

ることになっても、注意義務の違反があったとして法的な責任を問われるべきではない。」[218] とした。

(2) その後の諸説

森本滋は、2013 年に、「経営判断原則の再構成」として、①事実認識過程（情報収集・調査とその分析検討）と意思決定の過程・内容とを画一的に峻別することには疑問があり、判断内容が「著しく不合理かどうか」は、判断過程および事実認識過程も併せて総合的観点から判断されるべきであるとし、また、②判断内容については合理性の判断枠組みを定立することが困難であり、手続面と判断内容を相対的に区別することにはそれなりの合理性がある等としている[219]。

---

[218] 神崎克郎「取締役の経営判断の原則──その具体的発現」同『取締役制度論─義務と責任の法的研究』83 頁以下、107 頁（中央経済社、1981 年）。同論稿後のものとして、同「経営判断の原則」森本滋＝川濱昇＝前田雅弘編『企業の健全性確保と取締役の責任』193 頁以下、219 頁（有斐閣、1997 年）（日本の判例を基礎に、経営判断原則の適用における要件を検討し、裁判所は、取締役の経営判断については、その内容に著しい不合理・不適切なものがないかを審査すると共に、その過程については、情報収集や慎重な検討・熟慮が行われたかを厳重に審査し、その善管注意義務の違反の有無を判断すべきであるとする）参照。

[219] 森本滋「経営判断と『経営判断原則』」同・前掲序注 15）70 頁以下、93 頁〜99 頁（初出は田原古稀『現代民事法の実務と理論（上巻）』654 頁以下、673 頁〜678 頁〔金融財政事情研究会、2013 年〕）。

　このほか、以下が挙げられる。河本一郎（司会）「座談会　取締役の責任──わが国における経営判断原則の具体化──」民商 109 巻 6 号 1 頁以下（1994 年）、吉原和志「取締役の経営判断と株主代表訴訟」小林＝近藤編著・前掲注 104）78 頁以下、森田果「わが国に経営判断原則は存在していたのか」商事法務 1858 号 4 頁以下（2009 年）等。

64　第1章　日本法の展開と現状

3　監視義務と監督義務[220]

(1)　神崎克郎

　神崎克郎は、1982 年に、取締役の監視義務が取締役にいかなる行為を要求するものであるかを問題とし、結論として、「取締役は、会社内に、業務を担当する取締役及びその指揮及び命令の下に業務を行う使用人の業務執行が適法に行われることを確保するための体制が存在し、機能していることを確認すべきであり、それに合理的に満足した場合にのみ、監視義務を尽くしたものとして免責される」[221] とした。

(2)　近藤光男

　近藤光男は、1987 年に、取締役の対会社責任の文脈で、「取締役の監視義務は、その性格から、画一的な基準を設けたり、手続的な要件をみたすことで義務を履行したと解することはできないと思われる。したがって、具体的なケースで、取締役がどこまでのことを行っていれば、監視義務の責任を課されないかという問題も、事案に即したきめ細かい判断をしていく必要があると思われる」[222] とした。その上で、「業務執行を担当しない取締役は、使用人の業務執

---

[220]　以下で取り上げる学説以前の論稿として、河本一郎は、代表取締役の業務執行に対して監視的機能を果たすのは平取締役しかいないが、取締役の対第三者責任（平成 17 年改正前商法 266 条ノ 3）が問題となる場面で、当時の判例は、平取締役の監視義務を理念的には認めながら、結論としては責任を否定する傾向にあるため、平取締役の監視義務は単なる道義的なものになってしまう点で課題がある等としている（河本一郎「取締役の民事責任追及の法的仕組と機能」私法 42 号 95 頁以下、97 頁〔1980 年〕）。

[221]　神崎克郎「会社の法令遵守と取締役の責任」法曹時報 34 巻 4 号 1 頁以下、22 頁（1982 年）。これは、現在でいう内部統制システム構築義務の観点から取締役の監視義務を位置づけるものと解される。神崎は、同論稿以前に、取締役の対第三者責任の文脈で、「会社の業務執行についての取締役の監督は、取締役として一般に要求される能力および識見を基準に、善良な管理者の注意を尽くして行われるべきであって、個々の取締役の病気、老齢、遠隔地の居住あるいは多忙といった事情によって、その注意義務が軽減されるべきではない」等としている（同「取締役の注意義務」同・前掲注 218）『取締役制度論─義務と責任の法的研究』63 頁以下、75 頁〔初出は民商 82 巻 6 号 1 頁以下、13 頁〔1980 年〕〕）。

[222]　上柳＝鴻＝竹内編集代表・前掲注 32）282 頁〔近藤光男〕。

行については、積極的に監視する義務は負わないと考えられる。」[223] としている。

(3) 山田純子

山田純子は、1997 年に、ある程度規模の大きな会社の取締役が具体的にどのように行為すれば監視義務を尽くしたことになるのかを問題とし、ALI 原理（1992 年）[224] や Eisenberg の見解[225] を参考に、代表取締役、業務担当取締役、平取締役の各監視義務の内容を明確にしている[226]。すなわち、取締役の業務執行に対する他の取締役の監視義務は、取締役会の構成員としての地位に基づくものであると解されており（多数説）、平取締役は、通常の場合、代表取締役等の具体的な業務執行を自ら個別的に監視する必要等はないが、会社の業務執行の状況を常時適切に把握しておくために、「監督のための手続又は方法」を確立し、その適切さを審査しておくことが要請される等とした[227]。

4 検討

株主代表訴訟の役割として、「同僚」である取締役に対する取締役や監査役の「提訴懈怠可能性」への対処があるが、原告の訴訟代理人である弁護士主導で訴訟が遂行され、会社に不利な和解が行われる危険が同制度の課題の 1 つと指摘されている。このため、株主代表訴訟における和解に裁判所の認可が必要な旨を規定すべきであるとの指摘がみられる。

経営判断原則について、注意義務違反が問題となる取締役の行為についてはその事後的な責任を問うことが取締役による業務執行の決定を過度に慎重なも

---

[223] 同書 283 頁［近藤光男］。

[224] 後掲第 2 章注 145）参照。

[225] Eisenberg の見解全般について、後述第 2 章第 1 節第 3 款第 3 項 1 参照。

[226] 山田純子「取締役の監視義務──アメリカ法を参考にして──」森本＝川濱＝前田編・前掲注 218）221 頁以下、221 頁〜224 頁、237 頁〜242 頁。

[227] 同書 237 頁〜242 頁。

66　第1章　日本法の展開と現状

のとするため望ましくないという観点から同原則の妥当性が認められてきているが、その具体的な在り方については、なお見解が分かれている。

　監視義務と監督義務について、これまでの学説は、業務執行権限を有する取締役に対する「平取締役」の監視義務等についてはこれを論じているが、①社外取締役に課されるべき監視義務と監督義務の内容、また、②両義務が社外取締役でない取締役と社外取締役とでどのように共通し、また相違すべきかを必ずしも明確にしているわけではない[228]。

第3款　第三者に対する責任──不実開示の場面を例として

　本款では、上場会社の役員の第三者（会社以外）に対する責任を取り上げる。上場会社の役員は様々な場面で対第三者責任を負い得るが、BCK の分析によれば、アメリカ法の下で社外取締役の責任が相対的には最も認められやすい場面が発行市場における不実開示の場面であるとされており[229]、また、日本法の下でも、上場会社の取締役等が対第三者責任を追及される場面として、発行市場および流通市場における不実開示の場面が典型的であると見受けられる[230]。

　不実開示の場面では、投資家は役員の対第三者責任を様々な根拠で追及することが可能である。すなわち、①金商法上の責任に関する規定（同法17条、21条、22条、24条の4等）、②会社法上の責任に関する規定（同法429条）、③不法行為責任に関する民法上の規定（同法709条）がある[231]。

---

[228]　学説は、取締役の監視義務の対象が取締役会の上程事項に限られないとする点では早期から一致していると考えられるが（上柳＝鴻＝竹内編集代表・前掲注32）280頁［近藤光男］参照）、上程事項以外の監視義務の対象については、必ずしもこれを明確にしていない。また、監視義務違反と監督義務違反の各有無が問題となる場面に経営判断原則が適用されるべきかどうかという点についても、必ずしも十分に論じられ、かつ、明確にされているわけではない。

[229]　後述第2章第2節第1款2参照。

[230]　この点に関する実証分析については、別稿を予定している。

[231]　投資家はこれらを併せて請求の根拠とすることも可能であるが、①発行市場における不実開示の場面での金商法上の責任に関する規定（21条、22条）は、投資家にとって会社法429条や民法709条よりも有利であり（山下友信＝神田秀樹編『金融商品取引法概説［第2版］』210頁参照［小出篤］〔有斐閣、2017年〕）、不実開示の場面では金商法上の規定が投資家の請求の根拠とされることが一般的である。また、②会社法上の対第三者責任（会社法429条）は、アメリカ法

第1項 法制度の展開

　分析の前提として、不実開示の場面における発行会社と役員の責任に係る法制度（平成18年改正前証券取引法および金商法）の展開を概観する[232]。

1 証券取引法の制定と改正——昭和20年代

(1) 昭和22年証券取引法制定

　昭和22年に証券取引法[233]が制定された。同法は、発行市場における不実開示の場面で届出者が連帯して損害賠償責任を負うものとしたが（10条1項）、流通市場における不実開示に係る民事責任規定については、これを置いていない[234]。

およびイギリス法における不実開示の場面での役員の責任制度と符合しない面がある。さらに、③取締役の対第三者責任の場面では、1955年頃から1980年頃までに小規模閉鎖会社が倒産した場面を典型として判例が蓄積されたが（前田＝神田＝神作＝齊藤＝田路＝吉原・前掲注109）406頁［前田重行発言］参照）、ここでの取締役の監視義務は、上場会社の取締役に対する非業務執行役員の監視義務には妥当しない面があると考えられる（前述本章第2節第2款第1項参照）。以上を踏まえ、本款では、金商法上の責任追及を検討の対象としている。なお、取締役の対第三者責任に関する最近の研究として、髙橋陽一「取締役の対第三者責任に関する判例法理は今後も維持されるべきか？——両損害包含説の問題性と直接損害限定説の再評価——（一〜二・完）」法学論叢177巻6号1頁以下、178巻2号1頁以下（2015年）参照。

[232]　全般については、例えば岩原紳作ほか『金融商品取引法セミナー【開示制度・不公正取引・業規制編】』99頁〜263頁（有斐閣、2011年）、山下＝神田編・前掲注231）、黒沼悦郎『金融商品取引法』（有斐閣、2016年）、松尾直彦『金融商品取引法〔第5版〕』（商事法務、2018年）、神崎克郎＝志谷匡史＝川口恭弘『金融商品取引法』（青林書院、2012年）等参照。実務家によるものとして、中村聡＝鈴木克昌＝峯岸健太郎＝根本敏光＝齋藤尚雄『金融商品取引法——資本市場と開示編〔第3版〕』（商事法務、2015年）等参照。

[233]　昭和22年3月28日法律第22号。

[234]　黒沼悦郎「証券市場の再生へ——証券取引法の制定とその後の諸改正——」北澤古稀・前掲注4）568頁以下、569頁〜571頁参照。最近の論稿として、藤林大地「不実開示に関する金融商品取引法上の民事責任制度の沿革（一）」西南学院大学法学論集47巻4号1頁以下、12頁〜13頁（2015年）がみられている。

68　第 1 章　日本法の展開と現状

(2)　昭和 23 年証券取引法全部改正

昭和 23 年証券取引法全部改正[235]で、発行市場における不実開示に係る民事責任規定が改正前よりも詳細なものに改められた（同年改正証券取引法 18 条～22 条）。当該改正により、免責事由として、有価証券の取得者の取得の申込時における虚偽記載等の認識の立証（同年改正証券取引法 18 条 1 項）等が定められた。流通市場における不実開示に係る民事責任規定はなお設けられていない。

(3)　昭和 28 年証券取引法改正

昭和 28 年証券取引法改正[236]は、有価証券届出書の虚偽記載について民事責任を負う者から「当該有価証券届出書の届出者」以外（「有価証券届出書に署名又は記名押印した者」〔同年改正前証券取引法 18 条 1 項 2 号〕を含む）を除いた（同年改正証券取引法 18 条）[237]。すなわち、発行市場における不実開示に係る発行会社の役員の民事責任を規定する文言が削られた。

2　昭和 46 年証券取引法改正

昭和 46 年証券取引法改正[238]により、有価証券届出書の虚偽記載等に係る発行会社の役員の民事責任規定が再び設けられた（同年改正証券取引法 21 条 1

---

[235]　昭和 23 年 4 月 13 日法律第 25 号。

[236]　昭和 28 年 8 月 1 日法律第 142 号。

[237]　立法趣旨は、「有価証券届出書の届出者以外の者にこのような連帯賠償責任を負わせることは、苛酷ではないかとも思われ、又このような規定が設けられていても実際問題としてその適用は困難で、本法施行以来この規定が適用された事例は皆無であった」（小田寛＝三輪力＝角政也『改正証券取引法・証券投資信託法解説』53 頁〔港出版合作社、1954 年〕）ためとされている。なお、昭和 28 年改正による開示責任制度の改正について、「明らかに法の改悪が行われた。」（黒沼・前掲注 234）583 頁）との指摘がみられる。

[238]　昭和 46 年 3 月 3 日法律第 4 号。立案担当者によるものとして、渡辺豊樹ほか『改正証券取引法の解説』（商事法務研究会、1971 年）参照。このほか、河本一郎＝神崎克郎『問答式　改正証券取引法の解説』（中央経済社、1971 年）、山一證券（株）調査部編『解説　改正証券取引法』（同文館、1971 年）等が参考になる。

項）[239]。また、責任を負う者ごとに異なる免責規定が設けられ（同条 2 項）、役員等については「相当な注意を用いた」ことに伴う免責規定が設けられた（同条 2 項 1 号）[240]。

　さらに、流通市場における不実開示に係る発行会社の役員の民事責任規定が初めて設けられた（24 条の 4 が準用する 22 条）。すなわち、有価証券報告書の重要事項に係る虚偽記載等がある場合の提出会社の「その提出の時における役員」等の責任が規定され、損害賠償義務者から発行会社が除かれた[241]。役員等の免責規定はこの場合に準用されている（同条 2 項）[242]。

3　その後の改正——発行会社の民事責任

(1) 平成 16 年証券取引法改正

　平成 16 年証券取引法改正[243]によって、流通市場における不実開示に係る発行会社の民事責任規定が無過失責任として新設された（同年改正証券取引法 21 条の 2、21 条の 3）[244]。この立法趣旨は、同年改正前証券取引法の下では損害

---

[239]　具体的には、「当該有価証券届出書を提出した会社のその提出の時における役員（その提出が会社の成立前にされたときは、当該会社の発起人）」（21 条 1 項 1 号）が責任を負う者に含まれた。

[240]　発行会社の役員については、「記載が虚偽であり又は欠けていることを知らず、かつ、相当な注意を用いたにもかかわらず知ることができなかつたこと。」（21 条 2 項 1 号）を証明したときは、同条 1 項に規定する賠償の責めに任じないとされた（同条 2 項）。

[241]　これは、「会社と投資者との間で何らの取引も行なわれない流通市場の取引に関して、責任を負わせるのは適当でないということで除かれた。」（渡辺ほか・前掲注 238）71 頁）とされている。有価証券報告書は投資家に直接交付される開示書類ではないとの考え方が背景にあるとされている（証券取引審議会「企業内容開示制度等の整備改善について（昭和 45 年 12 月 14 日）」ファイナンス 6 巻 11 号〔通巻 63 号〕96 頁以下、99 頁〜101 頁〔1971 年〕）。

[242]　これは、有価証券届出書は募集・売出しの完了後 5 年間は公衆縦覧に供され有価証券報告書と同じ機能を営むところ、有価証券報告書に新たに損害賠償責任の規定が設けられ、これらを区別する理論的根拠が乏しいことから、両者の責任を同一にしたものとされている（渡辺ほか・前掲注 238）71 頁）。

[243]　平成 16 年 6 月 9 日法律第 97 号。

[244]　同年改正により発行会社が無過失責任を負うとされた下で、発行会社が倒産している場合を除き、上場会社の役員や監査法人の責任が追及される訴訟は「あまりないかもしれない」との指摘がみられている（黒沼悦郎「不実開示に関する上場会社役員・監査法人の責任—判例の分析か

70　第1章　日本法の展開と現状

の立証が困難である等により、同法上の賠償請求に関する規定が用いられた実例がほとんどなかった中で、①個人による損害賠償請求を容易にすることで被害者が救済されるほか、②市場監視機能も強化されると考えられたためであるとされている[245]。

(2) 平成26年金融商品取引法改正

　平成18年改正[246]により証券取引法が金商法に改組された。その後、平成26年改正[247]によって、流通市場における不実開示に係る発行会社の損害賠償責任が、無過失責任から過失責任に改められた（同年改正金商法21条の2第2項）[248]。

ら」第一東京弁護士会総合法律研究所金融商品取引法研究部会編著『［事例研究］証券訴訟―不実開示の法的責任―』131頁以下、131頁～132頁〔清文社、2011年〕）。流通市場における不実開示に係る発行会社の民事責任規定が無過失責任とされていることは、民法709条や金商法上の他の責任規定と比較して、①無過失責任である点、②損害賠償責任額の推定規定が置かれている点、の2点で、損害を被った投資家に対し、訴訟を提起する際に発行会社を被告とすることを促しており、ここでは、役員等の責任主体は、投資家から直接に責任を追及されるのではなく、会社からの求償が問題となっていたと考えられる（加藤貴仁「流通市場における不実開示と投資家の損害」新世代法政策学研究11号303頁以下、305頁～306頁〔2011年〕参照）。

[245]　高橋康文編著『平成16年証券取引法改正のすべて』46頁（第一法規、2005年）参照。平成16年改正では、併せて、虚偽記載等と損害の因果関係及び損害額に関する推定規定が設けられた（同21条の2第2項、同条第3項、同書48頁～49頁参照）。以上から、流通市場における不実開示について投資家が発行会社の責任を追及した事案が生じている。同年改正については、併せて、岡田大＝吉田修＝大和弘幸「市場監視機能の強化のための証券取引法改正の解説――課徴金制度の導入と民事責任規定の見直し――」商事法務1705号44頁以下、50頁～53頁（2004年）、黒沼悦郎「証券取引法における民事責任規定の見直し」商事法務1708号4頁以下（2004年）参照。

[246]　平成18年6月14日法律第65号。

[247]　平成26年5月30日法律第44号。

[248]　具体的には、「前項〔21条の2第1項〕の場合において、賠償の責めに任ずべき者は、当該書類の虚偽記載等について故意又は過失がなかったことを証明したときは、同項に規定する賠償の責めに任じない。」（平成26年改正金商法21条の2第2項）とされた。この改正の検討の過程では、アメリカ法およびイギリス法でも流通市場における不実開示書類の提出者に無過失責任を負わせていないこと等が考慮されている（齋藤通雄＝油布志行＝井上俊剛＝中澤亨監修『逐条解説　2014年金融商品取引法改正』34頁～37頁〔商事法務、2015年〕参照）。また、①平成17年改正により流通市場における虚偽開示書類の提出が課徴金の対象とされ、②平成20年改正により課徴金額の水準が引き上げられた。③平成18年改正により内部統制報告書制度も導入されて

第2節　上場会社の役員の義務と責任　**71**

第2項　裁判所の判断

(1)　序

　平成16年証券取引法改正後、不実開示の場面で発行会社やその役員の責任を
追及する訴訟を提起する実質的な誘因を原告株主が有しており、実際に訴訟が
提起され、裁判所の判断も蓄積されている。以下、不実開示に係る発行会社の
役員の責任が追及された事案を取り上げ、社外取締役でない取締役、社外取締
役および社外監査役の義務と責任を検討する。

(2)　西武鉄道各事件等

　平成16年証券取引法改正後、西武鉄道各事件において、投資家が発行会社と
その代表取締役の責任を追及し[249]、それらの責任を認める判決がみられた。同
時期には、不実開示に係る別の事件の判決も複数みられている[250]。

おり（同年改正金商法24条の4の4）、不実開示を抑止する他の手段が充実したため、過失責任
の原則を超えて提出者に無過失責任を課すことの意義が低下したと考えられたことも背景にあ
るとされている。同書34頁～36頁。併せて、大谷潤ほか「新規上場企業の負担軽減および上場
企業の資金調達の円滑化に向けた施策」商事法務2040号67頁以下、72頁～73頁（2014年）参
照。

[249]　西武鉄道各事件は、会社がその株式の所有比率についてその有価証券報告書に虚偽記載をし
たことによる一連の訴訟であり、裁判所は以下の通り多くの判断を示している。①東京地判平成
19・8・28判タ1278号221頁、②東京地判平成19・9・26判時2001号119頁、③東京地判平成
19・10・1判タ1263号331頁、④東京地判平成20・2・21判時2008号128頁、⑤東京地判平成
20・4・24判時2003号147頁（第1審）、東京高判平成21・3・31金判1316号2頁（〔差戻前〕
控訴審）、最判平成23・9・13平21（受）1189号（上告審、Westlaw2009WLJPCA03316003参照）、
東京高判平成26・3・27判時2230号102頁（差戻控訴審）、⑥東京地判平成20・4・24（前述⑤
と同じ）（第1審）、東京高判平成21・2・26判時2046号40頁（〔差戻前〕控訴審）、最判平成23・
9・13民集65巻6号2511頁（上告審）、東京高判平成26・1・30判時2222号105頁（差戻控訴
審）、⑦東京地判平成21・3・31判時2042号127頁（第1審）、東京高判平成22・4・22判時2105
号124頁（控訴審）、最判平成23・9・13集民237号337頁（上告審）、⑧東京地判平成21・1・
30判時2035号145頁（第1審）、東京高判平成22・3・24判時2087号134頁（控訴審）、最判平
成23・9・13平22（受）1351号、平22（受）1352号（上告審、Westlaw2010WLJPCA03246001
参照）等。本書の課題には本文で取り上げる事案がより重要と考えられるため、以上の各事件に
ついては詳論しない。

72　第1章　日本法の展開と現状

(3) ライブドア事件（一般投資家集団訴訟）判決（平成23年）[251]

［事実］　上場会社であるライブドアおよびその子会社であった LDM が発行した株式を取得した一般投資家が、ライブドアが提出した有価証券報告書の重要な事項に虚偽記載があり、また、LDM が行った株式交換に関する公表等に虚偽があったため損害を被った旨主張し、ライブドア、同社の取締役および監査役、同社の監査法人、当該監査法人の社員であった公認会計士、LDM ら合計26名を被告として、民法709条、平成17年改正前商法266条ノ3または平成18年改正前証券取引法22条1項、24条の4等の規定に基づき、損害賠償請求訴訟を提起した。

［原審の判断］　請求一部認容、一部棄却。その際、取締役会に電話会議で参加した取締役の「相当な注意」（平成18年改正前証券取引法21条2項1号）を用いたことに伴う免責を否定し、その責任を認めている[252]。

---

[250]　具体的には、①東京地判平成19・11・28判タ1283号303頁、304頁（キムラヤ事件）が、会社が作成した貸借対照表を含む決算書類を参考資料として銀行等が当該会社に貸付を行ったところ、その13日後に当該会社が民事再生手続の開始を申し立てたことから、当該銀行等が平成17年改正前商法266条ノ3に基づき当該会社の取締役4名（代表取締役を含み、社外取締役を含まない）等を被告としてその責任を追及した事案で請求を一部認容し、②大分地判平成20・3・3金判1290号53頁（アソシエント・テクノロジー事件）が、粉飾決算の疑いがあることを会社が公表し、これを契機に当該会社の株価が下落したことから株主が民法709条および平成17年改正前商法266条ノ3等に基づき当該会社の取締役3名（代表取締役を含み、社外取締役を含まない）等を被告としてこれらの責任を追及した事案で請求を認容している。

[251]　東京高判平成23・11・30判時2152号116頁。原審は、東京地判平成21・5・21判時2047号36頁。原審判決の評釈として、黒沼悦郎「判批〔上・下〕」商事法務1871号4頁以下、1872号17頁以下（2009年）参照。

[252]　「記載が虚偽であり又は欠けていることを知らず、かつ、相当な注意を用いたにもかかわらず知ることができなかつたこと」（平成18年改正前証券取引法21条2項1号）を証明したことによる免責が認められないとした理由は、以下の通りである。「各取締役に求められる『相当の注意』（旧証取法二一条二項一号）は、各取締役が当該会社において占めている具体的な役割や地位に応じて検討されるべきであり、例えば、代表取締役や財務担当の取締役と比較すれば、技術担当の取締役は『相当の注意』を用いたと認められやすいということはできる。しかし、いずれの取締役も会社の業務全般について協議、決定をし、これを監督すべき地位にあり、また、旧証取法は担当の如何を問わずに全取締役に損害賠償責任を負わせて有価証券報告書の正確性を確保しようとしているのであるから、技術担当であるとか、非常勤であるからといって、単に与

第2節　上場会社の役員の義務と責任　73

［判旨］　一部変更、一部控訴棄却。当該取締役について「相当な注意」（同）
を用いたことに伴う免責を否定し、その責任を認めた点については同じである
[253]。

［検討］　本判決は、各役員が「相当な注意」を用いたかどうかは、その者の
役割・職責に応じて判断すべきであるとした上で、各役員が「相当な注意」を
用いたかどうかを個別に判断した[254]。その際に、各役員には一律に最低限要求
される「相当な注意」があり、当該技術担当取締役について「相当な注意」を
用いたことに伴う免責を否定する際に、取締役会の上程案件についてメーリン
グリストを通して情報を得ており、稟議書を決済していたことを考慮している。
本件では被告に社外取締役は含まれていないが、以上の判旨は社外取締役にも

えられた情報を基に有価証券報告書の正確性を判断すれば足りるものではないし、また、海外に
滞在しているからといって、尽くすべき注意の程度が当然に軽減されるものではないと解するの
が相当である。」（判時 2047 号 36 頁、77 頁〜78 頁）とした。

[253]　判時 2152 号 116 頁、126 頁〜127 頁、137 頁。その理由は、以下の通りである。「各取締役に
おいて、当該有価証券報告書全体にわたり、虚偽の記載がないか又は欠けているところがないか
を互いに調査及び確認しあう義務があるというべきであり、当該取締役が技術担当取締役である
ことは、上記義務の程度を軽減すべき事情に当たらないというべきである。」（同書 126 頁）。ま
た、「1 審被告乙野は、取締役のメーリングリストを通じて配信されるメールを受け取っており（乙
……）、取締役会に上程される案件等について検討する機会を有していたこと、クラサワ及びウ
ェッブの買収に関する 1 審被告ライブドア内の情報は M&A 関係のメーリングリストを通じて配
信されており、1 審被告乙野もこの配信を受け、稟議書を決裁していたこと（甲……、乙……）」
（同箇所）を挙げ、「1 審被告乙野は、取締役その他のメーリングリスト等を通じて 1 審被告ライ
ブドアの他の役員や従業員の動きを知ることが可能であったから、これを確認するほか、1 審被
告ライブドアの取締役として、ライブドアグループの増収増益の原因となった売上げの中身を質
問するなどしていれば、本件虚偽記載について適切な対応ができたものと認められ、1 審被告乙
野が、本件虚偽記載に関係するメールを十分に確認せず、増収増益の原因について質問するなど
していなかったことは取締役として任務を懈怠したものである。……したがって、1 審被告乙野
は、『相当な注意』を用いたものとは認められず、1 審被告乙野において『相当な注意』を用いて
いれば、本件虚偽記載を防止しえた可能性を否定することは困難である。」（同書 127 頁）とした。
[254]　原審判決の評釈として、黒沼・前掲注 251）商事法務 1872 号 17 頁〜18 頁参照。控訴審では、
「相当な注意」の具体的内容として、当該技術担当取締役は増収増益の背景について自ら質問を
する等の適切な対応をとるべきであったとされており（判時 2152 号 116 頁、127 頁、前掲注 253）
参照）、「相当な注意」に関する判断には原審判決と異なる部分もある。

74　第1章　日本法の展開と現状

射程を有すると解されるため、流通市場における不実開示に伴う責任を社外取締役にも認める可能性がある判断枠組みと解される[255]。

(4) アーバンコーポレイション事件(役員責任追及訴訟)判決(平成 24 年)[256]

［事実］　新株予約権付社債を上場会社が発行する際に臨時報告書等に虚偽記載があり、これにより損害を被ったとして、投資家が当該会社の役員14名(取締役10名および監査役4名)を被告として、金商法22条および民法709条等を根拠に損害賠償請求訴訟を提起した。

［判旨］　請求一部認容、請求一部棄却。被告を、①「準備関与取締役」(問題とされた取引の準備に関与した取締役) 4 名、②「非関与役員のうち取締役会出席役員」4 名 (取締役 3 名および監査役 1 名)、③「取締役会欠席役員」6 名 (取締役 2 名および監査役 4 名) の 3 類型に区分した上で[257]、これらのうち①および②の 8 名については請求を一部認容した一方、③の 6 名については請求を棄却した[258]。

---

[255]　このため、「取締役が金商法の責任を免れるには、虚偽記載そのものを訂正させるか、あるいは辞任をして有価証券報告書提出時の役員でなくなるしかないのではないか」との指摘もされている (黒沼・前掲注244) 137 頁)。

[256]　東京地判平成 24・6・22 金判 1397 号 30 頁。評釈として、弥永真生「判批」ジュリスト 1445 号 2 頁以下 (2012年)、朱麗楚「判批」ジュリスト 1485 号 123 頁以下 (2015年) 参照。本件に関しては、当該会社に対する金商法上の責任追及訴訟が別に提起されているところ (最判平成 24・12・21 集民 242 号 91 頁〔上告審〕、東京高判平成 22・11・24 判時 2103 号 24 頁〔控訴審〕、東京地判平成 22・3・9 判時 2083 号 86 頁〔第 1 審〕)、当該会社の役員に対する責任追及訴訟と裁判所の判断が本文で検討した事案である。

[257]　金判 1397 号 30 頁、57 頁。

[258]　金判 1397 号 30 頁、40 頁。その理由は、以下の通りである。まず、①については、「自らの職責として、資金使途の記載についての疑問点を作成担当者にただすなどしていれば、本件スワップ契約の存在及び内容を非開示とすることの問題点を理解することができたというべきである。」(同書 58 頁) とした。次に、②については、「取締役会出席役員としては、本件臨時報告書の資金使途の記載が適正に行われているかどうかについて、取締役会での審議を通じて、監視を行うべき立場にあったというべきである。」(同書 59 頁) とした。最後に、③については、「準備関与取締役は、インサイダー情報の管理の観点等から、非関与役員に対しては本件取引に関する情報を与えないという方針をとっており、……本件取引の準備段階において、非関与取締役が、

［検討］　本判決でも、各役員の属性と職務等に応じて「相当な注意」が払われたかどうかが個別かつ具体的に判断されている。その上で、問題とされた取引に関与せず取締役会も欠席した役員は当該取引を知ることができなかったことから「相当な注意」が払われたとして③の6名の責任を否定している[259]。

(5) その後の事件

　その後、シニアコミュニケーション事件判決（平成25年）[260]は、有価証券報告書等の虚偽記載に伴う株価の下落により損害を被った投資家が発行会社およびその役員を被告として金商法等を根拠に損害賠償請求訴訟を提起した事案において、①取締役会に提出された報告書類からは不正な会計処理が判別でき

本件取引の存在を知り、その上で、臨時報告書等に虚偽記載等がされるのではないかとの疑問を持つことは、相当な注意を払ったとしても困難であったと言わざるを得ない。」（同箇所）とした。

[259]　本判決は、非常勤の取締役3名については取締役会を欠席し、かつ、このことも任務懈怠を基礎づけるものではないとしてその責任を否定しているが（金判1397号30頁、54頁、59頁）、本判決の判断枠組みからは、取締役会に出席していた役員には、仮に社外取締役であっても、②の「非関与役員のうち取締役会出席役員」として責任が認められた可能性がある。このため、判旨は、「取締役会に欠席していたならば責任が否定される可能性が出てくる」と指摘されている（近藤光男「金融商品取引法の責任と会社法の責任——虚偽開示をめぐる役員の責任を中心に」同『株主と会社役員をめぐる法的課題』252頁以下、283頁［有斐閣、2016年］）。同様に、取締役会への出席の有無により責任の成否を判断することは不当であるとの評釈がみられる（朱・前掲注256) 126頁）。

　有価証券報告書や臨時報告書等の継続開示書類の提出の決定は、取締役会の法定決議事項とされておらず、社外取締役を含む各取締役が継続開示書類を実際にどの程度閲覧するかは、個別の会社の実務に応じて区々となると考えられる。仮にこれらの継続開示書類の提出の決定が実務において取締役会決議事項とされている場合には、当該決議における賛成の有無によりこれに伴う責任の有無を区別することが考えられる。この点に関連して、有価証券報告書等は会社として提出義務があるため、その提出を取締役会で決定した上で代表者がサインして提出することとした方が良いとする指摘として、岩原ほか・前掲注232) 253頁［神田秀樹発言］参照。また、「上場会社の有価証券報告書（内部統制報告書を含む）、四半期報告書および有価証券届出書の提出については、そのガバナンスを確保する観点から、金融商品取引所の規則により、取締役会の承認事項（または報告事項）とすることが考えられる。」との指摘がみられている（松尾直彦「金融商品取引法の役割と課題」商事法務1865号22頁以下、29頁〜30頁［2009年］）。

[260]　東京地判平成25・2・22判タ1406号306頁。評釈として、黒沼悦郎「判批」リマークス52号78頁以下（2016年）、寺前慎太郎「判批」同志社法学67巻1号303頁以下（2015年）参照。

76 第1章 日本法の展開と現状

ないように偽装されていたこと、②監査法人も無限定適正意見を付していたこと等から、取締役に「相当な注意」が払われたとして責任を否定している[261]。

これに対して、エフオーアイ事件判決（平成28年）[262]では、上場時に提出された有価証券届出書等の虚偽記載による損害を被った投資家が、同社の役員（代表取締役2名および社外監査役2名を含む）等を被告として金商法等を根拠に損害賠償請求訴訟を提起した事案において、当該社外監査役2名が「相当な注意」を用いて監査を行っていなかったとして責任を認めている[263]。

(6) 小括

日本法は、発行市場および流通市場における不実開示に係る発行会社の役員の責任について、条文の文言上、同一の「役員」に対して義務を課している[264]。公刊裁判例では、「相当な注意」が払われたかどうかが個別の役員ごとに判断されているが、業務執行者であるかどうかや社外性の有無等を考慮要素とする明

---

[261] 判タ1406号306頁、312頁。

[262] 東京地判平成28・12・20判タ1442号136頁。

[263] 判タ1442号136頁、206頁～207頁。この理由として、常勤監査役の職務執行の適正さに疑念を生ずべき事情があるときは、これを是正するための措置を執る義務が当該社外監査役にあることが挙げられている（同書206頁）。本判決に対する控訴審判決がみられており（東京高判平成30・3・23平29（ネ）1110号Westlaw2018WLJPCA03236003）、当該社外監査役2名のうち1名が控訴したものの、相当な注意を用いたにもかかわらず当該有価証券届出書の虚偽記載を知ることができなかったとは認められない等として当該控訴が棄却されている（同書）。

[264] 具体的には、①虚偽記載のある届出書の提出会社の役員等の賠償責任について、金商法21条1項1号が賠償責任を負う者として「当該有価証券届出書を提出した会社のその提出の時における役員（取締役、会計参与、監査役若しくは執行役又はこれらに準ずる者……）又は当該会社の発起人（……）」を挙げ、これを同法22条1項が参照している。また、②虚偽記載のある有価証券報告書の提出会社の役員等の賠償責任について、同法22条を同法24条の4が準用している。これらの規定において、社外性等の有無に応じた区別はされていないため、「相当な注意」を用いたことに伴う免責の有無が特に問題になる。

なお、会社法429条においては、計算書類等の虚偽記載を実行した取締役（通常は代表取締役および計算書類作成に関する業務を担当する取締役）については同条1項および2項の責任が問題になり得るのに対し、それ以外の取締役で計算書類の承認決議（会社法436条3項）において賛成した取締役には429条2項の適用がなく、同条1項に基づく責任が問題になり得ると解される点で両者の区別が見受けられる（北村雅史「判批」商事法務1873号153頁以下、158頁〔2009年〕参照）。

第 2 節　上場会社の役員の義務と責任　　77

確な判断枠組みが示されているわけではなく、取締役会における報告資料等から不実開示を知るべきであったと判断された役員に責任が認められているといえる。このため、投資家が社外取締役や社外監査役をその訴訟の被告から除く誘因が乏しく、これらが責任を追及され、社外監査役の責任を認めた裁判例が生じている。

第 3 項　学説の展開

以下、①不実開示の場面で責任を負うべき主体（発行会社やその役員）と、②発行会社の役員の義務違反と責任の有無を判断する際の社外性や非業務執行性の考慮に関する学説の展開を分析する。後者については、特に「相当な注意」（金商法 21 条 2 項 1 号）を用いたことに伴う免責が問題になる。

1　1960 年代～1970 年代

(1)　龍田節
龍田節は、1964 年に、不実開示に係る取締役の責任について論じているが、業務執行取締役と非業務執行役員を区別する視点はみられない[265]。

(2)　河本一郎
河本一郎は、昭和 46 年改正の翌年に、「相当な注意」の解釈として、業務執行取締役以外の役員が業務執行取締役に対して「何をすれば良いのか」を論じている[266]。*BarChris* 事件判決[267]を含むアメリカ法の状況を踏まえ、問題となる届出書類等について社外取締役が担当役員に対して、取締役会において「『大

---

[265]　龍田節「不実の開示と取締役の責任——アメリカ証券法を中心として——」法学論叢 74 巻 4 号 1 頁以下（1964 年）。

[266]　河本一郎「証券取引法の基本問題——民事責任を中心として——」神戸法学雑誌 21 巻 3=4 号 222 頁以下、237 頁～248 頁（1972 年）。これは、不実開示の場面における業務執行取締役に対する非業務執行役員の監視義務の具体的内容は何かという問題である。

[267]　後述第 2 章第 2 節第 3 款第 4 項 1(1)参照。

78 第1章 日本法の展開と現状

丈夫か』『大丈夫である』との問答をくり返した程度で、『相当な注意』を尽したことにならないことも明らかである」[268]等としている。

(3) 神崎克郎

神崎克郎は、同年に、「相当な注意」の解釈において、業務執行取締役と社外取締役を区別する議論を展開している。すなわち、「相当の注意の具体的内容は、各役員が当該会社においてしめている地位に応じて具体的に検討されるべきである。」[269]とし、財務担当取締役等が「相当な注意」を払ったにもかかわらず不実記載を知ることができなかったことを証明することは実際上困難であるのに対し、技術担当取締役や社外取締役等は、この証明がより容易であろうとしている[270]。

(4) 谷川久

平成16年改正前証券取引法の下では、有価証券報告書の虚偽記載について発行会社が責任を負う旨の規定は置かれていなかった[271]。この点に関し、谷川久は、有価証券報告書を信頼して行った発行済証券の取引は、会社を相手方としてされるものではなく、「民事責任を強化せんとするならば、取締役の個人的責

---

[268] 河本・前掲注266) 242頁。その上で、有価証券届出書、目論見書および有価証券報告書は、「当然取締役会の審議に付され、その決議を経るべきもの」(同書244頁)である等としている。

[269] 神崎克郎「証券取引法上の民事責任」大森還暦『商法・保険法の諸問題』(有斐閣、1972年) 212頁以下、221頁。同様の見解は、昭和46年改正の解説でみられている(奥村光夫「企業内容開示制度の改正について」商事法務553号2頁以下、21頁〔1971年〕は、「相当の注意」は、経理や決算処理に参画するかどうか等、各役員の地位、職務分担等によって異なるとする)。

[270] 神崎・前掲注269) 221頁。その上で、いずれの役員の義務違反を判断する際にも、役員が病気であること、遠隔地に居住していること、多忙であること等は、「相当な注意」の程度を軽減すべき理由とはならないとした(同書222頁)。神崎がここで参考にしているのは、*BarChris*事件判決(後述第2章第2節第3款第4項1(1)参照)に対するFolkの見解である。Ernest L. Folk III, *Civil Liabilities Under the Federal Securities Acts: The BarChris Case*, 55 VA. L. REV. 1, 22 (1969). *See also* Ernest L. Folk III, *Civil Liabilities Under the Federal Securities Acts: The BarChris Case Part II – The Broader Implications*, 55 VA. L. REV. 199 (1969). 神崎のこの他の見解については、神崎克郎『証券取引規制の研究』(有斐閣、1968年)、同『証券取引の法理』(商事法務研究会、1987年)参照。

[271] 高橋編著・前掲注245) 47頁参照。

第2節　上場会社の役員の義務と責任　79

任を容易に追求〔追及〕しうるよう手当すべきであり、かつ、取締役任責〔責任〕の結果について会社が填補すべきことを禁じ、違法行為があれば、取締役の個人破産を招来する可能性が大であるような立法措置を講ずれば、違法行為は減少するのではあるまいか」[272] とし、同法24条の4の規定は、「正当な立場を示すものであるといいうる。」[273] とした。

　この見解は、流通市場における不実開示の場面で発行会社の取締役に責任を負わせることによる不実開示の抑止機能を評価する見解として特徴的であるが、社外取締役でない取締役が念頭に置かれている点に留意する必要がある。

(5) 小括

　1960年代と1970年代における議論では、不実開示の抑止という点で、取締役に対する責任の賦課に肯定的な見解が目立っている。「相当な注意」は各役員の地位に応じて判断されるべきであるとされているが、当時においては社外取締役と社外監査役が法律上設置されておらず、両者の義務と責任が社外取締役や社外監査役でない取締役とどのように異なるべきかという観点から議論が深められたわけではない。

2　1980年代

(1) 黒沼悦郎

　不実開示における役員の責任を1980年代後半に論じたのが、黒沼悦郎である[274]。黒沼は、当時において、証券取引法上の民事責任が日本で追及された事件

---

[272]　谷川久「民事責任」ルイ・ロス＝矢沢惇監修『アメリカと日本の証券取引法＜下巻＞』577頁以下、621頁（商事法務研究会、1975年）。

[273]　同箇所。

[274]　黒沼悦郎「証券市場における情報開示に基づく民事責任（1〜5・完）」法協105巻12号1頁以下（1988年）、106巻1号74頁以下（1989年）、106巻2号37頁以下（1989年）、106巻5号55頁以下（1989年）、106巻7号65頁以下（1989年）。私法学会報告として、黒沼悦郎「証券市場における情報開示に基づく民事責任」私法51号229頁以下（1989年）参照。

80　第1章　日本法の展開と現状

は公刊裁判例では見当たらない一方[275]、平成17年改正前商法266条ノ3を根拠に非公開会社における粉飾決算によりその取締役の責任が追及された裁判例が「10件近くある」とした[276]。その上で、同281条に基づいて取締役会の承認を受ける必要のない臨時的な計算書類については、その虚偽記載を発見等できなかった取締役の責任は、業務執行の監視義務の問題として同266条ノ3第1項により判断されるのが適当である一方、取締役会で計算書類を承認していない場合における当該書類の作成に関与していない取締役の責任は、同266条ノ3第2項によって判断すべきであるとした[277]。この議論でも、業務執行者と非業務執行役員の相違については、明確にされていない[278]。

3　1990年代以降

(1)　近藤光男

　近藤光男は、不実開示に係る金商法および会社法上の役員の責任を論じ[279]、「相当な注意」の具体的内容については各役員が会社に占めている地位に応じて具体的に検討すべきであるが[280]、「『相当の注意』という要件が作成者以外の役員とりわけ社外取締役にとっては重荷となりうることから、どこまでのこと

---

[275]　黒沼・前掲注274）法協105巻12号5頁以下。この背景は、①不実開示の発見の困難性、②損害賠償額の立証の困難性、③法の欠缺、にあるとしている（同書5頁〜11頁）。

[276]　黒沼・前掲注274）法協106巻7号79頁。これら10件は、いずれも債権者が訴訟を提起したものであるとした（同箇所）。うち8件は、同書79頁〜98頁で検討されている。

[277]　同書95頁〜96頁。

[278]　黒沼は、「取締役会においてのみ有価証券報告書に接するような社外取締役は、開示統制、内部統制がきちんと構築されている場合には、それを前提として、取締役会における審議の場で注意を払えば足りるといえます。もっとも、弁護士や公認会計士のような専門家が社外取締役に就任している場合には、取締役として専門的能力を発揮することが期待されているわけですから、その場で注意すれば足りるといっても、その注意の水準は専門的能力を前提としたものになるはずです。」（黒沼悦郎＝永井智亮＝中村慎二＝石塚洋之「不適切開示をめぐる株価の下落と損害賠償責任〔上〕」商事法務1906号6頁以下、16頁〔黒沼悦郎発言〕〔2010年〕）と指摘している。

[279]　近藤・前掲注259）。

[280]　同書268頁。

をしておけば相当な注意をしたことになるかを判断するのが難しい。」[281] とし
ている。

(2) 発行会社の責任等

不実開示に係る発行会社の責任が論じられることも多い[282]。加藤貴仁は、平
成 26 年改正前金商法の下で、発行会社の賠償責任の範囲とその役員等の責任の
範囲を揃え、発行会社からその役員への求償を容易にする等の観点から、同法
21 条の 2 の過失責任化を検討すべきであるとした[283]。

以上以外にも、多くの議論がある[284]。

(3) 検討

不実開示に係る役員の責任として、発行会社からの求償や投資家からの責任
追及を否定する立法論は見当たらないようである。「相当の注意」の具体的内容
は、個々の役員の地位や職責に応じて個別に判断されるべきと解されているが、

---

[281] 同書 284 頁。

[282] 例えば田中亘「流通市場における不実開示による発行会社の責任——インセンティブの観点
から」落合古稀『商事法の新しい礎石』857 頁以下（有斐閣、2014 年）、後藤元「不実開示に関
する会社の民事責任と倒産法」新世代法政策学研究 2 号 329 頁以下（2009 年）、同「流通市場の
投資家による発行会社に対する証券訴訟の実態」江頭古稀『企業法の進路』857 頁以下（有斐閣、
2017 年）参照。

発行会社が投資家に対して責任を負う場合、当該会社から役員に対して求償がされ得る。この
求償が責任としての性格を有するとすれば、発行会社の責任も役員の責任としての性格を有する
場合があり得る。また、発行会社の責任を判断する際に、それが誰の過失によるものかが問題に
なる（太田洋「証券訴訟を巡る近時の諸問題～流通市場における提出会社の不実開示責任の過失
責任化と『公表日』の意義を中心に～」金融商品取引法研究会編『金融商品取引法制に関する諸
問題（上）』95 頁以下、97 頁～98 頁〔日本証券経済研究所、2016 年〕参照）。

[283] 加藤・前掲注 244）344 頁～346 頁。

[284] 発行市場における不実開示の場面で、発行会社の役員が用いるべき「相当な注意」の具体的
内容は、各役員の職務内容や地位に応じて異なり、有価証券届出書または発行登録書に重大な虚
偽記載がある場合、発行者の業務を統括している業務執行取締役（代表取締役、財務担当取締役
や常務会を構成する取締役）は、実際上、相当の注意を用いたにもかかわらずそれらの虚偽記載
を知ることができなかったことを証明することはきわめて困難であると指摘されている（神崎＝
志谷＝川口・前掲注 232）553 頁）。なお、開示責任全般に関する最近の分析として、湯原心一『証
券市場における情報開示の理論』347 頁～467 頁（弘文堂、2016 年）参照。

82　第1章　日本法の展開と現状

社外取締役が訴訟の被告に含まれている下で、何をすれば「相当な注意」による免責が認められるのか、学説上もなお明確にされていない。

第3節　責任からの救済

　以上の通り、業務執行取締役だけでなく、非業務執行役員にも、それらの対会社責任および対第三者責任のいずれもが実際に認められている。本節では、これら両者の責任からの救済の在り方を分析する。具体的には、①責任限定契約、②会社補償および③D&O保険を分析する[285]。

第1款　責任限定契約

　役員等の責任の免除・軽減制度（会社法424条～427条等）の中で、まず、責任限定契約（同法427条1項）[286]を検討する。

第1項　法制度の展開

1　平成13年12月商法改正

　平成13年12月商法改正[287]は、社外取締役の制度を導入し（同年同月改正商法188条2項7号の2）、会社がその社外取締役との間で責任限定契約を締結することを認めるとともに、その要件および手続に関する規定を設けた（同266条19項～23項）[288]。

---

[285]　業務執行取締役と非業務執行役員は、責任の一部免除および責任限定契約等（会社法425条～427条）において明確に区別されているが、会社補償やD&O保険においては必ずしも区別されていない。

[286]　社外取締役との間で責任限定契約の締結を可能にする定款の定めを置いている会社が多いようである（東証・前掲注62）72頁参照、併せて後掲注292）参照）。

[287]　平成13年12月12日法律第149号。

[288]　その目的は、「社外取締役については、業務執行とその監督を分離するというメリットがあることから、その人材の確保を容易にするため」であるとされている（太田誠一＝保岡興治＝谷

第3節　責任からの救済　83

2　平成17年会社法制定

平成17年制定の「会社法」[289] は、会計監査人や社外監査役等との間でも責任限定契約を締結することを認めた（平成17年会社法427条1項）[290]。

3　平成26年会社法改正

平成26年会社法改正[291] は、「取締役（業務執行取締役等であるものを除く。）」や「監査役」との間でも責任限定契約を締結することを認めた（同年改正会社法427条1項）[292]。

第2項　責任限定契約を締結することができる者

1　学説の状況

責任限定契約については、様々な検討課題があるが[293]、業務執行取締役等も責任限定契約を締結できるべきかどうかについて特に見解が分かれている。

口隆義（監修）・商事法務編集部（編）「企業統治関係商法改正法Q&A——監査役の機能強化、取締役等の責任の軽減に関する要件の緩和および株主代表訴訟制度の合理化——」商事法務1623号4頁以下、7頁〔2002年〕）。

[289]　平成17年7月26日法律第86号。

[290]　会計監査人に関する解説として、相澤編著・前掲注49）139頁〜140頁参照（会計監査人の社外性に照らせば社外取締役と異なる扱いをする合理的な理由がないとする）。併せて、法務省民事局参事官室「会社法制の現代化に関する要綱試案補足説明」商事法務1678号36頁以下、104頁〜105頁（2003年）参照。

　同法の下で、責任限定契約の適用を認めた事件が生じている（前述本章第2節第2款第2項3(2)参照）。

[291]　平成26年6月27日法律第90号。

[292]　藤田友敬「平成27年6月総会会社における責任軽減等に関する定款規定の状況」資料版商事法務379号100頁以下（2015年）は、責任限定契約に係る定款規定の状況を分析している。

[293]　例えば①「業務執行」概念との抵触、②会社からの求償が責任限定契約における「責任」に含まれると解すべきかどうか、等がある（後述第5章第3節第1款参照）。

84 第1章 日本法の展開と現状

(1) 否定説

岩原紳作は、比較法的にみて、主要国で取締役の責任の事前免責を認めているのはアメリカのデラウェア等の州会社法くらいであり、しかも、同州も執行役員については事前免責を認めていないため、日本でいえば社外取締役にのみ事前免責を認めたようなものであるが、これは社外取締役のなり手がいなくなるという問題に対処するためのものであることから、「我が国でも同様の配慮をする必要があるとすれば、社外取締役に限られるべきであろう。」[294] とした。

(2) 否定説以外の見解

田中亘は、責任軽減の目的が、取締役に安心感を与え、経営の萎縮を防いだり、取締役のなり手を見つけやすくすることにあるとすれば、その目的のために一番合理的なのは、定款の授権に基づく事前の責任制限〔責任限定契約〕であるとした[295]。その上で、〔平成13年12月商法改正に係る議論として〕これが社外取締役以外の取締役（および監査役）に認められなかった点に疑問があり、「発生も金額も不確かな将来の責任につき、株主が事前にリスクの一部を負担することを禁じ、挙げて取締役が負担することを法が強制する理由は自明でない」[296] とした。

2 議論の現状

会社法研究会では、①業務執行取締役等である取締役も責任限定契約を締結できるようにすべきかどうか、②責任限定契約および責任の一部免除に関する解釈上の問題点についてどのように考えるべきか、が検討されたが[297]、同研究

---

[294] 岩原・前掲注212) 356頁（初出はジュリスト1206号129頁〔2001年〕）。

[295] 田中亘「取締役の責任制限・代表訴訟」ジュリスト1220号31頁以下、34頁（2002年）。

[296] 同箇所。

[297] 会社法研究会「会社法研究会資料7 責任限定契約及び責任の免除に関する検討」および同「第6回議事要旨」（平成28年7月1日開催）（いずれも商事法務研究会ウェブサイト〔https://www.shojihomu.or.jp/kenkyuu/corporatelaw〕から取得可能）。また、一部の役員等の会社に

会報告書における提言の対象とされず[298]、法制審議会会社法制（企業統治等関係）部会での検討事項にも含まれていない[299] [300]。

第2款　会社補償

第1項　序

　会社補償とは、会社の役員が損害賠償責任を追及等された場合に、これに係る賠償責任額や争訟費用等を会社が負担することをいう。日本の会社法は、商

対する責任についての責任限定契約または一部免除の効果が、他の役員等の会社に対する責任に対してどのような効果を及ぼすと考えるべきか、についても検討されている。

[298]　公益社団法人商事法務研究会　会社法研究会「会社法研究会報告書」（平成29年3月2日）商事法務2129号4頁以下（2017年）（商事法務研究会ウェブサイト〔https://www.shojihomu.or.jp/kenkyuu/corporatelaw〕から取得可能）。

[299]　法制審議会会社法制（企業統治等関係）部会第1回会議（平成29年4月26日開催）部会資料1「企業統治等に関する規律の見直しとして検討すべき事項」（法務省ウェブサイト〔http://www.moj.go.jp/content/001237419.pdf〕から取得可能）。

[300]　第三者に対する会社の責任が認められ、取締役に過失がある場合、会社から取締役に対して求償がされ得る。ここで会社から社外取締役に対する求償をどのように考えるべきかは難問である。特に①当該社外取締役の過失の有無をどのように考えるべきか、これを株主から直接に責任追及された場合と同様に考えるべきか、という点が問題になる。その上で、②社外取締役の責任限定契約の対象が、会社からの求償にも及ぶと解するべきかどうかが問題になる（これを肯定する見解として、神田＝中原＝中江＝武井・前掲注107）17頁〔神田秀樹発言〕参照）。
　平成29年民法改正（民法の一部を改正する法律〔平成29年6月2日法律第44号〕〔民法のうち債権関係の規定の見直し〕）前は、連帯債務の免除の絶対的効力が規定されていたので（同年改正前民法437条）、取締役が連帯債務を負う場合に取締役の一部に対する責任の免除に同条が適用されると解する余地があり、求償の問題は生じなかったが（江頭憲治郎「役員等の連帯債務と免除の絶対的効力」同『会社法の基本問題』347頁以下〔有斐閣、2011年〕参照）、同年改正により、連帯債務者の1人に対する債務の免除が相対的効力しか有しないこととされ（同年改正民法441条）、会社が非業務執行取締役との間で責任限定契約を締結した場合でも、当該責任限定契約を締結した者に対して他の連帯債務者が求償権を有する（同445条）ことが実務上大きな問題となるとの指摘がみられている（江頭・前掲注54）479頁〜481頁）。これらの改正について、筒井健夫＝村松秀樹編著『一問一答　民法（債権関係）改正』122頁〜125頁（商事法務、2018年）、大村敦志＝道垣内弘人編『解説　民法（債権法）改正のポイント』219頁〜224頁〔幡野弘樹〕（有斐閣、2017年）、潮見佳男『民法（債権関係）改正法の概要』114頁〜116頁、121頁〜122頁（金融財政事情研究会、2017年）参照。

86　第1章　日本法の展開と現状

法時代から、会社補償という発想でまとまった規定ないし直接関係のある規定
を設けておらず、商法および会社法では、取締役の責任規定、責任減免規定、
株主代表訴訟の規定が間接的に存在したにとどまる[301]。

第2項　学説等の展開──会社補償の根拠と対象等

(1)「在り方研究会」(2015年)以前の議論

　昭和25年商法改正が株主代表訴訟制度を導入した際に[302]、会社補償に係る
様々な解釈が示され[303]、その後、主に株主代表訴訟の訴えの提起に要する手数
料額の引き下げ（1993年）に伴い、学説の進展がみられた[304]。例えば株主代
表訴訟において被告取締役が勝訴した場合に民法650条3項を根拠に弁護士費

---

[301]　神田＝中原＝中江＝武井・前掲注107）10頁［神田秀樹発言］参照。この下で、「定着した
実務のスタイルがあるわけではない」と指摘された（同箇所［神田秀樹発言］）。その後の展開に
ついては、後述本款第2項(2)および同(3)参照。

[302]　前述本章第1節第1款第2項(1)参照。

[303]　具体的には、①取締役が株主代表訴訟において勝訴した場合に、その防御費用を会社が支払
うことを要するかどうかについては規定が存在しないところ、「取締役が株主のいやがらせ訴訟
に悩まされるおそれがあることを考えると、これを認めることが妥当のようでもあるが、疑惑を
招いたことに取締役の責がある場合もないではなく、規定がない以上、これを認める理論構成は
むずかしい。」とする見解として、鈴木＝石井・前掲注27）182頁、②被告取締役または取締役
であった者は、勝訴した場合においても会社に対し弁護士の報酬その他の費用の支払請求権を有
しないとする見解として、松田二郎＝鈴木忠一『條解　株式会社法（上）』319頁～320頁（弘文
堂、1951年）、③「取締役に責任があるとの判決があった場合以外には、補償請求権あるものと
すべきである。」とする見解として、伊澤孝平『註解新会社法［改訂版4版］』458頁～459頁（法
文社、1953年）がみられた。

[304]　公刊順に、近藤光男「取締役の責任とその救済──経営上の過失をめぐって──（四・完）」
法協99巻12号1頁以下、42頁～49頁（1982年）、山下友信「会社役員賠償責任保険と会社法」
同『商事法の研究』72頁以下、82頁（有斐閣、2015年）（初出はジュリスト1031号48頁以下、
53頁〔1993年〕）、岩原紳作「株主代表訴訟の構造と会社の被告側への訴訟参加」同・前掲注212）
『商事法論集I　会社法論集』364頁以下、373頁、378頁～380頁（初出は竹内昭夫編『特別講
義商法I』225頁以下、233頁、240頁～242頁〔有斐閣、1995年〕）等参照。なお、私法学会報
告として、甘利公人「取締役の責任免除と会社補償制度」私法56巻240頁以下、244頁～245頁
（1994年）参照。

用を会社に対して請求できるとの見解が示された[305]。これに対して、民法の委任の規定の解釈に会社補償の根拠を求めるのは「自然な発想」[306] であるが、それが会社法の規定の趣旨に反しないかどうかを理論的に明確にする必要があると指摘されている[307]。

(2) 「在り方研究会」(2015 年)

この下で、「在り方研究会」[308] は、会社補償が現行法の下でも認められるとし、適法にこれが行われるための手続の一例を示した[309]。

---

[305]　河本一郎「会社役員の責任と株主代表訴訟」ジュリスト 1040 号 36 頁以下、38 頁〜39 頁 (1994 年)。このほか、同様の指摘として、松尾眞＝勝股利臣編著『株主代表訴訟と役員賠償責任保険』191 頁〜192 頁 [松尾眞] (中央経済社、1994 年) 参照 (委任の原則に基づき、合理的範囲内での費用償還請求権を認めるべきであるとする)。その後、平成 13 年 12 月商法改正後は、「会社法の世界では議論が止まっている感があ」るとの指摘もされる状況の中で (山下友信＝山下丈＝増永淳一＝山越誠司＝武井一浩「役員責任の会社補償と D&O 保険をめぐる諸論点——ガバナンス改革と役員就任環境の整備——〔上〕商事法務 2032 号 6 頁以下、7 頁 [武井一浩発言] [2014 年])、同条同項は、取締役が無過失の場合にのみ会社に費用等を請求する根拠になり得るにとどまると指摘されている (神田＝中原＝中江＝武井・前掲注 107) 8 頁 [中原裕彦発言] 参照)。なお、同条は、平成 29 年民法改正の対象とされていない (委任に係る他の条項の改正については、筒井＝村松編著・前掲注 300) 347 頁〜354 頁、大村＝道垣内編・前掲注 300) 445 頁〜450 頁 [石川博康]、潮見・前掲注 300) 321 頁〜324 頁参照)。

[306]　山下友信＝山下丈＝増永＝山越＝武井・前掲注 305) 14 頁 [山下友信発言]。

[307]　同箇所 [山下友信発言]。

[308]　前掲注 59) 参照。

[309]　すなわち、会社補償が制度として導入されていない現在の日本法の下において、会社補償が適法と認められるための手続の一例として、①「事前に会社と役員との間で補償契約を締結し、その内容に従って補償する」(「事前の補償契約の締結」) こと、また、②その際の補償契約締結の手続として、a)「利益相反の観点からの取締役会決議」、b)「社外取締役が過半数の構成員である任意の委員会の同意を得ること」、または、「社外取締役全員の同意を得ること」、③義務的補償または任意的補償のいずれかの方法によること、が示されている。その際には、「職務を行うについて悪意又は重過失がないこと」が要件とされており、補償の対象としては、職務の執行に関する、①「第三者に対する損害賠償金」、および、②「争訟費用 (民事上、行政上又は刑事上の手続において当事者等となったことにより負担する費用)」、が対象になるとされている (コーポレート・ガバナンス・システムの在り方に関する研究会・前掲注 59) 8 頁〜11 頁)。なお、ここでの「取締役会決議」は、法律上の利益相反取引の承認 (会社法 365 条および 356 条) としてされるものではなく、会社補償が利益相反類似の関係にあるという懸念に対処することが考慮

88　第1章　日本法の展開と現状

(3)　その後の議論

　最近では、「会社補償の実務に関する研究会」が、実務の現状を踏まえ、現行法の下で適法と認められる会社補償についての解釈を示している[310]。

(4)　検討

　会社補償が法制度として存在しない下で、取締役は、例えば民法650条1項および3項または事前の補償契約等を根拠に会社に一定の補償を求めることができる等の解釈が示されてきているが、例えば判決が認めた損害賠償責任額(以下「判決額」という)、和解金および争訟費用等のうちどこまでがその対象として適法と認められるのか、裁判所の判断は明らかにされておらず、検討すべき法的課題が多い[311]。

されたものであるとされている (同書9頁〔注18〕)。併せて、神田=中原=中江=武井・前掲注107) 7頁〜21頁参照。

[310]　会社補償の実務に関する研究会「会社補償実務指針案」(2017年5月25日) (西村あさひ法律事務所ウェブサイト〔https://www.jurists.co.jp/ja/news/13650.html〕から取得可能)。同研究会は公的機関が設置したものではないが、同実務指針案は現時点における代表的な実務指針と見受けられる。併せて、武井一浩=中山龍太郎=松本絢子「会社補償実務研究会『会社補償実務指針案』の解説」商事法務2134号20頁以下 (2017年) 参照。これらは、会社補償実務研究会編『成長戦略と企業法制　会社補償の実務』1頁〜42頁 (商事法務、2018年) に採録されている。

[311]　まず、①公序による制約との関係がある。例えば取締役の対会社責任に係る損害賠償金について補償する場合、取締役から会社に支払われた損害賠償金が補償の形で返還されるため、法律が対会社責任を認めた趣旨が損なわれると指摘されている (竹内昭夫「取締役の責任と保険——公認会計士職業賠償責任保険の意味するもの——」同『会社法の理論Ⅱ　機関・計算・新株発行』77頁以下、98頁〜99頁〔有斐閣、1984年〕〔初出は会報〔東京株式懇話会〕243号〔1971年〕〕)。次に、②責任免除との関係がある。すなわち、取締役の会社に対する賠償債務を填補するものであるかぎり、「責任免除の脱法行為であると認められる。」とされている (関俊彦「会社が負担する取締役賠償責任保険の保険料」鴻古稀『現代企業立法の軌跡と展望』85頁以下、101頁〔商事法務研究会、1995年〕)。その上で、③求償との関係がさらに問題になる。すなわち、取締役の対第三者責任について、責任限定契約が適用される部分を超える責任について、会社補償の対象と認められるかどうかという問題があり、この点は、求償を責任と考えるべきかどうかと密接に関係する (神田=中原=中江=武井・前掲注107) 10頁〜21頁、特に20頁〔神田秀樹発言〕参照)。

　④さらに、報酬規制との関係がある。すなわち、取締役が第三者から不法行為責任を追及された場合や株主代表訴訟により責任を追及された場合、防御費用や敗訴時の損害賠償金 (判決額)を会社が負担するためには報酬規制 (会社法361条) に従う必要があるかどうかという問題があ

第3節　責任からの救済　**89**

第3項　会社補償の制度化に関する議論の現状

　現行法の下での会社補償には様々な解釈問題があるため、会社補償を会社法上の制度として設け、これを明確にすべきかどうかが論じられている[312]。

る。この点については、取締役が勝訴した場合、受認者が委任事務を処理するため自己に過失なくして受けた損害（民法653条3項）として肯定する見解が支持されてきているように見受けられる（河本・前掲注305）39頁〔取締役が勝った場合には、その弁護士費用は会社が負担することは差し支えないのではないか」とする）、落合誠一編『会社法コンメンタール8──機関(2)』153頁〔田中亘〕〔商事法務、2009年）〔防御費用の支出は義務に基づくものであるから、報酬規制に則して行う必要はない。」とする〕）。他方で、取締役が敗訴した場合については、a) 第三者による責任追及の場合、「少なくとも取締役の過失（故意でなく）に起因する対第三者責任については、会社が賠償額・防御費用を、報酬規制によらずに適法に負担できると解する余地がある」とする見解がある（同書154頁〔田中亘〕）。b) 株主代表訴訟の場合、防御費用については、「相当の範囲で取締役会決議により負担できると解する余地があろう。」とする見解がある（同書154頁〔田中亘〕）。

　日本法の下での会社補償についての最近の研究は必ずしも豊富でないが、例えば弥永真生「取締役の責任と補償」神作裕之責任編集『企業法制の将来展望──資本市場制度の改革への提言──2017年版』125頁以下、特に148頁〜155頁（資本市場研究会、2016年）参照。実務の指摘として、武井一浩「会社補償及びD&O保険の最新動向と課題」ジュリスト1495号39頁以下（2016年）、松本絢子『『コーポレート・ガバナンスの実践』を踏まえた会社補償とD&O保険の在り方」損害保険研究78巻1号135頁以下（2016年）参照。

[312]　アメリカでは、DGCL145条（後述第2章第3節第1款第3項1参照）があり、「本来はそうした条文が日本の会社法にもあったほうがよいのではないかと思います。」とする指摘として、神田＝中原＝中江＝武井・前掲注107）10頁〔神田秀樹発言〕参照。その上で、以下について、神田秀樹教授から特にご教示を得た。

　日本の現行法の下では、取締役は会社との間で委任関係に立ち（会社法330条）、取締役がその職務を行うに際して生じた費用（具体的な例として例えば出張費用が挙げられる）に関して会社に対して前払や後払を請求することができるか〔どうか〕については、民法649条および650条に基づいて請求が認められると考えられる。これに対して、従業員は、会社との間で委任関係ではなく雇用関係に立つため、これらの規定の適用はなく、費用の前払や後払を会社に請求する根拠となる規定は民法には存在しない。実務においては、取締役と従業員とを区別することなく、例えば出張費用については、契約（会社内部の関連規程を含む）で定めを置いてそれに基づいて会社が費用を負担していると考えられるが、上記の民法の規定は任意規定であるので、当事者間の契約があればそれが優先して適用されることになる。また、概念整理としては、このような会社の支出は、費用としてだけでなく、報酬として支払うこともできると考えられるが、さらに、どちらとも分類できないようなものもあり得ると考えられる。したがって、立法論としては、概念整理をしたうえで、会社による支出を認めることが適切なものについては、その支出を認める

90　第 1 章　日本法の展開と現状

(1)　会社法研究会

　会社法研究会は、日本における会社補償制度の在り方を検討した上で[313]、「会社補償（役員に対する責任追及等に関して役員が要した費用等を株式会社が当該役員に対して負担することをいう。）に関する規定を設けることについて、引き続き検討することとしてはどうか。」[314] とした。

(2)　法制審議会会社法制（企業統治等関係）部会

　これを受けて、法制審議会会社法制（企業統治等関係）部会は、「役員が、その職務の執行に関し、責任の追及に係る請求を受けたことにより、又は法令の規定に違反したことが疑われることとなったことにより要する費用等を株式会

明文の規定を会社法に設けることが考えられる。これが会社補償の制度化を唱えられる理由である。なお、現在、一部の実務において、取締役や従業員に対する責任追及訴訟の防御費用等の支払を会社が行っているとしても、どこまでの責任についてこれが認められるべきかが現行法の下では不明確な状況にあるように思われる。そうだとすれば、会社補償の制度化はこうした不明確さを除去する意義も有することになる。

[313]　会社法研究会「会社法研究会資料 2　取締役の報酬、会社補償及び D&O 保険に関する検討」、同「第 2 回議事要旨」（以上、平成 28 年 2 月 9 日開催）、同「会社法研究会資料 1 5　役員責任に関する検討」および同「第 1 1 回議事要旨」（以上、平成 28 年 11 月 30 日開催）（いずれも商事法務研究会ウェブサイト〔https://www.shojihomu.or.jp/kenkyuu/corporatelaw〕から取得可能）。

[314]　会社法研究会・前掲注298）19 頁。具体的には、①株式会社は、役員との間で締結した補償契約に基づき、当該役員の職務の執行（悪意による任務懈怠行為等一定の行為を除く。）に関する次の②に掲げる費用等を補償することができることとすること、②補償の対象とすることができる費用等を、ア）「株式会社若しくは第三者に対する責任を追及され、又は刑事事件に関する手続、課徴金に係る事件に関する手続その他これらに準ずる手続の対象となったために生ずる必要な費用（相当と認められる額に限る。）」およびイ）「第三者（株式会社を除く。）に対して支払う必要がある損害賠償金」とすること、③補償契約の締結に必要な手続については、ア）「取締役会設置会社においては、補償契約の内容及び補償契約に基づく補償の決定は、取締役会決議によらなければならず、その決定を取締役等に委任することができない」こと、および、イ）「株式会社と取締役又は執行役との間の補償契約の締結及び当該補償契約に基づく補償には、利益相反取引規制を適用しない」こと、について引き続き検討するものとしている（同書 19 頁〜22 頁）。

社が補償すること（以下「会社補償」という。）に関する規定を設けることを検討してはどうか。」[315]　とし、審議を進めている。

第3款　D&O保険

第1項　日本における展開

アメリカ法やイギリス法では、会社補償制度がD&O保険の普及よりも早期に形成され[316]、会社補償制度の存在を前提としてD&O保険に係る法的枠組みが形成されたのに対し、日本では、会社補償が法制度として存在しない状況の下で、平成5年商法改正後、株主代表訴訟制度が活用されるようになったことからD&O保険が実務上必要とされた点で、両法域と比較して特徴的な経緯がある[317]。日本のD&O保険は、大蔵省（当時）が1990年に英文約款を認可し

---

[315]　法制審議会会社法制（企業統治等関係）部会・前掲注299）3頁。以下の補足説明がされている。「……会社補償には構造上の利益相反の問題があり、また、会社補償が許容される範囲によっては、役員の職務の適正性が損なわれるおそれや役員の責任や刑罰等を定める規定の趣旨が損なわれるおそれがあるという問題もあり、会社法上、会社補償がどのような場合に許容されるかは必ずしも明確でない。会社補償が許容される範囲については、例えば、①役員が株式会社に対して賠償しなければならない損害について株式会社が補償をすることは、株式会社に対する責任を免除することと実質的に同じことであるから、株式会社に対する責任の免除の手続によらずにこのような損害について株式会社が補償をすることを認めるべきではないという考え方や、②役員が納付しなければならない罰金や課徴金について会社が補償をすることは、罰金や課徴金を定めている各規定の趣旨を損なう可能性があるため認めるべきではないという考え方もある。

そこで、会社法に会社補償に関する規定を設け、会社補償が許容される場合を明確にすることが考えられる。」（同箇所）。

[316]　会社補償制度の形成については、後述第2章第3節第1款第2項1(1)（アメリカ法）および後述第3章第3節第1款第2項1(1)（イギリス法）参照。D&O保険の普及については、後掲第2章注783）およびこれに対応する本文（アメリカ法）ならびに後述第3章第3節第2款第1項（イギリス法）参照。

[317]　もっとも、学説では、D&O保険約款の認可前に取締役の責任保険について論じられている（特に竹内・前掲注311）参照）。会社補償とD&O保険に係る1983年までの論稿の一覧が同書110頁～111頁に掲げられている。

同認可以降、様々な研究がみられている。特に山下友信編著『逐条D&O保険約款』（商事法務、2005年）参照（米国保険法研究会の主に平成9年から平成12年にかけての研究成果としての日本のD&O保険の普通保険約款および特約条項に関する逐条研究）。このほか、公刊順に、松尾＝

92　第1章　日本法の展開と現状

た後[318]、1993年12月に和文約款およびこれに併せた英文約款の改定を認可し[319]、2006年には和文約款が改定されている[320]。以上に伴い、実務において D&O 保険は幅広く購入されているようである[321]。

第2項　塡補責任と免責事由

1　D&O 保険約款

2005年時点における D&O 保険約款は、1条で塡補責任を[322]、同5条から8条で「てん補しない損害」(保険者の免責事由)を[323]、各規定していた。現在、各保険会社が D&O 保険約款を改定している[324]。

勝股編著・前掲注305)、甘利公人『会社役員賠償責任保険の研究』(多賀出版、1997年)等参照。最近の議論として、山下友信=山下丈=増永=山越=武井・前掲注305)22頁以下、山下友信=山下丈=増永淳一=山越誠司=武井一浩「役員責任の会社補償と D&O 保険をめぐる諸論点〔中・下〕——ガバナンス改革と役員就任環境の整備——」商事法務2033号4頁以下、4頁～12頁、2034号42頁以下(2014年)、神田=中原=中江=武井・前掲注107)21頁～28頁参照。

[318]　資料「会社役員賠償責任保険普通保険約款」ジュリスト1012号84頁以下(1992年)(英文約款の和訳)参照。「損害賠償請求〔訴訟〕が海外で起こされる可能性が高いことを考慮して、英文にて約款認可を受けている。」とした保険会社がみられる(小路正夫「会社役員賠償責任保険の概要」商事法務1244号2頁以下、2頁〔1991年〕)。併せて、石田満ほか「新保険の動向(平成2年)」損害保険研究53巻1号143頁以下、180頁～183頁(1991年)参照。

[319]　損害保険会社4社が認可を受けた和文約款として、資料「会社役員賠償責任保険普通保険約款(平成5年12月24日大蔵大臣認可)」商事法務1343号94頁以下(1994年)参照。併せて、住倉毅宏「会社役員賠償責任保険(和文約款)の認可」商事法務1345号11頁以下(1994年)、勝股利臣「会社役員賠償責任保険和文約款の概要」金法1381号13頁以下(1994年)、北村正樹=茂木郁牛「米国と日本における D&O 賠償責任と保険」保険学雑誌546号113頁以下、130頁～135頁(1994年)等参照。

[320]　石田満ほか「新保険の動向(新保険・制度改定)(平成18年)」損害保険研究69巻2号187頁以下、201頁～203頁(2007年)等参照。

[321]　最近では、「日本国内においては、上場企業の約9割が D&O 保険に加入している(回答企業数253社中225社が「加入している」と回答)。」との調査がある。経済産業省(経済産業政策局産業組織課)委託調査「日本と海外の役員報酬の実態及び制度等に関する調査報告書」(平成27年3月)124頁(同省ウェブサイト〔http://www.meti.go.jp/meti_lib/report/2015fy/000134.pdf〕から取得可能)。なお、「上場会社であれば90%以上が加入しているのではないでしょうか。」との実務の指摘もある(山下友信=山下丈=増永=山越=武井・前掲注305)24頁〔山越誠司発言〕)。

[322]　山下編著・前掲注317)15頁～31頁〔洲崎博史〕参照。

第3節　責任からの救済　93

2　学説の状況──約款の解釈を中心に

　役員の責任のうち、どこまでが D&O 保険による塡補の対象となるべきかについて、英文約款の認可（1990 年）以降、様々な見解が示されており[325]、特に 1993 年認可和文約款の解釈として、法令違反を認識しながら行った行為の免責条項[326] の解釈が論じられた[327]。役員の重過失に基づく責任についてこれが

---

[323]　同書 63 頁〜76 頁［山下友信］、76 頁〜90 頁［洲崎博史］、90 頁〜93 頁［甘利公人］、93 頁〜100 頁［藤田友敬］、100 頁〜106 頁［山本哲生］、107 頁〜116 頁［竹濱修］、117 頁〜123 頁［山下友信］、123 頁〜134 頁［洲崎博史］、135 頁〜137 頁［山下友信］、138 頁〜142 頁［甘利公人］参照。

[324]　実務で用いられている D&O 保険約款には、例えば法令に違反することを被保険者が認識しながら行った行為に起因する損害賠償請求に起因する損害に対しては保険金を支払わないとするものがみられる（東京海上日動火災保険株式会社「会社役員賠償責任保険普通保険約款」5 条、同社「会社役員賠償責任保険の約款　普通保険約款、特約条項（2018 年 1 月 1 日以降始期用）」4 頁以下、5 頁［同社ウェブサイト〔http://www.tokiomarine-nichido.co.jp/hojin/baiseki/yakuin/covenant/〕から取得可能）。被保険者である役員に重過失がある場合は「保険金を支払わない場合」（同 5 条〜9 条）として挙げられておらず、保険金が支払われ得るようである。

[325]　江頭憲治郎＝森本滋＝山下友信＝河村貢＝山内稔彦＝岡野谷知広「特別座談会　会社役員賠償責任保険の検討（その一〜その四・完）─保険約款条項をめぐって─」取締役の法務 1994 年 7 月号 44 頁以下、8 月号 76 頁以下、9 月号 64 頁以下、10 月号 66 頁以下（1994 年）等参照。

[326]　すなわち、「法令に違反することを被保険者が認識しながら（認識していたと判断できる合理的な理由がある場合を含みます。）行った行為に起因する損害賠償請求」（1993 年認可和文約款 5 条(3)）である。同条項は、1990 年認可英文約款における「不誠実行為」（"dishonest act"）が改定されたものであるとされている（石田満ほか「新保険の動向（平成 5 年）」損害保険研究 56 巻 1 号 185 頁以下、211 頁〜215 頁〔1994 年〕参照）。同英文約款に係る議論として、山下・前掲注 304）特に 76 頁〜77 頁参照（保険会社は、違法行為を故意に行った場合だけでなく、忠実義務違反による対会社責任も「不誠実」として免責されると解しているようであるため、「実際上は、理由がないのに代表訴訟を提起され防御に努めたことによりかかる費用をてん補することに主たる意味があることになろう。」とする）。

[327]　同条項が、アメリカの D&O 保険約款における「不誠実行為」（"dishonest act"）の免責条項を沿革的に参考にしたものであり、アメリカにおける解釈を踏まえ、「実質的には一般の故意免責に限りなく近く、故意と非常に高度な重過失という解釈が妥当」（甘利公人「会社役員賠償責任保険と不誠実免責条項」竹内追悼『商事法の展望』25 頁以下、39 頁〔商事法務研究会、1998 年〕）であるとの見解に対し、日本の 1993 年認可和文約款が「法令に違反することを被保険者が認識しながら行った行為」という文言を採用したことにより、1990 年認可英文約款における「不誠実行為」（"dishonest act"）から「実質的な意味での改正がなされたものと見るのが自然であろう。」

94 第1章 日本法の展開と現状

D&O 保険による塡補の対象となるかどうかについて、2005 年時点における
D&O 保険約款 5 条(3)の趣旨は、「主として、D&O 保険の存在が法令違反行為
を助長することを防止することにある」[328] と解されており、責任限定契約が適
用されない重過失に基づく責任も塡補されると解されている[329]。

第 3 項　保険料負担の在り方

1　問題の所在

　和文約款の認可（1993 年）の過程で、役員の代表訴訟による対会社責任に係
る保険給付については会社が負担することが認められないと解され[330]、当該部
分については、「株主代表訴訟担保特約条項」として基本約款から切り離すとと
もに[331]、当該条項に係る保険料相当額は報酬等として役員個人が負担するとの
概念整理がされた[332]。このことを背景に、特に誰がどのような手続で同条項に
係る保険料を負担すべきかが議論されてきた[333]。

　（洲崎博史「会社役員賠償責任保険と取締役の法令違反」森本＝川濱＝前田編・前掲注 218）372
頁以下、384 頁〜385 頁）との見解が示された。
[328]　山下編著・前掲注 317）79 頁［洲崎博史］。
[329]　同書 77 頁〜81 頁［洲崎博史］（併せて、平成 20 年 6 月 6 日法律第 57 号による改正前商法
641 条の適用は排除されていると解する）。1990 年に認可された英文約款（前掲注 318）参照）に
関して、山下・前掲注 304）79 頁（「約款にいう不誠実な行為という免責事由が重過失を含むと
は解釈しにくい。」とする）参照。
[330]　住倉・前掲注 319）11 頁〜13 頁参照。
[331]　1993 年に認可された和文約款（資料・前掲注 319））参照。
[332]　日本損害保険協会からの照会に対する国税庁の回答の概要が、ニュース「国税庁、D&O 保
険の保険料の税務上の取扱について通達」商事法務 1345 号 42 頁〜43 頁（1994 年）に掲載され
ている。加藤裕「会社役員賠償責任保険の保険料の税務上の取扱い」税務弘報 42 巻 3 号 146 頁
以下（1994 年）参照。併せて、山下・前掲注 304）79 頁〜83 頁参照。
[333]　株主総会の決議で取締役全員の報酬の総額を定め、その具体的な配分は取締役会の決定に委
ねることができ（最判昭和 60・3・26 集民 144 号 247 頁、250 頁参照）、具体的な決定は取締役会
決議で代表取締役に一任できる（最判昭和 31・10・5 集民 23 号 409 頁、410 頁参照）との判例の
下で、実務上、役員が負担する保険料の上乗せ部分について個々の役員ごとに株主総会決議を得
ていたわけではなく、実務上の違いは、当該上乗せ部分について役員個人に対する給与課税を要
するかどうかにあったと考えられる（ニュース・前掲注 332）43 頁参照）。

2 学説の状況[334]

(1) 竹内昭夫

竹内昭夫は、平成 17 年改正前商法 266 条が取締役の対会社責任を定めているのは、実質的には株主全員を保護するためであるが、会社が D&O 保険を購入し保険料を負担すると、「商法 266 条の定める会社の損害賠償請求権を、事前に、かつ一般的に放棄することと同じでありますが、それは許されないのではないかと考えられる」[335] とした。

(2) 関俊彦・神作裕之

これに対し、関俊彦は、「会社は報酬規制に従えば取締役賠償責任保険の保険契約者として保険会社に直接保険料を支払うことができると解される（会社・取締役型）。のみならず、会社は保険料相当額を通常の報酬に上乗せして取締役に支給することもできると解される。」[336] とした。

また、神作裕之は、D&O 保険が抱える様々な法的問題を検討した上で、「会社役員賠償責任保険が提起しているもっとも深刻な会社法上の論点は、その保険料を会社が負担することの可否である。」[337] とし、結論として、保険料の支払は「定款の定めまたは株主総会の普通決議に基づいて行うことができると考えられないであろうか。」[338] とした。

---

334) 本項における学説の分類については、江頭・前掲注 54）491 頁を踏まえている。

335) 竹内・前掲注 311）96 頁。もっとも、併せて、考えられる反論についても述べられている（同書 97 頁〔総株主の同意があれば可能等〕）。

336) 関・前掲注 311）105 頁。D&O 保険の保険料は、取締役が本来支払うべき費用であるため、これを会社が負担すべき委任事務処理費用と解することはできないものの、報酬とみることは可能であり、報酬規制（平成 17 年改正前商法 269 条）に従うべきとしたものである（同書 102 頁～105 頁）。

337) 神作裕之「会社役員賠償責任保険の会社法に与える影響」学習院大学法学部研究年報 29 号 83 頁以下、110 頁（1994 年）。

338) 同書 115 頁。保険料の支払が会社の損害となるおそれが皆無とはいえない以上、利益相反性を認めるべきであり、忠実義務違反を前提とすべきであるが、忠実義務の中でも報酬規制等の「緩やかな基準」により判断されるべきものと解する。この場合には一定の機関が一定の要件の下で

96　第1章　日本法の展開と現状

(3) 近藤光男・甘利公人

　D&O 保険の保険料について、これを取締役の報酬等としてではなく、会社がその全額を負担できることを明示的に認める見解が示された。近藤光男は、様々な条件の下で、「これ〔「会社が取締役責任保険の保険料を支払うこと」〕を肯定すべきであると考える」[339] とし、甘利公人は、「会社が保険料を支払うことは法律上問題がないのみならず、取締役の会社に対する責任の履行を確実にするものであり、したがって会社自身にとっても有益なものであるといえる。」[340] とした。

3　国税庁による税務上の取扱いの変更（2016 年）

(1)「在り方研究会」（2015 年）

　「在り方研究会」は、株主代表訴訟担保特約条項部分の保険料を会社が負担することを認め[341]、その際の手続の一例として、①利益相反の観点からの取締

義務の範囲を決することができるが、D&O 保険が一般に役員全員をセットにして被保険者としていることに鑑みると、取締役会決議で決めることにも問題があるとした。同書 114 頁〜115 頁。
[339]　近藤光男「責任保険の保険料負担」同『取締役の損害賠償責任』204 頁以下、207 頁（中央経済社、1996 年）（初出は商事法務 1329 号 40 頁以下、41 頁〔1993 年〕）。この条件とは、①填補の対象となる責任として、経営者たる取締役による「経営上の過失」が主として念頭に置かれていること、②取締役責任保険では会社が取締役を訴える場合を免責とするのがよいとしていること、③会社が保険料を支払うことが不当に思える「ある種の責任」については、約款において保険者の免責事由にしておけば問題はないとしていること（同書 207 頁〜211 頁）、である。
[340]　甘利・前掲注 317）85 頁。
[341]　コーポレート・ガバナンス・システムの在り方に関する研究会・前掲注 59）11 頁。すなわち、役員の賠償責任が有する機能を、①損害填補機能と②違法抑止機能とに大別し、前者（①）については、「D&O 保険により会社の損害が回復されるから、会社が本保険料を負担して保険に加入することは、何ら妨げられるものではな」く、後者（②）についても、「我が国の標準的な D&O 保険は、犯罪行為や法令違反を認識しながら行った行為等の悪質な行為は免責としており、カバーしているのは職務執行から生じる不可避的な生じるリスクである」ため、問題はないとした（同箇所）。

役会の承認および②「社外取締役が過半数の構成員である任意の委員会の同意を得ること」または「社外取締役全員の同意を得ること」が必要であるとした[342]。

(2) 国税庁による税務上の取扱いの変更（2016 年）

D&O 保険の保険料の税務上の取扱いについて、国税庁は、経済産業省からの照会に対する回答として、「在り方研究会」報告書を踏まえ、会社が、新たな会社役員賠償責任保険の保険料を、①「取締役会の承認」、および、②「社外取締役が過半数の構成員である任意の委員会の同意又は社外取締役全員の同意の取得」の手続を行うことにより会社法上適法に負担した場合には、役員に対する経済的利益の供与はないと考えられるため、役員個人に対する給与課税を行う必要はないとした[343]。以上のように、国税庁が解釈を変更し、D&O 保険の保険料の負担に係る実務は明確にされている[344]。

---

[342] 同書 11 頁～12 頁。同研究会の座長を務めた神田秀樹は、D&O 保険について、「どのような手続を踏めば会社が保険料を支払うことが商法上適法かというのが正しい問いの立て方である。」と早期に指摘している（神田・前掲注 213）70 頁）。

　以上のように、学説は、株主代表訴訟担保特約条項部分を含め、D&O 保険の保険料を会社が負担することを認めた上で、その際に踏まれるべき手続を問題とするようになってきていた。この下で、社外取締役の関与の在り方を具体的に論じた同研究会の見解が一定の影響を有したと見受けられる。

[343] 国税庁「新たな会社役員賠償責任保険の保険料の税務上の取扱いについて（情報）」（平成 28 年 2 月 24 日）（国税庁ウェブサイト

〔https://www.nta.go.jp/law/zeiho-kaishaku/joho-zeikaishaku/shotoku/shinkoku/160218/index.htm〕参照）。併せて、松本絢子「新しい D&O 保険への実務対応〔上〕——保険料全額会社負担の解禁を受けて——」商事法務 2100 号 77 頁以下（2016 年）、武井一浩＝松本絢子「新しい D&O 保険への実務対応〔下〕——保険料全額会社負担の解禁を受けて——」2101 号 35 頁以下（2016 年）参照。

[344] このため、現在、保険会社各社は、D&O 保険の基本約款部分と従来の「株主代表訴訟担保特約条項部分」を一体とした約款を作成した上、主に 2017 年 4 月以降分からこれを用い、契約改定時に新約款に移行して用いているようである。なお、3 月期決算の会社では、7 月 1 日に D&O 保険契約を更新することが多いとの指摘がある（D&O 保険実務研究会編『成長戦略と企業法制 D&O 保険の先端 I』22 頁［山越誠司発言］〔商事法務、2017 年〕）。

98 第1章 日本法の展開と現状

第4項 議論の現状

(1) 会社法研究会

会社法研究会報告書は、「D&O 保険契約の締結に必要な手続を以下のように
することについて、引き続き検討することとしてはどうか。」[345] とした。すな
わち、①「取締役会設置会社においては、D&O 保険契約の内容の決定は、取
締役会の決議によらなければならず、その決定を取締役等に委任することがで
きない。」[346]、および、②「取締役又は執行役を被保険者とする D&O 保険契
約の締結には、利益相反取引規制を適用しない。」[347] とした。

同報告書は、また、「D&O 保険契約の内容等の開示については、引き続き検
討することとしてはどうか。」[348]、「あわせて、株式会社が締結することができ
る D&O 保険契約の内容に制限を設けるかどうかについても、引き続き検討す
ることとしてはどうか。」[349] とした。

(2) 法制審議会会社法制(企業統治等関係)部会

これを受けて、法制審議会会社法制（企業統治等関係）部会は、「会社役員賠
償責任保険（D&O保険）に関する規定を設けることを検討してはどうか。」[350]
とし、審議を進めている。

---

[345] 会社法研究会・前掲注298) 22 頁。

[346] 同箇所。

[347] 同箇所。

[348] 同箇所。

[349] 同書 22 頁～23 頁。

[350] 法制審議会会社法制（企業統治等関係）部会・前掲注299) 3 頁。以下の補足説明がされて
いる。「D&O保険は、会社補償と同様に、役員として優秀な人材を確保するとともに、役員が
過度にリスクを回避することがないように役員に対し適切なインセンティブを付与するための
手段の一つであると考えられるが、会社法上、D&O保険に関する規定も存在しない。
　株式会社が役員のためにD&O保険の保険料を負担することについては、会社補償と同様に、
構造上の利益相反の問題があり、また、D&O保険契約の内容によっては、役員の職務の適正性
等が損なわれるおそれがあるという問題もある。近年、役員が株主代表訴訟で敗訴した場合に損
害の塡補を受けるための特約を締結することにより生ずる保険料についても、一定の場合には株
式会社が負担することができるという解釈が主張されているところではあるが、会社法に、この

第3節　責任からの救済　99

第5項　その他の論点——告知義務関連

　実務上、ある役員の告知が他の役員に影響しない旨の分離条項（告知の分離条項）を D&O 保険約款において規定すべきとの指摘がされている[351]。関連して、例えば不実開示に係る役員の責任についても D&O 保険による填補の対象になり得るが[352]、有価証券報告書の虚偽記載等が告知義務違反として契約解除事由とされる可能性が否定できないとの指摘もみられ[353]、これを告知の分離条項で回避できるかどうかが論じられている[354]。

ような特約に関する規律のみならず、Ｄ＆Ｏ保険そのものに関する規律を設け、株式会社がＤ＆Ｏ保険契約を締結するために必要な手続等を明確にすることが考えられる。」（同書4頁）。

[351]　コーポレート・ガバナンス・システムの在り方に関する研究会「別紙2　会社役員賠償責任保険（D&O 保険）の実務上の検討ポイント」5頁（経済産業省ウェブサイト〔http://www.meti.go.jp/policy/economy/keiei_innovation/keizaihousei/pdf/150724_corp_gov_sys_3.pdf〕から取得可能）。現在の実務では、約款上、役員全員が告知義務を負う中で、便宜上、代表者が全被保険者を代表して告知を行っているとの指摘がみられる（嶋寺基＝澤井俊之『D&O 保険の実務』178頁〜179頁〔商事法務、2017年〕）。この下では、役員の一部に故意または重過失による告知義務違反がある場合、D&O 保険契約全体が解除され得る。関連して、D&O 保険実務研究会編・前掲注344）102頁〜116頁参照。

[352]　山下編著・前掲注317）28頁〔洲崎博史〕、48頁〔柴田和史〕。非業務執行取締役等が責任限定契約（会社法427条1項）を締結している場合でも、この対象は対会社責任（同法423条1項）に限られるため、第三者から追及された不実開示に係る責任等については、責任限定契約による軽減の対象外になり、D&O 保険による填補が特に問題になる。
　保険法4条が損害保険契約の締結に際しての告知義務を定め、2005年時点における D&O 保険約款11条が保険申込書の付属書類で告知を求めているところ、当該付属書類の「確認依頼書」の質問票に代表取締役が回答しており、当該「確認依頼書」において、会社の本年度と前年度の税引前当期利益等の財務情報が告知されているとの指摘がみられている（山下編著・前掲注317）161頁〜164頁〔柴田和史〕）。併せて、洲崎・前掲注327）403頁〜405頁参照。

[353]　山下丈「独立役員の会社役員賠償責任保険（D&O 保険）〔上〕」商事法務1923号28頁以下、30頁（2011年）。ただし、「日本の D&O 保険者が、有価証券報告書の虚偽記載等を理由に、告知義務違反解除を行った例はない。」（同箇所）と指摘されている。

[354]　最近の論稿として、山越誠司「D&O 保険の免責条項解釈と告知の分離条項」損害保険研究78巻2号113頁以下（2016年）参照。

第4節　小括──日本法の展開と現状

　日本法は、伝統的に、CG の見直しにおいて監査役制度の見直しを図ってきた。平成5年商法改正が社外監査役を、平成13年12月商法改正が社外取締役を法制度として導入したことは特徴的であり、平成14年商法改正による「委員会等設置会社」および平成26年会社法改正による「監査等委員会設置会社」の導入は、一層制の取締役会において社外取締役が関与する形での取締役会と委員会による監督に着目したものとして、日本の上場会社の経営監督に係る法制度の整備における転換点と見受けられる。

　日本では、取締役会設置会社において、取締役会が業務執行の決定を行うとされ（会社法362条2項1号）、取締役会一般について、原則として「重要な業務執行の決定を取締役に委任することができない」（同条4項）とされている。監督権限として、指名委員会等設置会社における3委員会および監査等委員会設置会社における監査等委員会の権限は、個別の会社の定款や取締役会決議によって取締役会から委員会に委譲されるのではなく、画一的に会社法上規定されている。

　会社内部におけるこの権限分配の下で、対会社責任について、①決定が問題となる場面については、一般的な射程を有する判例としての経営判断原則は確立されていないと解され、②他の取締役の行為が問題となる場面、および、③従業員等の行為が問題となる場面、のいずれにおいても、業務執行権限を有する取締役と非業務執行役員の責任が株主代表訴訟および会社により追及され、裁判所は両者の責任を実際に認めている。また、不実開示の場面における対第三者責任については、「相当な注意」（金商法21条2項1号）の具体的内容が明確でない下で、投資家が社外取締役をその訴訟の被告から除く誘因が乏しく、投資家が社外取締役をその含む取締役の責任を実際に追及している。以上から、業務執行取締役と社外取締役のいずれについても、実際に責任が認められ、または認められ得る場面が見受けられる。

　責任からの救済については、①責任限定契約は対会社責任の軽減にとどまり、会社が同契約を業務執行取締役等との間で締結できるとすべきかどうかについての立法論は見解が分かれている。②会社補償は明確な法制度として存在せず、

第4節 小括──日本法の展開と現状 **101**

現行法の下での会社補償の対象や手続等の適法性に係る裁判所の判断は明らかでない。③D&O 保険については、国税庁の解釈により、従来の株主代表訴訟担保特約条項部分の保険料を一定の手続の下で会社が負担できる（給与所得としての課税を行わない）という点については実務上明確にされているが、不実開示の場合における告知義務違反を含め、不明確な点が残されている。

BCK は、世界の主要 8 法域における 1980 年から 2005 年を対象とした分析に基づき、社外取締役が和解や責任を認める判決により個人で出捐することは稀であると指摘した。この背景は法域によって異なるが、アメリカ法とイギリス法では、社外取締役に責任を認めない裁判所の判断枠組みの下で、社外取締役の責任が追及されること自体が稀である上に、会社補償制度と D&O 保険に係る法制度がいずれも整備され、これらが活用されていることが指摘されている。

以上を踏まえ、以下、第 2 章でアメリカ法を、第 3 章でイギリス法を対象に、一層制の下における取締役会と委員会を通した経営に対する監督制度と、この下での経営者と監督者の責任・救済法制を分析する。その上で、第 4 章でドイツ法を分析する。

第 2 章

アメリカ法

104 第2章 アメリカ法

第1節 取締役会による監督の在り方──「監督する取締役会」の形成と展開

本章では、アメリカ法を分析する[1]。まず、本節では、①独立取締役（independent directors）を中心とする取締役会による監督制度の形成と展開を分析した上で[2]、②取締役会内部における権限分配──取締役会と執行役員または委員会との間の権限分配──に係る法制度を分析し[3]、最後に、③学説の展開を検討する[4]。

---

[1] アメリカの会社法に関する代表的なケースブック等として、例えば以下が挙げられる。WILLIAM T. ALLEN & REINIER KRAAKMAN, COMMENTARIES AND CASES ON THE LAW OF BUSINESS ORGANIZATION (5th ed. 2016); MELVIN ARON EISENBERG & JAMES D. COX, BUSINESS ORGANIZATIONS: CASES AND MATERIALS (unabridged 11th ed. 2014); JAMES D. COX & THOMAS LEE HAZEN, BUSINESS ORGANIZATIONS LAW (4th ed. 2016); WILLIAM A. KLEIN, JOHN C. COFFEE, JR. & FRANK PARTNOY, BUSINESS ORGANIZATION AND FINANCE: LEGAL AND ECONOMIC PRINCIPLES (11th ed. 2010); ROBERT CHARLES CLARK, CORPORATE LAW (1986). また、全般について、Curtis J. Milhaupt編『米国会社法』（有斐閣、2009年）参照。

デラウェア州の会社法については、以下が参考になる。EDWARD P. WELCH, ROBERT S. SAUNDERS, ALLISON L. LAND & JENNIFER C. VOSS, FOLK ON THE DELAWARE GENERAL CORPORATION LAW (6th ed. last updated Apr. 2018); DAVID A. DREXLER, LEWIS S. BLACK JR. & A. GILCHRIST SPARKS III, DELAWARE CORPORATION LAW & PRACTICE (release No. 30 through Dec. 2017); R. FRANKLIN BALOTTI & JESSE A. FINKELSTEIN, DELAWARE LAW OF CORPORATIONS AND BUSINESS ORGANIZATIONS (3d ed. through the 2018 Supplement).

[2] 後述本節第1款参照。See Jeffrey N. Gordon. *The Rise of Independent Directors in the United States, 1950-2005: Of Shareholder Value and Stock Market Prices*, 59 STAN. L. REV. 1465 (2007)（アメリカの取締役会は、1950年から2005年までの間に、経営に対して「助言する取締役会」（"advising board"）から「監督する取締役会」（"monitoring board"）へとその役割を変化させたとし、この下で独立取締役の構成比が上昇した理由を検討する）. なお、同論稿を踏まえて検討を行ったものとして、大杉謙一「コーポレート・ガバナンスと日本経済：モニタリング・モデル、金融危機、日本的経営」金融研究32巻4号105頁以下、特に122頁～129頁（2013年）がみられている。

[3] 後述本節第2款参照。

[4] 後述本節第3款参照。

第1款　取締役会による監督制度の形成と展開

第1項　1950年代以前

アメリカにおける会社と会社法の形成に関する先行研究は豊富である[5]。例えば1922年の時点において、分散保有されたアメリカの会社の株式が既にある程度みられたものの、その多くが無議決権株式であったとの理解もみられる[6]。経営を監督する誘因を有する株主が存在し、株主総会が機能している場合には、会社の経営者が会社を実質的に支配する結果として株主の利益が害されるという問題[7]は生じにくいと考えられる。

アメリカで、会社の規模で上位 200 社において「所有と支配の分離」（"The Separation of Ownership and Control"）[8]がみられることを1932年に指摘したのが、Adolf A. Berle と Gardiner C. Means の著作[9]である[10]。これは、会社の規模

---

[5] *See, e.g.*, EDWIN MERRICK DODD, AMERICAN BUSINESS CORPORATIONS UNTIL 1860: WITH SPECIAL REFERENCE TO MASSACHUSETTS (1954); JAMES WILLARD HURST, THE LEGITIMACY OF THE BUSINESS CORPORATION IN THE LAW OF THE UNITED STATES: 1780-1970 (1970). 日本語文献では、特に大隅健一郎『株式会社法変遷論［新版]』85頁～91頁（有斐閣、1987年）参照。このほか、公刊順に、小山賢一『アメリカ株式会社法形成史』（商事法務研究会、1981年）、浜田道代「会社制度と近代的憲法体制の交錯――黎明期のアメリカにおけるその歴史的展開――」平出還暦『現代企業と法』227頁以下（名古屋大学出版会、1991年）、同「アメリカにおける会社制度の歴史的展開――独立から合衆国憲法体制の定着まで――」名古屋大学法政論集 142号 349頁以下（1992年）、久保田安彦「初期アメリカ会社法上の株主の権利（一～二・完）」早稲田法学 74巻2号83頁以下、74巻4号449頁以下（1999年）が挙げられる。併せて、アメリカにおける法と法思想の形成と展開の全般について、以下が参考になる。MORTON J. HORWITZ, THE TRANSFORMATION OF AMERICAN LAW, 1780-1860 (1977); MORTON J. HORWITZ, THE TRANSFORMATION OF AMERICAN LAW 1870-1960: THE CRISIS OF LEGAL ORTHODOXY (1992). 後者の訳書として、モートン・J・ホーウィッツ（樋口範雄訳）『現代アメリカ法の歴史』（弘文堂、1996年）参照。

[6] A. B. LEVY, PRIVATE CORPORATIONS AND THEIR CONTROL 186 (1950).

[7] 後掲注 13）およびこれに対応する本文を参照。

[8] ADOLF A. BERLE, JR. & GARDINER C. MEANS, THE MODERN CORPORATION AND PRIVATE PROPERTY 90, 95-114 tbl.12 (reprinted, The Macmillan Company 1933).

[9] *Id.* at ii. 同書は、現在では以下が入手しやすい。ADOLF A. BERLE & GARDINER C. MEANS, THE MODERN CORPORATION AND PRIVATE PROPERTY: WITH A NEW INTRODUCTION BY MURRAY L. WEIDENBAUM AND MARK JENSEN (Transaction Publishers 1991).

106　第2章　アメリカ法

の拡大に伴って株式保有構造が分散し、経営に対して影響力のある支配株主が
鉄道会社を始めとして不在となり、会社の支配がその所有から分離され得るよ
うになっているとの指摘である[11]。このように、1930年代には「所有と支配の
分離」が指摘されており、1940年代には、例えば議決権行使の委任が経営を支
配する手段としてではなく経営自身によって選ばれた者に権限を委ねるための
手段として用いられているとの指摘[12]もみられている。

　1950年代は、アメリカの CG においていわゆる経営者主義（managerialism）
[13] が最も優勢であった時期であると指摘されている[14]。すなわち、取締役会が
主として CEO の受動的な道具であり、取締役が CEO によって選ばれ、CEO の
決定や権限におよそ抵抗したがらない状況にあったと指摘されている[15]。取締
役会は、経営から独立して経営に対する監督の役割を担うというよりも、むし
ろ経営の延長にあったという面がある[16]。この下で、ニューヨーク証券取引所

---

[10]　この指摘を踏まえた1930年代の取締役会改革論として、Douglas の論稿が挙げられる。William
O. Douglas, *Directors Who Do Not Direct*, 47 HARV. L. REV. 1305 (1934)（「指示しない取締役」の存在
を指摘し、分散した株式保有構造の下での経営に対する監督を論じる）．

[11]　BERLE & MEANS, *supra* note 8, at 114-18. Berle と Means の指摘は、会社とその目的をめぐる議論
にもつながっている。*See, e.g.*, E. Merrick Dodd, Jr., *For Whom Are Corporate Managers Trustees?*, 45
HARV. L. REV. 1145 (1932); A. A. Berle, Jr., *For Whom Corporate Managers Are Trustees: A Note*, 45 HARV.
L. REV. 1365 (1932); Joseph L. Weiner, *The Berle-Dodd Dialogue on the Concept of the Corporation*, 64
COLUM. L. REV. 1458 (1964); Phillip I. Blumberg, *Reflections on Proposals for Corporate Reform Through
Change in the Composition of the Board of Directors: "Special Interest" or "Public" Directors, in* THE
UNSTABLE GROUND: CORPORATE SOCIAL POLICY IN A DYNAMIC SOCIETY 112 (S. Prakash Sethi ed., 1974). 以下
に関連文献が掲げられている。Phillip I. Blumberg, *Selected Materials on Corporate Social
Responsibility*, 27 BUS. LAW. 1275, 1276-99 (1972).

[12]　E. Merrick Dodd, Jr., *The Modern Corporation, Private Property, and Recent Federal Legislation*, 54
HARV. L. REV. 917, 919-20 (1941).

[13]　*See* Gordon, *supra* note 2, at 1511.

[14]　*Id.*

[15]　*Id.* 1950年代には、取締役会は経営に対する一定の監督の役割を担うことも期待されるように
なり、取締役会に社外取締役も含むべきであると考えられていたようである（後掲注17）および
これに対応する本文を参照）。ただし、実際には、当時の社外取締役は、会社の取引先銀行の行
員や顧問弁護士等、会社と密接な関係を有する社外者や、名目上は独立しているものの CEO に
よって選ばれた少数の取締役であったと指摘されている。*Id.* at 1468.

[16]　*See id.* at 1514.

第1節　取締役会による監督の在り方——「監督する取締役会」の形成と展開　107

（New York Stock Exchange、以下「NYSE」という）はその上場会社に対しその取締役会に 1956 年以降少なくとも 2 名の社外取締役が含まれるよう促したようである[17]。

第2項　1960 年代～1970 年代

1　1967 年 DGCL 改正

デラウェア州一般会社法（1967 年改正前は General Corporation Law of the State of Delaware、同年改正後は General Corporation Law、これらを以下「DGCL」という）は、1970 年代初頭における会社不祥事の顕在化[18] 前となる 1967 年に全面改正されている[19]。この過程で、デラウェア会社法改正委員会（Delaware Corporation Law Revision Committee）が 1964 年 1 月から審議を始め[20]、Ernest L. Folk からの報告書[21] を踏まえ、同委員会による 16 か月で 33 回の逐条的な審議を経た後、同委員会の起草部会（drafting subcommittee）によって草案が作成され[22]、同草案に基づいて法改正がされた[23]。

---

[17]　*See, e.g.*, NYSE, NYSE: Corporate Governance Guide vi (2014) (available at: https://www.nyse.com/publicdocs/nyse/listing/NYSE_Corporate_Governance_Guide.pdf).

[18]　後述本項 2 参照。

[19]　56 Del. Laws ch. 50 (1967). デラウェア州ウェブサイト（http://delcode.delaware.gov/sessionlaws/ga124/chp050.shtml）参照。*See, e.g.*, Arsht & Stapleton, *infra* note 634; Arsht, *infra* note 635.

[20]　*See* Arsht, *infra* note 635, at 15.

[21]　Ernest L. Folk III, Review of the Delaware Corporation Law: For the Delaware Corporation Law Revision Committee 1965-1967 (furnished by Corporation Service Company 1968). 後述本章第 3 節第 1 款第 2 項 2(2)参照。

[22]　*See* Arsht, *infra* note 635, at 15-16. Arsht は、同草案の起草者 2 名のうちの 1 名である。*See id.* at 16.

[23]　*See id.* at 16. この改正が会社補償制度を実体と手続の両面で明確にした（後述本章第 3 節第 1 款第 2 項 2 参照）。

108　第2章　アメリカ法

　同年改正により、取締役はその後任が選任されるか、または、より早く辞任するもしくは解任されるまではその地位にある旨が例えば規定されている（同年改正 DGCL141 条 b 項）[24]。

2　1970 年代初頭における会社不祥事の顕在化

　1970 年代初頭に、2 件の会社不祥事が顕在化し、このことが、「助言する取締役会」から「監督する取締役会」へのその後の変化につながり、また、独立取締役の構成比の上昇と監査委員会に係る規制の開始につながったと指摘されている[25]。

　第 1 が、Penn Central 事件である。鉄道会社である Penn Central 社では、営業損失が 1969 年には 5,630 万ドルに達していたとされている[26]。1970 年までに同社の財務状態はさらに悪化し、同年度の第 1 四半期には、当時の金額で 1 日当たり 70 万ドルの現金流出が生じていたとされている[27]。同社の取締役会は他の大規模な会社とほぼ同様に社外取締役から構成されていたが、同社の取締役会は助言者でも監督者でもなく、名目的な存在（figureheads）となっていたとされている[28]。このため、財務状態の悪化にもかかわらず、同社は破綻前の

---

[24]　連邦法では、翌1968 年に、ウィリアムズ法（Williams Act）として一般に知られる法改正により、1934 年証券取引所法（Securities Exchange Act of 1934）が改正され、企業買収に係る開示規制が導入されるとともに、公開買付についての行為規制を行う権限が証券取引委員会（Securities and Exchange Commission、以下「SEC」という）に与えられた（1968 年改正同法 13 条）。Pub. L. No. 90-439, 82 Stat. 454 (1968).
　　　同年改正後の DGCL 改正について、以下の指摘がある。William J. Carney & George B. Shepherd, *The Mistery of Delaware Law's Continuing Success*, 2009 U. Ill. L. Rev. 1, 60-63 (2009)（1992 年から 2006 年までの改正が「穏やかな」[modest] ものであり、会社実務に大きな変化をもたらすものではなかったとする）; Brian R. Cheffins, *Delaware and the Transformation of Corporate Governance*, 40 Del. J. Corp. L. 1, 17 (2015)（1967 年改正後、2015 年まで漸進的にのみ改正されてきたとする）.
[25]　Gordon, *supra* note 2, at 1514-15.
[26]　同社の破綻の背景については、例えば以下が参考になる。Daniel J. Schwartz, *Penn Central: A Case Study of Outside Director Responsibility Under the Federal Securities Laws*, 45 UMKC L. Rev. 394, 395-401 (1977).
[27]　*See id.* at 396.
[28]　*See id.* at 398; Gordon, *supra* note 2, at 1515.

第1節　取締役会による監督の在り方──「監督する取締役会」の形成と展開　109

2年間に当時の金額で1億ドルもの配当を取締役会で決議する等、特段の対策を講じることはなかった[29]。同事件は、取締役会の在り方に対する問題提起になったといえる[30]。

　第2が、いわゆるウォーターゲート事件である[31]。同事件では、50社以上の公開会社が刑事訴追やSECによるエンフォースメントの対象になった[32]。また、さらに他の400社が、国内外において違法な贈賄等を行っていたことを訴追の脅威によって自発的に認めたとの指摘がある[33]。

3　1974年の制度整備

　これらの会社不祥事の顕在化の後、1974年に様々な制度が整備された。特に①監査委員会の設置の有無についての開示をSECが発行会社に要求したこと[34]、②DGCL141条にk項が加えられ、法的原因（cause）がない場合にも取締役の解任が一定の例外を除いて可能であるとされたこと[35]、が挙げられる[36]。

---

[29]　*See* JOSEPH R. DAUGHEN & PETER BINZEN, THE WRECK OF THE PENN CENTRAL 256, 336 (Beard Books 1999) (1971); Gordon, *supra* note 2, at 1515. なお、鉄道会社は設備投資額とこれに伴う資金調達の必要性が大きいこと等から、株式保有構造が早期に分散した点でアメリカとイギリスが共通するようである。*See* BERLE & MEANS, *supra* note 8, at 95-114 tbl.12; BRIAN R. CHEFFINS, CORPORATE OWNERSHIP AND CONTROL: BRITISH BUSINESS TRANSFORMED 157-64 (2008).

[30]　*See* Gordon, *supra* note 2, at 1515-16; Schwartz, *supra* note 26, at 421.

[31]　*See* Gordon, *supra* note 2, at 1516-17.

[32]　*See id.* at 1516.

[33]　*See id.*

[34]　Notice of Amendments to Require Increased Disclosure of Relationships Between Registrants and Their Independent Public Accountants, Exchange Act Release No. AS- 165, 5 SEC Docket 799, 1974 WL 161721 (Dec. 20, 1974).

[35]　59 Del. Laws ch. 437, § 5 (1974). デラウェア州ウェブサイト（http://delcode.delaware.gov/sessionlaws/ga127/chp437.shtml）参照。具体的には、過半数の株式を有し、取締役の選任決議に参加できる株主により、法的原因の有無にかかわらず、あらゆる取締役または取締役全員が、解任され得ると規定された（同条同項）。併せて、①取締役会が期差取締役会（classified）である場合には、会社の設立定款に他の定めがない限り、株主は法的原因がある場合のみ取締役を解任することができ（同条同項(i)）、②累積投票制（cumulative voting）を採用している会社で、全取締役が解任されるわけではない場合には、取締役は法的原因がある場合のみ原則として解任され得る（同条同項(ii)）、という例外も規定されている。*See* WELCH, SAUNDERS,

4 1977年の制度整備——連邦法とNYSEの上場規則

(1) FCPA

1977年にも、多面にわたる制度整備がされた。特に1977年の国外不正慣行防止法（Foreign Corrupt Practices Act of 1977、以下「FCPA」という）[37]の制定が挙げられる。同法は、経営者が自社の内部に設けた従来の監査メカニズムに関して、国外における贈賄を禁止し、これに対して罰則を設けたものであり、1934年証券取引所法に基づく開示規制が適用される会社に対して、国内における取引も含め、会社の行う全ての取引について正確な帳簿と記録の作成と維持を義務付けたものである[38]。

LAND & VOSS, *supra* note 1, at § 141.05 4-320 to -325. この改正は、1980年代における企業買収の隆盛の基礎になったと考えられる。

[36] このほか、模範事業会社法（Model Business Corporation Act、以下「MBCA」という）は、従来、会社の事業は取締役会「によって運営されるものとする」（shall be managed by）と規定していたところ、これが取締役会「の指示の下に運営されるものとする」（shall be managed under the direction of）と1974年に改正されている。*See* MODEL BUSINESS CORPORATION ACT ANNOTATED: 1977 SUPPLEMENT SECTIONS 1 TO END 253-54 (Section's Committee on Corporate Laws ed., 2d ed. 1977); Orvel Sebring, *Report of Committee on Corporate Laws: Changes in the Model Business Corporation Act*, 30 BUS. LAW. 501 (1975). ただし、この「指示」が何を意味しているのか、また、取締役会のメンバーによってどのような手続が踏まれるべきか、という点については、〔この時点において〕定められていなかったと指摘されている。Noyes E. Leech & Robert H. Mundheim, *The Outside Director of the Publicly Held Corporation*, 31 BUS. LAW. 1799, 1799 (1976).

[37] Foreign Corrupt Practices Act of 1977, Pub. L. No. 95-213, 91 Stat. 1494 (1977). *See* Foreign Corrupt Practices Act of 1977, 15 U.S.C. §§ 78dd-1 to -3 (2018).

[38] 1977年改正1934年証券取引所法13条b項(2)(A)。神田秀樹「アメリカの監査関係制度の概要と海外調査の意義」監査役215号26頁以下、29頁〜30頁（1986年）参照。なお、OECDが、1997年に「国際商取引における外国公務員に対する贈賄の防止に関する条約」（Convention on Combating Bribery of Foreign Public Officials in International Business Transactions）を策定している。*See* OECD, *Convention on Combating Bribery of Foreign Public Officials in International Business Transactions and Related Documents* 6 (2011), http://www.oecd.org/daf/anti-bribery/ConvCombatBribery_ENG.pdf.

(2) 内部統制

同法は、会社において会計面で十分な内部統制システムを持つべきことも併せて義務付けた[39]。

(3) NYSE の上場規則改正

また、NYSE の上場規則の改正[40] が挙げられる。SEC は従来、監査委員会についてその設置の有無を開示することのみを要求していたのに対し[41]、NYSEに対し独立取締役から構成される監査委員会を設置することをその上場基準に含めるよう 1976 年に要求した[42]。この下で、NYSE は独立取締役のみから構成される監査委員会を翌 1978 年 6 月 30 日までに設置すべきことを NYSE に普通株式を上場する内国会社に対して 1977 年に要求した[43]。

---

[39] 1977 年改正 1934 年証券取引所法 13 条 b 項(2)(B)。大規模な会社は、これにより内部監査システムを法律上義務付けられたといえる（神田・前掲注 38）30 頁参照）。

[40] 後掲注 43）参照。

[41] 前掲注 34）およびこれに対応する本文を参照。*See* Gordon, *supra* note 2, at 1518-19.

[42] *See Corporate Rights and Responsibilities: Hearings Before the Comm. on Commerce U.S. Senate*, 94th Cong., 2d Sess. 302 (1976). *See also* Gordon, *supra* note 2, at 1519. SEC は、1978 年に、株主への情報提供とその下での 3 委員会の設置の有無についての開示の義務付けを提案している。Securities and Exchange Commission (S.E.C.), Shareholder Communications, Shareholder Participation in the Corporate Electoral Process and Corporate Governance Generally, S.E.C. Release No. 14970, 1978 WL 196325 (July 18, 1978). *See* Gordon, *supra* note 2, at 1491 n.98.

[43] In the Matter of New York Stock Exchange, Inc., Exchange Act Release No. 13346, 11 SEC Docket 1945, 1977 WL 173602 (Mar. 9, 1977). *See* Committee on Corporate Laws, *The Overview Committees of the Board of Directors*, 34 Bus. Law. 1837, 1839 (1979). なお、1977 年 1 月時点において、NYSE に上場するアメリカの内国会社のうち 86%が監査委員会を既に設置しているか、または設置する予定であったとの調査がある。Jeremy Bacon & James K. Brown, The Board of Directors: Perspectives and Practices in Nine Countries 97 (1977). *See* Gordon, *supra* note 2, at 1519; Joel Seligman, *A Sheep in Wolf's Clothing: The American Law Institute Principles of Corporate Governance Project*, 55 Geo. Wash. L. Rev. 325, 338 (1987). *See also* Bus. Roundtable, Statement, *The Role and Composition of the Board of Directors of the Large Publicly Owned Corporation*, 33 Bus. Law. 2083, 2110 (1978)（過半数を経営者でない取締役〔non-management directors〕とする指名委員会の設置を提唱）。

112 第2章 アメリカ法

第3項 1980年代

1 概観

1980年代は、「取引の10年」("Deal Decade")[44] とも表現される敵対的買収の脅威と、この下における独立取締役の役割の明確化が特徴である。すなわち、敵対的買収の隆盛によって、①デラウェア州裁判所における司法審査が発展し、独立取締役による「監督する取締役会」[45] が最善の買収防衛策であると経営者が認識するとともに、②会社の究極的な目的が株主価値の増加にあるという認識も共有され、独立取締役の役割が株主価値と結びつく形で「結晶化」(crystallized)[46] した。このことが、「監督する取締役会」の確立に寄与したとGordon は指摘している[47]。

2 SEC 報告書(1980年)

SEC が 1980 年に公刊した報告書[48] は、株主に対する会社の説明に係る諸問題を包括的に検討したものであり、特に取締役の選任についてのより丁寧な判断が会社の説明責任と長期的な収益性を改善させるとして、取締役の選任議案に自動的に賛成することを止め、議決権行使の基準を確立してこれを開示する

---

[44] *See* Gordon, *supra* note 2, at 1521.

[45] 前掲注2)参照。

[46] *See* Gordon, *supra* note 2, at 1526.

[47] *Id.* at 1520-26. 1980 年代に、日本では、日本監査役協会による海外調査が行われている（日本監査役協会編『第4回海外調査団報告書　アメリカの企業経営環境と監査機能』〔日本監査役協会、1986 年〕）。同報告書をまとめた神田秀樹は、①会計監査のための公認会計士監査、②内部監査、③監査委員会、の3つがアメリカの大企業の監査制度であるが、その中心はあくまで会計監査（①）であり、日本で監査役が行うべき業務監査はこれらによってはほとんど行われておらず、業務監査機能は、株主が提起する訴訟を通して裁判所や、市場メカニズム（企業買収市場の作用と経営者の交代）が担っていると指摘している（神田・前掲注38）26 頁〜27 頁）。

[48] Division of Corporate Finance, Securities and Exchange Commission, Staff Report on Corporate Accountability: A Re-examination of Rules Relating to Shareholder Communications Shareholder Participation in the Corporate Electoral Process and Corporate Governance Generally (1980).

第1節 取締役会による監督の在り方──「監督する取締役会」の形成と展開 **113**

ことを機関投資家に促すよう SEC に提案したものである[49]。同報告書は、1980年代における連邦レベルでの CG 改革の基底にある[50]。

3 1986 年改正 DGCL102 条 b 項 7 号

Smith v. Van Gorkom 事件判決[51]により D&O 保険の保険料の高騰が生じ[52]、取締役のなり手が不足することへの懸念が生じたことを背景に[53]、これに代わる保護を取締役に提供するために、1986 年改正 DGCL が 102 条 b 項に 7 号を加え、取締役の注意義務違反による責任を免除または制限する規定を事前に定款に置くことを認めた[54]。

---

[49] *Id.* at 422. *See id.* at 379-425.

[50] 同報告書に対して、機関投資家は最適な形で議決権を行使する誘因を有しており、機関投資家の実務に問題があるわけではないとの有力な批判がされている。EASTERBROOK & FISCHEL, *infra* note 183, at 88-89. 後述本節第 3 款第 4 項 1 参照。

[51] 後述本章第 2 節第 2 款第 2 項 3(1)参照。

[52] *See* Roberta Romano, *What Went Wrong with Directors' and Officers' Liability Insurance?*, 14 DEL. J. CORP. L. 1, 1 n.1 (1989).

[53] *See, e.g.*, Edward P. Welch & Robert S. Saunders, *Freedom and Its Limits in the Delaware General Corporation Law*, 33 DEL. J. CORP. L. 845, 854 (2008). アメリカの取締役会において独立取締役の構成比が大きく上昇したのは、1985 年から 1990 年にかけてであるとされている。*See* Gordon, *supra* note 2, at 1474-75.

[54] 65 Del. Laws ch. 289, § 2 (1986). デラウェア州ウェブサイト（http://delcode.delaware.gov/sessionlaws/ga133/chp289.shtml）参照。一般に「定款免責規定（exculpatory charter provisions）」と呼ばれる。具体的には、①会社または株主に対する忠実義務違反による責任でなく、②誠実義務違反または故意の違法行為もしくは法令違反となる作為もしくは不作為による責任でなく、③同法 174 条違反となる行為（違法配当等）による責任でなく、④不適切な個人的利益を得る取引による責任でない限り、取締役の信認義務違反による金銭賠償を事前に免除または制限する規定を定款に設けることを認めたものである。同号は、1993 年に、設立定款の規定に従って取締役会が与えた権限を行使しまたはこれが課した義務を履行する取締役でない者を含むよう改正されている。69 Del. Laws ch. 61, § 1 (1993). デラウェア州ウェブサイト（http://delcode.delaware.gov/sessionlaws/ga137/chp061.shtml）参照。

114 第 2 章 アメリカ法

4 1988 年改正 DGCL203 条

その後、1988 年に DGCL203 条が新設された[55]。同条は、ある者が、デラウェア州で設立された会社の議決権付株式の 15%以上を取得した場合、その者を「利害関係のある株主」（interested stockholder）として、当該取得日後 3 年間、当該会社がその者と事業結合取引（business combination）を行うことを原則として禁じたものである[56]。同条は、敵対的買収防衛規定（antitakeover provision）と解されており、1980 年代の企業買収の隆盛の終わりにつながったとされている[57]。

なお、同年の新設前に、1976 年に同法同条が設けられているが[58]、*Edgar v. MITE Corp.*事件における連邦最高裁判所による 1982 年の判断[59] を踏まえ、同条が違憲であるとデラウェア地区連邦地方裁判所が 1986 年に判断[60] したため、同条が 1987 年に削られ[61]、1988 年に新設されたものである[62]。

---

[55] 66 Del. Laws ch. 204, § 1 (1988). デラウェア州ウェブサイト
（http://delcode.delaware.gov/sessionlaws/ga134/chp204.shtml）参照。先行研究が豊富である。*See, e.g.,*
A. Gilchrist Sparks, III & Helen Bowers, *After Twenty-Two Years, Section 203 of the Delaware General Corporation Law Continues to Give Hostile Bidders a Meaningful Opportunity for Success*, 65 Bus. Law. 761 (2010); Guhan Subramanian, *Delaware's Choice*, 39 Del. J. Corp. L. 1 (2014). 神田秀樹「企業買収に関するデラウェア州会社法改正」商事法務 1146 号 2 頁以下、特に 4 頁～5 頁（1988 年）参照。

[56] *See* Welch, Saunders, Land & Voss, *supra* note 1, § 203.02 6-31 to -33.

[57] *See* Cheffins, *supra* note 24, at 5.

[58] 60 Del. Laws ch. 371, § 1 (1976). デラウェア州ウェブサイト
（http://delcode.delaware.gov/sessionlaws/ga128/chp371.shtml）参照。*See* Welch, Saunders, Land & Voss, *supra* note 1, § 203.05 6-41.

[59] Edgar v. MITE Corp., 457 U.S. 624 (1982).

[60] Loral Corp. v. Sanders Assocs., Inc., 639 F. Supp. 639, 641 (D.Del. 1986).

[61] 66 Del. Laws ch. 136, § 6 (1987). デラウェア州ウェブサイト
（http://delcode.delaware.gov/sessionlaws/ga134/chp136.shtml）参照。

[62] 前掲注 55）参照。*See* Welch, Saunders, Land & Voss, *supra* note 1, § 203.05 6-41 to -44. 以上の経緯から、合憲性について議論がある。*See, e.g.,* Guhan Subramanian, Steven Herscovici & Brian Barbetta, *Is Delaware's Antitakeover Statute Unconstitutional? Evidence from 1988-2008*, 65 Bus. Law. 685 (2010).

第1節　取締役会による監督の在り方——「監督する取締役会」の形成と展開　115

第4項　1990年代

1　概観

　Gordon は、1990年代を「株主価値と独立した取締役会の勝利」[63] と表現した。株主価値の最大化が会社の究極的な目的であるという1980年代の企業買収の隆盛に基づく認識が1990年代にさらに支持されつつ、この目的を経営者が実現しているかどうかを監督する主体として、独立取締役を中心とする取締役会が勝利したとした[64]。1990年代のアメリカの大企業の CG には、「2つの特徴と3つの背景」があると指摘されている[65]。

2　SEC の委員長による講演と SEC の新規則

(1)　SEC の委員長による講演（1998年）

　1992年にも様々な見直し等がみられるが[66]、SEC の委員長である Arthur Levitt が1998年9月に行った講演『『数字ゲーム』』[67] は、利益操作（earnings

---

[63]　Gordon, *supra* note 2, at 1526.

[64]　*Id.* at 1526-35.

[65]　「2つの特徴」とは、①株式市場からの資金調達の重要性、および、②CG の在り方を法律が一義的に決めるのではなく、最善の慣行を踏まえ（best practice approach）、民間がガイドライン等の形でこれを決めるべきであるという考え方であり、「3つの背景」とは、①株式市場からの圧力が CG の重要な原動力であること、②監査委員会への期待が急激に高まっていること、③訴訟を通して制度と実務対応の経験が積み重ねられてきていること、である（神田秀樹「米国におけるコーポレート・ガバナンスの最新状況——日本監査役協会による訪米調査報告——」監査役437号14頁以下、15頁～16頁〔2001年〕）。

[66]　Committee of Sponsoring Organizations of the Treadway Commission (COSO)により、内部統制（internal control）に関する包括的な報告書が1992年に公表された。*See* Committee of Sponsoring Organizations of the Treadway Commission, Internal Control-Integrated Framework: Executive Summary, Framework, Reporting to External Parties & Addendum to "Reporting to External Parties" (two-volume ed. 1994). 内部統制は、「法人の取締役会、経営およびその他の個人によって実効化され、次の類型における目標の達成に関して合理的な保証を提供するよう設計された過程」と広義に定義されるとされている。*Id.* at 3. 当該類型とは、①「業務の効果性と効率性」、②「財務報告の信頼性」、③「適用される法と規則の遵守」である。*Id.* その上で、内部統制は①統制環境、②リスク評価、③統制活動、④情報とコミュニケーション、⑤監督という相互に関係する5つの要

116　第2章　アメリカ法

management) の問題と監査委員会の機能の強化の必要性を指摘し、その後のル
ール整備に大きな影響を与えたものである。

　Levitt は、財務報告の重要性を指摘した上で、「数字を作る」("Make Your
Numbers") ことへの圧力の存在により、その内容に関して5つの課題があると
指摘した。すなわち、①「ビッグバス」("Big Bath" restructuring charges) [68]、
②創造的な買収会計 (Creative Acquisition Accounting)、③「利益操作積立金」
("Cookie Jar Reserves") の存在[69]、④「重要性」("Materiality") 概念の濫用、
⑤収益認識 (revenue recognition) の操作、である[70]。これらの課題への対応策
として、Levitt は、会計の枠組みに関する8つの包括的な解決策を示し[71]、専
門性を有する独立取締役から構成される監査委員会の重要性を指摘した[72]。

素から構成されるとされている。*Id.* at 4-5. *See* Melvin A. Eisenberg, *The Board of Directors and Internal Control*, 19 CARDOZO L. REV. 237, 243-44 (1997).
　また、SEC が議決権行使に関するその規則を同 1992 年に改正しており、この点について実証分析がみられる。Stephen Choi, *Proxy Issue Proposals: Impact of the 1992 SEC Proxy Reforms*, 16 J.L. ECON. & ORG. 233 (2000). 1990 年代におけるその後の連邦法整備については、後述本章第2節第3款第2項2参照。
　なお、デラウェア州における 1992 年から 2004 年までの最高裁判所の判断と法の展開について、以下が参考になる。E. Norman Veasey with Christine T. DiGuglielmo, *What Happened in Delaware Corporate Law and Governance from 1992-2004? A Retrospective on Some Key Developments*, 153 U. PA. L. REV. 1399 (2005).
[67]　Arthur Levitt, The "Numbers Game", at NYU Center for Law and Business (Sept. 28, 1998), https://www.sec.gov/news/speech/speecharchive/1998/spch220.txt.
[68]　「ビッグバス」とは、株式市場が会社の将来の収益見通しに関心を持つため、会社の再構築に伴って当該会社がそのバランスシートを「綺麗にする」という問題である。*Id.*
[69]　会計情報に表れない形で過度に内部留保を貯め、損失が発生した場合には内部留保をこれに当てるという問題である（神田・前掲注65) 19 頁参照）。
[70]　Levitt, *supra* note 67.
[71]　8つの解決策とは、①SEC による規則の改正、②研究開発投資の会計方法の改善、③業績に係る故意の不実記載に対する弁明としての「重要性」概念の否定、④収益認識についての SEC の解釈基準の速やかな提示、⑤民間セクターにおける基準の設定、⑥SEC による検証とエンフォースメントがその規制上の主導権を強化すべきこと、⑦会計不正によって監査の完全性への信頼が失われるべきでないこと、⑧質的に優れ、独立した監査委員会が公益の最も信頼できる擁護者となること、である。*Id.*
[72]　*Id.* 神田・前掲注65) 19 頁～20 頁参照。

(2) Blue Ribbon 委員会と SEC の新規則(1999 年)

同講演の後、NYSE とアメリカ証券業協会（National Association of Securities Dealers）によって Ira Millstein らを座長とする Blue Ribbon 委員会が設置され、同委員会は、1999 年に、監査委員会の機能を強化することで Levitt が指摘した課題に対処すべきであるとした[73]。

これを受けて、SEC は新規則を 1999 年 12 月に公表した[74]。同新規則は監査委員会の役割に焦点を当て[75]、例えば Form 10-Q や Form 10-QSB に基づく四半期報告書における財務情報を会社の独立した会計監査人が検証すること等を求めている[76]。これに伴い、NYSE の上場規則も改正されている[77]。

第5項　2000 年代以降

1　概観

2000 年代以降、取締役会による監督制度は、Enron 事件を受けて①監査委員会のメンバー全員が独立取締役であることが要求された点[78]、②NYSE がその上場会社に対して原則としてその取締役会の過半数が独立取締役から構成されるべきことを要求した点[79]、③金融危機を受けて報酬委員会のメンバー全員が

---

[73] Blue Ribbon Committee on Improving the Effectiveness of Corporate Audit Committees, *Report and Recommendations of the Blue Ribbon Committee on Improving the Effectiveness of Corporate Audit Committees*, 54 Bus. Law. 1067 (1999). *See* Ira M. Millstein, *Introduction to the Report and Recommendations of the Blue Ribbon Committee on Improving the Effectiveness of Corporate Audit Committees*, 54 Bus. Law. 1057, 1057-58 (1999). 神田・前掲注65) 20 頁参照。

[74] Audit Committee Disclosure, Exchange Act Release No. 42266, 71 SEC Docket 787, 1999 WL 1244029 (Dec. 22, 1999).

[75] *Id.*

[76] *Id.* at I. *2.

[77] Self-Regulatory Organizations; Order Approving Proposed Rule Change by the New York Stock Exchange, Inc. Amending the Exchange's Audit Committee Requirements and Notice of Filing and Order Granting Accelerated Approval of Amendments No.1 and No.2 thereto, Exchange Act Release No. 42233, 71 SEC Docket 639, 1999 WL 1191420 (Dec. 14, 1999).

[78] 後述本項2(1)参照。

[79] 後述本項2(2)参照。

118 第2章 アメリカ法

独立取締役であることが要求された点[80]、で修正されている。Enron 事件は、模範的な CG を実現しているとみられていた代表的な上場会社で経営者が関与する会計不正が顕在化したものである[81]。

2 2002年～2003年の制度整備

(1) SOX 法

2002 年 7 月に制定された Sarbanes-Oxley 法（以下「SOX 法」という）[82]は、①会計、②CG、③開示、という 3 分野について SEC に対して規則の制定を求

---

[80] 後述本項 3 参照。

[81] 同事件の背景については様々な指摘があるが、①市場からの誘因や規制緩和によるゲートキーパーへの影響に着目する説明（Gatekeeper Explanation）、②経営者の報酬に着目する説明（Executive Compensation Explanation）、③投資家のバイアスに着目する説明（Herding and Investor Bias Explanations）に大別でき、これらがいずれも複合的に妥当するとの指摘がある。John C. Coffee, Jr., *What Caused Enron? A Capsule Social and Economic History of the 1990s*, 89 CORNELL L. REV. 269, 308-09 (2004) [hereinafter Coffee, *What Caused*].

①は、監査法人、公認会計士、格付機関、証券アナリスト等、会社の財務情報を検証するその役割を市場が信頼していた専門家であるゲートキーパーがその役割を果たさなかった点に着目する。John C. Coffee, Jr., *Understanding Enron: "It's About the Gatekeepers, Stupid"*, 57 BUS. LAW. 1403 (2002) [hereinafter Coffee, *Understanding*]; JOHN C. COFFEE JR., GATEKEEPERS: THE PROFESSIONS AND CORPORATE GOVERNANCE (2006) [hereinafter COFFEE, GATEKEEPERS]. ②は、1990 年代に経営者の報酬が主として現金ベースからエクイティベースへと変化したことが、1990 年代初頭における 1934 年証券取引所法 16 条 b 項の改正による規制緩和（執行役員および取締役におけるストック・オプションの行使についての 6 か月保有要件の撤廃）と相まって、短期の株価上昇に経営者が誘因を有するようになったとする。Coffee, *What Caused, supra*, at 297-98. また、③は、投資家がゲートキーパーの利益相反を看過するだけでなく、楽観的な見通しを示したアナリストを支持していたとする。*Id.* at 298-300.

同事件に関連して、様々な研究がみられている。*E.g.*, Theodore Eisenberg & Jonathan R. Macey, *Was Arthur Andersen Different? An Empirical Examination of Major Accounting Firm Audits of Large Clients*, 1 J. EMPIRICAL LEGAL STUD. 263 (2004)（1997 年から 2001 年までにおけるアメリカの上場会社約 1,000 社を対象とした実証研究で、会計ファームである Arthur Andersen による監査の質〔顧客会社による訂正報告の頻度〕について、他の会計ファームとの有意差が観察されないとする）; Jonathan R. Macey, *Efficient Capital Markets, Corporate Disclosure, and Enron*, 89 CORNELL L. REV. 394 (2004)（取締役、会計監査人、格付機関、アナリスト等による客観的な監督と直接的な監督との間のトレードオフがあること等、同事件がアメリカの CG における課題を示したとする）.

[82] Sarbanes-Oxley Act of 2002, Pub.L. No. 107-204, 116 Stat. 745 (2002).

めたものである[83]。特に同法 301 条が、1934 年証券取引所法 10A 条に m 項 3 号(A)を加え、監査委員会のメンバーの全員が取締役であり、かつ、原則として独立していることを要求した。

(2) NYSE の上場規則改正

2002 年 2 月に SEC の委員長が NYSE に対し CG に係るその上場基準の検証を求めたことを受けて、NYSE が、50%の株式を保有する支配株主が存在する会社を除くその大部分の上場会社に対してその取締役会の過半数が独立取締役から構成されるべきことをその上場規則で要求する改正を行うよう同年 8 月に SEC に提案した[84]。その後、NYSE の最終的な上場規則改正案が翌 2003 年 6 月および 11 月に SEC によって承認され、NYSE の上場会社は原則としてその取締役会の過半数を独立取締役で構成しなければならないとされた[85]。

3 Dodd-Frank 法(2010 年)

2007 年以降に顕在化した金融危機を受けて 2010 年に制定されたいわゆる Dodd-Frank 法[86]も、多面にわたる改正を行った[87]。同法 952 条 a 項が 1934 年

---

[83] その背景と内容について、例えばメルビン・A・アイゼンバーグ（川口恭弘訳）「アメリカにおける会社法制の改革」同志社大学日本会社法制研究センター編『日本会社法制への提言』3 頁以下、特に 8 頁～15 頁（商事法務、2008 年）参照。併せて、黒沼悦郎「サーベンス・オックスリー法制定後の資本市場法制——ディスクロージャー規制の強化とその影響に関する日米比較——」アメリカ法 2004-1 号 24 頁以下（2004 年）参照。

[84] NYSE, Corporate Governance Rule Proposals Reflecting Recommendations from the NYSE Corporate Accountability and Listing Standards Committee as Approved by the NYSE Board of Directors, Aug. 1, 2002 (2002), available at http://www.ecgi.global/code/corporate-governance-rule-proposals. *See* Gordon, *supra* note 2, at 1468, 1482 n.51.

[85] NYSE, Final NYSE Corporate Governance Rules, approved by the SEC on Nov. 4, 2003 (2003), available at http://www.ecgi.global/code/final-nyse-corporate-governance-rules. 取締役会による監督の質を高め、利益相反の可能性を低下させるであろうことがその理由とされている。*Id.* at 4.

[86] Dodd-Frank Wall Street Reform and Consumer Protection Act, Pub. L. No. 111-203, 124 Stat. 1376 (2000).

[87] その構造等について、岩原紳作「金融危機と金融規制——アメリカのドッド・フランク法を中心に」同『商事法論集II　金融法論集（上）——金融・銀行』23 頁以下（商事法務、2017 年）

証券取引所法に 10C 条 a 項 2 号を加え、従来の監査委員会に加え[88]、報酬委員会についても、そのメンバーの全員が取締役であり（同号(A)）、かつ、独立していること（同号(B)）を要求した[89]。

第 6 項　小括

　取締役会による経営に対する監督制度は、1970 年代初頭における会社不祥事の顕在化を背景に 1970 年代に形成され、独立取締役のみから構成される監査委員会の設置を NYSE が 1977 年にその上場内国会社に要求した。1980 年代における企業買収の隆盛の下で独立取締役の役割が明確にされ、1986 年改正 DGCL が取締役の注意義務違反による責任を定款の規定で事前に免除または制限することを認めたことは、取締役会における独立取締役の構成比の上昇につながっ

参照。関連文献は、神田秀樹「金融危機後の金融規制に関する国際的なルール形成」法律時報 84 巻 10 号 24 頁以下、25 頁注 5（2012 年）に掲げられている。例えば金融危機の背景と金融規制監督政策について、翁百合『金融危機とプルーデンス政策——金融システム・企業の再生に向けて』 3 頁〜84 頁（日本経済新聞出版社、2010 年）、金融規制の全体像について、天谷知子『金融機能と金融規制——プルーデンシャル規制の誕生と変化』（金融財政事情研究会、2012 年）参照。金融危機の背景については、2009 年 3 月に公表された Turner Review の説明が説得的である。FINANCIAL SERVICES AUTHORITY, THE TURNER REVIEW A REGULATORY RESPONSE TO THE GLOBAL BANKING CRISIS (2009), available at http://www.fsa.gov.uk/pubs/other/turner_review.pdf. 神田秀樹「グローバルな動向と日本の金融・会社法制」SFJ Journal 7 号 48 頁以下、49 頁〜53 頁（2013 年）参照。

[88]　前述本項 2(1)参照。

[89]　Dodd-Frank 法については、伝統的な商業銀行業務からリスクの高い取引を分離するいわゆるボルカー・ルール（Volcker Rule、619 条）が論争の中心となった（岩原・前掲注 87）39 頁〜42 頁参照）。このほか、早期の紹介として、松尾直彦『Q&A アメリカ金融改革法——ドッド＝フランク法のすべて』164 頁〜176 頁（金融財政事情研究会、2010 年）参照。

　同法については、既に様々な研究がみられる。*E.g.*, Randall S. Thomas, Alan R. Palmiter & James F. Cotter, *Dodd-Frank's Say on Pay: Will It Lead to a Greater Role for Shareholders in Corporate Governance?*, 97 CORNELL L. REV. 1213 (2012)（同法が経営者報酬についての株主総会における助言的決議を義務付けた点に関する、同法前のデータに基づく実証分析）; DAVID SKEEL, THE NEW FINANCIAL DEAL: UNDERSTANDING THE DODD-FRANK ACT AND ITS (UNINTENDED) CONSEQUENCES (2011)（その「意図せざる」結果について論じる）. 後者の紹介として、佐藤智晶「アメリカ合衆国における新たな金融規制——金融危機において規制当局に付与されるべき裁量権と法の支配」アメリカ法 2011-2 号 490 頁以下（2012 年）参照。

た。1990 年代には、特に監査委員会の役割が論じられている。その後、2002 年の SOX 法が監査委員会について、2010 年の Dodd-Frank 法が報酬委員会について、そのメンバーの全員が独立取締役であることをそれぞれ要求した。また、2003 年に NYSE がその上場規則でその上場会社に対し原則としてその取締役会の過半数を独立取締役で構成すべきことを要求している。以上の歴史的経緯の下で、連邦法と NYSE の上場規則に基づき、独立取締役と委員会の活用を通したアメリカにおける取締役会による監督制度が形成されたものである。

第 2 款　取締役会内部における権限分配

第 1 項　概観――業務執行の決定と監督の分離

　前款で検討した取締役会による監督制度の形成と展開は、取締役会内部における権限分配との関係でどのように理解できるであろうか[90]。

　代表的な州会社法である DGCL では、業務執行の決定権限および監督権限のいずれをも取締役会に与える下で、これらを委員会に委譲することを「監督する取締役会」への変化が生じる 1970 年代より前に――執行委員会の設置については 1901 年改正が、それ以外の委員会の設置については 1927 年改正が――既に認めている[91]。DGCL が業務執行の決定と監督の分離を認めたのはこれらの改正であり、その後、「監督する取締役会」が形成された時期である 1977 年に NYSE が独立取締役のみから構成される監査委員会の設置を要求し[92]、また、取締役会が特別訴訟委員会を設置し派生訴訟を終結させるための自らの権限を

---

[90]　権限分配は、一般に、①株主総会が有する権限の取締役会への委譲（外部関係）と、②取締役会が有する権限の執行役員や委員会への委譲（内部関係）、という 2 つの関係で問題になる。本書が検討するのは後者である。この点について、一定の指摘がされている。Cheffins, *supra* note 24, at 7（アメリカにおける CG は過去 40 年間に形成されたと言い得るが、これは会社内部のフォーマルな権限分配の大きな変化なしに生じたものであるとする）.

[91]　後述本款第 2 項 2 参照。

[92]　前掲注 43）およびこれに対応する本文を参照。

122　第2章　アメリカ法

委譲できることを「監督する取締役会」が確立された時期である 1981 年にデラ
ウェア州最高裁判所が明確にしている[93]。

　以下、業務執行の決定と監督の分離を認める取締役会内部における権限分配
をより具体的に分析する。

第2項　「監督する取締役会」の形成前──1960 年代以前

1　早期における裁判所の判断

　アメリカにおいて、実務上、委員会は 19 世紀には既に存在したようである[94]。
業務執行の決定と監督が分離された背景には、裁判所が取締役会から執行役員
や委員会への権限の委譲に寛容な立場を採用したことがある[95]。

2　DGCL──業務執行の決定権限と監督権限の委譲

(1)　1901 年改正 DGCL

　DGCL は、1899 年に制定された後[96]、1901 年改正が、①会社内部の権限分
配を設計する会社の権利を広範に認める規定を設けるとともに[97]、②会社の経

---

[93]　後述本款第 3 項 1(1)参照。

[94]　後掲注 95）参照。

[95]　取締役会が執行役員や委員会に委譲できる権限に関する裁判所の判断が蓄積されている。*E.g.,*
Hoyt v. Thompson's Ex'r, 19 N.Y. 207 (1859)（定款でその権限を「取締役会によって行使されるもの
とする」と規定している会社の取締役会がその権限を代理人または取締役の半数以下で構成され
る委員会に委譲できるとした）; Haldeman v. Haldeman, 197 S.W. 376 (1917)（取締役会は業務執行
の決定権限を執行委員会に委譲できるとした）; Social Sec. Bd. v. Warren, 142 F.2d 974 (8th Cir. 1944)
（取締役会が日常的な決定事項だけでなく高度な判断を必要とする業務執行の決定についても
執行役員や執行委員会に委譲できるとした）．この下で、実務の状況や委譲することが認められ
る権限の範囲についても研究がみられる。*See, e.g.,* John Calhoun Baker, Directors and Their
Functions: A Preliminary Study 18-20 (1945); Henry Winthrop Ballantine, Ballantine on
Corporations 133-35 (rev. ed. 1946); Note, *Delegation of Duties by Corporate Directors,* 47 Va. L. Rev.
278 (1961). 早期の研究として、大隅健一郎「アメリカ会社法における取締役会」京都大学商法研
究会編『英米会社法研究』69 頁以下、109 頁〜118 頁（有斐閣、1950 年）参照。

営に係る取締役会の権限を行使する執行委員会（executive committee）を取締役会が設置することを認めたようである[98]。

(2) 1927年改正 DGCL

その後、1927年改正 DGCL は、取締役会が全取締役の普通決議でその内部に〔執行委員会に限らず〕1以上の委員会（"one or more committees"）――当該会社の2人以上の取締役によって構成される――を設置することを認めた[99]。これ以降、取締役会からその内部に設置される委員会に対し、業務執行の決定権限だけでなく[100]、監督権限を委譲することも認められてきたようである[101]。

---

[96] An Act to Provide a General Corporation Law for the State of Delaware, Approved Mar. 10, 1899. 以下の書籍に採録されている。J. ERNEST SMITH, THE LAW OF PRIVATE COMPANIES RELATING TO BUSINESS CORPORATIONS ORGANIZED UNDER THE GENERAL CORPORATION LAWS OF THE STATE OF DELAWARE WITH NOTES, ANNOTATIONS AND CORPORATION FORMS 3-150 (1899) (available at: https://catalog.hathitrust.org/Record/007703118). *See* Joel Seligman, *A Brief History of Delaware's General Corporation Law of 1899*, 1 DEL. J. CORP. L. 249, 271 (1976).

[97] 具体的には、会社の設立定款に「デラウェア州法に反しない限り、事業を規制するため、会社の事業を行うため、並びに会社、取締役、株主又は全ての種類の株主の権限を創設し、定義し、制限し、及び規制するために会社が置き得るところのあらゆる条項を含める」ことを認める規定が置かれたようである。*See* Arsht, *infra* note 635, at 9.

[98] *See id.* at 10. *See also* WM. G. TAYLOR, GENERAL CORPORATION LAWS OF THE STATE OF DELAWARE: PASSED 1899 - AMENDED BY THE REVISED STATUTES OF 1915 AND FURTHER AMENDED BY THE NINETY-FIFTH, NINETY-SIXTH, NINETY-SEVENTH, NINETY-NINTH AND ONE HUNDREDTH GENERAL ASSEMBLIES 25-26 (1925) （1925年時点における規定について）。

[99] *See, e.g.*, JOSIAH MARVEL, DELAWARE CORPORATIONS AND RECEIVERSHIPS 32-34 (4th ed. 1929).

[100] 取締役会はその業務執行の決定権限を執行委員会だけでなく執行役員にも委譲することができるとされている。*See, e.g.*, CLARK, *supra* note 1, at 106, 113. 伝統的な執行役員は、例えば社長（president）、副社長（vice president）、財務担当役員（treasurer）および秘書役（secretary）であるが、執行役員は会社の附属定款でしばしば定められており、取締役会から業務執行者として直接に任命された者として特定できることが多いとされている。*See id.* at 113-14.

[101] *See, e.g.*, Kaufman v. Shoenberg, 91 A.2d 786, 788-89 (Del. Ch. 1952) （会社がその従業員にストック・オプションを与えるために4名の取締役から構成される委員会を設置した点を適法と解している〔当該委員会の推奨がその後取締役会によって承認されている〕）。

124 第2章 アメリカ法

(3) 1969年改正DGCL141条c項

1967年改正DGCL141条c項が、制定法上の基準と矛盾しない範囲で取締役会がその全権（plenary power）を1以上の委員会に委譲することを認める同年改正前の規定を維持したのに対し[102]、1969年改正同法同条同項が、委員会が取締役会のために行為する権限を、①定款の改正、②吸収合併（merger）または新設合併（consolidation）契約の承認、③会社財産の全部または実質的に全部の売却等、④会社の解散等の株主に対する推奨および⑤附属定款の改正について制限した[103]。また、取締役2人以上ではなく1人で委員会を構成することを認めた[104]。これは、同年改正DGCL141条b項が取締役の最小人数を3人から1人に改めたことに対応するようである[105]。

第3項 「監督する取締役会」の形成と現状──1970年代以降

1 DGCLと裁判所の判断

(1) *Zapata Corp. v. Maldonado* 事件判決（1981年）[106]

1970年代半ばから、派生訴訟が提起された後で当該請求を調査しこれに関する会社の対応を推奨するために利害関係のない取締役から構成される委員会を

---

[102] 56 Del. Laws ch. 50 (1967). デラウェア州ウェブサイト
（http://delcode.delaware.gov/sessionlaws/ga124/chp050.shtml）参照。
[103] 57 Del. Laws ch. 148, § 5 (1969). デラウェア州ウェブサイト
（http://delcode.delaware.gov/sessionlaws/ga125/chp148.shtml）参照。委員会の権限についてのこれらの制約は強行法であり、①委員会のメンバーでない取締役および②委員会の権限についての当該制約がない場合には執行委員会を監督しなかったことについて自身の過失が問題になると考えるかもしれない取締役を保護するものと解されている。*See* ERNEST L. FOLK, III, THE DELAWARE GENERAL CORPORATION LAW: A COMMENTARY AND ANALYSIS 62 (1972)（本文の本段落全体および本注について）。もっとも、〔1972年当時、〕取締役会から委員会への権限委譲が取締役をその責任から免れさせるのかどうかについての裁判所の判断は見当たらないとされている。*Id.*
[104] *See* FOLK, *supra* note 103, at 63.
[105] *See id.*
[106] Zapata Corp. v. Maldonado, 430 A.2d 779 (Del. 1981). 後述本章第2節第2款第2項1(3)参照。

第 1 節　取締役会による監督の在り方——「監督する取締役会」の形成と展開　**125**

取締役会が設置し、経営者が派生訴訟を防ぐという実務がみられていたようである[107]。

　デラウェア州における派生訴訟では、特に *Zapata Corp. v. Maldonado* 事件判決[108] 以降、特別訴訟委員会（special litigation committee）が重要な役割を担っており、取締役会は、一定の場合に、独立した特別訴訟委員会に対して、派生訴訟を終結させるための自らの権限を委譲することが認められている[109]。同委員会の役割は、取締役会からの権限委譲によって支えられている面がある[110]。

(2) 2004 年改正 DGCL141 条 c 項

　DGCL141 条 c 項が 2004 年に改正され[111]、同項 2 号に「取締役の選任又は解任を除く」との文言が加えられたことにより、取締役会が指名委員会を設置し、取締役の選解任を株主に推奨する権限を取締役会が同委員会に委譲できることが明確にされた[112]。この背景として、2002 年の *Harrah's Entertainment, Inc. v. JCC Holding Co.*事件判決[113] が指摘されている[114]。

---

[107]　*See* CLARK, *supra* note 1, at 645. *See* Lewis v. Anderson, 615 F.2d 778 (9th Cir. 1979).

[108]　前掲注 106）参照。

[109]　当該判決は、取締役会がその全ての権限（authority）を委員会に委譲することを DGCL141 条 c 項が認めているとした上で、仮に取締役会が権限を有するならば、適切に委譲された権限を有する委員会は、訴訟却下やサマリー・ジャッジメント〔後掲注 472）参照〕を申し立てる権限を有するとしている。*Zapata*, 430 A.2d at 785. 当該判決はまた、取締役の過半数に利害関係がある場合でも、利害関係のない 2 名の取締役から構成される委員会に権限を委譲するという取締役会の決定については、適法にこれを行うことができるとしている。*Id.* at 786.

[110]　*See* WELCH, SAUNDERS, LAND & VOSS, *supra* note 1, § 327.04 13-170 to -171（例えば会社が提訴請求に応答するために特別訴訟委員会を設置する場合について）．

[111]　74 Del. Laws ch. 326, § 2 (2004). デラウェア州ウェブサイト（http://delcode.delaware.gov/sessionlaws/ga142/chp326.shtml）参照。

[112]　*See* WELCH, SAUNDERS, LAND & VOSS, *supra* note 1, § 141.05 4-326.

[113]　Harrah's Entm't, Inc. v. JCC Holding Co., 802 A.2d 294 (Del. Ch. 2002).

[114]　WELCH, SAUNDERS, LAND & VOSS, *supra* note 1, § 141.05 4-326. 同事件では、1 名の取締役を指名する「権利」を特定の株主に与えていた会社の定款の規定の効力が問題となった。当該定款規定は株主による指名を規律する附属定款の一般条項の下で当該株主が 1 名を超えて取締役を指名する権限を制限するものであると当該会社が主張したのに対し、デラウェア州衡平法裁判所は、1 名より多くの取締役を指名することを制限するものと当該定款規定および当該一般条項が解さ

126 第2章 アメリカ法

(3) 現在の DGCL141 条 c 項

現在の DGCL も、取締役会がその決議によって 1 以上の委員会を設置し、当該決議または附属定款の規定に基づいてその権限を当該委員会に委譲することを原則として認めている（141 条 c 項）[115]。ここでの権限には、業務執行の決定権限と監督権限のいずれもが含まれている[116]。

同条同項について、以下の指摘がみられる。取締役会がその権限を委員会に委譲できる範囲は極めて広範である[117]。すなわち、同条同項は、いくつかの明示的な制約の下で、取締役会が会社の経営に関するその意思決定権限の全てを委譲することを認めている[118]。このため、取締役会はその有する会社の経営権限を、執行委員会に委譲することができ、また、経営者報酬やストック・オプ

れるべきではなく、当該株主による 2 名の取締役の指名を当該会社が不当に制約したとした。802 A.2d at 296-97.

[115] DEL. CODE ANN. tit. 8, § 141(c) (2018). デラウェア州ウェブサイト（http://delcode.delaware.gov/title8/title8.pdf）参照。See WELCH, SAUNDERS, LAND & VOSS, *supra* note 1, § 141.09 4-330 to -331.

1996 年 7 月 1 日より前に設立された会社については、同条同項 1 号が原則として適用され、同日以降に設立された会社については、同項 2 号が適用される（同項 1 号）。同項 1 号は、取締役会が取締役 1 人以上から構成される 1 以上の委員会を設置することができるとした上で、当該委員会は、取締役会決議または会社の附属定款が規定する限りにおいて、会社の事業運営における全ての権限と職権（all the powers and authority）を有するものとし、行使することができると規定している。同項 1 号は、当該委員会の設置に取締役会の過半数決議を必要としているのに対し、同項 2 号はこのことを必要としていない。同項 1 号が適用されるあらゆる会社は、その取締役会の過半数決議によって、同項 2 号が適用されることを選択することができる（同項 1 号）。

併せて、例外も規定されており、いかなる委員会も、以下の事項に係る権限と職権は有しないものとされている。同項 1 号では、①定款の改正〔例外も規定されている〕、②新設合併または吸収合併契約の承認、③会社財産の全部または実質的に全部の売却等、④会社の解散等の株主に対する推奨および⑤附属定款の改正等〔前掲注 103〕およびこれに対応する本文を参照〕。同項 2 号では、①その承認を求めるよう株主に対して提案することを DGCL が明示的に求めている場合を除き、あらゆるアクションまたは事項（取締役の選解任を除く）の承認または株主に対する推奨、②会社のあらゆる附属定款の改正や廃止等。

[116] 前掲注 115）参照。

[117] DREXLER, BLACK & SPARKS, *supra* note 1, § 13.01 [9] para. 5.

[118] *Id.*

ションの付与を決定したり、派生訴訟における和解を決定したりするために委員会を設置することも可能であるとの指摘である[119]。

現在、上場会社では、実務上、取締役会が業務執行の決定を行うことには時間と情報の2点で制約があるため、取締役会からCEOを始めとする業務執行者に対して経営機能が与えられることが一般的であるとの指摘がみられる[120]。

(4) 小括

「監督する取締役会」が形成され、確立された時期に、取締役会が特別訴訟委員会を設置し、派生訴訟を終結させるための自らの権限を委譲できることを裁判所が明確にした。その後、取締役の選解任を株主に推奨する権限を取締役会が指名委員会に委譲できることをDGCLが明確にしている。これらは、主に監督権限の委譲に係る明確化であるといえる。

2 連邦法とNYSEの上場規則

(1) 概観

「監督する取締役会」の形成と確立とともに、連邦法とNYSEの上場規則も改正されている。特に①NYSEが独立取締役のみから構成される監査委員会の設置を1977年に要求したこと[121]、②SECが1992年に報酬委員会の有無とその構成の開示を要求したこと[122]、が挙げられる。

NYSEは、現在、普通株式を上場する原則として全てのその上場会社に対して、指名・CG委員会（nominating/corporate governance committee）、報酬委員会（compensation committee）および監査委員会（audit committee）の全てについてその全数を独立取締役としてこれらを設置（監査委員会については少なくとも

---

[119] Id.

[120] EISENBERG & COX, supra note 1, at 328-29.

[121] 前掲注43）およびこれに対応する本文を参照。

[122] Executive Compensation Disclosure, Securities Act Release No. 6,962, Exchange Act Release No. 31,327, Investment Company Act Release No. 19,032, 52 SEC Docket 1961, 1992 WL 301259 (Oct. 16, 1992). See Gordon, supra note 2, at 1492.

128　第 2 章　アメリカ法

3 人以上で構成) すること[123]、ならびに、CG ガイドライン (corporate governance guidelines) を採択し、これを開示すること[124] を要求している。以下、具体的に分析する。

(2) 指名・CG 委員会

　まず、指名・CG 委員会は、以下の内容を定める書面による規程 (written charter) を有しなければならないとされている[125]。

　第 1 に、当該委員会の目的と責任 (responsibility)[126] が、最低限、①取締役会が承認した基準に沿って、取締役に就任する資格を有する個人を特定するものであること、および、次の定時株主総会における取締役候補者を選任しまたは選任を取締役会に推奨するものであること、②会社に適用される一連の CG ガイドラインを開発し取締役会に推奨するものであること、ならびに、③取締役会および経営の評価を監視するものであること[127]。

---

[123]　New York Stock Exchange, Listed Company Manual §§ 303A.00, 303A.04(a), 303A.05(a) & 303A.07(a) (2018).

[124]　*Id.* § 303A.09. CG ガイドラインで定められるべき内容には、特に取締役の資格と責任 (responsibilities)、重要な委員会の責任、取締役の報酬が含まれるとされ (*Id.* § 303A.09 *Commentary.*)、上場会社はこれをそのウェブサイト上または経由で閲覧可能としなければならないとされている (*Id.* § 303A.09 *Website Posting Requirement.*)。

[125]　*Id.* § 303A.04(b).

[126]　この「責任」が、どこまでのことを含意するかが問題である。一般的に、「責任能力など liability の根拠となる事由が存在することをさす……が、現在では法的な表現としても liability と同義に用いられることが少なくない」(田中英夫編集代表『英米法辞典』727 頁〔東京大学出版会、1991 年〕)、あるいは、「liability とほぼ同義であるが、法律上は liability を用いることが多い」(鴻常夫＝北沢正啓編修『英米商事法辞典〔新版〕』814 頁〔北沢正啓〕〔商事法務研究会、1998 年〕) とされており、「委員会が責任 (responsibility) を有する」という場合、取締役会から委員会に権限が委譲されていることまでを必ずしも含意するわけではないと解される (後掲注 308) および後述本章第 2 節第 2 款第 2 項 2(2)参照)。

[127]　New York Stock Exchange, Listed Company Manual § 303A.04(b)(i) (2018). 取締役会に対して取締役候補者を推奨する権限については取締役会から少なくとも与えられることが想定されている一方、会社が株主総会で提案する取締役候補者の選任権を委譲することまで要求されているわけではないと解される。

第1節　取締役会による監督の在り方——「監督する取締役会」の形成と展開　**129**

第2に、当該委員会の年次の業績評価を行うものであること[128]。

(3) 報酬委員会

次に、報酬委員会についても、同様に、以下の内容を定める書面による規程を有しなければならないとされている[129]。

第1に、当該委員会の目的と責任が、最低限、以下についての直接の責任（direct responsibility）を有するものでなければならない[130]。(A) ①CEO の報酬に係る会社の目標と目的を検証し、承認すること、②当該目標と目的に照らして CEO

---

[128] *Id.* § 303A.04(b)(ii). 以上の規定に付されている注釈は、以下の通りである。「指名・CG 委員会は、取締役会が効果的に機能する上での中心である。新任の取締役および取締役会と委員会による指名は取締役会の機能の中で最も重要なものである。この責任を独立した指名・CG 委員会の手に委ねることは、指名される者の独立性と質を高め得る。委員会は、会社の CG を形成することにおいて指導的な役割を担う責任をも有する。

仮に上場会社が取締役を指名するその能力（ability）を第三者に与えることを契約その他によって法的に求められている場合（例えば配当の支払がされない場合に取締役を選任するという優先株式上の権利、株主間契約及び経営者間契約）、当該取締役の選任と指名については、指名委員会の手続による必要はない。

指名・CG 委員会の規程は、次の項目についても定めなければならない——委員会のメンバーの資格、委員会のメンバーの選解任、委員会の組織と業務（小委員会〔subcommittees〕に委譲される権能〔authority〕を含む）及び取締役会に対する委員会報告。さらに、当該規程は、指名・CG 委員会に、人材仲介企業（search firm）の報酬その他の維持条項（retention terms）を承認する唯一の権能を含め、取締役候補者を特定するために活用されるあらゆる人材仲介企業を雇い（retain）又は〔これを〕終了させる唯一の権能を与えなければならない。

取締役会は、委員会が独立取締役のみから構成されているという条件の下で、指名・CG 委員会の責任を、それ自身の〔別の〕名称を有する委員会に割り当てることができる。全ての当該委員会は、委員会規程（committee charter）を有しなければならない。」（*Id.* § 303A.04 *Commentary.*）

このように、指名・CG 委員会については、独立取締役のみから構成されている他の委員会にその権能を与えることで、当該他の委員会がその権能を担うことが認められている。

開示については、「上場会社は、その指名・CG 委員会の規程をそのウェブサイト上又は経由で閲覧可能としなければならない。仮に指名・CG 委員会の機能が他の委員会に委譲されている場合、当該委員会の規程もまた当該上場会社のウェブサイト上又は経由で閲覧可能としなければならない。」（*Id.* § 303A.04 *Website Posting Requirement.*）とされている。

このように、指名・CG 委員会の権能を他の委員会が担っている場合、このことを当該上場会社のウェブサイトから閲覧できる規程で明らかにすることが求められている。

[129] *Id.* § 303A.05(b).

[130] *Id.* § 303A.05(b)(i).

130　第2章　アメリカ法

の業績を評価すること、および、③委員会としてまたは他の独立取締役（取締
役会が指示するように）と共同で、当該評価に基づいて CEO の報酬水準を決
定し承認すること[131]。(B) CEO でない幹部執行役員の報酬ならびに取締役会の
承認を要するインセンティブ報酬およびエクイティ報酬に関して取締役会に対
して推奨を行うこと[132]。(C) レギュレーション S-K の 407 条 e 項 5 号が求める
開示を行う準備をすること[133]。
　　第2に、報酬委員会の年次業績評価[134]。
　　第3に、本条 c 項が規定する報酬委員会の権利と責任[135]。

---

[131]　*Id.* § 303A.05(b)(i)(A). これらの事項について、取締役会から報酬委員会に権限を委譲するこ
とまで要求されているわけではないと解され、その上で「直接の責任」を、報酬委員会の決定に
違法がある場合に、取締役会ではなく報酬委員会のメンバーが直接的に責任（liability）を負う趣
旨と解すべきかどうかが問題になる（前掲注126）および後述本章第2節第2款第2項2(2)参照）。

[132]　*Id.* § 303A.05(b)(i)(B).

[133]　*Id.* § 303A.05(b)(i)(C).

[134]　*Id.* § 303A.05(b)(ii).

[135]　*Id.* § 303A.05(b)(iii). 以上の規定に付されている注釈は、以下の通りである。「CEO 報酬の長
期インセンティブ部分を決定する際に、当該報酬委員会は、上場会社の業績および関連する株主
利益、比較可能な会社における CEO に対する類似のインセンティブ報酬の価値、ならびに、過
年において当該上場会社の CEO に与えられた報酬を考慮すべきである。混乱を避けるため、適
用される税法（すなわち、規則 162 条 m 項）を遵守するために要求され得るように当該報酬委員
会が報酬を承認すること（取締役会の追認があるにせよないにせよ）が排除されるわけではない
ことに注意せよ。取締役会が当該事項に関するその権能を報酬委員会に委譲することを排除する
ことを意図するものは 303A.05 条 b 項(i)(B)〔前掲注 132）およびこれに対応する本文を参照〕に
はないことにも注意せよ。
　　報酬委員会の規程は、次の項目についても定めなければならない——委員会のメンバーの資格、
委員会のメンバーの選解任、委員会の組織と業務（小委員会に委譲される権能を含む）及び取締
役会に対する委員会報告。
　　取締役会は、委員会が独立取締役のみから構成されているという条件の下で、報酬委員会の責
任を、それ自身の〔別の〕名称を有する委員会に割り当てることができる。全ての当該委員会は、
委員会規程を有しなければならない。
　　取締役会のメンバーの間でのコミュニケーションを阻害することはこの基準の意図ではない
ため、CEO の報酬を取締役会と一般的に議論することを排除するものと解釈されるべきものはこ
の規程には何もない。」（*Id.* § 303A.05(b) *Commentary.*）
　　開示については、「上場会社は、その報酬委員会の規程をそのウェブサイト上又は経由で閲覧
可能としなければならない。仮に報酬委員会の機能が他の委員会に委譲されている場合、当該委

(4) 監査委員会

最後に、1934 年証券取引所法規則 10A-3 条の要件を満たす監査委員会を有しなければならないとされている[136]。

その上で、追加的な要求がされており[137]、①当該委員会には少なくとも 3 名のメンバーが必要であり、その全員が 303A.02 条およびその適用が除外されない場合には同規則 10A-3 条 b 項 1 号の定める独立性要件を満たしている必要等があること[138]、②書面による規程を有し[139]、当該規程で、委員会の目的[140]、監査委員会の年次業績評価[141] および監査委員会の義務と責任（responsibilities）[142] を定めなければならないこと[143]、ならびに、③各上場会社は内部監査機能を有しなければならないこと[144]、が定められている。

員会の規程もまた当該上場会社のウェブサイト上又は経由で閲覧可能としなければならない。」（*Id.* § 303A.05(b) *Website Posting Requirement.*）とされている。

このように、指名・CG 委員会と同様に、報酬委員会についても、独立取締役のみから構成されている他の委員会にその権能を与えることで、当該他の委員会がその権能を担うことが認められており、この場合、このことを当該上場会社のウェブサイトから閲覧できる規程で明らかにすることが求められている（前掲注 128）参照）。

[136] *Id.* § 303A.06.

[137] *Id.* § 303A.07.

[138] *Id.* § 303A.07(a).

[139] *Id.* § 303A.07(b).

[140] *Id.* § 303A.07(b)(i). それが、最低限、(A) ①当該上場会社の財務諸表の誠実性（integrity）、②当該上場会社の法的および規制上の要求に関する法令遵守、③独立した会計監査人の資格と独立性、ならびに、④当該上場会社の内部監査機能および独立した会計監査人の業績（仮に当該上場会社が 303A.00 条の定める移行期間であるため内部監査機能をまだ有しない場合には当該規程は当該委員会が内部監査機能の設計と実施を取締役会が監視することを補助するであろうことを規定しなければならない）を取締役会が監視することを補助するものであること（*Id.* § 303A.07(b)(i)(A).）ならびに(B) レギュレーション S-K の 407 条 d 項 3 号(i)が求める開示を行う準備をするものであること（*Id.* § 303A.07(b)(i)(B).）、を定めなければならないとされている。

[141] *Id.* § 303A.07(b)(ii).

[142] *Id.* § 303A.07(b)(iii). それが、最低限、(A) ①当該会社内部の質的統制手続、②当該会社の直近の会社内部の質的統制の検証や相互評価または政府もしくは専門機関によるあらゆる調査によって会社によって行われた 1 以上の独立した監査に関して過去 5 年間に提起されたあらゆる重要な課題、および、あらゆる当該課題に対処するために採られたあらゆる手段、ならびに③（会計監査人の独立性を評価するために）当該独立した会計監査人と当該上場会社のあらゆる関係を

132 第2章 アメリカ法

(5) 小括

NYSE は、その上場会社に対しその取締役会に 1956 年以降少なくとも 2 名の社外取締役が含まれるよう促したようであり、独立取締役のみから構成される監査委員会を1978年6月30日までに設置すべきことを1977年に要求している。その後、その全数を独立取締役とする指名委員会および報酬委員会の設置をその上場規則でその上場会社に要求したという経緯から、これら 2 委員会の権能は、それらの独立性要件を満たす限り、監査委員会が併せて担うことも認められている。したがって、例えば 3 名の独立取締役で「指名委員会兼監査委員会兼報酬委員会」を構成することも認められている。指名委員会や報酬委員会が監査委員会に併合されているかどうかについては、当該会社のウェブサイトから閲覧可能な委員会規程でこれを記載することが要求されている。取締役会からこれらの委員会に対する監督権限の委譲も認められているが、NYSE は権限

記述する独立した会計監査人による報告書を少なくとも毎年取得し、検証するものであること (*Id.* § 303A.07(b)(iii)(A).)、(B) 「財務状態と事業の結果についての経営者の議論と分析」の下で求められる当該上場会社の特定の開示を含め、当該上場会社の年間の監査済財務諸表および四半期の財務諸表を経営者および独立した会計監査人とともに検証し議論するために会議するものであること (*Id.* § 303A.07(b)(iii)(B).)、(C) アナリストおよび格付機関に提供される財務情報および収益ガイダンスとともに、当該上場会社の収益に関するプレス・リリースを議論するものであること (*Id.* § 303A.07(b)(iii)(C).)、(D) リスク評価およびリスクマネジメントに関する方針を議論するものであること (*Id.* § 303A.07(b)(iii)(D).)、(E) 経営者、内部の会計監査人（または内部監査機能に責任を負うその他の者)、独立した会計監査人と、個別に定期的に会議するものであること (*Id.* § 303A.07(b)(iii)(E).)、(F) 独立した会計監査人とともにあらゆる監査上の問題や難点および経営者の対応を検証すること (*Id.* § 303A.07(b)(iii)(F).)、(G) 独立した会計監査人の従業員または前従業員の雇用方針を明確に規定するものであること (*Id.* § 303A.07(b)(iii)(G).)、ならびに、(H) 取締役会に定期的に報告するものであること (*Id.* § 303A.07(b)(iii)(H).)、に加え、1934 年証券取引所法規則 10A-3 条 b 項 2 号、3 号、4 号および 5 号が定める事項を含まなければならないとされている (*Id.* § 303A.07(b)(iii).)。これらについては、監査委員会の義務と責任であるとされており、例えば年度および四半期の財務諸表は監査委員会による一定の検証を経ていることになる。

143) *Id.* § 303A.07(b).

144) *Id.* § 303A.07(c).

第 1 節　取締役会による監督の在り方──「監督する取締役会」の形成と展開　**133**

の委譲まで要求しているわけではなく、各会社の多様性に応じた会社内部の権限分配に係る設計の柔軟性が確保されているといえる。[145]

---

[145]　「監督する取締役会」の確立に伴い、アメリカ法律協会（The American Law Institute、以下「ALI」という）において、取締役会から執行役員や委員会に権限が委譲された場合の取締役会の義務と責任について検討されている。1 THE AMERICAN LAW INSTITUTE, PRINCIPLES OF CORPORATE GOVERNANCE: ANALYSIS AND RECOMMENDATIONS 82-198 (1994)（以下「ALI 原理」という）．

ALI 原理は、①原則として全ての公開会社は、当該会社の執行役員または従業員でない取締役のみから構成され、会社の上位の業務執行者（senior executives）と重要な関係（significant relationship）を有しないメンバーを少なくともその過半数とする指名委員会を設置すべきであるとした（*Id.* § 3A.04(a).)。また、②全ての大規模公開会社は、報酬の領域において取締役会の監視機能を修正し支えるために報酬委員会を設置すべきであり、当該委員会は、当該会社の執行役員または従業員でない取締役のみから構成され、会社の上位の業務執行者と重要な関係を有しないメンバーを少なくともその過半数とすべきであるとした（*Id.* § 3A.05(a).)。さらに、③全ての大規模公開会社は、財務データを作成する会社の過程、その内部統制および会社の外部監査人の独立性を定期的に検証することによって取締役会の監視機能を修正し支えるために監査委員会を設置すべきであるとした上で、当該監査委員会は、少なくとも 3 名のメンバーから構成され、会社によって雇用されておらずかつ過去 2 年間に雇用されてもいない者のみから構成され、会社の上位の業務執行者と重要な関係を有しないメンバーを少なくともその過半数とすべきであるとした（*Id.* § 3.05.)。

その上で、ALI 原理は、①会社の事業が適切に運営されているかどうかを評価するという会社の行為を監視することへの取締役会の最終的な責任（responsibility）に従う下で、取締役会は、そのあらゆる機能を行いそのあらゆる権限を行使するという権能をその委員会に委譲することができるとし（*Id.* § 3.02(c).)、②その機能（監視機能を含む）の行使において、制定法または会社の基準に他の定めがない限り、また、取締役の最終的な監視責任に従う下で、取締役会は、〔その〕行為の過程において公式にまたは非公式に、あらゆる機能（取締役会の認識を要求する事項を特定する機能を含む）を、取締役会〔内部〕の委員会または取締役、執行役員、従業員、専門家もしくはその他の者に委譲することができるとした（*Id.* § 4.01(b).)。

このように、ALI 原理が、会社の行為を監視することへの取締役会の最終的な責任に従う下で、取締役会がその権能をその委員会に委譲することができるとした点（*Id.* § 3.02(c).）に関して、ALI 原理は、取締役会が会社の事業活動の「監督の最終責任を負うことを前提に」権能を委譲することができるとするものであり、「委譲された活動に対する監督のみならず事業活動を監視する一般義務」が委譲することができない監督権能に含まれるとの理解がみられる（神崎克郎「注意義務及び経営判断の原則」証券取引法研究会国際部会訳編『コーポレート・ガバナンス──アメリカ法律協会「コーポレート・ガバナンスの原理：分析と勧告」の研究──』158 頁以下、165 頁〜166 頁〔日本証券経済研究所、1994 年〕）。

第4項 小括と検討

「監督する取締役会」の形成前に、DGCL が 1901 年改正で会社の経営に係る取締役会の権限を行使する執行委員会を取締役会が設置することを認めたようであり、また、業務執行の決定権限を取締役会が執行委員会に委譲できるとする裁判所の判断もみられている。その後、1927 年改正 DGCL が、執行委員会以外の委員会を設置することも認め、これ以降、取締役会が委員会に監督権限を委譲することも認められてきたようである。

その後、「監督する取締役会」が形成された時期である 1977 年に NYSE が独立取締役のみから構成される監査委員会の設置を要求し、また、取締役会が特別訴訟委員会を設置し派生訴訟を終結させるための自らの権限を委譲できることを「監督する取締役会」が確立された時期である 1981 年にデラウェア州最高裁判所が明確にしている。

現在では、NYSE の上場規則が、普通株式を上場する原則として全てのその上場会社に対してその取締役会の過半数を独立取締役から構成するとともに、その全数を独立取締役とする 3 委員会を設置することを要求している。

もっとも、取締役会から業務執行の決定権限や監督権限を委譲することまで要求されているわけではない。DGCL は、業務執行の決定権限と監督権限のいずれをも取締役会に与え、これらを委譲することを認める DGCL と判例の立場の下で、その特性と実務上の要請に応じて個別の会社がその取締役会からこれらの権限を委譲し、その内部で業務執行の決定と監督の分離を図ることが可能とされている。

第3款 学説の展開

本款では、主に取締役会による監督の在り方に関する学説の展開を 1950 年代以前から時系列に沿って検討する。

第 1 節　取締役会による監督の在り方──「監督する取締役会」の形成と展開　**135**

第 1 項　1950 年代以前

1930 年代に、Berle と Dodd との間で会社の目的をめぐる議論[146] が展開されている。

Berle は、株主を委託者と捉え、会社は株主の利益のためにあるとし、本人たる株主と受託者たる取締役との間の関係を規律する点で、会社法は実質的に信託法の一部になるとした[147]。その上で、①会社の権限行使はそれが株主の利益を公平に保護する結果となっているかどうかという観点から事実に即して検証されるべきであり、②当時における新株引受権等、株主を保護する一見厳格なルールで現実には権利ではなくエクイティ上の救済となっているそれが当該事案のエクイティが要求する通りに用いられまたは廃止されるべきである等とし、このようなエクイティ上のコントロールは会社定款によっても否定され得ないとした[148]。

これに対し、Dodd は、会社経営者が誰のための受託者であるのかを問題とし、歴史的に事業活動は私的というよりもむしろ公的な事柄として扱われてきたことを指摘し[149]、会社経営者の目的は、株主の利益を最大化することのみに限られるわけではないとしている[150]。

第 2 項　1960 年代

1960 年代の学説として、Kessler の論稿[151] や Koontz の書籍[152] が挙げられる。Kessler は、株主が経営を担うか、または取締役会に経営を委ねるかどうかに関

---

[146]　前掲注 11）参照。

[147]　A. A. Berle, Jr., *Corporate Powers as Powers in Trust*, 44 HARV. L. REV. 1049, 1073-74 (1931).

[148]　*Id.* at 1074.

[149]　Dodd, *supra* note 11, at 1147-49.

[150]　*Id.* at 1160-63.

[151]　Robert A. Kessler, *The Statutory Requirement of a Board of Directors: A Corporate Anachronism*, 27 U. CHI. L. REV. 696 (1960). 同論稿は、山口幸五郎「英米会社法における取締役の地位に関するケスラーの所説──取締役任意機関論──」同『会社取締役制度の史的展望』101 頁以下（成文堂、1989 年）で検討されている。

136　第2章　アメリカ法

する選択を株主に認めるべきであるとした[153]。Koontz は、取締役会の有効性
は、どのような決定をどのように行うかだけでなく、それが自身の責任をいか
に良く理解するか、また取締役会の構成等の要因によっても規定される等とし
た[154]。

第3項　1970年代

1　Melvin A. Eisenberg（1969年〜1975年）

「モニタリング・モデル」[155] に関する理論を体系的に明確化したのが、
Eisenberg である。Eisenberg は、1969年から1975年の間に4編を公刊し、これ
らを会社内部の権限分配に関する「一連の論稿」[156] と位置づけている。

第1に、1969年の「現代の会社の意思決定における株主と経営者の法的役割」
[157] において、公開会社では、非公開会社と異なり、会社の意思決定への株主の
関与が小さいことが課題であるが、意思決定の仕組み自体を変革することは、
結論として以下の理由から適切でないとした[158]。①株主の発言権を強化するこ
とは、会社の社会的良心を研ぎ澄ますことには必ずしもつながらないこと、②

---

[152]　HAROLD KOONTZ, THE BOARD OF DIRECTORS AND EFFECTIVE MANAGEMENT (1967).

[153]　Kessler, *supra* note 151, at 729-36. 当時のアメリカでは、会社の経営を株主が完全に担うことを
認めているのは3州とプエルトリコだけであり、多くの州法は、会社の事業が取締役会によって
経営されるべきことを求めていた。*See id.* at 725-28. Kessler の指摘はこの状況に対する批判となっ
ている。その後、ドイツ法を踏まえて CG 改革論を展開した論稿もみられている。Detlev F. Vagts,
Reforming the "Modern" Corporation: Perspectives from the German, 80 HARV. L. REV. 23 (1966)（ドイツ
法には優れている面があるが、アメリカで同様の仕組みを導入した場合には課題も生じ得るとす
る）.

[154]　KOONTZ, *supra* note 152.

[155]　前掲序注1）参照。

[156]　Eisenberg, *infra* note 164, at 375. *See* EISENBERG, *infra* note 170, at vii.

[157]　Melvin Aron Eisenberg, *The Legal Rules of Shareholders and Management in Modern Corporate
Decisionmaking*, 57 CALIF. L. REV. 1 (1969). 赤堀光子「Melvin A. Eisenberg, *The Legal Roles of
Shareholders and Management in Modern Corporate Decisionmaking*, 57 CALIF. L. REV. 1(1969)」アメリ
カ法 1970-1 号 44 頁以下（1970 年）で紹介されている。

[158]　Eisenberg, *supra* note 157, at 180-81.

第1節　取締役会による監督の在り方──「監督する取締役会」の形成と展開　**137**

意思決定における役割を会社の取引先に保障することも考えにくいこと、③経
営者の権限をさらに強化することも、強化された権限を経営者が非利己的に行
使すると考えられる理由がないため、望ましくないように思われること、であ
る[159]。

　第2に、1970年の「会社の〔議決権〕委任状手続の利用」[160]は、株主と経
営者が株主総会における議決権行使の委任（proxy voting）をどのように利用で
きるかを論じたものである。同論稿は、議決権行使の委任に関する州会社法の
原則を再検討し、株主と経営者は、取締役の選任やそれ以外の事項についてど
のような条件の下で、どの程度、委任状手続を利用できるのかを論じた[161]。

　第3に、1971年の「巨大な従属会社」[162]は、会社の所有構造が会社の支配
に与える影響を論じている。同論稿は、当時の会社が有した巨大な従属会社の
発展を描き、その法的および経済的な背景を明らかにしている[163]。

　第4に、1975年の「現代の会社における経営機構の法的なモデル──執行役
員、取締役、および会計監査人」[164]は、「モニタリング・モデル」に関する
Eisenbergの考察として、これら4編の論稿の中で最重要といえる。会社に関す
る1970年代における「容認された法的モデル」（received legal model）とは、取
締役会が、①執行役員を選任するとともに、②会社の政策を設定し、さらに、

---

[159]　*Id.* 同論稿は、会社の意思決定の仕組みに関するEisenbergの基本的な立場を明らかにしてい
る。

[160]　Melvin Aron Eisenberg, *Access to the Corporate Proxy Machinery*, 83 Harv. L. Rev. 1489 (1970).

[161]　Eisenbergは、株主が、州会社法の下で、一般に理解されているところ以上に委任状手続を自
らのために利用することができるという点に特に着目している。Eisenbergが念頭に置いているの
は、「容認された法的モデル」（received legal model）との関係であり、このモデルの下では会社の
実務が必ずしも十分に踏まえられていないことにある。*Id.* at 1489-90.

[162]　Melvin Aron Eisenberg, *Megasubsidiaries: The Effect of Corporate Structure on Corporate Control*,
84 Harv. L. Rev. 1577 (1971). 渋谷光子「Melvin A. Eisenberg, *Megasubsidiaries: The Effect of Corporate
Structure on Corporate Control*, 84 Harv. L. Rev. 1577 (1971)」アメリカ法 1974-1号 156頁以下（1974
年）で紹介されている。

[163]　Eisenberg, *supra* note 162, at 1577-89.

[164]　Melvin Aron Eisenberg, *Legal Models of Management Structure in the Modern Corporation: Officers,
Directors, and Accountants*, 63 Calif. L. Rev. 375 (1975).

138　第2章　アメリカ法

③会社の事業を一般的に運営するというものであった[165]。しかし、「現実に機能しているモデル」(working model) は、これとは異なるものであり、取締役会はこれらの役割のいずれをも果たしていないとした[166]。小規模閉鎖会社は、典型的には、所有者である経営者によって経営されているものの、大規模公開会社では、事業は典型的には最上位の業務執行者によって運営されている[167]。このため、会社の政策形成 (policy making) 機能と監督 (monitoring) 機能とを異なるものと理解した上で、取締役会が担うべき実行可能な役割は後者と理解すべきであるとした[168]。このような文脈において、Eisenberg のいう「モニタリング・モデル」(monitoring model) という表現と定式がみられている[169]。

　「モニタリング・モデル」については、1976 年の書籍[170] においても定義されている[171]。「容認された法的モデル」——取締役会の政策形成機能を強調し、取締役会は会社の経営機構の統合された一部分であると考えるもの——と異なり、「モニタリング・モデル」は、経営は業務執行者の機能であり、最終的な責任が業務執行者の長に置かれるものである[172]。同モデルの下で、適切な結果に対する説明を業務執行者に行わせる役割を取締役会が担い、このような結果をどのように達成するかを決定する役割を業務執行者が担う[173]。

---

[165]　*Id.* at 376.

[166]　*Id.*

[167]　*Id.*

[168]　*Id.* at 438.

[169]　*Id.* at 398-99. 以上の背景は、以下の通りである。取締役会は事業政策の形成に積極的に関与すべきであると広く考えられているものの、このような役割を取締役会が果たすことは会社にとって通常重要でも実行可能でもない。政策形成に有効に関与するためには、取締役会のメンバーが非常に活動的でなければならないが、このような高度の活動を取締役会に期待することは現実的でないからである。取締役が非常に活動的であるのは、取締役が業務執行者や常勤者や専門職的取締役である場合であり、取締役の資格においてではない、としている。*Id.* at 438.

[170]　これら 4 編の論稿に基づいて著されたのが、以下の書籍である。Melvin Aron Eisenberg, The Structure of the Corporation: A Legal Analysis (1976).

[171]　*Id.* at 164-66.

[172]　*Id.* at 165.

[173]　*Id.* このように、Eisenberg による「モニタリング・モデル」の定義は、業務執行者が経営を、取締役会が監督を担うことを含むものと解され、業務執行と監督の分離につながる面がある。

第 1 節　取締役会による監督の在り方——「監督する取締役会」の形成と展開　139

2　その他の見解

(1)　Myles L. Mace(1971 年)

Mace は、1971 年に公刊された『取締役——神話と現実』[174] において、取締役会は、①会社の基本的な目標およびその戦略や幅広い政策を確立すること、②経営者に優れた質問を投げかけること、③社長を選ぶこと、という一般的に受け入れられた役割を必ずしも果たしているわけではないとした[175]。取締役会が実際に行っていることは、①社長に対して助言と協議を提供すること、②ある種の規律として役立つこと、③危機的な状況において行動すること、であるとした[176]。

(2)　John C. Coffee(1977 年)

Coffee は、当時の会社不祥事の背景にある組織上の不備を検討し、当時の会社では、会社における情報の流れ（information flow）が不適切であり、このことが取締役会の非効率性につながっているとした[177]。その上で、会社における情報の流れを確保するとともに取締役会における独立性のレベルを引き上げ、会社内部に自己修正機能を備えることが重要であるとした[178]。さらに、信託と

　Eisenberg らは、現在、「モニタリング・モデル」を以下のように表現している。同モデルには、上場会社の取締役会の主な機能が、経営者を選任し、定期的に〔その仕事振りを〕評価し、その報酬を決定し、適切である場合には交代させることを始めとする機能的要素 (functional component) がある。当該要素は、取締役会が仮に経営者を監督する機能を有する場合、取締役会が当該機能を効果的に有するよう構成されるべきであり、また、取締役会の少なくとも過半数が経営者から独立した取締役によって構成されるという構造的要素 (structural component) によって補完される。EISENBERG & COX, *supra* note 1, at 329.

[174]　MYLES L. MACE, DIRECTORS: MYTH AND REALITY (1971). なお、訳書として、マイルズ・L・メイス（道明義弘訳）『アメリカの取締役——神話と現実』（文眞堂、1991 年）がある。

[175]　MACE, *supra* note 174, at 43-71.

[176]　*Id.* at 13.

[177]　John C. Coffee, Jr., *Beyond the Shut-Eyed Sentry: Toward a Theoretical View of Corporate Misconduct and an Effective Legal Response*, 63 VA. L. REV. 1099, 1275 (1977).

[178]　*Id.*

140 第2章 アメリカ法

代理を規律する古典的な法体系は現代の公開会社においては必ずしも妥当なも
のではなく[179]、取締役会を経営の監督機関と位置づけ、説明責任を確保するこ
とが望ましいとした[180]。

1970年代には、これら以外にも多様な議論が展開され、認識の深まりがみら
れている[181]。

第4項　1980年代

1　Easterbrook & Fischel（1983年）

1980年の SEC 報告書は、議決権行使の基準を確立してこれを開示すること
を機関投資家に促すよう SEC に提案した[182]。これに対して、Easterbrook と
Fischel は、議決権行使に関する経済学の見地から、機関投資家は最適な形で議
決権を行使する誘因を有し、合理的に行動しており、問題は機関投資家の実務
にあるわけではなく、むしろ規制機関の前提にあるとした[183]。

---

[179]　*Id.* at 1276-77.

[180]　*Id.* at 1277-78.

[181]　*E.g.*, Leech & Mundheim, *supra* note 36, at 1804（Eisenberg の指摘を踏まえつつ取締役会の監督
機能に関する議論を深め、経営者の利益相反行為を防ぐ役割を社外取締役に期待するとともに、
当時においてこのような役割は投資信託で実際に担われているとしている）; Elliott J. Weiss &
Donald E. Schwartz, *Disclosure Approach for Directors*, HARV. BUS. REV., Jan.-Feb. 1978, at 18 (1978)（委
任状規則に関する SEC の改正提案との関係で、取締役の選任における情報開示の在り方につい
て論じる）; Walter Werner, *Management, Stock Market and Corporate Reform: Berle and Means
Reconsidered*, 77 COLUM. L. REV. 388 (1977)（経営者の仕事振りを評価するという株式市場の機能に
ついて論じる）; Lewis D. Solomon, *Restructuring the Corporate Board of Directors: Fond Hope—Faint
Promise?*, 76 MICH. L. REV. 581, 610 (1978)（取締役会の独立性を高める手段として社外取締役の人
数の増加と多くの委員会を設置することがあるが、取締役の多くが過去または現在の業務執行者
等であれば取締役会の性格はあまり変わらないであろうとする）.
　　以上に関しては、志谷匡史『マーケットメカニズムと取締役の経営責任』190頁〜255頁（商
事法務研究会、1995年）が検討を加えている。

[182]　前掲注49）および前掲本節第1款第3項2参照。

[183]　Frank H. Easterbrook & Daniel R. Fischel, *Voting in Corporate Law*, 26 J.L. & ECON. 395, 425-26
(1983). 同論稿は、まず、「なぜ株主は議決権を行使するのか」を検討した上で（*Id.* at 398-408.）、
議決権行使を制約する州法上のルールについて考察した（*Id.* at 408-15.）。不実開示における情報

第1節　取締役会による監督の在り方──「監督する取締役会」の形成と展開　141

2　その他の見解

1980年代にも議論が展開されている[184]。Easterbrook と Fischel の指摘に関係するものとして、Coffee は、経営の非効率性を包括的に是正するものとして、

の重要性について、「いかに議決権を行使するかを決定する際に合理的な株主がそれを重要と考えるであろうという実質的な蓋然性」の有無から判断されているが（TSC Industries, Inc. v. Northway, Inc., 426 U.S. 438, 449 (1976).）、この定義が抱える難点は、議決権行使において「合理的な株主」が何を重要と考えるかについてのガイダンスが何も規定されていないことであるとした（Easterbrook & Fischel, *supra*, at 421.）。ここでの1つの解決策は、開示内容を規制せずに最適な量の情報を開示することへの言論市場と当事者の誘因に委ねることであるが、SEC と裁判所はこれと逆の立場を採用しているとした（*Id.* at 421-22.）。その上で、議決権行使をめぐる問題として、①会社の活動や経営者に関する情報開示を促進することで会社の意思決定への株主の関与を引き起こそうとする立場、②株主による議決権行使の委任状手続の利用を拡大しようとする立場（EISENBERG, *supra* note 170, at 113. Easterbrook と Fischel は、このような立場が株主の集合行為問題を考慮していないと批判する。）、③機関投資家の関与を強化しようとする立場（SEC 報告書〔前掲注182〕およびこれに対応する本文を参照〕）、のいずれをも批判した（*Id.* at 423-26.）。

Easterbrook と Fischel は、経済学の見地から様々な考察を行い、同論稿を含む一連の論稿を以下の書籍として公刊している。FRANK H. EASTERBROOK & DANIEL R. FISCHEL, THE ECONOMIC STRUCTURE OF CORPORATE LAW (1991).

[184]　*E.g.*, Daniel R. Fischel, *The Corporate Governance Movement*, 35 VAND. L. REV. 1259 (1982)（会社に関する規制は実証的な根拠に乏しく、会社形態の背景にある経済理論を理解するものでもないため、当時の CG 改革論は「空騒ぎ」にすぎないとする）; Melvin Aron Eisenberg, *The Structure of Corporation Law*, 89 COLUM. L. REV. 1461 (1989)（経営者に利益相反性が認められる場面での会社法上のルールの強行法規性を論じている）.

このほか、以下も挙げられる。George W. Dent, Jr., *The Revolution in Corporate Governance, the Monitoring Board, and the Director's Duty of Care*, 61 B.U. L. REV. 623 (1981)（「モニタリング・モデル」を踏まえ、取締役の注意義務に関する裁判所の判断を検討している）; EDWARD S. HERMAN, CORPORATE CONTROL, CORPORATE POWER: A TWENTIETH CENTURY FUND STUDY (1981)（アメリカにおける大規模な会社の支配と政府の役割等について）; Robert J. Haft, *Business Decisions by the New Board: Behavioral Science and Corporate Law*, 80 MICH. L. REV. 1 (1981)（行動科学の知見に基づき、取締役会が会社の意思決定に実質的に関与する在り方を模索する）; Victor Brudney, *The Independent Director: Heavenly City or Potemkin Village?*, 95 HARV. L. REV. 597 (1982)（独立取締役が経営者の利益相反行為を適切に監視できるかどうかを考察し、社会的責任が果たされているかどうかを監視する役割を十分に担えていないと指摘する）; Oliver Williamson, *Corporate Governance*, 93 YALE L.J. 1197 (1984)（事業会社を念頭に、その様々な関係者間の取引についての経済学的な分析を提示する）; Barry D. Baysinger & Henry N. Butler, *Corporate Governance and the Board of Directors: Performance Effects of Changes in Board Composition*, 1 J.L. ECON. & ORG. 101 (1985)（取締役会の規模、

142　第2章　アメリカ法

企業買収の理論には高い買収プレミアムという重要な制約があり得ることを指摘し[185]、後に、機関投資家が会社経営の監督に果たす役割に対する懐疑も示している[186]。

第5項　1990年代

1　Gilson & Kraakman（1991年）

1980年代は敵対的買収の脅威によって特徴づけられるが[187]、1980年代終盤にはこの状況に変化が生じていた[188]。GilsonとKraakmanは、1991年の論稿[189]で、敵対的買収の障壁を取り除くことは望ましいと考えられるものの、会社支配権市場が経営のパフォーマンスを監督する最善の手法であるとは限らないとした[190]。社外取締役にとって鍵となるのは、経営者からの独立というよりも、株主への依存であるとし、機関投資家の支持を背景とした専門職的な社外取締役——株主のために経営のパフォーマンスを監督する経験、時間および誘因を

構成および構造に関する経済分析）; Fred S. McChesney, *Economics, Law, and Science in the Corporate Field: A Critique of Eisenberg*, 89 COLUM. L. REV. 1530 (1989)（Eisenberg の議論に対する批判）.
　なお、この時期には、会社法の強行法規性に関する議論も展開されており、一連の議論は、CGに関するエンフォースメントの在り方を始めとして、様々な示唆がある。*See, e.g.*, Jeffrey N. Gordon, *The Mandatory Structure of Corporate Law*, 89 COLUM. L. REV. 1549 (1989); Roberta Romano, *Answering the Wrong Question: The Tenuous Case for Mandatory Corporate Laws*, 89 COLUM. L. REV. 1599 (1989); Lucian Arye Bebchuk, *Limiting Contractual Freedom in Corporate Law: The Desirable Constraints on Charter Amendments*, 102 HARV. L. REV. 1820 (1989).
[185]　John C. Coffee, Jr., *Regulating the Market for Corporate Control: A Critical Assessment of the Tender Offer's Role in Corporate Governance*, 84 COLUM. L. REV. 1145, 1206 (1984).
[186]　John C. Coffee, Jr., *Liquidity Versus Control: The Institutional Investor as Corporate Monitor*, 91 COLUM. L. REV. 1277 (1991)（機関投資家の誘因は、流動性を確保するという要請と、投資先会社の意思決定に関与するという要請との間でトレードオフ関係にあるため、投資先会社を監督する役割を機関投資家に期待することは適切でないとする）.
[187]　前述本節第1款第3項1参照。
[188]　前述本節第1款第3項4参照。
[189]　Ronald J. Gilson & Reinier Kraakman, *Reinventing the Outside Director: An Agenda for Institutional Investors*, 43 STAN. L. REV. 863 (1991).
[190]　*Id.* at 905.

有するそれ——の構想を提示した[191]。同論稿は、「監督する取締役会」と独立取締役の普及を前提として、さらに機関投資家の台頭を踏まえたものであり、1990年代初頭における代表的な指摘と見受けられる。

2 その他の見解

Fischは、取締役会の監督機能を強化することのコストがあることを指摘している[192]。1990年代にも多くの議論がみられている[193]。

第6項 2000年代以降

1 John C. Coffee

アメリカのCGに関する2000年代以降の議論として、特にCoffeeによるゲートキーパー論が注目される[194]。Coffeeは、Enron事件を踏まえ、会計不正については、経営に対する会社内部における監督の在り方よりもこれを抑止する

---

[191] *Id.*

[192] Jill E. Fisch, *Taking Boards Seriously*, 19 CARDOZO L. REV. 265, 280-82 (1997).

[193] *E.g.*, Michael P. Dooley, *Two Models of Corporate Governance*, 47 BUS. LAW. 461 (1992)(「権限モデル」と「責任モデル」という図式を提示しつつ、経営判断原則、利益相反への対処および派生訴訟の役割等を検討した上で、ALIプロジェクト〔前掲注145〕参照)が「空騒ぎ」にすぎないと論じる);Martin Lipton & Jay W. Lorsch, *A Modest Proposal for Improved Corporate Governance*, 48 BUS. LAW. 59 (1992)(個々の会社の取締役会が主導する形での「穏健な」CG改革が望ましいとする);Ira M. Millstein, *The Evolution of the Certifying Board*, 48 BUS. LAW. 1485 (1993)(経営者が取締役会に、取締役会が株主に、それぞれ説明責任を果たす取締役会が望ましいとする);Gérard Hertig, *Corporate Governance in the United States as Seen from Europe*, 1998 COLUM. BUS. L. REV. 27 (1998)(アメリカのCGは頑健な枠組みであるとしつつ、投資信託等の監督機能および信認義務の重要性等を指摘する).

[194] Coffee, *Understanding*, *supra* note 81; COFFEE, GATEKEEPERS, *supra* note 81. ゲートキーパーとしての引受証券会社等の責任について、例えば野田耕志「アメリカにおける証券引受人の機能と責任——情報技術の進展と証券開示規制(一〜二・完)——」法学(東北大学)68巻1号31頁以下、2号28頁以下(2004年)、同「証券開示規制における引受証券会社の責任」関古稀『変革期の企業法』447頁以下(商事法務、2011年)がみられている。

144 第2章 アメリカ法

能力を有するゲートキーパーに課題があるとした[195]。その議論は、独立取締役を中心とする「監督する取締役会」[196]とは異なる観点からCGの在り方に光を当てている。

2 その他の見解

Gordonの論稿[197]が重要である[198]。また、同論稿以外にも、2000年代以降、CGや取締役会の在り方に関する議論は引き続き活況を呈している[199]。

---

[195] COFFEE, GATEKEEPERS, *supra* note 81.

[196] 前掲注2）および前述本節第1款第6項参照。

[197] Gordon, *supra* note 2.

[198] Gordonの指摘とは別に、取締役会による監督の在り方がアメリカで形成された背景として、州間競争（state competition）の影響も挙げられる（後掲補論注25）参照）。

[199] 例えばMaceyは、株主と会社との関係が希薄化している下で、エンフォースメントを基礎とする依存（reliance）よりも信頼（trust）が重要であるとし、自らのCGの議論に約束（promise）の概念を取り入れている。JONATHAN R. MACEY, CORPORATE GOVERNANCE: PROMISES KEPT, PROMISES BROKEN (2008).

このほか、Skeelの指摘が挙げられる。金融危機前に以下の書籍がある。DAVID SKEEL, ICARUS IN THE BOARDROOM: THE FUNDAMENTAL FLAWS IN CORPORATE AMERICA AND WHERE THEY CAME FROM (2005). 金融危機後の議論として、SkeelはDodd-Frank法（前述本節第1款第5項3参照）に批判的であり、特に同法によって政府が規制における広範な裁量を有する下で、政府と大規模な銀行とがつながりを有し、規制が必ずしも十分に実現されないとの懸念を示している。SKEEL, *supra* note 89, at 191-93.

また、Bainbridgeは、Dooleyが提示した図式を踏まえ、取締役主権（director primacy）論をEnron事件後に発展させている。STEPHEN M. BAINBRIDGE, THE NEW CORPORATE GOVERNANCE IN THEORY AND PRACTICE (2008). *See* Dooley, *supra* note 193. その上で、金融危機後にも議論を深めている。STEPHEN M. BAINBRIDGE, CORPORATE GOVERNANCE AFTER THE FINANCIAL CRISIS (2012). さらに、最近では、アメリカの州会社法は取締役たる資格を有する者を自然人に限定しているが、この限定が合理的であるかどうか議論の余地があるとし、企業（firms）にも取締役としての職務を担う可能性を認め、これを「取締役会サービスの提供者」（board service providers）と名づけるという考察もHendersonとともに行っている。Stephen M. Bainbridge & M. Todd Henderson, *Boards-R-Us: Reconceptualizing Corporate Boards*, 66 STAN. L. REV. 1051 (2014).

第4款　小括

アメリカにおける取締役会による監督制度は、連邦法とNYSEの上場規則に基づき、独立取締役と委員会の活用を通して形成されたものである。特に1970年代初頭における会社不祥事の顕在化が、「助言する取締役会」から「監督する取締役会」へのその後の変化および独立取締役の構成比の上昇と監査委員会に係る規制の開始につながったと指摘されている。

取締役会内部の権限分配について、DGCLは、業務執行の決定権限と監督権限のいずれをも取締役会に与えており、これらを委譲することを認めるDGCLと判例の立場の下で、その特性と実務上の要請に応じて個別の会社がその取締役会からこれらの権限を委譲し、その内部で業務執行の決定と監督の分離を図ることが可能とされている。

第2節　上場会社の経営者と監督者の義務と責任

第1款　分析の視点──個人の出捐を伴う責任

以下、本節では、前節で検討した取締役会による監督制度の下での上場会社の経営者と監督者の義務と責任を分析する。取締役会から執行役員や委員会への柔軟な権限委譲が認められている下で、監督権限の行使に係る義務違反とこれによる責任の有無を裁判所がどのように判断しているのかが特に問題になる。

1　経営者の責任──執行役員と取締役の共通点と相違点

「監督する取締役会」の下で、経営者は主にCEOを始めとする執行役員であり、執行役員の地位が分析の前提になるが[200]、DGCL142条は、原則として[201]、

---

[200]　全ての会社は、附属定款または取締役会決議で定められるようにその称号と義務を有する執行役員を有するものとされている（DGCL142条a項）。前掲注100）参照。

[201]　1967年改正DGCLは、会社の秘書役（secretary）が株主総会および取締役会の全ての手続を帳簿に記録し保管するものとするとともに、その者に割り当てられたその他の義務を履行するも

146　第2章　アメリカ法

執行役員の義務について特段の定めを置いていない[202]。この下で、デラウェア州最高裁判所は、2009年の *Gantler v. Stephens* 事件判決[203] において、「デラウェア州の会社の執行役員は、取締役と同様に、注意義務と忠実義務を負う」[204] とした上で、これらの信認義務は「取締役のそれと同じである」[205] と明示的に述べている。このため、デラウェア州で設立された会社の執行役員の信認義務違反の有無は、取締役と同じ信認義務に基づいて判断される[206]。もっとも、DGCL102条b項7号が規定する注意義務違反についての定款免責は原則として取締役に認められるため[207]、取締役でない執行役員の義務違反の有無を判断する際には、経営判断原則の推定による保護が覆されるかどうかが特に問題になる[208]。

のとした（同年改正 DGCL142 条 a 項）。56 Del. Laws ch. 50 (1967). デラウェア州ウェブサイト（http://delcode.delaware.gov/sessionlaws/ga124/chp050.shtml）参照。その後、1970 年改正が、〔秘書役ではなく〕執行役員のうち 1 名が、株主総会および取締役会の全ての手続を帳簿に記録し保管するものとした（同年改正 DGCL142 条 a 項）。57 Del. Laws ch. 649, § 2 (1970). デラウェア州ウェブサイト（http://delcode.delaware.gov/sessionlaws/ga125/chp649.shtml）参照。執行役員が負うこの義務が例外であるとの指摘がみられる。FOLK, *supra* note 103, at 71. *See* WELCH, SAUNDERS, LAND & VOSS, *supra* note 1, § 142.06 4-356.

[202]　執行役員の権限と義務は附属定款または取締役会決議によって定められ、一般的に当該附属定款は制定法もしくはコモン・ローの明確な目的または設立定款の規定と矛盾しない限り有効である〔と解されている〕との指摘がみられる。FOLK, *supra* note 103, at 71. *See* WELCH, SAUNDERS, LAND & VOSS, *supra* note 1, § 142.06 4-356.

[203]　Gantler v. Stephens, 965 A.2d 695 (Del. 2009).

[204]　*Id.* at 708-09.

[205]　*Id.* at 709.

[206]　*See* DREXLER, BLACK & SPARKS, *supra* note 1, at § 14.02. このため、後述本款 2 におけるものを含め、取締役の義務と義務違反に関する分析は、執行役員にも妥当する面がある。

[207]　前述本章第 1 節第 1 款第 3 項 3 参照。デラウェア州最高裁判所も、この点で、信認義務違反の結果が取締役と執行役員とで必ず同じになることを意味しないと併せて述べている。*Stephens*, 965 A.2d at 709 n.37.

[208]　なお、伝統的に、以下の指摘がされている。執行役員は、特別な地位を有する取締役と異なり、一般の従業員等と同様に、その会社の代理人と疑いなく解され得て、代理人の信認義務（the fiduciary duty of agents）に服するものと解されてきた。このため、多くの会社法上の信認原則が妥当するかどうかを決定するという目的にとって、〔執行役員と従業員等との〕区別は重要ではないとの指摘である。CLARK, *supra* note 1, at 114.

2 監督者の責任——BCK によるアメリカ法の分析

BCK によるアメリカ法の分析の概要は、以下の通りである。

(1) 訴訟件数と社外取締役個人の出捐

アメリカでは、社外取締役が株主や投資家から提訴された場合に正式事実審理（trial、以下たんに「審理」ということがある）を経て個人の出捐が生じた事案は、1980 年から 2005 年までの期間では 1 件しか見当たらない[209]。また、証券法上の義務違反、会社法上の義務違反または従業員退職所得保障法（Employee Retirement Income Security Act、以下「ERISA 法」という）[210] 上の義務違反を理由として社外取締役の責任が追及され、和解がされた事案のうち、和解金や防御費用の支払により社外取締役個人の出捐が生じた事案は、同じ期間で 12 件みられる[211]。

アメリカでは、対照的に、社外取締役に対する訴訟を含め、手続法が株主による訴訟〔の提起〕を可能としている[212]。具体的には、①派生訴訟とクラス・アクションが株主の集合行為問題を防いでいること、②民事訴訟において一般的に争訟費用の敗訴者負担制度がないため、原告は自らが仮に敗訴した場合に被告が要した争訟費用を負担することへの懸念がないこと、③派生訴訟と証券クラス・アクション（securities class action）[213] において、原告の弁護士費用が、

---

[209] Bernard Black, Brian Cheffins & Michael Klausner, *Outside Director Liability*, 58 STAN. L. REV. 1055, 1059-60, 1065 tbl.1 (2006) [hereinafter *Outside Director*]. 当該 1 件については、後掲注 327）および後述本節第 2 款第 2 項 3(1)参照。

[210] Pub. L. No. 93-406, 88 Stat. 829 (1974); 29 U.S.C. ch. 18 (2018).

[211] *Outside Director, supra* note 209, at 1068-69, 1070-71 tbl.2. 同箇所には、当該事案の一覧が掲げられている。

[212] Bernard S. Black, Brian R. Cheffins & Michael Klausner, *Outside Director Liability: A Policy Analysis*, 162 J. INSTITUTIONAL THEORETICAL ECON. 5, 9 (2006) [hereinafter *Policy Analysis*].

[213] （紹介者注）本書において、「証券クラス・アクション」とは、投資家が 1933 年証券法 11 条または 1934 年証券取引所法 10 条 b 項を根拠に証券の発行会社やその執行役員やその取締役の責任を追及するクラス・アクションを主として念頭に置いている。全般について、以下が参考になる。LOSS, SELIGMAN & PAREDES, *infra* note 455, at ch. 11 D.4.

148 第2章 アメリカ法

和解または審理後の判決に従って被告が支払う金員から典型的に払われること、である[214]。

このため、連邦裁判所において、1991年から2004年までに、年平均で230件強となる3,239件[215]の証券クラス・アクションが提起された[216]。社外取締役がどれだけの頻度で被告に含まれているかに関するデータは利用可能でないが[217]、社外取締役を被告とする訴訟が毎年多数提起されていると想定するのが合理的である[218]。

しかし、社外取締役が派生訴訟と証券クラス・アクションにおいてしばしば被告とされ、頻繁に和解の当事者となり、審理において責任があるとされる場合も時折みられるにもかかわらず、社外取締役個人の出捐を実際に伴う責任は極端に稀である[219]。これは、いくつかの保護の層（layers of protection）によるものであり、大部分の事案では、社外取締役個人の出捐を伴わない条件で和解

---

[214] *Policy Analysis, supra* note 212, at 9. 派生訴訟に関して、弁護士は被告会社における〔取締役の〕義務違反を受けて株主が訴訟提起の依頼に来るのをただ待つのではなく、潜在的な義務違反と原告を掘り起こす形で積極的に行動する。*Id.*

[215] 3,239件のうち、2004年末までに1,754件で和解した。*Id.* at 10.（紹介者注）*See Outside Director, supra* note 209, at 1068. その後、当該調査の最新版では、2008年から2015年までに決着した事案のうち過半数が和解による決着となっており、2016年から2017年については却下による決着が過半数となっている。STEFAN BOETTRICH & SVETLANA STARYKH (NERA ECONOMIC CONSULTING), RECENT TRENDS IN SECURITIES CLASS ACTION LITIGATION: 2017 FULL-YEAR REVIEW 22 fig.17 (2018), http://www.nera.com/content/dam/nera/publications/2018/PUB_Year_End_Trends_Report_0118_final.pdf. なお、このように2016年から却下による決着の割合が高まっている背景として、これまで州裁判所に提起されていた合併に反対する類型の訴訟が、州裁判所における判例（*e.g., In re* Trulia, Inc. Stockholder Litig., 129 A.3d 884 (Del. Ch. 2016)）の登場により、連邦裁判所に提起されるようになったことが指摘されている。BOETTRICH & STARYKH, *supra*, at 4-6. 後述本節第3款第3項2参照。

[216] *Policy Analysis, supra* note 212, at 9.（紹介者注）デラウェア州衡平法裁判所には、1999年から2000年までに会社の取締役の信認義務違反を理由とする訴訟が1,003件提起されたとの分析がある。Robert B. Thompson & Randall S. Thomas, *The New Look of Shareholder Litigation: Acquisition-Oriented Class Actions*, 57 VAND. L. REV. 133, 167 tbl.1B (2004). *See Policy Analysis, supra* note 212, at 9.

[217] 証券クラス・アクションでは一般に会社と経営者が被告となり、信認義務違反による責任を追及する訴訟では経営者と社外取締役のいずれもが被告になり得る。*Policy Analysis, supra* note 212, at 9.

[218] *Id.*

[219] *Id.* at 9-10.

第2節　上場会社の経営者と監督者の義務と責任　**149**

がされ、損害賠償金であれ争訟費用であれ、あらゆる支払が会社、保険会社または これら両者が賄うためである[220]。

これらの訴訟では判決に至る事案は数えられるほどである[221]。①証券クラス・アクションでは、会社、その執行役員、またはその取締役の少なくともいずれかを被告とする損害賠償請求訴訟で判決に至ったものは 1980 年以降で約 20 件のみであることが分かった[222]。社外取締役はこれらのうち一部でのみ被告となっており、1 件でのみ敗訴したが、当該 1 件でも社外取締役個人の出捐にはつながらなかった[223]。また、②社外取締役の信認義務違反を主張する会社法上の訴訟で審理に至ったものは同時期に同様の件数だけみられ、うち 4 件で原告が勝訴判決を得て、1 件[224] でのみ社外取締役が個人で出捐した[225]。最後に、③公的エンフォースメント訴訟手続 (public enforcement proceedings) でも、社外取締役個人の出捐が 1 件みられた[226]。

(2)　保護の層

社外取締役個人の出捐が少ないのは、社外取締役に対するいくつかの保護の層によるものである[227]。

第 1 の層は、責任法制である[228]。取締役の責任に係る会社法上の法的基準は、自己取引を行ったかまたは意識的にその義務を無視したということがない限り、社外取締役を基本的に責任にさらさないとするものであり、流通市場における

---

[220]　*Id.* at 10.

[221]　*Id.*

[222]　*Id.*

[223]　*Id.* 証券法上の訴訟については、社外取締役個人の出捐を伴う和解が 4 件みられており、これらは、①WorldCom 事件、②Enron 事件、③非公表の事件（会社が倒産し、4 名の社外取締役が各 50 万ドルを支払ったもの）、④小規模な会社で、その社外取締役に対する D&O 保険による保護が不十分であった事案、である。*Id.*

[224]　この 1 件は、*Smith v. Van Gorkom* 事件〔後述本節第 2 款第 2 項 3(1)参照〕である。*Id.*

[225]　*Id.*

[226]　取締役会の承認なしに 2,000 万ドルの報酬を得た Tyco International 社の社外取締役 1 名に対し、SEC と検察官が民事訴訟と刑事訴訟を提起した事案である。*Id.* at 11.

[227]　*Id.*

[228]　*Id.*

150 第2章 アメリカ法

取引損失に係る証券法上の責任についても、〔開示書類の〕真実性について少な
くとも高度の無謀（a high degree of recklessness）[229] がない限り、取締役は一般
に責任があるとされないであろう[230]。対照的に、証券の公募との関係で会社が
開示書類を発行する場合、社外取締役は単純な過失基準に服する。証券法上の
訴訟に関して社外取締役が個人で出捐した4件の和解[231] のうち3件は、公募書
類の不実開示が主張される中で生じたものである[232]。

　第2の層は、会社補償である[233]。州会社法は、取締役が自己取引を行ったか
または故意にその監視義務を無視したのでない限り、損害賠償金と争訟費用を
会社が取締役に対して補償することを認めている。典型的には、法が許容する
最高限度で補償する内容で会社が取締役との間で補償契約を締結している。こ
の結果、社外取締役が責任に直面する場合——多くは公募書類の不実開示から
生じた訴訟において——、会社の補償義務が一般的に保護を提供するであろう。
社外取締役が個人で出捐する危険は、会社が倒産し、補償することができない
場合である[234]。

　最後に、〔第3の層として、〕D&O保険がある[235]。州法は、取締役のために
会社がD&O保険を購入することを明示的に認めており、アメリカの実質的に
全ての公開会社がD&O保険を購入している。塡補されない責任や塡補責任限
度額は保険契約で定められ、典型的には〔取締役等の〕故意の詐欺（deliberate
fraud）や自己取引を〔免責事由として〕除外し、塡補責任限度額が設けられて
いる[236]。

---

[229]　（紹介者注）"recklessness"は、一般に「未必の故意ないし認識ある過失」（田中編集代表・前
掲注126）702頁）や「無謀」（同箇所）等と解されている。

[230]　*Policy Analysis, supra* note 212, at 11.

[231]　*Id.* at 10.　（紹介者注）前掲注223）参照。

[232]　*Id.* at 11.

[233]　*Id.* at 11-12.

[234]　*Id.*

[235]　*Id.* at 12.

[236]　*Id.* 以上から、アメリカの上場会社で社外取締役が個人の出捐を伴う責任にさらされる主な
場面は、以下の3つとなる。①D&O保険と会社補償のいずれによっても保護されない行為（故
意の詐欺を行ったまたは会社から個人の利得を得た場合）、②D&O保険によって保護されるが、
会社補償の対象にはならない行為（故意にその監視義務を無視する場合、会社補償の対象になら

①会社が十分な〔保護を提供する〕D&O 保険を購入しているか、または、倒産していないため会社補償を行える場合、社外取締役には、自己取引または故意の違法行為（knowing misconduct）を行った場合にのみ、個人の出捐を伴う責任が生じるであろう[237]。また、②仮に会社が倒産している場合であっても、D&O 保険による保護が十分であれば、社外取締役個人の出捐を伴う責任は生じにくい[238]。〔発行市場における〕公募に係る開示を監視する際に社外取締役に過失による義務違反があり、会社が倒産し、かつ、D&O 保険の填補責任限度額も不十分である場合が、社外取締役個人の出捐を伴う責任が生じ得る稀な場合である[239]。

(3) 和解に向けた当事者の誘因

アメリカの上場会社の社外取締役にとって、和解への原動力が責任にさらされる危険をさらに狭めている[240]。会社の経営者は、審理——事業の妨げとなり、会社の評判を脅かし、経営者自身および社外取締役の個人資産に危険がある——に利益がない。このため、経営者は会社や保険会社による支払を原資に魅力

ないため、賠償責任額と争訟費用が填補責任限度額を上回る限りで個人の出捐を伴う責任にさらされるであろう）、③会社が倒産し、D&O 保険による保護も不十分である場合（会社が倒産しているため会社補償が機能せず、D&O 保険による保護も不十分である場合として、社外取締役が、a) 会社法上の義務を意識的に無視した場合、b) 証券法上の継続開示義務を遵守する際の重大な無謀がある場合、または、c) 公募に係る開示を監視する際に過失がある場合）、である。この中で、実務上、最後の類型（③c）——〔発行市場における〕公募に係る不実開示に対する責任——が唯一の最も重要なリスクの源である。*Id.*

[237] 仮に社外取締役の行為が不誠実（a lack of good faith）——自己取引またはその監視義務の意識的な無視——であるとされれば、社外取締役は費用の補償と定款免責による保護のいずれをも失うであろう。にもかかわらず、その監視義務違反が誠実基準を満たさないほど著しい取締役であっても、保険契約が定める限度まで D&O 保険によって保護され得る。D&O 保険契約は、故意の詐欺や違法な利益を得た場合を填補責任の範囲から除外しているが、これらは誠実義務概念の意識的な無視よりも認められにくいものである。したがって、責任と費用の補償という目的にとって誠実でないとされる取締役であっても、その損害賠償金と費用は D&O 保険によって填補され得る。*Outside Director, supra* note 209, at 1094.

[238] *Policy Analysis, supra* note 212, at 12.

[239] *Id.*

[240] *Id.*

152 第2章 アメリカ法

的な和解を原告に対して提案する傾向がある。社外取締役も、審理に進む危険を冒すよりも和解するという同様の誘因を有する。D&O 保険の保険会社もまた、これらの和解に同意する。被告が和解することを望む場合に事案を審理に進ませる場合の評判の悪化および和解に同意しないことが保険会社にとって危険を生じさせるところの法的ルールを含む様々な理由から、保険会社も事案を審理に進ませる力が典型的に乏しい[241]。

　原告にとっても、審理は都合が悪い[242]。これは、①敗訴する可能性があり、また、②仮に被告の行為が故意の詐欺や自己取引であるとされれば、保険会社の免責事由になるとともに、会社補償も行えないことになるであろうためである。原告は、これら〔会社と保険会社という〕「資力のある者」（"deep pockets"）へのアクセスを失うという危険を冒すより、審理前に和解することを一般的に好むであろう。この結果、会社や保険会社が全ての賠償金額を支払うという条件に基づいて型どおりの和解がされることになる[243]。

(4)「完全な嵐」

　しかし、この和解への原動力は、必ず生じるものではない[244]。〔発行市場における〕公募に係る不実開示に対する責任が社外取締役にとって最も重要なリスクの源であり、原告は、「完全な嵐」（"a Perfect Storm"）と呼ぶべき場面において、審理に進み、社外取締役個人からその者を破産させることになるかもしれない損害賠償金を回収するおそれが確かにある。これに対応して、社外取締

---

[241] *Id.* at 12-13.

[242] *Id.* at 13.

[243] *Id.* （紹介者注）クラス・アクション一般におけるアメリカの弁護士の戦略について、浅香吉幹「アメリカ弁護士のクラス・アクション戦略」東京大学法科大学院ローレビュー3 巻 135 頁以下（2008 年）参照。本文におけるような和解は、取締役に限らず、弁護士や医師等の受認者に共通して観察されるとの指摘がみられる。TAMAR FRANKEL, FIDUCIARY LAW 182-83 (2011). 訳書として、タマール・フランケル（溜箭将之監訳、三菱 UFJ 信託銀行 Fiduciary Law 研究会訳）『フィデューシャリー――「託される人」の法理論』184 頁〜185 頁（弘文堂、2014 年）がみられている。

[244] *Policy Analysis, supra* note 212, at 13.

役は仮に審理で敗訴した場合に支払うと予想されるところよりも少額を個人で出捐して和解することを望むであろう[245]。

「完全な嵐」の要素は、①会社が倒産しており、かつ、利用可能な D&O 保険の填補責任限度額が、審理に進んだ場合に得られると予想される額の現在価値についての原告代表者の見積もりよりも少ないこと、②社外取締役に対する原告の主張が、証券の公募における開示に基づく主張か、または、公募以外の開示に基づく非常に強力な主張を含んでいること、および、③損害賠償金が回復されるほど 1 名以上の取締役に十分な資力があること、である[246]。仮に「完全な嵐」でない場合には、D&O 保険から十分に賄われる合理的な和解を拒否する備えのある原告（もしかすると他の上場会社の取締役に「メッセージを送る」ために）だけが、審理に進み、社外取締役にこの形で出捐させることができるであろう。個人の出捐を伴う責任の事例が少数であることが示しているように、「完全な嵐」および期待される損害の回復を喜んで犠牲にする原告は稀である[247]。

(5) 和解の状況

証券法上の義務違反、会社法上の義務違反または ERISA 法上の義務違反を理由として社外取締役の責任が追及され、和解がされた事案は、1980 年以降〔2005年まで〕で 12 件みられる[248]。当該 12 件は、一般に知られている 3 件（*WorldCom* 事件[249]、*Enron* 事件[250] および *Tyco International* 事件[251]）および BCK が明らかにした 9 件である[252]。

---

[245]　*Id.*

[246]　*Id.*

[247]　*Id.*

[248]　*Outside Director, supra* note 209, at 1068.（紹介者注）前掲注 211）およびこれに対応する本文を参照。

[249]　（紹介者注）前掲注 223）参照。

[250]　（紹介者注）前掲注 223）参照。

[251]　（紹介者注）前掲注 226）参照。

[252]　*Outside Director, supra* note 209, at 1068.（紹介者注）なお、BCK は、1968 年から 1979 年までに社外取締役が個人で出捐した可能性のある事案もみられたとし、この期間においては、証券法

154 第2章 アメリカ法

　当該9件の和解の中で、支払われた金額が最も大きい事案は、2000年代初頭に決着した証券クラス・アクションであり、会社を倒産させた会計不正に係る深刻な監視義務違反〔の主張〕を含むものであった[253]。会社が倒産する下で、主張された損害賠償金額より D&O 保険の塡補責任限度額が低く、保険会社が詐欺（application fraud）を主張し、取締役数名がそれぞれ約 50 万ドル前後（mid-six-figure amount）の和解金を支払ったという非公開の事案である[254]。

　監視義務違反が問題となった別の非公開の事案も、会社が倒産し、D&O 保険による保護に深刻な問題があったものである[255]。*Baldwin-United* 社[256] および *Ramtek* 社[257] は、D&O 保険を全く購入していなかった[258]。*Fuqua Industries* 社の事案は取締役にとって不運なものであり、D&O 保険が購入されていたものの、当該保険を提供していた保険会社が倒産したものである[259]。これは、会

上の訴訟が未発達であり、D&O 保険による保護もおよそ包括的なものではなかったことを指摘している。*Id.* at n.41.

[253]　*Id.* at 1069.

[254]　*Id.* （紹介者注）当該事案において保険会社が詐欺を主張した背景として、仮に事案が審理に進んだ場合、保険会社が支払いたいと考える保険金の最大額では足りなくなるであろうことが指摘されている。*Id.*

[255]　*Id.*

[256]　Baldwin-United 社は、D&O 保険を販売する保険会社であったが、自社は D&O 保険を購入していなかった。この結果、証券法上の訴訟に対する争訟費用を取締役が負担したが、和解費用は支払われていないようである。*Id.* at 1070. *See In re* Baldwin-United Corp., 43 B.R. 443 (S.D. Ohio 1984).

[257]　Ramtek 社は、コンピュータ・グラフィックスの先駆者であった。1980 年代当時、いわゆるシリコン・バレーの公開会社が D&O 保険を購入しないことは合理的に一般的であった。これは、D&O 保険を購入していない会社は訴訟を提起されにくいとの期待による。しかし、当時の状況に詳しい原告の弁護士によれば、会社が D&O 保険を購入しているかどうかは、提訴するまで知るすべがなかったようである。Ramtek 社では、監査委員会のメンバーであった 2 名の社外取締役が合計で 30 万ドルの和解金と、これに加えて争訟費用も支払ったようである。*Outside Director*, *supra* note 209, at 1069-70. *See In re* Ramtek Sec. Litig., No. C 88-20195 RPA, 1991 WL 56067 (N.D. Cal. Feb. 4, 1991).

[258]　*Outside Director*, *supra* note 209, at 1069.

[259]　*Id.* at 1071.

社とその関連会社との間の取引を承認したことに取締役の忠実義務違反がある
と主張された事案である[260]。

3 分析の視点

以上が、BCK によるアメリカ法の分析の概要である。以上を踏まえると、社
外取締役が個人の出捐を伴う責任を負うことは稀であるという状況について、
「保護の層」と表現されている責任法制、会社補償および D&O 保険に係る法
制度の歴史的な形成とその背景をより具体的に分析するとともに、経営者と監
督者の共通点と相違点を明確にすることが有益であると考えられる。その際、
責任法制については、「完全な嵐」と表現されている不実開示の場面や、会社法
上の義務違反の場面における裁判所の判断枠組みが特に問題になる[261]。

以下、本節では、経営者と監督者の責任法制について、対会社責任と、不実
開示の場面を例とした対第三者責任を順に検討する。

第2款　会社に対する責任

第1項　検討の対象

(1) BCK の指摘

取締役の対会社責任に関する BCK の指摘は、以下の通りである。

不実開示の場面以外に社外取締役が例外的に個人の出捐を伴う責任を負う可
能性がある場面が、州会社法上の信認義務違反が問題となる場面であるが、そ
の可能性は低い[262]。これは、①デラウェア州で設立された実質的に全ての上場

---

[260] *Id.* これは派生訴訟であり、Fuqua 社は損害賠償金について会社補償を行えなかった。〔当該
取引から〕直接に利益を得た経営者は全額を支払うことができず、この結果、同社の社外取締役
が非公開の和解金の支払を行ったものである。自己取引の取締役会の承認は、社外取締役が直接
に利益を得ない場合でも社外取締役に危険をもたらすことを示している。*Id.* at 1071-72.

[261] BCK の分析は主に 1980 年から 2005 年の期間を対象としているため、その前後における裁判
所の判断についても検討することが有益である。

[262] *Outside Director, supra* note 209, at 1089-95.

156　第2章　アメリカ法

会社が、DGCL102 条 b 項 7 号によって認められた定款免責規定を有している
ためである[263]。また、②派生訴訟に係るルールが追加的な保護を確立しており、
原告は、会社がその取締役を提訴するよう当該会社の取締役会に対して請求す
るか、または、当該請求を行うことが無益（futile）であると裁判所に対して主
張しなければならない[264]。仮に原告がこれらのいずれかの要件を満たした場合
でも、会社は、当該事案のあらゆる段階において、当該事案の却下を会社が主
張すべきであるかどうかを考慮するための独立取締役から構成される特別訴訟
委員会（special litigation committee）を設置することができる[265]。さらに、③実
質的に全ての会社が、法が許容する最高限度で補償する内容で社外取締役に対
する補償を義務化している[266]。

(2) 原告が直面する困難

BCK は、併せて以下の通り指摘している。

定款免責の下で、その注意義務違反を理由とする社外取締役に対する損害賠
償請求訴訟は、当該被告が故意に違法行為を行ったか、または誠実に行為しな
かったことを示す事実を原告が主張しない限り、裁判所によって却下される[267]。
デラウェア州衡平法裁判所は、*Disney* 事件判決[268] において、監視の失敗は、仮
に取締役の行為が義務の意識的な無視を反映する場合には誠実義務違反の基準
を満たすとした[269]。原告は、この基準を満たす特定の事実を訴答（plead）し
なければならない[270]。

---

[263]　*Id.* at 1090.（紹介者注）前述本章第 1 節第 1 款第 3 項 3 参照。定款免責の下で、取締役の信
認義務違反による責任は、注意義務違反以外の忠実義務（duty of loyalty）違反あるいは誠実義務
（duty of good faith）違反としてのみ問題となり得る。

[264]　*Id.* at 1091-92.

[265]　*Id.* at 1092.（紹介者注）後述本款第 2 項 1(3)参照。

[266]　*Id.* at 1093.

[267]　*Id.* at 1090-91.

[268]　後掲注 302）および後述本款第 2 項 2(2)参照。

[269]　*Outside Director, supra* note 209, at 1091.　（紹介者注）*See In re* Walt Disney Co. Derivative Litig.,
907 A.2d 693, 750 (Del. Ch. 2005).

[270]　*Outside Director, supra* note 209, at 1091.

仮に原告の主張が却下の申立て（motion to dismiss）を乗り越えた場合でも、損害賠償を請求する原告は審理においてなお主張立証を行う必要がある[271]。ここで原告は経営判断原則に基づく推定を覆す必要があり、仮に原告がこれに成功した場合でも、取締役会は自らが誠実に行為したことを立証すれば定款免責規定の保護を受けることができる[272]。同事件で原告の主張が認められなかったことは、原告が直面する〔これらの立証の〕困難を示している[273]。

(3) 検討の対象

BCK の以上の指摘を踏まえ、本款では、監視義務違反によるものを含む取締役の対会社責任について、誠実義務違反を含む会社法上の信認義務違反が問題となる場面を検討する[274]。その際、BCK の分析対象期間外となる 1979 年以前と 2006 年以降の状況も検討する。

第2項　裁判所の判断の展開

1　序──前提となる法規範と判断枠組みの形成

(1) 早期の判例

取締役の監視義務違反に関する早期の判断として、連邦最高裁判所による 1891 年の *Briggs v. Spaulding* 事件判決[275] が挙げられる。その業務が頭取（president）と支配人（cashier）に任されていた銀行において、取締役会が年次および配当を決定する際以外には臨時に開催されるのみである下で経営の誤りによる損失が生じたことから取締役の義務違反による責任が争われ[276]、当該判決は、取締役に就任後 90 日以内に当該銀行の帳簿と経営状態の完全な調査を取

---

[271]　*Id.*

[272]　*Id.*

[273]　*Id.*

[274]　裁判所の判断や学説において、「監視義務」概念については、"duty to monitor"、"duty of attentiveness"、"duty of oversight"といった異なる表現がみられる。

[275]　Briggs v. Spaulding, 141 U.S. 132 (1891).

[276]　*Id.* at 159-60.

158 第2章 アメリカ法

締役会に行わせなかったとしても過失による責任を負わないとして当該取締役
の責任を否定している[277]。

その後、デラウェア州衡平法裁判所の判断の中に、取締役の責任を認めた判
決もみられている[278]。

(2) デラウェア州衡平法裁判所規則 23.1 条

デラウェア州で設立された会社の派生訴訟については、DGCL327 条がこれ
を規定しており、1967 年改正後、現在までに 1998 年改正が同条の字句修正を
行ったのみであり[279]、その実質的内容は不変である。同条の下で、デラウェア
州衡平法裁判所規則23.1 条がその原告適格や訴訟提起の手続等を具体的に規定
している[280]。

取締役の信認義務違反は、派生訴訟と直接訴訟（direct suits）によって追及さ
れているところ[281]、派生訴訟を提起する株主は、その請求の〔根拠となる被告
取締役等の〕行為（transaction）の時点で株主であるかまたはその株式が法の作
用によって事後に自身に譲渡されたものである必要があり（DGCL327 条）[282]、
かつ、その原告適格を維持するために当該派生訴訟の係属中に継続して株主で

---

[277] *Id.* at 163-66.

[278] Luts v. Boas, 171 A.2d 381 (Del. Ch. 1961). これは、1940 年投資会社法（Investment Company Act
of 1940）に基づいて登録されたデラウェア州の投資信託会社の株主が派生訴訟を提起した事案で
あり、当該裁判所は、同法上の「社外」（non-affiliated）という地位はその義務を軽減するもので
はなく、同法上のいわゆる社外取締役（non-affiliated directors）にはデラウェア州で設立された会
社の取締役一般と同じ責任（responsibility）があるとした上で、当該社外取締役による平均的な監
視（an average attention to duty）でさえも当該投資信託会社による違法な出捐を明らかにしていた
であろうとして、当該いわゆる社外取締役に重過失（gross negligence）を認め、各自連帯して不
法行為責任を負う（jointly and severally liable）としている（Seitz 裁判官）。*Id.* at 395-96.

[279] 71 Del. Laws, ch 339, § 73 (1998). デラウェア州ウェブサイト
（http://delcode.delaware.gov/sessionlaws/ga139/chp339.shtml）参照。

[280] Del. Ch. Ct. R. 23.1 (2018).

[281] 両者の区別については、以下の判例がある。Tooley v. Donaldson, Lufkin & Jenrette, Inc., 845 A.2d
1031 (Del. 2004). 後掲注449）参照。なお、買収（acquisition）の場面では、派生訴訟よりも直接
訴訟が多いとの分析がみられる。Thompson & Thomas, *supra* note 216, at 169 tbl.2.

[282] *See* Del. Ch. Ct. R. 23.1(a) (2018); WELCH, SAUNDERS, LAND & VOSS, *supra* note 1, § 327.03 13-78 to
-84.

ある必要があると解されている[283]。また、派生訴訟の提起には、会社の取締役会に対してその取締役を提訴すべきであるという請求を事前に行う必要があると解されている[284]。この求めを受けた取締役会は、その誠実な判断の行使として会社の利益になると考えることが適切である場合には、当該請求に応答しないこともできると解されている[285]。訴訟費用の負担については、衡平法裁判所がこれを決定すると解されている[286]。派生訴訟における和解は、裁判所の承認の下でされるものとされている[287]。

(3) 派生訴訟の終結の在り方

デラウェア州最高裁判所は、1981 年の *Zapata Corp. v. Maldonado* 事件判決[288]において、「二段階テスト」(two-step test) を示し[289]、派生訴訟で訴訟却下の申

---

[283] Lewis v. Anderson, 477 A.2d 1040, 1049 (Del. 1984). *See* WELCH, SAUNDERS, LAND & VOSS, *supra* note 1, § 327.03 13-84 to -87.

[284] 後掲注 292）参照。*See* WELCH, SAUNDERS, LAND & VOSS, *supra* note 1, § 327.04 13-102 to -103.

[285] デラウェア州最高裁判所は、1993 年に、当該請求に応答する際の取締役会の職務は、①取締役会は主張された権利侵害 (wrongdoing) に関係する事実およびその対価 (considerations) を知るための最善の方法を決定しなければならないこと、また、②取締役会は、内部の是正訴訟 (internal corrective action) を実行し法的手続を進めることの適否を含む利用可能な他の手段を比較考察しなければならないこと、という 2 段階の過程であると述べている。Rales v. Blasband, 634 A.2d 927, 935 (Del. 1993). *See* WELCH, SAUNDERS, LAND & VOSS, *supra* note 1, § 327.04 13-162 to -163.

[286] Tandycrafts, Inc. v. Initio Partners, 562 A.2d 1162, 1164 (Del. 1989). *See* WELCH, SAUNDERS, LAND & VOSS, *supra* note 1, § 327.10 13-212.5 to -212.6.

[287] Del. Ch. Ct. R. 23.1(c) (2018). このため、派生訴訟における和解では、当事者が提案した和解が合理的で公平であるかどうかをデラウェア州衡平法裁判所が決定している。*See* Polk v. Good, 507 A.2d 531 (Del. 1986). *See* WELCH, SAUNDERS, LAND & VOSS, *supra* note 1, § 327.09 13-199 to -201.

[288] Zapata Corp. v. Maldonado, 430 A.2d 779 (Del. 1981). 前述本章第 1 節第 2 款第 3 項 1(1)参照。本件は、会社 (Zapata 社) の株主が、当該会社の 10 名の執行役員や取締役の信認義務違反による責任を追及する派生訴訟を提起した事案であるが、当該株主が当該会社の取締役会に対し、当該会社が当該 10 名の責任を追及することの提訴請求を行わなかったものである。*Id.* at 780.

[289] 430 A.2d at 788-89. 具体的には、以下の通り述べている。
第 1 に、裁判所は、〔特別訴訟〕委員会の独立性と誠実性 (good faith) およびその〔当該委員会の〕結論を支持する根拠を調査すべきである。当該調査を行うために、限定された開示手続 (discovery) が命令され得る。〔当該委員会の〕独立性、誠実性および合理性を推定するのではなく、会社が、〔当該委員会の〕独立性、誠実性および合理的な調査を立証する責任を負うべきである〔この点については、以下が踏まえられている。Auerbach v. Bennett, 393 N.E.2d 994 (N.Y.

160　第 2 章　アメリカ法

立てを裁判所が認める際の条件と特別訴訟委員会の役割を明確にした[290]。また、
1984 年の *Aronson v. Lewis* 事件判決[291]も、派生訴訟が本案で審理されるまでの
要件とその下での特別訴訟委員会の役割を明確にしている[292]。

2　決定が問題となる場面①——経営判断原則による保護

以下、日本法の分析と同様に、裁判所の判断を、①決定が問題となる場面、
②他の取締役の行為が問題となる場面、③従業員等の行為が問題となる場面、

1979).〕。430 A.2d at 788.……仮に、当該委員会が独立しており、かつ、誠実な認定と推奨への合
理的な基礎を示していると〔デラウェア州衡平法裁判所〕規則 56 条の基準に基づいて裁判所が
満足する場合、裁判所はその裁量において、〔当該事案を〕次の段階に進めることができる。*Id.* at
789.
　第 2 の段階は、派生訴訟において表現される適法な会社の請求と独立した調査委員会によって
表現される会社の最善の利益との間の均衡に至る際の本質的な鍵を提供するものであると信じ
る。裁判所は、自身の独立した経営判断を適用し、〔訴訟却下の〕申立てが認められるかどうか
を決定すべきである。……衡平法裁判所は、〔それが〕適切である場合、会社の最善の利益に加
え、法と公序に対する特別の考慮を行うべきである。*Id.*
　仮に裁判所の独立した経営判断が満足される場合、裁判所は、裁判所が必要であるまたは望ま
しいと認めるあらゆる衡平法上の条件に従って、〔訴訟却下の〕申立てを認めることができる。*Id.*
[290]　本判決は、仮に特別訴訟委員会が訴訟却下を推奨した場合、当該委員会が独立しており、訴
訟却下の推奨という結論に至った判断過程が理にかなって熟慮されたものであると裁判所が認
める限り、裁判所は自らの審査を最小限にとどめ〔、当該委員会の判断に従って訴訟を却下す〕
る立場と解されている。*Outside Director, supra* note 209, at 1092. もっとも、独立訴訟委員会の判断
が常に尊重されるわけではなく、デラウェア州衡平法裁判所は、当該派生訴訟が終結されるべき
かどうかに関する自らの独立した裁量を最終的に行使することが可能であるとしている。*Zapata,*
430 A.2d at 788. すなわち、当該裁判所は、同委員会が、「特定の訴訟が維持されるべきかどうか
に関する最終の実質的な判断には、多くの〔考慮〕要素——法的要素だけでなく、倫理的、商事
的、促進的および公的関係、従業員関係、財政的要素——の均衡が必要になる。」(Maldonado v.
Flynn, 485 F. Supp. 274, 285 (S.D.N.Y. 1980)) ということを認めつつ、これらも衡平法裁判所の判断
が及ばないものではないとしている。*Zapata,* 430 A.2d at 788.
[291]　後述本項 2(1)参照。
[292]　その後、デラウェア州最高裁判所は、デラウェア州衡平法裁判所規則 23.1 条の下で、派生訴
訟を提起する株主は、①会社の取締役会が提訴請求を不当に拒否したか、または、②当該請求を
行わなかったことがなぜ正当化されるかを特に主張しなければならないとしている。Grimes v.
Donald, 673 A.2d 1207, 1216 (Del. 1996).

という3類型に区分し、執行役員と取締役の会社に対する義務と責任を当該事案における会社内部の権限分配を踏まえて分析する。

アメリカでは、経営判断原則を定義する試みが ALI 原理[293]において結実したが[294]、これは法的拘束力を有するものではない。DGCL は同原則を明示的に規定しておらず、判例が同原則を明確にしている[295]。まず、同原則による保護が認められた判例を分析する[296]。

---

[293]　前掲注 145）参照。

[294]　「誠実に（in good faith）経営判断を行う取締役又は執行役員は、仮に当該取締役又は執行役員が——

(1)　当該経営判断の対象に利害関係（1.23 条）がなく、

(2)　当該取締役又は執行役員が当該状況の下で適切であると合理的に信じる程度まで当該経営判断の対象に関して情報を得ており、かつ

(3)　当該経営判断が会社の最善の利益になると合理的に信じている

場合には、本条に基づく義務を履行するものとする。」（4.01 条 c 項）。

[295]　デラウェア州で設立された会社の取締役会は、その経営上の決定権限を DGCL141 条 a 項から与えられており、経営判断原則は、特定の状況の下で取締役会の決定の妥当性を推定する司法によって創出されたものであると解されている。*Zapata*, 430 A.2d at 782.

[296]　1984 年前の裁判例における同原則の展開について、神崎克郎「米国における経営判断の原則の展開」林還暦『現代私法学の課題と展望（中）』255 頁以下（有斐閣、1982 年）、戸塚登「経営判断の法則（一～二・完）」阪大法学 126 号 1 頁以下、127 号 1 頁以下（1983 年）、近藤光男「アメリカにおける経営判断の法則の適用限界」神戸法学雑誌 32 巻 4 号 747 頁以下（1983 年）、川浜昇「米国における経営判断原則の検討（一～二・完）」法学論叢 114 巻 2 号 79 頁以下（1983 年）、114 巻 5 号 36 頁以下（1984 年）参照。

経営判断原則の適用に際して、その要件の 1 つとして「決定がなされていなければならない」とする理解がみられる（例えばメルビン・A・アイゼンバーグ「アメリカ会社法における注意義務」同志社大学日本会社法制研究センター編・前掲注 83）187 頁以下、197 頁〔初出は松尾健一訳・商事法務 1713 号 4 頁以下、5 頁〔2004 年〕〕、神崎・前掲注 145）162 頁）。

162　第2章　アメリカ法

(1) *Aronson v. Lewis* 事件判決(1984 年)[297]

デラウェア州最高裁判所による 1984 年の *Aronson v. Lewis* 事件判決は、会社とその取締役との間における雇用契約（employment agreement）の締結および当該会社による無利子での貸付が当該会社の取締役会で承認されたことに違法があるとして派生訴訟が提起されたという事案[298] において、派生訴訟の提起に係る取締役会に対する提訴請求の無益性（demand futility）について、これを経営判断原則の観点から判断した[299]。

　その上で、同原則とは、「経営判断を行う際に会社の取締役が十分な情報に基づいて、誠実にかつ当該行為が会社の最善の利益になると偽りのない信頼において行為したとする推定」[300] であるとした。また、その適用においては、①その保護が利害関係のない取締役によってのみ主張され得ること、②同原則の保護を受けるために、取締役には経営判断を行う前に合理的に利用可能な全ての重要な情報を得る義務があること、という 2 つの一般的な原則があるとした[301]。

---

[297]　Aronson v. Lewis, 473 A.2d 805 (Del. 1984). 評釈として、伊勢田道仁「代表訴訟提起の事前請求が免除される場合と経営判断原則」岸田雅雄＝近藤光男＝黒沼悦郎編著『アメリカ商事判例研究』26 頁以下（商事法務研究会、2001 年）（初出は商事法務 1211 号 27 頁以下〔1990 年〕）がある。

　　　以下が、同事件前における裁判所の立場を示している。Bodell v. Gen. Gas & Elec. Corp., 140 A. 264 (Del. 1927); Sinclair Oil Corp. v. Levien, 280 A.2d 717 (Del. 1971). 同事件後では、以下が挙げられる。Unocal Corp. v. Mesa Petroleum Co., 493 A.2d 946 (Del. 1985). 評釈等として、近藤光男「差別的自己株式の買付とその防衛策」岸田＝近藤＝黒沼編著・前掲本注) 155 頁以下、白井・後掲注 343) 370 頁〜371 頁参照。

[298]　473 A.2d at 808-09.

[299]　*Id.* at 812-15.

[300]　*Id.* at 812. 本判決は、経営判断原則とその制約を包括的に再述した点で重要であるとの指摘がみられる。Donald E. Pease, *Aronson v. Lewis: When Demand is Excused and Delaware's Business Judgment Rule*, 9 DEL. J. CORP. L. 39, 80 (1984). 本判決は近年でも参照されている。*E.g.*, *Stephens*, 965 A.2d at 705-06 n.24. 前掲注 203) およびこれに対応する本文を参照。

[301]　473 A.2d at 812-13. 本判決は、結論として、提訴請求が無益であると認められ得るために、経営判断原則の推定を否定する合理的な疑いがあることを示す事実を特定性を伴って原告が主張する必要があるが、原告はこれに成功していないとして、訴訟却下の申立てを否定した原審の判断を破棄し、事案を原審に差し戻した。*Id.* at 818. 本判決は、会社の取締役会の地位を結果として強め、その支持なしに多くの派生訴訟が提起されることを非現実的なものにしたとの評釈がみられる。Case Comment, *Shareholder Seeking to Excuse Demand as Futile Must Overcome the Protection of the Business Judgment Rule*, 63 WASH. U. L.Q. 167, 173 (1985).

第2節　上場会社の経営者と監督者の義務と責任　163

本判決は、本案前の訴訟却下が問題となる場面で同原則による保護を認めたものである。

(2) *In re Walt Disney Co. Derivative Litigation* 事件判決（2006年）[302]

本判決は、決定が問題となる場面で経営判断原則による保護を認めた代表的な事案である。本件に関連する別の訴訟が提起され、本判決前に、①デラウェア州衡平法裁判所が1998年に[303]、②デラウェア州最高裁判所が2000年に[304]、③デラウェア州衡平法裁判所が2003年に[305]、④同裁判所が2004年に[306]、それぞれ判断を示している。

［事実］　会社（The Walt Disney Co.）が、その取締役会議長かつCEO（以下「Eisner氏」という）の友人（以下「Ovitz氏」という）との間で、Ovitz氏を1995年10月1日から社長（president）とする雇用契約を締結した[307]。当該契約の締結には、当該会社の報酬委員会と取締役会のいずれの承認をも要するとされていた[308]。同年9月26日に開催された報酬委員会は、1時間の会議で別

その後、デラウェア州最高裁判所は、行為するまたは行為しないということの取締役会による意識的な決定が存在しない場合には、経営判断原則が適用されないとするのが本判決の立場であるが、本判決の趣旨を踏まえると、取締役会の決定が存在しない事案には本判決が示した基準を適用すべきでないとしている。Rales v. Blasband, 634 A.2d 927, 933-34 (Del. 1993).

[302]　*In re* Walt Disney Co. Derivative Litig., 907 A.2d 693 (Del. Ch. 2005), *aff'd*, 906 A.2d 27 (Del. 2006). 評釈として、釜田薫子「取締役の経営判断と誠実義務」商事法務1787号45頁以下（2006年）がある。

[303]　*In re* Walt Disney Co. Derivative Litig., 731 A.2d 342 (Del. Ch. 1998).

[304]　Brehm v. Eisner, 746 A.2d 244 (Del. 2000). 評釈として、釜田薫子「デラウェア州の株主代表訴訟における提訴請求免除の要件」近藤光男=志谷匡史編著『新・アメリカ商事判例研究』40頁以下（商事法務、2007年）（初出は商事法務1603号52頁以下〔2001年〕）がある。

[305]　*In re* Walt Disney Co. Derivative Litig., 825 A.2d 275 (Del. Ch. 2003). 評釈として、川口恭弘「経営判断原則と取締役の誠実義務」近藤=志谷編著・前掲注304）165頁以下（初出は商事法務1730号31頁以下〔2005年〕）がある。

[306]　*In re* Walt Disney Co. Derivative Litig., Consol. C.A. No. 15452, 2004 WL5382048 (Del. Ch. Aug. 13, 2004).

[307]　907 A.2d at 708-11.

[308]　*Id.* at 707. 具体的には、報酬委員会の規程において、Ovitz氏の報酬内容を確立しこれを承認することは当該委員会の責任（responsibility）であるとされており、また、当該会社の設立定款等

164　第2章　アメリカ法

の事項も審議しつつ、「契約条件の枠組みの中で合理的なさらなる交渉」を行うとの条件付きで当該契約の締結を全会一致で承認した[309]。この直後となる取締役会が Ovitz 氏を社長として選任することを全会一致で承認した[310]。Ovitz 氏が十分な成果を上げずに翌1996年に退職金を得て退職したことから、当該会社の株主が派生訴訟を提起した[311]。

　［原審の判断］　審理において被告取締役の義務違反の有無を判断し、Eisner 氏および他の取締役の誠実義務違反を含む信認義務違反を否定した（Chandler 裁判官）[312]。

　［判旨］　原審の判断を是認した（Jacobs 裁判官）[313]。その際、誠実義務違反となる会社の受認者の行為には、少なくとも、①害するという現実の意図によって動機づけられた受認者の行為（いわゆる「主観的な誠実義務違反」）、②重過失のみを理由として採られた悪意のない受認者の行為（適切な注意の欠如）、③自身の責任の意識的な無視（義務の意図的な放棄）、という3類型があるとした[314]。その上で、被告の行為はいかなる信認義務違反なしにされた保護される経営判断であるとした[315]。

　［検討］　本件では、雇用契約の内容を決定する権限が報酬委員会に委譲されておらず、取締役会の承認を要するとされている下で、Ovitz 氏の雇用を主導し

において、Ovitz 氏を社長に選任することは取締役会の責任（同）であるとされていた。*Id.* at 767, 771. *See* 906 A.2d at 39.

[309]　907 A.2d at 708-09.

[310]　*Id.* at 710.

[311]　*Id.* at 697, 711 740. *See* 906 A.2d at 35, 41-46. デラウェア州衡平法裁判所は、2003年（前掲注305）参照）に、被告取締役からの訴訟却下の申立てに対して、被告取締役が自らの責任を意識的かつ故意に無視し、重要な会社の決定に関してその危険を関知しないという姿勢を採用したことが、会社の最善の利益のために偽りなく誠実に行為するという義務に反し得るものであるとしてこれを否定した。825 A.2d at 289-90.

[312]　907 A.2d at 756-79. その際、Eisner 氏は、その経営判断の際に合理的に利用可能な全ての重要な情報を得ており、会社の最善の利益になると信じるところに従って行為したとしている。*Id.* at 778.

[313]　906 A.2d at 75.

[314]　*Id.* at 64-66.

[315]　*Id.* at 73.

た経営者である Eisner 氏の義務違反が特に争われ[316]、本判決は審理における経営判断原則の下で同氏を含む取締役の義務違反を否定している。また、定款免責[317] と会社補償[318] が認められない誠実義務違反となる行為の類型を明確にしている[319]。

(3) 検討

決定が問題となる場面において、一般的な射程を有する判例として経営判断原則が確立されている。派生訴訟における提訴請求の無益性の判断に際して同原則の推定とその保護が及び、事案が審理に進む場合が限られている上に、審理においても、同原則の推定とその保護が及んでいる。また、取締役会から委員会への権限委譲について各会社における柔軟な設計が認められている下で[320]、報酬委員会の決定について当該委員会のメンバーでない経営者の責任が特に争われている。

3 決定が問題となる場面②──経営判断原則の推定とその保護が否定される場合

次に、決定が問題となる場面に係る裁判所の判断のうち、経営判断原則の推定とその保護が否定され、またはこれが認められていないと解されるものを検討する。

---

[316] 換言すれば、報酬委員会の決定について、報酬委員会を構成する社外取締役ではなく、委員会のメンバーでない経営者の責任が特に争われている。

[317] 前述本章第 1 節第 1 款第 3 項 3 参照。

[318] 後述本章第 3 節第 1 款第 3 項 3(3)参照。

[319] 1967 年 DGCL 改正の背景にある Folk 報告書は、同年改正前 DGCL141 条 c 項を検討し、同項を取締役会がその全ての権限を委譲することを認めたものと解し、同項が基本的に妥当であるとした上で、委員会のメンバーでない取締役は、委員会のメンバーである取締役の違法行為に対する責任を必ずしも免れるわけではないと解している。FOLK, *supra* note 21, at 65.

[320] 前述本章第 1 節第 2 款第 4 項参照。

166　第2章　アメリカ法

(1) *Smith v. Van Gorkom* 事件判決（1985年）[321]

［事実］　合併の提案を受けた会社（Trans Union Corp.）の取締役会がその承認を取締役会で決議した。これは、合併を主導した取締役会の議長かつ CEO（Van Gorkom 氏）による口頭で 20 分の説明に主として基づき、取締役（社外取締役でない取締役 5 名〔うち 1 名は当該取締役会を欠席〕および社外取締役 5 名）が十分に情報を与えられていない下で、売却価格を含め、約 2 時間の審議の上でされたものである。これに対して、当該会社の株主が損害賠償を求めるクラス・アクションを提起した[322]。

［原審の判断］　経営判断原則の適用を認め、本案で取締役の責任を否定した[323]。

［判旨］　①合理的に利用可能で当該決定にとって適切な全ての情報に基づいて取締役会が決定を行わなかったことに重過失（gross negligence）があること[324]、②合併に係る株主総会の承認決議を得る際に株主に対して合理的な株主であれば重要であると考えるであろうところの全ての重要情報を開示しなかったことから[325]、社外取締役を含む取締役の信認義務違反を認め、原審の判断を破棄し、事案を原審に差し戻した（Horsey 裁判官）[326]。

［検討］　社外取締役を含む取締役が取締役会決議で賛成することによりその信認義務違反を認められた代表的な事案である。取締役会の決定の重過失を理由として経営判断原則の適用が否定されている。本件が原審に係属中に和解が成立したが、和解金額が D&O 保険の填補責任限度額を上回り、社外取締役個

---

[321]　Smith v. Van Gorkom, 488 A.2d 858 (Del. 1985). 評釈として、神崎克郎「会社の売却と取締役の注意義務」岸田＝近藤＝黒沼編著・前掲注 297）102 頁以下（初出は商事法務 1164 号 36 頁以下〔1988 年〕）がある。

[322]　本件は、取締役の対会社責任が派生訴訟で追及されたものではなく、株主が直接訴訟を提起した事案である。488 A.2d at 863-64. *See Outside Director, supra* note 209, at 1067.

[323]　*See* 488 A.2d at 863-64.

[324]　このため、経営判断原則の適用が否定されている。*Id.* at 870-73.

[325]　*Id.* at 889-93.

[326]　*Id.* at 893.

第 2 節　上場会社の経営者と監督者の義務と責任　　**167**

人の出捐が生じた点で珍しい事案であるとの分析がある[327]。本判決の翌年に DGCL が改正され、定款免責が認められた[328]。

(2)　*In re Rural/Metro Corp. Stockholders Litigation* 事件判決（2014 年）[329]

　［事実］　会社（Rural/Metro Corp.）の売却を取締役会で決議したこと等に信認義務違反があるとして、株主が、当該会社の取締役 6 名（CEO1 名および社外取締役 5 名〔当該決議に参加しなかったこの他の社外取締役 1 名を除く〕）および売却を支えた投資銀行を被告として、損害賠償を求めるクラス・アクションを提起した。その後、和解が成立し、当該投資銀行が和解金を支払い、当該投資銀行から当該取締役に対する求償（contribution）が問題になった[330]。

　［判旨］　各自連帯して不法行為責任を負う者の間の求償を否定するのが伝統的なコモン・ローの原則であるが[331]、デラウェア州では州法が求償権を創出している下で[332]、社外取締役 4 名については定款免責を認めたものの[333]、CEO1

---

[327]　*Outside Director, supra* note 209, at 1067. 誠実義務違反が判決で確定していないため、DGCL145 条 a 項を根拠に当該和解金に対する会社補償が認められるとの解釈を前提に和解金額が決定されたようである。*See id.*

[328]　前述本章第 1 節第 1 款第 3 項 3 参照。本件に類似する事案として、その後、買収対象会社の取締役会が決定した自社の売却先とその条件に関して、当該決定が誠実に行為し適切な注意が払われたものであるとして、経営判断原則の推定による保護を認めた原審の判断をデラウェア州最高裁判所が是認したものがみられている。Citron v. Fairchild Camera & Instrument Corp., 569 A.2d 53 (Del. 1989).

[329]　*In re* Rural/Metro Corp. Stockholders Litig., 102 A.3d 205 (Del. Ch. 2014), *appeal dismissed*, 105 A.3d 990 (Del. 2014). *See* Spamann, *infra* note 417, at 353. なお、原審判決の評釈として、永江亘「投資銀行の責任と損害賠償の負担」商事法務 2154 号 50 頁以下（2017 年）がみられている。

[330]　別件で審理がされ、本件の事実はこれに基づいている。*In re* Rural Metro Corp. S'holders Litig., No. 6350-VCL, 2013 WL 6634009 (Del. Ch. Dec. 17, 2013); *In re* Rural Metro Corp. Stockholders Litig., 88 A.3d 54 (Del. Ch. 2014).

[331]　102 A.3d at 222.

[332]　*Id.* at 220, 222. *See* Uniform Contribution Among Tortfeasors Law, DEL. CODE ANN. tit. 10, ch. 63 (2018). デラウェア州ウェブサイト（http://delcode.delaware.gov/title10/title10.pdf）参照。なお、デラウェア州におけるこの「不法行為間の統一求償法」は、同法が現行法に基づくいかなる補償権を害するものではないとしている（6305 条）。

[333]　102 A.3d at 258, 259.

168 第2章 アメリカ法

名および社外取締役1名については個人的利益によって動機づけられていたと
して定款免責を否定し[334]、結論として、当該投資銀行は損害に対して 83%の
割合で責任があるとした（Laster 裁判官）[335]。

［検討］ *Smith v. Van Gorkom* 事件と類似する面がある事案であるが[336]、本件
では各自連帯して不法行為責任を負う者の間の求償において定款免責の可否が
問題となり、裁判所は個々の取締役ごとにこれを判断した上で、免責が認めら
れる者に対する求償を否定している[337]。

(3) *In re Dole Food Co. Stockholder Litigation* 事件判決（2015 年）[338]

［事実］ 会社の約40%の株式を保有するCEO兼取締役（以下「Murdock 氏」
という）による少数株主からの株式の購入価格が当該会社の取締役会内部に設
置された委員会で決定されたが、その際に Murdock 氏がその右腕のような社外
取締役でない取締役（以下「Carter 氏」という）を当該価格決定に関与させ、
その際に Carter 氏が提出した資料において虚偽の記載が行われたため、安価で
株式が購入されたとする株主が、両名、社外取締役でない取締役 1 名（以下
「DeLorenzo 氏」という）および Murdock 氏の財務アドバイザーを務めた投資
銀行を被告として直接訴訟を提起した[339]。

---

[334] *Id.* at 255, 258.

[335] *Id.* at 263. 本判決は、DGCL102 条 b 項 7 号で免責される者は各自連帯して不法行為責任を負
う者に含まれず、求償されないと判示している。*Id.* at 249. その後、本判決に対する上訴の申立
てをデラウェア州最高裁判所が却下している（Holland 裁判官）。105 A.3d 990.

[336] *See* Spamann, *infra* note 417, at 353 n.22.

[337] 〔例えば会社から取締役に対する求償を念頭に〕「求償関係は責任関係かという問題」（神田
＝中原＝中江＝武井・前掲第 1 章注 107）14 頁〔神田秀樹発言〕）が指摘されている。本件のよ
うな場面（第三者から取締役に対する求償）においては、求償が責任としての性格を有し、求償
も定款免責の対象になっている。

　日本法では、平成 29 年民法改正により、取締役が連帯責任を負う場合の取締役から社外取締
役等への求償が問題となっているが（前掲第 1 章注 300）参照）、デラウェア州では、問題となっ
た取締役の行為が定款免責の対象となる限り、各自連帯して不法行為責任を負う者に含まれない
ため、この結果として求償も免れているように見受けられる。

[338] *In re* Dole Food Co., Stockholder Litig., Consol. C.A. Nos. 8703-VCL & 9079-VCL, 2015 Del. Ch.
LEXIS 223 (Del. Ch. Aug. 27, 2015).

[339] 本件では、当該委員会のメンバーである社外取締役 4 名は被告に含まれていない。

第 2 節　上場会社の経営者と監督者の義務と責任　**169**

［判旨］　Murdock 氏と Carter 氏については故意の詐欺があるとしてその誠実義務違反および忠実義務違反とともに各自連帯して責任があるとした一方[340]、DeLorenzo 氏および当該投資銀行についてはその責任を否定した（Laster 裁判官）[341]。

［検討］　裁判所が判決で執行役員や取締役の誠実義務違反を認めると会社補償が認められず、また、故意を認めると D&O 保険の保険金が支払われないため、両当事者ともこれらを好まず、その前に和解することが多いようである[342]。本判決は、取締役の故意と誠実義務違反およびその責任が判決で認められている点で珍しい公刊裁判例であるように見受けられる。

(4) 検討

　取締役会や委員会の決定が問題となる場面で、経営判断原則の適用がない場合にも、株主から直接訴訟が提起される場合を含め、定款免責の下で、故意または重過失がないときは誠実義務違反が認められず、取締役はその責任を免除または制限され得る。取締役が故意により詐欺を行った場合には判決でその責任が認められており、取締役がその義務違反と責任を認められ得る例外的な場合が明確にされている[343]。

---

[340]　2015 Del. Ch. LEXIS 223, at *6-7, *123-24, *127-34, *158.

[341]　Id. at *7, *134-49, *158. 本判決は、Murdock 氏の行為がいわゆる MFW 判決の実質に沿ったものではないとしている。Id. at *3. 当該判決は、本判決前に、デラウェア州最高裁判所が、支配株主による少数株主の締出しの場面において、以下の 6 要件をいずれも満たす場合にのみ、経営判断原則を適用するとしたものである。6 要件は、①支配株主が、特別委員会の承認と少数株主の過半数の承認の両方を取引を進める条件としていること、②特別委員会が独立していること、③特別委員会が自身のアドバイザーを自由に選任し、〔当該取引を〕拒絶する権限を完全に与えられていること、④公正な価格を交渉する際に特別委員会がその注意義務を果たしていること、⑤少数株主による投票が〔十分な〕情報を与えられたものであること、および⑥少数株主に対する強圧性がないこと、である。Kahn v. M & F Worldwide Corp., 88 A.3d 635, 645 (Del. 2014). 白井正和＝仁科秀隆＝岡俊子『M&A における第三者委員会の理論と実務』98 頁〜100 頁［白井正和］（商事法務、2015 年）参照。

[342]　前述本章第 2 節第 1 款 2(3)参照。

[343]　買収に係る取締役の義務については、田中亘『企業買収と防衛策』177 頁〜202 頁、273 頁〜277 頁（商事法務、2012 年）、白井正和『友好的買収の場面における取締役に対する規律』（商事法務、2013 年）、白井＝仁科＝岡・前掲注 341）97 頁〜115 頁［白井正和］参照。株式買取請求

170 第2章 アメリカ法

　なお、委員会の決定について当該委員会のメンバーでない取締役がどのよう
な責任を負い得るのかについては、裁判所の判断は必ずしも明らかにされてい
ないとの指摘がある[344]。

4 他の取締役の行為が問題となる場面——監視義務違反の有無

　次に、決定自体が問題とならない下で、他の取締役の行為が問題となる場面
を分析する[345]。

　取締役の対会社責任が追及された事案ではないが、この場面で取締役の責任
を認めたものとして知られている珍しい判決が、ニュー・ジャージー州最高裁
判所による1981年の *Francis v. United Jersey Bank* 事件判決[346] であるが[347]、こ
れは、同族会社の倒産により第三者がその名目的取締役の責任を追及した事案

との関係で、飯田秀総『株式買取請求権の構造と買取価格算定の考慮要素』155頁～173頁（商
事法務、2013年）参照。

[344]　前掲注103)および前掲注319)参照。DREXLER, BLACK & SPARKS, *supra* note 1, § 13.01 [9] para. 10.
一般的なルールは、取締役は自身が参加していない会社の決定に対して責任を負わないとするも
のであるとの理解がみられる。*Id. See* Box v. Box, C.A. No. 14238, 1996 Del. Ch. LEXIS 16 (Del. Ch.
Feb. 15, 1996), *aff'd*, 687 A.2d 572 (Del. 1996); OptimisCorp v. Waite, C.A. No. 8773-VCP, 2015 Del. Ch.
LEXIS 222 (Del. Ch. Aug. 26, 2015), *aff'd*, 137 A.3d 970 (Del. 2016).
　もっとも、例えば契約の相手方に対して過失により権限を委譲した本人には一般不法行為法上
の責任が課され得るため、委員会の権限行使に伴って取締役会のメンバーの不法行為責任が生じ
得ることについて、少なくとも議論の余地があるとの理解もみられる。DREXLER, BLACK & SPARKS,
supra note 1, § 13.01 [9] para. 10. *See In re* Brandywine Volkswagen, Ltd., 306 A.2d 24 (Del. Super. Ct.
1973), *aff'd sub nom*, 312 A.2d 632 (Del. 1973). また、配当の決定権限や自己株式の取得権限につい
てはこれらを取締役会から委譲できるところ、DGCL174条a項は、取締役はその不同意が明示
的に記載されていない限り、その違法な権限行使に係る責任を負うとしている。*See* DREXLER,
BLACK & SPARKS, *supra* note 1, § 13.01 [9] para. 10. このような場合、委員会に委譲された権限の行使
を当該委員会のメンバーでない取締役が監視する誘因を有し得ると考えられる。
[345]　取締役会や委員会の決定がない下で、他の取締役の行為に対する不作為による取締役の義務
違反と責任が問題となる場面であり、従業員等の行為が問題となる場面（後述本項5参照）を別
とする狭義の監視義務違反が問題となる場面である（前掲第1章注168)参照）。
[346]　Francis v. United Jersey Bank, 392 A.2d 1233 (N.J. Super. Ct. Law Div. 1978), *aff'd*, 407 A.2d 1253
(N.J. Super. Ct. App. Div. 1979), *aff'd*, 432 A.2d 814 (N.J. 1981).
[347]　取締役の監視義務に関して代表的なケースブックが当該判決を取り上げている。*E.g.*, ALLEN
& KRAAKMAN, *supra* note 1, at 249-54.

であり、上場会社の取締役の監視義務に示唆を有するものではない[348]。以下、一定の示唆を有する事案を分析する[349]。

(1) *Guttman v. Huang* 事件判決（2003 年）[350]

［事実］　コンピュータの部品を製造販売する会社（NVIDIA Corp.）が 1999 年 1 月に上場したところ、当該会社の株主が、CEO 兼取締役 1 名、副社長 2 名、執行役員 1 名および取締役 6 名を被告として、2000 年 2 月から 2002 年 7 月までの期間について会計不正（"cookie jar" reserves）があり[351]、①この期間に被告が未公表の重要情報に基づいて株式を売却して個人的利益を得たこと[352]、②主として社外取締役が当該会計不正を防げなかったこと[353]、を理由として派生訴訟を提起した。これに対し、被告が、デラウェア州衡平法裁判所規則 23.1 条の要件を満たす請求がされていないとして訴訟却下の申立てを行った[354]。

［判旨］　訴訟却下の申立てを認めた（Strine 裁判官）[355]。〔事実②について、〕*Caremark* 事件判決[356] を踏まえて原告がその主張を行っているが、本件では当該事件と異なり独立取締役のみから構成された監査委員会が設置され、半日間の委員会が年間で 6 回開催されており[357]、財務諸表の作成に際して独立した監

---

[348]　取締役の監視義務が問題となった本判決以前の判例を分析した上で、本判決を誤った判断であるとし、現在でもケースブックで扱われているのは、議論を喚起するためのあくまで例外的な事案としてであると指摘する論稿がみられている。Reinier Kraakman & Jay Kesten, *The Story of Francis v. United Jersey Bank: When a Good Story Makes Bad Law, in* CORPORATE LAW STORIES 163, 185-86 (J. Mark Ramseyer ed., 2009).

[349]　前掲第 1 章注 169）参照。

[350]　Guttman v. Huang, 823 A.2d 492 (Del. Ch. 2003).

[351]　*Id.* at 494.

[352]　*Id.* at 496-97.

[353]　*Id.* at 497.

[354]　*Id.* at 493. 本件では、当該会社の取締役会に対する提訴請求が免除されるかどうかについて、原告の主張が当該会社の取締役会の特定の経営判断を問題とするものではないことから、以下の判決で示された基準を適用することについて当事者が合意している。Rales v. Blasband, 634 A.2d 927 (Del. 1993)（前掲注 285）参照）. 823 A.2d at 499-500.

[355]　823 A.2d at 508.

[356]　後述本項 5(2)参照。

[357]　823 A.2d at 505-07.

172 第2章 アメリカ法

査法人が監査を行い、財務諸表に表面化しない形でされた当該会計不正を発見
することは当該監査法人にも期待できなかった等とした[358]。

　[検討]　会計不正が行われる場合、監査委員会を構成する独立取締役の対会
社責任が派生訴訟で追及され得るが、当該会計不正の発見が期待できないと判
断されるときは、訴訟却下の申立てが認められている。本件では、会社が財務
諸表を作成した過程に対する独立取締役の監視義務違反の有無が争われている
[359]。

(2) In re American International Group, Inc.事件判決(2009年)[360]

　[事実]　会社(American International Group, Inc.)において、そのCEO兼取締
役会議長(以下「Greenberg氏」という)を中心とする「インナー・サークル」
(Inner Circle)が形成され[361]、これを起点に様々な不正が行われた[362]。特に5
億ドルの架空取引が当該会社の財務諸表に記録され[363]、当該会社はこれを訂正
するとともに罰金等として約16億ドルを支払った[364]。当該会社は特別訴訟委
員会を設置し、Greenberg氏と当該会社のCFO兼取締役(以下「Smith氏」と

---

[358] Id. at 507. その際に、本判決は以下の通り述べている。Caremark事件判決〔後述本項5(2)参
照〕は、会社の法令遵守に係る監視義務違反による責任が生じるために、取締役が自身の義務に
誠実に注意を払わないことによりその忠実義務に反したことを示すことが必要であるとする基
準を述べたものである。換言すれば、当該判決は、自身の仕事をしていないという事実を取締役
が意識していたことを示すことを責任の基礎とするものである。Id. at 506. また、本判決は、取
締役は、その行為が会社の最善の利益になるという誠実な信念において行為しない限り会社に対
して忠実に行為することはできないとし、また、取締役が主観的に誠実に行為したものの忠実で
はない状況があり得るとしている。Id. at 506 n.34.

[359] Id. at 505. 本件では、当該会計不正が監査委員会の決定として争われているわけではなく(Id.
at 498.)、会社による財務諸表の作成に対する監視義務違反の有無が問題となっている。

[360] In re Am. Int'l Grp., Inc., 965 A.2d 763 (Del. Ch. 2009). 以下「AIG事件判決」という。評釈とし
て、吉井敦子「保険会社による不正取引とリスク管理システムの構築義務」商事法務2054号73
頁以下(2014年)がある。

[361] 965 A.2d at 774, 780.

[362] Id. at 774, 782-94.

[363] Id. at 775, 783.

[364] Id. at 793-94.

いう）の2名の責任を追及した[365]。その後、当該会社の株主が社外取締役でない取締役2名を被告として派生訴訟を提起するとともに、当該会社の執行役員および従業員ならびに会計監査人の責任を追及した[366]。これに対して、被告が訴訟却下の申立てを行った[367]。

［判旨］　当該取締役4名（Greenberg 氏と Smith 氏を含む）については訴訟却下の申立てを否定した一方[368]、当該執行役員および従業員である被告4名および会計監査人については訴訟却下の申立てを認めた（Strine 裁判官）[369]。

［検討］　本件では、経営者による故意の違法行為を背景に派生訴訟が提起されており、経営者および執行役員等がその責任を追及されている。本件において、社外取締役は被告に含まれていない[370]。

(3) 検討

他の取締役の行為が問題となる場面において、*Francis* 事件判決は例外であり[371]、取締役の監視義務違反とこれによる責任を認めないのが裁判所の立場であると指摘されている[372]。このため、違法行為を行った他の取締役自身がその責

---

[365]　*Id.* at 775.

[366]　*Id.* at 776.

[367]　*Id.*

[368]　*Id.* at 794-814, 831.

[369]　*Id.* at 814-831. 後者について訴訟却下の申立てを認めたのは、当該会社の取締役でない執行役員および従業員のうちデラウェア州に居住しているかまたはそこで当該会社のために勤務している者がおらず、また、問題となった行為があった時が執行役員に対する管轄を拡大する法改正前であったため、当該裁判所の管轄外にあること等が理由とされている。*Id.* at 814.

[370]　社外取締役は特別訴訟委員会のメンバーとして会社の監督権限の行使に携わっている。

[371]　前掲注 348）およびこれに対応する本文を参照。当該判決は、取締役の責任と無関係の争点に対しその後の30年間で63回参照されたのみであり、それは当該判決の判断枠組みを採用するためではないと指摘されている。Kraakman & Kesten, *supra* note 348, at 186 n.161.

[372]　*Id.* at 186. この場面において、取締役の不作為による義務違反は伝統的に不法行為法を基礎として追及されてきたが、会社の取締役会または取締役がその基本的な監視義務（duty of attentiveness）に違反した場合においても、被告がその監視義務を履行することで会社の損害を回避できたという因果関係を原告が立証することができず、責任が否定されている。Barnes v. Andrews, 298 F. 614, 616-18 (S.D.N.Y. 1924). *See* Kraakman & Kesten, *supra* note 348, at 166-67. 社外取締役の監視義務違反による責任を追及する際に、従業員等の行為が問題となる場面に関する *Caremark* 事件判決（後述本項5(2)参照）を参照して当事者による主張が行われているが（前述本

174 第2章 アメリカ法

任を追及されている一方、当該他の取締役に対する監視義務違反による責任が
追及されにくい面がある[373]。

5 従業員等の行為が問題となる場面——内部統制システムが問題となる 場面

最後に、従業員等の行為が問題となる場面を分析する。この場面は、内部統
制システムの構築と運用に係る取締役の義務と責任を含む[374]。

項4(1)参照)、当該判決は会社の事業運営に対する監督義務違反が認められる場面を限定し、監
督義務違反を「それに基づいて原告が勝訴の判決を得ると期待することが会社法においてもしか
すると最も難しい理論」(*In re* Caremark Int'l Inc. Derivative Litig., 698 A.2d 959, 967 (Del. Ch. 1996)、
後述本項5(2)参照)であるとしている。*See* Kraakman & Kesten, *supra* note 348, at 191. その後、当
該判決が示した基準をデラウェア州最高裁判所も認めるとともに(後述本項5(3)参照)、監督義
務違反を伝統的な不法行為に基づく注意義務から忠実義務に基づくものへとその位置づけを変
化させ、これによる責任を課すには取締役がその客観的な注意義務を主観的な欺罔の意図
　(scienter)によっておろそかにしたことを〔原告が〕示すことが必要になった(Desimone v. Barrows,
924 A.2d 908, 935 (Del. Ch. 2007).)との指摘がみられる。Kraakman & Kesten, *supra* note 348, at 191-93.
なお、本文に関連して、①デラウェア州で設立された会社の取締役には他の取締役を提訴する原
告適格がないこと、②アメリカの会社法はその行為が誠実にされている限り過失に基づく取締役
の行為に対して個人責任によってその抑止を図ることを拒否していること、も指摘されている。
Id. at 186, 190.

[373]　定款免責の下で、取締役の責任は忠実義務違反あるいは誠実義務違反として問題となり得る
が、監視義務違反は不作為としてこれを問うことになると考えられるため(飯田秀総「取締役の
監視義務の損害賠償責任による動機付けの問題点」民商146巻1号33頁以下、36頁〔2012年〕
は、「取締役の監視義務違反が認められる例というのは不作為の事例であるから、不作為のケー
スにおいて経営判断原則は基本的には適用されない。」とする)、忠実義務違反が問題となりにく
い面がある。また、学説において、誠実義務は主に経営者の義務として論じられている。*E.g.,*
Melvin A. Eisenberg, *The Duty of Good faith in Corporate Law*, 31 Del. J. Corp. L. 1, 74 (2006).

[374]　以下が参考になる。Jennifer Arlen, *The Story of Allis-Chalmers, Caremark, and Stone: Directors'
Evolving Duty to Monitor, in* Corporate Law Stories, *supra* note 348, at 323（従業員等の行為が問題と
なる場面におけるデラウェア州裁判所の判断の展開を分析する）。

(1) *Graham v. Allis-Chalmers Manufacturing Co.*事件判決（1963 年）[375]

［事実］　大規模な会社（Allis-Chalmers Manufacturing Company）において、製品価格を決定する権限が従業員である各部門長まで委譲されていた下で、反トラスト法違反となる価格決定が生じ、会社に損害が生じた[376]。これに対し、株主が、従業員の違法行為に対する取締役等の監督義務違反による責任を追及する派生訴訟を提起した[377]。

［原審の判断］　審理を経て請求を棄却した（Marvel 裁判官）[378]。これに対し、原告が上訴した。

［判旨］　原審の判断を是認した（Wolcott 裁判官）[379]。被告が反トラスト法違反となる当該価格決定を知っていたと原告が主張するものの、その証拠が示されていないことをその理由として挙げている[380]。また、取締役は、異変が生じているという疑いを抱かせる何かが生じるまで、従業員の正直さと高潔さを信頼することができるとした[381]。

---

[375]　Graham v. Allis-Chalmers Mfg. Co., 182 A.2d 328 (Del. Ch. 1962), *aff'd*, 188 A.2d 125 (Del. 1963).

[376]　182 A.2d at 328-30.

[377]　*Id.* at 329-30.

[378]　*Id.* at 329, 333. その際に、特に小規模な会社の取締役においては、信頼できない執行役員や代理人を無謀に信頼し会社の退廃が生じた場合に結果としてこれに顔を背けることがその個人責任を生じさせ得るが、このような原則は、大規模な会社においてその内部の従業員が反トラスト法違反に関与していると考える理由がない場合には適用しがたいとしている。*Id.* at 332.

[379]　188 A.2d at 133.

[380]　*Id.* at 127, 129-31.

[381]　*Id.* at 130. 原告は、連邦最高裁判所の判決（Briggs v. Spaulding, 141 U.S. 132 (1891). 前掲注 275) およびこれに対応する本文を参照）に基づいて、会社の従業員による違法行為を取締役が知らなかった場合でも、当該違法行為を知るための注意システム（a system of watchfulness）を備えるべきであったとの主張を行った。188 A.2d at 130. これに対し、本判決は、当該判決がこのような見解を否定しているとし、また、［不正行為の］疑いへの法的原因がない場合、存在すると疑う理由がないところの不正行為を発見するための「会社のスパイシステム」（a corporate system of espionage）を設けるという義務は取締役に課されないとした。*Id.* その上で、以下の通り述べている。「会社の取締役が義務を怠ることによる会社の損失に対して責任を負うかどうかという問題は、状況によって決定される。仮に取締役が明らかに信頼できない従業員に無謀に信用を置いたり、取締役としての自らの義務の履行を拒否するかもしくは軽率に怠ったり、または従業員による不正行為の明らかな危険の兆候（obvious danger signs）を意図的にもしくは不注意によって無視した場合、法は当該取締役に責任を課すであろう。しかし、疑うに値する証拠があることが明

176 第 2 章 アメリカ法

［検討］　BCK の分析対象期間前となる本判決においては、従業員による違法
行為を知るための注意システムを備えるべきであったとの原告の主張が否定さ
れ、その下で、明らかな危険の兆候がない場合には従業員の行為を信頼できる
とされている[382]。

(2) *In re Caremark International Inc. Derivative Litigation* 事件判決 (1996 年)[383]

［事実］　ヘルスケア事業を行う NYSE の上場会社 (Caremark International, Inc.)
には反紹介支払法（Anti-Referral Payments Law）が適用されていたところ、取締
役が不知のうちに従業員による同法に対する違反行為が生じ、当該会社が合計
約 2.5 億ドルの支出を余儀なくされたことから、その取締役の責任を追及する
派生訴訟が提起された。取締役から訴訟却下の申立てがされた後、和解するこ
とで当事者が合意し、当該和解の条項を承認するよう衡平法裁判所に申立てが
された[384]。

［判旨］　当該和解条項を承認した（Allen 裁判官）[385]。その際、取締役の義
務の内容に会社の情報報告システム (a corporate information and reporting system)
を確保する義務が含まれるとした上で[386]、監督義務違反を定義している[387]。

らかになるや否や、取締役会は当該不正行為を終わらせ、再発を防止するよう迅速に行為したた
め、このことは本件に当てはまらない。」*Id.*

[382]　本判決に対して、その後、批判的な分析がみられている。*E.g.,* Coffee, *supra* note 177, at 1183-86.
本判決については、吉井敦子「内部統制システム構築義務と『赤旗の兆候・red flag』」法学雑誌
（大阪市立大学）60 巻 3=4 号 187 頁以下、195 頁〜196 頁、198 頁〜199 頁（2014 年）が *Caremark*
事件判決（後述本項 5(2)参照）と比較して検討を加えている。

[383]　*In re* Caremark Int'l Inc. Derivative Litig., 698 A.2d 959 (Del. Ch. 1996). 評釈として、伊勢田道仁
「従業員の違法行為と取締役の監視義務」商事法務 1526 号 44 頁以下（1999 年）がある。

[384]　698 A.2d at 960-66. これは、デラウェア州衡平法裁判所規則 23.1 条に基づくものであり、当
事者から提案された和解が公平で合理的であると認められるかどうかを裁判所が判断するもの
である。*Id.* at 960. 前掲注 287）およびこれに対応する本文を参照。なお、当該和解条項の内容と
して和解金の支払は挙げられていない。*Id.* at 966.

[385]　*Id.* at 972.

[386]　*Id.* at 970. 具体的には、以下の通りである。「それゆえに、私は、取締役の義務が、取締役会
が適切であると結論づけたところの会社の情報報告システムが存在すること、およびそのように
しなかった場合には少なくとも理論上、適用される法的基準の不遵守による損失に対して取締役

第2節　上場会社の経営者と監督者の義務と責任　**177**

併せて、利益相反または不正の兆候がない場合に注意義務違反を主張すること
がなぜ困難であるかという文脈において、適切な注意を払う義務に違反したこ
とによる責任が生じ得る場合が明確にされている[388]。

　［検討］　*Graham* 事件判決[389] と異なり、会社の情報報告システムを構築する
という取締役の義務を認め、取締役会の持続的または組織的な監督義務違反が
誠実義務違反となることを明確にするとともに[390]、当該システムの具体的な設
計が当該会社の経営判断であるとした[391]。

が責任を負う状況があり得ることを確かなものとするために誠実に試みる義務を含むものであ
るという見解に立つ。」*Id.* なお、併せて、当該会社の情報報告システムとしてどの程度詳細なも
のが適切であるかという点は、明らかに経営判断の問題であるとしている。*Id.*

[387]　*Id.* at 971-72. 具体的には、以下の通りである。「一般的に、会社の損失に対して取締役の責任
の主張が会社の内部で活動を創出する責任の無視に基づいている場合には、*Graham* 事件判決〔本
項 5(1)参照〕や本件におけるように、私の見解では、取締役会が監督することの持続的または組
織的な失敗（a sustained or systematic failure）——合理的な情報報告システムが存在することを確
かなものにする試みの完全な失敗のように——のみが、責任の必要条件である誠実の欠如を立証
するであろう。」*Id.* at 971.

[388]　*Id.* at 967-69. 具体的には、以下の通りである。「適切な注意を払う義務に違反したことによる
取締役の責任は、理論的に、2 つの異なる場面で生じる。第 1 に、十分に情報を得ていないかま
たは『過失』（"negligent"）がある取締役会の決定が損失を生じさせた場合に当該責任が取締役会
の決定から生じると言い得る。第 2 に、損失についての会社に対する責任は、適切な注意が払わ
れていれば、議論はあるにせよ、当該損失を防いでいたであろうところの状況において取締役会
が行為しないという思慮のない失敗から生じると言い得る。」（下線は原文イタリック）*Id.* at 967.

[389]　本項 5(1)参照。

[390]　その後、第 7 巡回区控訴裁判所が、会社内部の法令違反について取締役会が不正の兆候を得
ていた事案において、提訴請求の無益性を原告が主張できていないとして訴訟を却下した原審の
判断を破棄し、事案を原審に差し戻している。*In re* Abbott Labs. Derivative S'holders Litig., 325 F.3d
795, 805-06, 808-09, 811 (7th Cir. 2003). 評釈として、伊勢田道仁「会社の法令違反行為を認識しつ
つ対応策をとらなかった取締役の責任」近藤光男＝志谷匡史編著『新・アメリカ商事判例研究［第
2 巻]』98 頁以下（商事法務、2012 年）（初出は商事法務 1803 号 26 頁以下〔2007 年〕）がある。
なお、*Caremark* 事件は会社の法令遵守義務違反が問題となった事案であり、リスク管理一般とは
異なる面があるため、裁判所が本判決の基準を適用する際にはその修正が必要になるとの指摘が
みられる。Stephen M. Bainbridge, *Caremark and Enterprise Risk Management*, 34 J. Corp. L. 967, 985-90
(2009).

[391]　なお、本判決が示した基準に反することを理由とする訴訟が 248 件提起されたが、このうち
14 件でのみ訴訟却下の申立てが否定され、1 件でのみ責任があるとの判決を原告が得たとの分析
がみられる。Michael J. Borden, *Of Outside Monitors and Inside Monitors: The Role of Journalists in
Caremark Litigation*, 15 U. Pa. J. Bus. L. 921, 925 (2013). 当該 1 件は以下である。ATR-Kim Eng Fin.

178 第2章 アメリカ法

(3) *Stone v. Ritter* 事件判決(2006年)[392]

[事実] 銀行（AmSouth Bancorporation）の内部でいわゆるマネー・ロンダリングが行われ、疑わしい取引について提出が法律上要求される報告書類を不提出であったこと等から、当該銀行が5,000万ドルの罰金等を支払った[393]。当該銀行の株主が、その現在および過去の取締役15名[394]を被告として、法令違反を防ぐための十分な内部統制システムを設けなかったことにより当該取締役がその信認義務に違反したとして、その取締役会に対する提訴請求を行わずに派生訴訟を提起し、その免除の可否が問題となった[395]。

[原審の判断] 提訴請求の無益性を原告が十分に主張していないとして請求を棄却（with prejudice）した（Chandler 裁判官）[396]。これに対し、原告が上訴した。

[判旨] *Caremark* 事件判決は、取締役の監督義務違反による責任を評価する際の必要条件を示したものであるとし[397]、原審の判断を是認した（Holland 裁判官）[398]。*Graham* 事件判決[399] および *Caremark* 事件判決[400] を検討しつつ[401]、

Corp. v. Araneta, C.A. No. 489-N, 2006 Del. Ch. LEXIS 215 (Del. Ch. Dec. 21, 2006), *aff'd*, 2007 Del. LEXIS 270 (Del. June 14, 2007). *See* Borden, *supra*, at 925 n.3.

[392] Stone v. Ritter, C.A. No. 1570-N, 2006 Del. Ch. LEXIS 20 (Del. Ch. Jan. 26, 2006), *aff'd*, 911 A.2d 362 (Del. 2006). 本判決の評釈として、近藤光男「従業員に対する監視義務と誠実義務」近藤＝志谷編著・前掲注390) 316頁以下（初出は商事法務1806号35頁以下［2007年]）参照。

[393] 2006 Del. Ch. LEXIS 20, at *3, *8; 911 A.2d at 365.

[394] 2006 Del. Ch. LEXIS 20, at *1. 当該15名には、社外取締役7名が含まれている。911 A.2d at 367 n.12.

[395] 2006 Del. Ch. LEXIS 20, at *1.

[396] *Id.* at *8. 原告は、①当該会社の取締役会は、適切な内部統制システムを設けないという失敗によって責任の実質的な可能性に直面していたため、利害関係がなく独立しているわけではないこと、および、②取締役は内部統制システムに関して経営判断を行わず、意識的かつ意図的にその責任を無視したため、提訴請求が免除されるべきこと、を主張した。*Id.* at *5-7.

[397] 911 A.2d at 365.

[398] *Id.* at 365, 373.

[399] 前述本項5(1)参照。

[400] 前述本項5(2)参照。

[401] 911 A.2d at 367-70.

誠実義務違反となる場合についての*Disney*事件判決[402]が*Caremark*事件判決を参照しており[403]、監督義務違反が問題となった本件において原審は正しい基準を適用しているとした[404]。

［検討］　従業員等の行為が問題となる場面において取締役の監督義務違反とこれによる責任が生じ得る場合をデラウェア州最高裁判所が明確にしている。適切と認められる報告・情報システムが会社内部に構築されている場合、「不正の兆候」("red flags")[405]の存在が訴答されなければ取締役の監督義務違反を認めない立場と解される[406]。

---

[402]　前述本項2(2)参照。

[403]　906 A.2d at 67 n.111; 911 A.2d at 369 n.28.

[404]　911 A.2d at 369. その上で、*Caremark*事件判決は、取締役の監督義務違反による責任を基礎づける必要条件を示しており、それは、①取締役がいかなる報告・情報システム（reporting or information system or controls）をも全く構築しなかったか、または、②そのようなシステムを構築したものの、その運用を意識的に監督もしくは監視せずそれゆえに自身の注意を引くべき危険や問題を認識しなかった場合であるとした。*Id.* at 370. また、外部報告書（KPMG Report）が、当該銀行に合理的な報告システムが存在したとしていることを挙げている。*Id.* at 371-72.

[405]　「当該銀行の内部統制が不適切であり、その不適切性が〔会社内部の〕違法行為をもたらすであろうこと、および当該取締役会が主張されたところによれば存在を知るところの問題について何もしないことを選択したということを示す事実」と定義されている。*Id.* at 370.

[406]　*See* 911 A.2d at 373. 本判決については、「従業員の不正行為についての監視義務違反を理由として取締役の責任が認められる場合を制限的にとらえようとしている」（近藤・前掲注392）321頁）との評釈がみられる。その後、デラウェア州衡平法裁判所は、「監督の失敗に基づいて取締役に責任を負わせるために、当該取締役が自身の注意義務に反する意識的な決定と同様の認識の状態を持って行為しなければならない」（Strine 裁判官）としている。Desimone v. Barrows, 924 A.2d 908, 935 (Del. Ch. 2007). 評釈として、近藤光男「取締役の監視義務違反による責任と株主代表訴訟」商事法務2010号49頁以下（2013年）参照。

(4) *In re Citigroup Inc. Shareholder Derivative Litigation* 事件判決
（2009 年）[407]

［事実］　銀行（Citigroup Inc.）がサブプライム・ローン債権を抱え損失が生じたことから、当該銀行の株主が、その現在および過去の執行役員および取締役を被告として[408]、①不動産市場や信用市場の状況等から「不正の兆候」がみられたにもかかわらずこれを無視し、会社が直面する同債権市場の危険を適切に監督しなかったこと[409]、②会社の財務報告等の開示の完全性と正確性を確保しなかったことによる信認義務違反等を理由として[410]、これらによる損害の回復を求める派生訴訟を提起し、これに対して被告が訴訟却下の申立てを行った[411]。

［判旨］　①については *Stone* 事件判決を踏まえて[412]、②については取締役の故意または不誠実が訴答されていないとして[413]、それぞれ訴訟却下の申立てを認めた（Chandler 裁判官）[414]。

---

[407]　*In re* Citigroup Inc. S'holder Derivative Litig., 964 A.2d 106 (Del. Ch. 2009). 別の事件の評釈として、行澤一人「事業リスクに対する取締役会の監視義務違反がないとされた事例」商事法務 2056 号 50 頁以下、54 頁（2015 年）は、「シティグループ・ケースは、ストーン・ケースの判断枠組みに準拠し、事業リスクに対する監視義務違反には、取締役会に bad faith が認められない限り、経営判断原則の保護が与えられるべきであると判断した。」としている。このほか、南健悟「リスク管理と取締役の責任―アメリカにおける AIG 事件と Citigroup 事件の比較―」商学討究 61 巻 2＝3 号 209 頁以下（2010 年）もみられている。

[408]　964 A.2d at 111-12.

[409]　*Id.* at 111-12, 114-15.

[410]　*Id.* at 111-12.

[411]　*Id.* at 112, 116.

[412]　*Id.* at 122-23. 本項 5(3)参照。*Stone* 事件判決は、取締役が監督システムを構築する責任を負うことを明確にしたが、これは経営判断原則の保護を回避するものではなく、重過失を示すことで経営判断原則の推定を覆すことは難しいことであり、誠実義務違反を示すことはさらに難しいことであるとしている。*Id.* at 125. 本件では、当該銀行がその内部に監査およびリスク管理委員会（Audit and Risk Management Committee）を設置しており、年間に 11 回～12 回の会議が開催されていたこと等、当該銀行がリスクを監督するための手続と統制を有していたこと自体については原告が争っていない。*Id.* at 127. それにもかかわらず、当該監督体制が不適切であったとの主張を原告が行っているが、「不正の兆候」であると原告が主張するところのものは、経済情勢一般に関する公表資料でしかなく、取締役が意識的にその義務を無視したかまたは不誠実に行為したとは認められないとされている。*Id.* at 127-28. また、デラウェア州法の下での監督義務違反は、

第 2 節　上場会社の経営者と監督者の義務と責任　181

［検討］　本件では、会社内部の違法行為ではなく、事業上のリスクの顕在化による会社の損失がその執行役員と取締役の監督義務違反として争われている[415]。本判決は、*Stone* 事件判決の下で、「不正の兆候」が存在したとの主張が認められない場合を明確にするとともに、事業上のリスクが顕在化した場合にその監督義務違反と誠実義務違反を原告が主張することの困難を示している[416]。

(5) 検討

　従業員等の行為が問題となる場面で、会社の情報報告システムを確保する義務が取締役の義務の内容に含まれるとされている。このため、①いかなる当該システムをも全く構築しなかったか、または、②そのようなシステムを構築したものの、その運用を意識的に監督もしくは監視せずそれゆえに自身の注意を引くべき危険や問題を認識しなかった場合が、取締役の監督義務違反による責任を基礎づける必要条件であるとされている。その上で、当該システムの具体的な設計は当該会社の経営判断であるとされている。取締役に重過失が認めら

専門性を有する取締役でさえも、将来を予測し事業上のリスクを適切に評価することの失敗に対して個人責任を負わせるものではないとされている。*Id.* at 131.

[413]　*Id.* at 131-35. 具体的には、提訴請求に対する応答として独立の利害関係のない経営判断を行使することを不可能にするであろう個人責任の脅威に被告取締役が直面していたという合理的な疑いを生じさせる特定の事実を原告が訴答できていないため、デラウェア州衡平法裁判所規則 23.1 条が求める基準が満たされていないとされている。*Id.*

[414]　本件では、さらに、退職したその元 CEO に対する報酬等の支払等を承認したことが会社財産の浪費に当たるとも主張されており（*Id.* at 111-12, 115.）、この点については、*Brehm* 事件判決（前掲注 304）参照）が示した基準（*Brehm*, 746 A.2d at 263.）に基づき、これが経営者の報酬決定に係る取締役会の裁量を逸脱するものであるとして、訴訟却下の申立てを否定している。964 A.2d at 138-40. これは、「決定が問題となる場面」である。

[415]　この点に関して、*Caremark* 事件判決が示した監督義務が、適用される制定法上または規制上の基準に違反し得る活動を監督するという観点から理解され、当該判決が企業の事業戦略の監督には適用されないことを本判決が示しているとする理解がみられる。Armour & Gordon, *infra* note 420, at 67.

[416]　本判決は、取締役に利害関係または会社に対する忠実義務違反があるという主張がない場合、仮に取締役の決定が合理的な過程を経てされたものであり、取締役が全ての重要で合理的に利用可能な情報を得ているならば、裁判官が当該決定を後知恵で批判することを経営判断原則が妨げることを改めて示している。964. A.2d at 124. *See* Geoffrey P. Miller, *A Modest Proposal for Fixing Delaware's Broken Duty of Care*, 2010 Colum. Bus. L. Rev. 319, 328 n.27 and accompanying text (2010).

182 第2章 アメリカ法

れれば経営判断原則の推定を覆し得るが、誠実義務違反を示すことはさらに難しいとされている。

　適切と認められる当該システムが会社内部に構築されている場合、「不正の兆候」の存在が訴答されなければ請求が棄却されている。「不正の兆候」は、当該会社の「内部統制が不適切であり、その不適切性が〔会社内部の〕違法行為をもたらすであろうこと、および当該取締役会が主張されたところによれば存在を知るところの問題について何もしないことを選択したということを示す事実」と定義されている。

　以上は、会社内部の法令違反が問題となる場合についてであり、事業上のリスクが顕在化した場合にはこれを監督義務違反として主張することが困難であることが明確にされている。

6　小括と検討

　執行役員と取締役の信認義務違反とこれによる責任は、派生訴訟と直接訴訟によって追及されている。派生訴訟の提起には、会社の取締役会に対してその取締役を提訴すべきであるという請求を事前に行う必要があると解されており、デラウェア州衡平法裁判所規則23.1条の下でこの提訴請求の無益性が特に問題になっている。派生訴訟が本案で審理されるまでの要件とその下での特別訴訟委員会の役割が明確にされており、経営判断原則が一般的な射程を有する判例として確立され、訴訟却下の申立ての可否と本案における審理のいずれの場面でも同原則の推定による保護が及んでいる。1986 年 DGCL 改正が定款免責を認めた下で、取締役の責任は忠実義務違反または誠実義務違反として追及されている。

　決定が問題となる場面では、取締役会から委員会への権限委譲について各会社における柔軟な設計が認められている下で、報酬委員会の決定について当該委員会のメンバーでない経営者の責任が特に争われ、本案において経営判断原則による保護が認められている。決定が問題となる場面で、同原則による保護が認められない場合にも、株主から直接訴訟が提起される場合を含め、定款免

責の下で、故意または重過失がないときは誠実義務違反が認められず、取締役はその責任を免除または制限され得る。例えば会社の売却に係る取締役会決議が問題となる場面のように、利益相反状況の下で経営者である取締役が当該売却価格の決定に影響を与え、誠実義務違反や忠実義務違反が認められることから本案で同原則による保護が否定される場合が、例外的に責任が認められ得る場合と見受けられる。

　他の取締役の行為、すなわち監視義務違反が問題となる場面では、取締役の監視義務違反とこれによる責任を認めないのが裁判所の立場であると指摘されている。また、*Caremark* 事件判決が、監視義務違反の主張は会社法において最も認められにくい主張であると述べている。このような判例の立場により、違法行為を行った他の取締役自身がその責任を追及されている一方、当該他の取締役に対する監視義務違反による責任が追及されにくい面がある。

　従業員等の行為、すなわち監督義務違反が問題となる場面で、会社の情報報告システムを確保する義務が取締役の義務の内容に含まれるとされており、①いかなる当該システムをも全く構築しなかったか、または、②そのようなシステムを構築したものの、その運用を意識的に監督もしくは監視せずそれゆえに自身の注意を引くべき危険や問題を認識しなかった場合が、取締役の監督義務違反による責任を基礎づける必要条件であるとされている。その上で、当該システムの具体的な設計は当該会社の経営判断であるとされている。取締役に重過失が認められれば経営判断原則の推定を覆し得るが、誠実義務違反を示すことはさらに難しいとされている。適切と認められる当該システムが会社内部に構築されている場合、「不正の兆候」の存在が訴答されなければ請求が棄却されている。「不正の兆候」は、当該会社の「内部統制が不適切であり、その不適切性が〔会社内部の〕違法行為をもたらすであろうこと、および当該取締役会が主張されたところによれば存在を知るところの問題について何もしないことを選択したということを示す事実」と定義されている。以上は、会社内部の法令違反が問題となる場合についてであり、事業上のリスクが顕在化した場合にはこれを監督義務違反として主張することが困難であることが明確にされている。

184　第2章　アメリカ法

　アメリカの上場会社の取締役は、定款免責と経営判断原則の推定によって一般的に保護されており、忠実義務違反や誠実義務違反が認められる場合にのみ義務違反とこれによる責任を例外的に認められ得るが、以上のように明確にされている判例の下で、審理に進み判決が出される前に当事者が合理的に和解を選択することが可能とされている。

　判例の立場は、当事者の意思決定の前提となり、原告による被告の選択、訴訟提起の適否および和解に向けた当事者の誘因を形成すると考えられるところ、BCK の分析対象期間後である 2006 年以降、誠実義務違反が認められる場合を Disney 事件判決が明確にしたことは、誠実義務違反が判決によって確定する前に和解するという当事者の誘因をより強めたと考えられる。責任法制が第1の「保護の層」であるとする BCK の指摘は現在も妥当すると考えられる。

　デラウェア州裁判所の判例の立場は、社外取締役を始めとする取締役の監視義務違反と監督義務違反を容易に認めることで不正と違法行為の抑止を図ろうとするものではなく、これらの義務違反が認められる場合が限られることを明確にするものである。デラウェア州裁判所の判例は、取締役のなり手の確保を容易にし、「監督する取締役会」の確立に寄与した面がある。

第3項　学説の状況

1　概観

　以下、会社法上の信認義務違反に係る取締役に対する責任の賦課をめぐる学説の状況を分析する。学説では、会社や取締役に対する責任の賦課が不正の抑止という観点から望ましいと評価できるかどうかについて議論がみられる。また、定款免責の下で、取締役の監視義務違反を理論的に誠実義務と位置づけるべきかどうかについても議論がみられる。

2 経営者の責任——経営判断原則

(1) Holger Spamann（2016 年）

まず、経営者の責任に関する学説を検討する。アメリカでは、業務執行の決定と業務の執行について経営者に責任が認められる場合が限られている。この点をめぐって、理論的な分析の深まりがみられている。

Spamann は、2016 年の論稿[417]で、取締役の誘因や訴訟に伴うコスト等を考慮し、経営者や取締役の注意義務違反による賠償責任（monetary liability）を免除することでそれらを望ましい意思決定に導くことが一般的に最適である理由を明確にしている[418]。具体的には、以下の通りである。

仮に訴訟に伴うコストがゼロである場合には、会社の経営者や取締役を限定的な責任のリスクにさらすことが最適となり得る。このことは、リスク回避的な経営者や取締役でさえもそれらを効率的なリスクテイクに導くよう、インセンティブ報酬と併せて責任が用いられる場合に特に妥当する。しかし、現実には訴訟に伴うコストはゼロではなく、訴訟による動機づけの効果も小さいかもしれない。裁判所が経営判断を評価することに困難がある一方、エクイティ報酬その他がエージェンシーコストを合理的にコントロールできている。このため、コスト—便益分析（cost-benefit analysis）は責任の賦課を否定する傾向にあるが、ガバナンスが悪い主体、標準化された決定や利益相反性が強い状況においては責任が用いられ得る。完全責任（full-liability）は過度な責任の賦課となる可能性があり、現行法には責任を賦課しないことの例外がある。責任の賦課が望ましいかどうかは、不確定要素に依存する面がある。[419]

---

[417] Holger Spamann, *Monetary Liability for Breach of the Duty of Care?*, 8 J. LEGAL ANALYSIS 337 (2016).

[418] *Id.* at 337.

[419] *Id.* at 363. 同論稿は、責任についてのコスト—便益分析として、①訴訟に伴うコストが大きいこと（a) 経営者や取締役の争訟費用と機会費用、b) 重要な事案よりも利益の上がる事案が優先されること）および②責任による動機づけの便益が小さいこと（a) 司法審査の精度の低さ、b) 株価の精度の高さおよび c) エクイティ報酬を含む他のガバナンス手段の存在）を指摘している。*Id.* at 354-58. 次に、責任による便益がコストを上回る例外的な場合を明確にしている。それは、①他の代替的なガバナンス手段が悪いものである場合、②利益相反性が強い場合、③十分な司法審査が可能である場合、である。この③が、経営判断原則に例外が認められ得る場合であり、具

186 第2章 アメリカ法

(2) 分析の背景

Spamann の分析の背景には、①Armour と Gordon の論稿[420]や、②Engert と Goldlücke の論稿[421]がある。前者は、金融危機を踏まえ、経営判断原則がシステム上重要な金融機関における過度なリスクテイクにつながる等とし[422]、後者は、完全責任が一定の条件の下で最適でないことを経済学的にフォーマルな形で明確にしている[423]。

(3) 検討

経営判断の結果を裁判所が事後的に評価し、これに基づいて経営者に責任を負わせることは、経営判断を萎縮させ最適でないことが経済学的にも明確にされている。経営者がその経営判断に伴う注意義務違反による責任を免れ、かつ、経営者がこのことをその意思決定の時に予測可能であることが最適であり得る。併せて、故意の違法行為等、経営判断原則の保護を受けないことが望ましい場合も明確にされてきている。

体的には、a) 裁判所が決定の内容よりも過程を良く審査できること――ただし、過程を実際に良く審査できるかどうかは判然としないという問題と、過程の審査が完全責任につながり得るという問題もある――、b) 例えば会計、統制、監督および法令遵守における監視義務違反のように標準化された行動が存在する場合、c) 極端な「目に余る」("Egregious") 事案の場合および d) 専門的裁判官が存在する場合、である。*Id.* at 358-63. 同論稿は、その議論を経済学的にフォーマルな形で表現しており、以下の経済理論が背景にある。*Id.* at 363-70; Bengt Holmström, *Moral Hazard and Observability*, 10 BELL J. ECON. 74 (1979); Bengt Holmstrom & Paul Milgrom, *Multitask Principal-Agent Analyses. Incentive Contracts, Asset Ownership, and Job Design*, 7 J.L. ECON. & ORG. (SPECIAL ISSUE) 24 (1991).

[420] John Armour & Jeffrey Gordon, *Systemic Harms and Shareholder Value*, 6 J. LEGAL ANALYSIS 35 (2014).

[421] Andreas Engert & Sunanne Goldlücke, *Why Agents Need Discretion: The Business Judgment Rule as Optimal Standard of Care*, 13 REV. L. & ECON. (2017), https://doi.org/10.1515/rle-2015-0033.

[422] Armour & Gordon, *supra* note 420, at 35.

[423] Engert & Goldlücke, *supra* note 421. *See* Spamann, *supra* note 417, at 341. *See also* Andreas Engert, *Why Manager Liability Fails at Controlling Systemic Risk, in* RESHAPING MARKETS: ECONOMIC GOVERNANCE, THE GLOBAL FINANCIAL CRISIS AND LIBERAL UTOPIA 161 (Bertram Lomfeld, Alessandro Somma & Peer Zumbansen eds., 2016).

3 監督者の責任①──責任の賦課に理解を示す見解

(1) Larry D. Soderquist(1977 年)

Soderquist は、社外取締役に課されるべき望ましい義務について論じている[424]。社外取締役にその義務の履行における過失がある場合には、裁判所は社外取締役に責任を負わせることを必ずしも回避しなければならないわけではないとしている[425]。

(2) David M. Phillips(1984 年)

社外取締役に対する責任の賦課に肯定的といえる現在珍しい見解が、Phillips による 1984 年の論稿[426]にみられる。Phillips は、ALI 原理[427]に対する応答として、以下の通り指摘している。

自己利得を図った経営者や取締役に忠実義務違反や会社の機会の法理等に基づく責任が賦課されることに疑いの余地はないが、会社内部の取締役や他の上級執行役員の自己利得を発見し、これを抑止できなかったことに過失がある社外取締役にも二次的に責任を課すべきである。社外取締役でない取締役や執行役員は自身を監視できないため、これらを監視する主要な役割を社外取締役が担っている。[428]

法制度に基づくものとは別の誘因は、一次的に自己取引を行う者の行為を十分に抑止できず、社外取締役による監視を機能させるものとしても不適切であり得る。社外取締役が会社の株式を保有している場合でも、その保有は通常最

---

[424] Larry D. Soderquist, *Toward a More Effective Corporate Board: Reexamining Roles of Outside Directors*, 52 N.Y.U. L. Rev. 1341 (1977).

[425] *Id.* at 1363.

[426] David M. Phillips, *Principles of Corporate Governance: A Critique of Part IV*, 52 Geo. Wash. L. Rev. 653 (1984).

[427] 前掲注 145) 参照。

[428] Phillips, *supra* note 426, at 694.

188 第2章 アメリカ法

小限のものであり、雇用市場がその行動に与える影響も弱いことから、社外取締役に対する責任の賦課による動機づけが正当化され得る。[429]

(3) 検討

これらの見解は、*Smith v. Van Gorkom* 事件判決[430] 前のものである。現在、社外取締役に対する責任の賦課を一般的かつ積極的に肯定する見解は支持を得ていないものと見受けられる。以下、その後の学説の展開を検討する。

4 監督者の責任②——責任の賦課に否定的な見解等

(1) Reinier H. Kraakman（1984 年）

Kraakman は、会社に対する責任の賦課を強める際の制約という観点から、①資産の不足、②サンクションの不足、③エンフォースメントの不足という 3 つの場面を区別し、各場面における責任の役割を分析している[431]。社外取締役を含むゲートキーパーの責任に対応するのが③の場面であり[432]、責任の賦課について、①社外取締役が個人責任の賦課に対して敏感であり、経営者によって事実上選任されていることによるその地位の弱さや[433]、②専門家の補助がなければ違法行為を発見することが難しい等の限界を指摘した上で[434]、社外取締役等の個人ではなく会社に対して責任を賦課することが、法規範のエンフォースメントの不足につながる場合を除き、会社の違法行為をコントロールする主要な手段であるべきであるとした[435]。

---

[429] *Id.* at 694-95.
[430] 前述本節第 2 款第 2 項 3(1)参照。
[431] Reinier H. Kraakman, *Corporate Liability Strategies and the Costs of Legal Controls*, 93 YALE L.J. 857, 867-96 (1984).
[432] 同論稿は、その全体にわたって、経営者以外で社外取締役、弁護士、会計士および引受人を "gatekeeper"に含めている。*Id.* at 868 n.28.
[433] *Id.* at 892.
[434] *Id.* at 894.
[435] *Id.* at 858-68. Kraakman は、その翌年の論稿で、会社に責任を賦課することの経済学的な機能を論じている。Reinier Kraakman, *The Economic Functions of Corporate Liability, in* CORPORATE

(2) Arlen & Kraakman(1997 年)

Arlen と Kraakman による 1997 年の論稿[436]は、違法行為を抑止するために責任ルールを組み合わせることが望ましいとしている[437]。会社は、従業員の違法行為について厳格な使用者責任（strict vicarious liability）の基準を歴史的に有してきたが、この基準や義務に基づく枠組み（duty-based schemes）——連邦法や州法のいくつかの領域においてみられるように、法令遵守プログラムを実行しまたは〔会社内部の〕違法行為を政府に報告した会社の責任を緩和することを認めるものを含む——に比べ、複合的な枠組み（a composite regime）——法令遵守活動に従事する企業にはその責任を緩和することを認めつつ、〔その違法行為に対して〕厳しい罰則を会社に課すもの——が相対的により望ましい等としている[438]。

同論稿は、社外取締役の責任に焦点を当てておらず、会社に対する責任の賦課が執行役員や従業員等の一次的な関与者による違法行為の抑止につながるかどうかに焦点を当てている[439]。

(3) Hamdani & Kraakman(2007 年)

Hamdani と Kraakman による 2007 年の論稿[440]は、社外取締役に焦点を当て、責任の賦課よりも報酬の付与がより望ましい動機づけであるとする。

GOVERNANCE AND DIRECTORS' LIABILITIES: LEGAL, ECONOMIC, AND SOCIOLOGICAL ANALYSES ON CORPORATE SOCIAL RESPONSIBILITY 178 (Klaus J. Hopt & Gunther Teubner eds., 1985).

[436] Jennifer Arlen & Reinier Kraakman, *Controlling Corporate Misconduct: An Analysis of Corporate Liability Regimes*, 72 N.Y.U. L. REV. 687 (1997).

[437] *Id.* at 691, 753.

[438] *Id.* at 687-88, 752-54. もっとも、同論稿は、枠組みの選択は違法行為の特質に依存するため、全ての違法行為に対していかなる単一の枠組みをも推奨するものではないとしている。*Id.* at 753. 同論稿は、その分析を経済学的にフォーマルな形で表現している。*Id.* at 755-79.

[439] Kraakman は、同論稿以前に以下の論稿を公刊している。Reinier H. Kraakman, *Gatekeepers: The Anatomy of a Third-Party Enforcement Strategy*, 2 J.L. ECON. & ORG. 53 (1986)（違法行為を直接に行う者とのその協力を防ぐことで違法行為を抑止することのできる私的当事者に対する責任の賦課をゲートキーパー責任として検討する）.

190　第2章　アメリカ法

　すなわち、取締役を監視に向けて動機づける際の法的なサンクションの適切
な役割は、CGにおける最も難しい問題の1つであり[441]、取締役に賦課すべき
望ましい責任がこれまで論じられてきたが、社外取締役に対する責任の賦課は、
①社外取締役を過度にリスク回避的とし、②有能な専門家がそのなり手から離
れ得るため、コストが大きい手段である[442]。

　これに対して、社外取締役に対する報酬の付与は、少なくとも以下の4点で
個人責任の賦課よりも望ましいといえる[443]。①社外取締役にその過失に基づい
て責任が賦課されると、その責任が社外取締役の資産や報酬に対して過大にな
ること、②社外取締役には経営者に対する監視だけでなく事業上の意思決定に
関する助言者としての役割も期待されるが、個人責任の賦課によって監視を動
機づけると、助言者としての機能が低下すること、③社外取締役は個人という
よりもむしろ小さなグループで集合的に行為していること、④おそらくは最も
重要なことであるが、社外取締役が何をすべきかを事前に正確に規定すること
が難しいこと、である[444]。

(4) Strine, Hamermesh, Balotti & Gorris（2010 年）

　Strineらは、*Stone v. Ritter* 事件判決[445]を踏まえ、独立取締役は、注意義務を
履行するという誠実な努力についての意識的な失敗があり、裁判所がこれを忠
実義務違反と認める場合にのみ、監督義務違反による責任を賦課され得るべき
であるとした[446]。

　取締役が定款免責規定や経営判断原則の推定によりその注意義務違反による
責任を免れる下で、このStineらの見解のように、取締役に対する責任の賦課

---

[440]　Assaf Hamdani & Reinier Kraakman, *Rewarding Outside Directors*, 105 MICH. L. REV. 1677 (2007).
同論稿を検討したものとして、飯田・前掲注373）、特に44頁〜61頁参照。

[441]　Hamdani & Kraakman, *supra* note 440, at 1678.

[442]　*Id.* at 1679.

[443]　*Id.* at 1709-10.

[444]　*Id.*

[445]　前述本款第2項5(3)参照。

[446]　Leo E. Strine, Jr., Lawrence A. Hamermesh, R. Franklin Balotti & Jeffrey M. Gorris, *Loyalty's Core Demand: The Defining Role of Good Faith in Corporation Law*, 98 GEO. L.J. 629, 629-30, 695-96 (2010).

は、これらによる免責や会社補償を行うことが否定される誠実義務違反や忠実義務違反の問題として論じられてきている[447]。

5 小括と検討

経営者の責任については、経営判断原則の推定による保護が特に問題になり、経営判断の結果を裁判所が事後的に評価し、これに基づいて経営者に責任を負わせることが最適でないことが明確にされている。監督者の責任については、*Smith v. Van Gorkom* 事件判決[448] 後、社外取締役に対する責任の賦課を一般的かつ積極的に肯定する見解は支持を得ていないものと見受けられる。

第3款　第三者に対する責任——不実開示の場面を例として

第1項　序

デラウェア州最高裁判所は、2004 年の *Tooley* 事件判決[449] で、直接訴訟と派生訴訟を区別する際の手がかりを示し、株主による取締役に対する直接の損害賠償請求と解される場合をより明確にした[450]。その後、2007 年の判決[451] が、

---

[447] 誠実義務とその理論的位置づけについても研究が深められている。*E.g.*, Eisenberg, *supra* note 373.

[448] 前述本節第 2 款第 2 項 3(1)参照。

[449] Tooley v. Donaldson, Lufkin & Jenrette, Inc., 845 A.2d 1031 (Del. 2004). 評釈として、志谷匡史「株主訴訟と special injury 概念」近藤=志谷編著・前掲注 390) 340 頁以下（初出は商事法務 1753 号 64 頁以下〔2005 年〕）がある。

[450] 845 A.2d. at 1035-39. 具体的には、両者の区別は、主張された損害を誰が——会社であるかまたは訴訟を提起している個々の株主であるか——被ったのか、および誰が当該損害の回復やその他の救済の利益を享受するであろうか、という問いにのみ基づく分析としてされるべきであるとした。*Id.* at 1035. その上で、両者を区別するために、「特別損害」("special injury") という概念と、ある請求が全ての株主に均等に影響する場合には当該訴訟が必要的に派生訴訟であるとする見解との両方を明示的に否定するとした。*Id.* at 1039. また、株主は、違反された義務が株主に対するものであり、会社に対する損害を示すことなしに自身が勝訴できることを示さなければならないとしている。*Id.*

192　第2章　アメリカ法

倒産した会社の債権者が当該会社の取締役の信認義務違反による責任を直接に追及した事案において、被告による訴訟却下の申立てを認めた原審の判断を、*Tooley* 事件判決を踏まえて是認している[452]。

このような直接訴訟には、対第三者責任としての面が生じ得るが、本款では、以下、アメリカ法の下で社外取締役が例外的に個人の出捐を伴う責任を負い得る典型的な場面であるとされており[453]、また、日本法の下でも上場会社の取締役が対第三者責任を追及される場面として典型的であると見受けられる[454]不実開示の場面を取り上げる。アメリカ法の下で、不実開示の場面では連邦法が特に問題となる[455]。

第2項　法制度の展開

1　1930年代の連邦法整備

(1)　1933年証券法

州際および外国通商においてならびに郵便を通して販売される証券の性質についての十分かつ公平な開示を提供し、かつ、その販売における詐欺を防ぐために、またその他の目的のために、1933年証券法（Securities Act of 1933）[456] が制定された。同法は、「証券」（"security"）を定義した上で（2条1号、3条参照）、

---

[451]　N. Am. Catholic Educ. Programming Found., Inc. v. Gheewalla, C.A. No. 1456-N, 2006 Del. Ch. LEXIS 164 (Del. Ch. Sept. 1, 2006), *aff'd*, 930 A.2d 92 (Del. 2007). 評釈として、志谷匡史「取締役の信認義務違反と会社債権者の責任追及」近藤＝志谷編著・前掲注390）233頁以下（初出は商事法務1844号43頁以下〔2008年〕）がある。

[452]　930 A.2d at 101-03.

[453]　前述本節第1款第2参照。

[454]　前掲第1章注230）およびこれに対応する本文を参照。

[455]　特に以下が参考になる。LOUIS LOSS, JOEL SELIGMAN & TROY PAREDES, SECURITIES REGULATION (4th & 5th ed. & 2018 Cum. Supp. last updated Dec. 2017). このほか、以下も挙げられる。JOHN C. COFFEE, JR., HILLARY A. SALE & M. TODD HENDERSON, SECURITIES REGULATION: CASES AND MATERIALS (13th ed. 2015); THOMAS LEE HAZEN, TREATISE ON THE LAW OF SECURITIES REGULATION ch. 12 (7th ed. 2016 rev. vol. 2016). 黒沼悦郎『アメリカ証券取引法［第2版・一部補訂版］』（弘文堂、2006年）。

[456]　Securities Act of 1933, Pub. L. No. 73-22, 48 Stat. 74 (1933).

その販売や購入の申込みを行う際に有効な登録届出書（registration statement）の存在を求めること（5 条 a 項）等の規制を行った。

　現在の同法[457]は、登録届出書における重要事実の不実開示または不開示に係る証券の取得者の当該登録届出書に署名した全ての者や発行会社の取締役等に対する損害賠償請求権を規定している（11 条 a 項）。すなわち、発行市場における不実開示の場面で、同法同条を根拠に発行会社の取締役の責任が追及されている。

(2) 1934 年証券取引所法

　この翌年、州際および外国通商においてならびに郵便を通して機能している証券取引所と店頭市場の規制を行い、当該取引所および市場における不公正で不正な実務を防ぐために、またその他の目的のために、1934 年証券取引所法（Securities Exchange Act of 1934）[458]が制定された。

　現在の同法[459]は、証券の購入または販売との関係で、公益としてまたは投資家の保護のために必要または適切であると SEC が規定する規制に対する違反となるあらゆる相場操縦（manipulative）となるまたは詐欺的な（deceptive）方策を用いることを違法であるとしている（10 条 b 項）。この下で、同法規則 10b-5（以下「規則 10b-5」という）[460]が規定されている。流通市場における不実開示の場面で、これらに基づいて発行会社の取締役の責任が追及されている。

---

[457]　Securities Act of 1933, 15 U.S.C. §§ 77a-77aa (2018).
[458]　Securities Exchange Act of 1934, Pub. L. No. 73-291, 48 Stat. 881 (1934).
[459]　Securities Exchange Act of 1934, 15 U.S.C. §§ 78a-78pp (2018).
[460]　17 C.F.R. § 240.10b-5 (2018).

194   第2章 アメリカ法

2 1990年代の連邦法整備

(1) 1995年私的証券訴訟改革法

その後、連邦での証券訴訟を改革するために、またその他の目的のために、1995年私的証券訴訟改革法(Private Securities Litigation Reform Act of 1995)[461] が制定された[462]。同法は、特に①証券詐欺訴訟において原告が主張すべき事項の厳格化（同法101条b項が1934年証券取引所法に加えた21D条b項）、②原告における代表者の選任の規定（同じく21D条a項3号）、③責任の割合による求償の規定(同法201条a項が1934年証券取引所法21D条に加えたg項8号)[463] 等の改正を行っている[464]。

(2) 1998年証券訴訟統一基準法

州法に基づく証券クラス・アクションの遂行を制限するため1933年証券法および1934年証券取引所法を改正するために、またその他の目的のために、1998年証券訴訟統一基準法（Securities Litigation Uniform Standards Act of 1998）[465] が

---

[461] Private Securities Litigation Reform Act of 1995, Pub. L. No. 104-67, 109 Stat. 737 (1995).

[462] この背景については、①証券クラス・アクションの機能不全が会社とその株主の損害につながったことが影響しているとする見方と、②政治的事情が働いたとする見方との2つの異なる見方が指摘されている。Joel Seligman, *Rethinking Private Securities Litigation*, 73 U. CIN. L. REV. 95, 95 (2004).

[463] この下で、裁判所が証券クラス・アクションにおける発行会社とその役員の内部負担割合を認定している（神田＝中原＝中江＝武井・前掲第1章注107）20頁［武井一浩発言］参照）。この同法21D条g項の下で、被告が故意に証券法に違反した場合にのみ、その判決額について各自連帯して責任を負うものとされ（同項2号(A)）、この場合を除き、被告はその判決額に対応する自身の責任の割合についてのみ比例責任（proportionate liability）を負うものとされた（同項2号(B)）。当該改正により、例えば証券クラス・アクションにおいて社外取締役が被告に含まれている場合、当該社外取締役に故意が認められない限り、他の被告との間で連帯責任が生じず、当該社外取締役の責任が自身の寄与したところのみに限定され、かつ、当該責任を超えて他の被告から求償されることが否定されたといえる（同項5号(C)）。また、同法201条b項が1933年証券法11条f項に2号(A)を加え、1933年証券法11条e項に基づく社外取締役の責任が、1934年証券取引所法38条に即して決定されるものと規定している。

[464] 同法が、証券クラス・アクションの被告から社外取締役を除いた面があるとの指摘がある（後掲注466）参照）。

[465] Securities Litigation Uniform Standards Act of 1998, Pub. L. No. 105-353, 112 Stat. 3227 (1998).

制定された。同法は、州裁判所に提起された一定のクラス・アクションが連邦
地方裁判所に移送され得るものとするとした（同法 101 条 a 項が改めた 1933
年証券法 16 条 c 項および同じく b 項 1 号が加えた 1934 年証券取引所法 28 条 f
項 2 号）。

第 3 項　裁判所の判断──BCK の指摘と分析の視点

以下、BCK の指摘を踏まえ、発行市場および流通市場における不実開示の場
面での裁判所の判断を分析する。

1　1980 年～2005 年

BCK は、社外取締役が個人の出捐を伴う責任を負い得る例外的な場面が発行
市場における不実開示の場面であるとし[466]、これは、証券の公募との関係で会
社が開示書類を発行する場合、社外取締役が単純な過失基準に服しているため
であるとした[467]。

BCK はまた、1980 年から 2005 年までの期間に連邦および州の証券法（1933
年証券法と 1934 年証券取引所法を含む）に基づいて発行会社やその取締役の責
任が追及され、これが審理で争われた事案が 25 件あるとし、このうち社外取締

---

[466]　前掲注 236）および前述本節第 1 款 2(4)参照。アメリカの証券クラス・アクションにおいて、
社外取締役が被告に含まれる場合は多くないようである。例えば詐欺を理由に役員個人を被告と
して提起された 82 件の証券クラス・アクションの中で、社外取締役が被告に含まれているのは
約 4 分の 1 となる 21 件であるとの分析がある。Robert B. Thompson & Hillary A. Sale, *Securities Fraud
as Corporate Governance: Reflections upon Federalism*, 56 VAND. L. REV. 859, 896 tbl.3 (2003). このよ
うな状況の背景として、1995 年私的証券訴訟改革法が、訴答の要件として詐欺を強く推認させる
事情を原告が立証する必要があるとしたところ、社外取締役についてはこの立証が非常に難しい
ことがあるとの指摘がみられる。John C. Coffee, Jr., *Reforming the Securities Class Action: An Essay on
Deterrence and Its Implementation*, 106 COLUM. L. REV. 1534, 1549 (2006). 社外取締役は経営者が認識
している日常的な事項に係る事実を典型的には認識していないため、特に原告が開示手続
（discovery）を得る前に社外取締役に詐欺を認めるのは容易でないと指摘されている。*Id.*

[467]　*Outside Director, supra* note 209, at 1075, 1078; *Policy Analysis, supra* note 212, at 11.

196　第2章　アメリカ法

役が被告に含まれたものが7件あるとした[468]。当該7件のうち、6件[469]が公
刊されており、当該6件のうち5件で原告が勝訴しておらず[470]、1件で原告が
勝訴したものの、被告である社外取締役は自身が務める投資銀行から補償され
たとした[471]。

　BCKによるこれらの件数は、審理に至った事案が対象であり、審理前の取締
役による訴訟却下の申立てに対するサマリー・ジャッジメント（summary
judgment）[472]が問題となった当該期間における事案で、社外取締役が被告に含
まれているものは別にみられる[473]。

---

[468]　*Outside Director, supra* note 209, at 1146-51. 当該7件と別に、判決が出される前に審理で和解
した事案も1件あるとしている。*Id.* at 1146.

[469]　Panter v. Marshall Field & Co., 486 F. Supp. 1168 (N.D. Ill. 1980), *aff'd*, 646 F.2d 271 (7th Cir. 1981)
（原告が勝訴せず）; Radol v. Thomas, 772 F.2d 244 (6th Cir. 1985)（原告が勝訴せず）; NL Indus. v.
Lockheed Corp., No. CV 90-1950-RMT(Sx), 1992 U.S. Dist. LEXIS 22650 (C.D. Cal. May 29, 1992)（原
告が会社に対して勝訴したものの取締役に対して勝訴せず）; Grassi v. Info. Res., Inc., 63 F.3d 596
(7th Cir. 1995)（原告が勝訴せず）; *In re* Biogen Sec. Litig., 179 F.R.D. 25 (D. Mass. 1997);（原告が勝
訴せず）; Forge v. Nat'l Semiconductor, No. CV770082, 2000 WL 1591422 (Cal. Super. Ct. July 11, 2000)
（原告が勝訴せず）. *See Outside Director, supra* note 209, at 1147 nn.297 & 298, 1148 nn.309 & 312,
1150 nn.322 & 325.

[470]　*Outside Director, supra* note 209, at 1146.

[471]　*Id.* at 1146, 1148 n.306. ただし、BCKは、その分析がインタビューに基づくため、分析対象期
間初期におけるものを中心に、この「25件」や「7件」という件数が完全なものではないという
可能性を示唆している。*Id.* at 1146. BCKは、さらに、連邦証券法に基づいて発行会社やその執行
役員や取締役の責任が追及され、審理で和解した事案として9件を挙げ、このうち3件では、会
社が倒産しており、かつ、社外取締役が被告に含まれていたため、仮に判決が出されてその損害
賠償金額がD&O保険の填補責任限度額を上回っていたならば、社外取締役個人の出捐につなが
り得たとしている。*Id.* at 1152-54.

[472]　「サマリー・ジャッジメント」については、「略式判決」との訳語もみられるが、この意味
は「正式事実審理を経ないでなされる判決」であるため、「略式判決」との訳語を通常の日本語
として理解したときの語義がこれと著しく異なるとの指摘がされている（田中英夫『英米法のこ
とば』172頁〔有斐閣、1986年〕）。併せて、溜箭将之『英米民事訴訟法』185頁（東京大学出版
会、2016年）参照。

[473]　*E.g.*, Greene v. Emersons, Ltd., 86 F.R.D. 66 (S.D.N.Y. 1980)（後掲注530）参照）; Decker v.
Massey-Ferguson Ltd., 681 F.2d 111 (2d Cir. 1982); *In re* Par Pharm. Inc. Sec. Litig., 733 F. Supp. 668
(S.D.N.Y. 1990)（後掲注556）およびこれに対応する本文を参照）; *In re* Sahlen & Assocs., Inc. Sec.
Litig., 773 F. Supp. 342 (S.D.Fla. 1991)（後掲注556）およびこれに対応する本文を参照）.

BCK が分析した 1980 年から 2005 年という期間に、「監督する取締役会」が確立されるとともに[474]、証券クラス・アクションにおいては判例の明確性がさらに高まっている。また、発行会社の損害を填補する Side C（entity coverage）の D&O 保険が 1995 年に導入されたとの指摘がある[475]。

2 2006 年以降

BCK の分析対象期間後となる 2006 年以降も、BCK の分析は妥当するようである。BCK が参考にした調査の新しい版では、訴訟却下か和解がされ、審理や判決に至る事案が限られるという点が不変のようである[476]。具体的には、当該調査は、1995 年私的証券訴訟改革法[477] の制定後に提起された約 5,000 件の証券クラス・アクションのうち、審理に至った事案が 21 件（発行会社が被告である場合を含む）であり、このうち判決等に至った事案が 16 件であるとしている[478]。

---

[474] 前述本章第 1 節第 1 款第 6 項参照。

[475] 後掲注 791）およびこれに対応する本文を参照。

[476] STEFAN BOETTRICH & SVETLANA STARYKH (NERA ECONOMIC CONSULTING), RECENT TRENDS IN SECURITIES CLASS ACTION LITIGATION: 2016 FULL-YEAR REVIEW 41 (2017), http://www.nera.com/content/dam/nera/publications/2017/PUB_2016_Securities_Year-End_Trends_Report _0117.pdf （この点の分析は当該調査の最新版〔前掲注 215）参照〕には掲載されていないため、その前の版を参照している）.

[477] 前述本款第 2 項 2(1)参照。

[478] BOETTRICH & STARYKH, *supra* note 476, at 41.

198 第2章 アメリカ法

当該 21 件のうち、2006 年以降に審理が開始された事案は 8 件[479) であるとされ
ている[480)。

3 分析の視点

BCK は、以下の通り指摘している[481)。

〔連邦証券法に基づく責任に関して、〕仮に登録届出書に重要な不実記載や不
記載がある場合、1933 年証券法 11 条は、取締役は、〔いわゆる〕デュー・ディ
リジェンスの抗弁（due diligence defense）に成功しない限り、証券の購入者に
対して責任を負うと規定している[482)。この抗弁に成功するために、取締役は、
①自身が合理的な調査（reasonable investigation）を行ったこと、②登録届出書
の中で専門家の権能に基づく部分に関して、自身がいかなる情報も不実である
と信じる合理的な根拠（reasonable ground）がなく、かつ、実際にそのように信
じていなかったこと、③登録届出書の中でその他の部分に関して、自身が当該
登録届出書が真正であると信じる合理的な根拠があること、を立証しなければ

[479) ①*In re* JDS Uniphase Corp. Sec. Litig.事件（第 9 巡回区、被告に有利な判断が 2007 年に示され
たが、未決着）、②*In re* American Mutual Funds Fee Litig.事件（第 9 巡回区、被告に有利な原審判決
を控訴裁判所が 2011 年に是認）、③*In re* Homestore.com, Inc. Sec. Litig.事件（第 9 巡回区、原告に
有利な判断が 2011 年に示されたが、未決着）、④*In re* Apollo Group, Inc. Sec. Litig.事件（第 9 巡回
区、被告に有利な原審判決が控訴裁判所で覆り、最終的に 2012 年に和解）、⑤*In re* BankAtlantic
Bancorp, Inc. Sec. Litig.事件（第 11 巡回区、被告に有利な原審判決を控訴裁判所が 2012 年に是認）、
⑥*In re* Longtop Fin. Techs. Sec. Litig.事件（第 2 巡回区、2014 年に審理が開始、原告に有利な判断
が示されたが、未決着）、⑦*In re* Vivendi Universal, S.A. Sec. Litig.事件（第 2 巡回区、様々な判断が
2009 年に示されたが、未決着）、⑧Jaffe v. Household Int'l Inc.事件（第 7 巡回区、様々な判断が 2009
年に示されたが、未決着）。BOETTRICH & STARYKH, *supra* note 476, at 41.

[480) BOETTRICH & STARYKH, *supra* note 476, at 41. なお、当該調査の最新版によれば、規則 10b-5、1933
年証券法 11 条、同法 12 条違反を根拠とする証券クラス・アクション（合併に反対する類型の訴
訟を除く）は、2008 年から 2017 年までの期間に、多い年で 218 件（2008 年）、少ない年で 129
件（2010 年）提起されている。BOETTRICH & STARYKH, *supra* note 215, at 5 fig.3. 2000 年から 2007 年
までの期間については、以下に掲載されている。BOETTRICH & STARYKH, *supra* note 476, at 5 fig.3.

[481) *Outside Director, supra* note 209, at 1078-79.

[482) （紹介者注）Securities Act of 1933 § 11(a)(2), (b)(3), 15 U.S.C. § 77k(a)(2), (b)(3) (2018).

ならない。「合理的な調査」および「合理的な根拠」は、過失基準に基づいて判断される。このため、事実上、社外取締役は 1933 年証券法 11 条に基づく過失基準——1934 年証券取引所法 10 条 b 項に基づいて適用される責任基準や州会社法に基づく信認義務違反が問題となる事案において適用される責任基準よりも原告に実質的に有利なものである——に服している。[483]

1934 年証券取引所法 10 条 b 項に基づき、原告は、重要な不実開示に責任を負う被告に欺罔の意図（scienter）があることを立証しなければならない[484]。欺罔の意図の定式は控訴裁判所により異なるが、欺罔の意図は、当該真正さに関して高度の無謀を最低限要求するものであると一般的に理解されており、それは、真正さの意識的な無視や不真正さの意識的な知識〔を有していること〕に近づくものである。1934 年証券取引所法 10 条 b 項に基づいて提起される訴訟に対する被告による却下の申立ては、「要件とされている認識の状態を有して被告が行為したという強い推認を生じさせる特定の事実」を原告が訴答しない限り、認められる。[485]

1934 年証券取引所法 10 条 b 項に基づく訴訟における訴答段階でのこの強い推認の要件は、社外取締役に対して訴訟を提起しようとする原告にとって実質的な障害になる。開示手続の利益がない場合、1934 年証券取引所法 10 条 b 項に基づいて要求される欺罔の意図を当該取締役が有していたという請求を支える特定の事実を原告は主張しなければならない。[486]

以上が BCK の指摘である。すなわち、発行市場における不実開示の場面では、1933 年証券法 11 条を根拠とする責任追及が特に問題になるが、この場面で判決が社外取締役の責任を認めないことの背景として、特にデュー・ディリジェンスの抗弁が重要である。また、流通市場における不実開示の場面では、

---

[483] *Outside Director, supra* note 209, at 1078.

[484] （紹介者注）*See* Securities Exchange Act of 1934 § 10(b), 15 U.S.C. § 78j(b) (2018); Exchange Act Rule § 10b-5, 17 C.F.R. § 240.10b-5 (2018). 本文の要件は、これらに規定されているわけではなく、判例によるものである（後掲注 539）およびこれに対応する本文を参照）。

[485] *Outside Director, supra* note 209, at 1078-79.

[486] *Id.* at 1079.

200　第2章　アメリカ法

1934年証券取引所法10条b項および規則10b-5を根拠とする責任追及が特に
問題になるが、この場合に判決が社外取締役の責任を認めないことの背景とし
て、被告の主観的要件としての欺罔の意図の立証が原告に要求されていること
が重要である。そこで以下、これらが具体的にどのようなものであり、また、
どのように形成されたのかについて、裁判所の判断を中心に分析する。その際、
BCKの分析対象期間前となる1979年以前の状況も分析する。

第4項　発行市場における不実開示の場面──裁判所の判断を中心に

1　1979年以前

　まず、発行市場における不実開示の場面について、1979年以前の裁判所の判
断を分析する。

(1)　*Escott v. BarChris Construction Corp.*事件判決(1968年)[487]
　発行市場における不実開示に係る1979年以前の裁判所の判断の中で、ニュー
ヨーク州南部地区連邦地方裁判所による 1968 年の *Escott v. BarChris
Construction Corp.*事件判決が特に重要である[488]。
　[事実]　ボーリングセンター等の建設を行っていた会社(BarChris Construction
Corp.)が、1961年5月を効力発生日とする登録届出書に基づいて転換社債を発

---

[487]　Escott v. BarChris Constr. Corp., 283 F. Supp. 643 (S.D.N.Y. 1968). 早期の紹介として、神崎克郎
「Escott v. BarChris Construction Corp., 283 F. Supp. 643 (S.D.N.Y. 1968)──原告が被告会社の社債を
購入するにさいして、目論見書に重大な虚偽の表示および不開示があったため損害を被り、かつ、
被告会社が注意義務を果たしたことを立証できずまた原告の損害が重大な虚偽の表示、不開示以
外の要素によって生じたことを立証できなかったため、被告会社に損害賠償責任ありとされた事
例」アメリカ法 1970-1 号 93 頁以下（1970 年）参照。
[488]　被告の合理的調査の抗弁について論じた最初の判決として今後の登録届出書の作成に重要
な影響を及ぼすものであって非常に重要な判決であるとの指摘がある（神崎・前掲注487）97 頁
〜98 頁）。

第 2 節 上場会社の経営者と監督者の義務と責任 **201**

行した後、1962 年 10 月に倒産した[489]。当該転換社債の買主が、当該登録届出書に重要な不実記載と不記載があることを理由として、1933 年証券法 11 条を根拠に、①登録届出書に署名した者（当該発行会社、取締役兼執行役員 5 名、執行役員でない取締役 4 名、取締役でない執行役員 1 名）、②投資銀行 8 社からなる引受人および③当該発行会社の会計監査人を被告としてそれらの責任を追及した。これに対して、被告がデュー・ディリジェンスの抗弁を行った[490]。

［判旨］　被告による訴訟却下の申立てを否定した（McLean 裁判官）[491]。登録届出書に署名した者について、デュー・ディリジェンスの抗弁の可否を判断する際に、まず、専門家の権能に基づく部分とそれ以外の部分との区別に関して、誰が「専門家」であるかや両者の区別について被告の間で意見が一致していないが[492]、弁護士が作成に関与しているがゆえに登録届出書の全てが専門家の権能に基づく部分であるとするのは制定法の非合理的な解釈であり、1933 年証券法 11 条における専門家の権能に基づく部分とは、当該発行会社の会計監査人の権能に基づく部分であるとした[493]。次に、被告がその抗弁を立証できているかどうかを被告ごとに判断した上で、いずれもその抗弁が認められないとした[494]。

---

[489]　283 F. Supp. at 652-54.

[490]　*Id.* at 652.

[491]　*Id.* at 707.

[492]　*Id.* at 683.

[493]　*Id.* その上で、登録届出書の中でどの部分が専門家の権能に基づく部分であるかについても当事者間で意見が一致していないが、1960 年 12 月 31 日時点での当該発行会社およびその連結子会社の連結貸借対照表と、これに関連する 5 年間の損益計算書と内部留保のみが、当該会計監査人が監査証明を行っている全てであり、これらを、専門家の権能に基づく部分と解すべきであるとした。*Id.* at 683-84.

[494]　*Id.* at 684-92. 具体的には、以下の通りである。まず、①当該取締役兼執行役員 5 名（Russo 氏〔CEO〕、Vitolo 氏〔社長〕、Pugliese 氏〔副社長〕、Kircher 氏〔CFO〕および Birnbaum 氏〔秘書役〕）については、不実記載を知っていたか（Russo 氏、Kircher 氏および Birnbaum 氏）、または執行委員会のメンバーであったにもかかわらずいかなる調査も行っていない（Vitolo 氏および Pugliese 氏）として、いずれもその抗弁を否定した。*Id.* at 684-85, 686-87. また、②当該執行役員でない取締役 4 名（Grant 氏〔弁護士〕、Coleman 氏〔引受人の主幹事証券会社のパートナー〕、Auslander 氏〔いわゆる社外取締役〕および Rose 氏〔同〕）のうち、<u>Grant 氏</u>については、その務める法律事務所が当該発行会社の顧問であり、同氏が登録届出書の作成に関与しているところ、

202 第2章 アメリカ法

[検討] 本判決は、1933年証券法11条における専門家の権能に基づく部分を、当該発行会社の会計監査人の権能に基づく部分で、かつ、当該会計監査人が監査証明を付した財務諸表の部分であると解している。この下で、デュー・ディリジェンスの抗弁の可否を被告ごとに判断し、専門家の権能に基づく部分については信頼の抗弁を認めている場合もあるものの、そうでない部分につい

専門家の権能に基づく部分についてはこれを信頼することが認められるが、そうでない部分については、合理的な調査を行う義務があったところ、容易に行うことができたところの調査を行わなかったため、合理的な調査を行ったとは認められないとした。*Id.* at 689-92. Coleman 氏については、当該主幹事証券会社が引受けを行うかどうかを決定するために予備的な調査を行っているものの、専門家の権能に基づく部分でない部分については、同氏が取締役に就任後何も調査を行っておらず、その弁護士を信頼して検証を委ねたところ、その〔代理人である〕弁護士の失敗について〔本人である〕Coleman 氏が責任を負うべきであり、その抗弁は認められないとした。*Id.* at 692-97. Auslander 氏について、専門家の権能に基づく部分については、同氏が他社の取締役会議長であり、本件で被告となっている当該会計監査人が当該他社の会計監査人でもあったことから、本件で専門家の権能に基づく部分については、同氏の信頼がその抗弁として認められるものの、そうでない部分については、当該会計監査人が全ての計数について責任を負うとの印象を同氏が抱いていたように思われることや、当該 CEO や当該社長を同氏が信頼していたこと、資金調達の直前に同氏が取締役に就任したこと等が認められるものの、イギリスの判例には取締役が目論見書を読んでおらずそれについて何も知らない下で業務執行取締役を信頼した取締役に不実開示に対する責任があるとしたもの（*Adams v Thrift* [1915] 1 Ch 557 (Ch), affd [1915] 2 Ch 21 (CA).）がみられ、また、1933年証券法11条はこれに基づく責任を判断する際に取締役がどれだけ新任であるかを考慮要素としておらず、同氏は事実を調査するために慎重な者が自身の財産を管理する際に用いるであろうところの合理的な注意を用いることによってのみその責任を免れ得るが、慎重な者であれば、関連する事実についていかなる知識もなしに、あまりよく知らない者の表明やこの特定の事案を含むことを意図していない一般的事実のみに基づいて重要な事項について行為しないであろうとして、その抗弁を否定した。283 F. Supp. at 687-89. また、Rose 氏については、その地位が Auslander 氏に類似するものであるところ、同氏はたんに当該会計監査人と当該発行会社の執行役員を信頼して当該登録届出書が真正であると信じ、何も調査を行わなかったため、Auslander 氏について述べたところは同様に Rose 氏についても妥当するとして、専門家の権能に基づく部分ではない部分についてその抗弁を否定した。*Id.* at 689. さらに、③取締役でない執行役員（Trilling 氏〔会計検査担当者で財務執行役員〕）については、専門家の権能に基づく目論見書の部分に関してそれが不実であると信じる合理的な根拠がなかったことを立証できておらず、また、そうでない目論見書の部分に関して、何も調査を行っていないように思われるため、それが真正であると信じる合理的な根拠を有することになるところの合理的な調査を行ったことを立証できていないとして、その抗弁を否定した。*Id.* at 685-86.

ては合理的な調査を行っていないとしてそのデュー・ディリジェンスの抗弁を否定している[495]。

(2) *Feit v. Leasco Data Processing Equipment Corp.* 事件判決（1971 年）[496]

［事実］　他社株式の交換買付（exchange offer）に際して、投資家が、1933 年証券法 11 条等に基づき、登録届出書の重要な不実開示と不開示を理由に、発行会社とその取締役 3 名（CEO、社長および社外取締役各 1 名）等の責任を追及するクラス・アクションを提起し、デュー・ディリジェンスの抗弁の可否が問題となった[497]。

［判旨］　*BarChris* 事件判決を踏まえつつ[498]、個人の特性等に応じて求められる「合理的な調査」等が異なるとし[499]、取締役の特性を考慮した上で[500]、当

---

[495] このため、専門家の権能に基づく部分ではない部分について、執行役員や取締役が何をすれば合理的な調査を行ったとしてその抗弁を認めるのかを本判決が判例として必ずしも明確にしたわけではない。*See* Louis Loss, *The Opinion*, 24 Bus. Law. 527, 531 (1969)（本件において裁判所が決定しなければならなかった全ては、取締役が行ったことが十分でないということであり、他の事件において何が十分と判断されるかは分からないとする）. *See also* Ernest L. Folk, III, *Civil Liabilities Under the Federal Securities Acts: The BarChris Case Part I—Section 11 of the Securities Act of 1933*, 55 Va. L. Rev. 1 (1969); Ernest L. Folk, III, *Civil Liabilities Under the Federal Securities Acts: The BarChris Case Part II—The Broader Implications*, 55 Va. L. Rev. 199 (1969)（両論稿は、デュー・ディリジェンスの抗弁を始めとする本判決の判断を詳細に検討した上で、結論として、①登録届出書の作成および証券法によって影響される多くの他の分野における注意の基準が実務上より厳格なものになりそうであること、②より高度なディリジェンスの基準への懸念から会社補償の活用が増加し、このことが、証券法違反による責任に対して補償する際の許容される制約についての司法上の再評価を不可避的に求めることになるであろう等とする）.

[496] Feit v. Leasco Data Processing Equip. Corp., 332 F. Supp. 544 (E.D.N.Y. 1971).

[497] *Id*. at 549-50, 575-81.

[498] 前述本項 1(1)参照。本判決は、デュー・ディリジェンスの抗弁がそれ以前に問題となった裁判例は限られており、これをある程度の長さで検討したものとしては *BarChris* 事件判決における McLean 裁判官の判示が見当たるのみであると述べている。*Id*. at 576.

[499] 具体的には、以下の通り述べている。何が「合理的な調査」および「信じる合理的な根拠」を構成するかは、個人の関与の度合い、その専門性、および関連する情報とデータへのその者のアクセスによって異なるものである。*Id*. at 577. ある取締役にとって合理的であることがそれらの異なる地位によって他の取締役にとっては合理的でないことがあり得る。*Id*. at 577-78.

[500] *Id*. at 578.

204　第 2 章　アメリカ法

該取締役 3 名はいずれも合理的な調査を行う義務を果たしておらず、かつ、問題となった不開示が正当化されると信じる合理的な理由がないとしてそれらの抗弁を否定し[501]、発行会社と共同して各自責任があるとした（Weinstein 裁判官）[502]。

　［検討］　本判決は、社外取締役を含む取締役のデュー・ディリジェンスの抗弁を否定し、取締役の責任を認めている。本件において、本判決後、発行会社が取締役に求償せずに補償することが公序（public policy）の観点から認められるかどうかが問題になったとの指摘がある[503]。

(3)　検討

　1979 年以前には、発行市場における不実開示の場面におけるデュー・ディリジェンスの抗弁の可否について、連邦地方裁判所がその採られた具体的な行為に応じて社外取締役を含む個々の取締役ごとにこれを判断している。以下、1980 年以降の展開を分析する。

---

[501]　*Id.* at 578-81. その際に、適切な調査の欠如として、①当該他社の重要な流動資産（surplus surplus）の計算を、当該発行会社の副社長（Gibbs 氏）によるものと別に、当該取締役 3 名を含む社内の誰も得ようとしなかったこと、②保険コンサルタントによる見積もりを当該発行会社の誰も依頼しなかったこと、③当該発行会社の従業員に対し誰も計算を依頼しなかったこと、④当該社外取締役は自身の法律事務所の弁護士に対し、計数を得ようと試みるよう命じなかったこと、⑤計数を容易に算出できる者（当該他社の社長である Roberts 氏）に対し誰も調査を行わなかったこと、を挙げている。*Id.* at 580-81.

[502]　*Id.* at 581, 588.

[503]　Joseph W. Bishop, Jr., *New Problems in Indemnifying and Insuring Directors: Protection Against Liability Under the Federal Securities Laws*, 1972 DUKE L.J. 1153, 1161-64 (1972). 具体的には、当該発行会社は、本判決が認めた責任について、全額を自社が負担し当該取締役 3 名に求償はしないつもりであることを伝えた上で、取締役に補償しても公序に反しないとの認定を裁判所に求めたようである。*See id.* at 1161-62. SEC はこれに反対の立場であり、最終的に、当該取締役 3 名の合計で 5,000 ドルという比較的少額を取締役が当該発行会社に対して支払うという合意により公序に反しないと裁判所は判断したようである。*See id.* at 1164.

2 1980 年〜2005 年

(1) 証券法規則 176 条（1982 年）

SEC は、*BarChris* 事件判決[504] および *Leasco* 事件判決[505] を踏まえつつ[506]、1933 年証券法 11 条の下で合理的な調査および信頼への合理的な根拠を何が構成するかについての決定に影響を与える状況を 1982 年にその証券法規則 176 条でより具体化した[507]。

---

[504] 前述本項 1(1)参照。

[505] 前述本項 1(2)参照。

[506] Treatment of Information Incorporated by Reference Into Registration Statements, 46 Fed. Reg. 42015, at *42020, *42022 (proposed Aug. 18, 1981) (to be codified at 17 C.F.R. pt. 230) (1981 WL 119424). SEC は、1933 年証券法 11 条の下で、被告の行動の合理性に影響を与える状況を特定することを提案し、それを例示している。*Id.* at *42021-22. 具体的には、以下の通りである。①発行会社の種類、②証券の種類、③〔被告である〕者（person）の種類、④〔被告である〕者が執行役員である場合の職務、⑤〔被告である〕者が取締役または取締役候補者である場合の発行会社に対する他の関係の存在または不存在、⑥他の者に対する合理的な信頼、⑦引受契約の種類と引受人である特定の者の役割および⑧設立の状況。*Id.* この中で、④について、〔合理的と認められる〕調査の性質は、組織の中におけるその者の地位と責任に基づいてある程度異なるであろうとしている。*Id.* at *42022. また、⑤について、当該不開示または不実記載を生じさせるあらゆる事項との関係での専門性、知識または責任を含む発行会社との間での他の関係を有する取締役は、特別な知識や追加的な責任を有しない社外取締役よりも高い調査と信頼の基準を有すると考えられることを *BarChris* 事件判決が明確にしたことを踏まえ、〔調査に関する〕合理性の基準は〔その者の特性に応じて〕異なるべきであることを認めるものであるとしている。*Id.* ⑥について、受認者が個人的に履行するものとすることを要求することが合理的でない行為の履行を他者に委ねることは許容され、このことは当該行為の性質が受認者自身によっては保有されない専門的な技能や能力を含む場合に特に妥当し、そのような場合、受認者による信頼は、その信頼が全ての状況の観点から合理的であるならば、受認者の責任を完全に免れさせるものになるとされている。*Id.*

[507] Adoption of Integrated Disclosure System, 47 Fed. Reg. 11380, at *11398-99, *11433-34 (Mar. 16, 1982) (to be codified at 17 C.F.R. pt. 230) (1982 WL 126544). 具体的には、以下の通りである。（a 項）発行会社の種類、（b 項）証券の種類、（c 項）〔被告である〕者の種類、（d 項）〔被告である〕者が執行役員である場合の職務、（e 項）〔被告である〕者が取締役または取締役候補者である場合の発行会社に対する他の関係の存在または不存在、（f 項）執行役員、従業員、およびその義務が特定の事実（発行会社および〔開示〕書類の提出との関係での特定の者の役割と責任の観点で）についての知識を与えているべきところのその他の者に対する合理的な信頼、（g 項）〔被告である〕者が引受人である場合、引受契約の種類、引受人である特定の者の役割および〔証券の〕登録人に関する情報の利用可能性および（h 項）参照によって組み込まれた（incorporated by reference）事実または文書に関して、それによって組み込まれたところの書類の提出時における事実または

206　第2章　アメリカ法

　ここで、特に取締役については発行会社に対する他の関係の存在または不存在が規定され（同条 e 項）、また、執行役員や従業員に対する合理的な信頼が規定されたことが（同条 f 項）、1933 年証券法 11 条を根拠とする訴訟の被告から社外取締役を除いた面があると考えられる。この証券法規則 176 条は、「監督する取締役会」の確立期に制定されている。

(2)　概観

　1980 年から 2005 年を対象とする BCK の分析の中で、1933 年証券法 11 条を根拠とする訴訟が提起され、審理に至った事案のうち、判例集に登載されているものは 2 件[508] である。また、同じ事案のうち、社外取締役を被告に含むものは見当たらないとされている[509]。

　すなわち、同法同条を根拠とする訴訟は、審理に至ることが稀となっており、取締役からの訴訟却下の申立てに対するサマリー・ジャッジメントにおいて判例が形成されている。以下、このような事案で、社外取締役によるデュー・ディリジェンスの抗弁の可否が問題となったものを 2 件取り上げる[510]。

(3)　*Laven v. Flanagan* 事件判決（1988 年）[511]

　［事実］　会社の優先株を購入した株主が、当該発行会社の目論見書における不実記載と重要事実の不開示を理由として、1933 年証券法 11 条および同法 15 条を根拠に当該発行会社の社外取締役 3 名（当該発行会社の大株主である別の

文書に対して何らかの責任を有する特定の者であるかどうか。*Id.* at *11433-34. これらの規定は、現在と同じである。17 C.F.R. § 230.176 (2018). SEC による提案については、前掲注 506）参照。

[508]　Steinberg v. Chem-Tronics, Inc., 786 F.2d 1429 (9th Cir. 1986)（原告が勝訴せず）; *In re* Am. Cont'l Corp./Lincoln Sav. & Loan Sec. Litig., 140 F.R.D. 425 (D.Ariz. 1992)（被告の申立てを否定）. *Outside Director*, *supra* note 209, at 1147 n.300, 1148 n.308. *See* Abromson v. Am. Pac. Corp., 114 F.3d 898 (9th Cir. 1997)（原告が勝訴せず）; *Outside Director*, *supra* note 209, at 1149 n.317.

[509]　*Outside Director*, *supra* note 209, at 1147-51 tbl.B1.

[510]　*See, e.g.*, COFFEE, SALE & HENDERSON, *supra* note 455, at 979-80.

[511]　Laven v. Flanagan, 695 F. Supp. 800 (D.N.J. 1988).

会社の社長1名および副社長2名）等を被告としてクラス・アクションを提起した[512]。これに対して、被告がサマリー・ジャッジメントの申立てを行った。

［判旨］ 訴訟却下のサマリー・ジャッジメントを行った（Gerry 裁判官）[513]。その際、1933 年証券法 11 条に基づく当該社外取締役 3 名のデュー・ディリジェンスの抗弁を認めている[514]。

［検討］ 本判決は、社外取締役には社外取締役でない取締役よりも緩やかな調査義務が課されているとした上で、当該 3 名の社外取締役が合理的な調査を行ったとしている。

---

[512] Id. at 803-04, 805-06. 本件では、このほか、公募の引受人（Merrill Lynch）から株式を購入した株主により、1933 年証券法 12 条 2 号を根拠に、同じ者を被告として、当該引受人の同条違反を幇助・教唆（aiding and abetting）したことによる責任を追及するクラス・アクションが、また、当該発行会社の普通株式を購入した株主により、1934 年証券取引所法 10 条 b 項、同法 20 条および規則 10b-5 を根拠に同じ被告の幇助・教唆責任を追及するクラス・アクションが、それぞれ提起され、いずれも訴訟却下のサマリー・ジャッジメントが行われている。Id. at 803.

[513] Id. at 803.

[514] Id. at 811-12. 具体的には、以下の通りである。当該社外取締役 3 名は、合理的な調査を行ったというデュー・ディリジェンスを立証することで 1933 年証券法 11 条に基づく責任を免れることができ、そのような調査を行う際に、取締役はその指揮命令下にある者の表明を合理的に信頼することができる。しかし、登録届出書の真正さに関する誠実な信頼を有しているだけでは不十分であり、当該信頼は客観的な基準に基づいて合理的であると認められなければならない。Id. at 811. 当該 3 名には、社外取締役として、会社について詳細な知識を有する社外取締役でない取締役よりも緩やかな義務が綿密な調査を行う義務について課されている。当該発行会社の経営者の表明に対する当該 3 名の信頼は非合理といえるものではなく、このことはその信頼が会計事務所（Price Waterhouse）や当該引受人によって裏づけられている場合に特に妥当する。当該 3 名は当該発行会社の取締役に就任後、公募までの間に当該発行会社の活動に関する知識を高めるよう積極的に働いた。それは完全ではないものの、その活動は、デュー・ディリジェンスの抗弁が否定された BarChris 事件判決〔前述本項1(1)参照〕における会社の経営者に対する受動的で完全な信頼からは程遠いものであった。このため、登録届出書の真正さを検証するための合理的な努力がされていたと考える。Id. at 812.

208　第2章　アメリカ法

(4) *Weinberger v. Jackson* 事件判決（1990 年）[515]

［事実］　投資家が 1933 年証券法 11 条を根拠に発行会社の社外取締役 1 名を被告としてその責任を追及する訴訟を提起した[516]。これに対して当該社外取締役がサマリー・ジャッジメントの申立てを行った。

［判旨］　当該社外取締役に対する請求について、当該社外取締役に有利なサマリー・ジャッジメントを行った（Legge 裁判官）[517]。その際、当該社外取締役のデュー・ディリジェンスの抗弁を認めている[518]。

［検討］　本判決は、社外取締役の経営者に対する信頼を認めるとともに、取締役として合理的に得た会社の知識と目論見書の記載が一貫している限り、目論見書の記載事項について経営者に特別な照会を行うという義務を社外取締役が負うわけではないとしている。

---

[515]　Weinberger v. Jackson, No. C-89-2301-CAL, 1990 U.S. Dist. LEXIS 18394 (N.D. Cal. Oct. 12, 1990).

[516]　*Id.* at *1-2, *9-12. 本件では、このほか、1933 年証券法 12 条 2 号、1934 年証券取引所法 10 条 b 項および規則 10b-5 を根拠とする責任追及もされており、引受人の責任も追及されている。*Id.* at *1-2, *6-9.

[517]　*Id.* at *12.

[518]　*Id.* at *10-12. 具体的には、以下の通りである。当該社外取締役は社外取締役であるため、登録届出書に含まれる全ての書類の正確性についての独立した調査を行うことが義務付けられるわけではない。当該社外取締役は当該状況の下でその自身の行為と調査の水準が合理的であるならば、経営者の合理的な表明を信頼することができる。当該社外取締役は会社の事業と業務を合理的によく知っており、その場において会社の事業の全ての面を議論していたところの取締役会に定期的に出席していた。*Id.* at *10. 当該社外取締役は登録届出書の 6 版分の草稿に目を通しており、取締役として得た知識に基づいて疑わしい点やそれと矛盾する点が何も見当たらなかった。そして当該社外取締役は登録届出書のいくつかの点を経営者と議論していた。*Id.* at *11. 当該社外取締役が目論見書の記載事項について会社の経営者に特別な照会を行わなかったと原告は主張するが、取締役としての地位において合理的に得た会社の知識と当該目論見書の記載が一貫している限り、当該社外取締役はそのようにする義務を負うわけではない。また、当該社外取締役は、目論見書およびそれに含まれる情報が引受人、顧問弁護士および会計士によって検証されていたという事実によって力づけられていた。このことは、*Flanagan* 事件判決〔前述本項 2(3)参照〕等を踏まえると、デュー・ディリジェンスおよび合理的な調査の基準を満たすものである。*Id.* at *11-12.

(5) 検討

1933 年証券法 11 条の下で合理的な調査および信頼への合理的な根拠を何が構成するかについての決定に影響を与える状況を 1982 年証券法規則176条がより具体化し、執行役員や従業員に対する合理的な信頼等が規定された。1980 年から 2005 年の期間では、1933 年証券法 11 条を根拠とする訴訟が提起され、審理に至った事案のうち、社外取締役を被告に含むものは見当たらないとされている。取締役からの訴訟却下の申立てに対するサマリー・ジャッジメントにおいて判例が形成されており、経営者に対する信頼等を理由として、社外取締役のデュー・ディリジェンスの抗弁が認められている。

第 5 項 流通市場における不実開示の場面——裁判所の判断

1 1979 年以前

次に、流通市場における不実開示の場面について、1979 年以前の裁判所の判断を分析する。

(1) *Lanza v. Drexel & Co.* 事件判決（1973 年）[519]

［事案］　発行会社の株主が、1934 年証券取引所法 10 条 b 項、規則 10b-5 およびコモン・ロー上の詐欺の法理等を根拠に、当該発行会社の社長 1 名、副社長 1 名および取締役 4 名（CEO1 名、会計検査担当者 1 名および執行役員でない取締役 2 名）等を被告として、填補損害賠償および懲罰的損害賠償等を求める訴訟を提起した[520]。

---

[519]　Lanza v. Drexel & Co., No. 64 Civ. 3557, 1970 U.S. Dist. LEXIS 9920 (S.D.N.Y. Oct. 9, 1970), *aff'd*, 479 F.2d 1277 (2d Cir. 1973). 早期の紹介として、神崎克郎「米国の社外取締役の法的責任」商事法務 816 号 36 頁以下、42 頁（1978 年）参照。このほか、尾関幸美「アメリカ法における社外取締役制度の一考察」一橋論叢 119 巻 1 号 138 頁以下、140 頁〜141 頁（1998 年）、川口幸美『社外取締役とコーポレート・ガバナンス』160 頁〜162 頁（弘文堂、2004 年）も挙げられる。

[520]　1970 U.S. Dist. LEXIS 9920, at *1-4.

210　第 2 章　アメリカ法

　［原審の判断］　審理において当該社長 1 名、当該 CEO1 名および当該会計監
査担当者 1 名に 1934 年証券取引所法 10 条 b 項、規則 10b-5 およびコモン・ロ
ー上の詐欺の法理に基づく責任を認めた一方[521]、当該副社長 1 名および当該執
行役員でない取締役 2 名についてはその責任を否定した（Frankel 裁判官）[522]。
これに対して控訴がされた。
　［判旨］　原審の判断を是認した（Moore 裁判官）[523]。その際に、当該執行役
員でない取締役について 1934 年証券取引所法 10 条 b 項および規則 10b-5 に基
づく責任を否定する理由が述べられ[524]、また、規則 10b-5 に基づく責任を認め
るためには開示書類の真正さを故意または無謀により無視したことの立証が必
要であるとした[525]。
　［検討］　当時においては、規則 10b-5 に基づいて責任を課す際の基準が判例
として明確にされておらず、控訴裁判所によっては過失基準を明示的に認める

---

[521]　*Id.* at *42-47, *57-58. 当該社長には、1934 年証券取引所法 20 条 a 項に基づく責任も認められ
ている一方、当該副社長には同条同項に基づく抗弁が認められている。*Id.* at *45, *48-49.
[522]　*Id.* at *51-56, *64.
[523]　479 F.2d at 1311.
[524]　*Id.* at 1289. 具体的には、以下の通りである。取締役は、その取締役（取引に参加していない
者）としての資格において全ての重要な、不都合な情報がその務める会社の株式の将来の購入者
に伝達されることを保証する義務を負うわけではない。*Id.* 規則 10b-5 に基づく将来の購入者に
対する取締役の責任は、それゆえに、別の者によって犯された詐欺の幇助者および教唆者、共謀
者、または実質的参加者のそれのように二次的なものでのみあり得る。*Id.*
[525]　*Id.* at 1306. その上で、当該執行役員でない取締役のうち 1 名（Coleman 氏）が、①修正され
た損益計算書について当該会計検査担当者に説明を求めており、②その主導に基づき、取締役会
が一定期間における全てのプレス・リリースを顧問弁護士に検証させており、③外部の経営コン
サルタントを雇うよう提案していたため、一般的な社外取締役にみられる姿勢ではなく、当該発
行会社において積極的な役割を果たしていたとしている。*Id.* その上で、取締役は、重要な会社
の発展の認識を維持し、その注意を引くところのあらゆる重要な不都合な事態を考慮する義務を
負い得るが、当該 1 名はこの基準を満たしており、故意または無謀があったとは認められないと
している。*Id.* さらに、当該 1 名は、その取締役および問題となった取引に参加していない者と
しての資格において、当該発行会社の株式の将来の購入者に全ての重要な不都合な情報が伝達さ
れることを保証する義務を負うわけではないとしている。*Id.* at 1309.

第 2 節　上場会社の経営者と監督者の義務と責任　　**211**

ものもみられると本判決は解した上で[526]、1934 年証券取引所法 10 条 b 項は過失基準の採用を否定していると解している[527]。

(2) *Cohen v. Franchard Corp.*事件判決（1973 年）[528]

第 2 巡回区控訴裁判所は、1973 年の *Cohen v. Franchard Corp.*事件判決で、有限責任組合（limited partnership）の出資証券の購入者が 1934 年証券取引所法 10 条 b 項および規則 10b-5 等を根拠にクラス・アクションを提起した事案において、被告に有利な原審判決を是認した（Timbers 裁判官）[529]。その際の判示が、投資家が規則 10b-5 に基づく主張を行う際の先例として参考にされている[530]。

(3) *Ernst & Ernst v. Hochfelder* 事件判決（1976 年）[531]

［事実］　証券会社（First Securities Co. of Chicago）の社長が詐欺的な証券スキームを主導し、別の訴訟において当該社長の行為が 1934 年証券取引所法 10 条 b 項および規則 10b-5 に反するとされ、当該社長の詐欺について当該証券会社が幇助・教唆者として責任があるとされた[532]。当該証券スキームに参加した投資家が、当該証券会社の会計監査人であった会計事務所（Ernst & Ernst）を被告

---

[526]　*Id.* at 1304-05.

[527]　*Id.* at 1305.

[528]　Cohen v. Franchard Corp., 478 F.2d 115 (2d Cir. 1973), *cert. denied*, 414 U.S. 857 (1973).

[529]　478 F.2d 116-17, 125.

[530]　*Id.* at 123. 具体的には、以下の通り判示している。当事者はたんに過失のある行為により規則 10b-5 に基づく損害賠償責任を認められない。*Id.* コモン・ロー上の詐欺の主張を行う際に不可欠である特定の詐欺的な意図を立証することは不必要であるが、被告が不実記載や不開示をある程度認識していたことは立証されなければならない。*Id.* 「規則 10b-5 に基づく責任を本質的に決定する際の基準は、被告が不実に記載されたかもしくは不開示である重要な事実を知り、かつ、その重要性を認識していたか、または、当該事実が存在すると信じる合理的な理由があり、それが容易に利用可能であったにもかかわらず、これを確認し開示することができなかったもしくはしなかったということを原告が立証したかどうかである。……重要な事実について被告がその存在を疑う理由がない場合、特定の重要な事実を被告が発見できなかったということを原告が主張するだけでは十分でない。」*Id. E.g.* Greene v. Emersons, Ltd., 86 F.R.D. 66, 71 (S.D.N.Y. 1980).

[531]　Hochfelder v. Ernst & Ernst, 503 F.2d 1100 (7th Cir. 1974), *rev'd*, 425 U.S. 185 (1976), *reh'g denied*, 425 U.S. 986 (1976).

[532]　SEC v. First Sec. Co., 463 F.2d 981, 986 (7th Cir. 1972). *See* 503 F.2d at 1103-04.

212　第2章　アメリカ法

として、当該会計事務所の当該社長に対する幇助・教唆者としての責任を追及
する訴訟を提起した[533]。第1審は、被告に有利なサマリー・ジャッジメントを
行い、これに対して原告が控訴した[534]。

［原審の判断］　第1審は重要な事実に関する争点が本件に見当たらないとし
たが、本件には重要な事実に関する争点が含まれており、サマリー・ジャッジ
メントは妥当でないとして、第1審の判断を破棄し、事案を審理に移行させた
（Swygert 裁判官）[535]。その後、上告がされた。

［判旨］　1934 年証券取引所法 10 条 b 項および規則 10b-5 に基づいて損害賠
償を求める訴訟では、「欺罔の意図」（"scienter"）、すなわち、詐欺を行うか
（deceive）、相場操縦を行うか（manipulate）、または詐取する（defraud）という
被告の側における意図が全く主張されていない場合には、私的な訴訟原因が存
在しないとした[536]。その上で、原告の主張は当該会計事務所の過失に基づく責

---

[533]　503 F.2d at 1104.

[534]　*Id.* at 1103.

[535]　*Id.* at 1114, 1119.

[536]　425 U.S. at 185. その際に、以下の4点を挙げている。①1934 年証券取引所法 10 条 b 項にお
いて「相場操縦となる」（"manipulative"）、「策略」（"device"）、および「計略」（"contrivance"）と
いう文言が用いられていることは、過失とは全く異なる行為の類型を禁じることを意図したもの
であり、特に証券市場との関係で実質的に用いられる「相場操縦となる」という文言が用いられ
ていることは、証券の価格をコントロールするか人為的に影響を与えることによって投資家に対
して詐欺を行うかまたは詐取するための意図的なまたは故意の行為を示しているものである。*Id.*
at 185-86. ②1934 年証券取引所法の制定の歴史もまた、同法 10 条 b 項が欺罔の意図という要素を
含む実務に向けられたものであることを示しており、過失に基づく行為のみに対して責任を課す
ものと読むことはできない。*Id.* at 186. ③同法および 1933 年証券法の構造は、1934 年証券取引所
法 10 条 b 項が両法のいくつかの他の条文と対照的に、その文言によって故意の、認識した、ま
たは目的のある行為に明示的に制限されたものではなく、民事責任の前提条件として過失を超え
る作為や不作為を要求するものと解釈されるべきではないとの主張を支持するものではない。*Id.*
④規則 10b-5 には当該不正行為が意図的であれそうでない場合であれ投資家から詐取する効果を
有するところのあらゆる種類の重要な不実記載または不開示およびあらゆる行動を禁じるもの
として議論を伴いつつも読むことができるかもしれないが、このような解釈は、それが欺罔の意
図を含む活動のみに適用されることを意図した当該規則の制定の歴史に適合しないものである。
さらに重要なことに、規則 10b-5 の範囲は 1934 年証券取引所法 10 条 b 項に基づいて SEC に与え
られた権限を越えることはできないところ、同条同項の文言と歴史は、当該規則が意図的な不正
行為のみに適用されると解釈することを強制するものである。*Id.*

任を追及するものであり、詐欺または故意の違法行為を行ったということを否定するものであるとして[537]、原審の判断を破棄した[538]。

［検討］　本判決は、連邦最高裁判所の判例として、1934 年証券取引所法 10 条 b 項および規則 10b-5 に基づいて損害賠償を求める訴訟の私的な訴訟原因を有するために、被告における欺罔の意図を主張することが必要であるとした[539]。このことには、これらを根拠とする訴訟の被告に社外取締役を含めるという原告の誘因を低下させた面があると考えられる[540]。

(4) *Sundstrand Corp. v. Sun Chemical Corp.* 事件判決（1977 年）[541]

Ernst & Ernst v. Hochfelder 事件判決[542] は、1934 年証券取引所法 10 条 b 項および規則 10b-5 を根拠とする訴訟において、無謀がこれらに基づく民事責任の根拠として十分であるかどうかを判断していなかった[543]。

本判決は、不開示が問題となった事案で当該判決後の公刊裁判例における唯一の定義として、「無謀な行為は、単純な、または許しがたい過失を含むだけでなく、被告が知っていたかまたは行為者が認識しなければならないほど明らかであるところの購入者や売却者に対して誤導の危険を生じさせるところの、通常の注意の基準からの極端な離脱を含む高度に非合理な不開示として定義され

---

[537]　*Id.* at 187.

[538]　*Id.* at 187, 215.

[539]　本判決前においては、これらを根拠とする訴訟において欺罔の意図が訴訟原因の必要な要素であるかどうか、それとも過失のある行為だけで十分であるかどうかについて裁判所の見解が長い間分かれていたとされている（Powell 裁判官）。*Id.* at 193 n.12, 196-97. なお、本判決は、無謀な (reckless) 行動がこれらに基づく民事責任の根拠として十分であるかどうかについては判断していない。*Id.* at 193 n.12.

[540]　*See Outside Director, supra* note 209, at 1078-79; Schwartz, *supra* note 26, at 409; Note, *The Liability of Outside Directors Under Rule 10b-5*, 49 N.Y.U. L. Rev. 551, 567-68 (1974). 欺罔の意図は〔開示書類の〕真正さに関して少なくとも高度の無謀を要求するものと一般的に理解されたとされている。*Outside Director, supra* note 209, at 1078-79. 前掲注 229）およびこれに対応する本文を参照。

[541]　Sundstrand Corp. v. Sun Chem. Corp., 553 F.2d 1033 (7th Cir. 1977), *cert. denied*, 434 U.S. 875 (1977).

[542]　前述本項 1(3)参照。

[543]　前掲注 539）参照。

214 第2章 アメリカ法

得る。」[544] がみられるとし、この定義が故意の機能的同等物と理解されるべきであるとした上でこれを採用した[545]。

Ernst & Ernst 事件判決後、無謀が責任の基礎として十分であるとする立場を 12 の控訴裁判所のうち少なくとも 11 が採用し、これらの控訴裁判所は、本判決によるこの定義に一般的に従ったとの指摘がみられる[546]。

(5) Steinberg v. Carey 事件判決(1977 年)[547]

［事実］　マサチューセッツ州法に基づいて設立された不動産投資信託の受益証券の購入者が、当該公募時の目論見書に重要な事実の不実記載と不記載があるとして、1934 年証券取引所法 10 条 b 項および規則 10b-5 を根拠に、当該投資信託、その関連会社 2 社、その投資アドバイザー、引受人の代表者 2 社、当該投資信託の執行役員および受託者（当該関連会社の執行役員や取締役、および、当該投資信託やその他の関連会社に対してその他の関係を有しない社外受託者を含む）を被告として、それらの責任を追及するクラス・アクションを提起し、当該社外受託者 4 名によるサマリー・ジャッジメントの申立てが問題となった[548]。

［判旨］　当該社外受託者のうち 3 名についてはその申立てを認めた一方、1 名についてはこれを否定した（Weinfeld 裁判官）[549]。その際に、欺罔の意図の立証として無謀が十分であるとする第 2 巡回区控訴裁判所の立場の下で、当該 3 名は当該目論見書の作成や検証に関与していない一方、当該 1 名は当該目論見書の不実開示への関与の度合いが高いことを考慮している[550]。

---

[544]　Franke v. Midwestern Okla. Dev. Auth., 428 F. Supp. 719, 725 (W.D.Okla. 1976).

[545]　553 F.2d at 1045.

[546]　COFFEE, SALE & HENDERSON, supra note 455, at 1119-20.

[547]　Steinberg v. Carey, 439 F. Supp. 1233 (S.D.N.Y. 1977).

[548]　Id. at 1234-35.

[549]　Id. at 1242.

[550]　具体的には、以下の通り判示している。Id. at 1237-40. 欺罔の意図の立証について、Ernst & Ernst 事件判決（前述本項 1(3)参照）が、欺罔の意図の要素として「許しがたい過失」("inexcusable negligence")でさえも過失（negligence）は不十分であることを明らかにした一方、1934 年証券取引所法 10 条 b 項および規則 10b-5 に基づく民事責任にとって無謀な行動が十分であるかどうかを

第 2 節　上場会社の経営者と監督者の義務と責任　　**215**

［検討］　本判決は、無謀が欺罔の意図の立証として十分であるとする立場の下で、目論見書の作成や検証に関与していない社外受託者に経営者等に対する信頼を認め、そのような社外受託者は目論見書に目を通して質問をする以上の義務を負うわけではないとしている。

(6)　検討

　「監督する取締役会」の形成期である 1970 年代に、1934 年証券取引所法 10条 b 項および規則 10b-5 に基づく責任を認める際の基準が明確にされている。控訴裁判所によっては過失基準を明示的に認めるものもみられたとされる状況を連邦最高裁判所による *Ernst & Ernst* 事件判決が否定し、被告における欺罔の意図を主張することを原告に要求した。このことには、これらを根拠とする訴

明らかにしていないことが明示されているところ、当該判決前に、第 2 巡回区控訴裁判所は無謀が欺罔の意図の立証として十分であると長期にわたって解してきた。*Id.* at 1237-38. このため、主張された事実が無謀の推認を支持するものと合理的にいえる場合には当該申立てが否定されるであろう。*Id.* at 1238. その上で、当該 4 名は当該目論見書の作成に参加していないため、その責任は二次的なものでのみあり得るところ、不作為が規則 10b-5 に基づく二次的な責任を生じさせるかどうかという問題は〔連邦最高裁判所の判例が示されておらず〕同控訴裁判所に委ねられているところ、当該裁判所は、開示されていない重要な事実をたんに知っているだけでなく、詐欺〔の存在〕を知っていることが責任にとって不可欠であり、積極的な参加が実際には存在しない状況を包含するように幇助・教唆者責任という概念が拡張されるべきでないとしている（Murphy v. McDonnell & Co., 553 F.2d 292, 295 (2d Cir. 1977).）。439 F. Supp. at 1239-40. この基準の下で、当該 3 名に有利なサマリー・ジャッジメントが妥当であることに疑いはない。〔なぜなら、〕当該 3 名は当該目論見書の作成や検証に関与しておらず、当該投資信託の顧問弁護士や経営者等の有能さと高潔さに満足しており、当該 3 名のうち 2 名は当該目論見書の草稿を読み、会議において質問し、顧問弁護士や当該目論見書の作成者からの助言により当該目論見書が正確で完全であるとの回答を得て満足していた〔からである〕。*Id.* at 1240. もう 1 名は当該会議には不参加であるものの、同様に当該目論見書を受領し、その作成者に関してその他の者に質問し、その応答に一般的に満足していた。*Id.* 当該 3 名は、これ以上を行う義務を負うわけではなく、経営者と顧問弁護士の努力を信頼することができる。*Id.* しかし、当該社外受託者のうちもう 1 名に関しては、状況は幾分異なっている。*Id.* at 1241. 当該 1 名は当該投資信託の当該関連会社 1 社との間におけるアドバイザリー契約の交渉に参加し、目論見書に含まれる事項を議論し、当該投資信託の分析および当該目論見書に含まれる書類の正確性と完全性の検証に参加したところの当該引受人の代表者 1 社のための公募の責任者であった。その参加の度合いに関する事実およびその結果としてのあらゆる重要な不実記載についての認識、自身が認めるところの参加の深さが、上述の基準からサマリー・ジャッジメントを認めることを否定するものである。*Id.*

216 第2章 アメリカ法

訟の被告に社外取締役を含めるという原告の誘因を低下させた面があると考えられる。その後、欺罔の意図の立証として無謀が十分であるとする控訴裁判所の立場に基づく地方裁判所の判決がみられている。

2 1980年〜2005年

(1) 概観

1980年から2005年を対象とするBCKの分析は、1934年証券取引所法10条b項を根拠とする訴訟が提起され、審理に至った事案のうち、社外取締役が判決で責任を認められた事案は見当たらないとしている[551]。証券クラス・アクションが多く提起されているが[552]、過半数の事案では和解がされ[553]、同条同項を根拠とする訴訟について審理に至る事案が限られる下で[554]、審理においても和解がされている[555]。

そこで、例外的な事案として、訴訟却下の申立てが否定された事案がどのようなものであるか[556]、特に被告における欺罔の意図を主張することが原告に要求されている下で、社外取締役によるサマリー・ジャッジメントの申立てがどのような場合に否定され得るかが問題になる。以下、BCKの分析を踏まえ、このような事案を取り上げる。

---

[551] *Outside Director*, *supra* note 209, at 1147-51 tbl.B1, 1152-53 tbl.B2.

[552] 前掲注215)に対応する本文を参照。

[553] 前掲注215)参照。

[554] 前掲注230)に対応する本文および前述本項1(3)参照。*See Outside Director*, *supra* note 209, at 1078-79.

[555] *See Outside Director*, *supra* note 209, at 1152-53 tbl.B2.

[556] *E.g.*, *In re* Par Pharm. Inc. Sec. Litig., 733 F. Supp. 668 (S.D.N.Y. 1990); *In re* Sahlen & Assocs., Inc. Sec. Litig., 773 F. Supp. 342 (S.D.Fla. 1991). 社外取締役の無謀が否定されず、社外取締役によるサマリー・ジャッジメントの申立てが否定された事案がみられる(後述本項2(2)参照、*In re* Reliance Sec. Litig., 135 F. Supp.2d 480, 506-08 (D.Del. 2001).)。他方で、社外取締役が監査委員会のメンバーであり、不正確な開示書類に署名したという主張が同条同項の訴答要件を満たさないとして当該社外取締役による訴訟却下の申立てを認めた事案もみられる(*In re* Sensormatic Elecs. Corp., Sec. Litig., No. 01-8346-CIV-HURLEY, 2002 U.S. Dist. LEXIS 10715, *13-16 (S.D. Fla. June 8, 2002).)。*See Outside Director*, *supra* note 209, at 1079 n.70.

第2節　上場会社の経営者と監督者の義務と責任　217

(2)　*In re Zenith Laboratories Securities Litigation* 事件判決（1993年）[557]

［事実］　医薬品の販売を行う発行会社の株式を購入した投資家が、当該発行会社が医薬品の販売に係る許可を得られず損害を被ったとして、規則 10b-5 等を根拠に当該発行会社の前社長兼 CEO1 名、取締役兼前取締役会議長1名[558] および医薬品部門を担当する前副社長1名の責任を追及した[559]。これに対し、当該前社長兼 CEO1 名を除く2名によるサマリー・ジャッジメントの申立てが問題となった。

［判旨］　当該2名の申立てを否定した（Debevoise 裁判官）[560]。その際、被告における欺罔の意図の立証が認められている[561]。

---

[557]　*In re* Zenith Labs. Sec. Litig., No. 86-3241A, 1993 U.S. Dist. LEXIS 18478 (D.N.J. Feb. 11, 1993). *See Outside Director, supra* note 209, at 1152 n.338.

[558]　当該1名は執行役員であるとはされていない。このため、BCK は、当該取締役会議長が社外取締役であるとしている。*Outside Director, supra* note 209, at 1152 tbl.B2, n.338.

[559]　1993 U.S. Dist. LEXIS 18478, at *2. 当該発行会社も被告に含まれていたが、当該発行会社は事案が係属中に和解している。*Id.*

[560]　*Id.* at *45-46.

[561]　具体的には、以下の通り述べている。欺罔の意図の立証については *Ernst & Ernst* 事件判決（前述本項1(3)参照）が、開示義務違反が問題となる不開示については以下の判例が、それぞれ踏まえられる。Dirks v. SEC 463 U.S. 646 (1983); Chiarella v. United States, 445 U.S. 222 (1980). 1993 U.S. Dist. LEXIS 18478, at *18. 本件で問題となっている争点は欺罔の意図と開示義務を含む。*Id.* at *20. 原告は、被告が欺罔の意図を持って不実開示を行ったということを、①その意図と知識を立証することによって、または、②無謀な無関心（reckless indifference）を立証することによって、立証することができる。*Id.* 前者を立証するために、原告は、被告が「『開示された情報が全ての重要な点について正確で完全であったという真の信頼』を欠いていたこと」（McLean v. Alexander, 599 F.2d 1190, 1198 (3d Cir. 1979); *In re* Phillips Petroleum Sec. Litig., 881 F.2d 1236, 1244 (3d Cir. 1989).）を示すべきである。1993 U.S. Dist. LEXIS 18478, at *20. 仮に不実開示「が、その面前にあってまたは当該状況においてさらなる調査なしに信頼することができないと示唆しているところの基礎をなす資料に基づいている」（Eisenberg v. Gagnon, 766 F.2d 770, 776 (3d Cir. 1985), *cert. denied*, 474 U.S. 946 (1985).）場合には、裁判所はこのような「真の信頼」の欠如を推認することができる。1993 U.S. Dist. LEXIS 18478, at *20. また、その代わりに、原告は、「被告が知っていたかまたは行為者が認識しなければならないほど明らかであるところの……誤導の危険を生じさせるところの……通常の注意の基準からの極端な離脱」（Franke v. Midwestern Okla. Dev. Auth., 428 F. Supp. 719, 725 (W.D.Okla. 1976); Sundstrand Corp. v. Sun Chem. Corp., 553 F.2d 1033, 1045 (7th Cir. 1977), *cert. denied*, 434 U.S. 875 (1977); *In re* Phillips Petroleum, 881 F.2d at 1244. 〔省略は本判決におけるもの〕）を示すことで欺罔の意図を立証することもできる〔前述本項1(4)参照〕。1993 U.S. Dist. LEXIS

218　第2章　アメリカ法

［検討］　本件では、当該取締役兼前取締役会議長が取締役会議長を8年間務め、執行役員であるとはされていないものの会社の経営に関与し、発行会社の前社長兼 CEO と問題となった書類について話していることが、欺罔の意図の立証につながっている。本件は、審理に進んだ後、D&O 保険の填補責任限度額の範囲で和解したと指摘されている[562]。

(3)　検討

1980 年から 2005 年の期間には、1934 年証券取引所法 10 条 b 項および規則 10b-5 を根拠とする訴訟について、判例がさらに明確にされている[563]。被告に

18478, at *21. 不開示が主張される事案においては、被告が原告に対して負う義務に被告の不開示が反するという事実を原告がさらに立証しなければならず、このような開示義務は特定の限られた状況においてのみ存在し、例えば①会社の内部者が証券市場において利益を得るために重要な非公表の情報を用いた場合や、②被告が公的な声明を出し、当該声明を誤導的でなくするためにさらなる開示が必要である場合である。*Id.* at *21-22.

これらを当該取締役兼前取締役会議長にあてはめると、重要な不実開示と不開示の両方を考慮することが必要であり、この者は不実開示が問題となった年次報告書および株主に対する中間報告書に署名するとともに、自身が社長を務める別の企業（当該発行会社の株主）に対し、当該発行会社の株式を売却するよう指示しており、このことが株式を購入する者にとって重要であり得る全ての非公表の情報を開示する義務を生じさせる。*Id.* at *22. この者は、当該前社長兼 CEO と問題となった書類についてある時期に話したことを認めており、医薬品の販売許可が当該発行会社の成功に果たす重要な役割を踏まえると、〔許可されないという〕問題の手がかりが当該発行会社の議長として 8 年間の経験があるこの者のような誰かの注意を喚起していたはずであり、仮にそうであれば、この者は後に署名した開示書類が「被告が知っていたかまたは行為者が認識しなければならないほど明らかであるところの……誤導の危険を生じさせる」〔省略は本判決におけるもの〕ことを知るべきであった。*Id.* at *23. 当該取締役兼前取締役会議長は疑いなく内部者であり、当該発行会社の困難をどの程度知っていたか、またその知っていたところを投資家に開示しなかったことに無謀があるかどうかについて事実の重要な争点が残る。*Id.* at *24-25. これに対して、当該前副社長については、問題となった開示に対して直接の責任を負っており、かつ、問題となった期間に株式を売却しているため、開示義務を生じさせる。*Id.* at *27.

562)　*Outside Director, supra* note 209, at 1152 n.338.

563)　例えば連邦最高裁判所の判決が、①1988 年に、発行会社の開示書類への直接の信頼を立証することを原告に要求するのではなく、市場に対する詐欺理論（fraud-on-the-market theory）によって部分的に支えられた信頼を推定することを認め、原告における信頼の要件の立証をより容易にしている。Basic, Inc. v. Levinson, 485 U.S. 224, 225 (1988). 例えば黒沼悦郎「会社情報の開示と民事責任──Basic 判決を中心として」名古屋大学法政論集 133 号 1 頁以下、特に 7 頁〜9 頁、23 頁〜29 頁（1990 年）参照。また、②1993 年に、規則 10b-5 を根拠とする訴訟の被告が求償を求め

おける欺罔の意図を主張することが原告に要求されている下で[564]、無謀が責任の基礎として十分であるとする立場を多くの控訴裁判所が採用したようであるが[565]、これらを根拠として発行会社やその執行役員や取締役の責任が追及された事案は、審理に進むことが稀となっている。

社外取締役については、審理を経た確定判決が社外取締役の責任を認めた事案はこの期間において見当たらないとされている[566]。多くの場合、審理に進む前に和解がされるか、訴訟却下の申立てが否定されており、また、原告がこれらを根拠とする訴訟に社外取締役を含めた上で審理に進む誘因が乏しい面がある[567]。

なお、これらを根拠とする訴訟のうち、この期間に社外取締役個人の出捐につながった事案が3件指摘されており[568]、これらはいずれも発行会社が倒産し、かつ、D&O 保険が購入されていなかったかまたはその塡補責任限度額が少額であったとされている[569]。その出捐は争訟費用と和解金であるとされている[570]。

る権利を有するとした。Musick, Peeler & Garrett v. Employers Ins. of Wausau, 508 U.S. 286, 286-87 (1993). さらに、③1994 年に、私的原告は 1934 年証券取引所法 10 条 b 項に基づいて幇助・教唆による責任を主張することができないとした。Central Bank of Denver v. First Interstate Bank of Denver, 511 U.S. 164, 164 (1994).

[564] 前述本項 1(3)参照。

[565] 前掲注 546）およびこれに対応する本文を参照。

[566] 前掲注 551）およびこれに対応する本文を参照。

[567] 発行会社が倒産しており、かつ、当該発行会社が発行会社の損害を塡補する Side C の D&O 保険を購入していないかまたはその塡補責任限度額が不十分である場合には、原告がその執行役員や取締役の責任を追及することで損害の回復を図る誘因を有し得るが、1934 年証券取引所法 10 条 b 項が根拠とされている場合、原告は発行会社の社外取締役よりも経営者を被告として選好する面があると指摘されている。*Outside Director, supra* note 209, at 1081. すなわち、同条同項の下で、全ての当事者の責任は、各自連帯して責任を負うところの故意の違反によるものでない限り、その責任の割合に基づくところ、この責任の割合は、「原告が負担した損失を引き起こしまたはこれに寄与した全ての者の責任の合計に対する割合」と定義されている。この責任を決定する際に、その行為と損害との間の因果関係の程度が考慮されているところ、社外取締役よりも経営者の方がこの責任の割合が大きいことが予想されるためであると指摘されている。*Id.* at 1081-82.

[568] *Id.* at 1069-70, 1071 tbl.2. 前述本節第 1 款 2(5)参照。

[569] *Id.* at 1071 tbl.2.

[570] *Id.*

220 第2章 アメリカ法

第6項 学説の状況

1 概観

不実開示についての責任を誰に賦課すべきであり、また賦課すべきでないかという点については、多くの議論があり、発行会社に責任を賦課することが不実開示の抑止にとって望ましいかどうかという点や[571]、ゲートキーパーの責任についても議論がある[572]。以下、不実開示の場面における発行会社とその取締役の責任の在り方についての学説を分析する[573]。

2 発行会社の取締役以外に責任を賦課すべきとする見解

(1) 発行会社に対して責任を賦課すべきとする見解

従業員の行為について当該従業員ではなく会社に責任を賦課することを認める伝統的な議論には、大別して2種類があるとの指摘がみられる[574]。

その第1は、填補賠償の観点に基づくものであり、①公正の見地に基づくものや、②第三者から会社に損失を移転することがリスクの拡散の抑制や保険上の便益につながるとするもの[575] がある[576]。

第2は、不正の抑止の観点に基づくものであり、会社に責任を課すことで最適な抑止が図られ、社会福利の増加につながるとするものである。具体的には、①個人責任の賦課によっては従業員の不正が十分に抑止されないという過小な

---

[571] 近時の論稿として、例えば藤林大地「不実開示に対する発行会社等の民事責任の構造に関する一考察」同志社法学63巻4号139頁以下、204頁〜214頁（2011年）がみられている。

[572] 前掲注194）参照。

[573] 取締役の対会社責任に関する学説には、不実開示の場面にも妥当する面がある（例えば前述本節第2款第3項4(2)および同(3)参照）。

[574] Amanda M. Rose & Richard Squire, *Intraportfolio Litigation*, 105 Nw. U. L. Rev. 1679, 1682-87 (2011).

[575] *See* Guido Calabresi, The Costs of Accidents: A Legal and Economic Analysis 50-54 (1970).

[576] *See* Rose & Squire, *supra* note 574, at 1682-83.

抑止を防ぐために会社に責任を負わせることが必要になるとするもの[577]、②
個人責任に対して従業員が過度に反応し、社会的に望ましい行為であるものの
第三者に対してはコストを課し得る行為を過度に回避するという過大な抑止を
防ぐために会社に責任を負わせるべきであるとするものがある[578]。

　これらは、発行会社に対する責任の賦課を認める論拠になる[579]。

(2) 発行会社の執行役員や従業員に対して責任を賦課すべきとする見解

　市場に対する詐欺について発行会社の執行役員や従業員に責任を賦課すべき
とするのが、Arlen と Carney の論稿[580] である。同論稿は、市場に対する詐欺が
主張される事案で、会社がその倒産直前に無資力である状況においては、使用
者責任としての会社に対する責任の賦課が不実開示の最適な抑止につながらな
いことを指摘している[581]。市場に対する詐欺は、その職を維持しようとする経
営者によってされており、不実開示の抑止のために、代理人に刑事責任や民事

---

[577]　無資力な者に対しては損害賠償による抑止が効果的でないと考えられ、このことが、会社の
責任を肯定する議論で最も多く根拠にされているとの指摘がみられる。*Id.* at 1683. *See* RICHARD A.
POSNER, ECONOMIC ANALYSIS OF LAW 239-42 (8th ed. 2011).

[578]　*See* Rose & Squire, *supra* note 574, at 1683-87. *See* STEVEN SHAVELL, FOUNDATIONS OF ECONOMIC
ANALYSIS OF LAW 225 (2004). 後者の訳書として、スティーブン・シャベル（田中亘＝飯田高訳）『法
と経済学』（日本経済新聞出版社、2010 年）がみられている。

[579]　これに対して、市場に対する詐欺が主張される訴訟においては、〔循環の問題が生じるため、〕
発行会社に対する責任の賦課が塡補賠償の観点からは支持されないという点で多くの見解が一
致しているとの指摘がみられる。Rose & Squire, *supra* note 574, at 1687 n.26 and accompanying texts.
さらに、後述本項2(2)参照。

[580]　Jennifer H. Arlen & William J. Carney, *Vicarious Liability for Fraud on Securities Markets: Theory
and Evidence*, 1992 U. ILL. L. REV. 691 (1992).

[581]　*Id.* at 720.

222　第2章　アメリカ法

責任を賦課することがより望ましいとした[582]。同論稿は、開示書類の作成に直接関与する発行会社の執行役員や従業員を代理人として念頭に置いている[583]。

3　発行会社の取締役に対する責任の賦課に理解を示す見解

Fox は、発行会社による強行法的な開示義務への違反に対する民事責任の効率的な設計を論じ、違反の時に公募を行っていない発行会社は責任を負うべきではなく、その年次報告書は投資銀行やその他の豊富な資本と財務上の専門性を有する者等の外部の証明者によって署名されるべきであり、仮に当該報告書が重要な不実記載を含んでおり、かつ、当該証明者がデュー・ディリジェンスを果たさなかった場合には、当該証明者が責任に直面すべきであるとした[584]。その上で、発行会社の執行役員および取締役も、会社補償や D&O 保険による保護なしに、それらの報酬に応じた上限を伴う同様の責任に直面すべきであるとしている[585]。

第7項　小括と検討

不実開示の場面における証券クラス・アクションでは、会社補償や D&O 保険の保険金の支払を前提に早期に和解がされることが多い。この背景として、判決で誠実義務違反が認められると会社補償が認められず、故意が認められると D&O 保険の保険金の支払が認められないため、両当事者ともこれらを好ま

---

[582]　*Id.* at 734. その上で、これらは、市場に対する詐欺の主張に対する防御を裁判所が会社に認めず、支配者責任について誠実義務の遵守を理由とする防御を認めさえしなければ、容易に実現可能であるとした。*Id.*

[583]　同論稿は、責任を賦課する対象として社外取締役を念頭に置いているわけではない。これら以外にも研究が深められている。*E.g.*, Michael Klausner, *Personal Liability of Officers in US Securities Class Actions*, 9 J. Corp. L. Stud. 349 (2009)（証券クラス・アクションにおける執行役員の責任に関する実証分析）.

[584]　Merritt B. Fox, *Civil Liability and Mandatory Disclosure*, 109 Colum. L. Rev. 237, 237 (2009).

[585]　*Id.* at 237, 285-89.

ないことが挙げられる。また、訴訟却下の申立てが否定された事案は限られており、審理に至ることや、審理を経て判決に至ることが稀となっている。

発行市場における不実開示の場面では、1933 年証券法 11 条を根拠とする訴訟が特に問題になるところ、判決が社外取締役の責任を認めない背景として、経営者に対する信頼等を理由としてそのデュー・ディリジェンスの抗弁を裁判所が認めていることが挙げられる。同条の下で合理的な調査および信頼への合理的な根拠を何が構成するかについての決定に影響を与える状況を 1982 年の証券法規則 176 条がより具体化している。

流通市場における不実開示の場面では、1934 年証券取引所法 10 条 b 項および規則 10b-5 を根拠とする訴訟が特に問題になるところ、判決が社外取締役の責任を認めない背景として、1976 年の *Ernst & Ernst* 事件判決が被告における欺罔の意図を主張することを原告に要求したこと、また、社外取締役についてはこの立証が難しいため、投資家が社外取締役をその訴訟の被告に含めた上で審理に進む誘因が乏しい面があることが挙げられる。

以上の状況は、「監督する取締役会」が形成された 1970 年代とこれが確立された 1980 年代に主として形成されている。社外取締役が責任を負う場合が限られ、かつ、このことが明確にされたことは、そのなり手の確保を容易にすることを通して、「監督する取締役会」の形成と確立に寄与した面があると考えられる。

その後、1990 年代にも、投資家が社外取締役をその証券クラス・アクションの被告に含める誘因が低下したと考えられる。特に 1995 年の私的証券訴訟改革法が責任の割合による求償の規定を設け、故意がある場合を除いて社外取締役が執行役員や社外取締役でない取締役を始めとする他の被告との間で連帯責任を負わず、その責任が自身の比例責任のみに制限されたことや、1990 年代後半頃から Side C の D&O 保険が普及したこと[586]、が挙げられる。

---

[586] 1990 年代前半頃まで、D&O 保険が取締役と執行役員を保護し、発行会社を保護していなかったこと、また、取締役等は和解に向けた誘因を発行会社よりも強く有すると考えられたことを背景に、発行会社が倒産していない場合でも証券クラス・アクションの被告に取締役が含まれていたとの指摘がみられる。Janet Cooper Alexander, *Do the Merits Matter? A Study of Settlements in*

第4款　小括

(1) 小括

　アメリカ法の下で、取締役の注意義務違反による責任については、対会社責任と対第三者責任のいずれについても、これを定款の規定で事前に免除または制限することが認められている。この定款免責は取締役に認められるため、取締役でない執行役員については、経営判断原則による保護が特に問題になるところ、一般的な射程を有する判例として同原則が確立され、審理前の訴訟却下の申立ての可否と本案における審理のいずれの場面でも同原則の推定による保護が及んでいる。これらは、注意義務と忠実義務の区別を基礎としている。この下で、定款免責と経営判断原則による保護が否定される場合が、故意、忠実義務違反あるいは誠実義務違反がある場合として明確にされており、執行役員や取締役個人の責任を認めることに謙抑的な立場を判例が採用している。裁判所の判断についての予測可能性が高い下で、会社補償やD&O保険の保険金の支払を前提に、審理に進み判決が出される前に当事者が合理的に和解を選択することが可能とされている。

　対会社責任については、決定が問題となる場面で、取締役会から委員会への権限委譲について各会社における柔軟な設計が認められている下で、報酬委員会の決定について当該委員会のメンバーでない経営者の責任が特に争われ、本案において経営判断原則による保護が認められている。他の取締役の行為、すなわち監視義務違反が問題となる場面では、取締役の監視義務違反とこれによる責任を認めないのが裁判所の立場であると指摘されている。従業員等の行為、すなわち監督義務違反が問題となる場面で、取締役の監督義務違反による責任を基礎づける必要条件が明確にされている。

Securities Class Actions, 43 Stan. L. Rev. 497, 530, 550-51 (1991). 1990年代後半頃から、Side CのD&O保険によって発行会社も保護されるようになり、発行会社が購入しているSide CのD&O保険の填補責任限度額が十分であるとみられる限り、投資家が取締役等を被告に含める誘因が低下したと考えられる。

第 2 節　上場会社の経営者と監督者の義務と責任　　225

　不実開示の場面を例とした対第三者責任については、判決が社外取締役の責任を認めないことが明確にされている。すなわち、発行市場における不実開示の場面では、1933 年証券法 11 条を根拠とする訴訟が特に問題になるところ、経営者に対する信頼等を理由としてそのデュー・ディリジェンスの抗弁を裁判所が認めている。流通市場における不実開示の場面では、1934 年証券取引所法 10 条 b 項および規則 10b-5 を根拠とする訴訟が特に問題になるところ、判例が被告における欺罔の意図を主張することを原告に要求している。その上で、故意がある場合を除いて他の被告との間で連帯責任を負うことが否定されており、投資家が社外取締役を証券クラス・アクションの被告に含める誘因が乏しい状況にある。

　対会社責任に関するデラウェア州裁判所の判例や、証券クラス・アクションに関する連邦裁判所の判例は、例外的な場合を除いて社外取締役に個人の出捐を伴う責任を負わせないものであることを明確にしている。これらの判例は、取締役のなり手の確保を容易にすることを通して「監督する取締役会」に寄与している面がある。

(2)　Armour, Black, Cheffins & Nolan（2009 年）

　以上には、会社法上の義務のエンフォースメントの在り方という観点からも理解できる面がある。Armour らは、2009 年の論稿[587]で、①株主、債権者、破産管財人または会社が責任を追及した事案で、②アメリカの上場会社の 1 以上の取締役が被告となり、かつ、③2000 年 1 月から 2007 年 12 月までの期間に裁判例が生じた事案を分析した[588]。結論として、アメリカではイギリスにおけるよりも取締役の責任を追及する訴訟が多く提起されており、この点で私的エン

---

[587]　John Armour, Bernard Black, Brian Cheffins & Richard Nolan, *Private Enforcement of Corporate Law: An Empirical Comparison of the United Kingdom and the United States*, 6 J. Empirical Legal Stud. 687 (2009) (reprinted *in* Enforcement of Corporate and Securities Law: China and the World 241 (Robin Hui Huang & Nicholas Calcina Howson eds., 2017)).

[588]　*Id*. at 703-04.

226　第2章　アメリカ法

フォースメントの担う役割が大きいものの[589]、多くの訴訟が却下されているた
め、その役割は一般的に考えられているところより限定的であるとしている[590]。

第3節　責任からの救済制度

第1款　会社補償制度

第1項　アメリカ全体の概観

1　総説

　執行役員や取締役等にその責任が認められる場合でも、必ずしも個人の出捐
につながるわけではない。これは、各州の会社法が会社補償[591]を制度として明
示的かつ明確に規定しており、また、D&O保険も活用されているためである。
費用の補償を行う制定法上の権限や、D&O保険を会社が購入することを認め
る制定法上の権能が、最も信頼できる保護を両者に提供していると指摘されて
いる[592]。

　現在、アメリカの全ての州がその州法に会社補償についての明文の規定を置
いているとの指摘がある[593]。大部分の州法が、取締役と執行役員の義務的補償
権を規定し、より広い範囲の〔会社の〕任意的補償権を認めるとともに、代理
人、従業員、執行役員および取締役に対して、訴訟等から生じるそれらの合理
的な費用等の後払を会社が義務化することを認めているとの指摘がある[594]。そ

---

[589]　*Id.* at 710.

[590]　*Id.* at 711. 同論稿の基礎にある先行研究が、以下に掲げられている。*Id.* at 701 n.53, 702 tbl.4.
E.g., Roberta Romano, *The Shareholder Suit: Litigation Without Foundation?*, 7 J.L. Econ. & Org. 55
(1991).

[591]　本書は、"indemnification"の訳語として「会社補償」や「補償」を採用しているが、これらが
分かりにくい言葉であり、言葉として適切さを欠くような気がするとの指摘として、会社補償実
務研究会編・前掲第1章注310) 128頁～129頁［神田秀樹発言］参照。

[592]　*E.g.*, Allen & Kraakman, *supra* note 1, at 233.

[593]　*E.g.*, Gary Lockwood, Law of Corporate Officers and Directors: Indemnification and Insurance §
3:5 n.2 (2d ed. database updated Nov. 2017).

[594]　*E.g.*, Allen & Kraakman, *supra* note 1, at 233.

の際、当該費用が会社のために誠実に（in good faith）された行為に基づくものであり、有罪判決によって生じるものでないことが要件とされている[595]。

D&O 保険については、会社が D&O 保険を購入し保有することを全ての州における州法が明示的に認めているとの指摘がみられる[596]。

2 早期の裁判所の判断

　会社補償が各州法上の明示的かつ明確な規定により制度として確立される前——デラウェア州では 1967 年 DGCL 改正前——において、特に会社の附属定款や補償契約等が執行役員や取締役等の補償権を規定していない場合、会社の執行役員や取締役等が当該会社に対してコモン・ローに基づいて補償を求めることが生じ得る[597]。

---

[595]　*See id.*

[596]　WILLIAM E. KNEPPER & DAN A. BAILEY, LIABILITY OF CORPORATE OFFICERS AND DIRECTORS § 23.02 (release no.24 through Nov. 2017).

[597]　早期における判例の変遷について、近藤・後掲注 606）法協 99 巻 7 号 149 頁～159 頁参照。コモン・ロー上の会社補償の概観として、以下が参考になる。*E.g.*, LOCKWOOD, *supra* note 593, § 3:1 to :15.

　早期の判例法は、現在でも、裁判所による附属定款や制定法の解釈——特に非排他的条項を有するそれ——に影響を与え得るほか、補償における公序にも光を当てるものであると指摘されている。*Id.* § 3:5. 以下、これに続く指摘を紹介する。

　会社の経営者が株主による訴訟に対する防御において勝訴した場合、その費用を会社から後払いされるべきかどうかという問題には、①経営者が会社に後払を請求できるかどうかと、②会社が任意で後払いすることが認められるかどうかという 2 つの面がある。……社外取締役は、会社の事業を知ることと難しく重要な決定を行うこととにかなりの時間を費やすことが期待されており、十分な報酬を得ていたとしても、個人の出捐を伴う責任追及訴訟と責任の危険が自身の故意の不正行為に基づくのではないにもかかわらず付随するのであれば、そのような責任を担うことを躊躇するかもしれない。……これに対して、執行役員は、会社からより高い報酬を得ており、会社の事業についてより密に情報を有している一方、根拠なく訴訟が提起された場合に非難の対象になりやすく、その評判への影響も大きいものとなり得る。早期の判例法は、この問題を認識し、取締役と執行役員に対する後払は、賢明な者に執行役員や取締役としての地位を受け入れさせることによって、会社経営の健全な発展にとって望ましい健全な公序を確立するものになるであろうと考えてきた。そして、後の判例法は、各州の制定法上の補償を扱う際にも、同じ認識を有してきたのである。*Id.*

228 第2章 アメリカ法

　このような場合に、執行役員や取締役がコモン・ローに基づいて補償を求める権利を有するかどうかが必ずしも判然としなかったとの指摘がある[598]。例えばニューヨーク州では、1939年のニューヨーク州最高裁判所による判決[599]が、派生訴訟において勝訴した被告取締役がその争訟費用について会社に対する請求権を有するかどうかが問題になった事案において[600]、厳密な技術的な意味において当該会社はこれを補償する義務を負わないが[601]、当該勝訴が会社に利益を与えた場合には、裁判所が後払を認めることができ[602]、この場合には当該会社はエクイティ上の考慮に基づくより広い意味において当該取締役に対して合理的な費用を補償するという義務を負うことがあり得るが[603]、取締役の勝訴が会社に利益を与えたとは認められないとしている[604]。他方で、別の州におけるその後の裁判所の判断には、派生訴訟の本案で勝訴した取締役が会社に対して利益を与えたことを立証したかどうかにかかわらず、その合理的な防御費用の支払を会社に請求することができるとしたものがみられる[605]。早期の裁判所の判断は、会社補償が各州法において制度として明確化されたことにつながっている。

---

[598]　EISENBERG & COX, *supra* note 1, at 1085.

[599]　New York Dock Co. v. McCollum, 16 N.Y.S.2d 844 (1939).

[600]　16 N.Y.S.2d at 845-46.

[601]　*Id.* at 847.

[602]　*Id.* at 849.

[603]　*Id.* at 847, 849.

[604]　*Id.* at 849.

[605]　*E.g., In re* E.C. Warner Co., 45 N.W.2d 388, 389-90, 393-94 (1950). 以上の点については、さらに以下が参考になる。GEORGE THOMAS WASHINGTON & JOSEPH WARREN BISHOP, JR, INDEMNIFYING THE CORPORATE EXECUTIVE: BUSINESS, LEGAL, AND TAX ASPECTS OF REIMBURSEMENT FOR PERSONAL LIABILITY 79-111 (1963). また、各州におけるより早期の判例として、以下が挙げられる。Figge v. Bergenthal, 109 N.W. 581 (1906); Godley v. Crandall & Godley Co., 168 N.Y.S. 251 (1917); Jesse v. Four-Wheel Drive Auto Co., 189 N.W. 276 (1922). これらの判例については、近藤・後掲注606）法協99巻7号149頁～153頁参照。

第3節　責任からの救済制度　**229**

第2項　デラウェア州における会社補償制度の形成と展開

1　1967年改正前──早期のDGCLと裁判所の判断

(1)　早期のDGCL──1943年改正法

　以下、代表的な会社補償制度としてDGCLの規定とこれについての裁判所の判断を分析する[606]。DGCLに会社補償に関する明示的な規定を初めて置いたのは、1943年改正である[607]。これは、会社に関する1935年デラウェア州修正法典（Revised Code of the State of Delaware of 1935）の65章2条に、以下の第10項を加えたものである[608]。

　10. あらゆるまた全てのその〔会社の〕取締役又は執行役員又は元取締役又は元執行役員又はその〔会社の〕求めに応じてそれ〔会社〕が株式を保有しているか若しくは債権者であるところの他の会社の取締役若しくは執行役員として務めることができたあらゆる者に、これらの者、又はこれらの者のうちのいずれかが、会社、又は当該他の会社の取締役又は執行役員であるか又はあったという理由に基づいて、当事者とされているところのあらゆる〔コモン・ロー上の〕訴訟、〔エクイティ上の〕訴訟又は訴訟手続の防御との関係で実際にかつ

---

[606]　DGCLにおける会社補償制度を検討した論稿として、以下が挙げられる。早期のものとして、特に竹内昭夫「取締役の責任と保険──公認会計士職業賠償責任保険の意味するもの──」同『会社法の理論Ⅱ　機関・計算・新株発行』77頁以下、104頁〜107頁（有斐閣、1984年）（初出は会報〔東京株式懇話会〕243号1頁以下、26頁〜29頁〔1971年〕）参照。続いて、近藤光男「取締役の責任とその救済（二）──経営上の過失をめぐって──」法協99巻7号121頁以下、159頁〜179頁（1982年）、近藤・前掲第1章注91）2頁〜8頁は、同時期における代表的な研究成果の1つである。その後、公刊順に、甘利公人「会社役員賠償責任保険（一）──アメリカ合衆国の会社役員賠償責任保険制度の日本への導入を中心として──」上智法学論集26巻1号219頁以下、233頁〜246頁（1983年）（その後、甘利・前掲第1章317）1頁以下、24頁〜40頁に所収）、近藤・前掲序注19）43頁〜47頁等参照。最近では、例えばMilhaupt編・前掲注1）102頁〜104頁でも解説されているが、DGCLにおける会社補償制度については、なお必ずしも十分に検討されていない。

[607]　*See* LOCKWOOD, *supra* note 593, § 3:17.

[608]　44 Del. Laws, ch. 125, § 1 (1943). デラウェア州ウェブサイト（http://delcode.delaware.gov/sessionlaws/ga109/chp125.shtml）参照。本文における下線は、原文イタリックである。

230 第 2 章 アメリカ法

必要的に負担した費用について、あらゆる当該取締役又は執行役員又は元取締
役又は元執行役員又は〔その〕者がその義務の履行における過失又は違法行為
により責任があると当該〔コモン・ロー上の〕訴訟、〔エクイティ上の〕訴訟又
は訴訟手続において判決が出されるべきところの事実との関係〔におけるもの〕
を除き、補償すること。かかる補償は、補償される者が、あらゆる附属定款、
契約、株主の投票、その他に基づいて資格を有することができるところのあら
ゆる他の権利を排除するものとみなされないものとする。

　この規定によって典型的に示されている当時の各州法は、補償する権限また
はその定款や附属定款において補償を規定する権限をたんに会社に与えたもの
にすぎなかったとの指摘がある[609]。この規定は、会社が補償を行う権限を有す
ることを明示し、また、その附属定款や補償契約等において執行役員や取締役
等の補償権を設定できることを明確にしたものにすぎず、補償が認められる対
象やその手続を具体的に規定しているわけではない。
　この 1943 年改正法における会社補償制度の性格は 1967 年改正前まで不変で
あった。すなわち、会社補償の対象や手続を DGCL が具体的に規定せず、これ
らの決定が各会社に、またその適法性の判断——公序（public policy）による制
約——が裁判所に、それぞれ委ねられていた。以下、この下での裁判所の判断
を 3 件取り上げる。

(2)　*Mooney v. Willys-Overland Motors, Inc.*事件判決（1953 年）[610]
　［事実］　デラウェア州で設立された会社がその附属定款において合理的に負
担されたあらゆる費用を後払いすると規定しており、その社長兼取締役が別の
訴訟の争訟費用の後払を退職後に当該会社に請求したところ、当該争訟費用の

---

[609]　*See* LOCKWOOD, *supra* note 593, § 3:17.
[610]　Mooney v. Willys-Overland Motors, Inc., 106 F. Supp. 253 (D. Del. 1952), *aff'd*, 204 F.2d 888 (3d Cir. 1953).

第3節 責任からの救済制度 **231**

金額が合理的でないとして当該会社が支払を行わなかったため、当該元社長兼取締役が当該会社を被告としてその支払を請求した[611]。

［原審の判断］ 当該金額が合理的でないとは認められないとして、当該元社長兼取締役の請求を認め[612]、当該会社による再弁論の申立てを否定した一方、当該元社長兼取締役による再弁論の申立てを認めた（Leahy 裁判官）[613]。これに対し、当該会社が控訴した。

［判旨］ 原審の判断を是認した（Biggs 裁判官）[614]。その際、以下の通り述べている。「有能な者が会社の取締役として務めることを促進し、取締役らによって負担された費用が取締役としてのその誠実さと高潔さが保たれる中で取締役らが務める会社によって負担されるであろうということを知識として確かなものとすることがデラウェア州法のような制定法の目的であるということは明らかであるように思われる。」[615]

［検討］ デラウェア州が属する第3巡回区控訴裁判所が、1967年改正前 DGCL における会社補償制度に有能な者が取締役等として務めることを促進するという目的があると解している。

(3) *Essential Enterprises Corp. v. Automatic Steel Products, Inc.*事件判決（1960年）[616]

［事実］ 会社の取締役3名がその解任を争う訴訟の防御において勝訴した[617]。その後、当該取締役3名が当該訴訟における争訟費用について当該会社に後払を求める資格を有するかどうかが問題となった[618]。

---

[611] 204 F.2d at 889-93.

[612] 106 F. Supp. at 259. 原審は、原告の主張が、①合理的な金額の後払を受ける原告の権利を認める補償契約の規定、②争訟費用の後払を求めるコモン・ロー上の請求権、③当該附属定款の規定、という3点を根拠としているとしている。*Id.* at 256. その上で、補償契約に基づいて当該元社長兼取締役に補償を受ける権利を認めている。*Id.* at 259.

[613] *Id.* at 259-61.

[614] 204 F.2d at 899.

[615] *Id.* at 898.

[616] Essential Enters. Corp. v. Automatic Steel Prods., Inc., 164 A.2d 437 (Del. Ch. 1960).

[617] Essential Enters. Corp. v. Automatic Steel Prods., Inc., 159 A.2d 288 (Del. Ch. 1960).

232　第 2 章　アメリカ法

［判旨］　制定法および当該会社の附属定款の規定を根拠に、当該防御におい
て負担した合理的な費用の補償を受ける資格があるとした (Seitz 裁判官)[619]。
その際、以下の通り述べている。「私は、私の制定法の解釈と附属定款の〔規定
の〕履行は、会社役員が、違法な解任訴訟であると自身らが考えるところのも
のに対抗するという望ましい目的を促進し、自身らが不当に非難されていると
いうことを立証すればその合理的な費用がその務める会社によって負担される
であろうということを知識として確かなものとすることになると信じる。」[620]

［検討］　Willys-Overland Motors, Inc.事件判決[621] が示した会社補償の目的を、
取締役の違法な解任への対抗という場面において 1967 年改正前にデラウェア
州衡平法裁判所が共有している。

(4) Essential Enterprises Corp. v. Dorsey Corp.事件判決 (1962 年)[622]

［事実］　2 社（本件の原告および被告となった会社）の取締役を複数の者が
兼務していた。当該取締役らが別の訴訟の被告となり、当該訴訟は和解金の形
で当該取締役らに責任を課すことなく和解がされた[623]。当該 2 社の間では当該
取締役らに生じた争訟費用の負担に関する契約が存在したところ、当該争訟費
用の負担が問題となり、当該原告である会社が当該被告である会社に対して訴
訟を提起した[624]。

［判旨］　当時における DGCL 上の補償規定[625] および補償を義務化している
当該被告となった会社の附属定款の規定を踏まえた上で[626]、当該原告である会

---

[618]　164 A.2d at 439. 当該取締役 3 名は、①当該会社の附属定款によって実行されている DGCL
上の補償規定、②コモン・ロー上の補償権、または③裁判所の固有の権利もしくは制定法上の裁
量、をその根拠として主張した。Id. at 439-40.

[619]　Id. at 442.

[620]　Id. at 441-42.

[621]　前述本項 1(2)参照。

[622]　Essential Enters. Corp. v. Dorsey Corp., 182 A.2d 647 (Del. Ch. 1962).

[623]　Id. at 649-50.

[624]　Id. at 649.

[625]　その内容は、1943 年改正法におけるもの（前述本項 1(1)参照）と同じである。

[626]　182 A.2d at 651-52.

社、当該被告である会社および当該取締役らがどれだけの割合で当該争訟費用を負担すべきかを決定している（Seitz 裁判官）[627]。その際に、訴訟において防御を続け敗訴した場合には弁護士費用を自己負担するという危険を負う一方、和解したならば〔弁護士費用が〕確かに補償されるという地位に取締役を置くという結果が健全でないと述べ[628]、「取締役に対して主張された請求の全てではないもののそのいくつかについて責任があるとの判決が取締役に対して出された場合の費用の配分を制定法が認めるかどうかについての問題」[629]を指摘するとともに、このような部分的責任の領域において制定法の明確化が必要であることと[630]、制定法が和解の場面を規定すべきかどうかという問題とを指摘した[631]。

［検討］　本判決がこれらの点について立法による明確化を促していることをFolk 報告書が踏まえている[632]。

(5) 検討

デラウェア州においては、1967 年改正が会社補償制度を明確化する前から、会社補償を行う権限を会社が有することを非排他的に規定した 1943 年改正法の下で、個別の会社がその附属定款や補償契約で会社補償を規定し、取締役等

---

[627]　*Id.* at 653-54.

[628]　*Id.* at 652. 当該被告である会社は、その当該附属定款が規定する義務的補償が「あらゆる〔エクイティ上の〕訴訟又は訴訟手続において取締役としてのその義務の履行における失敗による責任があるとの判決が当該取締役に最終的に出されるべきところのあらゆる事案、およびあらゆる当該責任の和解」に対して拡張されないものとすると規定していたところ、この制約が、取締役に責任があるとの判決が最終的に出された後の和解にのみ適用され、和解が承認される前には最終的に責任があるとの判決が出されておらず、したがって補償がされるべきであるとの主張を行っている。*Id.* 本文の判旨は、この主張に対応するものである。判旨は、その上で、本文の判旨が述べる弊害が、本件のように和解金の個人的な負担なしに和解がされる場合には特に望ましくないと考えられるとしている。*Id.*

[629]　*Id.* at 655.

[630]　*Id.* at 655-56.

[631]　*Id.* at 656.

[632]　Folk, *supra* note 21, at 76-77, 88-92. なお、1967 年改正前 DCGL の下で、和解がされた訴訟との関係での補償の可否が判然とせず、唯一の裁判例が本判決であるとの指摘がみられる。Welch, Saunders, Land & Voss, *supra* note 1, § 145.06 4-411 to -412.

234　第2章　アメリカ法

に対して補償を行ってきた。この過程で、裁判所が、1967年改正前DGCLにおける会社補償制度に有能な者が取締役等として務めることを促進するという目的があると解し、さらに、制定法の明確化が必要である点を指摘した上で立法による明確化を促している。これらが、1967年改正につながっている。

2　1967年改正──会社補償制度の明確化

(1)　改正法成立までの流れ

　デラウェア州における会社補償制度を明確にし、これを確立したのが1967年DGCL改正である[633]。同年改正前において、会社補償に関する制定法上の規定が不十分であると認識されており、多くの附属定款と定款の規定が、DGCLの規定を明確にし、当該条項〔が認める補償の対象等〕を拡張していたものの、裁判所が公序に基づいて課すであろうと示してきた制約を超え得るかどうかについて多くの場合に不確実性があったとの指摘がある[634]。以下、立案担当者による解説の概要を紹介する[635]。

　1967年改正法は、1963年に成立した特別法[636]の結果として設置された委員会の産物であり、同法は、DGCLの包括的な検証と検討および法改正の推奨を

---

[633]　Folkは、1959年から1966年という期間が会社法の発展の中で最も重要であったとする一方、会社補償制度については、技術的な改正が中心であり、明確な発展がみられなかったとしている。Ernest L. Folk, III, *Corporation Statutes: 1959-1966*, 1966 DUKE L.J. 875, 902, 957 (1966). デラウェア州における会社補償制度は、制定法の漸進的な改正の積み重ねによって確立されたわけではなく、1967年改正が確立したものである。

[634]　S. Samuel Arsht & Walter K. Stapleton, *Delaware's New General Corporation Law: Substantive Changes*, 23 BUS. LAW. 75, 78 (1967). 同論稿の紹介として、拙稿「デラウェア州における会社補償制度──1967年改正とその後の展開」会社補償実務研究会編・前掲第1章注310）131頁以下、133頁〜138頁参照。

[635]　S. Samuel Arsht, *A History of Delaware Corporation Law*, 1 DEL. J. CORP. L. 1, 13-16 (1976). 以下、原注の紹介を省略している。

[636]　54 Del. Laws ch. 218 (1963). デラウェア州ウェブサイト（http://delcode.delaware.gov/sessionlaws/ga122/chp218.shtml）参照。

含む州議会に対する報告書の作成のために、一定額をデラウェア州の州務長官
（Secretary of State）に与えた[637]。

　州務長官はデラウェア州最高裁判所の前長官である Clarence A. Southerland を
座長としてデラウェア会社法改正委員会（Delaware Corporation Law Revision
Committee）を設置し、この他の委員には5人の弁護士を含む9人が含まれてい
た[638]。

　当該委員会の任務は、その設置を認めた法案の前文に要約されており、①ア
メリカ全土で知られる会社の設立地としての長く有益な歴史をデラウェア州が
有すること、②デラウェア州が伝統的に会社に提供してきた好意的な環境が、
同州の主要な歳入の源であったこと、③会社事業についてデラウェア州と競争
するために、多くの州が新たな会社法を近年制定していること、④1898年の制
定後、DGCL に包括的な改正が行われていないこと、および、⑤デラウェア州
議会が、好意的な事業環境を維持し、会社がデラウェア州をその設立地とする
ことを促進することは州の公序であると宣言していること、が挙げられている
[639]。

　当該委員会は1964年1月に審議を始め、多くの条文の間で矛盾が生じないよ
う、当時における制定法の包括的な調査を行い、他州が会社を引き寄せるため
に有しているものでデラウェア州が有していないものは何であるかを検討し、
法改正についてその推奨を求めるために、Ernest L. Folk を顧問とした[640]。Folk
からの報告書（以下「Folk 報告書」という）[641]の一部を受領すると、当該委
員会の座長がその批判的検討を当該委員会の委員に割り当て、当該委員が次の
会議においてその推奨とともにこれを報告するということを行った[642]。

---

[637]　*Id.* Arsht, *supra* note 635, at 14.

[638]　Arsht, *supra* note 635, at 14.

[639]　前掲注636）参照。Arsht, *supra* note 635, at 14.

[640]　*Id.* at 15.（紹介者注）当該委員会の検討の中で、①現行 DGCL の文言を更新し、明確にする
こと、②コーポレートアクションに関する枠組みを単純化し、会社の実態に合わせること、③改
正の余地があると経験上考えられていた同法の実質的な規定を改正すること、という3つの目標
が直ちに認識されたと指摘されている。Arsht & Stapleton, *supra* note 634, at 75.

[641]　（紹介者注）FOLK, *supra* note 21. 後述本項2(2)参照。

[642]　Arsht, *supra* note 635, at 15.

236　第2章　アメリカ法

16か月に及ぶ33回の審議を経て、当該委員会は逐条的な検討を終えた[643]。
その後、当該委員会の調査員（law clerks）である弁護士らによって起草部会
（drafting subcommittee）が構成され、当該委員会の決定を法案の形にするとい
う作業を始めた[644]。この作業が始まるや否や、多くの積み残しの課題が明らか
となり、当該委員会が行っていないところの多くの実質的な決定を行い、かつ、
行った決定のいくつかを覆すことなしには満足できる法案を起草することがで
きないことが明らかとなった[645]。必要な変更を行う際に、当該部会は、①Folk
報告書、②当該委員会の議事録、および③MBCAを含む他の資料を参考にした
[646]。
　その後、当該部会が法案の草案を当該委員会に提出し、当該委員会がこれを
全会一致で承認した[647]。さらにこれを法律家協会および州議会が承認し、改正
法が1967年7月3日に施行された[648]。

　以上が、立案担当者による解説の概要である。このように、1967年改正
DGCL145条における会社補償制度の明確化は、Folk報告書を基礎として実現
したものである。

(2) Folk報告書

　Folk報告書は、1967年改正前DGCLにおける会社補償制度の見直しについ
て、以下の内容の指摘と推奨を行っている[649]。

---

[643]　*Id.* at 15-16.（紹介者注）合計で3年間となった当該委員会の検討の間に会社補償ほど多く議
論されたものはなかったと指摘されている。Arsht & Stapleton, *supra* note 634, at 77-78.

[644]　Arsht, *supra* note 635, at 16. Arshtは、当該起草部会の部会長（chairman）であり、また、デラ
ウェア州法律家協会（Delaware State Bar Association）の一般会社法委員会（General Corporation Law
Committee）の委員でもあったとしている。S. Samuel Arsht, *Indemnification under Section 145 of the
Delaware General Corporation Law*, 3 DEL. J. CORP. L. 176, 176 (1978).

[645]　Arsht, *supra* note 635, at 16.

[646]　*Id.*

[647]　*Id.*

[648]　*Id.*

[649]　FOLK, *supra* note 21, at 76-93. 以下、原注の紹介を原則として省略している。

〔第1に、〕1967年改正前DGCLの下で補償を規定した同法122条10項〔以下本項2(2)において「旧法」という〕がその範囲と適用において不明確であり、デラウェア州衡平法裁判所が *Essential Enterprises Corp. v. Dorsey* 事件判決[650] においてその明確化を促し、いくつかの点について〔補償の対象等を〕拡張するよう提案した[651] ことを踏まえ、本報告書は、制定法が〔補償の対象等について〕拡張され、明確にされること、および、多くの点が制定法によって明示的に解決されることを推奨する[652]。制定法はまた、派生訴訟と派生訴訟でない訴訟との区別を認め、この区別に基づいてその役割を果たすべきである[653]。さらに、それに乗り気でない会社から経営者が補償を受ける<u>権利</u>を有すべきである場合があるため、制定法は〔会社に対して〕補償を行う権限を与えるだけでなく、裁判上強制できる権利をも認めるべきである[654]。

　職務に伴う多くのリスクに対して経営幹部に補償することは、本報告書の判断として、好ましいことであるが、この目的は、不公正な状況における補償を認めるほど広範に制定法上の補償を規定することによっては満足に達成されるものではない[655]。旧法の文言が、義務違反に対して「責任があるとの判決が出された」（"adjudged liable"）取締役であって、これにより会社に対して判決額を支払った者に補償することを認めるであろうように思われ、派生訴訟における和解金に対する補償についても、その違法行為に対して「責任があるとの判決が出された」者がいないとの仮定により、議論があるところであるが、これを行うというほとんど不統制の裁量を認めている[656]。〔このように〕会社補償を広範に認めている制定法が、より制限的な規定よりもかえって不明確性を生ん

---

[650]　（紹介者注）本項1(4)参照。以下本項2(2)において同じ。
[651]　182 A.2d at 655-56.
[652]　FOLK, *supra* note 21, at 76.
[653]　*Id.*
[654]　*Id.* （紹介者注）本文における下線は、原文下線である。
[655]　*Id.*
[656]　*Id.* at 76-77.

238 第2章 アメリカ法

でいる[657]。あまりに安易な会社補償は、信認義務をむしばむだけでなく、安易
な和解を前提とする会社荒らし訴訟の提起と水面下での補償にもつながり得る
[658]。他方で、旧法は他の重要な点に関して不必要に制限的であり、本報告書は、
ある〔補償を受ける〕者がその違法行為について「責任があるとの判決が出さ
れた」かどうかという単一の基準により、補償が認められる範囲の制約をより
明確に規定する注意深く起草された文言によって、より広い〔制定法上許容さ
れる〕補償の範囲を〔規定することを〕推奨する[659]。

　〔第2に、〕補償が認められるべき訴訟手続の範囲について、会社が補償を行
う権限が全ての種類の訴訟手続に及ぶことを明確にすべきである[660]。〔具体的
には、〕「〔コモン・ロー上の〕訴訟、〔エクイティ上の〕訴訟、又は訴訟手続」
という旧法の文言から、〔当該〕補償〔規定〕が、会社によるまたは会社の権利
における〔コモン・ロー上の〕訴訟（派生訴訟を含む）のみに適用されるのか、
または、連邦証券法に基づく〔エクイティ上の〕訴訟や、合衆国または私的当
事者による会社の経営者を被告とする民事の反トラスト訴訟のような第三者に
よる〔コモン・ロー上の〕訴訟にも適用されるのかどうかが明らかでないが、
このような第三者による訴訟における補償の必要性は派生訴訟におけるそれよ
りもしばしば急を要するものである[661]。

　旧法は、少なくともいくつかの刑事訴訟における補償を含んでいないが、経
営者が刑事の反トラスト訴訟における防御に本案で勝訴した場合、当該経営者
はコーポレートアクションについて疑いを晴らしただけでなく、〔当該防御費用
が〕返金されることが公平であり、刑事訴訟における補償が明らかに適切であ
る[662]。最も少なくとも、DGCLが刑事訴訟を制定法上の補償の範囲に明示的に
含むべきである[663]。

---

[657] *Id.* at 77.

[658] *Id.*

[659] *Id.*

[660] *Id.* at 78.

[661] *Id.*

[662] *Id.* at 78-79.

[663] *Id.* at 80.

第3節　責任からの救済制度　**239**

　制定法上の〔補償の〕範囲は、経営者が当事者であるところの行政上の訴訟に明示的に拡張されるべきである[664]。旧法は、「〔コモン・ロー上の〕訴訟、〔エクイティ上の〕訴訟、又は訴訟手続」の「防御」から生じた費用に補償を制限しているが、会社の経営者が原告である場合にも補償される資格を公平に有し得るため、「防御」という文言を削るか、またはその代わりに「防御」への「参加」のような中立的な文言に改めるべきである[665]。

　〔第3に、〕補償される資格を有する者について、補償権を有する者の代表者に対する補償に DGCL が拡張されるべきである[666]。補償される資格を適切に有する多くの者が執行役員ではなく、少なくとも反トラスト訴訟手続においては、販売部門長のような〔執行役員でない〕従業員がしばしば被告になるため、DGCL142 条 c 項に基づいて附属定款または取締役会決議により「執行役員」とされる者だけでなく、従業員に対する補償も明示的に認められるべきである[667]。旧法は、補償を行う会社が株式を保有しているところの他の会社の執行役員または取締役に補償することを認めているが、「それ〔補償を行う会社〕が債権者又は株主であるところのその他の会社」というより単純な文言が旧法の文言を良く代替し得る[668]。

　〔第4に、〕第三者による訴訟における補償について、防御との関係で「実際にかつ必要的に負担された費用」という旧法の表現は厳しすぎる[669]。これを、訴訟において「実際にかつ合理的に負担された費用」と改めるべきである[670]。

　〔第5に、〕派生訴訟における和解について、会社によるまたは会社の権利における訴訟での補償は、誉められない取締役に対する補償が倫理的な規準を促進するという公序と鋭く対立するため、複雑な問題となる[671]。取締役等がその

---

[664]　*Id.*

[665]　*Id.* at 81.

[666]　*Id.*

[667]　*Id.* at 81-82.

[668]　*Id.* at 82.

[669]　*Id.* at 83.

[670]　*Id.* at 84-85.

[671]　*Id.* at 85.

240 第2章 アメリカ法

防御において勝訴した場合、会社から補償される権利を有することを明確に認めるべきである[672]。仮に取締役等が本案で敗訴した場合、当該取締役等に対して会社が補償することは旧法の下では認められないが、取締役に対するあらゆる種類の派生訴訟において補償がとがめられるべきであるということにはならない[673]。義務違反について「責任があるとの判決が出された」経営者に対して補償が認められないという一般的なルールを維持しつつ、敗訴した者が、当該事案または別の訴訟手続において、当該事案の状況の下で公平である限りにおいて費用の補償を衡平法裁判所に対して求めることができるようにすることが望ましい[674]。Essential Enterprises Corp. v. Dorsey 事件判決において Seitz 裁判官が促した部分的責任の領域における明確化について、衡平法裁判所が部分的責任の状況において費用を配分する管轄権を有することを明確にすべきである[675]。

〔第6に、〕派生訴訟における和解金に対する補償について、防御に成功することのできない請求の和解を促進することは、信認義務のエンフォースメントをむしばむことになり、また、仮に取締役が会社の費用で容易に和解することができる場合、会社荒らし訴訟を助長することになる[676]。Essential Enterprises Corp. v. Dorsey 事件判決も、「訴訟において防御を続け敗訴した場合には弁護士費用を自己負担するという危険を負う一方、和解したならば〔弁護士費用が〕確かに補償されるという地位に取締役を置く」ことは「健全でない」[677]と述べている[678]。デラウェア州衡平法裁判所規則 23 条 c 項が「却下され又は和解した」派生訴訟について裁判所の承認を要求しているため、利害関係のある当事

---

[672] *Id.* （紹介者注）本文における下線は、原文下線である。

[673] *Id.* at 87.

[674] *Id.*

[675] *Id.* at 88.

[676] *Id.* at 89.

[677] （紹介者注）前掲注 628）に対応する本文を参照。

[678] FOLK, *supra* note 21, at 89.

者の申立てに基づいて衡平法裁判所によって補償が決定され得ることを、制定法または衡平法裁判所規則が規定することが適切であろう[679]。

〔第7に、〕補償を受ける権利について、経営者の交代があり、旧経営者個人に対して、補償が適切である状況において補償を行うことが否定される場合や、*Essential Enterprises Corp. v. Dorsey* 事件のように稀な例として附属定款の規定が補償に不必要に制限的である場合を含め、補償を受ける権利を取締役に与えるべきである[680]。会社の経営者が本案その他において訴訟で勝訴した場合、補償が権利として利用可能であるべきである[681]。仮に衡平法裁判所が、取締役に対して責任があるとの判決が派生訴訟において出された場合や和解した場合に申立てを承認した場合には、当該裁判所がそのように認める場合のみ、補償が利用可能であるべきである[682]。

〔第8に、〕非排他的条項について、以上の通りに改正がされるならば、旧法における「非排他的」("non-exclusive") 条項は削られるべきである[683]。当該規定の主な目的は、おそらく、現行法の制約の範囲外で補償することを会社に認めることであったが、この制約が実質的に拡張され、明確にされるため、「非排他的」条項はたんに不明確性を生むだけである[684]。以上の提案における広範な補償範囲の下で、仮に非排他的条項が不変のまま残ったとしても、裁判所は補償規定を排他的なものと扱うであろう[685]。以上の提案は補償が公平である全ての状況を含むため、非排他的条項は例えば衡平法裁判所が承認していない水面下での和解において支払われた費用の後払と和解金への補償等のきわめて疑わしい状況において用いられることになるであろう[686]。合理的に補償される全て

---

[679] *Id.* at 91.

[680] *Id.* at 91-92.

[681] *Id.* at 92.

[682] *Id.*

[683] *Id.*

[684] *Id.*

[685] *Id.* at 93.

[686] *Id.*

242 第2章 アメリカ法

の項目を制定法が含む場合、例えばコネチカット州では非排他的条項を削り、
ニューヨーク州では制定法上の規定を排他的としている[687]。

(3) 1967年改正 DGCL145 条の概要

以上の Folk 報告書に対し、最終的に成立した 1967 年改正 DGCL145 条の概
要は、以下の通りである[688]。

a項とb項は、いずれも任意的補償を規定し、a項は取締役等の対第三者責任、
b項は同じく対会社責任に関して、会社が任意で補償することが認められる要
件と対象を明確にしている。会社から補償を受ける者が「誠実にかつ会社の最
善の利益になるか又はこれに反しないと合理的に信じるところに従って行為し」
たことを求めている点でa項とb項は共通している。補償の対象は、前者では、
原則として、費用（弁護士費用を含む）、判決額、罰金および和解金であるのに
対し、後者では、費用（弁護士費用を含む）のみが明示されている[689]。後者に
ついては、補償を受けようとする者が会社に対して責任があるとの判決が出さ
れるべき場合には補償が認められないが、この場合において補償が適切である
と衡平法裁判所が申立てに基づいて認めたときは補償が認められる。

c項は、会社の義務的補償を規定している。すなわち、a項とb項が規定する
訴訟等の防御において本案その他において勝訴した場合には、当該訴訟との関
係で実際にかつ合理的に負担された費用（弁護士費用を含む）について補償を
受ける権利が取締役等にあるとしている。

d項は、裁判所が命令する場合を除き、a項とb項に基づく補償は会社が決定
すべきことを規定した上で、決定の手続として、当事者でない取締役、独立し
た法律顧問、株主の役割を規定している。

---

[687] *Id.*

[688] 同法同条については、後掲資料 1(1)参照。その和訳については、同 1(2)参照。

[689] 対会社責任が追及される訴訟（派生訴訟を含む）における和解金に対する補償の可否につい
ては、現在も条文上明確にされていない（後掲注 716)参照、後掲注 724) およびこれに対応す
る本文を参照）。

e 項は、争訟費用の前払に関する規定である。e 項は、費用の前払を受ける取締役等が補償を受ける資格を最終的に有しない限り前払費用を返金するという約束（undertakings）が得られることを条件に[690]、会社が任意で前払を行えることを明確にしている。

f 項は、附属定款や契約の規定等に基づいて他の補償権等を設定することを本条が排除する趣旨ではなく、本条で規定する補償がこの意味で非排他的であることを規定している。

g 項は、会社補償の対象にならない責任を含め、あらゆる責任についてのD&O 保険を会社が購入できることを規定している[691]。

(4) 検討

1967 年改正 DGCL145 条は、Folk 報告書を基礎としており、おおむねこれに沿った改正がされたといえるが、両者の相違点として、特に①Folk 報告書が「責任があるとの判決が出された」かどうかを補償を認める基準としたのに対し、同条が a 項および b 項において共通して「誠実にかつ会社の最善の利益になるか又はこれに反しないと合理的に信じるところに従って行為し」たかどうかを基準としている点、②派生訴訟における和解金に対する補償について、Folk 報告書が、当事者の申立てに基づいて衡平法裁判所によって補償が決定され得ることを制定法または衡平法裁判所規則が規定することが適切であろうとしたのに対し、同条がこれを明確にしていない点[692]、③Folk 報告書が非排他的条項を削るべきであるとしたのに対し、同条が f 項に非排他的条項を残した点が挙げられる。

当該改正は、学説と実務からおおむね肯定的に評価されたようである。学説では、当該改正前から会社補償に対して積極的な見解が示されており[693]、例え

---

[690] この点に関する 1986 年改正について、後掲注 711) および後掲注 715) に対応する本文を参照。

[691] この背景にある見解について、後掲注 703) およびこれに対応する本文を参照。

[692] 後掲注 716) 参照、後掲注 724) および後掲注 725) ならびにこれらに対応する本文を参照。

[693] 1940 年代の学説を踏まえ、「学説は、古くから補償に対して積極的な態度をとっていた。」とする指摘として、近藤・前掲注 606) 法協 99 巻 7 号 146 頁参照。

244 第2章 アメリカ法

ば Bishop が当該改正の翌年に公刊した有名な論稿において「要するに、訴訟と
責任に対して会社の経営者を保護するという法廷実務は、いまや、それが実現
されるべき限りで、そしてもしかすると幾分厚めに実現されたと私は考える」
[694] 旨を述べている[695]。また、実務の指摘として、デラウェア州における 1943
年の会社補償制度の導入が当時において優れたものであったとともに、1967 年
改正も大きな改良であったと Arsht が 1967 年改正の約 10 年後に述べている[696]。

1967 年改正 DGCL145 条は、対第三者責任が追及される訴訟における和解金
に対する補償を明示的に認め（a 項）、対会社責任が追及される訴訟（派生訴訟
を含む）において実際にかつ合理的に負担された費用（弁護士費用を含む）に
ついての補償も明示的に認めたものの（b 項）、対会社責任が追及される訴訟 (同)
における和解金に対する補償の可否については、これを明示的に規定しておら
ず（b 項）[697]、現在も条文上明確にしていない[698]。

---

[694]　Joseph W. Bishop, Jr., *Sitting Ducks and Decoy Ducks: New Trends in the Indemnification of Corporate Directors and Officers*, 77 YALE L.J. 1078, 1103 (1968).

[695]　ただし、Bishop はまた、和解した事案において補償を行うかどうかを決定する独立した法律
顧問の独立性に過度に依存することによって、DGCL は、会社を保護するために〔取締役等に対
して〕無情な決定をもたらすことになるかもしれないと述べ、これを課題の 1 つとして指摘して
もいる。*Id.* at 1084. Bishop はさらに、1967 年改正 DGCL が、補償を監督するという裁判所の直接
の権限なしに会社に対する義務違反による責任から自らを免れさせるという〔同年改正前におけ
る〕経営者の権限を、議論を伴いつつも制限したものであると指摘している。*Id.* at 1084-85.

[696]　Arsht, *supra* note 644, at 176.

[697]　Folk は、「和解金自体に補償することについては〔同条 b 項が〕何も語っていない。」と指摘
した上で、仮にここで補償が認められるならば、その不正行為に対して不誠実な会社の取締役と
執行役員に釈明させるという派生訴訟の目的が破壊されるであろうと述べている。FOLK, *supra*
note 103, at 100.

[698]　後掲注 716）参照、後掲注 724）およびこれに対応する本文を参照。

第3節 責任からの救済制度 **245**

3 1967年改正後——議論と改正

(1) 1967年改正DGCL145条について生じた議論

1967年改正DGCL145条について生じた議論について、立案担当者がその約10年後に公刊された論稿においてこれを論じている[699]。

第1に、1967年改正DGCL145条f項が、同条が非排他的であることを規定しているため、会社が附属定款または補償契約において取締役が提訴され、敗訴または和解した場合に支払うべきものは何であれ補償されるということを規定することができるのかどうかという問いが実務から最も頻繁に発せられたが、この問いに対する回答は「否」であり、同年改正前における *Mooney v. Willys-Overland Motors, Inc.*事件判決[700]が述べたように、公序による制約に服すると指摘されている[701]。

第2に、同法同条e項は、同条d項に規定された形で取締役会によってされる争訟費用の前払を認めていたところ、この場合、前払は、取締役が勝訴するであろうという訴訟の開始時点における肯定的な認定に基づいてのみされ得ることになるが、このような認定の必要性が望ましくないものと認識され、技術的な改正として、仮に補償を受ける資格がないと最終的に決定される場合は返金するという約束が前払いされる者から得られれば、取締役会が特定の事案で前払いすることが認められると規定する改正が同年改正後の数週間でされたと指摘されている[702]。

---

[699] Arsht, *supra* note 644, at 176-81. 同箇所のより詳細な紹介として、拙稿・前掲注634) 138頁〜143頁参照。

[700] 前述本項1(2)参照。

[701] Arsht, *supra* note 644, at 176-77.

[702] *Id.* at 177-78. この改正法の下で、訴訟を提起された取締役に争訟費用を前払いするかどうかを考慮する際に取締役会が決定しなければならない唯一の事項は、最終的に敗訴し補償を受ける資格がないとなった場合にその者が返金できるのかどうかという点であり、さらに、取締役が敗訴するであろうという仮定の下で前払いするかどうかを決定することは取締役会にとって適切であるとの見解がみられる。*Id.* at 178. この見解は、取締役に対する争訟費用の前払をDGCL143条に基づく貸付として行うことも考えられるが、同条に基づく貸付には当該貸付が「会社に対して利益がある」と取締役会が決定することが要件になるところ、これをDGCL145条に基づく条件付補償として行うことで、当該決定を行う必要がないと解するものである。*Id.* at 178-79.

246　第 2 章　アメリカ法

　第 3 に、同法同条 g 項が、DGCL145 条「に基づいて当該責任に対して会社
がその者に補償する権限を有するであろうかどうかにかかわらず」D&O 保険
を購入し保険料全額を支払うことを会社に認めたところ、これを非難されるべ
き何かと読むことを表明する見解がみられたが、この見解は妥当でないと指摘
されている[703]。

(2) 1967 年改正後の改正

　1967 年改正 DGCL145 条には、同年改正後にも様々な改正が行われ、現在の
同法同条が形成されている。以下、この約 50 年間の改正に関する解説のうち、
特に重要と考えられる点を紹介する[704]。

　1967 年改正 DGCL143 条は、以下の通り、貸付や保証等が取締役会の判断において「会社の利
益になると合理的に期待できる」場合にはその執行役員および従業員に対して無利子かつ無担保
でこれらを行うことを認めている。56 Del. Laws ch. 50, § 2 (1967). デラウェア州ウェブサイト
（http://delcode.delaware.gov/sessionlaws/ga124/chp050.shtml）参照。同条は現在まで改正されていな
い。デラウェア州ウェブサイト（http://delcode.delaware.gov/title8/title8.pdf）参照。

"§ 143. *Loans* to employees and officers; guaranty of obligations of employees and officers
Any corporation may lend money to, or guarantee any obligation of, or otherwise assist any officer or other
employee of the corporation or of its subsidiary, including any officer or employee who is a director of the
corporation or its subsidiary, whenever, in the judgment of the,[] directors, such loan, guaranty or assistance
may reasonably be expected to benefit the corporation. The loan, guaranty or other assistance may be with or
without interest, and may be unsecured, or secured in such manner as the board of directors shall approve,
including, without limitation, a pledge of shares of stock of the corporation. Nothing in this section contained
shall be *deemed* to deny, limit or restrict the powers of guaranty or warranty of any corporation at common
law or under any statute."

[703]　Arsht, *supra* note 644, at 179-81　故意の違法行為による取締役の責任に付保することが公序に
反する下で、故意の違法行為による責任を填補する保険約款を作成する保険会社は存在しないで
あろうと考えられるため、立案担当者はこのような制限を会社法である DGCL に置くことが必要
であると考えなかったと指摘されている。*Id.* at 179-80. また、同年改正前において、D&O 保険の
保険料総額のうち 9 割が会社自身の填補に割当てられ、残りの 1 割が〔取締役等〕個人に割当て
られると大部分の会社が決定していたが、立案担当者は、この状況が非現実的で無意味であると
考え、取締役が自身の D&O 保険の保険料として支払うものが、取締役会に出席する際の出張費
用と広義の同じ類型でないと考える理由はないと結論づけ、同年改正 DGCL145 条 g 項において
会社が保険料全額を支払えることを規定したとしている。*Id.* at 180-81.

[704]　以下の記述は、次の文献（原則として注を除く）の内容を紹介している。WELCH, SAUNDERS, LAND
& VOSS, *supra* note 1, § 145.15 4-437 to -443. 法改正に係る注の原典は原文に記載されているもので

第3節　責任からの救済制度　**247**

1968 年に 145 条 e 項が改正され、前払は、同条 a 項および b 項において示された適用される行為規準を補償を受けようとする者が満たしているという決定に基づいてのみ会社によって支払われるべきこと、および、当該決定は利害関係のない取締役、独立した法律顧問または株主によって、同条 d 項が規定する方法で行われるべきこと、という 2 つの要件が撤廃された[705]。代わりに、1968 年改正は、「その特定の事案において取締役会によって認められるものとして」前払を認めた[706]。[707]

1983 年に 145 条 e 項が改正され、民事または刑事の〔コモン・ロー上の〕訴訟、〔エクイティ上の〕訴訟または訴訟手続の防御費用が会社によって前払いされる従業員または代理人は、当該前払金を返金するという約束を会社に対して提供しなければならないとする要件が削られた。同項は、当該前払を行うこととの関係で課されるべき契約条件が仮にある場合には取締役会がこれを決定することを認めた[708]。この改正は、取締役と執行役員からの返金の約束を要件とする既存の法に影響するものではなかった[709]。[710]

1986 年にいくつかの重要な改正がされた[711]。第 1 に、「義務の履行における過失又は違法行為により」という文言を削るために 145 条 b 項が改正された。改正前同項は、「義務の履行における過失又は違法行為により」責任があるとされた者が補償を求める場合の派生訴訟における費用に対して補償する前に裁判所の承認を要求していた。引用箇所の文言は、デラウェア州最高裁判所による

あり、デラウェア州ウェブサイトおよび当該文献の参照は紹介者によるものである。同箇所のより詳細な紹介として、拙稿・前掲注 634) 143 頁〜148 頁参照。

[705]　56 Del. Laws ch. 186, § 6 (1968). デラウェア州ウェブサイト
　　（http://delcode.delaware.gov/sessionlaws/ga124/chp186.shtml）参照。

[706]　*Id.*

[707]　Welch, Saunders, Land & Voss, *supra* note 1, § 145.15 4-437.

[708]　64 Del. Laws ch. 112, § 7 (1983). デラウェア州ウェブサイト
　　（http://delcode.delaware.gov/sessionlaws/ga132/chp112.shtml）参照。

[709]　*Id.*

[710]　Welch, Saunders, Land & Voss, *supra* note 1, § 145.15 4-438.

[711]　65 Del. Laws ch. 289, §§ 3-6 (1986). デラウェア州ウェブサイト
　　（http://delcode.delaware.gov/sessionlaws/ga133/chp289.shtml）参照。

248 第2章 アメリカ法

Smith v. Van Gorkom 事件[712] と *Aronson v. Lewis* 事件[713] における2つの判断と制定法を調和させるために同年改正で削られたものである。これらの判断は、経営判断原則の下で、取締役は注意義務違反が主張されている場合に重過失に基づいてのみ責任を負うことを明確にした。同条b項に対する同年改正では、法の実質的な変更は意図されていない。[714]

145条e項に対する1986年改正は、取締役または執行役員の返金の約束を、「補償される資格をその者が有すると最終的に決定されない限り」から、「補償される資格をその者が有しないと最終的に決定されるならば」に改めた。さらに、同条同項から「特定の事案において取締役会による承認の通りに」という文言が削られた。この改正は、個々の前払請求を個人ベースで評価することを求める代わりに、「その趣旨で、設立定款や附属定款の義務的な〔補償を義務化する〕規定を含む費用の前払の一般的な承認」を与えることを会社の取締役会に認めたものである。145条e項に対するこれら1986年改正は、同条a項および b項に基づく全ての補償に対して同条d項が求める決定がされていることを確認するという積極的な義務を取締役会から取り除いたわけではない。[715]

1986年に145条f項が改正され、「及び費用の前払」という文言が加えられた。この改正は、同条e項が規定するところ以外の条件により費用を前払いする権利を含めるために、同条f項が規定する「他の権利」という文言を明確化することを意図したものである。「かつ取締役、執行役員、従業員又は代理人を辞任した者について存続するものとし」という文言は、新設された同条j項に移された。この改正は、何らの実質的変更を意図したものではない。[716]

---

[712] Smith v. Van Gorkom, 488 A.2d 858 (Del. 1985).（紹介者注）本章第2節第2款第2項3(1)参照。

[713] Aronson v. Lewis, 473 A.2d 805 (Del. 1984).（紹介者注）本章第2節第2款第2項2(1)参照。

[714] WELCH, SAUNDERS, LAND & VOSS, *supra* note 1, § 145.15 4-438 to -439.

[715] *Id.* § 145.15 4-439.（紹介者注）本文における下線は、原文イタリックである。

[716] *Id.* § 145.15 4-439 to -440.（紹介者注）1986年のDGCL改正が定款免責を認めた際に（前掲注54）およびこれに対応する本文を参照）、DGCL145条b項が認める任意的補償の対象に判決額や和解金を含めることがデラウェア法律家協会（Delaware Bar Association）の会社法部会（General Corporation Section）で検討されたが、これが否定された経緯があるとの指摘がある。E. Norman Veasey & Jesse A. Finkelstein, *New Delaware Statute Allows Limit on Director Liability and Modernizes Indemnification Protection*, BUS. LAW. UPDATE, Jul.-Aug. 1986, at 1, 2. その理由として、①取締役が会社

第3節　責任からの救済制度　**249**

　1990年に145条e項が改正され、会社が前払いすることができる費用は弁護士費用を含むこと、および、会社は民事手続または刑事手続におけるものだけでなく、行政上の訴訟手続または調査手続における防御費用も前払いすることができることが明確にされた[717]。[718]

　1994年に145条d項が改正され、取締役会の定足数を満たすかどうかにかかわらず、当事者でない取締役の多数決によって補償請求に対して行為することを認めた。さらに、同年改正は同条k項を新設し、同条を根拠に提起された〔コモン・ロー上の〕訴訟を審理し決定する排他的な管轄を衡平法裁判所に与えた。同条同項は、同条を根拠に提起されたところの、訴訟の最終的な終結前に会社が費用を前払いすることを義務付けられるかどうかに関する決定を求める〔コモン・ロー上の〕訴訟の略式での取扱いについても規定した[719]。[720]

第3項　デラウェア州における会社補償制度の現状

1　現在のDGCL145条

　以上のように、1967年改正DGCL145条には、同年改正後にも様々な改正が行われ、現在の同法同条[721]が形成されている。以下、現在の同法同条について、いくつかの点を指摘する[722]。

に与えた損害について会社が会社自身に支払を行うことになり、循環になること、②これによって株主が利益を得ず、会社が原告と被告両方の弁護士費用を負担することになるため、費用がかかるという結果になること、が挙げられている。*Id.*

[717]　67 Del. Laws ch. 376, § 3 (1990). デラウェア州ウェブサイト
　　（http://delcode.delaware.gov/sessionlaws/ga135/chp376.shtml）参照。

[718]　Welch, Saunders, Land & Voss, *supra* note 1, § 145.15 4-440.

[719]　69 Del. Laws ch. 261, §§ 1-2 (1994). デラウェア州ウェブサイト
　　（http://delcode.delaware.gov/sessionlaws/ga137/chp261.shtml）参照。

[720]　Welch, Saunders, Land & Voss, *supra* note 1, § 145.15 4-440.

[721]　後掲資料2(1)参照。その和訳については、同2(2)参照。

[722]　1967年改正同法同条の概要については、前述本款第2項2(3)参照。現在の同法同条との主な相違点については、前述本款第2項3(2)参照。

250　第2章　アメリカ法

　特に①会社補償が認められる範囲や手続等が条文上明確にされている[723]。ただし、②派生訴訟における和解との関係で「実際にかつ合理的に負担された費用（弁護士費用を含む）」（b項）に対する任意的補償が認められているところ、ここでの和解金に対する補償の可否については、条文上なお明確にされていない[724]。③対会社責任に関し、費用について補償を適切であると決定する際に衡平法裁判所が役割を担っている（b項）[725]。④派生訴訟が同条b項の対象の中心であることは解釈上明らかであるが[726]、直接訴訟が同条a項とb項のいずれの対象であるかが問題となる[727]。

---

[723]　なお、同条h項からk項までが、定義や管轄等を定め、解釈上問題となり得る点について同条をさらに明確化している。

[724]　*See* WELCH, SAUNDERS, LAND & VOSS, *supra* note 1, § 145.06 4-412. このため、例えばニューヨーク州南部地区連邦地方裁判所は、1999年に、「派生訴訟において補償を行う権限が除外されていることはこれら2項〔145条a項とb項〕の両方を読めば明白」であり、「1986年にDGCLが改正された際に145条b項で補償を行う権限を与える〔かどうかという〕ことが明らかに検討され、そして拒否されたように見受けられる」〔当該検討については、前掲注716）参照〕とし、それゆえに、「要するに、デラウェア法は、派生訴訟での和解において支払われた合計額〔和解金〕について取締役に補償する権限を会社に与えているわけではないと認める」と述べている。TLC Beatrice Int'l Holdings, Inc. v. CIGNA Ins. Co., 97 Civ. 8589 (MBM), 1999 U.S. Dist. LEXIS 605, at *14-15, *20 (S.D.N.Y. Jan. 25, 1999). （Mukasey裁判官、被告である会社による訴訟却下の申立てを否定）

[725]　日本法の下で、例えば取締役がその職務を行うにつき対第三者責任との関係で費用（α）が生じ、このことについて当該取締役に対会社責任（β）が認められる場合、仮に後者（β）が補償の対象にならないのであれば、前者（α）についても補償が認められないのではないかが問題となり、その際、個々の取締役ごとに濃淡があり得る責任をどのように評価するかが併せて問題になる。この点、デラウェア州では、これを決定するという衡平法裁判所の役割をDGCL145条b項が明示的に規定しており、特に参考になる制度の在り方とも考えられる。この点については、神田秀樹教授からご教示を得た。

[726]　Folk報告書の立場について、前述本款第2項2(2)、特に前掲注653）に対応する本文を参照。

[727]　*Smith v. Van Gorkom* 事件では、直接訴訟として訴訟が提起され（前掲注322）参照）、デラウェア州最高裁判所が事案を破棄し原審に差し戻した後に和解が成立し、和解金の支払がされたところ（前掲注327）参照）、当該和解金はD&O保険でも填補されるが、これがD&O保険の填補責任限度額を上回るものだったため、取締役個人の出捐が問題になるが、誠実義務違反が認定されていないため、会社補償を行うことが可能であったとの指摘がみられる。*Outside Director, supra* note 209, at 1067. 当該事件では直接訴訟が問題になっているため、これがDGCL145条a項とb項のいずれの対象であるかが問題になるが、派生訴訟における和解金への補償をb項は認めてい

第3節　責任からの救済制度　**251**

2　附属定款と補償契約等

DGCL145 条は、Folk 報告書の提言[728] と異なり、その f 項に現在も非排他的条項を置いている。この下で、大部分の大規模な会社がその取締役と執行役員に定款、附属定款または補償契約によって争訟費用の〔義務的な〕補償を提供しているとの指摘がみられる[729]。主な上場会社では、その附属定款において、特に①制定法上認められる最大限の範囲で会社が義務的に補償を行う旨や、②返金の約束を条件として防御費用を会社が義務的に前払いする旨を規定する会社が多いように見受けられる[730]。発行会社はその定款、附属定款または補償契約等による補償規定の効果をその登録届出書において開示することが求められている[731]。

DGCL145 条 c 項が義務的補償を規定しており、また、同条 f 項に基づいて補償を上乗せする際にも同条 a 項および b 項が規定する要件を回避することは認

ないとの解釈を前提にすると、この指摘は、直接訴訟が a 項の場面であることを前提にしているように読める。

[728]　前掲注 683〜687) に対応する本文を参照。

[729]　LOCKWOOD, *supra* note 593, § 3:78. デラウェア州衡平法裁判所は、例えば 2012 年に、「勝訴」と「誠実義務違反」の間にあるあらゆる状況において、DGCL が会社に対しその執行役員や取締役に補償するかどうかを決定する裁量を与えている結果、多くの会社は、会社が補償を行う義務を、定款、附属定款または契約によって〔DGCL145 条 c 項に上乗せする形で〕規定しているとした上で、会社が契約によって会社役員の補償権を設定している場合、当該契約が制定法上の強行規定に反しない限り適用される旨を述べている（Glasscock 裁判官）。Hermelin v. K-V Pharm. Co., 54 A.3d 1093, 1095 (Del. Ch. 2012).

[730]　合計で 11 社の附属定款における補償規定が例えば以下に掲げられている。LOCKWOOD, *supra* note 593, at Appendix 3A.

[731]　発行会社の取締役または執行役員がその取締役または執行役員としての地位において負い得る責任に対して保険により塡補されまたは補償されるところのあらゆる制定法、定款規定、附属定款、契約またはその他の取り決めの一般的な効果を述べることが求められている。SEC Standard Instructions for Filing Forms Under Securities Act of 1933, Securities Exchange Act of 1934 and Energy Policy and Conservation Act of 1975−Regulation S-K, 17 C.F.R. § 229.702 (2018). *See, e.g.*, SEC Form S-1, item 14 (Feb. 2018), https://www.sec.gov/files/forms-1.pdf. EDGAR 上に補償契約が添付書類として開示されている会社が多くみられるとの指摘として、会社補償実務研究会編・前掲第 1 章注 310) 66 頁〜67 頁［松本絢子発言］参照。

252　第2章　アメリカ法

められないと解されている下で[732]、補償契約が担う役割が特定されている面が
ある[733]。同条は、同条a項およびb項に基づいて会社が任意的補償を行うこと
を決定する主体等を規定する一方（同条d項）、補償契約の締結に係る手続を規
制していない。〔取締役会が補償契約の内容および締結の決定を行う場合〕当該
決定に利益相反性が生じ得る場合があるため[734]、補償契約〔の内容および締結
の決定〕が株主総会で承認されることが一般的に望ましいとの指摘もみられる
[735]。

　　3　裁判所の判断

　以下、特に示唆を有すると考えられる裁判所の判断を取り上げる。

　　(1)　*Waltuch v. Conticommodity Services, Inc.*事件判決（1996年）[736]
　〔事実〕　会社の従業員である副社長が当該会社の複数の顧客のために商品先
物取引を行ったところ損失が生じ、当該複数の顧客が当該副社長と当該会社を

---

[732]　後掲注744）およびこれに対応する本文を参照。

[733]　補償契約や附属定款は、例えば以下を規定することができるとの指摘がみられる。①制定法
によって禁じられない限りでの義務的補償、②補償を受ける者が多くの場合その請求に基づいて
得ることのできる義務的な費用の前払、③「その特定の事案において」されることを145条d項
が要求している「決定」への迅速な手続、④不利な決定がされた場合に補償を受けようとする者
が訴訟により「抗議する」（"appeal"）権利、⑤取締役会が行為せずまたは行為することを拒否し
た状況の下でされるべきであったと考えられる有利な決定がされる手続、⑥合理的な資金提供の
仕組み、および⑦特定のその他の条項、である。E. Norman Veasey, Jesse A. Finkelstein & C. Stephen
Bigler, *Delaware Supports Directors with a Three-Legged Stool of Limited Liability, Indemnification, and
Insurance*, 42 Bus. Law. 399, 415 (1987).

[734]　例えば執行役員に対してのみ、または一部の取締役に対してのみ等、限られた者との間での
み補償契約を締結し、かつ、十分な数の利害関係のない取締役が承認するのでなければ、取締役
会の利益相反取引〔DGCL144条a項〕として扱われそうであるとの指摘がみられる。JOHN F. OLSON,
JOSIAH O. HATCH, TY R. SAGALOW & THE PUBLISHER'S EDITORIAL STAFF, DIRECTOR & OFFICER LIABILITY:
INDEMNIFICATION & INSURANCE § 10:3 (2017-18 ed. Dec. 2017 update). この場合、株主総会がこれを追認
する（同項3号）等しない限り、当該取引の無効または取消事由となる（同項）。*See id.*

[735]　*Id.*

[736]　Waltuch v. Conticommodity Servs., Inc., 833 F. Supp. 302 (S.D.N.Y. 1993), *aff'd in part and rev'd in
part*, 88 F.3d 87 (2d Cir. 1996).

第 3 節　責任からの救済制度　**253**

被告として複数の訴訟を提起し、これらについては当該会社が和解金を全額負担して全て和解がされた[737]。当該副社長が当該訴訟において生じた争訟費用等の後払を退職後に当該会社とその完全親会社に請求したところ、当該会社の附属定款は当該完全親会社がその可否を決定するとしており、3 名から構成される特別委員会が独立した顧問弁護士を雇った上で提出した報告書を踏まえ、当該完全親会社の取締役会が補償を行わないと決定したため、当該副社長が当該会社と当該親会社を被告として、当該争訟費用等の後払を求める訴えを提起した[738]。

[原審の判断]　当該複数の訴訟のうち 1 件[739]についてはその防御において実際にかつ合理的に負担した費用の補償を認めるサマリー・ジャッジメントを行った一方[740]、その他の申立てについてはこれらを否定した（Lasker 裁判官）[741]。これに対して控訴がされた。

[判旨]　原審の判断を一部是認し[742]、一部破棄した（Jacobs 裁判官）[743]。

---

[737]　88 F.3d at 88, 833 F. Supp. at 309.

[738]　88 F.3d at 88-89, 833 F. Supp. at 304-05.

[739]　Michelson v. Merrill Lynch, Pierce, Fenner & Smith, Inc., 619 F. Supp. 727 (S.D.N.Y. 1985). *See* 833 F. Supp. at 310.

[740]　833 F. Supp. at 305. これは、当該 1 件（*Michelson*, 619 F. Supp. at 741-42）においては、「本案その他において」（DGCL145 条 c 項）当該副社長が勝訴したと認められるためであるとした。833 F. Supp. at 310.

[741]　833 F. Supp. at 305, 318. その際に、非排他的条項である DGCL145 条 f 項に基づく補償が公序による制約を受けることについては一般的に意見が一致しているとし、同条同項は同条の他の項において規定された制約なしに補償を認めるものではないとした。*Id.* at 307, 309. また、当該複数の訴訟は全て当該会社が和解金の全額を負担して和解しているため、「本案その他において勝訴した」（DGCL145 条 c 項）と認められないとして当該争訟費用等について会社の補償義務を否定した。*Id.* at 311.

[742]　原審の判断を是認した点として、DGCL145 条 f 項が、同条 a 項が規定する誠実義務要件を回避する形で会社に対して補償を認めるものではないとした。88 F.3d at 89-95.

[743]　*Id.* at 89, 97. 原審の判断を破棄した点として、当該会社が全額を負担して和解した場合でも「本案その他において勝訴した」（DGCL145 条 c 項）と認められるとして、当該会社に当該争訟費用等の補償義務があるとした。*Id.* at 89, 95-97. その理由として、当該会社が和解金全額を負担し、当該副社長がこれを負担していないため、当該副社長は「本案その他において勝訴した」（同）と認められるとしている。*Id.* at 96.

254　第2章　アメリカ法

　［検討］　DGCL145条f項を根拠に附属定款や補償契約等において保護の上乗せを行う場合にも、公序による制約により、同条a項およびb項が規定する誠実義務要件を回避することが認められるわけではないことが明らかにされている[744]。また、会社とその従業員を被告として第三者が訴訟を提起し、当該会社が和解金全額を負担して和解した場合、当該従業員には「実際にかつ合理的に負担された費用（弁護士費用を含む)」（同条c項）についての補償権が認められるとされている[745]。

(2)　*May v. Bigmar, Inc.*事件判決（2004年)[746]

　［事実］　会社の元執行役員兼取締役が、当該会社に対し、別の訴訟[747]との関係で生じた費用（弁護士費用を含む）について、DGCL145条c項および当該会社の附属定款の規定を根拠に補償を求めたところ[748]、当該元執行役員兼取締役が勝訴したところの防御費用についてこれらを根拠に実際にかつ合理的に負担した費用の補償を受けるものとされたが[749]、両当事者が合理的な費用の金額について合意に至らず[750]、本件訴訟が提起された。
　［原審の判断］　当該元執行役員兼取締役は、当該別の訴訟との関係で「実際にかつ合理的に」負担した費用について自ら立証できた限りにおいて部分的補償（partial indemnification）を受ける資格を有するとした上で[751]、当該元執行役員兼取締役が主張した配分方法および裁判所自身による判断と裁量の両方に基

---

[744]　*Id.* at 93. デラウェア州衡平法裁判所は，デラウェア州で設立された会社が誠実に行為しなかった当事者に補償する権限を有しないとする本判決の解釈に同意すると述べている。Mayer v. Executive Telecard, Ltd., 705 A.2d 220, 224 n.6 (Del. Ch. 1997). *See* VonFeldt v. Stifel Fin. Corp., No. 15688, 1999 Del. Ch. LEXIS 131, at *8 (Del. Ch. June 11, 1999).
[745]　前掲注743）参照。
[746]　May v. Bigmar, Inc., 838 A.2d 285 (Del. Ch. 2003), *aff'd*, 854 A.2d 1158 (Del. 2004).
[747]　*In re* Bigmar, Inc., No. 19289-NC, 2002 Del. Ch. LEXIS 45 (Del. Ch. Apr. 5, 2002).
[748]　838 A.2d at 286-87.
[749]　*Id.* at 287-88.
[750]　*Id.* at 288.
[751]　*Id.* at 289.

第 3 節 責任からの救済制度 **255**

づいて、費用総額に対して当該元執行役員兼取締役の法律顧問が提案した 15%
ではなく 30%のディスカウントを適用するとした（Lamb 裁判官）[752]。

［判旨］　原審の判断を是認した（Holland 裁判官）[753]。

［検討］　本判決が是認した原審判決は、部分的補償をめぐる問題について[754]、
様々な点を判示している[755]。

---

[752] *Id.* at 291. その際に、部分的補償の事案における問題は、適切に請求の対象となる時間（および費用）を特定することであるが、様々な要因からこれを科学的な方法で行うことができないところ、裁判所に対する問いは、これらの本来的な不確実性に伴う経済的リスクをどのように配分するかという問題であり、換言すれば、当該元執行役員兼取締役がしなければならないことは、補償を求めるその請求の「誠実な見積もり」（"good faith estimate"）を提出するという責任を果たすことであるとした。*Id.* at 290. その際に考慮した要素として、①当該元執行役員兼取締役の顧問弁護士が、要した時間を争点ごとに十分記録していないため、勝訴した争点と敗訴した争点について〔当該顧問弁護士が〕要した時間を容易に区別できないこと、②早期に決着した訴訟においても、争点ごとにこれに要した時間が公平にみてどれだけであるかを容易に区別できないこと、③勝訴した争点を敗訴した争点から区別する際にも問題があること、④裁判所が、当事者による誠実な見積もり（特に割り当てられていない時間に関して）を批判的に評価すべきであること、を挙げている。*Id.* at 290-91.

　以上は、簡短な判決（memorandum opinion）である。すなわち、「通例、先例的価値のある複雑な法律問題も含まれておらず、反対意見もない事件の判決のさいに書かれる短い判決文」（田中編集代表・前掲注 126）552 頁）である。

[753] 854 A.2d at 1158.

[754] より早期に裁判所の判断が示されている。*E.g.*, Merritt-Chapman & Scott Corp. v. Wolfson, 321 A.2d 138 (Del. Super. Ct. 1974). 具体的には、①刑事訴訟において、有罪判決（conviction）以外のすべての結果が勝訴と認められなければならないこと、②DGCL145 条 c 項は、完全な勝訴を要求せず、訴訟における「あらゆる請求、争点若しくは事実の防御において」勝訴した程度までの補償を規定しているため、刑事訴訟において、仮に関連する別の訴因については勝訴しなかったとしても、独立して起訴されているところの勝訴した訴因について部分的補償を得る資格を有すること、を判示している（Balick 裁判官）。*Id.* at 141.

[755] 前掲注 752）参照。さらに以下の点が挙げられる。①補償額の見積もりにおいて、含まれる項目を特定するのではなく、除外されるべき時間と費用を特定するという方法によることも認めた点（838 A.2d at 290.）、②それに関して審理が否定的な認定をしたところの勝訴した争点の一部を含め、敗訴した争点に対する補償を否定した点（*Id.* at 291.）、③補償を求める訴訟において生じた費用（fees on fees）について、当該訴訟において勝訴した原告による請求の全額を、判決前および判決後の利子とともに認めた点（*Id.* at 292.）、である。

256　第2章　アメリカ法

(3) 誠実義務

以上の通り、DGCL145条a項およびb項のいずれに基づく補償においても、また、同条f項を根拠とする附属定款や補償契約等の規定に基づく補償においても、補償を受けようとする取締役や執行役員等が「誠実にかつ会社の最善の利益になるか又はこれに反しないと合理的に信じるところに従って行為し」(同条a項およびb項)たことが要件とされている[756]。

(4) 検討

会社補償制度がDGCL上確立されている下で、裁判所が重要な役割を担っている。特に対会社責任があるとの判決にもかかわらず費用について補償を受ける資格を有すると決定する場面における衡平法裁判所の役割が規定されており(同法145条b項)[757]、また、部分的補償の場面においても衡平法裁判所が役割を担っている[758]。これらには、制度の在り方として参考になる面があるように思われる[759]。

---

[756]　誠実義務違反となる会社の受認者の行為について、前述本章第2節第2款第2項2(2)、特に前掲注314)に対応する本文を参照。

[757]　ただし、この決定については、これを解釈した公刊裁判例が見当たらず、これが利用できる程度が判然としないままであるとの指摘がみられる。DREXLER, BLACK & SPARKS, *supra* note 1, § 16.02 [3][a].

[758]　前述本項3(2)参照。部分的補償の場面においては、補償を求める者がその額と根拠について立証責任を負い、裁判所が合理的な補償額を決定している。その際に、勝訴または敗訴した争点ごとに部分的補償が認められている。前述本項3(2)参照。

[759]　この点については、神田秀樹教授からご示唆を得た。

第3節 責任からの救済制度 **257**

第4項 学説の状況──1967年 DGCL 改正前後

1 1967年改正前

(1) Joseph W. Bishop

1967年改正前における代表的な論者が Bishop である[760]。Bishop は、同年改正に向けた検討がされている1965年に論稿[761]を公刊し、1967年改正前 DGCL 上の会社補償制度の課題を指摘している。例えば①ニューヨーク州法が「〔被告取締役等が勝訴した場合に、被告取締役等が負担した〕費用〔の支払〕を〔原告株主が〕保証すること」("Security for Expenses")[762]を規定したのに対し、DGCL にはこのような規定がみられないこと[763]、②デラウェア州は会社の経営に好意的であると評価されている一方[764]、派生訴訟が多く提起されており、この点についての検討が十分でないこと[765]、③同年改正前 DGCL の下で、その義務の履行における過失や違法行為によって責任があるとの判決が出された取締役や執行役員に対して補償することが一律に禁じられているように解されるが、対第三者責任については必ずしも同意できない場合があること[766]、④附属定款において経営者が自身に補償するという裁量に裁判所がいかなる制約を課すかが難問であること[767]、等を挙げている[768]。

---

[760] *See* Washington & Bishop, *supra* note 605.

[761] Joseph W. Bishop, *Indemnification of Corporate Directors, Officers and Employees*, 20 Bus. Law. 833 (1965).

[762] これは、勝訴した被告の防御費用、特に弁護士費用の支払を株主たる原告が保証しなければならないとする制定法上の規定であり、これが、ニューヨーク州における派生訴訟の減少につながったとしている。*Id.* at 833.

[763] *Id.*

[764] *Id.* at 834.

[765] *Id.* at 833-35.

[766] *Id.* at 839. 具体的には、第三者から訴訟を提起された場合における弁護士費用を挙げている。*Id.* Bishop は1956年当時におけるニューヨーク州法の下での同様の問題をこれ以前の論稿で論じている。Joseph W. Bishop, Jr., *Current Status of Corporate Directors' Right to Indemnification*, 69 Harv. L. Rev. 1057, 1072-73 (1956). *See* Bishop, *supra* note 761, at 840.

[767] Bishop, *supra* note 761, at 840.

258　第2章　アメリカ法

(2) その他の見解

1967年改正前に、Bishop によるもの以外にも様々な見解がみられている[769]。

2　1967年改正後

(1) Joseph W. Bishop

Bishop は、1972年の論稿[770]で、1967年改正前 DGCL の下では、会社の内部者が自身の口座で取引を行ったことにより1934年証券取引所法16条b項等を根拠にその責任を追及された場合、仮に当該内部者が本案において勝訴したときでも、当該内部者が取締役としての地位において行為したわけではないとしてこれに要した防御費用が補償されないとの解釈があり得たと考えられるところ、同年改正 DGCL145条がこの点に対応した等と指摘している[771]。

(2) その後の見解

Coffee は、2006年の論稿[772]において、証券クラス・アクションと和解との関係で会社補償を論じた上で[773]、連邦証券法上の責任が判決で認められた場合

---

[768]　同論稿の翌年には、D&O 保険が提起したと考えられる問題を論じ、これとの関係で、会社補償が抱える課題とその歴史を論じている。Joseph W. Bishop, Jr., *New Cure for an Old Ailment: Insurance Against Directors' and Officers' Liability*, 22 BUS. LAW. 92 (1966).

[769]　*E.g.*, George D. Hornstein, *The Counsel Fee in Stockholder's Derivative Suits*, 39 COLUM. L. REV. 784 (1939)（派生訴訟における株主の争訟費用の後払等について）; Comment, *Distribution of Legal Expense Among Litigants*, 49 YALE L.J. 699 (1940); George T. Washington, *Litigation Expenses of Corporate Directors in Stockholders' Suits*, 40 COLUM. L. REV. 431 (1940); George T. Washington, *The S.E.C. and Directors' Indemnity: Recent Developments*, 40 COLUM. L. REV. 1206 (1940); Herman Jervis, *Corporate Agreements to Pay Directors' Expenses in Stockholders' Suits*, 40 COLUM. L. REV. 1192 (1940); George D. Hornstein, *Directors' Expenses in Stockholders' Suits*, 43 COLUM. L. REV. 301 (1943); Note, *Indemnification of Directors: The Problems Posed by Federal Securities and Antitrust Legislation*, 76 HARV. L. REV. 1403 (1963).

[770]　Bishop, *supra* note 503. 1968年に公刊された論稿については、前掲注694）およびこれに対応する本文を参照。

[771]　*Id.* at 1157-58.

[772]　Coffee, *supra* note 466.

第3節　責任からの救済制度　**259**

に補償を行うことに対して SEC が反対の立場にあることから[774]、経営者が〔判決が出される前に〕和解し補償を求めることへの強い圧力の下にあると指摘している[775]。このほかにも、多くの議論がみられている[776]。

---

[773]　*Id.* at 1567-69.

[774]　*Id.* at 1567 n.118, 1568 n.119, and accompanying texts. (紹介者注) SEC は、1933 年証券法に基づいて生じる責任に対して発行会社の取締役、執行役員および支配者に補償することが同法に示された公序に反するため〔当該補償の〕履行を強制できないという見解であるとし、当該責任に対する補償（発行会社の取締役、執行役員または支配者が防御に成功したあらゆる〔コモン・ロー上の〕訴訟、〔エクイティ上の〕訴訟または訴訟手続において負担した費用に発行会社が補償することを除く）が請求された場合には、原則として、当該補償が同法に示された公序に反するかどうかという問いを適切な管轄を有する裁判所に提出するよう求めている。17 C.F.R. § 229.512(h)(3)(2018). また、この規制が適用されない場合には、同法に基づいて生じる責任に対して補償することが同法に示された公序に反するため〔当該補償の〕履行を強制できないとするのが SEC の見解であることを発行会社が知らされている旨の声明とともに、同法に基づいて生じる責任に対する発行会社の取締役、執行役員および支配者に関する補償規定の簡潔な描写を目論見書に含めるよう求めている。17 C.F.R. § 229.510 (2018). もっとも、裁判所と SEC のいずれも、被告が責任を認めていない場合に和解金や防御費用に補償することが公序に反するという立場を採用しているわけではないと Coffee は指摘している。Coffee, *supra* note 466, at 1568.

[775]　Coffee, *supra* note 466, at 1583.

[776]　*E.g.*, Joseph F. Johnston, Jr., *Developing a Protection Program for Corporate Directors and Officers,* 26 Bus. Law. 445 (1970); Joseph F. Johnston, Jr., *Corporate Indemnification and Liability Insurance for Directors and Officers,* 33 Bus. Law. 1993 (1978) [hereinafter Johnston, *Liability Insurance*]. 両論稿を踏まえた考察として、近藤光男「取締役の責任を塡補する保険に関する一考察——アメリカ法の経験をふまえて」ジュリスト 752 号 98 頁以下（1981 年）参照。このほか、アメリカ全体に関する論稿も含め、以下が挙げられる。Milton P. Kroll, *Some Reflections on Indemnification Provisions and S.E.C. Liability Insurance in the Light of BarChris and Globus,* 24 Bus. Law. 681 (1969); James H. Cheek, III, *Control of Corporate Indemnification: A Proposed Statute,* 22 Vand. L. Rev. 255 (1969); William E. Knepper, *Officers and Directors: Indemnification and Liability Insurance–An Update,* 30 Bus. Law. 951 (1975); Grover R. Heyler, *Indemnification of Corporate Agents,* 23 UCLA L. Rev. 1255 (1976); Allen M. Terrell, Jr., *Indemnification of Employees,* 5 Del. J. Corp. L. 251 (1980); Donald E. Pease, *Outside Directors: Their Importance to the Corporation and Protection from Liability,* 12 Del. J. Corp. L. 25 (1987); James J. Hanks, Jr., *Evaluating Recent State Legislation on Director and Officer Liability Limitation and Indemnification,* 43 Bus. Law. 1207 (1988); Karl E. Strauss, Note, *Indemnification in Delaware: Balancing Policy Goals and Liabilities,* 29 Del. J. Corp. L. 143 (2004).

第5項 小括と検討

　BCK は会社補償制度を社外取締役の責任に関する第2の「保護の層」と指摘した。これを DGCL に初めて明示的に規定したのは 1943 年改正であるが、この下では、会社が適法に行うことができる会社補償の対象や手続が条文上明確にされておらず、各会社の附属定款や補償契約等が補償を規定する一方、裁判所が公序に基づいて課すであろうと示してきた制約を超え得るかどうかについて不確実性があった。また、裁判所が、1967 年改正前 DGCL における会社補償制度に有能な者が取締役等として務めることを促進するという目的があると解し、さらに、制定法の明確化が必要である点を指摘した上で立法による明確化を促している。これらが、1967 年改正 DGCL145 条における会社補償制度の明確化と確立につながった。

　1967 年改正 DGCL145 条は、Folk 報告書を基礎としており、おおむねこれに沿った改正がされたといえるが、両者の相違点として、特に①Folk 報告書が「責任があるとの判決が出された」かどうかを補償を認める基準としたのに対し、同条が a 項および b 項において共通して「誠実にかつ会社の最善の利益になるか又はこれに反しないと合理的に信じるところに従って行為し」たかどうかを基準としている点、②派生訴訟における和解金に対する補償について、Folk 報告書が、当事者の申立てに基づいて衡平法裁判所によって補償が決定され得ることを制定法または衡平法裁判所規則が規定することが適切であろうとしたのに対し、同条がこれを明確にしていない点、③Folk 報告書が非排他的条項を削るべきであるとしたのに対し、同条が f 項に非排他的条項を残した点が挙げられる。

　1967 年改正 DGCL145 条には、同年改正後の約 50 年間にも様々な改正が行われており、特に 1986 年改正が、取締役または執行役員の返金の約束（同条 e 項）を、「補償される資格をその者が有すると最終的に決定されない限り」から、「補償される資格をその者が有しないと最終的に決定されるならば」に改め、原則として返金するという規定から、原則として返金しないという規定に改めたことが挙げられる。

現在の DGCL145 条の下で、会社は、その取締役、執行役員および従業員等が誠実にかつ会社の最善の利益になるかまたはこれに反しないと合理的に信じるところに従って行為した場合、任意的補償として、①対第三者責任に関して、これらの者によって実際にかつ合理的に負担された費用（弁護士費用を含む）、判決額、罰金または和解金を補償することが認められるとともに（同条 a 項）、②対会社責任（派生訴訟を含む）に関して、防御または和解との関係で実際にかつ合理的に負担された費用（弁護士費用を含む）について、その者が会社に対する責任があるとの判決が出されるべきところの請求等を原則として除き、これらの者によって実際にかつ合理的に負担された費用（弁護士費用を含む）を補償することが認められている（同条 b 項）。さらに、その取締役または執行役員が防御において本案等において勝訴した場合、義務的補償として、その者によって実際にかつ合理的に負担された費用（弁護士費用を含む）について、その者は補償されるものとされている（同条 c 項）。

これらのうち任意的補償については、当該特定の補償に関して、当事者でない取締役の過半数投票等によってこれが決定されるものとされるとともに（同条 d 項）、返金の約束に基づいて防御費用の前払を会社が任意で行うことができるとされている（同条 e 項）。さらに、補償の対象にならない責任についても会社が D&O 保険を購入し保有する権限を有することが明確にされている（同条 g 項）。

Folk 報告書の提言と異なり、同法同条が現在も f 項に非排他的条項を置いている下で、主な上場会社では、その附属定款において、特に①制定法上認められる最大限の範囲で会社が義務的に補償を行う旨や、②返金の約束を条件として防御費用を会社が義務的に前払いする旨を規定する会社が多いように見受けられる。発行会社はその定款、附属定款または補償契約等による補償規定の効果をその登録届出書において開示することが求められている。

会社補償制度が DGCL 上確立されている下で、裁判所が重要な役割を担っている。特に対会社責任があるとの判決にもかかわらず費用について補償を受ける資格を有すると決定する場面における衡平法裁判所の役割が規定されており

262　第2章　アメリカ法

（同法145条b項）、また、部分的補償の場面においても衡平法裁判所が役割を
担っている。

　以上のように、責任からの救済制度として会社補償制度が確立されており、
会社が倒産しておらず、かつ、取締役等に誠実義務違反がある場合等を除いて
その役割を果たし得る信頼された制度として実務上活用されている。

第2款　D&O保険

第1項　序

　アメリカにおいて、実質的に全ての上場会社がその執行役員と取締役のため
にD&O保険を購入しているとの指摘がみられる[777]。D&O保険による填補責
任の範囲については、会社補償と異なり、DGCLと連邦証券法のいずれも制約
を規定していない[778]。以下、BCKが指摘する第3の「保護の層」としてのD&O
保険を分析する[779]。

第2項　DGCL145条g項とD&O保険約款

1　DGCL145条g項

　DGCL145条g項は、D&O保険について、「……本条に基づいて当該責任に
対して会社がその者に補償する権限を有するであろうかどうかにかかわらず、
その者に対して主張された及びあらゆる当該能力においてその者によって負担
された、又はその者の当該地位から生じているあらゆる責任について、保険を

---

[777]　*Outside Director, supra* note 209, at 1085. *See* Tom Baker & Sean J. Griffith, *The Missing Monitor in Corporate Governance: The Directors' & Officers' Liability Insurer*, 95 Geo. L.J. 1795, 1797 (2007).

[778]　*See Outside Director, supra* note 209, at 1085.

[779]　以下が参考になる。Lockwood, *supra* note 593, §§ 4:1 to :52; Knepper & Bailey, *supra* note 596, at ch.23; Olson, Hatch, Sagalow & the Publisher's Editorial Staff, *supra* note 734, at ch.12.

購入し保有する権限を有するものとする。」と明示的に規定している[780]。この
ように、取締役、執行役員および従業員等の会社補償の対象にならない責任に
ついても、会社がその保険料全額を負担して購入した D&O 保険によってこれ
を填補できることが法律上明確にされている[781]。

2　D&O 保険約款

　D&O 保険には、填補責任に応じて 3 種類の条項があるとされている[782]。ア
メリカにおいて、D&O 保険が幅広く購入され始めたのは 1960 年代後半である

---

[780]　前掲注 596）に対応する本文を参照、前掲注 691）およびこれに対応する本文を参照。同項
の和訳については、後掲資料 2(2)参照。併せて、神田＝中原＝中江＝武井・前掲第 1 章注 107）
24 頁［神田秀樹発言］参照。

[781]　1967 年改正 DGCL145 条 g 項が填補責任を制限しなかった背景として、故意の違法行為によ
る取締役の責任に付保することは公序に反するため、故意の違法行為による責任を填補する保険
約款を作成する保険会社が存在しないであろうと立案担当者が考えていたことが挙げられる（前
掲注 703）参照、より詳細な紹介として、拙稿・前掲注 634）141 頁〜142 頁参照）。D&O 保険を
認める制定法の文言からは、D&O 保険によって利用可能となる保護に対する唯一の制約を公序
が構成し、一般的に公序は、故意もしくは意図的な不正行為、詐欺、または故意の法令違反に対
する填補を禁じているとの指摘がみられる。KNEPPER & BAILEY, *supra* note 596, § 23.02. 1967 年改正
DGCL145 条 g 項において会社が保険料全額を支払えることを規定した際の立案担当者の見解に
ついて、前掲注 703）参照、より詳細な紹介として、拙稿・前掲注 634）142 頁〜143 頁参照。

[782]　*E.g.*, KNEPPER & BAILEY, *supra* note 596, § 23.03. すなわち、①Side A は、保険約款の個人部分とも
も呼ばれ、会社によって補償されないところの取締役および執行役員の損失を填補するものであ
る。②Side B は、会社がその執行役員や取締役にそれらの損失を適法に補償したところの金額を
会社に支払うものである。③Side C は、「法人」填補（"entity" coverage）と呼ばれ、仮に取締役や
執行役員が被告に含まれていない場合でも、会社に対する請求から生じ会社が負担した損失を填
補するものである。*Id.*

　なお、以下の指摘がみられている（神田＝中原＝中江＝武井・前掲第 1 章注 107）21 頁〜24
頁［中江透水発言および武井一浩発言］）。すなわち、①Side A は、日本で普及しているものと同
じであり、保険会社が役員に対して保険金を直接支払うものである。②Side B は、会社補償と
D&O 保険の両方が利用できる場合に、まず会社から役員に対して会社補償として支払がされ、
当該支払分について保険会社が当該会社に対して保険金を支払うものである。会社補償によって
役員がその責任から救済される場合、Side A ではこれに対して保険金が支払われないため、1960
年代以降、Side B が普及した。③Side C では被保険者が会社であり、例えば証券クラス・アクシ
ョンにおいて発行会社とその役員が同時に被告になる場合、これらの D&O 保険を全て購入して
いる会社では、当該役員の責任に対して会社補償――これを超える部分については Side A により

264　第2章　アメリカ法

と指摘されている[783]。その後、1970 年代には、いくつかの代表的な D&O 保険
約款がみられ[784]、大部分の保険約款では、2 つの保険約款、または、1 つの保
険約款における 2 部分という形で、Side A と Side B が区別されていた旨の指摘
がみられる[785]。このように、実務において Side A および Side B が活用されて
きたようであり[786]、この理由として、会社補償が行われている下で D&O 保険
が活用されるようになったことが考えられる。さらに、1985 年の *Smith v. Van
Gorkom* 事件判決[787]により[788]、1980 年代半ばに D&O 保険の保険料の上昇がみ
られ[789]、D&O 保険約款の改定がみられたようである[790]。その後、完全な法人
填補を認める Side C が 1995 年 5 月に導入されたとの指摘がある[791]。

填補——がされ、会社補償に係る会社の負担について Side B により当該会社に対して保険金が支
払われ、当該会社の責任については Side C により当該会社に対して保険金が支払われる形になる、
との指摘である。同箇所［中江透水発言および武井一浩発言］。

[783]　Romano, *supra* note 52, at 21.

[784]　1960 年代後半まで、アメリカの D&O 保険市場において Lloyd's が最も優勢であり、1970 年
代に、代表的な D&O 保険約款の 1 つとして ALS(D4)および(D5)の 2 つの部分から構成される約
款がみられたとされている。Johnston, *Liability Insurance, supra* note 776, at 2012. 1974 年 1 月の当該
ALS(D5)については、以下に採録されている。*Id.* at 2047-53. その後、1976 年 1 月に、"LYDANDO
NO.1"と呼ばれる新たな D&O 保険約款がみられたとされており、当該約款は以下に採録されて
いる。Joseph Hinsey, *The New Lloyd's Policy Form for Directors and Officers Liability Insurance–An
Analysis*, 33 Bus. Law. 1961, 1981-90 (1978). ただし、後者の新たな約款については、ほとんど販売
されなかったとの指摘もみられる。Knepper & Bailey, *supra* note 596, § 23.03. これらの約款を検討
した論稿として、近藤・前掲第 1 章注 91）11 頁～36 頁参照。

[785]　Johnston, *Liability Insurance, supra* note 776, at 2013.

[786]　*See* Knepper & Bailey, *supra* note 596, § 23.03.

[787]　前述本章第 2 節第 2 款第 2 項 3(1)参照。

[788]　*See* Lockwood, *supra* note 593, § 4:2.

[789]　*See* Romano, *supra* note 52, at 1-2.

[790]　*See* Knepper & Bailey, *supra* note 596, § 23.03.

[791]　Side C の D&O 保険は、発行会社と発行会社の 1 以上の取締役または執行役員とが証券クラ
ス・アクションにおいて被告とされた場合の会社の損害を限定的に填補するものとして、1993
年後半に最初にみられたとの指摘がある。Olson, Hatch, Sagalow & the Publisher's Editorial Staff,
supra note 734, § 12:54. ここでは、取締役または執行役員が発行会社とともに被告に含まれている
ことが要件とされていたが、全ての取締役と執行役員に対する請求が却下された場合でも発行会
社への填補が認められるよう約款が改正され、さらに、1995 年私的証券訴訟改革法〔前述本章第
2 節第 3 款第 2 項 2(1)参照〕に伴い、取締役や執行役員が当初から被告に含まれていない場合で

第3節　責任からの救済制度　**265**

　今日、標準的な D&O 保険約款は存在せず、各保険会社がその填補責任におい
てかなり異なる約款を用いているとの指摘がみられる[792]。もっとも、大部分
の D&O 保険約款において免責事由が規定されており[793]、故意の違法行為に〔基
づく責任に〕対する填補が通例除外されているとの指摘がみられる[794]。他方で、
執行役員や取締役が誠実義務違反となるように、不誠実に、故意に法令に反す
るように、またはその資格がないところの個人的利益を得るように行為したと
主張する請求の扱いにおいて、D&O 保険約款が異なっているとの指摘がみら
れる[795]。D&O 保険約款による填補が連邦証券法に基づいて排除されるという
立場を SEC が採用しているわけではない[796]。

　会社が倒産している場合や取締役等に誠実義務違反がある場合、会社補償に
よっては取締役等の責任からの救済が図れないことになるが、会社が購入して
いる D&O 保険約款の規定次第であるものの、D&O 保険によってこれらの場合
にも取締役等を保護することが可能となり得る[797]。

も発行会社に生じた損害を填補する完全な法人填補が 1995 年 5 月に導入されたとの指摘がある。
Id.

[792]　LOCKWOOD, *supra* note 593, § 4:8.　実務で用いられている D&O 保険約款の例が、以下に採録さ
れている。KNEPPER & BAILEY, *supra* note 596, at Appendix D.

[793]　LOCKWOOD, *supra* note 593, § 4:15.

[794]　*Id.* § 4:19.

[795]　*Id.* § 4:17.

[796]　17 C.F.R. § 230.461(c) (2018). *See* LOCKWOOD, *supra* note 593, § 4:20 n.1 and accompanying text.　た
だし、1934 年証券取引所法 16 条 b 項に基づく請求に対する判決額や和解金について会社に対し
て支払を行うことは標準的な D&O 保険約款から明示的に除外されているとの指摘もみられる。
Id. § 4:20.

[797]　*See Outside Director, supra* note 209, at 1085-86.　ただし、仮に経営者が会社による D&O 保険契
約締結のための事実の陳述（application）において情報の不実記載や不記載を行った場合、当該
保険約款が完全な分離（full severability）を規定していない限り、保険会社が当該保険契約を完全
に無効とすることを事実の陳述における詐欺の概念が認めているとの指摘がみられる。*Id.* at
1086-87.

266　第 2 章　アメリカ法

第 3 項　開示の在り方

　州会社法は一般的に D&O 保険契約の詳細を開示することを要求していない
との指摘がみられ[798]、DGCL もこれに関する情報の開示については規定してい
ない[799]。

　もっとも、連邦レベルで、発行会社にはその購入している D&O 保険契約の
一般的な効果を述べることが求められている[800]。当該規制は、D&O 保険を購
入していることとその一般的な効果を開示することを発行会社に求めているも
のの、当該保険契約の詳細を開示することを要求しているわけではないとの理
解がみられる[801]。

---

[798]　Sean J. Griffith, *Uncovering a Gatekeeper: Why the SEC Should Mandate Disclosure of Details Concerning Directors' and Officers' Liability Insurance Policies*, 154 U. PA. L. REV. 1147, 1190 (2006). な
お、例外として、ニューヨーク州では州会社法である事業会社法（Business Corporation Law）が
開示を要求しており、具体的には、同法 726 条 d 項が「会社は、725 条 c 項（取締役又は執行役
員の補償に影響するその他の規定）において規定された時間の範囲内においてかつ〔その規定さ
れた〕者に対して、本条に基づいて購入し又は更新したあらゆる保険に関して、保険業者、契約
日、保険の費用、会社における被保険者の地位を特定するステートメント、及び株主に対するス
テートメントにおいて過去に報告されていない、あらゆる補償〔及び〕保険契約に基づいて支払
われた合計額を説明するステートメントを送付するものとする。」と規定している。N.Y. BUS. CORP.
LAW § 726(d) (McKinney 2018). *See* Griffith, *supra*, at 1192.

[799]　*See* Griffith, *supra* note 798, at 1190-91.

[800]　17 C.F.R. § 229.702 (2018). 前掲注 731）およびこれに対応する本文を参照。*See* LOCKWOOD, *supra*
note 593, § 5:14.

[801]　Griffith, *supra* note 798, at 1198. 当該指摘は、この「一般的な効果」が当該保険契約の詳細に
ついて何らかの開示を要求するものと解され得るものの、一般的に発行会社は、不開示の塡補責
任限度額の範囲内で取締役や執行役員の行為から生じた責任を D&O 保険によって塡補すること
が可能であるという不透明な声明より多くを何も開示していないとしている。*Id.* at 1199.

第4項　学説の状況

1　開示を義務付けるべきであるとする議論

　Easterbrook と Fischel は、企業による自発的な情報開示の限界を指摘した[802]。Griffith は、2006 年の論稿[803] で、当該指摘には D&O 保険にも当てはまる面があるとし[804]、D&O 保険契約の情報価値は〔他社との〕比較によって生じるものであり、例えばある企業が購入している D&O 保険の保険料、填補責任限度額および保有額の適切性〔についての評価〕は同様の位置にある企業との比較に基づいてのみ生じるものであるとした[805]。しかし、その情報価値の大部分が

---

[802]　EASTERBROOK & FISCHEL, *supra* note 183, at 290-92. *See* Griffith, *supra* note 798, at 1187-88. Easterbrook と Fischel は、企業による情報開示が最適でないことがあり得る理由として、第三者に対する効果を挙げている。EASTERBROOK & FISCHEL, *supra* note 183, at 290. すなわち、例えば①ある企業が情報開示を行う場合、当該情報開示は当該企業が属する業種についての情報も開示することになり、同業他社の投資家にとって利益となる面があるが、当該企業は当該同業他社の投資家から当該利益を回収することができないため、当該情報が過少生産され得るとしている。*Id.* このため、全ての他社が同様に開示を求められる場合のみ、各企業が開示を望む場合があるとしている。*Id.* at 291. また、②企業間の比較を促進する情報の開示においても、同様のただ乗り問題（free-rider problem）が存在し、例えばある企業が他社との関係で魅力的な情報を得ている場合、当該情報を開示した場合に利益を得るのは当該他社の現在または将来の投資家であり、当該企業にはこれを開示する誘因が乏しい面があるとしている。*Id.* さらに、③企業が投資家に対して情報を提供する際の最適な様式（例えば会計基準）があり、これによって企業の比較が促進される場合、当該様式の開発を各企業に委ねることには難しい面があると指摘している。*Id.* at 291-92.
[803]　Griffith, *supra* note 798.
[804]　*Id.* at 1188.
[805]　*Id.* Griffith は続けて以下のように述べている。*Id.* at 1188-89. D&O 保険契約のデータは、ある業種全体について利用可能である場合に初めて貴重なものとなるが、それについて請求できないところの他の企業の投資家にとってそれが大部分において利益となるものであるため、当該業種に属する各企業は当該情報を生産することに乗り気でないであろう。*Id.* at 1188. さらに、Easterbrook と Fischel が焦点を当てたただ乗り効果に加えて、個々の企業の投資家は、D&O 保険の保険料を開示することが当該企業を害するであろうとの懸念から、当該企業が D&O 保険〔契約〕の詳細を最初に開示することを望まないかもしれない。*Id.* ある会社がその経営者の過失の費用に対して付保するために 1 年当りで高額な支払を行っていると明示的に述べることは投資家に受けが良くないかもしれず、〔具体的には、〕ある特定の企業が支払っている金額は他の同等の企業と比較すれば低額であるかもしれないところ、この比較を可能にするための当該他の同等の企業からの開示がなければそれが高額であるように思われるかもしれない。*Id.* at 1188-89. このため、仮に全ての企業が当該開示を行うことを投資家が望む場合でさえも、投資家は〔自身が投資

268　第2章　アメリカ法

その費用を課されない他の企業の投資家に対するものとなること等から、自発的な開示はされないであろうとした[806]。その上で、D&O保険契約の詳細についての開示を当事者に委ねることのこのような限界を踏まえ、〔情報開示を義務付ける〕強行法的なルールを考慮すべきであるとしている[807]。

2　実証分析等

D&O保険について実証分析も行われ[808]、当事者の和解に与える影響についても論じられる等[809]、研究が蓄積されている[810]。

する企業が最初に当該開示を行うとすれば〕当該企業を害するとの懸念からこれ〔当該開示〕を躊躇しそうである。*Id.* at 1189. また、D&O保険の填補責任限度額が開示される場合、原告株主の代理人弁護士がどの企業の填補責任限度額が大きいか、また、どれだけの和解金額が填補されるかを知ることになるため、株主による訴訟のリスクが高まる可能性があるとの議論があるが、原告株主の代理人弁護士はこれらの事項について既に情報を十分に得ている〔ため、この議論は妥当でない〕。*Id.* 会社のD&O保険契約は開示手続（discovery）前に直ちに開示されなければならないとされている。*Id. See* FED. R. CIV. P. 26(a)(1)(A)(iv).

[806]　Griffith, *supra* note 798, at 1188.

[807]　*Id.* at 1190.

[808]　*E.g.*, John E. Core, *The Directors' and Officers' Insurance Premium: An Outside Assessment of the Quality of Corporate Governance*, 16 J.L. ECON. & ORG. 449 (2000)（D&O保険の購入の有無および当該契約の詳細についての開示が要求されているカナダの上場会社の委任説明書〔proxy statement〕を用い、当該会社のD&O保険の保険料が当該会社の事業上のリスク等を反映しているとし、D&O保険の保険料が当該会社のCGの質について有用な情報を含むとする）; Blakeley B. McShane, Oliver P. Watson, Tom Baker & Sean J. Griffith, Predicting Securities Fraud Settlements and Amounts: A Hierarchical Bayesian Model of Federal Securities Class Action Lawsuits, 9 J. EMPIRICAL LEGAL STUD. 482 (2012)（1996年以降の証券クラス・アクションに基づき、和解の発生やその金額等を予測するモデルを提示する）.

[809]　*E.g.*, Achim Wambach, Comment, *Outside-Director Liability: A Policy Analysis*, 162 J. INSTITUTIONAL THEORETICAL ECON. 26, 28-30 (2006)（当事者が決定した和解をD&O保険の保険会社が容易に認める理由を指摘する）; Tom Baker & Sean J. Griffith, *How the Merits Matter: Directors' and Officers' Insurance and Securities Settlements*, 157 U. PA. L. REV. 755 (2009)（証券クラス・アクションにおける和解に影響を与える要因としてD&O保険の填補責任限度額等を指摘する）.

[810]　*E.g.*, Tom Baker & Sean J. Griffith, *Predicting Corporate Governance Risk: Evidence from the Directors' & Officers' Liability Insurance Market*, 74 U. CHI. L. REV. 487 (2007)（D&O保険を提供する保険会社が保険料を計算するためにリスクをどのように評価しているかを分析し、その結果を報告

第4節　アメリカ法の総括

　アメリカにおける取締役会による監督制度は、連邦法と NYSE の上場規則に基づき、独立取締役と委員会の活用を通して形成されたものである。特に 1970 年代初頭における会社不祥事の顕在化が、「助言する取締役会」から「監督する取締役会」へのその後の変化および独立取締役の構成比の上昇と監査委員会に係る規制の開始につながったと指摘されている。

　取締役会内部の権限分配について、DGCL は、業務執行の決定権限と監督権限のいずれをも取締役会に与えており、これらを委譲することを認める DGCL と判例の立場の下で、その特性と実務上の要請に応じて個別の会社がその取締役会からこれらの権限を委譲し、その内部で業務執行の決定と監督の分離を図ることが可能とされている。

　アメリカ法の下で、取締役の注意義務違反による責任については、対会社責任と対第三者責任のいずれについても、これを定款の規定で事前に免除または制限することが認められている。この定款免責は取締役に認められるため、取締役でない執行役員については、経営判断原則による保護が特に問題になるところ、一般的な射程を有する判例として同原則が確立され、審理前の訴訟却下の申立ての可否と本案における審理のいずれの場面でも同原則の推定による保護が及んでいる。これらは、注意義務と忠実義務の区別を基礎としている。この下で、定款免責と経営判断原則による保護が否定される場合が、故意、忠実義務違反あるいは誠実義務違反がある場合として明確にされており、執行役員や取締役個人の責任を認めることに謙抑的な立場を判例が採用している。裁判所の判断についての予測可能性が高い下で、会社補償や D&O 保険の保険金の支払を前提に、審理に進み判決が出される前に当事者が合理的に和解を選択することが可能とされている。

する）; Baker & Griffith, *supra* note 777; Tom Baker & Sean J. Griffith, Ensuring Corporate Misconduct: How Liability Insurance Undermines Shareholder Litigation (2010).

270 第2章 アメリカ法

　対会社責任については、決定が問題となる場面で、取締役会から委員会への
権限委譲について各会社における柔軟な設計が認められている下で、報酬委員
会の決定について当該委員会のメンバーでない経営者の責任が特に争われ、本
案において経営判断原則による保護が認められている。他の取締役の行為、す
なわち監視義務違反が問題となる場面では、取締役の監視義務違反とこれによ
る責任を認めないのが裁判所の立場であると指摘されている。従業員等の行為、
すなわち監督義務違反が問題となる場面で、取締役の監督義務違反による責任
を基礎づける必要条件が明確にされている。

　不実開示の場面を例とした対第三者責任については、判決が社外取締役の責
任を認めないことが明確にされている。すなわち、発行市場における不実開示
の場面では、1933 年証券法 11 条を根拠とする訴訟が特に問題になるところ、
経営者に対する信頼等を理由としてそのデュー・ディリジェンスの抗弁を裁判
所が認めている。流通市場における不実開示の場面では、1934 年証券取引所法
10 条 b 項および規則 10b-5 を根拠とする訴訟が特に問題になるところ、判例が
被告における欺罔の意図を主張することを原告に要求している。その上で、故
意がある場合を除いて他の被告との間で連帯責任を負うことが否定されており、
投資家が社外取締役を証券クラス・アクションの被告に含める誘因が乏しい状
況にある。

　対会社責任に関するデラウェア州裁判所の判例や、証券クラス・アクション
に関する連邦裁判所の判例は、例外的な場合を除いて社外取締役に個人の出捐
を伴う責任を負わせないものであることを明確にしている。これらの判例は、
取締役のなり手の確保を容易にすることを通して「監督する取締役会」に寄与
している面がある。

　以上の責任法制の下で、執行役員や取締役はさらに会社補償制度と D&O 保
険によって保護されている。会社補償制度を DGCL に初めて明示的に規定した
のは 1943 年改正であるが、この下では、会社が適法に行うことができる会社補
償の対象や手続が条文上明確にされておらず、各会社の附属定款や補償契約等
が補償を規定する一方、裁判所が公序に基づいて課すであろうと示してきた制
約を超え得るかどうかについて不確実性があった。また、裁判所が、1967 年改

正前 DGCL における会社補償制度に有能な者が取締役等として務めることを促進するという目的があると解し、さらに、制定法の明確化が必要である点を指摘した上で立法による明確化を促している。これらが、1967 年改正 DGCL145 条における会社補償制度の明確化と確立につながった。同法同条には、同年改正後の約 50 年間にも様々な改正が行われている。D&O 保険については、会社が D&O 保険を購入し、その保険料全額を会社が負担できることを 1967 年改正 DGCL145 条 g 項が明確にしている。

第 3 章

イギリス法

274 第3章 イギリス法

第1節 取締役会による監督の在り方——コードによる推奨

本章では、イギリス法[1] を分析する[2]。その理由は、①分散した株式保有構造[3]、②一層制の取締役会[4]、③コードによる規整が早期に採用された点[5] 等から、日本法に示唆があるためである[6]。

---

[1] 連合王国の中でスコットランドおよび北アイルランドについては異なるルールが適用されている場合があるが、本書はこの点を論じていない。

[2] イギリスの会社法に関する代表的なテキストとして、以下が挙げられる。Paul L Davies and Sarah Worthington, *Gower's Principles of Modern Company Law* (10th edn, Sweet & Maxwell 2016); Paul Davies, *Introduction to Company Law* (2nd edn, OUP 2010); Sarah Worthington, *Sealy and Worthington's Text, Cases, and Materials in Company Law* (11th edn, OUP 2016). 以下が代表的な注釈書である。Dan Prentice and David Richards (eds), *Buckley on the Companies Acts* (issue 34, LexisNexis Butterworths December 2017); Geoffrey Morse (ed), *Palmer's Company Law* (release 157, Sweet & Maxwell January 2018). 経済理論を念頭に記述されたテキストとして、以下がある。Brian R Cheffins, *Company Law: Theory, Structure, and Operation* (OUP 1997). 概説書として、特に小町谷操三『イギリス会社法概説』（有斐閣、1962年）が挙げられる。

[3] イギリスにおける「所有と支配の分離」については、特に Cheffins による研究がみられている。Brian R Cheffins, *Corporate Ownership and Control: British Business Transformed* (OUP 2008).

[4] 伝統的に、イギリス法やスウェーデン法等が一層制を採用し、ドイツ法やオランダ法が二層制を採用してきたと指摘されている。Paul L Davies and Klaus J Hopt, 'Corporate Boards in Europe—Accountability and Convergence' (2013) 61 Am J Comp L 301, 310. See Eddy Wymeersch, 'The Corporate Governance Discussion in Some European States', in DD Prentice and PRJ Holland (eds) *Contemporary Issues in Corporate Governance* (OUP 1993) 3, 10-12. ただし、後掲注 100）参照。

[5] 後述本節第1款第3項2(1)参照。

[6] イギリスの会社法はその歴史の大部分において規制上の競争からのいかなる影響にも直面してこなかったとの指摘がみられる。John Armour and Joseph A McCahery, 'Introduction After Enron: Improving Corporate Law and Modernising Securities Regulation in Europe and the US', in John Armour and Joseph A McCahery (eds) After Enron: Improving Corporate Law and Modernising Securities Regulation in Europe and the US (Hart Publishing 2006) 1, 13. このような点からも日本法への示唆が生じ得る。

第1款　取締役会による監督制度の形成と展開

第1項　1970年代以前

「イギリス東インド会社」（British East India Company）がイギリスにおける近代的な株式会社形態の典型としての役割を果たしたとの指摘がみられ[7]、16世紀から17世紀における会社法についても研究が蓄積されている[8]。

イギリスは、1700年から1850年までの期間のうちに世界で最初の産業革命を経験しているが、〔この期間に会社の公募増資による一般的な所有と支配の分離がみられたわけではなく、〕1840年代までにその株式を取引可能としている会社において、現代型の所有と支配の分離が不在であることが一般的に明らかであるとの指摘がみられる[9]。また、19世紀半ばから19世紀後半における大規模な鉄道会社が現代型の所有と支配の分離の先駆者であったように思われるとの指摘がみられる[10]。

---

[7]　大塚久雄「イギリスにおける株式会社形態の展開——特に東インド会社における会社形態の発達を中心として——」同『大塚久雄著作集　第一巻　株式会社発生史論』437頁以下、439頁（岩波書店、1969年）。

[8]　Eg WS Holdsworth, 'English Corporation Law in the 16th and 17th Centuries' (1922) 31 Yale LJ 382.

[9]　Cheffins (n 3) 133, 144-45. 17世紀後半のジョイント・ストック・カンパニー（joint stock companies）には、株主に類似した所有者（proprietors）の総会（general court）があり、この総会において日々の事業運営を委ねるべき取締役会（a court of directors）〔のメンバー〕を選任するというガバナンスの仕組みが既にみられているが、この時期には、主要なジョイント・ストック・カンパニーにおいてもその大部分において所有と支配が分離していなかったとの指摘がみられる。ibid 135-36.

[10]　ibid 157-58. この背景として、①要求される資本金の額が高く、鉄道会社においては発行済株式の大部分を保有する設立時の株主が一般的に不在であったこと（ibid 160）、②大規模な鉄道会社は資金を有する者にとってさえこれを支配するにはあまりに巨大であったこと（ibid）、③その株式の高配当等から、鉄道株を保有しようとする動きが幅広い投資家において1840年代半ばに生じたこと（ibid 160-162）、等が指摘されている。
これに先立って、18世紀初頭までにイングランドにおいて効果的な株式市場を特徴とする制度的構造が形成され、その後、譲渡可能な証券が間接保有という観点から大きく発展し、1801年にロンドン証券取引所（London Stock Exchange、以下「LSE」という）が設立されたとの指摘がみられる。ibid 141-42.

276 第3章 イギリス法

　その後、イギリスにおいて家族〔による会社の〕所有（family ownership）〔比率〕が 20 世紀の前半に急速に低下したと指摘されており[11]、所有と支配の分離が 20 世紀後半に優勢になったとの指摘がみられる[12]。

第2項　1980 年代

1　概観

　アメリカ法の下で 1970 年代に「監督する取締役会」が形成されたのに対し[13]、イギリスにおいては 1970 年代に CG〔に関する議論〕が目立っておらず、これが議論されるようになったのは 1990 年代初頭であるとの指摘がみられる[14]。もっとも、1980 年代に、イギリスの公開会社において、その取締役会における非業務執行取締役の構成比が上昇するとともに、監査委員会や報酬委員会を設置した会社の割合が高まっているとの指摘がみられる[15]。

---

[11]　Julian Franks, Colin Mayer, and Stefano Rossi, 'Spending Less Time with the Family: The Decline of Family Ownership in the United Kingdom' in Randall K Morck (ed) *A History of Corporate Governance Around the World: Family Business Groups to Professional Managers* (The University of Chicago Press 2007) 581, 590.

[12]　Cheffins (n 3) 404. cf Brian R Cheffins, 'Putting Britain on the Roe Map: The Emergence of the Berle-Means Corporation in the United Kingdom' in Joseph A McCahery and others (eds), *Corporate Governance Regimes: Convergence and Diversity* (OUP 2002) 147, 155-58. なお、イギリスにおける経営者による支配は 1914 年より前に実質的に達成されたとの指摘もみられる。James Foreman-Peck and Leslie Hannah, 'Extreme Divorce: The Managerial Revolution in UK Companies Before 1914' (2012) 65 Economic History Rev 1217, 1218.

[13]　前述第 2 章第 1 節第 1 款参照。なお、イギリスの学説が Eisenberg の学説を 1978 年に検討している。AJ Boyle, 'Company Law and the Non-Executive Director—The U.S.A. and Britain Compared' (1978) 27 ICLQ 487, 491, 495-97.

[14]　Brian R Cheffins, 'The Rise of Corporate Governance in the UK: When and Why' [2015] CLP 1, 2-3.

[15]　Bernard S Black & John C Coffee Jr, 'Hail Britannia?: Institutional Investor Behavior Under Limited Regulation' (1994) 92 Mich L Rev 1997, 2021-22. 具体的には、①1980 年代初頭には、イギリスの公開会社の取締役のうち約 33％が非業務執行取締役であったのに対し、1989 年までにこの割合が 44％に上昇するとともに、〔年間〕5 億ポンドより多くの売上高を有する〔大規模な〕会社ではこれが 50％に上昇したこと、②イギリスの公開会社のうち 1980 年の時点で監査委員会を設置している会社は 13％のみであったのに対し、1990 年にはこれが 45％に上昇したこと、③1980 年に 36％の公開会社が報酬委員会を設置していたのに対し、1990 年にはこれが 62％まで上昇したこと、

2 PRO NED による提言

　独立非業務執行取締役については、イングランド銀行（Bank of England）等によって1982年に設置された「非業務執行取締役の促進のための委員会」（The Committee for the Promotion of Non-Executive Directors、以下「PRO NED」という）による検討がされ、その提言[16] は、例えば「独立非業務執行取締役が取締役会の約3分の1を構成すべきである」[17] とするものであった[18]。PRO NED のこのような目標は穏当なものであったとの指摘がみられる[19]。

3 1980年代後半における法整備

(1) 1985年〜1986年の法整備

　その後、1985年から1986年にかけて、相次いで法律が制定されている。すなわち、①1985年会社法[20]、②1986年金融サービス法[21]、③1986年破産法[22] および④1986年会社取締役資格剥奪法[23] が制定されている。

が指摘されている。ibid. このほか、1990年代には、④1991年から1993年の間に企業規模で上位100社となるイギリスの会社のうち取締役会の議長とCEOの役割を分離した会社の割合が63%から73%まで上昇したとも指摘されている。ibid.

[16]　PRO NED, 'Code of Recommended Practice on Non-Executive Directors', reprinted in (1987) 27 BEQB 252.

[17]　ibid. 具体的には、「その売上高が5,000万ポンド以上であるか又はその従業員数が1,000人以上であるところの大規模な上場会社においては、その取締役会は通常少なくとも3名の独立非業務執行取締役を含むべきであり、独立非業務執行取締役（仮にその者が2条の基準［「独立非業務執行取締役」の定義規定］を満たす場合には［取締役会の］議長を含む）が取締役会の約3分の1を構成すべきである。」とされている。ibid.

[18]　See Black and Coffee (n 15) 2023-24.

[19]　ibid 2023.

[20]　Companies Act 1985. 特に後述本章本節第2款第2項2、同第2節第4款第2項1(3)および同第3節第1款第2項1(2)参照。

[21]　Financial Services Act 1986. 後掲注389）およびこれに対応する本文を参照。

[22]　Insolvency Act 1986. 後述本章第2節第2款第2項(2)参照。

[23]　Company Directors Disqualification Act 1986. 後述本章第2節第3款第1項参照。

278 第3章 イギリス法

(2) 1989 年会社法──D&O 保険の購入と保有

1989 年会社法 137 条 1 項が、1985 年会社法 310 条 3 項を改め、会社がそのあらゆる役員または会計監査人のために D&O 保険を購入し保有できることを明確にした[24]。

第 3 項　1990 年代

1　概観

1990 年代以降のイギリス法における取締役会による監督の在り方の見直しの背景として、Maxwell 事件を始めとする会社不祥事の顕在化が挙げられる[25]。以下の指摘がみられる[26]。

同事件は、「今世紀〔20 世紀〕最大の詐欺」とも表現されている[27]。Maxwell 社グループは、Maxwell Communication Corporation（以下「MCC 社」という）および Mirror Group Newspapers という上場会社 2 社に基づいており[28]、Robert Maxwell 氏一族および Maxwell 財団（Maxwell Foundation）が両社の株式の過半数を保有する支配株主であった[29]。1991 年 11 月に同氏が死亡すると、そのグループ会社を倒産させる一連の訴訟が提起され、それは同氏が違法な株式支援

---

[24]　Companies Act 1989, s 137(1). 後掲注 532）およびこれに対応する本文を参照。
[25]　同事件については、例えば以下が参考になる。Philip Stiles and Bernard Taylor, 'Maxwell – The Failure of Corporate Governance' (1993) 1 CGIR 34.
[26]　ibid 34-36.
[27]　ibid 34.
[28]　ibid 35.
[29]　ibid 34-35.

（share support）に関与したことを理由とする起訴を含むものであった[30]。翌12月には、MCC社が破産管財人の管理下に入っている[31]。

2　統合コードの策定（1998年）

(1)　Cadbury報告書および最善慣行コード（1992年）

Adrian Cadbury卿を座長（chairman）とする委員会（以下「Cadbury委員会」という）が財務報告評議会（Financial Reporting Council、以下「FRC」という）およびLSEによって1991年5月に設置され[32]、当該委員会が翌1992年12月に報告書（以下「Cadbury報告書」という）[33]を公表している[34]。

Cadbury報告書は、イギリスにおいて登録された全ての上場会社の取締役会が最善慣行コード（The Code of Best Practice）[35]を遵守すべきであるとし、1993年6月30日より後が末日となる年度に関する〔財務〕報告を行う上場会社はその〔財務〕報告および会計において最善慣行コードの遵守に関する声明を行うべきであり、不遵守のあらゆる領域に対する理由を示すべきであると推奨した[36]。

---

[30]　ibid 35.

[31]　ibid 36. 多くの有名な会社の破綻における重要な要因としてCGの弱さが指摘されてきており、そのような会社に関する共通のパターンは、事業がカリスマ的な特性の経営者によって運営され、取締役会が当該個人に対するコントロールを行うことに困難があり、会社〔の事業〕が拡大し、その方向性を失い、最終的に破綻するかまたは劇的な再構築を経験するというものであり、その〔1997年当時における〕近年の最も顕著な例としてMaxwell事件が挙げられるとの指摘がみられる。Cheffins (n 2) 612-13. そして、Maxwell社のパターンは、例えばPolly Peck International plc社、Brent Walker plc社およびQueens Moat Houses plc社におけるように多くの他の事案において繰り返されたとの指摘がみられる。ibid 613.

[32]　Committee on the Financial Aspects of Corporate Governance, *Report of the Committee on the Financial Aspects of Corporate Governance* (1992) 61 app 1

<http://www.ecgi.global/code/cadbury-report-financial-aspects-corporate-governance>.

[33]　ibid.

[34]　Cadbury報告書では、BCCI事件およびMaxwell事件が踏まえられている。ibid 9 preface.

[35]　ibid 58-60.

[36]　ibid 54 paras1-2. これは、'Comply or Explain'アプローチである。

280　第3章　イギリス法

　最善慣行コードは、例えば第1に、①指名委員会の設置およびその構成については これを推奨していないものの[37]、②少なくとも3名の非業務執行取締役から構成される監査委員会を設置すべきであるとし[38]、③業務執行取締役の報酬は完全にまたは大部分において非業務執行取締役から構成された報酬委員会の推奨に従うべきであるとした[39]。

　第2に、取締役会は、その決定においてそれらの見解が意味のある重みを持つために十分な特質と人数の非業務執行取締役を含むべきであるとした[40]。

　第3に、〔取締役会の〕議長が業務執行者の長でもある場合には、承認された上級のメンバーとともに、取締役会に強固な独立した要素があることが不可欠であるとした[41]。

---

[37]　ibid 58-60.

[38]　ibid 59 para 4.3.

[39]　ibid 59 para 3.3.

[40]　ibid 58 para 1.3.

[41]　ibid 58 para 1.2. これに対して、Cadbury 報告書は、〔最善慣行コードに示された 'Comply or Explain' アプローチの対象としてではないが、〕例えば第1に、①業務執行取締役であれ非業務執行取締役であれ、あらゆる新たな選任を最初に取締役会に対して提案する責任を有する指名委員会（nomination committee）を設置することが1つの手法であるとし（ibid 27 para 4.30）、指名委員会はその過半数を非業務執行取締役とすべきであるとした（ibid）。②監査委員会（audit committee）については、NYSE が独立取締役のみから構成される監査委員会を設置することをその全ての上場会社に対して1978年以降要求していること等を踏まえ（ibid 27 para 4.33. 前掲第2章注43）およびこれに対応する本文を参照）、全ての上場会社は少なくとも3名から構成され、その全数を非業務執行取締役とし、かつ、その過半数を独立非業務執行取締役とする監査委員会を設置すべきであると推奨した（ibid 28 para 4.35）。また、取締役会における非業務執行取締役の過半数が会社から独立しているべきことを推奨するとし、このことは、その取締役手当て（fees）および株式保有を別として、非業務執行取締役が「経営から独立しており、かつ、その独立した判断の行使に実質的に影響を与え得るところのあらゆる事業上のまたはその他の関係から自由である」べきであることを意味するとした（ibid 22 para 4.12）。これが、Cadbury 報告書における独立非業務執行取締役の「独立性」の定義であると見受けられる。③報酬委員会（remuneration committee）については、業務執行取締役の報酬を取締役会に対して推奨するために、その全部または大部分が非業務執行取締役から構成され、かつ、非業務執行取締役を委員長とする報酬委員会を設置すべきであると推奨した（ibid 31 para 4.42）。

　第2に、委員会の構成についてのこのような推奨を満たすために、全ての取締役会がその者が業務執行者でない場合にはその〔取締役会の〕議長とし得る1名を含む3名の非業務執行取締役を要求するであろうとした（ibid 22 para 4.11）。

第1節　取締役会による監督の在り方──コードによる推奨　281

以上に関して、イギリスにおける CG 運動は、Cadbury 報告書とともに開始されたと言い得るとの指摘がみられている[42]。

(2) Greenbury 報告書(1995 年)

Richard Greenbury 卿を座長とする検討会（以下「Greenbury 委員会」という）によって 1995 年 7 月に公表された報告書（以下「Greenbury 報告書」という）[43] は、その最善慣行コードにおいて、①当該コードの遵守〔の有無〕に関する声明を年次報告書に含めるべきであり、不遵守のあらゆる領域が説明され、正当化されるべきであるとした上で[44]、②潜在的な利益相反を避けるために、非業務執行取締役から構成された報酬委員会を設置すべきであるとし[45]、③当該委員会が、株主として〔のそれ〕を除いて決定される事項に個人的な金融上の利益等のない非業務執行取締役のみから構成されるべきである等とした[46]。

　第 3 に、〔取締役会の〕議長の役割の重要性と特質を踏まえ、それが原則として業務執行者の長（chief executive）のそれから分離されるべきであるとした（ibid 21 para 4.9）。

[42] Davies and Worthington (n 2) 391 para 14-70. Cadbury 報告書は、その多くの望ましい提案にもかかわらず、その狭さと〔遵守に関する〕楽観性によって特徴づけられ、一連の問いが未回答のまま残されているとの指摘もみられている。Vanessa Finch, 'Board Performance and Cadbury on Corporate Governance' [1992] JBL 581, 581, 584. また、〔最善慣行コードにおける推奨を〕遵守する場合の開示には有用情報が乏しいため、最善慣行コードにおける市場による規制は効果的でないであろうとの指摘もみられている。Alice Belcher, 'Regulation by the Market: The Case of the Cadbury Code and Compliance Statement' [1995] JBL 321, 342. Cadbury 報告書について、実証分析もみられる。Eg Jay Dahya, John J McConnell, and Nickolaos G Travlos, 'The Cadbury Committee, Corporate Performance, and Top Management Turnover' (2002) 57 J Fin 461（最善慣行コードの公表後、CEO の在職期間と会社の業績との間における負の関係がより強固になった等とする）; Jay Dahya and John J McConnell, 'Board Composition, Corporate Performance, and the Cadbury Committee Recommendation' (2007) 42 JFQA 535（少なくとも 3 名の非業務執行取締役を有するという Cadbury 報告書における基準を満たすために〔非業務執行〕取締役を加えた会社の業績が有意に向上した等とする）.

[43] Study Group on Directors' Remuneration, 'Directors' Remuneration: Report of a Study Group Chaired by Sir Richard Greenbury' (1995) <http://www.ecgi.global/code/greenbury-report-study-group-directors-remuneration>. 同報告書を含むイギリスの動向を検討したものとして、伊藤・前掲第 1 章注66) 142 頁〜152 頁参照。

[44] ibid 13 para 2.3.

[45] ibid 14 para A1.

[46] ibid 14 para A4.

282 第 3 章 イギリス法

(3) Hampel 報告書(1998 年)

Ronald Hampel 卿らを座長とする委員会によって 1998 年 1 月に公表された報告書（以下「Hampel 報告書」という）[47]は、まず、CG の重要性が事業の繁栄（business prosperity）とアカウンタビリティ（accountability）との両方へのその貢献にあるとした[48]。

この下で、業務執行取締役は、会社の統率と統制への全般的な責任を非業務執行〔取締役〕と共有するとした上で[49]、「非業務執行取締役は会社の戦略の発展へのその貢献のために通常取締役会へ選任される。これは明らかに当然のことである。非業務執行取締役は戦略及び監督機能の両方を有すべきであるという一般的な賛成を我々は見いだした。」[50]と述べ、非業務執行取締役が業務執行に対する監督機能だけでなく、その戦略〔形成〕機能をも有すべきであるとした[51]。

取締役会については、取締役会が均衡した業務執行取締役と非業務執行取締役を含むべきであるとし[52]、非業務執行取締役が〔その構成比において〕取締役会の 3 分の 1 を下回る場合には、効果的であることが困難であると信じるとした[53]。また、その内部に設置される委員会について、①指名委員会の活用が

---

[47] Committee on Corporate Governance, *Committee on Corporate Governance: Final Report* (1998) 65 annex <http://www.ecgi.global/code/hampel-report-final>. 当該委員会の中間報告書の紹介として、関孝哉「英国コーポレート・ガバナンスの国際性とハンペル中間報告書」商事法務 1471 号 23 頁以下、特に 27 頁〜29 頁（1997 年）参照。

[48] ibid 7 para 1.1. Hampel 報告書は 7 章から構成され、CG（第 1 章）、CG の原則（第 2 章）、取締役〔会〕の役割（第 3 章）、取締役の報酬（第 4 章）、株主の役割（第 5 章）、アカウンタビリティおよび監査（第 6 章）、結論および推奨の要約（第 7 章）について包括的に論じている。ibid 7-64.

[49] ibid 24 para 3.6.

[50] ibid 25 para 3.8.

[51] また、Cadbury 報告書における「独立性」の定義（前掲注 41）参照）に同意するとした上で（ibid 25 para 3.9）、取締役会はどの取締役が独立しており、異議を唱えられた際にその見解を正当化する備えができていると考えられるかをその年次報告書において開示すべきであるとした（ibid 26 para 3.9）。

[52] ibid 17 para AIII.

[53] ibid 27 para 3.14.

最善の慣行として受け入れられるべきであるとし[54]、②取締役会は独立非業務執行取締役のみから構成された報酬委員会を設置すべきであるとし[55]、③少なくとも3名の非業務執行取締役から構成され、かつ、少なくともその2名を独立非業務執行取締役とする監査委員会を設置すべきであるとした[56]。

Hampel 報告書は、取締役の義務についても検討している[57]。

Hampel 報告書の主な貢献は、実際に生じたように、Cadbury 委員会およびGreenbury 委員会の提案を、Hampel〔報告書〕によって洗練されたように、「統合コード」('Combined Code')[58] においてまとめられるべきであると提案した[59]ことであるとの指摘がみられる[60]。

---

[54] ibid 29 para 3.19.

[55] ibid 36 para 4.11. 併せて、業務執行取締役が自身の報酬パッケージの決定に参加することは明らかに誤りであり、これらの決定は報酬委員会に委譲されるべきであるとした一方で、業務執行取締役の報酬とその費用に関する広い枠組みの確立は、報酬委員会の助言に基づく取締役会全体の〔決定〕事項であるとした。ibid 36 para 4.12.

[56] ibid 49 para 6.3, 63 item 48.

[57] ibid 23 paras 3.2-3.3. 具体的には、以下の通りである。取締役〔会〕の基本的な法的義務は、会社の利益および正当な目的のために誠実に行為し、注意と経験を行使することである。これらはコモン・ローに由来するものであり、全ての取締役に共通する。ibid 23 para 3.2. その義務は会社に対して負うものであり、会社とは、ある特定の時点における株主ではなく、現在および将来の総体としての株主を一般的に意味する。ibid. 非業務執行取締役は会社の事業についてより少ない情報を不可避的に得ているため、業務執行取締役よりも負担の少ない義務を負うべきであるとの見解がある。ibid 23 para 3.3. しかし、我々〔当該委員会〕は、取締役会の調和と結束という利益における共通の義務を維持することを支持する。ibid. 取締役がその義務を履行したかどうかを決定するために、イギリスの裁判所が、当該取締役の地位（例えば常勤の業務執行取締役であるかまたは非業務執行取締役であるか）および会社の類型等の要素を考慮する傾向を今般示してきている。ibid. 我々〔当該委員会〕はこれが実務の状況についての有益な認識であると考える。ibid.

[58] 後掲注61）およびこれに対応する本文を参照。

[59] Committee on Corporate Governance (n 47) 14 para 1.22-15 para 1.27.

[60] Davies and Worthington (n 2) 392-93 para 14-72.

284 第3章 イギリス法

(4) 統合コード(1998年)

以上の3報告書に基づき、統合コード（The Combined Code）が策定され[61]、LSE によってその上場規則の付録として 1998 年 6 月に公表されたようである[62]。

(5) Turnbull 報告書(1999年)

続いて、Nigel Turnbull を座長とする作業グループによる検討を経てイングランド及びウェールズ勅許会計士協会（The Institute of Chartered Accountants in England & Wales）によって 1999 年 9 月に公表された報告書（以下「Turnbull 報告書」という）[63] が、内部統制システムおよび内部監査機能に関する統合コードの規定についてのガイダンスを示し[64]、取締役会が会社の内部統制システムに対して責任を負う等とした[65]。

---

[61] 以下に採録されている。*The Combined Code Principles of Good Governance and Code of Best Practice: Derived by the Committee on Corporate Governance from the Committee's Final Report and from the Cadbury and Greenbury Reports* (2000)
<http://www.ecgi.global/code/combined-code-principles-good-governance-and-code-best-practice>.

[62] See eg Ben Pettet, 'The Combined Code: A Firm Place for Self-Regulation in Corporate Governance' (1998) 13 JIBL 394, 394.

[63] The Institute of Chartered Accountants in England & Wales, *Internal Control: Guidance for Directors on the Combined Code* (The Institute of Chartered Accountants in England & Wales 1999) 15
<http://www.ecgi.global/code/internal-control-guidance-directors-combined-code-turnbull-report>.

[64] ibid 3 para 2-4, 4 para 7. Turnbull 報告書は、①健全な内部統制システムの維持（ibid 6-7 paras 16-24)、②内部統制の有効性の検証（ibid 8-10 paras 25-34)、③内部統制についての取締役会の声明（ibid 11 paras 35-41）および④内部監査（ibid 12 paras 42-47）について検討している。

[65] ibid 6 para 16. その上で、リスクおよび統制についての取締役会の方針を実行することは経営者の役割であるとし（ibid 6 para 18)、全ての従業員がその目標を達成するための説明責任の一部として内部統制に対して多少の責任を有するとした（ibid 6 para 19)。その後の見直しについて、後述本款第 4 項 1(5)参照。

第4項 2000年代以降

1 2000年代前半における議論と法制度の見直し

(1) 取締役の義務についての見直しの議論

取締役の義務についての見直しの議論として、法律委員会 (Law Commission) およびスコットランド法律委員会 (Scottish Law Commission) [66]、通商産業省 (Department of Trade and Industry) [67] および会社法検証運営グループ (Company Law Review Steering Group、以下「CLRSG」という) [68] が過去3年間〔1998年から2000年〕に取締役の義務という主題について多くのページを生み出したと指摘されている[69]。その後、議会討議資料 (command paper) [70] が通商産業大臣によって2002年に議会に提出されている[71]。

---

[66] Law Commission and Scottish Law Commission, *Company Directors: Regulating Conflicts of Interests and Formulating a Statement of Duties* (Law Com CP No 153, Scot Law Com DP No 105, 1998); Law Commission and Scottish Law Commission, *Company Directors: Regulating Conflicts of Interests and Formulating a Statement of Duties* (Law Com No 261, Scot Law Com No 173, 1999). 後掲注212) およびこれに対応する本文を参照。

[67] Department of Trade and Industry, *Modern Company Law for a Competitive Economy* (1998).

[68] Company Law Review Steering Group, *Modern Company Law for a Competitive Economy: The Strategic Framework* (URN 99/654, 1999); Company Law Review Steering Group, *Modern Company Law for a Competitive Economy: Developing the Framework* (URN 00/656, 2000); Company Law Review Steering Group, *Modern Company Law for a Competitive Economy: Completing the Structure* (URN 00/1335, 2000).

[69] Sarah Worthington, 'Reforming Directors' Duties' (2001) 64 MLR 439, 439. その後、CLRSG が2001年に最終報告書を公表している。The Company Law Review Steering Group, *Modern Company Law for a Competitive Economy: Final Report* (URN 01/942 and URN 01/943, 2001). 後述本章第3節第1款第2項2(2)参照。

[70] Department of Trade and Industry, *Modernising Company Law* (White Paper, Cm 5553, 2002).

[71] ibid 1. 例えば以下が参考になる。Brian R Cheffins, 'Developing Directors' Duties: The Legal and Theoretical Context' (1999) 3 CfiLR 157, 157-62; Eilís Ferran, 'Company Law Reform in the UK' (2001) 5 Sing JICL 516; RC Nolan, 'Enacting Civil Remedies in Company Law' (2001) 1 JCLS 245 （CLRSG に提出された論稿）。

286　第3章　イギリス法

(2) Higgs 報告書（2003 年）

政府は Derek Higgs に対し、イギリスにおける非業務執行取締役の役割と有効性の短く独立した検証を導くよう依頼した[72]。財務大臣および通商産業大臣に対する提案として[73]、Higgs による報告書（以下「Higgs 報告書」という）[74]が 2003 年 1 月に公表されている。

Higgs 報告書は、①非業務執行取締役は〔会社の〕戦略の発展に対して建設的に〔その妥当性を〕問い、そして貢献すべきであるとした上で[75]、その役割の記述がこのようにコードに取り入れられるべきであると提案した[76]。また、②〔取締役会の〕議長を除き、取締役会の少なくとも半数が独立非業務執行取締役から構成されるべきことをコードが規定すべきであるとした[77]。その上で、③適切な D&O 保険を提供する必要性にコードが言及すべきであるとした[78]。さらに、④会社法上適法と認める会社補償の範囲の拡大を提案した[79]。

(3) 改定統合コード（2003 年）

統合コードが改定され、2003 年 7 月に公表された（これを以下「改定統合コード」ということがある）[80]。改定統合コードは、取締役会の意思決定を支配できる個人または個人の小規模なグループが存在しないよう、取締役会が業務

---

[72]　Derek Higgs, 'Review of the Role and Effectiveness of Non-Executive Directors' (2003) 117
<http://www.ecgi.global/code/higgs-report-review-role-and-effectiveness-non-executive-directors>.

[73]　ibid 3-4.

[74]　Higgs (n 72).

[75]　ibid 27.

[76]　ibid 28 para 6.7.

[77]　ibid 35 para 9.5.

[78]　ibid 66 para 14.19. 後掲注 539）参照。

[79]　ibid 65 paras 14.16-14.17. 後述本章第 3 節第 1 款第 2 項 2(3)参照。Higgs 報告書に対して、非業務執行取締役が会社の業績を大きく向上させるように思われるわけではないとの指摘もみられている。Richard C Nolan, 'The Legal Control of Directors' Conflicts of Interest in the United Kingdom: Non-Executive Directors Following the Higgs Report' (2005) 6 Theo Inq L 413, 461.

[80]　FRC, The Combined Code on Corporate Governance (2003)
<http://www.ecgi.global/code/combined-code-corporate-governance>. 早期の紹介として、関孝哉「英国コーポレート・ガバナンスの環境変化と改定統合規範の公表」商事法務 1670 号 56 頁以下、特に 60 頁～61 頁（2003 年）参照。

執行取締役と非業務執行取締役（および特に独立非業務執行取締役）の均衡を含むべきであるとする[81]等、多面にわたる推奨を行った[82]。

(4) 適法と認められる会社補償の範囲の拡大（2004年）

2004年会社法19条1項が1985年会社法309条の後に309A条、309B条および309C条を加え、適法と認められる会社補償の範囲を拡大した[83]。

---

[81] FRC (n 80) 6 A.3. この下で、独立していると取締役会が考えるところの各非業務執行取締役を取締役会が年次報告書において特定すべきであるとし、取締役会は、その取締役がその特質と判断において独立しているかどうか、および、当該取締役の判断に影響を与えそうであるか、または影響を与えるように思われ得るところの関係または状況があるかどうかを決定すべきであるとした（ibid 7 A.3.1）。続けて、取締役会は、当該取締役が、①過去5年間に当該会社またはグループの従業員であったかどうか、②過去3年間に重要な事業関係を有していたかどうか、③取締役手当てと別に会社から追加的な報酬を得ているかどうか、④会社の取締役または上位の従業員等との間における緊密な家族関係を有するかどうか、⑤他の会社等への関与を通して取締役を兼職しているかまたは別の取締役との間で重要なつながりを有するかどうか、⑥重要な株主を代表しているかどうか、または⑦その最初の選任の日から9年を超えて取締役会において務めたかどうか、を含め、その決定に関係するように思われ得るところの関係または状況にもかかわらず取締役が独立していると決定するならば、取締役会はその理由を述べるべきであるとした（ibid）。これらの指標が列挙されたことは、改定統合コードの新たな特徴であると指摘されている。Klaus J Hopt and Patrick C Leyens, 'Board Models in Europe: Recent Developments of Internal Corporate Governance Structures in Germany, the United Kingdom, France and Italy', in Ella Gepken-Jager, Gerard van Solinge, and Levinus Timmerman (eds), *VOC 1602 - 2002: 400 Years of Company Law* (Kluwer Legal Publishers 2005) 281, 299. その上で、小規模な会社を除き、取締役会の少なくとも半数が、〔取締役会の〕議長を除き、独立していると取締役会によって決定された非業務執行取締役から構成されるべきであるとした（FRC (n 80) 7 A.3.2）。

[82] 例えば〔取締役会の〕議長とCEOの役割は同じ個人によって担われるべきでないとした（FRC (n 80) 6 A.2.1）。取締役会内部に設置される委員会については、①取締役会における選任の過程を導き取締役会に対して推薦を行うため、指名委員会を設置すべきであるとした上で、その過半数が独立非業務執行取締役から構成されるべきであるとし（ibid 8 A.4.1）、②取締役会はその全数が独立非業務執行取締役である少なくとも3名（小規模な会社においては2名）から構成される報酬委員会を設置すべきであるとし（ibid 14 B.2.1）、③取締役会はその全数が独立非業務執行取締役である少なくとも3名（小規模な会社においては2名）から構成される監査委員会を設置すべきであるとした（ibid 16 C.3.1）。また、後掲注540）に対応する本文を参照。

[83] Companies (Audit, Investigations and Community Enterprise) Act 2004, s 19(1). 後述本章第3節第1款第2項2(5)参照。

288 第 3 章 イギリス法

(5) FRC 報告書(2005 年)

FRC は、Turnbull 報告書[84] の見直しに関する報告書（以下「FRC 報告書」という）[85] を 2005 年 10 月に公表し、Turnbull 報告書が示したガイダンスの柔軟なプリンシプル・ベースの手法を維持することを強く支持するとした上で、当該ガイダンスについてわずかな改正のみを行った[86]。

2 2006 年会社法

2006 年会社法が制定され[87]、取締役の注意義務(duty to exercise reasonable care, skill and diligence) を規定するとともに（同法 174 条）[88]、派生訴訟 (derivative claims) を同法上の制度として法定した（同法 260 条～264 条）[89]。

3 2000 年代後半以降の展開

(1) Walker 報告書(2009 年)

金融危機後、銀行の CG を検証した報告書（以下「Walker 報告書」という）[90] が 2009 年 11 月に公表された。Walker 報告書は、①機関投資家およびファン

---

[84] 前掲注 63) およびこれに対応する本文を参照。

[85] FRC, *Internal Control: Revised Guidance for Directors on the Combined Code* (2005) <http://www.ecgi.global/code/internal-control-revised-guidance-directors-combined-code>. Turnbull 報告書が示したガイダンス〔前掲注 64) 参照〕および関連する開示の影響を考慮し、当該ガイダンスが更新を要するかどうかを決定するために、FRC が Turnbull 検証グループ(Turnbull Review Group) を 2004 年に設置したものである（ibid 1)。

[86] ibid 1. FRC 報告書は、取締役会が当該会社の内部統制システムに対する責任を負うとし（ibid 6 para 15)、当該会社のリスク管理過程および内部統制システムの主な特徴を株主が理解することを助けるために必要であると当該取締役会が考えるような、意味のある、高次の情報を〔当該会社の〕年次報告書および〔年次〕会計が含むべきであるとした（ibid 12 para 33)。

[87] Companies Act 2006. 同法の全般について、イギリス会社法制研究会編『イギリス会社法——解説と条文——』(成文堂、2017 年) がみられている。

[88] 後述本章第 2 節第 2 款第 2 項(3)参照。

[89] 後述本章第 2 節第 2 款第 2 項(4)参照。

[90] David Walker, 'A Review of Corporate Governance in UK Banks and Other Financial Industry Entities: Final Recommendations' (2009)

ドマネージャーがスチュワードシップにおける最善慣行の原則を遵守すること
についての発展と促進を含むよう FRC の権限が明示的に拡張されるべきであ
るとした上で[91]、②機関投資家委員会（Institutional Shareholders' Committee）に
よって作成された機関投資家の責任についてのコード（Code on the
Responsibilities of Institutional Investors）[92] が FRC によって追認され、スチュワ
ードシップ・コード（Stewardship Code）となるべきであると提案した[93]。

(2) UK CG コード(2010 年)

金融危機を踏まえ、FRC が統合コードの検証を行い、UK CG コード（The UK
Corporate Governance Code）を 2010 年 6 月に公表した[94]。

(3) スチュワードシップ・コード(2010 年、2012 年)

その後、FRC がスチュワードシップ・コード（The UK Stewardship Code）を
2010 年 7 月に公表し[95]、当該コードは 2012 年 9 月に改定されている[96]。

<http://www.ecgi.global/code/review-corporate-governance-uk-banks-and-other-financial-industry-entities-final>.

[91] ibid 83 para 5.40.

[92] 以下に採録されている。ibid 153-60.

[93] ibid 83 para 5.40.

[94] FRC, *The UK Corporate Governance Code* (2010)
<http://www.ecgi.global/code/uk-corporate-governance-code>. 統合コードは、これ以前に 2008 年 6 月
に改定されている。FRC, *The Combined Code on Corporate Governance* (2008)
<http://www.ecgi.global/code/combined-code-corporate-governance-revised-june-2008>. UK CG コード
は、改定が重ねられ、①2012 年 9 月（FRC, *The UK Corporate Governance Code* (2012)
<http://www.ecgi.global/code/uk-stewardship-code-2012>)、②2014 年 9 月（FRC, *The UK Corporate
Governance Code* (2014) <http://www.ecgi.global/code/uk-corporate-governance-code-2014>) および③
2016 年 4 月（FRC, *The UK Corporate Governance Code* (2016)
<http://www.ecgi.global/code/uk-corporate-governance-code-2016>) に公表されている。

[95] FRC, *The UK Stewardship Code* (2010) <http://www.ecgi.global/code/uk-stewardship-code>. 当該コ
ードが連合王国の上場会社の株式の 3 分の 1 未満を保有するところの、連合王国に基礎を置く資
産運用者および国内の機関投資家に主として焦点を当てているため、当該コードの採用が CG を
変化させる影響力を有しそうにないとの指摘もみられている。Brian R Cheffins, 'The Stewardship
Code's Achilles' Heel' (2010) 73 MLR 1004, 1024-25. cf Lee Roach, 'The UK Stewardship Code' (2011)
11 JCLS 463, 470, 493.

290 第3章 イギリス法

(4) 以上以外の報告書

以上以外にも、報告書が公表されている[97]。

---

[96] FRC, *The UK Stewardship Code* (2012) <http://www.ecgi.global/code/uk-stewardship-code-2012>. 当
該コードは、2014年に公表された「日本版スチュワードシップ・コード」の策定において参考に
されたようである（例えば笠原基和「『責任ある機関投資家の諸原則』《日本版スチュワードシッ
プ・コード》の概要」商事法務 2029 号 59 頁以下、59 頁〜60 頁〔2014 年〕参照）。FRC は、2011
年以降、UK CG コードおよびスチュワードシップ・コードの遵守状況に関する年次報告書を公
刊している。Eg FRC, *Developments in Corporate Governance and Stewardship 2016* (2017)
<https://www.frc.org.uk/document-library/corporate-governance/2017/developments-in-corporate-governan
ce-and-stewardsh>.

[97] 例えば①取締役会における女性の構成比について論じた報告書が 2011 年 2 月に公表されてい
る。*Woman on Boards* (2011)
<https://www.gov.uk/government/uploads/system/uploads/attachment_data/file/31710/11-745-women-on-b
oards.pdf>. 当該報告書は、FTSE 100 を構成する会社の取締役会は 2015 年までにその少なくとも
25％を女性が占めることを目指すべきであるとし（ibid 4 para 1)、FTSE 350 を構成する会社の取
締役会議長はその取締役会において 2013 年および 2015 年に目標とする女性の構成比を設定すべ
きであるとした（ibid)。また、②株主の短期主義（short-termism）を論じた報告書が 2012 年 7 月
に公表されている。John Kay, *The Kay Review of UK Equity Markets and Long-Term Decision Making:*
Final Report (2012)
<https://www.gov.uk/government/uploads/system/uploads/attachment_data/file/253454/bis-12-917-kay-revi
ew-of-equity-markets-final-report.pdf>. これに対する政府の応答が同年 11 月にみられている。
Department for Business Innovation & Skills, *Ensuring Equity Markets Support Long-Term Growth. The*
Government Response to the Kay Review (2012)
<https://www.gov.uk/government/uploads/system/uploads/attachment_data/file/253457/bis-12-1188-equity-
markets-support-growth-response-to-kay-review.pdf>. さらに、③経営者報酬等が論じられ、2016 年
11 月に公表されたグリーンペーパーへの政府の応答が 2017 年 8 月にみられている。Department for
Business, Energy & Industrial Strategy, *Corporate Governance Reform: Green Paper* (Green paper, 2016)
<https://www.gov.uk/government/uploads/system/uploads/attachment_data/file/584013/corporate-governan
ce-reform-green-paper.pdf>; Department for Business, Energy & Industrial Strategy, *Corporate Governance*
Reform: The Government Response to the Green Paper Consultation (2017)
<https://www.gov.uk/government/uploads/system/uploads/attachment_data/file/640631/corporate-governan
ce-reform-government-response.pdf>.

第5項　小括

　1990 年代以降のイギリスにおける取締役会による監督の在り方の見直しの背景として、Maxwell 事件を始めとする会社不祥事の顕在化が挙げられる。この見直しは、1992 年に公表された Cadbury 報告書および最善慣行コードによって開始されたように見受けられ、これ以降、コードに示された規範が取締役会およびその内部に設置される委員会の構成や独立非業務執行取締役の役割等を規定してきている。

　イギリス法においては、コードによる'Comply or Explain'を通したエンフォースメントが採用されている[98]。この下で、独立非業務執行取締役が業務執行取締役とともに会社の戦略形成に参加すべきであるとされ、取締役会の構成において両者の均衡が図られている。

第2款　取締役会内部における権限分配

第1項　序

　取締役会の構造、構成および機能という問題についての会社法によって示された関心の欠如は、イギリス会社法の長きにわたる特徴であり、それは 19 世紀の半ばにそれが現代的な形となった際に示されたものであるとの指摘がみられる[99]。これらの事項は、連合王国において会社自身が決定する事項であると伝

---

[98] 'Comply or Explain'というアプローチはヨーロッパ諸国において採用されている一方、アメリカではほとんど全く採用されていないと指摘されている（神田秀樹「会社法改正と監査役の将来」月刊監査役 631 号 44 頁以下、52 頁〔2014 年〕）。このようにアメリカが'Comply or Explain'を採用してきていないのは、これが、アメリカの会社法と CG に関する伝統的なアプローチ——任意規定の多い州会社法と強制的な情報開示を求める連邦証券法との相互補完的な組み合わせ——と整合しないからであること等が指摘されている（カーティス・J・ミルハウプト＝神田秀樹「【対談】アメリカから見た日本の会社法と日本企業のコーポレート・ガバナンス」岩原編・前掲第 1章注 116）1 頁、9 頁～10 頁〔荊編〕〔カーティス・J・ミルハウプト発言〕）。なお、'Comply or Explain'に関する実証分析については、後掲注 155）参照。

[99] Paul Davies, 'Corporate Boards in the United Kingdom' in Paul Davies and others (eds), *Corporate Boards in Law and Practice: A Comparative Analysis in Europe* (OUP, 2013) 713, 716.

統的に考えられ、株主総会と取締役会との間および取締役会と経営者との間における権限分配は立法によって定められていないと指摘されている[100]。

　この指摘の通り、イギリス会社法は取締役会内部における権限分配についての定めを伝統的に置いていないことから、取締役会内部における権限分配についてはLSEの上場規則およびUK CG コードが主な検討の対象になる。ただし、立法者がどのような権限の委譲を適法と考えているかについて、会社法の別表（schedule）が提示するモデル定款（model articles）にも参考になる面がある[101]。以下、取締役会からの業務執行の決定権限の委譲および委員会への監督権限の委譲を分析する[102]。

第2項　Cadbury 報告書前

1　1862 年会社法

　1862 年会社法の A 表は、「会社の事業は取締役会によって運営されるものとする」[103] と規定した上で、取締役会がそのあらゆる権限をその内部に設置される委員会に委譲することを認めている[104]。

---

[100]　ibid 716-17. さらに、立法は一層制の取締役会を想定しているものの、株主、取締役会および経営者の間における権限分配に関する柔軟性が会社内部における意思決定〔権限〕の分配に関する多様なパターンを可能とするために、立法は一層制の取締役会を義務付けていないと指摘されている。ibid 717. 他の多くの法域と異なり、〔イギリス会社法の下においては、〕取締役会と株主総会との間における権限分配が会社立法において強行法的に規定されるべき何かというよりも、むしろ会社の株主による私的秩序に委ねられる事柄であり、このことは、イギリス会社法が組合に起源を有することを反映するものであるかもしれないとの指摘がみられる。Davies and Worthington (n 2) 356 para 14-2.

[101]　株式会社を含む有限責任会社（limited company）の設立時に、①その定款が登録されていない場合、または②登録されている場合それが適切なモデル定款を排除または修正していない限りにおいて、適切なモデル定款が適用される（Companies Act 2006, s 20(1)）。このように、モデル定款は強行法ではなくデフォルト・ルールである。

[102]　株主総会と取締役会との間における権限分配については、例えば以下が参考になる。Davies and Worthington (n 2) 358-60 paras 14-5 to -8.

[103]　Companies Act of 1862, Table A, art 55.

第 1 節　取締役会による監督の在り方——コードによる推奨　293

2　1985 年会社法

1985 年会社法の A 表も、「会社の事業は会社の全ての権限を行使し得るところの取締役会によって運営されるものとする」[105] と規定した上で、取締役会がそのあらゆる権限をその内部に設置される委員会に委譲することを認めている[106]。

---

[104]　ibid art 68. 具体的には、「取締役会はそれが適すると考える通りにそのあらゆる権限をその機関〔当該取締役会〕のメンバー又はメンバーらから構成される委員会に委譲することができる：そのように設置されたあらゆる委員会は、そのように委譲された権限の行使において、取締役会によって当該委員会に課され得るあらゆる規則に従う。」と規定している。ibid. この規定は、これ以前にみられた以下の規定と同じである。Joint Stock Companies Act 1856, Table B, art 57. その後、権限を委譲した文書自体がさらなる権限委譲を認めていない限り、権限を委譲された者は当該権限の行使をさらに委譲することができない（*delegatus non potest delegare*）とするコモン・ロー上のルールが示されたと指摘されている。*Re County Palatine Loan and Discount Co* (1874) LR 9 Ch App 691 (CA); Davies and Worthington (n 2) 498 para 16-34 n 163 and accompanying text.

[105]　Companies Act 1985, s 8(2); Companies (Tables A to F) Regulations 1985, SI 1985/805, Table A, art 70.

[106]　Companies Act 1985, s 8(2); Companies (Tables A to F) Regulations 1985, SI 1985/805, Table A, art 72. 併せて、取締役会が〔そのあらゆる権限を〕あらゆる代表取締役（managing director）等に委譲することができると規定されている。ibid. この下で、〔株主総会から〕取締役会に対して本来委譲された会社の権限のおそらくは大部分が、これを可能とする規定が定款において一般的となったように、代表取締役に委譲されるであろうとの指摘がみられている。LCB Gower, *Gower's Principles of Modern Company Law* (5th edn, Sweet & Maxwell 1992) 17. なお、1985 年会社法の下でのイギリスの取締役会の在り方について、森本滋『企業統治と取締役会』312 頁〜315 頁（商事法務、2017 年）（初出は同「大会社の経営機構と取締役の法的地位」法学論叢 140 巻 5=6 号 109 頁以下、125 頁〜131 頁〔1997 年〕）参照。

294　第 3 章　イギリス法

第 3 項　Cadbury 報告書以降

1　2006 年会社法

(1)　緩やかな規制

2006 年会社法は、①株主総会決議について規定し[107]、②会社が取締役を有することを要求している[108]。この限りにおいて同法が株主総会と取締役会という 2 つの意思決定機関の創出を支えているものの、株主と取締役会との間および取締役会と会社の上位の経営者との間における機能〔権限〕の分離について同法が語るところはわずかであると指摘されている[109]。

(2)　モデル定款

モデル定款は、「定款に従って、取締役会（directors）が会社の事業を運営する責任を有し、その目的のために会社の全ての権限を行使し得る。」[110] とした上で、「定款に従って、取締役会は定款に基づいてその与えられたところのあらゆる権限を委譲し得る」[111] とし、その対象として「者（person）又は委員会」

---

[107]　Companies Act 2006, s 281ff.

[108]　ibid s 154.「非公開会社（private company）は少なくとも 1 名の取締役を有しなければならない。」（ibid s 154(1))、「公開会社（public company）は少なくとも 2 名の取締役を有しなければならない。」（ibid s 154(2)) と規定されている。

[109]　Davies (n 2) 106. 2006 年会社法の制定に向けた議論の過程で、イギリスにおける強固な自主規制の手法が〔同法においても〕維持されるであろうとの指摘がみられている。Hopt and Leyens (n 81) 295.

[110]　The Companies (Model Articles) Regulations 2008, SI 2008/3229, sch 3, art 3. See Companies Act 2006, s 19(1).

[111]　The Companies (Model Articles) Regulations 2008, SI 2008/3229, sch 3, art 5(1).

第 1 節　取締役会による監督の在り方──コードによる推奨　　295

[112) と規定している[113]。モデル定款は、続けて委員会についても規定している[114]。

(3)　業務執行取締役と非業務執行取締役

　2006年会社法およびモデル定款は、業務執行取締役および非業務執行取締役を明示的に定義していない[115]。

　この点、学説において、代表取締役および他の業務執行取締役においては当該取締役と会社との間に職務契約（a contract of service）が実務上存在するであろうとの指摘がみられる[116]。この指摘は、併せて、①取締役として行為するこ

---

112)　ibid sch 3, art 5(1)(a).

113)　さらに、「取締役会がそのように指定した場合には、あらゆる当該〔取締役会から委譲された権限の〕委譲はそれが委譲されたところのあらゆる者による取締役会の権限のさらなる委譲を認めることができる。」（ibid sch 3, art 5(2)）とされ、「取締役会は〔権限の〕あらゆる委譲を全部又は一部において無効とし、又はその条件を変更することができる。」（ibid sch 3, art 5(3)）とされている。

114)　ibid sch 3, art 6. 具体的には、「取締役会がそのあらゆる権限を委譲するところの委員会は、取締役会による意思決定を規律するところの定款の規定に基づいて適用される限りにおいて当該委員会が依拠する手続を遵守しなければならない。」（ibid sch 3, art 6(1)）とした上で、「取締役会は、定款と矛盾する場合には当該定款から得られた規則に優先するところの、全ての又はあらゆる委員会の手続規則を定めることができる。」（ibid sch 3, art 6(2)）とされている。ここで、委員会が取締役を含むことが求められているわけではない。See Prentice and Richards (n 2) 25-311 [7048]-[7050].

115)　Companies Act 2006; The Companies (Model Articles) Regulations 2008, SI 2008/3229. 裁判所の判断の中には、〔当該事案における〕事実に基づいて業務執行取締役と非業務執行取締役の区別ができなかった事案があるとの指摘がみられる。Worthington (n 2) 277 n 15. 当該事案は、1986年破産法214条に基づく不当取引（wrongful trading）が問題となった事案であるが、『非業務執行』（"non-executive"）取締役という用語は、専門用語ではなく、イギリス法において確立された意味を有したわけではないことから、その者が実際に行ったことを検討することが必要であった。」（Derrett 裁判官）と述べている。Re Langreen Ltd (Ch, 21 October 2011).

116)　Davies and Worthington (n 2) 381 para 14-54. 職務契約については、2006年会社法が規定している（eg Companies Act 2006, ss 227-30）。具体的には、取締役の「職務契約」（"service contract"）は、会社との関係において、その下で①「当該会社のために、若しくは当該会社の子会社のために職務（取締役若しくはその他として）を履行することを個人的に行うことを約束した当該会社の取締役」（ibid s 227(1)(a)）、または②「当該会社の取締役が履行することを個人的に約束したところの職務（取締役若しくはその他として）が当該会社、若しくは当該会社の子会社にとっての第三者によって利用可能である」（ibid s 227(1)(b)）ところの契約を意味するとされている。その上で、

296　第3章　イギリス法

とへの手当てならびに②業務執行取締役の場合、会社との間における経営者としての職務契約に基づいて得る金員（money）および他の給付金（benefits）から取締役の報酬が生じるとしている[117]。この指摘の下では、取締役と会社との間における会社法上の職務契約の有無に基づいて両者が区別される。

　この指摘は、取締役会から上位の経営者への権限委譲について、その法的効果に関する〔株主総会から取締役会への権限委譲と〕同等のいかなる議論も生じていないとしている[118]。

(4)　検討

　会社内部における権限分配の設計を各会社に委ねるという立場を会社法が伝統的に採用しており、2006年会社法も一定の業務執行の決定を取締役会決議事項とすることを要求しているわけではない[119]。モデル定款は定款の規定に基づいて株主総会から取締役会に与えられたあらゆる権限を〔あらゆる〕者または委員会に委譲し得るとしている。

2年を超えるか、又は超え得る長期の職務契約については（ibid s 188(1)(a)）、会社はその株主の総会決議によって承認されない限り、これに同意することができない（ibid s 188(2)(a)）等とされている。

[117]　Davies and Worthington (n 2) 369 para 14-30.

[118]　ibid 361 para 14-9. その上で、このことの説明として、①委譲するという〔取締役会の〕権限が広義に規定されるとともに、「〔権限の〕あらゆる委譲を全部又は一部において無効とし、又はその条件を変更する」〔前掲注113）参照〕という明示的な権限が含まれていること、②経営者は、株主と異なり、会社の法的構造において公式の位置づけを有しないこと、③本来の権限分配が定款において規定されていないため、あらゆるその後の変更が当該定款の改正を要求せず、取締役会が権限を委譲する際には当該定款に基づいて与えられた権限を行使しており、実務上取締役会が満足する際にのみ当該権限委譲が継続するという基礎の下で権限が委譲されるであろうこと、〔このために〕取締役会はこれを行ったことと同じ程度容易にその与えた権限を通常無効とし得ること、が指摘されている。ibid.

[119]　他方で、取締役会による一定の決定について、株主の承認等が要求されている。例えば①新株発行（Companies Act 2006, s 549）または新株引受権（pre-emption rights）の不適用（ibid s 569ff）、②スキーム・オブ・アレンジメント（schemes of arrangement）の採用（ibid s 895ff）等が挙げられる。See Davies and Worthington (n 2) 364-65 para 14-18.

2 上場規則とUK CG コード

　今日、FRC が責任を負うところの UK CG コードが、その取締役会に関する取り決めを決定することを完全に自主的に会社に委ねるという方針をふさわしいと実質的にしているとの指摘がみられる[120]。会社内部における権限分配の設計を各会社に委ねるという立場を会社法が採用する下で[121]、上場規則および UK CG コードが取締役会およびその内部に設置される委員会の在り方を規定している[122]。

---

[120] Davies (n 99) 717. この指摘はさらに、以下の通り述べている。UK CG コードに示された取締役会のモデル（「監督する」取締役会のそれ）は、例えば 1950 年代に実務において一般的にみられたガバナンスの在り方と非常に異なっている。ibid. すなわち、当時において取締役会が会社の経営者によって典型的に支配され、経営者に対する助言的役割を大部分において果たしていたというように、ガバナンスの在り方は（強い労働組合によって認められていたけれども）非常に経営者主義者（managerialist）〔それ〕であった。ibid. 取締役会の助言的モデル（advisory model）からモニタリング・モデル（monitoring model）への移行は、会社立法における取締役会の公式のルールが 20 世紀後半に重要には変化しない下で生じたものである。ibid. See Paul Davies, 'Shareholder Value, Company Law, and Securities Markets Law: A British View' in Klaus J. Hopt and Eddy Wymeersch (eds), *Capital Markets and Company Law* (OUP 2003) 261.

[121] 前掲注 100）およびこれに対応する本文を参照。

[122] 前掲注 120）参照。UK CG コードは、LSE のメイン・マーケット（Main Market）にプレミアム上場（Premium Listing）として上場する会社に 'Comply or Explain' 規範を課している。具体的には、「連合王国において法人格のある上場会社の場合には、その年次財務報告書に次の追加的な事項が含まれなければならない」（Listing Rules 9.8.6）とした上で、「当該プリンシプルがどのように適用されたかを株主が評価することを可能にするであろう形で、UK CG コードにおいて規定されたメイン・プリンシプル（Main Principles）を当該上場会社がどのように適用したかに関する声明」（ibid 9.8.6(5)）を挙げている。さらに、当該上場会社が「UK CG コードにおいて規定された全ての関連条項を当該会計期間を通して遵守した」（ibid 9.8.6(6)(a)）、または「UK CG コードにおいて規定された全ての関連条項を当該会計期間を通して遵守しなかった」（ibid 9.8.6(6)(b)）かどうかに関する声明を挙げ（ibid 9.8.6(6)）、後者の不遵守の場合には、「当該条項」（ibid 9.8.6(6)(b)(i)）、「その要求が継続的な性格のものである条項の場合、仮にある場合には、それ〔当該上場会社〕が当該条項の一部又は全部を遵守しなかったところの期間」（ibid 9.8.6(6)(b)(ii)）、および「当該会社の不遵守の理由」（ibid 9.8.6(6)(b)(iii)）を示す声明を挙げている。See Davies (n 99) 717.

(1) 独立非業務執行取締役

独立非業務執行取締役は、UK CG コード上の独立性を有する非業務執行取締役といえる[123]。ただし、UK CG コード上、「非業務執行取締役」は明示的に定義されていない[124]。

(2) 指名委員会

UK CG コードは、取締役会における〔取締役の〕選任過程を主導し、取締役会に対して推奨を行うべきところの指名委員会が存在すべきであるとし[125]、指名委員会の過半数が独立非業務執行取締役であるべきであるとする[126]。

---

[123] その独立性の定義は、改定統合コードと同じである。FRC, *The UK Corporate Governance Code* (2016) 10-11 B.1.1（前掲注94）参照. 前掲注81）参照。この下で、〔取締役会の〕議長と業務執行者の長の役割が同じ個人によって担われるべきでないとし、両者の間における責任の分離は明確に確立され、書面により規定され取締役会によって承認されるべきであるとする。ibid 8 A.2.1. また、小規模な会社を除き、取締役会の半数が、〔取締役会の〕議長を除き、取締役会によって独立していると決定されたところの非業務執行取締役から構成されるべきであるとしている。ibid 11 B.1.2. UK CG コードにおける独立非業務執行取締役の監督の役割の強調は、一層制の下で独立非業務執行取締役が会社の戦略の形成に必然的に関与するという点を除き、二層制の下で見受けられる経営と監督の間の区別を一層制の取締役会の内部において再生産する効果を有するとの指摘がみられる。Davies and Worthington (n 2) 396 para 14-76.

[124] FRC (n 123). 上場規則には定義が見受けられる。すなわち、上場規則はその用語集（glossary terms）において、非業務執行取締役（non-executive director）を、「企業の経営機関の決定又は方針を実行することに対する責任を有しない取締役。」（a *director* who has no responsibility for implementing the decisions or the policies of the *governing body* of a *firm*.）と定義している。Financial Conduct Authority, *FCA Handbook* (2018) Glossary, N6 <https://www.handbook.fca.org.uk/handbook/Glossary.pdf>. 「経営機関」は、「取締役会、経営委員会若しくは企業の他の経営機関又は個人事業者との関係における〔それ〕、〔若しくは〕個人事業者を含む、承認された機関。」（the board of *directors*, committee of management or other governing body of a *firm* or *recognised body*, including, in relation to a *sole trader*, the *sole trader*.）と定義されている。ibid G4. 「独立取締役」（*independent director*）は、「応募者〔発行会社〕又は上場会社が UK CG コードに基づいて独立していると決定したところの取締役。」（a *director* whom an *applicant* or *listed company* has determined to be independent under the *UK Corporate Governance Code*.）と定義されている。ibid I7.

[125] FRC (n 123) 11 B.2.1.

[126] ibid. さらに、〔取締役会の〕議長または独立非業務執行取締役が当該委員会の議長を務めるべきであるが、当該委員会の議長は当該委員会が当該委員会の議長の後任の選任を扱う場合には当該指名委員会の議長を務めるべきでないとする。ibid.

第1節 取締役会による監督の在り方──コードによる推奨　299

　また、指名委員会は、その役割および取締役会から当該委員会に対して委譲
された権限を説明する、〔取締役会からの〕その委任事項（terms of reference）
を利用可能とすべきであるとする[127]。このように、取締役会から指名委員会へ
の権限委譲の有無は各会社に委ねられ、各会社における設計の柔軟性が確保さ
れている。

(3) 監査委員会

　監査委員会については、取締役会は少なくとも3名、または小規模な会社の
場合には2名の独立非業務執行取締役から構成される監査委員会を設置すべき
であるとし[128]、監査委員会のメンバーの少なくとも1名が、最近のかつ適切な
財務経験を有すべきであるとする[129]。

　監査委員会は、書面において〔取締役会からの〕委任事項を規定すべきであ
るとする[130]。ここでも、権限委譲が推奨されているわけではない[131]。その上

---

[127]　ibid. この要求は、当該情報を会社によりまたは会社のために維持されるところのウェブサイ
トに当該情報を含めることによって満たされるとされている。ibid 11 B.2.1 n 7.

[128]　ibid 17 C.3.1.

[129]　ibid.

[130]　ibid 18 C.3.2. 当該委任事項には、以下を含むべきであるとされている。ibid. ①それらに含ま
れる重要な財務報告を検証するとともに、会社の財務業績に関係する会社の財務諸表およびあら
ゆる公式のアナウンスメントの完全性を監視すること、②会社の内部財務統制を検証し、独立取
締役から構成される別のリスク委員会（risk committee）、または取締役会自身によって明示的に
取り組まれていない限り、会社の内部統制およびリスク管理システムを検証すること、③会社の
内部監査機能の有効性を監視し検証すること、④外部監査人の選任、再選任および解任ならびに
外部の監査人が〔監査サービスの提供に〕従事する条件の承認に関して、株主総会における承認
を取締役会が求めるための推奨を取締役会に対して行うこと、⑤連合王国における関連する専門
職のおよび規制上の要求を考慮し、外部監査人の独立性および客観性ならびに監査過程の有効性
を検証および監視すること、⑥外部の監査企業による非監査サービスの条項に関する関連する倫
理上のガイダンスを考慮し、外部監査人が非監査サービスの提供に従事することに関する方針を
発展させ実行すること、およびそれ〔当該監査委員会〕がそれに関してアクションまたは改良が
必要であると考えるところのあらゆる事項を特定し、および採られるべき段階に関する推奨を行
い、取締役会に対して報告すること、および⑦それ〔当該監査委員会〕がどのようにその責任を
果たしたかについての報告を取締役会に対して行うこと、である。ibid.

[131]　前掲注130）参照。

300　第3章　イギリス法

で、その役割および取締役会から委譲された権限を含め、監査委員会の委任事
項が利用可能とされるべきであるとする[132]。

監査委員会の役割については、FRC によるガイダンスが示されている[133]。

---

[132]　FRC (n 123) 18 C.3.3. この要求は、指名委員会と同じく（前掲注127）参照）、当該情報を会
社によりまたは会社のために維持されるところのウェブサイトに当該情報を含めることによっ
て満たされるとされている。ibid 18 n 19. さらに以下の通り規定されている。ibid 18 C.3.4-19 C.3.8.
〔すなわち、〕①取締役会から求められた場合、監査委員会は、年次報告書および〔年次〕会計
が、全体としてみて、公平で、公正で理解可能であるかどうかについての助言を提供し、会社の
位置および業績、事業モデルおよび戦略を株主が評価するために必要な情報を提供すべきである。
ibid 18 C.3.4. ②監査委員会は、会社のスタッフが、財務報告の事項またはその他の事項における
あり得る不適当さについての懸念をそれにより内密に示し得るところの取り決めを検証すべき
である。ibid 18 C.3.5. 〔ここでの〕監査委員会の目標は、当該事項についての比例した独立の調
査および適切なフォローアップ・アクションにとって〔当該〕取り決めが役割を果たしているこ
とを確保することであるべきである。ibid. ③監査委員会は内部監査活動の有効性を監視および検
証すべきである。ibid 19 C.3.6. 内部監査機能が存在しない場合、監査委員会が、内部監査機能が
必要であるかどうかを毎年検討し、取締役会に対して推奨を行うべきであり、当該機能が不在で
あることの理由が年次報告書の適切な箇所において説明されるべきである。ibid. ④監査委員会は、
外部監査人の選任、再選任および解任についての推奨を行うことへの主たる責任（responsibility）
を有すべきである。ibid 19 C.3.7. 仮に取締役会が監査委員会の推奨を受け入れない場合、それ〔当
該取締役会〕は、年次報告書、および選任または再選任を推奨するあらゆる文書に、当該推奨を
説明する監査委員会による声明を含むべきであり、当該取締役会がなぜ異なる立場を採用したか
の理由を規定すべきである。ibid. ⑤年次報告書の異なる箇所において、当該委員会〔監査委員会〕
がその責任を果たす際の成果が記述されるべきである。ibid 19 C.3.8. 当該報告書は、(1) 当該委
員会が財務諸表との関係で検討した重要な問題、およびその問題がどのように処理されたか、(2)
外部監査過程および外部監査人を選任または再選任するために採られた手法の有効性、履行が提
供された場合に現在の会計ファームの任期についての情報およびあらゆる再履行の計画の事前
通知をそれ〔監査委員会〕がどのように評価したかについての説明、および(3) 仮に外部監査人
が非監査サービスを提供している場合には、監査人の客観性と独立性がどのように確保されるか
についての説明を含むべきである。ibid.

[133]　FRC, *Guidance on Audit Committees* (2016)
<https://www.frc.org.uk/document-library/corporate-governance/2016/guidance-on-audit-committees-april-
2016>. 当該ガイダンスは、会計基準および他の規制に従って完全で正確な財務諸表と開示に備え
ることは監査委員会ではなく経営者の責任であるとしている。ibid 6 para 33. また、取締役会が〔当
該会社という〕組織のリスク管理および内部統制システムへの最終的な責任を有するが、取締役
会はその責任を果たす際に当該取締役会を助けるためのいくつかの機能を監査委員会に委譲す
ることができるとしている。ibid 7 para 39.

(4) 報酬委員会

報酬委員会については、取締役会は少なくとも3名、または小規模な会社の場合には2名の独立非業務執行取締役から構成される報酬委員会を設置すべきであるとする[134]。

報酬委員会は、年金受給権およびあらゆる報酬としての支払を含め、全ての業務執行取締役および〔取締役会の〕議長の報酬を設定する委譲された責任（delegated responsibility）を有すべきであるとする[135]。すなわち、報酬委員会については、取締役会から当該権限を報酬委員会に委譲することが推奨されている[136]。その上で、報酬委員会はその役割および取締役会から当該委員会に委譲された権限を説明する、その委任事項を利用可能とすべきであるとされている[137]。

---

[134]　FRC (n 123) 21 D.2.1. さらに、以下の通り規定されている。当該会社の〔取締役会の〕議長は、仮にその者が〔取締役会の〕議長としての選任について独立していると考えられる場合には、当該委員会のメンバーでもあり得るが、〔当該委員会の〕委員長であることはできない。ibid. 報酬委員会はその役割および取締役会から当該委員会に委譲された権限を説明する、その委任事項を利用可能とすべきである。ibid. 報酬コンサルタントが選任されている場合、年次報告書およびそれ〔当該報酬コンサルタント〕が当該会社との間における他の関係を有しているかどうかに関するステートメントにおいて当該報酬コンサルタントが特定されるべきである。ibid.

[135]　ibid 21 D.2.2. 続けて、以下の通り規定されている。ibid. 〔すなわち、〕当該委員会は上位の経営者の報酬の水準と構成を推奨および監視すべきでもある。ibid. この「上位の経営者」（'senior management'）の定義は取締役会によって決定されるべきであるが、取締役会レベルの下の最初の層の経営者を通常含むべきである。ibid. さらに、以下の通り規定されている。ibid 21 D.2.3-D.2.4. 〔すなわち、〕①取締役会自身または、定款が要求する場合には、株主が、当該定款において規定される制約の範囲内で非業務執行取締役の報酬を決定すべきである。ibid 21 D.2.3. 当該定款が認める場合、取締役会はこの権限を委員会に委譲することができ、当該委員会は業務執行者の長（chief executive）を含み得る。ibid. ②株主〔総会〕は、上場規則が認める状況における場合を除き、全ての新規の長期インセンティブ・スキーム（上場規則において定義されるように）および既存のスキームに対する重要な変更を承認するために特に招集されるべきである。ibid 21 D.2.4.

[136]　非業務執行取締役については、その報酬の水準を、〔貢献する〕義務のある時間（time commitment）およびその役割の責任を反映すべきであるとする。ibid 20 D.1.3.

[137]　前掲注134）参照。

302　第3章　イギリス法

第4項　小括と検討

　取締役会の構造、構成および機能については、連合王国において会社自身が決定する事項であると伝統的に考えられ、株主総会と取締役会との間および取締役会と経営者との間における権限分配は立法によって定められていないと指摘されている[138]。この指摘のように、2006年会社法が提示するモデル定款は、取締役会がそのあらゆる権限を「者又は委員会」に委譲し得るとしている。

　この下で、UK CG コードは、LSE のメイン・マーケットにプレミアム上場として上場する会社に対し、その取締役会の内部に指名委員会、監査委員会および報酬委員会を設置すべきことを'Comply or Explain'規範として推奨し、指名委員会についてはその過半数を、監査委員会および報酬委員会についてはその全数を、それぞれ独立非業務執行取締役から構成すべきであると推奨している。取締役会から報酬委員会に対して全ての業務執行取締役および〔取締役会の〕議長の報酬を設定する権限を委譲すべきと推奨している点を除き、取締役会からこれら委員会への監督権限の委譲については、これを各会社に委ねている。

　以上から、各会社がその実務上の要請に応じてその取締役会内部の権限分配を柔軟に設計することが可能とされている。

第3款　学説の展開

第1項　1980年代以前

　アメリカ法の下でのモニタリング・モデルに早期に着目したと見受けられるのが、AJ Boyle による 1978 年の論稿[139] である[140]。

---

[138]　前掲注100）およびこれに対応する本文を参照。
[139]　Boyle (n 13).
[140]　前掲注13）参照。

第2項 1990年代

　LSE に上場する内国会社の普通株について、機関投資家の株式保有比率が最も高まったのが 1990 年前後であり[141]、機関投資家の役割が 1990 年代に論じられている[142]。

(1) DD Prentice

　Prentice は、Cadbury 報告書[143] が公表された翌年である 1993 年に公刊された論稿[144] において、〔当時における〕CG の議論を概観し、①集合的な形態において事業を行うことのコストを扱うもの、②取締役会に対する統制を行い、またはその説明責任を確保する際の株主の適切な役割を扱うもの、および③取締役会の機能と構造を扱うもの、という 3 点が主なテーマになっているとした[145]。

(2) Paul L Davies

　Davies は、同じ 1993 年の論稿[146] で、機関投資家による株式保有の増加を踏まえて機関投資家の役割を論じ[147]、機関投資家がその投資先の会社に対して積極的な監督を行うことによるリターンがファンドの価値を最大化するための道

---

[141]　機関投資家（年金基金および保険会社）の株式保有比率は、1990 年に約 52.1%（年金基金：31.7%、保険会社：20.4%）となった後、1992 年頃から低下し、2000 年には約 38.7%（年金基金：17.7%、保険会社 21.0%）、2010 年には約 14.4%（年金基金：5.6%、保険会社：8.8%）となっている。Office for National Statistics, *Ownership of UK Quoted Shares: 2016* (2017) 12
<https://www.ons.gov.uk/economy/investmentspensionsandtrusts/bulletins/ownershipofukquotedshares/2016/pdf>. See Davies (n 99) 715 Table 1.

[142]　後述本項(2)参照。

[143]　Committee on the Financial Aspects of Corporate Governance (n 32).

[144]　DD Prentice, 'Some Aspects of the Corporate Governance Debate' in Prentice and Holland (n 4) 25.

[145]　ibid 27. その上で、取締役会の機能と構造を扱う議論〔本文における③〕に関して、イギリスの会社法は取締役会が会社の業務を「運営する」（'manages'）という時代遅れの原則になお固執しているが、現実には、時間、構成および情報の制約を前提に、取締役会の役割は、業務執行取締役および上位の経営者の仕事振りを監督する（monitoring）ことを含む監督の（supervisory）役割であるということが一般に受け入れられているとしている。ibid 30.

[146]　Paul L Davies, 'Institutional Investors in the United Kingdom' in Prentice and Holland (n 4) 69.

[147]　ibid 69.

304 第3章 イギリス法

具としての介入よりも大きいことが明らかでなく、機関投資家がその投資先会
社の全てを監督することは健全でないであろう等とした[148]。

第3項 2000年代以降

(1) Paul Davies

Davies は、2000年代以降にもその議論を深め[149]、最近では例えば株主の統
治権に関する連合王国の枠組みについて論じている[150]。

(2) Brian R Cheffins

Cheffins は、「所有と支配の分離」に着目した研究を公刊している[151]。また、
本書の課題にとって Cheffins と Black の分析[152]が重要である。

(3) Marc T Moore

Moore は、2013年の主著[153]において、アメリカおよび連合王国における公
開会社のガバナンスに関する法の根本的な性質は何かを問題とした[154]。

---

[148] ibid 96.

[149] Eg Davies (n 120); Paul Davies, 'Enron and Corporate Governance Reform in the UK and the European Community' in Armour and McCahery (n 6) 415; Davies and Hopt (n 4); Davies (n 99).

[150] Paul L Davies, 'Shareholders in the United Kingdom', in Jennifer G Hill and Randell S Thomas (eds), *Research Handbook on Shareholder Power* (Edward Elgar 2015) 355. 同論稿は、①経営に対する株主に
よる監督は、ある会社において優勢な株式保有の形態によるところが大きいこと、②一定の意義
のある監督のレベルは，単独では支配力を有しない大規模な株主の連合によって達成され得るこ
と、③そのような連合による監督の最大化は、資産所有者および資産運用者の現在の構造におい
ては達成されないようであること、および④これらの関係を変えることは骨の折れる仕事であり、
持続的な政治的圧力または活動的なヘッジファンドを奨励することによってのみ達成されそう
であること、を指摘している。ibid 380.

[151] Eg Cheffins (n 3); Brian R Cheffins, 'Does Law Matter? The Separation of Ownership and Control in the United Kingdom' (2001) 30 JLS 459. このほかにも、興味深い論稿が示されている。Eg Brian R Cheffins, 'Law, Economics and the UK's System of Corporate Governance: Lessons from History' (2001) 1 JCLS 71.

[152] 後述本章第2節第1款3参照。

[153] Marc T Moore, *Corporate Governance in the Shadow of the State* (Hart Publishing 2013).

(4) 以上以外の見解

さらに、例えば'Comply or Explain'に関する実証分析がみられている[155]。

第4款　小括

イギリス法における取締役会による監督の在り方は、1990年代以降、会社不祥事の顕在化を背景に見直された。この見直しは、1992年に公表されたCadbury報告書および最善慣行コードによって開始されたように見受けられ、これ以降、

---

[154]　ibid 1. このほかにも、以下が挙げられる。Marc T Moore, '"Whispering Sweet Nothings": The Limitations of Informal Conformance in UK Corporate Governance' (2009) 9 JCLS 95; Marc T Moore, 'The Evolving Contours of the Board's Risk Management Function in UK Corporate Governance' (2010) 10 JCLS 279; Marc T Moore, 'Redressing Risk Oversight Failure in UK and US Listed Companies: Lessons from the *RBS* and *Citigroup* Litigation' (2017) 18 EBOR 733.

[155]　FTSE 100を構成する会社を対象とした不遵守（non-compliance）の分析により、統合コードにおける'Comply or Explain'規範に対する不遵守についての投資家の寛容と株価との間に関係があるとの指摘がみられる。Iain MacNeil and Xiao Li, '"Comply or Explain": Market Discipline and Non-Compliance with the Combined Code' (2006) 14 CGIR 486. また、1998年から2004年の期間における事業会社245社を対象とした分析に基づき、統合コードを遵守する増加傾向および不遵守の場合における標準的な説明が見受けられるとの指摘がみられる。Sridhar Arcot, Valentina Bruno, and Antoine Faure-Grimaud, 'Corporate Governance in the UK: Is the Comply or Explain Approach Working?' (2010) 30 IRLE 193. Seidlらは、まず、連合王国およびドイツにおける上場会社257社を対象に、'Comply or Explain'の状況および'Explain'の類型等を分析した。David Seidl, Paul Sanderson, and John Roberts, 'Applying the 'Comply-or-Explain' Principle: Discursive Legitimacy Tactics With Regard to Codes of Corporate Governance' (2013) 17 JMG 791. その上で、上位の経営者および取締役にインタビューを行っている。Paul Sanderson, David Seidl, and John Roberts, 'The Limits of Flexible Regulation: Managers' Perceptions of Corporate Governance Codes and 'Comply-or-Explain'' (2013) Centre for Business Research, University of Cambridge Working Paper No. 439 <https://www.cbr.cam.ac.uk/fileadmin/user_upload/centre-for-business-research/downloads/working-papers/wp439.pdf>. なお、FTSE 100を構成する会社ではUK CGコードに対する完全な遵守（compliance）を主張するそれが2017年に77.8%となっている等とする調査がみられる。Grant Thornton, *Corporate Governance Review: 2017* (2017) 26-29 <https://www.grantthornton.co.uk/globalassets/1.-member-firms/united-kingdom/pdf/publication/corporate-governance-review-2017.pdf>. 後掲注543）およびこれに対応する本文を参照。

コードに示された'Comply or Explain'規範が取締役会およびその内部に設置される委員会の構成や独立非業務執行取締役の役割等を規定してきている。

取締役会の構造、構成および機能については、連合王国において会社自身が決定する事項であると伝統的に考えられ、株主総会と取締役会との間および取締役会と経営者との間における権限分配は立法によって定められていないと指摘されており、2006 年会社法が提示するモデル定款は、取締役会がそのあらゆる権限を「者又は委員会」に委譲し得るとしている。

この下で、UK CG コードは、LSE のメイン・マーケットにプレミアム上場として上場する会社に対し、その取締役会の内部に指名委員会、監査委員会および報酬委員会を設置すべきことを'Comply or Explain'規範として推奨し、取締役会から報酬委員会に対して全ての業務執行取締役および〔取締役会の〕議長の報酬を設定する権限を委譲すべきと推奨している点を除き、取締役会からこれら委員会への監督権限の委譲については、これを各会社に委ねている。

第 2 節　上場会社の取締役の義務と責任

第 1 款　分析の視点

1　エンフォースメントの在り方──John Armour（2009 年）

Armour は、2009 年の論稿[156] において、連合王国の上場会社における経営上のエージェンシーコストに制約を課す際に採用されている戦略を論じ[157]、①株主による訴訟という形での公式の私的エンフォースメント（formal private enforcement）が存在しないことが明確であること[158]、②一般的に考えられてい

---

[156]　John Armour, 'Enforcement Strategies in UK Corporate Governance: A Roadmap and Empirical Assessment' in John Armour and Jennifer Payne (eds), *Rationality in Company Law: Essays in Honour of DD Prentice* (Hart Publishing 2009) 71.

[157]　ibid 72.

[158]　ibid 118-19. これは、①少数株主による訴訟（派生訴訟を含む）、②証券に関する不実開示または不開示との関係における発行会社の取締役に対する訴訟、③会社の倒産に伴うその取締役に対する訴訟を含むとされている。ibid 79-86.

るところより多くを公的エンフォースメント機関が担っていること[159]、および③株主の統治権の行使を通した非公式の私的エンフォースメント（informal private enforcement）が重要であること[160]、を指摘した。

2　経営者の責任——Armour and others（2009 年）

経営者の責任については、Armour らによる 2009 年の論稿[161] が参考になる。同論稿は、連合王国について、2004 年から 2006 年の期間を対象に包括的な調査を行い[162]、公開会社の取締役に対するその義務違反を主張する訴訟の提起がほぼ見当たらないとした[163]。具体的には、以下の通りである。

高等法院（High Court）の許可の下で、これらの期間における会社法廷（Companies Court）に対する全ての訴訟の提起を検証し、27,099 件の訴訟提起のうち、その会社名に公開会社を意味する'plc'が付されているものを抽出した上で、その取締役に対する請求が含まれている訴訟を分析した[164]。27,099 件のうち、24 件が公開会社の取締役に対する請求を含み、そのうち 6 件が LSE または AIM 市場（Alternative Investment Market）の上場会社であった[165]。当該 6

---

[159]　ibid 119. これは、①金融サービス機構（Financial Services Authority、以下「FSA」という）による上場規則等のエンフォースメントや、②2007 年まで通商産業省として知られていたところのビジネス企業規制改革省（Department for Business Enterprise and Regulatory Reform）による取締役の資格剥奪（disqualification of directors）〔の申立てや合意〔後述本節第 3 款第 1 項参照〕〕等を含むとされている。ibid 87-102.

[160]　ibid. これは、〔2009 年当時における〕統合コード上の'Comply or Explain'規範等を含むとされている。ibid 102-09.

[161]　John Armour and others, 'Private Enforcement of Corporate Law: An Empirical Comparison of the United Kingdom and the United States' (2009) 6 JELS 687 (reprinted in Robin Hui Huang and Nicholas Calcina Howson (eds), *Enforcement of Corporate and Securities Law: China and the World* (CUP 2017) 241). 前掲第 2 章注 587〜590）およびこれらに対応する本文を参照。

[162]　これは、取締役の義務を明文化した 2006 年会社法の施行前であり、義務違反の主張は実際にはエクイティ上のものであるとされている。ibid 698.

[163]　ibid 687.

[164]　ibid 698.

[165]　ibid.

件のうち3件が私人によって提起されたものであり、1件のみが損害賠償請求を含むものであった[166]。

さらに、これと別に、大法官部（Chancery Division）に対しては、2006年10月から11月の期間に629件の訴訟提起がみられ[167]、このうち1件のみが公開会社に関して会社法に基づいて生じた請求を含むものであった[168]。

連合王国で設立されイングランドとウェールズに基礎を置きLSEやAIM市場に上場する会社が2008年10月の時点で約1,900社あることを踏まえると、イギリスの上場会社の取締役がイギリスの会社法に基づいてイングランドとウェールズの裁判所に損害賠償請求訴訟を提起される確率は1年間に約6,000分の1、すなわち約0.017%である[169]。これは、実質的にゼロであるといえる[170]。

連合王国における民事訴訟手続については、①アメリカにおけるクラス・アクションと同等の制度が存在せず、集団訴訟命令を求めることは可能であるが、これは〔集団に参加しようとする者が原則として不参加となる形の〕オプトイン型の制度である[171]。また、②「比例して合理的に負担された」かつ「比例して合理的な金額において」訴訟費用をカバーするところの「標準的なベース」において、勝訴しなかった当事者に対して費用の「敗訴者負担」が典型的に評価されている[172]。さらに、③弁護士の成功報酬が禁止されており、〔2009年時点において〕「条件付成功報酬の取り決め」（conditional fee arrangements）が認め

---

[166]　ibid 698-99. 当該6件のうち別の3件が政府による取締役等の資格剥奪訴訟であった。ibid 698.

[167]　ibid 698.

[168]　ibid 699. 当該会社は上場会社ではないが、当該訴訟は会社法廷において同じ〔2006〕年にみられた請求の1つと同じ事実から生じたものである。ibid.

[169]　ibid.

[170]　ibid 699-700.

[171]　ibid 693 Table 1.（紹介者注）集団訴訟命令（Group Litigation Order）については、後掲注404）参照。

[172]　ibid. さらに、原告は仮に勝訴した場合でも損害賠償額のプロラタ分のみ認識するのに対し、敗訴した場合には全ての被告の費用を支払うリスクがあるため、被告の法的費用が高額になりそうである場合に訴訟の提起が抑止される傾向がある。ibid. See Edward A. Snyder and James W Hughes, 'The English Rule for Allocating Legal Costs: Evidence Confronts Theory'(1990) 6 JL Econ & Org 345; James W Hughes and Edward A Snyder, 'Litigation and Settlement Under the English and American Rules: Theory and Evidence' (1995) 38 JLE 225. Armour and others (n 161) 693 Table 1.

られているが、その上限が時間当り報酬額の 100%に相当する成功報酬とされている[173]。

より訴訟を提起しやすいアメリカ法と比較して、イギリス法の下では、①派生訴訟を提起する際の原告適格は、特に上場会社においてこれを得ることが伝統的に非常に困難であった[174]。また、②その義務に違反した取締役に対して株主が直接訴訟を提起することも、イギリスの裁判所が株主に生じた損失を「反射的損失」（'reflective loss'）と扱う傾向があるため、非常に困難である[175]。さらに、③公開買付（takeover bids）に関する主張については、いわゆるシティ・コード（The City Code on Takeovers and Mergers）[176] が私的訴訟を効果的に代替している[177]。

以上が、Armour らの指摘である。

3 監督者の責任——Cheffins and Black（2006 年）

監督者である非業務執行取締役の責任については、Cheffins と Black による 2006 年の論稿[178] が参考になる。その指摘は、以下の通りである[179]。

連合王国においては、アメリカにおけるのと同様に、社外取締役は損害賠償金または争訟費用を個人で出捐して支払うというわずかな可能性にのみ直面している。しかし、その理由は〔両法域で〕異なる。アメリカにおいては、取締役は訴訟を提起される実質的な危険に直面しているものの、①経営判断原則、

---

[173]　Armour and others (n 161) 693 Table 1.

[174]　ibid 694 Table 2.

[175]　ibid.

[176]　（紹介者注）See The Panel on Takeovers and Mergers, *The Takeover Code* (12th edn, 2016) <http://www.thetakeoverpanel.org.uk/download-links/the-takeover-code>.

[177]　Armour and others (n 161) 694 Table 2.

[178]　Brian R Cheffins and Bernard S Black, 'Outside Director Liability Across Countries' (2006) 84 Tex L Rev 1385. 前掲第 1 章注 95～103）およびこれらに対応する本文を参照。

[179]　ibid 1419-20. 以下の紹介は原注を省略している。

310 第3章 イギリス法

②定款免責規定、③会社補償、④D&O 保険の総合的な購入および⑤D&O 保険
の塡補責任限度額の範囲で典型的に和解することへの〔当事者の〕誘因がある。
対照的に、イギリスにおいては、〔取締役の〕責任に対する防御がより弱いもの
の、訴訟提起が稀である。それゆえに、個人の出捐を伴う責任の危険は〔両法
域で〕類似しており、〔それは〕存在するもののわずかであるといえる。[180]

　Equitable Life 社の取締役は正当に訴訟を提起された[181]。*Independent Energy
Holdings* 社は連合王国の上場会社の非業務執行取締役が民事訴訟の結果として
個人の出捐を伴う責任が生じたところの、我々〔Cheffins と Black〕が知る唯一
の事案であり、当該取締役は仮によりよい D&O 保険契約が存在したならば保
護されていたであろう[182]。非業務執行取締役は自身が個人の出捐を行わなけれ
ばならないという可能性が低いことを実際には認識しているように思われる。
責任のリスクが高まるとの多くの議論にもかかわらず、連合王国の上場会社は
その取締役会に務める適切な候補者を見つけることができている。[183]

　アメリカと連合王国が異なるルートによって同じ点に到達したという事実は
偶然ではない。アメリカにおいて社外取締役が享受する保護の層は、訴訟を提
起されることへの懸念から大部分において生じたものである。対照的に、連合
王国において取締役を〔その〕責任から保護することは、訴訟〔提起〕の可能

---

[180]　ibid 1419.

[181]　（紹介者注）以下の通り指摘されている。ibid 1399-1400. *Equitable Life* 社は 1990 年代後半に
倒産に近づいたイギリスの主要な保険会社である。ibid 1399. 当該会社の取締役が交代し、新た
な取締役会が当該会社の会計監査人および 15 名の元取締役（9 名の非業務執行取締役を含む）に
対して 30 億ポンドを超える損害賠償を求める訴えを提起した。ibid. 非業務執行取締役は自身に
対する当該請求を却下させようとしたが、この申立てが否定された。ibid 1399-1400. 当該会社は
500 万ポンドの塡補責任限度額の D&O 保険を保有していたが、それは潜在的な損害賠償額はも
とより取締役の法的費用を塡補することにも不十分であった。ibid 1400. 2005 年に審理が開始さ
れたが、事案が当該会社に不利に進んだため、当該会社は訴えを取り下げ、当該非業務執行取締
役に生じた法的費用を支払うことに同意した。ibid. 後述本節第 2 款第 3 項 1(4)参照。

[182]　（紹介者注）当該会社は、アメリカと連合王国の両方の証券取引所で上場しており、1933
年証券法 11 条を根拠とする訴訟がアメリカで提起され、2 名の社外取締役にとって「完全な嵐」
が生じ、当該 2 名が和解金の一部として 200 万ドルのうちの一部を個人で支払ったとされている。
ibid 1413-14. See Bernard Black, Brian Cheffins, and Michael Klausner, 'Outside Directors Liability'
(2006) 58 Stan L Rev 1055, 1072. 前述第 2 章第 2 節第 1 款 2(4)参照。

[183]　Cheffins and Black (n 178) 1419.

性が低いため、優先事項ではなかった。しかし、大部分は *Equitable Life* 社の訴訟により、取締役の責任への懸念が近年高まっており、アメリカにおけるパターンと一致して、取締役を保護しようとする試みがみられている。第三者からの訴訟における争訟費用の前払と補償を認める 2004 年のイギリス会社法改正[184] がこの好例である。それゆえに、連合王国における「最低値」（'bottom line'）〔である〕均衡は、個人の出捐を伴う責任を負う危険がゼロではないものの、わずかな水準にとどまっている。[185]

4 分析の視点

　連合王国の上場会社においては、公式の私的エンフォースメントが存在しないと指摘されており[186]、派生訴訟や、不実開示の場面において発行会社の取締役の責任を追及する訴訟がエンフォースメントの役割を担っていないようであるが、そうであるとすれば、その理由を法制度および裁判所の判断の面からより具体的に分析する必要がある。また、2006 年会社法が取締役の義務を規定するとともに派生訴訟を法定し[187]、この Cheffins と Black による分析[188] 後に同法が施行されているため、同法施行後の状況についての検討も必要である。さらに、取締役等の資格剥奪についてもこれをより具体的に検討することが有益であると考えられる。

---

[184]　（紹介者注）後述本章第 3 節第 1 款第 2 項 2(5)参照。

[185]　Cheffins and Black (n 178) 1419-20.

[186]　前掲注 158）およびこれに対応する本文を参照。

[187]　後述本節第 2 款第 1 項および同第 2 項(4)参照。

[188]　前述本款 3 参照。

312 第3章 イギリス法

第2款 会社に対する責任

第1項 概観

分析の前提として、イギリス法の下における取締役の義務と責任を簡潔に概観する[189]。イギリス法の下で、2006年会社法が取締役の義務について規定し[190]、その一般的義務[191] は、会社の取締役が負う当該会社に対する義務であると規定した[192]。同法は、取締役の注意義務に関する条項と忠実義務（Duty to avoid conflicts of interest）に関するそれを異なる条項として区別した[193]。同法は、174条において注意義務を「合理的な注意、経験及び勤勉さを働かせる義務」[194] と規定している[195]。他方で、取締役の誠実義務および忠実義務は、受託者の義務の類推により裁判所によって発展させられてきたと指摘されている[196]。2006年会社法が規定した取締役の誠実義務および忠実義務は、6類型に区分できる

---

[189] 近年では、川島いづみ「イギリス会社法における取締役の注意義務」比較法学41巻1号1頁以下（2007年）等がみられている。

[190] Companies Act 2006, ss 170-81.

[191] Companies Act 2006, ss 171-77.

[192] Companies Act 2006, s 170(1).

[193] 忠実義務（duties of loyalty）はエクイティ上の原則に基礎を置き、主にエクイティ裁判所が発展させたものであるのに対し、注意義務（duties of skill and care）はいくつかの特定の修正を伴いつつ、過失の法の原則に基づくものであると指摘されている。Davies and Worthington (n 2) 478 para 16-15. しかし、2006年会社法170条から181条までに規定された一般的な義務は、この形で〔忠実義務と注意義務との二分法に即して〕規定されているわけではなく、注意義務は7つの義務〔171条～177条〕のうちの4つ目〔174条〕として規定されていると指摘されている。ibid. なお、エクイティ全般については、以下が参考になる。Sarah Worthington, *Equity* (2nd edn, OUP 2006).

[194] Companies Act 2006, s 174.

[195] 後述本款第2項(3)参照。2006年会社法174条が規定する注意義務が（仮に両者に相違があるとすれば）コモン・ロー上のまたはエクイティ上の注意義務のいずれをモデルとするものであるかを同法が示していないとの指摘がみられる。Worthington (n 2) 376. 同法171条から177条（174条を除く）が規定する義務については、174条を除き、その取締役が会社に対して負うあらゆる他の信認義務と同じ方法で〔その〕履行を強制され得ると規定されている。Companies Act 2006, s 178(2).

[196] Davies and Worthington (n 2) 485 para 16-21. かつて「受託者としての取締役」について論じられている。LS Sealy, 'The Director as Trustee' (1967) 25 CLJ 83.

と指摘されている[197]。この指摘は、同法177条、175条2項および176条を取締役の忠実義務の例として挙げていると解される。ただし、同法は、「別様に規定されている場合を除き、一般的な義務の一つより多くがあらゆる与えられた事案において適用され得る。」[198] と規定し、この条項は注意義務にも適用されると指摘されている[199]。

イギリス法は、アメリカ法と異なり、取締役の注意義務違反による責任を定款の規定で事前に免除または制限することを認めていない[200]。

第2項　法制度の展開

(1) 総説

2006年会社法の制定前から、取締役の義務に関する法には変化が生じており、1986年破産法214条が規定する不当取引において取締役のより厳格で客観的な制定法上の基準が発展したことから裁判所が影響を受け、当該条項の類推によりコモン・ロー上の基準を発展させ始めたと指摘されている[201]。完全に客観的なアプローチ（fully objective approach）への変化を示したのは、1990年代にお

---

[197]　Davies and Worthington (n 2) 486 para 16-22. 6 類型とは、取締役がその権限を行使する際の方法に関する異なる義務を描写するものとして、取締役は、①与えられた権限の範囲内において正当な目的のために行為し〔Companies Act 2006, s 171〕、②独立の判断を行い〔ibid s 173〕、および③会社の成功を促進するために誠実に行為しなければならない〔ibid s 172〕とされている。また、忠実義務、および特に取締役の個人的利益が会社に対するその義務と相反するところの地位に自身を置かないというルールの例であるが、利益相反が④会社との間の取引から（自己取引）〔ibid s 177〕、⑤会社の財産、情報または機会の取締役による個人的な利用から〔ibid s 175(2)〕、または⑥特定の形でその取締役としての役割を行使することに対して第三者から便益を享受することから〔ibid s 176〕生じるかどうかに応じてこの「利益相反のない」（'no conflict'）という原則を満たす特定のルールが異なるため、同原則を〔このように〕さらに区分することが有用であると指摘されている。Davies and Worthington (n 2) 486 para 16-22.

[198]　Companies Act 2006, s 179.

[199]　Davies and Worthington (n 2) 487 para 16-22. このため、取締役のある行為が2006年会社法の下で注意義務と忠実義務の両方に反することが生じ得る。

[200]　Companies Act 2006, s 232(1). この点に関して、後掲注506）参照。

[201]　Davies and Worthington (n 2) 479 para 16-15.

314　第3章　イギリス法

ける Hoffmann 裁判官による判断であり[202]、それは、不当取引との関係で 1986
年破産法 214 条 4 項に示された基準をコモン・ローの正確な表現として明示的
に採用したものであると指摘されている[203]。そして、このコモン・ローにおけ
る未完成の変化が法律委員会および CLRSG によって支持され[204]、現在の 2006
年会社法 174 条における表現になったと指摘されている[205]。

(2) 1986 年破産法 214 条 4 項

　1986 年破産法 214 条 1 項は、会社の清算の過程において、当該会社の取締役
または取締役であった者に関して同条 2 項が適用されるように思われる場合に、
裁判所が清算人の申立てに基づいてその者が会社の資産に対して裁判所が適切
であると考える通りに求償する責任があると認め得るとする[206]。同条 2 項およ
び 3 項との関係で、同条 4 項が、「合理的で勤勉な者」と規定した[207]。

---

[202]　具体的には、①1991 年の *Norman v Theodore Goddard* 事件判決（[1992] BCC 14 (Ch) (Hoffmann
J)）および②1993 年の *Re D'Jan of London Ltd* 事件判決（後述本款第 3 項 1(3)参照）が挙げられて
いる。Davies and Worthington (n 2) 479 para 16-15.
[203]　Davies and Worthington (n 2) 479 para 16-15.
[204]　後掲注 212）およびこれに対応する本文を参照。
[205]　Davies and Worthington (n 2) 479 para 16-15.
[206]　Insolvency Act 1986, s 214(1). 同条 2 項は、①会社が破産による清算に至り、②会社の清算が
開始される前のある時点において、当該会社が破産による清算を避けるであろうという合理的な
見通しがないとその者が知っていたかまたは結論づけるべきであり、かつ③その者が当該時点に
おいて会社の取締役であった場合に、ある者に関して適用されるとする。ibid s 214(2). 同条には、
「不当取引。」（Wrongful trading.）という見出しが付されている。不当取引が規定された経緯等に
ついては、例えば佐藤鉄男『取締役倒産責任論』119 頁〜141 頁（信山社、1991 年）参照。
[207]　Insolvency Act 1986, s 214(4). 同条 4 項は、同条 2 項および 3 項の目的のため、会社の取締役
が知るまたは確かめるべきところの事実、当該取締役が達すべきところの結論、および当該取締
役が採るべき手段は、①「当該会社との関係で当該取締役によって果たされるところと同じ役割
を果たす者に合理的に期待され得る一般的な知識、技能及び経験」（ibid s214(4)(a)）ならびに②
「当該取締役が有する一般的な知識、技能及び経験」（ibid s214(4)(b)）の両方を有する合理的で
勤勉な者によって知られまたは確かめられ、達されまたは採られるであろうところのそれである
と規定した（ibid s214(4)）。この定式が、現在 2006 年会社法 174 条に基づいて取締役に課される
一般的義務に大いに影響を与え、不当取引条項、同法同条および取締役等の資格剥奪条項が、過
失によりその義務に違反した取締役にサンクションが課されるところの 3 つの主な領域を構成す
ると指摘されている。Davies and Worthington (n 2) 213 para 9-6.

第 2 節　上場会社の取締役の義務と責任　315

(3) 2006 年会社法 174 条

　2006 年会社法 174 条が取締役の注意義務を規定した[208]。法律委員会が 1999
年に提言を行い[209]、①取締役の会社に対する注意義務が制定法上規定されるべ
きこと[210]、②1986 年破産法 214 条 4 項が規定する二重の基準[211]を踏まえ、客
観的かつ主観的テスト（objective/subjective test）によって当該〔取締役の注意義
務違反の〕基準が判断されるべきであること[212]、および③当該特定の取締役の
役割および当該会社の状況が考慮されるべきこと[213]、を提案している[214]。

---

[208]　同条は、「会社の取締役は合理的な注意、経験及び勤勉さを働かせなければならない。」
（Companies Act 2006, s 174(1)）とした上で、このことは、以下を有する合理的で勤勉な者によっ
て働かされるであろうところの注意、技能及び勤勉さを意味するとし（ibid s 174(2)）、①「当該
会社との関係で当該取締役によって果たされる役割を果たす者に合理的に期待され得る一般的
な知識、技能及び経験」（ibid s 174(2)(a)）、ならびに②「当該取締役が有する一般的な知識、技能
及び経験。」（ibid s 174(2)(b)）を規定した（ibid s 174(2)）。

[209]　Law Commission and Scottish Law Commission, *Company Directors: Regulating Conflicts of
Interests and Formulating a Statement of Duties* (Law Com No 261, Scot Law Com No 173, 1999) 47-51
paras 5.1-5.20.

[210]　ibid 51 para 5.20.

[211]　前掲注 207）参照。

[212]　Law Commission and Scottish Law Commission (n 209) 51 para 5.20. 法律委員会は、取締役の注
意義務の基準を変更する可能性を考慮したとし（ibid 47 para 5.1）、以下の通り 3 つの基準を検討
している。ibid 47-50. ①主観的テスト（subjective test）は、取締役が会社に対して負う、その知
識および経験を有する合理的な者〔当該取締役〕によって働かされるであろう注意、勤勉さおよ
び経験を働かせるという義務を、制定法上の取締役の注意義務の規定とするものである（ibid 47
para 5.3）。これは、注意の基準についての伝統的な見解であり、個々の取締役の責任およびその
特定の会社の状況を考慮するものであるが、当該取締役に知識と経験が乏しい場合には低い基準
となる一方、特別の専門性を有する取締役にとっては純粋に客観的な基準（objective test）よりも
高い基準となるであろう（ibid 47 para 5.3）。②客観的かつ主観的テストは、同じ状況において、
当該取締役と同じ地位にある者に合理的に期待され得るところの知識および経験と、当該取締役
の知識および経験との両方を有する合理的な者によって働かされるであろう注意、勤勉さおよび
経験を働かせるという義務をその会社に対してある取締役が負うとするものである（ibid 48 para
5.6）。これは、取締役の行為がその個人的特性を参照することにより客観的かつ主観的に判断さ
れるべきことを要求するものであり（ibid）、1986 年破産法 214 条 4 項における基準に基づくもの
である（ibid 48-49 para 5.8）。〔1999 年当時における〕近年、裁判所は同条をコモン・ローの下で
取締役が示さなければならない注意の基準の基礎として用いており〔eg *Norman v Theodore
Goddard* [1992] BCC 14 (Ch); *Re D'Jan of London Ltd* [1993] BCC 646 (Ch)〕、このステートメントが

316 第3章 イギリス法

法を表し、上級審によって支持されるであろうと考える（Law Commission and Scottish Law Commission (n 209) 49 para 5.8)。全ての取締役が一般的な注意の基準に従うべきであり、取締役は責任を避けるためにその知識または経験の欠如に頼ることができるべきでなく、一定の専門的経験を有する取締役がこれを働かせる義務を負うべきであることが公平であるのみであると考える（ibid 49 para 5.9)。したがって、主観的基準は客観的基準に加える要求としてのみ作用し、全ての取締役に求められる最低限の注意基準に従うことを避けるために取締役によって用いられるべきでない（ibid)。〔この〕二重の基準が取締役に対する請求の増加につながり得て、取締役として務めることから人々を抑止しまたは過度に注意深い行動に導き得るとの懸念があったが、D&O保険市場が存在し、この種の市場が取締役の責任（responsibilities）をより認識して拡大するであろうという期待がある（ibid 49 para 5.10)。③客観的テスト（objective test）は、当該特定の取締役が有するいかなる特別の経験をも考慮せずに当該取締役と同じ地位にある者に合理的に期待され得るところの知識および経験を有する合理的な者によって働かされるであろうところの注意、勤勉さおよび経験を働かせる義務を取締役がその会社に対して負うとするものであるが（ibid 49-50 para 5.11)、この純粋な客観的基準には多くの問題があり、会社が当該取締役を選任した理由が存在する場合でさえも、取締役が有する特別の能力を無視することになるであろう（ibid 50 para 5.12)。客観的基準は、当該会社が倒産による清算に近づく場合に当該基準が変化することをも意味するであろう（ibid)。その上で、主観的テストは現代の事業にとってあまりに低い基準となるであろうとの見解がみられたこと（ibid 50 para 5.14)、大部分の見解が二重の客観的かつ主観的テストを支持したこと（ibid 50 para 5.15)、これが現在のコモン・ローの立場であるという点で多くの見解が一致したこと（ibid)、〔取締役の注意義務に関する〕テストは1986年破産法214条4項におけるそれと同じであるべきであるとの見解が多くみられたこと（ibid 50 para 5.16)、純粋な客観的テストは経験を有する取締役にとって過度に低い基準となるであろうこと（ibid 50 para 5.17)等を踏まえ、法律委員会が客観的かつ主観的テストを支持したものである（ibid 51 para 5.20)。

213) Law Commission and Scottish Law Commission (n 209) 51 para 5.20.
214) さらに、経営判断原則を制定法上規定すべきかどうかについても検討している（ibid 51-53 paras 5.21-5.29)。裁判所が商業上の〔事業上の〕決定を既に尊重しており（ibid 53 para 5.26)、これを制定法上規定する理由が見当たらないとの見解が多くみられ（ibid)、また、同原則は裁判所による発展に最もよく委ねられるであろうとの見解がみられたこと（ibid)、さらに、経営判断原則を狭義または過度に厳格にせずに定式化することはあらゆる場合において困難である〔と考えられる〕こと（ibid 53 para 5.28)、取締役が二重の客観的かつ主観的テストを懸念しているという根拠がある場合には制定法上の経営判断原則を導入する主な理由が存在するであろうが、実証研究〔後掲注301）およびこれに対応する本文を参照〕は取締役における〔この〕特定の懸念を明らかにしなかったこと（ibid 53 para 5.29)等を踏まえ、制定法上の経営判断原則〔を規定すること〕を提案しないとした（ibid)。

(4) 2006年会社法260条〜264条

2006年会社法は260条から264条においてイングランドおよびウェールズまたは北アイルランドにおける派生訴訟（derivative claims）についても規定し[215]、派生訴訟を提起する株主はこれを係属させるために裁判所の許可を申し立てなければならないと規定した[216]。

(5) 検討

2006年会社法の下で、取締役の対会社責任は、①取締役会が決定してその会社が追及するか[217]、または②当該会社の株主が派生訴訟により追及し得る[218]。同法は、派生訴訟における原告適格として株主の持株要件を規定していない[219]。〔同法が規定した〕新たな派生訴訟〔制度〕の下で、裁判所はより広い役割、すなわち、当該訴訟が提起されることが当該会社の最善の利益におけるものかどうかを決定するという制約された裁量を行使するという役割を担っていると指摘されている[220]。

---

[215] Companies Act 2006 ss 260-64.「派生訴訟」は、①当該会社に与えられた訴訟原因に関する（ibid s 260(1)(a)）、および②当該会社のために救済を求める（ibid s 260(1)(b)）会社の株主によるこれらの法域における訴訟手続と定義されている（ibid s 260(1)）。その上で、派生訴訟は、会社の取締役による過失、不履行、義務違反または信託違反を含む現実のまたは企図された作為または不作為から生じる訴訟原因に関してのみ提起され得るとされ（ibid s 260(3)）、派生訴訟を提起しようとするまたは係属させようとする者が当該会社の株主となる前または後に当該訴訟原因が生じたかどうかは重要でないとされている（ibid s 260(4)）。

[216] ibid s 261(1).

[217] 〔同法がこの点を規定していないものの、〕取締役会が、違法行為を行った〔その〕取締役に対する訴訟を提起する権限を大部分の会社における定款に基づいて有するであろうことは、当該権限がその標準的な経営権限の一部であるため明らかであるように思われるとの指摘がみられる。Davies and Worthington (n 2) 592 para 17-2. See The Companies (Model Articles) Regulations 2008, SI 2008/3229, sch 3, art 3. 前掲注110）に対応する本文を参照。

[218] 前掲注215）およびこれに対応する本文を参照。

[219] See Prentice and Richards (n 2) 4-2 [8] n 2 and accompanying text. 全ての株主の総計での利益が当該請求を維持するために十分であるため、仮に当該請求が別の形で提起されるべきところのものであるならば、原告株主の利益の量は〔原告適格にとって〕無関係であるとの指摘がみられる。ibid.

[220] Davies and Worthington (n 2) 598 para 17-11. 2006年会社法が規定した派生訴訟の新しさは、それが特定の事案において訴訟を進めることが会社の利益になるかどうかについてのゲートキー

318 第3章 イギリス法

第3項 裁判所の判断の展開

以下、取締役の対会社責任についての裁判所の判断を、他の3法域と同じ類型に区分して分析する。

1 決定が問題となる場面

(1) 序

決定が問題となる場面で、他の3法域においては経営判断原則による保護の有無が特に問題になるが、イギリス法の下においては、取締役の責任を追及する訴訟が提起されることが稀であるとの指摘がみられ[221]、2006年会社法は同原則を規定しておらず[222]、また、判例も取締役の注意義務違反の有無を判断する際の同原則を定式として明確にし、かつ、確立しているわけでは必ずしもないようである[223]。

パーとしての決定を会社にとって外部の者、すなわち裁判所の手に委ねている点であると指摘されている。ibid. コモン・ロー上の派生訴訟において裁判所が早期に担った役割は、*Foss v Harbottle*事件判決〔(1843) 67 ER 189〕が示したルールに基づいて原告株主が原告適格を有することを確認するためのものであったと指摘されている。Davies and Worthington (n 2) 598 para 17-11. また、〔2006年会社法施行後、〕派生訴訟を係属させるという許可が中心的な争点になった公刊裁判例が2013年9月の時点で13件みられ、このうち3分の1強でのみ許可が与えられており、〔このことが、〕裁判所がその裁量の行使において不当に制限的な手法を採用しているわけではないことを示唆しているとの指摘がみられる。ibid 613 para 17 39.

221) 前掲注180) およびこれに対応する本文を参照。
222) 前掲注214) 参照。
223) 〔ただし、取締役の注意義務違反が問題となる場面とは別の場面において、〕商業上の〔事業上の〕決定に関して一般的に「その意見を経営者のそれに置き換えること、または……誠実に（bona fide）達したならば経営者の決定の正しさを実際のところ問うこと」（*Howard Smith Ltd v Ampol Petroleum Ltd* [1974] AC 821 (PC) 832 (Lord Wilberforce)）は誤りであろうという見解を裁判所が採用しているかどうかが問題とされている。Law Commission and Scottish Law Commission (n 209) 51 para 5.21 n 26 and accompanying text. Cheffins は、裁判官が専門性の観点からのその制約を認識し、それに従って行為しているとし、この点に関してさらに検討している。Cheffins (n 2) 312-13.

この下で、取締役の会社に対する義務違反と責任の有無がどのような場合に問題となり、裁判所は業務執行取締役と非業務執行取締役の義務違反と責任の有無をどのように判断しているかが特に問題となる。併せて、2006 年会社法 174 条が取締役の注意義務を規定する前に[224]、裁判所が 1986 年破産法 214 条の類推によりコモン・ロー上の基準を発展させ始めたと指摘されているが[225]、それは具体的にどのようなものであるかが問題となる。

(2) *Dorchester Finance Co Ltd v Stebbing* 事件判決（1977 年）[226]

［事実］　事業として金員の貸付を行う会社（Dorchester Finance Co Ltd）が 3 名の取締役で取締役会を構成していたが[227]、取締役会が開催されることがなく[228]、金額が無記入の小切手に 2 名の取締役が予め署名していた[229]。当該取締役 3 名が会社の資産について背任を行ったとして[230]、当該会社およびその完全親会社の完全親会社（Talbex Group Ltd）がそれらの責任を追及した[231]。

［判旨］　当該取締役 3 名に義務違反による責任を認めた（Foster 裁判官）[232]。当該 2 名の取締役による当該署名は、もう 1 名の取締役の望む通りにさせるも

なお、イギリス法の下で、「その〔取締役の〕行為があまりに馬鹿げており愚かなものであるように思えるかもしれず、そのような賢明でない取締役を彼らが選任したことは当該会社の不運であったが、彼らがその権限の範囲内を維持する限り、当該裁判所は彼らによって行使された裁量に干渉できないであろう。」(*Turquand v Marshall* (1869) LR 4 Ch App 376 (CA) 386 (Lord Hatherley LC)) とした判示がみられる。当該判決が、イングランドおよびアメリカにおいて幅広く支持されたとの指摘がみられる。William T Allen, 'The Corporate Director's Fiduciary Duty of Care and the Business Judgment Rule Under U.S. Corporate Law' in Klaus J Hopt and others (eds), *Comparative Corporate Governance: The State of the Art and Emerging Research* (OUP 1998) 307, 320.

224)　前掲注 208）参照。
225)　前掲注 201）およびこれに対応する本文を参照。
226)　[1989] BCLC 498 (Ch) (Foster J).
227)　ibid 499 [d], [f].
228)　ibid 503 [a], [f].
229)　ibid 502 [g], 503 [d].
230)　ibid 500 [b].
231)　ibid 499 [d], 500 [a].
232)　ibid 505 [f]-[h].

320　第3章　イギリス法

ので過失があり（negligent）[233]、当該もう1名の取締役は取締役としてのその
義務の履行におけるいかなる経験または注意をも働かせず、故意にかつ無謀に
（recklessly）当該会社の資産について背任を行ったもので、その過失は重過失
（gross negligence）としてのみ表現できるとした[234]。

［検討］　当該2名の取締役については、当該もう1名の取締役に対するそれ
らの監視義務違反ではなく、それらによる当該署名という会社の決定が問題と
されていると解し得る。ただし、当該署名による当該もう1名の取締役による
会社の資産についての背任に対する当該2名の取締役の故意が認定されず、こ
れが過失にとどまるものと判断されている[235]。

(3)　*Re D' Jan of London Ltd* 事件判決（1993年）[236]

［事実］　会社の役員（officer）[237] でありかつ当該会社の99%の株式を保有す
る支配株主である者が[238]、当該会社が火災保険を購入する際にその保険契約書
に署名したところ[239]、当該会社の不動産において生じた火災についてその告知
義務違反を理由として当該火災保険を提供する保険会社が保険金の支払を拒否
した[240]。その後、当該会社が倒産し、約50万ポンド分の無担保債権を有する

---

[233]　ibid 505 [f]. また、当該2名の取締役は、取締役としてのその義務の履行における必要な技能
および注意を示さなかっただけでなく、当該会社の取締役としてのあらゆる義務を全く履行しな
かったものであるとした。ibid 505 [g]. さらに、1948年会社法の下で、取締役の義務は〔それが〕
業務執行取締役であれそれ以外であれ同一であるとした。ibid.

[234]　ibid 505 [h].

[235]　本判決において、法は、取締役が、当該取締役の知識および経験を有する者から合理的に期
待され得る技能の程度を示すとともに、通常の者が自身のために払うと期待され得る注意を払う
ことを要求するものとして要約されたとの指摘がみられる。Prentice and Richards (n 2) 3-45 [1017].

[236]　[1993] BCC 646 (Ch) (Hoffmann LJ).

[237]　1985年会社法は、役員（officer）が、法人としての会社との関係において、取締役、支配人
（manager）または秘書役を含むとしている。Companies Act 1985, s 744.

[238]　[1993] BCC 647 [B]-[C], 649 [B].

[239]　ibid 647 [C].

[240]　ibid. 当該保険契約書において、当該役員が、過去に、清算された〔別の〕会社の取締役であ
ったかどうかが問われていたところ、当該役員がこれに対して「否」という不実の回答を行って
おり、保険会社がこれを告知義務違反と主張したものである。ibid 647 [E]-[F]. なお、当該記載は、
保険ブローカーが記載したものであり、当該役員は当該保険ブローカーを信頼していたため当該

第 2 節　上場会社の取締役の義務と責任　**321**

複数の債権者が存在したことから[241]、当該会社の清算人が、1986 年破産法 212
条を根拠に当該役員の責任を追及した[242]。

　［判旨］　当該役員には、当該保険契約書を読まずに署名したことについて過
失があるとした上で[243]、当該役員がその義務違反による損失について会社に賠
償する責任があるとした（Hoffmann 裁判官）[244]。その際、「私の見解では、取
締役がコモン・ロー上負う注意義務は、1986 年破産法 214 条 4 項において正確
に述べられている。」[245] としている[246]。

　［検討］　本件では、当該火災保険を購入するという当該会社の決定に伴って
当該役員の義務違反が生じていると解し得る。本件では、1986 年破産法 214 条
4 項を根拠に当該役員の義務違反と責任が認められているところ、同条同項が
取締役のコモン・ロー上の注意義務を正確に述べているとした点が特徴的であ
る[247]。

保険契約書に目を通さずに署名したとの当該役員による主張が認められている。ibid 647 [G]-648
[A].

[241]　ibid 647 [C].

[242]　ibid 647 [B]-[C].

[243]　ibid 648 [B].

[244]　ibid 649 [E]. 1985 年会社法 727 条が、過失を含め、義務違反に対する責任から取締役を完全
にまたは部分的に救済するという裁量権を裁判所に与えているところ（Companies Act 1985, s
727）、同条に基づく裁量を行使する際に当該役員が当該会社の 99％の株式を保有していること等
を考慮できるとした上で（[1993] BCC 649 [B]）、同法同条の目的にとって、当該役員は合理的に
行為し、そうでなければ当該役員が負った責任から、全てではないものの一部を公平に免除され
るべきであるとした（ibid 649 [D]）。さらに、当該役員が中間配当を支払われた後、清算人が当
該役員に対してさらなる配当金の支払を行っていないところ（ibid）、当該役員が受領したもの〔金
員〕を返却することまたは当該役員自身が出捐して当該会社の資産に対してさらに負担すること
を求めることが公平であるとは考えないとし（ibid 649 [E]）、当該役員が無担保債権を有する債権
者としてそうでなければ〔それを得る〕資格があるところの未払の配当金の額を超えない額でそ
の義務違反による損失について会社に賠償する責任があるとした（ibid）。

[245]　[1993] BCC 648 [D].

[246]　その上で、〔同条同項が規定する〕客観的テストと主観的テストのいずれに基づいても、当
該役員は当該保険契約書に署名した際に合理的な注意（reasonable diligence）を示していないため、
当該役員は会社に対するその義務に違反したとしている。ibid 648 [E].

[247]　前掲注 202）およびこれに対応する本文を参照。

322　第3章　イギリス法

　　　(4)　*Equitable Life Assurance Society v Bowley* 事件判決(2003 年)[248]
　［事実］　無限責任会社（unlimited liability company）において、その定款がその 65 条において利益配当金（bonus）として剰余金の分配権限をその取締役会に与えていたところ[249]、1996 年から 2000 年の期間における各年 2 月に行われた利益配当金の配当宣言（bonus declarations）に関して[250]、当該定款の規定に対する違反があり、当該定款の 65 条に基づく裁量が取締役会によって不当な目的のために行使されたとして[251]、当該会社が、当該期間におけるその取締役を被告としてそれらの責任を追及した[252]。これに対して、民事訴訟手続規則（Civil Procedure Rules、以下「CPR」という）に基づき[253]、サマリー・ジャッジメントの申立てがされた[254]。
　［判旨］　当該会社の非業務執行取締役に対する主張は、勝訴するという真の見込みがないものであると言い得るところのものではないとした（Langley 裁判官）[255]。非業務執行取締役が会社に対して負う義務は、その定式（expression）においては業務執行取締役が負う義務と異ならないものの、その適用（application）において異なり得るものであり、通例異なるものであると述べている[256]。

---

[248]　[2003] EWHC 2263 (Com Ct), [2003] BCC 829 (Langley J).
[249]　[2003] EWHC 2263 [6]. 当該権限の範囲とその適切な行使が、別の訴訟（*Equitable Life Assurance Society v Hyman* [2000] UKHL 39, [2002] 1 AC 408）において貴族院の判断の対象となっている。具体的には、当該定款 65 条の下で、利益配当金の配当宣言が 3 年に 1 度行われるべきことのみが必要であると解されるところ、実際には当該宣言が毎年行われているとした上で（ibid [15]）、当該条項に基づく裁量は無制約のものではなく、取締役会は当該条項に基づくその権限を契約違反を構成するであろうところの決定を行うために用いることはできないとした（ibid [16]）。その上で、最終の利益配当金の配当宣言が、認められない裁量の行使を含むものであったとした（ibid [54]）。
[250]　[2003] EWHC 2263 [19].
[251]　ibid [24].
[252]　過失および信認義務違反が訴訟原因とされている。ibid [20].
[253]　CPR 24.2.
[254]　[2003] EWHC 2263 [2].
[255]　ibid [86]. 当該サマリー・ジャッジメントの申立てを否定したものと解される。
[256]　ibid [35]. その上で、①*Re D'Jan of London Ltd* 事件判決（前述本項 1(3)参照）における Hoffmann 裁判官の判示〔前掲注 245〕に対応する本文を参照〕を参照した上で、当該判示は、何が当該会

第 2 節　上場会社の取締役の義務と責任　**323**

〔検討〕　本件では、無限責任会社においてその取締役会に与えられていた剰余金の分配権限の行使に伴い非業務執行取締役を含むその取締役の義務違反が問題となっている[257]。本件が、適法と認められる会社補償の範囲の拡大につながったとの指摘がみられる[258]。

(5)　検討

決定が問題となる場面では、1948 年会社法の下で、取締役の義務は〔それが〕業務執行取締役であれそれ以外であれ同一であると述べる判示が 1977 年にみられている[259]。これに対して、取締役会による監督の在り方が見直される 1990 年代に、取締役がコモン・ロー上負う注意義務は、1986 年破産法 214 条 4 項において正確に述べられているとする Hoffmann 裁判官による特徴的な判示がみられている。さらに、非業務執行取締役が会社に対して負う義務は、その定式においては業務執行取締役が負う義務と異ならないものの、その適用において異なり得るものであるとする判示が 2003 年にみられている。

2　他の取締役の行為が問題となる場面──監視義務違反の有無

次に、他の取締役の行為が問題となる場面を分析する。

社の非業務執行取締役の役割であるかという問いに対して答えを何も提供していないとした
　(ibid [38])。また、②*Baker v Secretary of State for Trade and Industry* 事件判決（後述本節第 3 款第 2 項 3(1)参照）が是認した Parker 裁判官による判示〔後掲注 358〕参照〕を参照した上で（[2003] EWHC 2263 [39]）、*Re City Equitable Fire Insurance Co Ltd* 事件判決〔後述本項 2(1)参照〕における Romer 裁判官の判示は、これが仮に他者がその職務を行うことについての疑いのない信頼を意味するのであれば、それは現代の法を表現するものであるとは考えられないとし（ibid [41]）、非業務執行取締役がその義務を履行するために業務執行取締役およびその他の専門家を合理的に信頼し得る程度は、法が発展していると公平に言い得るところのものであり、明らかに「事実次第」("fact sensitive")であるところのものであるとした（ibid）。その上で、会社は判断の独立性および業務執行者である経営者の監督という点で少なくとも合理的に非業務執行取締役を見得るということに議論があることは明らかであるとしている（ibid）。

[257]　本件について、前掲注 181）参照。
[258]　前掲注 184）に対応する本文を参照。
[259]　前掲注 233）参照。

324 第3章 イギリス法

(1) Re City Equitable Fire Insurance Co Ltd 事件判決（1925 年）[260]

〔事実〕 保険および再保険を事業として行う会社（The City Equitable Fire Insurance Co Ltd）が[261]、その代表取締役が有罪判決を出されたところの故意の詐欺等を背景に倒産した[262]。当該会社の清算人が、1908 年会社法 215 条に基づく清算人による呼出（summons）として[263]、その取締役の失当な行為（misfeasance）、過失、信託違反および義務違反ならびにその会計監査人の過失および義務違反による責任を主張した[264]。その際に、当該会社の定款における免責規定の適用も問題となっている[265]。

〔判旨〕 取締役の義務について検討し[266]、当該代表取締役については、詐欺等によるその責任が明らかであるとした（Romer 裁判官）[267]。取締役の監視義

---

[260] [1925] Ch 407 (CA).

[261] ibid 411.

[262] ibid 414, 424-25 (Romer J).

[263] Companies (Consolidation) Act, 1908, s 215; [1925] Ch 414.

[264] [1925] Ch 414-15. 当該代表取締役以外には詐欺の主張がされておらず、以上の主張は過失に基づくものであり、コモン・ローの原則が適用されるとされている。ibid 416.

[265] ibid 413-14. 当該定款がその 150 条において、その取締役、会計監査人、秘書役および他の役員等について、「故意の懈怠又は不履行」（wilful neglect or default）によるもの以外についての責任を免れるものとする旨の規定を置いていた。ibid.

[266] 以下の通り述べている。ibid 428-29 (Romer J). 公刊裁判例によって保証されたように思われる 1 つまたは 2 つの一般的な命題がある。ibid 428. ①取締役は、その義務の履行において当該取締役の知識および経験を有する者から合理的に期待され得るより豊富な経験を示す必要はない。ibid. 例えば生命保険会社の取締役は、保険数理士や内科医の経験を有することを保証しない。ibid. 「取締役がその権限の範囲内で行為するならば、〔また〕その知識および経験に関して、当該取締役から合理的に期待される通りの注意を有して行為するならば、そして当該取締役が代表する会社の利益のために正直に行為するならば、当該取締役は会社に対するその法的義務だけでなくそのエクイティ上の義務の両方をも果たす〔ことになる〕。」(Lagunas Nitrate Co v Lagunas Syndicate [1899] 2 Ch 392 (CA) 435 (Sir Nathaniel Lindley MR)) とする判示がみられ、この同じ定式を換言すれば、取締役はたんなる判断の誤りに対して責任を負わないということになろう。[1925] Ch 428-29. ②取締役はその会社の業務に対して継続的な注意を払うという義務を負わず、その義務は定期的な取締役会において、および取締役会のそのメンバーとなったところのあらゆる委員会の会議において断続的に履行されるべき性質のものであり、全ての当該会議に出席する義務を負うわけではないものの、出席することが合理的に可能である状況において常にそれらに出席すべきである。ibid 429. 〔これに対して、後掲注 358）参照。〕③事業の必要性、および定款に関して、

務について述べた上で[268]、当該取締役および当該会計監査人について当該免責規定の適用を認めた[269]。

[検討]　本判決は、取締役の監視義務についての伝統的な判例を参照するとともに[270]、委員会のメンバーでない取締役の監視義務を論じている[271]。本判決が、コモン・ロー上の主観的に公式化された取締役の注意の基準を示しているとの理解がみられる[272]。

別の役員に適切に委ねられ得るところの全ての義務に関して、取締役は、疑う根拠が存在しない場合には、当該別の役員がその義務を誠実に履行することを信頼することが正当化される（*Re National Bank of Wales Ltd* [1899] 2 Ch 629 (CA) 673）。[1925] Ch 429.

[267]　[1925] Ch 442 (Romer J).

[268]　以下の通り述べている。[1925] Ch 429-30, 445-47, 470-71 (Romer J). 経営者によって欺かれた取締役に関する判示を行ったものとして貴族院判決（*Dovey v Cory* [1901] AC 477 (HL)）がみられ、当該判決が、[本件における] 当該会社の取締役に過失による責任があるかどうかという問題を考慮する際に適用すべき一般的な原則である。[1925] Ch 429-30. 当該判決は、「しかし、彼 [取締役] は、その高潔（integrity）、経験および能力を疑う理由を有しない [取締役会の] 議長と総支配人（general manager）の判断、情報、および助言を信頼することができると私は考える。」（[1901] AC 492 (Lord Davey)）としている。[本件における] 当該会社には、その取締役会の決議によりその内部に財務委員会（finance committee）が設置され、当該取締役会が 5,000 ポンドを超えない額の投資を会社のために行う権限をその定款の 123 条を根拠に当該委員会に委譲し、当該会社の取締役会議長に選任されたところの当該代表取締役が当該委員会のメンバーとなっており、当該額の制約が後に撤廃されている。[1925] Ch 445-47. 当該委員会のメンバーでない取締役の監視義務について、そのような取締役には、会社の投資の詳細を常に熟知すべきであると合理的に期待し得ず、当該委員会がその委譲された義務を適切に履行することをそのような取締役が信頼することが正当化されるであろう。ibid 470-71.

[269]　[1925] Ch 474, 498-99 (Romer J). 当該取締役については、[当該承認 [決議] の際に不在であった] 1 名を除き、1919 年から 1921 年の貸借対照表の取締役会による承認 [決議] の際に [本来作成されるべきであるが作成されていなかったところの] 当該会社の資産の一覧表が求められていたならば避けられていたかもしれない会社に対する損失について異なる程度において責任を負うとした。ibid 474. しかし、当該責任を負う取締役は完全に誠実にかつこの点に関する自身の会社に対する義務が何であるかを知らずに誤ったものであるため、当該免責規定によりあらゆる当該責任を免れるとした。ibid.

[270]　前掲注 268）参照。

[271]　前掲注 268）参照。

[272]　Davies and Worthington (n 2) 478 para 16-15. 具体的には、取締役に要求されるべき適切な注意の基準が長く論じられ、歴史的に、コモン・ローはそれ [取締役の注意の基準] が主観的に公式化されたため、非常に低い注意の基準に基づいており、伝統的な見解が大部分は 19 世紀の裁判例の流れの中に見受けられ、それは本判決において頂点に達したとの指摘である。ibid. そして、

326 第3章 イギリス法

(2) *Lexi Holdings plc (in administration) v Luqman* 事件判決（2009 年）[273]

［事実］ つなぎ金融の提供を事業とする会社においてその代表取締役1名が当該会社の金員について不正直に（dishonestly）背任を行い、当該会社が破産管財人の管理下に入った[274]。当該会社がその取締役3名（当該代表取締役1名および非業務執行取締役2名[275]）ならびにその影の取締役（shadow director）1名[276] から当該金員の回収等を図る訴訟手続を進め[277]、当該会社が当該代表取締役の賠償責任を認める判決を得た後[278]、審理において当該非業務執行取締役2名の不作為による義務違反が当該会社の損失を引き起こしたかどうか等が問題となった[279]。

［原審の判断］ 当該非業務執行取締役2名について、当該主張についてはこれを否定したものの[280]、別の理由によりそれらの責任を認めた（Briggs 裁判官）[281]。これに対して控訴がされた。

これらの裁判例は業務執行取締役というよりもむしろ非業務執行取締役を念頭に取締役の注意義務を形成したように思われ、非業務執行取締役は会社内部において重大な役割を何も担わず、会社のイメージを向上させることを狙った窓飾りにすぎないという見解（この最も有名な例が、生後6か月の年齢で銀行の頭取に選任され、その生涯において取締役会に一度のみ出席した者の責任が否定された事案である。*Re Cardiff Savings Bank* [1892] 2 Ch 100 (Ch).）に基づいていたように思われると指摘されている。Davies and Worthington (n 2) 478 para 16-15.

[273] [2009] EWCA Civ 117, [2009] BCC 716 (Sir Andrew Morritt C).

[274] [2009] EWCA Civ 117 [1]-[2].

[275] [2008] EWHC 1639 (Ch), [2008] 2 BCLC 725 [148] (Briggs J).

[276] [2008] EWHC 1639 [2].

[277] [2009] EWCA Civ 117 [3].

[278] ibid. 当該会社が CPR24.2 条に基づき当該非業務執行取締役2名および当該影の取締役1名に対するサマリー・ジャッジメントの申立てを行い、当該影の取締役1名についてもその賠償責任が認められている。ibid.

[279] [2008] EWHC 1639 [10].

[280] ibid [151]. その際に、不作為による義務違反が特定の損失を引き起こすかどうかという問題は、当該他の取締役2名が実際に有した特定の知識、経験および技能を含む事実等から判断されるとした上で（ibid [28]）、取締役等の資格剥奪の場面における別の判断〔後掲注 355）参照〕を参照しつつ（ibid [32]）、従業員に委譲された経営機能〔の行使〕を監督する義務〔監督義務〕と他の取締役に委譲された経営機能を監督する義務〔監視義務〕との間に根本的な相違はないとし

第2節　上場会社の取締役の義務と責任　**327**

［判旨］　当該非業務執行取締役2名に責任があるとした(Morritt 裁判官)[282]。

［検討］　本判決は、Cheffins と Black の分析対象期間後の事案であり、非業務執行取締役に責任があるとしている点で特徴的である。当該代表取締役が過去に有罪判決を得ていたことを当該非業務執行取締役2名が知っていたと認定され、これを当該会社の新たな取締役に知らせる義務があったとされている[283]。

(3) *Madoff Securities International Ltd (in liquidation) v Raven* 事件判決(2013 年)[284]

［事実］　会社 (Madoff Securities International Ltd) の取締役兼 CEO かつ当該会社の実質的に全ての議決権付株式を保有する支配株主が[285]、ニューヨーク州南部地区連邦地方裁判所から有罪判決を得たところの詐欺を行った[286]。当該会社の清算人が、当該会社の元取締役5名等を被告としてその責任を追及したが[287]、

た (ibid)。その上で、2006 年会社法 174 条を踏まえつつ (ibid [36])、当該代表取締役が過去に2回有罪判決を得ていたことを当該非業務執行取締役2名が知っており (ibid [52])、他の取締役にこれを知らせるべきであったにもかかわらずそうしなかったとしている (ibid [55])。

[281]　ibid [184].

[282]　[2009] EWCA Civ 117 [55].　この理由として、①当該代表取締役が過去に有罪判決を得ていたことを当該非業務執行取締役2名が知っていたこと (ibid [48])、②当該非業務執行取締役1名の名前で架空の口座が開設されており (ibid [49])、当該非業務執行取締役2名が当該口座を知るべきであったこと (ibid [48])、③当該非業務執行取締役1名が当該会社の新たな取締役に当該有罪判決および当該口座が架空のものであるという事実を知らせる義務があったこと (ibid [51]) を挙げている。

[283]　前掲注 282) 参照。本件では、会社の代表取締役が銀行から当該会社に対する 5,960 万ポンドの貸付金を盗んだことに対して責任があるとされ、本判決はその兄弟とともにその2名の姉が当該貸付金に対して共同して責任があるとし、当該代表取締役が詐欺により過去に禁固刑を受けていたことを〔当該2名の姉が〕知っていたことを考慮すると、当該会社の口座の状況がそれらの疑いを生じさせるべきものであり、〔当該2名の姉が〕これに応じて行為すべきであったことから、それらの不作為 (inactivity) を義務違反と判断したものであると指摘されている。Davies and Worthington (n 2) 482 para 16-18 n 85.

[284]　[2013] EWHC 3147 (Com Ct) (Popplewell J).

[285]　ibid [6], [8].

[286]　ibid [1].

[287]　ibid [6], [8].　当該元取締役5名のうち、3名は当該会社との間で雇用契約を締結していた。ibid [208]. このほか、当該会社の取締役3名のうち、当該会社が2名と和解し、1名に対してはその訴訟を取り下げたとされている。ibid [8].

328 第3章 イギリス法

いずれも当該詐欺を知らず、疑っておらず、疑う理由を有しなかったとされて
いる[288]。

［判旨］　各被告に対する全ての請求を棄却した（Popplewell 裁判官）[289]。そ
の際に、当該元取締役5名のうち3名の注意義務違反を認めたものの、これを
導いた当該取引を総株主が追認していることが義務違反の当該主張に対する完
全な抗弁になるとしている[290]。

［検討］　2006年会社法の下で、取締役の他の取締役に対する監視義務違反と
これによる責任の有無が問題とされた興味深い事案である[291]。

(4) 検討

他の取締役の行為が問題となる場面で、非業務執行取締役の代表取締役に対
する不作為による義務違反が争われ、当該非業務執行取締役に責任があるとさ
れた特徴的な事案がみられている。また、詐欺を行った他の取締役に対する取
締役の監視義務違反とこれによる責任の有無が問題とされた興味深い事案がみ
られており、当該事案では当該取締役が当該詐欺を知らず、疑う理由を有しな

---

[288]　ibid [1], [7].

[289]　ibid [469]. 当該請求は、当該会社による3件の支払を根拠としている（ibid [9]）。第1の支払
については、当該元取締役5名のうち2名が、当該支払が当該会社の利益になると正直に信じた
もので、その信頼は合理的であり、当該支払との関係でそれらの注意義務違反はないとした（ibid
[264]）。当該元取締役5名のうち3名は、当該支払が当該会社の利益になるかどうかという問い
に関心を向けなかったことがそれらの注意義務に違反するとしたものの（ibid [265]）、当該取引
が議決権を有する総株主によって追認されており、当該追認が当該〔義務違反のある取締役の〕
行為を会社の行為とし、義務違反の当該主張に対する完全な抗弁になるとした（ibid [288]）。第2
の支払については、当該元取締役5名のいずれにもそれらの注意義務違反がないとした（ibid [422],
[430], [434], [439]）。第3の支払については、当該会社による当該支配株主に対する貸付について、
当該支配株主が返金を意図していなかったとの主張を当該会社が行ったが、その主張が証拠によ
って支持されておらず、真正な〔返金〕義務があると正直かつ合理的に信じたところの取締役
による義務違反の主張にとって関連性がないとした（ibid [466]）。

[290]　前掲注 289) 参照。なお、当該3名は、当該会社に雇用されている取締役1名および当該支
配株主の子である取締役2名である（ibid [8], [42]）。

[291]　本判決は、例えば以下で言及されている。Davies and Worthington (n 2) 482 para 16-17 n 84;
Worthington (n 2) 384-85.

かったとして結論としてその責任が否定されている。これらは、いずれも会社が倒産している事案である。

3 従業員等の行為が問題となる場面

この場面では、取締役等の資格が剥奪された事案がみられている[292]。なお、適切な会計システムが存在することを確保することは、〔その〕運営上の責任を有する取締役としての義務であったと述べた判示がみられる[293]。

4 小括

決定が問題となる場面で、1990年代に、取締役がコモン・ロー上負う注意義務は、1986年破産法214条4項において正確に述べられているとするHoffmann裁判官による特徴的な判示がみられている[294]。さらに、非業務執行取締役が会社に対して負う義務は、その定式においては業務執行取締役が負う義務と異ならないものの、その適用において異なり得るものであるとする判示が2003年にみられている。2006年会社法は経営判断原則を規定しておらず、判例も取締役の注意義務違反の有無を判断する際の同原則を定式として明確にし、かつ、確立しているわけでは必ずしもないようである。

---

[292] 後述本節第3款第2項3(1)参照。

[293] *Re Westlowe Storage and Distribution Ltd* [2000] BCC 851 (Ch) 870 [C] (Hart J). 本判決は、*Re D' Jan of London Ltd* 事件判決〔前掲注245〕に対応する本文を参照〕を参照し、取締役の会社に対するコモン・ロー上の注意義務に1986年破産法212条が拡張されるとした上で([2000] BCC 870 [B])、本文の通り述べている。イングランドにおいて、内部統制システムを確保する義務は裁判所によって明示的に要求されておらず、〔それは〕CGの問題として主に議論されているが、適切な会社間の請求システムを設置しなかったことに対して取締役に責任があるとしたところの本判決が、内部統制〔が問題となる〕事案として最も良く理解されるとの指摘がみられる。Markus Roth, 'Outside Director Liability: German Stock Corporation Law in Transatlantic Perspective' (2008) 8 JCLS 337, 367.

[294] 前掲注245）およびこれに対応する本文を参照。

330　第3章　イギリス法

　他の取締役の行為が問題となる場面で、非業務執行取締役の代表取締役に対する不作為による義務違反が争われ、当該非業務執行取締役に責任があるとされた特徴的な事案がみられている。また、詐欺を行った他の取締役に対する取締役の監視義務違反とこれによる責任の有無が問題とされた興味深い事案がみられており、当該事案では当該取締役が当該詐欺を知らず、疑う理由を有しなかったとして結論としてその責任が否定されている。これらは、いずれも会社が倒産している事案である。

　従業員等の行為が問題となる場面では、取締役等の資格が剥奪された事案がみられている[295]。

第4項　学説の状況

以下、取締役の義務と責任をめぐる学説を取り上げる。

(1) Sarah Worthington（1997年）

　Worthington は、1997年の論稿[296]で、監視・監督義務（duty to monitor）を含め、取締役の注意義務をめぐる問題を検討した[297]。その中で、他の取締役および従業員の活動を監視・監督する義務が実際のところ取締役の義務の最も重要な一面となったとしている[298]。結論として、取締役の注意義務は、会社に損害が生じることを避けるために合理的な注意を払うという不法行為におけるコモン・ロー上の義務として承認され得るとした[299]。

---

[295]　後述本節第3款第2項3(1)参照。

[296]　Sarah Worthington, 'The Duty to Monitor: A Modern View of the Director's Duty of Care' in Fiona Macmillan Patfield (ed), *Perspectives on Company Law: 2* (Kluwer Law International 1997) 181.

[297]　具体的には、①取締役の注意義務の歴史的発展（ibid 183-88）、②取締役に要求される注意の基準（ibid 188-94）、③取締役のコモン・ロー上の監視・監督義務の範囲（ibid 194-97）、④取締役がコモン・ロー上の注意義務を誰に対して負うか（ibid 197-99）および⑤取締役の注意義務違反〔による責任〕からの救済（ibid 199-201）、について検討している。

[298]　ibid 194. このように、同論稿は、他の取締役に対する監視と従業員等に対する監督との両方を含む概念として'duty to monitor'を用いている。ibid.

[299]　ibid 201.

第 2 節　上場会社の取締役の義務と責任　331

(2)　Deakin and Hughes（1999 年）

Deakin と Hughes は、1999 年に法律委員会に提出した報告書[300] において、取締役の義務についての調査の結果を報告している[301]。

(3)　以上以外の見解

以上以外では、Reisberg がその博士論文を基礎とする 2007 年の書籍[302] において、2006 年会社法を踏まえ、派生訴訟について論じている[303]。このほか、Riley が 1999 年の論稿[304] において、取締役の注意義務についての客観的な基準が、取締役がその役割を果たすよういかによく動機づけるか等を論じ[305]、Hirt

---

[300]　Simon Deakin and Alan Hughes, *Directors' Duties: Empirical Findings* (Report to the Law Commissions, ESRC Centre for Business Research, University of Cambridge, 1999) <http://www.lawcom.gov.uk/wp-content/uploads/2015/03/lc261_Company_Directors_ESRC_Research.pdf>.

[301]　当該調査は、①合計で 21 の取締役等に対するインタビュー（ibid ch 3.1）および②取締役協会（Institute of Directors）の会員のうち約 5,500 人の取締役を対象に質問票を送付し合計で 1,259 人から得られた回答に基づいている（ibid ch 3.2）。取締役の義務の履行に関する訴訟は稀であるとし（ibid ch 5.2）、それゆえに、これらの全ての取締役〔1,259 人〕のうち 2%のみがその会社が過去 3 年間にその取締役の義務の履行に関する訴訟を開始したと報告した等としている（ibid）。当該調査は以下に採録されている。Law Commission and Scottish Law Commission (n 209) 185-239. 前掲注 214）参照。

[302]　Arad Reisberg, *Derivative Actions and Corporate Governance: Theory and Operation* (OUP 2007).

[303]　同書は、派生訴訟に関する全ての新たな条項についての注釈を含め、2006 年会社法の下での派生訴訟を規律する新たな枠組みの最初の最も包括的で詳細な評価を提供するものであるとされている。ibid 9. 同書前には、以下が公刊されている。A Reisberg, 'Funding Derivative Actions: A Re-Examination of Costs and Fees as Incentives to Commence Litigation' (2004) 4 JCLS 345.

[304]　CA Riley, 'The Company Director's Duty of Care and Skill: The Case for Onerous but Subjective Standard' (1999) 62 MLR 697.

[305]　ibid 709. 同論稿は、効用の最大化（welfare maximisation）が、注意義務の内容を決定すべき一般的な原則であるとした（ibid 703）。その上で、注意義務の機能として、①抑止または動機づけ機能（ibid 705）、この動機づけ機能に付加される可能性がある機能として②取締役が統制することのできない地震等のいわゆる「外生的リスク」（'exogenous risks'）の分配に関して、当該リスクの顕在化を最小化するよう取締役に動機づける際の役割を注意義務が担わず、当該リスクによる損失が会社に割り当てられるべきこと（ibid）、③取締役の選任過程において注意義務が機能を担い得ること（ibid）、を論じている（ibid 704-06）。その上で、客観的基準の課題を指摘するとともに（ibid 709-12）、主観的基準を定義している（ibid 717-18）。

332　第3章　イギリス法

がその博士論文を基礎とする 2004 年の書籍[306] において、イギリスとドイツに
おける取締役の義務のエンフォースメントについて論じている[307]。

第3款　取締役等の資格剥奪制度

本款では、取締役等の資格剥奪制度を取り上げる[308]。

第1項　総説

　1986 年会社取締役資格剥奪法[309] を根拠に、裁判所は、ある者に対して、資
格剥奪命令（disqualification order）、すなわちその者が会社の取締役等にならな
いものとするという命令を発出することができる[310]。裁判所は、特に①ある者
があらゆる時に（その者が取締役であったかまたはその後取締役になったかど
うかにかかわらず）倒産したところの会社の取締役であり、かつ、②当該会社
の取締役としてのその者の行為（単独でまたはあらゆる他の会社の取締役とし
てその行為のいずれかとしてみた場合）が会社の経営に関与するには不適格
（unfit）であると申立てに基づいて認められる場合には、その者に対して資格
剥奪命令を発出するものとされている[311]。資格剥奪命令が発出されることが公
益にかなうように通商産業大臣が思う場合には、当該命令に対する申立てが当

---

[306]　Hans C Hirt, *The Enforcement of Directors' Duties in Britain and Germany: A Comparative Study with Particular Reference to Large Companies* (Peter Lang 2004).

[307]　ibid.

[308]　例えば以下が参考になる。Adrian Walters and Malcolm Davis-White, *Directors' Disqualification & Insolvency Restrictions* (3rd edn, Sweet & Maxwell 2010). また、以下の論稿が挙げられる。Richard Williams, 'Disqualifying Directors: A Remedy Worse Than The Disease?' (2007) 7 JCLS 213; Adrian Walters, 'Directors' Duties: The Impact of the Company Directors Disqualification Act 1986' (2000) 21 Co Law 110. 中村康江「英国における取締役の資格剥奪（一～二・完）」立命館法学 273 号 416 頁以下（2000 年）、277 号 240 頁以下（2001 年）、私法学会報告として、中村康江「英国における取締役資格剥奪制度の生成と展開」私法 72 号 218 頁以下（2010 年）がみられている。

[309]　Company Directors Disqualification Act 1986.

[310]　ibid s 1(1).

[311]　ibid s 6(1).

該通商産業大臣によってされ得る[312]。この場合、資格剥奪の最長期間は 15 年とされている[313]。

その後、2000 年破産法 6 条 2 項[314] が、1986 年会社取締役資格剥奪法 1 条の後に 1A 条を加え、通商産業大臣は資格剥奪合意（disqualification undertaking）、すなわちあらゆる者による、当該合意に規定された期間、その者が会社の取締役や倒産士（insolvency practitioner）とならない等とする合意を承認することができるとした[315]。

取締役等の資格剥奪制度は、連合王国の上場会社における経営上のエージェンシーコストに制約を課す際の戦略として役割を担っているとの指摘がみられる[316]。裁判所が資格剥奪命令の発出の適否を判断する際の判断枠組みは取締役の注意義務違反の有無を判断する際に参考にされており[317]、また、業務執行取締役と非業務執行取締役とで異なる資格剥奪期間を適用した事案がみられている[318]。

---

[312] ibid s 7(1).

[313] ibid s 8(4).

[314] Insolvency Act 2000, s 6(2).

[315] ibid. 〔取締役が〕不適格である事案において裁判所のみが発出することのできる資格剥奪命令を補完するものとして、2000 年破産法の改革が裁判所外の資格剥奪合意を導入したとの指摘がみられる。Davies and Worthington (n 2) 236 para 10-1.

[316] 前掲注 159）およびこれに対応する本文を参照。また、1996 年から 2006 年までの期間に平均して 1 年間に 1,542 件の資格剥奪が行われており、このうち資格剥奪合意が 2001 年から 2006 年までの期間に平均して 1 年間に 1,102 件行われていることから、〔2001 年以降、〕裁判所による資格剥奪命令の件数が減少した〔資格剥奪合意の件数が過半数となった〕との指摘がみられる。Armour (n 156) 99.

[317] 前掲注 256）における②および前掲注 280）参照。また、上場会社の取締役に資格剥奪命令が発出された事案がみられている（例えば後述本款第 2 項 2(3)参照）。

[318] 後述本款第 2 項 2(1)および同 2(3)参照。

334 第 3 章 イギリス法

第 2 項 裁判所の判断等の展開

以下、資格剥奪命令の発出の適否についての裁判所の判断等を、取締役の対
会社責任と同じ類型に区分して分析する[319]。

1 決定が問題となる場面

(1) MG Rover Group Ltd(2011 年)

1985 年会社法 432 条 2 項[320] に基づき通商産業大臣によって選任された検査
役（inspectors）による報告書[321] が公刊されている。当該報告書によれば、自動
車メーカー（MG Rover Group Ltd）[322] が、2005 年 4 月に破産管財人の管理下に
入った[323]。当該会社では、提案された事項についてその取締役会が十分に情報
を得てこれを決定する立場になく[324]、また、その取締役全員を招集せずに臨時
の取締役会がしばしば開催されていたとされている[325]。この下で、例えば当該

---

[319]　小規模な会社における有限責任の濫用に対する応答としてのみ資格剥奪を捉えるのは誤り
であり、その他の救済が容易に利用可能でない場合において、かつ、公衆の批判を生じさせる状
況において倒産したところの会社の取締役を非難するために、公的機関が資格剥奪を用いる事例
があるとの指摘がみられる。Davies and Worthington (n 2) 252-53 para 10-18. この指摘は、①Barings
銀行（Barings Bank）の取締役の資格剥奪〔後述本項 3(1)参照〕および②MG Rover 社（MG Rover
Group Ltd）の 4 名の取締役によって提案され、所管大臣によって承認された資格剥奪合意〔後述
本項 1(1)参照〕を挙げている。ibid 253 para 10-18. その上で、この MG Rover 社は、その債権者に
対して 13 億ポンド近くの債務を負って 2005 年 4 月に破産管財人の管理下に入り、多くの従業員
を失業させ、大規模な、イギリスが保有する自動車製造業を終焉させたものであるとしている。
ibid.

[320]　Companies Act 1985, s 432(2).

[321]　Gervase MacGregor and Guy Newey, *Report on the Affairs of Phoenix Venture Holdings Limited, MG
Rover Group Limited and 33 Other Companies*, vol I (The Stationery Office 2009)
<http://webarchive.nationalarchives.gov.uk/+/http:/www.bis.gov.uk/files/file52782.pdf>; Gervase
MacGregor and Guy Newey, *Report on the Affairs of Phoenix Venture Holdings Limited, MG Rover Group
Limited and 33 Other Companies*, vol II (The Stationery Office 2009)
<http://webarchive.nationalarchives.gov.uk/+/http:/www.bis.gov.uk/files/file52783.pdf>.

[322]　ibid 9.

[323]　ibid 749.

[324]　ibid 759 para 42.

[325]　ibid 764 para 53.

会社の5名の取締役が出席した取締役会において承認した上で当該会社が所有する土地を同じグループ内の別の会社に市場価格を下回る価格で売却するという取引が行われ[326]、当該会社の取締役1名以外の取締役は当該価格〔の決定〕に関与していなかったとされている[327]。

その後、いずれも当該取締役会に出席したところの当該取締役を含む当該会社の4名の取締役が資格を剥奪されている[328]。

(2) 検討

会社が倒産した場合、その決定が問題となりその取締役の資格が剥奪され得る。〔2001年以降、〕裁判所による資格剥奪命令の件数が減少した〔資格剥奪合意の件数が過半数となった〕との指摘[329]の下で、当該事案は資格剥奪合意に基づいて取締役等としての資格が剥奪された事案であり、取締役等の資格剥奪における代表的な事案の1つと見受けられる[330]。他方で、特に資格剥奪合意が規定された2000年より前に[331]、資格剥奪命令の発出の適否についての裁判所の判断がみられている[332]。

2 他の取締役の行為が問題となる場面

(1) *Re Continental Assurance Co of London plc* 事件判決（1996年）[333]

［事実］　通商産業大臣が、1986年会社取締役資格剥奪法6条に基づき、1992年に任意で清算された会社（Continental Assurance Co of London plc）の取締役2

---

[326]　ibid 263 para 23, 687 paras 74-75, 77. 当該承認は、2001年12月28日にされたものであり（ibid 263 para 23）、この時に当該会社には11名の取締役が務めている（ibid 828-29）。

[327]　ibid 262 para 22.

[328]　Department for Business, Innovation & Skills, 'MG Rover's Phoenix Four Disqualified as Directors' (9 May 2011) <https://www.gov.uk/government/news/mg-rover-s-phoenix-four-disqualified-as-directors>.

[329]　前掲注316）参照。

[330]　前掲注319）参照。

[331]　前掲注314）およびこれに対応する本文を参照。

[332]　後述本項2および同3参照。

[333]　[1996] BCC 888 (Ch) (Chadwick J).

名（〔取締役会の〕議長兼代表取締役 1 名[334]）および非業務執行取締役 1 名[335]））に対する資格剥奪命令の発出を裁判所に申し立てた[336]。

〔判旨〕　当該非業務執行取締役が資格を 3 年間剥奪されるべきであるとし[337]、当該代表取締役が資格を 9 年間剥奪されるべきであるとした（Chadwick 裁判官）[338]。

〔検討〕　取締役等の資格剥奪において、裁判所が、同じ地位にある者に求められる行為を考慮した上で[339]、取締役ごとにその適否と資格剥奪期間を判断している。本件では、当該会社が 1985 年会社法に違反する貸付を行い[340]、当該非業務執行取締役が当該貸付を認識していたと認定されたことからその資格剥奪に至っている[341]。

---

[334]　ibid 892 [H].

[335]　ibid 893 [D].

[336]　ibid 889 [H]-890 [A]. 当該会社には投資委員会（investment committee）が設置され、当該委員会は 3 名（当該代表取締役、当該非業務執行取締役およびその他の 1 名）で構成され、その目的は当該会社の株式市場への投資を監督することであった（ibid 893 [E]）。当該非業務執行取締役は、当該会社と別の会社の間における会社間の口座に何が生じたか、また、当該会社から当該別の会社に対して資金が移動されていることを認識していなかったと主張したが（ibid 893 [G]）、当該貸付を認識していたと認定されている（ibid 894 [C]）。

[337]　ibid 898 [E]. その際、取締役等の資格剥奪期間を、①特に深刻な事案（particularly serious cases）のために備え置くべき 10 年を超える期間の資格剥奪（取締役が既に 1 度資格を剥奪されている場合を含む）、②資格剥奪が必要であるが、当該事案が相対的に非常に深刻であるわけではない場合に適用されるべき 2 年間から 5 年間の資格剥奪および③10 年を超える期間の資格剥奪には値しないところの深刻な事案に適用されるべき 6 年間から 10 年間の資格剥奪という 3 類型に区分した 1990 年の判決（*Re Sevenoaks Stationers (Retail) Ltd* [1991] Ch 164 (CA) 174 [F]-[G] (Dillon LJ)）を参照した上で（[1996] BCC 897 [G]）、本件においては当該非業務執行取締役の行為にいかなる不正直の要素または高潔の欠如も認められなかったとしてそれが 10 年を超える期間の資格剥奪に値しないこと（ibid 897 [H]）、1980 年代後半にその〔非業務執行取締役としての〕地位にある者に何が要求されているかについての理解の欠如が〔当該非業務執行取締役に〕認められる一方（ibid）、2 年間から 5 年間の資格剥奪の事案であると通商産業大臣が提案したこと等を踏まえている（ibid 897 [H]-898 [E]）。

[338]　ibid 899 [B]. その際、当該会社がその資金を無担保かつ無利子で当該別の会社に貸し付けたことを当該代表取締役が知っており、それが 1985 年会社法 151 条（Companies Act 1985, s 151）に明らかに違反するものであること（[1996] BCC 893 [A]）等を考慮している（ibid 898 [F]-899 [B]）。

[339]　前掲注 337）参照。

[340]　前掲注 338）参照。

[341]　前掲注 336）参照。

第 2 節　上場会社の取締役の義務と責任　　337

(2)　*Re Westmid Packing Services Ltd* 事件判決（1997 年）[342]

［事実］　原審が、会社（Westmid Packing Services Ltd）の 3 名の元取締役に関して 1986 年会社取締役資格剥奪法 6 条に基づき資格剥奪命令を発出した（Chadwick 裁判官）[343]。これに対して控訴がされた[344]。

［判旨］　反対上訴を棄却した（Woolf 裁判官）[345]。

［検討］　取締役等の資格剥奪制度の下で、ある取締役について他の取締役に対する監視の失敗により資格が剥奪される場合でも、当該資格剥奪期間におい

---

[342]　[1998] 2 All ER 124 (CA) (Lord Woolf MR).

[343]　ibid 126 [f]. 当該会社の元取締役 1 名は、当該会社の事業に支配的影響力を有しており、資格剥奪命令の申立てを争わず、資格が 9 年間剥奪されている（ibid 127 [e]）。当該元取締役は、特にそのグループ内の他の会社およびその個人事業のために当該会社の金員を用い、当該会社の資産を絶えず自身のものであるかのように扱ったとされている（ibid 129 [a]）。他の元取締役 2 名は、それらが会社の経営に関与するのに不適格であると通商産業大臣が主張したところの根拠について資格剥奪命令の申立てを争い（ibid 127 [g]）、会社の経営に関与するのに不適格であるとして資格が 2 年間剥奪されている（ibid 127 [j]）。これは、当該元取締役 2 名が会社の財務状態について適切に知っておくことができなかったことによるものである（ibid 129 [g]）。ただし、当該元取締役 2 名については、それらが別の会社（Conway Packing Services Ltd）の取締役としてその経営に関与することが 1986 年会社取締役資格剥奪法 17 条に基づき認められている（ibid）。

[344]　ibid 128 [b]. 具体的には、当該元取締役 2 名〔前掲注 343〕参照〕は、当該別の会社における取締役としての行為を原審が考慮しなかったことが誤りであるとして控訴したが（ibid 128 [b]）、1986 年会社取締役資格剥奪法 6 条 1 項 b 号における「あらゆる他の会社」という文言の解釈についての判断（*Secretary of State for Trade and Industry v Ivens* [1997] 2 BCLC 334 (Ch)）がみられたことから当該控訴を取り下げたのに対し（[1998] 2 All ER 128 [c]-[d]）、通商産業大臣はより長い資格剥奪期間を求めて反対上訴を行ったものである（ibid 128 [b], [d]）。

[345]　[1998] 2 All ER 135 [b]. その際に、「会社の取締役会の団体としてのまたは集合的な責任はイギリス会社法の下での CG にとって根本的に重要である。その団体としてのまたは集合的な責任はしかしながら個人の責任に基づかなければならない。個々の取締役はその〔会社の〕業務を知りその同僚である取締役とともに当該業務を監督し統制することに参加する義務を会社に対して負う。／適切な程度の責任の委譲と分離はもちろん許容され得て、かつしばしば必要であるが、〔それは〕責任の完全な回避ではない。取締役会は本件において Griffiths 氏〔原審が資格を 9 年間剥奪した当該元取締役〕が明らかにそうしたように、ある個人が取締役会を支配し利用することを認めるべきでない。」（ibid 130 [a]-[c]）と述べている。

338 第3章 イギリス法

て別の会社の取締役としてその経営に関与することが認められ得る点が興味深い[346]。

(3) The Secretary of State for Trade and Industry v Swan 事件判決（2005年)[347]

［事実］　通商産業大臣が、LSE の元上場会社（Finelist Group Limited）の元取締役に対する1986年会社取締役資格剥奪法6条に基づく資格剥奪命令の発出を申し立て[348]、当該会社の元取締役2名（〔取締役会の〕議長兼CEO1名および〔取締役会の〕副議長兼監査委員会の委員長兼報酬委員会の委員長である非業務執行取締役1名）に対する資格剥奪命令の発出が争われた[349]。

［判旨］　当該CEO については4年間の[350]、当該非業務執行取締役については3年間の[351]、資格剥奪命令を発出した（Etherton 裁判官）[352]。

---

[346]　前掲注343）参照。すなわち、監督者としての不適格性と経営者としてのそれとが別様に判断され得る。

[347]　[2005] EWHC 603 (Ch), [2005] BCC 596 (Etherton J).

[348]　[2005] EWHC 603 [1]-[2]. 本件では、当該会社の取締役5名が当初被告となっていたが（ibid [5]）、財務担当取締役1名については資格剥奪合意に基づき8年間（ibid [6]）、業務執行取締役1名については資格剥奪合意に基づき5年間（ibid [7]）、それぞれ資格が剥奪されたことから本件で争われておらず、また、非業務執行取締役1名についても本件で争われていない（ibid [9]）。

[349]　ibid [5], [8].

[350]　ibid [224]. 通商産業大臣による申立てのうち、〔当該CEO について〕1986年会社取締役資格剥奪法6条1項における「不適格」と認められる唯一の行為は、当該CEO が当該グループにおける小切手の過振り（cheque kiting）〔に関する〕方針を知っていたはずであることであるとしている（ibid [205]）。これは、当該CEO が1999年6月に小切手に署名することを求められているためである（ibid [205], [143]）。

[351]　ibid [249]. 当該非業務執行取締役が当該グループにおける小切手の過振り〔に関する〕方針を知っていたとの通商産業大臣の主張を認めず（ibid [226]）、財務上および会計上の手続違背（irregularities）があるとのCOO（chief operating officer）〔ibid [48]〕の主張に対する応答において、当該非業務執行取締役はその地位にありその経験を有する者に期待される行為規準を深刻に下回ったとした（ibid [229]）。また、〔当該会社の〕従業員により深刻な「警笛が吹かれる」("whistle-blowing") 出来事が生じていると当該非業務執行取締役に伝えられていたとした上で（ibid [234]）、当該非業務執行取締役が同僚の非業務執行取締役とそのような主張について議論し、または会計監査人と対話する等しなかったことが特に誤りであるとしている（ibid [235]）。

[352]　ibid [251].

第 2 節　上場会社の取締役の義務と責任　　339

［検討］　本件では、当該非業務執行取締役に対して「警笛が吹かれる」下で[353]、当該非業務執行取締役の応答がその地位にありその経験を有する者に期待される行為規準を深刻に下回ったことが当該非業務執行取締役が「不適格」であるとの判断につながっている[354]。

(4)　検討

　他の取締役の行為が問題となる場面で、上場会社の非業務執行取締役の資格が剥奪された事案がみられている。特に非業務執行取締役に対して「警笛が吹かれる」下でその地位にありその経験を有する者に期待される行為規準を深刻に下回ったとして当該非業務執行取締役の資格が剥奪されている。

3　従業員等の行為が問題となる場面

(1)　*Baker v Secretary of State for Trade and Industry* 事件判決（2000 年）[355]

［事実］　会社グループ（Barings Group）が当該グループに属する会社（以下「BFS」という）の従業員の活動により負担した損失により破綻した[356]。通商産業大臣が、1986 年会社取締役資格剥奪法 6 条に基づき当該グループに属する複数の会社の取締役 10 名に対する資格剥奪命令の発出を求め[357]、うち 3 名の資格剥奪が問題となった。

---

[353]　前掲注 351）参照。

[354]　前掲注 351）参照。なお、本判決は大規模な上場会社の取締役の正直、高潔および能力について高まる期待を示す好例であるとの指摘がみられる。Claire Howell, 'Case Comment: Secretary of State v Swan and North' [2005] JBL 640, 646.

[355]　[2001] BCC 273 (CA) (Morritt LJ).

[356]　ibid 274 [G]. 具体的には、当該従業員がフロントオフィスとバックオフィスの両方を支配するとともに（ibid 286 [E]）、先物取引およびオプション取引を無許可で大規模に行ったものである（ibid 278 [A]）。

[357]　ibid 275 [B]. 当該取締役 10 名のうち、①5 名については別の訴訟手続（see *Re Carecraft Construction Co Ltd* [1994] 1 WLR 172 (Ch)）に基づき 2 年から 5 年の期間で資格剥奪命令が発出され（[2001] BCC 275 [B]）、②2 名については異議なく資格剥奪命令が発出されている（ibid 275 [C]）。

340 第3章 イギリス法

〔原審の判断〕 当該取締役3名に資格剥奪命令を発出した（Parker裁判官）[358]。
これに対して、当該取締役3名のうち1名が控訴した[359]。
〔判旨〕 控訴を棄却した（Morritt裁判官）[360]。
〔検討〕 本件では、従業員の行為について内部統制の欠如が当該グループに
おいて認識されながらこれを指摘した当該報告書の提案が実行されなかったこ
とが[361]、当該従業員の活動に責任を負う金融商品部門の部門長であるところの
当該取締役が「無能力」として「不適格」であるとの判断につながっている[362]。

---

[358] *Re Barings plc (No 5)* [1999] 1 BCLC 433 (Ch) 529 [b], 575 [e], 600 [h] (Parker J). 当該取締役3名
は、当該グループに属する会社においていずれも経営の役割を担っていたとしている（ibid 497 [f],
530 [d], 577 [d]）。また、取締役の義務との関係で言及したところの先例から、以下の一般的な命
題が導かれ得るとした（ibid 489 [a]）。すなわち、「(i) 取締役は集合的におよび個人的に、取締役
としてのその義務を適切に履行できるよう会社の事業についての十分な知識および理解を習得
し保持するという継続的義務を負う。(ii) 取締役は（その会社の定款に従って）経営の流れにお
いてその〔指揮命令〕下にある者に特定の機能を委譲することができ、かつ合理的な程度におい
てそれらの能力と高潔を信頼することができ、委譲するという権限の行使はその委譲された機能
の履行を監督する義務から取締役を免除しない。(iii) 上述の (ii) において言及した義務に関し
て普遍的に適用されるルールは形成され得ない。その義務の程度、およびそれが履行されたかど
うかという問題は、当該会社の経営における当該取締役の役割を含む、各特定の事案の事実に依
存するものである。」(ibid 489 [a]-[c])。本判決もこの命題に同意するとしている（[2001] BCC 283
[D]）。
[359] [2001] BCC 275 [D]. 本件では BFS の従業員の行為が問題となっているところ（ibid 274 [H],
275 [F]）、当該グループでは、取引、事業活動または金融商品の種類に応じて当該グループ内の
多くの会社を横断してそれらに責任を負う部門長がおり、当該取締役1名は金融商品部門の部門
長として当該従業員の活動に責任を負うとされている（ibid 275 [G]）。
[360] ibid 293 [B]. 当該取締役1名に対して、通商産業大臣はその正直または高潔を問題とせず、
その無能力（incompetence）を主張したとしている（ibid 280 [H]）。当該関連会社に対する内部監
査が行われ、当該従業員がバックオフィスに直接の責任を負わないよう、すなわち当該従業員の
役割が分離されるよう、当該関連会社のバックオフィスが再編されるべきである等とする報告書
が作成され、これが当該取締役にも回付されていたが（ibid 277 [D]-[E]）、当該報告書の提案は実
行されなかったとしている（ibid 277 [F]）。当該取締役は当該従業員がフロントオフィスとバック
オフィスの両方を支配し、このような内部統制の欠如が「原則として根本的に誤りである」こと
を認識しながら（ibid 286 [E]）、当該報告書の提案が実行されるために適切な手段をとらなかった
ことが（ibid 287 [C]）、当該取締役の資格剥奪につながっている。
[361] 前掲注360）参照。
[362] 前掲注359）および前掲注360）参照。本判決において、控訴院は、経営における下位の段
階〔に属する従業員〕に対してその機能を適切に委譲した取締役という一般的な状況において高
度の無能力を何が構成するかについての手引きを与えたとの指摘がみられる。Davies and

(2) 検討

従業員等の行為が問題となる場面で、当該従業員の活動に責任を負う取締役の資格が剥奪されている。

第3項 小括と検討

取締役等の資格剥奪制度は、連合王国の上場会社における経営上のエージェンシーコストに制約を課す際の戦略として役割を担っていると指摘されている[363]。裁判所が資格剥奪命令の発出の適否を判断する際の判断枠組みは取締役の注意義務違反の有無を判断する際に参考にされており[364]、また、業務執行取締役と非業務執行取締役とで異なる資格剥奪期間を適用した事案がみられている[365]。

会社が倒産した場合、その決定が問題となりその取締役の資格が剥奪され得る。決定が問題となる場面で、資格剥奪合意に基づいて取締役等としての資格が剥奪された事案がみられている。また、他の取締役の行為が問題となる場面で、上場会社の非業務執行取締役の資格が剥奪された事案がみられており、当該事案では、特に非業務執行取締役に対して「警笛が吹かれる」下でその地位にありその経験を有する者に期待される行為規準を深刻に下回ったとして当該非業務執行取締役の資格が剥奪されている。さらに、従業員等の行為が問題となる場面で、当該従業員の活動に責任を負う取締役の資格が剥奪されている。

Worthington (n 2) 247 para 10-10. この指摘は、大規模な組織において不可避的にそうであるように、〔当該会社の〕定款が当該〔権限の〕委譲を認めているならば〔権限の〕委譲それ自体は不適格の証拠ではないが、当該委譲された機能の実行を監督するシステムを何も設けない場合または問題とされている取締役が監督システムによって得られた情報を理解することができない場合には当該責任を有する取締役が不適格と認められ得るとしている。ibid. 換言すれば、大規模な組織において取締役会はリスクを監督するための適切な内部システムが設置されていることを確実にしなければならず、そのようにしないことが資格剥奪の根拠となり得るとしている。ibid.

363) 前掲注159) およびこれに対応する本文を参照。
364) 前掲注256) における②および前掲注280) 参照。
365) 前述本款第2項2(1)および同2(3)参照。

342 第3章 イギリス法

第4款 第三者に対する責任——不実開示の場面を例として

第1項 概観

　取締役が負う制定法上の義務は会社のみに対するものであるが[366]、2006年会社法は信認または他の義務が取締役によって株主に対して個々に負われるものであるかどうかという問題に答えることを主張するものではないことが同様に明らかであるとの指摘がみられる[367]。この問題はコモン・ローに委ねられ、伝統的にかつ現在においても、株主に対して個々に負われるものとしての取締役の一般的義務を認めることにコモン・ローが謙抑的であるとの指摘がみられる[368]。

　以下、他の法域と同様に、不実開示の場面を分析する[369]。イギリス法の下で、発行市場における不実開示の場面と流通市場におけるそれとで法規制が異なっている。発行市場における不実開示の場面において、発行会社の取締役の投資家に対する責任が1890年に制定法上規定されている[370]。その後、2000年金融サービス及び市場法（Financial Services and Markets Act 2000、以下「FSMA」と

---

[366] 2006年会社法は、170条1項において、同法171条から177条に規定する〔取締役の〕一般的義務が当該会社に対するものであると規定した。Companies Act 2006, s 170(1). 前掲注192）に対応する本文を参照。

[367] Davies and Worthington (n 2) 467 para 16-5.

[368] ibid. このことは驚くべきことではなく、個々に負われる〔取締役の株主に対する〕義務を認めることは、会社における株主の結合という集合的な性格を蝕むであろうし、当該義務が会社に対して負われ会社によって〔その履行を〕強制されるというルールをも蝕むであろうと指摘されている。ibid.

[369] 以下が手がかりになる。Louise Gullifer and Jennifer Payne, *Corporate Finance Law: Principles and Policy* (2nd edn, Hart Publishing 2015); Eilís Ferran, *Company Law and Corporate Finance* (OUP 1999); Eilís Ferran and Look Chan Ho, *Principles of Corporate Finance Law* (2nd edn, OUP 2014); Niamh Moloney, *How to Protect Investors: Lessons from the EC and the UK* (CUP 2010). 日本語文献では、例えば川島いづみ「イギリス法における不実の流通開示に関する民事責任」石山＝上村還暦・前掲第1章注184）361頁以下、同「イギリス法における不実の企業情報開示に関する民事責任——判例法の展開——」早稲田社会科学総合研究13巻1号31頁以下（2012年）がみられている。

[370] 後述本款第2項1(1)参照。

いう）[371]90 条がこの場面を規律している[372]。これに加え、目論見書における不実記載との関係で投資家が利用可能な救済手段として、①1967 年不実表示法2 条 1 項[373]に基づく請求と、②*Hedley Byrne & Co Ltd v Heller & Partners Ltd* 事件判決[374]に基づく過失による不実開示に対する請求という異なる請求があるが、FSMA90 条に基づく請求が投資家にとって最も有利な結果となりそうであるとの指摘がみられる[375]。

　これに対して、二次市場〔流通市場〕における開示との関係での不実記載に基づく投資家に対する責任の発展は緩やかであるとの指摘がみられ[376]、目論見書におけるものを除き不実記載に対する制定法上の枠組みが 2006 年まで存在せず、コモン・ローは特定の者が開示書類を特定の目的のために用いそうであると被告が知っていない限り投資家に対する保護を提供してこなかったとの指摘がみられる[377]。FSMA に 90A 条が 2006 年に加えられ[378]、これはいくつかの状況において継続開示書類における不実記載に関して投資家に救済〔手段〕

---

[371]　神田秀樹「イギリスの金融サービス法制の発展」総合研究開発機構『包括的・横断的市場法制のグランドデザイン「日本版金融サービス市場法」制定に向けての提言 3 海外事例編 金融サービス市場法制の核心を欧州と英国に学ぶ』43 頁以下、特に 53 頁〜64 頁（総合研究開発機構、2005 年）参照。このほか、高田英樹「英国金融サービス市場法（FSMA）の法規制体系」上村達男＝神田秀樹＝犬飼重仁編著『金融サービス市場法制のグランドデザイン』210 頁以下（東洋経済新報社、2007 年）も挙げられる。

[372]　Financial Services and Markets Act 2000, s 90. 後述本款第 2 項 1(5)参照。

[373]　Misrepresentation Act 1967, s 2(1). 後述本款第 2 項 1(2)参照。

[374]　[1964] AC 465 (HL).

[375]　Gullifer and Payne (n 369) 505.

[376]　ibid 560. この指摘は、この理由として、目論見書における開示と対照的に、多くの継続開示は、比較的最近まで会社法の〔規律すべき〕事項であるとみられ、それは会社法が規定するように年次の会計を作成し、取締役が当該会社の株式に有する利益を開示し、主要な株主がその株式保有を開示するという義務であったこと、このために投資家保護が適切な考慮としてみられてこなかったこと、対照的に、価格に影響を与えやすい情報は会社法の一部ではなく立法者が規制するというよりもむしろ証券取引所〔が対象とする〕事項であるとみられてきたこと、を挙げている。ibid.

[377]　ibid 561. このコモン・ローの立場については、後述本款第 3 項 1(3)参照。

[378]　Companies Act 2006, s 1270; Financial Services and Markets Act 2000, s 90A. 後述本款第 3 項 2(1)参照。

344　第3章　イギリス法

を提供するためのものであるとの指摘がみられる[379]。同法同条が投資家に対する発行会社の責任を規定した一方[380]、発行会社以外の者は発行会社に対するそれを除きあらゆる責任に服しないと規定され[381]、後にこの立場が支持されている[382]。

　以下、法制度と裁判所の判断の展開を分析する。

第2項　発行市場における不実開示の場面

1　法制度の展開

(1)　1890年取締役責任法3条

　1890年取締役責任法（The Directors' Liability Act, 1890）3条1項が、発行会社の取締役の投資家に対する責任を規定した[383]。これは、目論見書における〔不実〕記載に対する責任を規定したものであり、当該目論見書または通知の発行時に当該会社の取締役である全ての者等が当該賠償責任を負うと規定したものである[384]。〔同法が制定される前年に、〕不実開示を信頼し損失を被った投資家に対する最初の救済がコモン・ローによって与えられており[385]、これは詐欺の不法行為を通して詐欺の不実開示に対する責任が導入されたものであるとの指摘がみられる[386]。

---

[379]　Gullifer and Payne (n 369) 562.

[380]　後掲注443）参照。

[381]　後掲注444）参照。

[382]　後掲注450）および後掲注452）ならびにこれらに対応する本文を参照。

[383]　The Directors' Liability Act, 1890, s 3(1).

[384]　ibid.

[385]　*Derry v Peek* (1889) 14 App Cas 337 (HL).

[386]　Gullifer and Payne (n 369) 504.

(2) 1967年不実表示法2条

1967年不実表示法2条1項が、不実表示を行った者の、不実表示により損失を被った者に対する責任を規定した[387]。

(3) 1985年会社法67条

1985年会社法67条2項が、目論見書の不実開示についての発行会社の取締役等の責任を規定した[388]。

(4) 1986年金融サービス法150条1項

1986年金融サービス法（Financial Services Act 1986）150条1項が、不実または誤導的な〔開示書類の〕事項に対する賠償を規定した[389]。

---

[387] Misrepresentation Act 1967, s 2(1). 「ある者が別の当事者によってその者に対して不実表示がされた後に契約を締結しその結果としてその者が損失を被った場合において、当該不実表示が詐欺的にされたならばそれに関する損害に対する責任を当該不実表示を行った者が負うであろうときは、その者は当該不実表示が詐欺的にされなかったとしても、当該契約が締結された時まで表示された事実が真実であると信じる合理的な理由を有し、かつ、信じたことをその者が立証しない限り、そのように責任を負うものとする。」（ibid）と規定されている。
　同法を根拠に過失に基づく不実開示の主張がされる場合、①当該不記載が不実と認められる効果を有しない限り、不開示との関係での請求権が〔投資家に〕なく、また、②FSMA90条と比較した場合、詐欺の主張に関して、投資家は〔自身の〕信頼を立証しなければならないことがその不都合な点であるとの指摘がみられる。Gullifer and Payne (n 369) 507.

[388] Companies Act 1985, s 67(2). 「目論見書が会社の株式又は債務証券（debentures）を引き受けるよう人々（persons）を勧誘する場合、当該目論見書の信頼に基づいてあらゆる株式又は債務証券を引き受ける全ての者に対してそれに含まれるあらゆる不実記載により被り得たところの損失又は損害に対して賠償金が支払われ得る。」（ibid s 67(1)）と規定され、「当該賠償金を支払う責任を負う者は――／(a) 当該目論見書の発行時に当該会社の取締役である全ての者、／(b) 当該目論見書において取締役として又は（直ちにであれ又はある期間後であれ）取締役となることに同意したとして自身が記載されることを承認し、かつ記載された全ての者、／(c) 当該会社の発起人（promoter）である全ての者、及び／(d) 当該目論見書の発行を承認した全ての者である。」（ibid s 67(2)）と規定されている。

[389] Financial Services Act 1986, s 150(1). 「以下の〔同法〕151条に従って、あらゆる上場〔に際しての開示〕事項又は補充的な上場〔に際しての開示〕事項に対して責任を負う者又は人々は当該〔開示〕事項におけるあらゆる不実の若しくは誤導的な記載又は以上の〔同法〕146条若しくは147条によって含めることが要求されているあらゆる事項の当該〔開示〕事項における不記載の結果として問題となっている証券を一部でも取得しかつそれに関して損失を被ったところのあ

346　第3章　イギリス法

　(5)　FSMA90条

　1986 年金融サービス法を含む多くの異なる立法の下で確立されたところの
金融規制の枠組みを整理し現代化することを意図して[390]、2000 年に FSMA[391]
が制定され、同法 90 条が、不実または誤導的な〔開示書類の〕事項に対する賠
償を規定した[392]。同法 90 条 1 項は別表 10 が規定する免除に従うと規定され[393]、
別表 10 は専門家に対する信頼による免責等を規定している[394]。目論見書に対
して責任を負う者に、発行会社の取締役が含まれている[395]。

らゆる者に対して賠償金を支払う責任を負うものとする。」(ibid) と規定され、「本法の本編〔第
4 編〕の目的において上場〔に際しての開示〕事項又は補充的な上場〔に際しての開示〕事項に
対する責任を負う者は──/(a) 当該〔開示〕事項が関係するところの証券の発行者、/(b) 当該
発行者が法人〔である〕会社である場合、当該〔開示〕事項が所管の行政機関に提出された時に
当該法人の取締役である各人、/(c) 当該発行者が法人〔である〕会社である場合、当該〔開示〕
事項において取締役として又は直ちにであれ若しくは将来の時においてであれ当該法人の取締
役となることに同意したとして自身が記載されることを承認し、かつ記載された各人、/(d) 当
該〔開示〕事項に対する、又は〔その〕あらゆる部分に対する責任を引き受け、かつ当該〔開示〕
事項において〔これを〕引き受けているとして記載された各人、/(e) これら各号のいずれにも
当てはまらず当該〔開示〕事項の内容、又は〔その〕あらゆる部分を承認した各人である。」(ibid
s 152(1)) と規定されている。

[390]　Explanatory Notes to the Financial Services and Markets Act 2000, para 11.

[391]　Financial Services and Markets Act 2000.

[392]　ibid s 90. 「上場〔に際しての開示〕事項に対する責任を負うあらゆる者は──/(a) 当該〔開
示〕事項が適用されるところの証券を取得し、かつ/(b) ──/(i) 当該〔開示〕事項におけるあ
らゆる不実の若しくは誤導的な記載、又は/(ii) 〔本法〕80 条若しくは 81 条によって含めるこ
とが要求されているあらゆる事項の当該〔開示〕事項における不記載の結果として当該証券との
関係で損失を被った者に対して賠償金を支払う責任を負う。」(ibid s 90(1)) と規定された。

[393]　ibid s 90(2).

[394]　Financial Services and Markets Act 2000, sch 10 para 2. 「本条〔別表 10 第 2 条〕において『記載』
("statement") は──/(a) 専門家としてその他の者によって、又はその権能に基づいて作成され
たとされ、かつ/(b) 当該その他の者の同意により当該上場〔に際しての開示〕事項に含まれる
よう記載されたところの上場〔に際しての開示〕事項に含まれる記載を意味する。」(ibid sch 10 para
2(1)) と規定された。その上で、「ある者は、当該その他の者が──/(a) 当該記載を作成し又は
承認する権限を有し、かつ/(b) それが含まれたところの様式及び文脈にそれが含まれることに
同意し、/かつ〔本条〕3 項に規定された条件の 1 以上が満たされるとその者が合理的に信じた
と当該上場〔に際しての開示〕事項が所管の行政機関に提出された時にその者が裁判所に対して
立証した場合、その者はある記載によって引き起こされたあらゆる証券に関する損失に対して

第 2 節　上場会社の取締役の義務と責任　　347

(6)　小括

　発行市場における不実開示の場面において、発行会社の取締役の投資家に対
する責任が 1890 年に規定されている。その後、FSMA90 条が、不実または誤
導的な〔開示書類の〕事項に対する賠償を規定するとともに、専門家に対する
信頼による免責等を規定している。目論見書に対して責任を負う者に発行会社
の取締役が含まれている。

〔同法〕90 条 1 項に基づくあらゆる責任を負わない。」(ibid sch 10 para 2(2)) と規定された。「当
該条件は／(a) 当該証券が取得された時までその者が〔これらを〕継続して信じ、／(b) 当該専門
家が権限を有さず、又は〔それが含まれたところの様式及び文脈にそれが含まれることに〕同意
しなかったという事実が、問題となっている証券を取得しそうである者の注意を引くようにする
ことが合理的に実行可能である前に当該証券が取得され、／(c) 当該事実がそれらの者の注意を
引くようにすることを確保するために採られることがその者にとって合理的であった通りに当
該証券が取得される前にその者が全ての当該手段を採り、／(d) 当該証券の識別コード (official list)
への〔付番の〕許可後、当該証券の取引が開始される後までその者がその状況において合理的に
免責されるはずであると継続して信じ、かつ当該証券がこの一定期間後に取得されたことであ
る。」(ibid sch 10 para 2(3)) と規定されている。
395)　現在、目論見書規則 (Prospectus Rules) が、FSMA84 条 1 項 d 号に応じておよび同法 6 編 (72
条〜103 条) の目的のため、目論見書に責任を負う者を特定している (Financial Conduct Authority,
FCA Handbook (2018) Prospectus Rules, PR 5.5.1 <https://www.handbook.fca.org.uk/handbook/PR.pdf>)。
連合王国が、当該目論見書が関係するところの譲渡可能な証券との関係における発行者の本国
　(Home State) である場合、目論見書に関してのみ適用される規則として (ibid PR 5.5.2)、当該
目論見書に対して責任を負う者は、①譲渡可能な証券の発行者 (ibid PR 5.5.3(2)(a))、②発行者が
法人〔である〕会社である場合、当該目論見書が発行された時の当該法人〔である〕会社の取締
役である各人 (ibid PR 5.5.3(2)(b)(i))、当該目論見書において当該法人〔である〕会社の取締役と
してまたは直ちにであれ将来の時においてであれ〔その〕取締役となることに同意したとして自
身が記載されることを承認し、かつ記載された各人 (ibid PR 5.5.3(2)(b)(ii))、当該発行者のあらゆ
る外部経営会社の上位の業務執行者である各人 (ibid PR 5.5.3(2)(b)(iii))、③当該目論見書に対す
る責任を引き受け、かつ当該目論見書において〔これを〕引き受けているとして記載された各人
　(ibid PR 5.5.3(2)(c)) 等であるとされている (ibid PR 5.5.3(2))。

348 第3章 イギリス法

2 裁判所の判断

(1) 総説

FSMA90条またはその前身であるところの1986年金融サービス法150条に基づいて与えられた判決は今日〔2009年時点〕まで記録されておらず、オンラインの〔判例〕データベースにおける記録の分析から、1990年から2006年までの期間について提起された訴訟が2件みられたとの指摘がみられる[396]。

また、FSMA90条またはその前身に基づく訴訟を提起し投資家が勝訴した公刊裁判例は〔2015年時点において〕ないとの指摘がみられる[397]。アメリカ法との相違として、①連合王国にクラス・アクションが存在しないこと[398]、②連合王国が「敗訴者負担」('loser pays')原則を採用しているという事実[399]、③2013年までこの種類の請求に〔弁護士の〕条件付成功報酬（conditional fees）が存在しなかったこと[400]、が指摘されている。

(2) 条件付成功報酬とRBS銀行事件

1990年裁判所及び法律サービス法（Courts and Legal Services Act 1990）58条が条件付成功報酬契約（conditional fee agreements）を規定した[401]。この領域での〔FSMA90条を根拠とする〕請求において2013年から条件付成功報酬契約を用いることが可能となっているとの指摘がみられる[402]。

---

[396] Armour (n 156) 85. 当該2件は、以下の通りである（ibid）。*Re Barings plc (No 6)* [2001] 2 BCLC 159 (Ch) [4]; *AXA Equity and Law Life Assurance Society plc v National Westminster Bank plc* (CA, 7 May 1998).

[397] Gullifer and Payne (n 369) 518.

[398] ibid 518. 前掲注171）に対応する本文を参照。

[399] ibid 518-19. 前掲注172）およびこれに対応する本文を参照。

[400] ibid 519. 後掲注402）およびこれに対応する本文を参照。

[401] Courts and Legal Services Act 1990, s 58. 同条は、1999年司法へのアクセス法27条1項によって置き換えられた後（Access to Justice Act 1999, s 27(1))、2012年犯罪人の法律扶助、宣告及び刑罰法44条によって改正されている（Legal Aid, Sentencing and Punishment of Offenders Act 2012, s 44)。

[402] Gullifer and Payne (n 369) 519. 〔弁護士の報酬が〕損害に基づく契約は、付加価値税（VAT）を含め、顧客によって最終的に回復された合計額の50%に等しいところの額を上回る支払を規定してはならないとされている。The Damages-Based Agreements Regulations 2013, SI 2013/609, art 4(3). なお、条件付成功報酬一般については、例えば以下が参考になる。Neil Andrews, *The Three Paths of*

第2節　上場会社の取締役の義務と責任　**349**

　この下で、銀行（RBS 銀行）およびその元取締役を被告として、当該銀行が2008 年 4 月に行った 120 億ポンドのライツ・イシュー（rights issue）における不実の誤導的な記載および不記載を主張する、FSMA90 条に基づく初めての集合訴訟（collective action）の開始がみられたと指摘されている[403]。原告は、当該銀行の目論見書における不実記載の結果として損失を被ったこと、および同条に基づき当該銀行が当該損失を賠償する責任があり、当該損失は〔原告が購入した〕株式に対して支払われた価格とその現実の価値との間の差に等しいと主張したと指摘されている[404]。

Justice: Court Proceedings, Arbitration, and Mediation in England (Springer 2012) 130-35. 訳書として、ニール・アンドリュース（溜箭将之＝山﨑昇訳）『イギリス民事手続法制』162 頁～169 頁（法律文化社、2012 年）がみられている。併せて、溜箭・前掲第 2 章注 472）8 頁～11 頁参照。

[403] Gullifer and Payne (n 369) 519. 当該訴訟については、後述本項 2(3)参照。

[404] ibid. 集団訴訟命令（Group Litigation Order）が発出され、原告は本件訴訟にオプト・イン（opt in）しなければならず、〔さらに〕何千名という投資家が参加しそうであり、本件は連合王国における会社および取締役に対する集合株主訴訟にとってのおそらく分水嶺を構成するが、多くは裁判所がどのように当該集団訴訟を扱うか次第であろうとの指摘がみられる。ibid.

　集団訴訟命令は、以下に規定されている。CPR 19.10-19.15. 集団訴訟命令は、事実または法の共通するまたは関連する争点（「GLO 争点」〔'GLO issues'〕）を生じるところの請求について事案を運営するために CPR 19.11 条に基づき発出する命令を意味すると定義されている。ibid 19.10. 裁判所は、GLO 争点を生じる多くの請求が存在しまたは存在しそうである場合、集団訴訟命令を発出することができるとされている。ibid 19.11(1).

　以下の指摘がみられる。Andrews (n 402) 178-79. すなわち、集団訴訟命令は、多数当事者訴訟を扱う頼みの綱〔中心的な手続〕である（「オプト・イン」システム）。その主な内容は、①裁判所が集団訴訟命令を承認しなければならないこと、②集団訴訟は個々人による「オプト・イン」を含むこと、③集団のメンバーは当該集団のメンバーとしての資格および十分に独立した「民事訴訟手続の当事者」としての一般的地位を享受すること、④集団訴訟命令〔に基づく訴訟手続〕が進行する間、裁判所が事案を広範に運営し、指示を発出すること、⑤仮に集団が敗訴した場合、集団の各メンバーは、当該訴訟手続の共通費用についての当該メンバーの割合分および当該メンバーの請求に関して特に負担したあらゆる個人費用の両方について、勝訴した当事者に対する責任を負うが、集団が勝訴した場合、敗訴した当事者は「共通費用」および「個人費用」の両方に帰せられる費用を支払う責任を負うこと、⑥「共通の」争点に関する判断は当該集団を拘束し、かつ、その有利となるように拘束する〔集団がこれを有利に援用できる〕こと、である。ibid. 訳書として、アンドリュース・前掲注 402）221 頁～223 頁がみられている。集団訴訟命令については、併せて、溜箭・前掲第 2 章注 472）123 頁～127 頁参照。

350 第3章 イギリス法

(3) *Greenwood v Goodwin* 事件判決（2014 年）[405]

［事実］　銀行（Royal Bank of Scotland）が、2008 年 5 月 15 日から 6 月 6 日までの間に株式のライツ・イシューを行った後[406]、金融危機により 2008 年 10 月に公的支援を必要とし、2009 年 11 月までに国有化された[407]。当該銀行の株価が下落し、当該ライツ・イシューに応じた者はその投資の大部分の価値に相当する損失を被った[408]。当該銀行の株主が、FSMA90 条を根拠として、当該銀行および当該ライツ・イシューにおける目論見書に責任を負う当該銀行の取締役を被告として救済を求める訴えを提起した[409]。

2013 年 12 月 18 日に集団訴訟命令（Group Litigation Order）が発出され[410]、各訴訟グループ[411] が本件の費用をどのように分担するかが主な問題となった[412]。

---

[405]　[2014] EWHC 227 (Ch) (Hildyard J).

[406]　ibid [3].

[407]　ibid [4].

[408]　ibid [5].

[409]　ibid [7]. これに伴い、①約 12,000 名の個人投資家および会社や機関投資家等 100 団体から構成される訴訟グループ（'BB Action Group'）ならびに②77 団体以上の機関投資家を含む訴訟グループ（'SL Group'）が訴訟手続を進めている。ibid [13]. さらに、潜在的な原告グループとして、①8,200 名から構成される株主グループ（'LK Group'）および②大規模な〔機関〕投資家の小規模なグループ（'QE Group'）が、利害関係人として現れている。ibid [16].

[410]　ibid [18]. 集団訴訟命令については、前掲注 404）参照。共通の争点として、主に①当該銀行が目論見書において誤導的な開示を行い、あるいは重要情報の不記載を行ったかどうかおよび付加的な目論見書が発行されるべきであったかどうか、②原告が損失を被り、開示との間に因果関係があったかどうか、および③被告（少なくとも当該銀行）が FSMA 別表 10 に基づく抗弁権を有するかどうかが問題となっている。ibid [19].

[411]　前掲注 409）参照。

[412]　ibid [22]. この問題は、具体的には、①〔原告が敗訴した場合に〕被告の共通費用に対する全ての原告の潜在的な責任がどのように分担されるべきか（「不利益な費用の分配」〔'adverse costs allocation'〕）、②原告の費用がどのように分担されるべきか（「原告の費用の分担」〔'Claimants' costs sharing'〕）、③負担された費用が現実にどのように支払われるべきか（「現実の支払」〔'actual payment'〕）、④訴訟を提起するかどうかを決定する者にとって〔費用を負担するという〕危険にさらされることについての確実性が必要であることを前提として、これらの問題〔本注における①～③〕に関する〔裁判所の〕あらゆる指示または命令が検証されおよび変更されまたは無効にされ得るべきかどうか、仮にそうであるならばいかなる状況においてであるか（「検証可能であること」〔'reviewability'〕）という 4 つに区分されるべきであるとされている。ibid [23].

第 2 節　上場会社の取締役の義務と責任　351

［判旨］　まず、「不利益な費用の分配」[413] について、裁判所が集団訴訟命令を発出した場合、CPR の規定が一般的なルールまたはデフォルトの立場となるが[414]、被告の共通費用に対するあらゆる潜在的な責任は、〔当該会社の株式の〕取得費用に比例して各原告がそれぞれ負うべきであるとした（Hildyard 裁判官）[415]。次に、原告自身の共通費用に関する原告である訴訟グループの合意を承認するとした[416]。さらに、共通費用の資金提供について「適時払い」（'Pay as You Go'）を認め[417]、命令の変更についても述べている[418]。

---

[413]　前掲注 412) 参照。

[414]　[2014] EWHC 227 [24]. 具体的には、集団である当事者に対する共通費用のあらゆる〔支払〕命令は、各集団である当事者に当該共通費用の均等割合分に対する責任を負わせるとされ（CPR 46.6(3)）、「集団である当事者」（'group litigant'）が〔費用を〕支払う当事者である場合、当該集団である当事者は、〔費用を〕受け取る当事者に対して支払う責任を負うあらゆる費用に加えて、①その請求についての個々の費用、および②他の集団である全ての当事者とともに、共通費用の均等割合分に対する責任を負うとされている（ibid 46.6(4)）。[2014] EWHC 227 [24]. これらにおける①「個々の費用」（'individual costs'）は、集団登録簿における個々の請求との関係で負担した費用を意味し、②「共通費用」（'common costs'）は、GLO 争点〔前掲注 404) 参照〕との関係で負担した費用、テスト請求として進められている場合の請求において負担した個々の費用、および主任弁護士であるソリシタが当該集団訴訟を管理する際に負担した費用を意味し、③「集団である当事者」は、本件におけるように、その請求が集団登録簿に登録されたところの原告または被告を意味すると定義されている（CPR 46.6(2)）。[2014] EWHC 227 [25].

[415]　[2014] EWHC 227 [29], [33]. その際に、先例が示唆しているように（*Ward v Guinness Mahon plc* [1996] 1 WLR 894 (CA) 900 [G]-[H] (Sir Thomas Bingham MR)）、裁判所はかなりの裁量を有し、当該特定の状況において、集団訴訟命令への手続の目的、当該請求の性質、および原告の地位に関して、公平が何を要請するかが問題であるとした上で（[2014] EWHC 227 [27]）、本件におけるように、異なる当事者の請求の価値の間で非常に大きな差がある場合、仮に当該当事者が勝訴しなかった場合、デフォルト・ルールは公平の要請を満たさないであろうとしている（ibid [28]）。

その上で、考慮されるべきさらなる問題は、不利益な費用の責任が各原告に課されるべき場合に、各請求の価値がどのように測られるべきかであるとし（ibid [34]）、各原告の株式の取得費用による比例配分が最も現実的な結果となり、〔したがってこの方式が〕採用されるべきであるとした（ibid [34], [36]）。

[416]　[2014] EWHC 227 [41]. 具体的には、①原告自身の共通費用および②主任弁護士であるソリシタの費用がどのように分担されるべきかが次の問題となるところ（ibid [38]）、原告自身の共通費用に関しては、原告である訴訟グループが（裁判所の同意に服する）合意に達しており（ibid）、当該合意は、当該〔訴訟の〕運営および統制がおおむね等しく分担されるであろうという基礎に基づいて、当該各グループが当該訴訟を運営する自身の費用を負担するというものであり（ibid [39]）、これを承認するとした（ibid [41]）。②主任弁護士であるソリシタの費用については、形成

352 第3章 イギリス法

〔検討〕 本件は、FSMA90条に基づく初めての集合訴訟であるとの指摘がみられる[419]。本判決は、集団訴訟命令が発出された場合における各当事者の費用の負担について包括的に検討し、これを明らかにしている[420]。

3 小括

FSMA90条が、不実または誤導的な〔開示書類の〕事項に対する賠償を規定するとともに、専門家に対する信頼による免責等を規定している。目論見書に対して責任を負う者に発行会社の取締役が含まれている。

FSMA90条またはその前身であるところの1986年金融サービス法150条に基づいて与えられた判決は今日〔2009年時点〕まで記録されておらず、オンラインの〔判例〕データベースにおける記録の分析から、1990年から2006年までの期間について提起された訴訟が2件みられたとの指摘がみられる[421]。

されたまたは形成され得るところのあらゆるグループ間の合意に服して、全ての原告が同じ比例配分に基づいて分担するものとすると全て〔の原告グループ〕が同意しているとした (ibid [44])。
[417] ibid [55]. 具体的には、共通費用の資金提供という問題について (ibid [52])、当該株主グループ ('LK Group') が、そのメンバーは当該訴訟の間に原告の共通費用について主導的な訴訟グループに対する現実の支払を行うよう要求されるべきでなく、支払金額が最終的に確定するまで現実の支払が延期されるべきであるとの主張を行ったが (ibid)、「適時払い」からのあらゆる実質的な離脱への公平な基礎がないとした (ibid [55])。その上で、①いくつかの集団の姿および訴訟当事者の数がよく知られ、かつ「呼びかけと回収」('call and collection') と呼び得るところの当該過程のより詳細な輪郭が明らかになるまで、「適時払い」の履行が本件において延期されるべきであると主導的な〔訴訟〕グループが承認したという事実を歓迎するとした (ibid [56])。
[418] 命令の変更に関しては、費用の上限を定める命令が一度発出された場合、「(a) 当該命令が発出された日以降、重要で実質的な状況の変化があり、又は(b) 変更がされるべき他のやむを得ない理由が存在」(CPR 3.19(7)) しない限り一切の変更が認められないとの原告グループの主張が、現前の目的にとって合理的な定型であると考えられるとした ([2014] EWHC 227 [59]-[60])。
[419] 前掲注403) およびこれに対応する本文を参照。
[420] 本件に関しては、集団訴訟命令が発出されたところの訴訟手続における責任の基本的な問題についての最初の審理が2017年5月に開始されることとされている。*Re RBS Rights Issue Litigation* [2017] EWHC 463 (Ch), [2017] 1 WLR 3539 [2] (Hildyard J). 被告は、一部の原告を除き当該訴訟手続における全ての原告との間で2016年12月に完全かつ最終的な和解に達したため、当該審理はその〔原告の〕範囲において相当に減少したとされている。ibid [3].
[421] 前掲注396) 参照。

第2節　上場会社の取締役の義務と責任　353

　その後、〔FSMA90条を根拠とする〕請求において2013年から条件付成功報酬契約を用いることが可能となっているとの指摘がみられ[422]、同法同条に基づく初めてと指摘されている集合訴訟の開始がみられている。当該事案において、2014年の判決が、集団訴訟命令が発出された場合における各当事者の費用の負担について包括的に検討し、これを明らかにしている。

第3項　流通市場における不実開示の場面

1　裁判所の判断

(1)　序
　目論見書に含まれるもの以外の不実記載に対する〔投資家が救済を求めるための〕制定法上の枠組みは2006年まで存在せず、コモン・ローは、被告が知っていたかまたは知るべきであったところの特定の目的のために特定の者が当該開示書類を用いそうであることを被告が知らない限り投資家に対して保護を提供してこなかったとの指摘がみられる[423]。このように、流通市場における不実開示の場面で投資家が救済を求めようとする場合、コモン・ローがその根拠となり得る。以下、裁判所の判断を分析する。

(2)　*Caparo Industries plc v Dickman* 事件判決（1990年）[424]
　［事実］　LSEに上場している会社（Fidelity plc）の取締役会が1984年3月期決算の結果を公表し、当該年度の利益が予想を下回ったことから当該会社の株価が急落した[425]。当該決算は当該会社の会計監査人（Touche Ross & Co）によって監査され、当該会社の取締役会が承認したものである[426]。当該公表後、当

---

422)　前掲注402）参照。
423)　Gullifer and Payne (n 369) 561. この指摘がこの立場を明確に示したとしている判決については、後述本項1(3)参照。2006年に、FSMA90A条が規定されている（後述本項2(1)参照）。
424)　[1990] 2 AC 605 (HL).
425)　ibid 609 [B], 614 [C]-[D] (Lord Bridge).
426)　ibid 614 [E] (Lord Bridge).

354 第3章 イギリス法

該会社の株式を別の会社（Caparo Industries plc）が購入し、その株式保有比率を29.9%まで高めた後、残りの株式について公開買付を行った[427]。当該別の会社が、1984年6月12日後の当該株式の購入および当該公開買付が特に当該株式を過大評価する点で不正確かつ誤導的な当該会社の会計に対する信頼に基づくものであり[428]、これにより損失を被ったとして[429]、当該会社の取締役2名および当該会計監査人を被告として訴訟手続を進めた[430]。

　［判旨］　当該上告〔における請求〕を認容し、当該反対上告を棄却した（貴族院判決）[431]。

---

[427] ibid 614 [F]-[G] (Lord Bridge).

[428] ibid 614 [H] (Lord Bridge).

[429] ibid 614 [H]-615 [A] (Lord Bridge).

[430] ibid 615 [A]-[C] (Lord Bridge). 当該取締役2名に対しては当該過大評価が詐欺的にされ（ibid 615 [B]）、当該会計監査人に対しては当該会計に対する監査証明において過失があったとの主張がされている（ibid）。後者は、より具体的には、当該会計監査人が投資家および特に当該別の会社に対して当該会計の監査および証明に関する注意義務を負うと主張されている（ibid 615 [C]）。第1審は、①当該会計検査人は当該別の会社に対してコモン・ロー上の義務を何も負わず、②会計監査人は集合としての株主に対して制定法上の義務を負い得るが、監査された会計を信頼して行為した際にその被った損害の救済を個々の株主に可能とするようなコモン・ロー上の義務はないとした（Caparo Industries plc v Dickman [1988] BCLC 387 (QB) 395-96 (Lawson J), [1990] 2 AC 615 [H]-616 [A] (Lord Bridge)）。これに対して控訴がされ、控訴審（Caparo Industries plc v Dickman [1989] 1 QB 653 (CA)）は、会計監査人と潜在的な投資家との間にコモン・ロー上の注意義務を生じさせる十分に近接した関係はない一方、個々の株主との間にはそのような関係があり、過失により作成された会計を信頼して行為したことにより損失を被ったところの個々の株主が、〔当該損失が〕その株式を売却もしくは保持したことによるかまたは追加的な株式を購入したことによるかにかかわらず、不法行為〔法〕において救済される資格を有するとしたと解されている（[1990] 2 AC 616 [B] (Lord Bridge)）。これに対して上告および、潜在的な投資家として当該別の会社に対して注意義務を負うとの主張を控訴審が否定した点について反対上告がされた（ibid 616 [C] (Lord Bridge)）。

[431] [1990] 2 AC 663 [C]. 前掲注430）参照。その際に、以下の通り述べられている（Bridge裁判官）。「株主は、株主としての資格において、その保有する株式を売却するというその投資決定の基礎として会計監査人の報告書を信頼する資格を有する。仮にその者が過小に評価された価格で〔当該株式を〕売却するならば、その者は当該会計監査人から当該損失を回収する資格を有する。その有する株式を売却するという株主の投資決定と追加的な株式を購入するというそれとの間に法における区別は存在し得ない。それゆえに、当該会計監査人が当該株主に対して負う注意義務の範囲は、当該会計監査人の過失のある報告書を信頼した追加的な株式の購入の結果として被ったあらゆる損失を含むよう拡張される。／この議論は誤りであると信じる。……当該損失は、

第2節　上場会社の取締役の義務と責任　355

〔検討〕　連合王国において、監査された会計の役割は株主が株主総会において
てその参加権を行使することを可能とすることであり、その個人としての資格
において投資決定を行う際に株主を助けることではないことが、先例である本
判決が示したように確立されているとの理解がみられる[432]。また、過失不法行
為は投資家にとっての一般的な救済〔手段〕として利用可能でなかったとの指
摘がみられる[433]。

当該株主が〔当該株式を〕売却するという決定を行う前の当該株式の市場価格に対する当該報告
書の価格を下落させる効果に帰せられるであろう。〔価格が〕過大に評価された株式の購入から
生じると主張された損失を回収するための請求は、他方で、当該購入者の当該報告書への信頼を
基礎としてのみ維持され得る。同等の請求を生じるものとしての〔株式を〕売却するまたは購入
する『投資決定』("investment decisions")という広い同一視は、それゆえに擁護できないように
私には思われる。さらに、当該売却の場合における損失は当該株主の既存の〔株式〕保有の価値
の部分の損失であり、それは、個々の株主に対して負われる注意義務を想定すれば、〔これを〕
保護するという当該会計監査人の義務の範囲に確かに存在し得るものである。追加的な株式の購
入から生じる損失は、他方で、既存の株式保有と関係のない完全に独立した取引から生じるもの
であろう。／決定的に重要であり、控訴院の多数が達した結論の不健全性を示すところのものは、
この最後の区別であると信じる。……会社の会計監査人と個々の株主との間における関係が注意
義務を生じさせる十分な近接性(proximity)を有するものであることを議論の目的のために前提
として、その保有するところの株式の価値における損失からあらゆる個々の株主を保護すること
を超えて当該義務の範囲がことによるとどのように拡張され得るかを私は理解しない。当該会計
監査人の報告書を信頼して追加的な株式を購入した者として、その者は当該会計監査人が何も義
務を負わないところのあらゆる他の投資する公衆と異ならない地位に立つ。」(ibid 626 [G]-627 [F]
(Lord Bridge))

[432]　Kathryn Cearns and Eilís Ferran, 'Non-Enforcement-Led Public Oversight of Financial and Corporate
Governance Disclosures and of Auditors' (2008) 8 JCLS 191, 219.

[433]　Gullifer and Payne (n 369) 561.　〔具体的には、〕本判決において議論されたように、制定法上
の会計規定の目的は投資家に対して情報を提供することではなく、それが株主に対して情報を提
供する限りにおいて、この情報〔提供についての〕規定の目的は投資家が投資決定を行うことを
可能にすることというよりもむしろ〔当該会社の〕取締役会に対するそのガバナンス権を効果的
に行使できるようにすることであると貴族院は判断し、〔このように〕過失不法行為が発展した
形の結果として、それ〔過失不法行為〕は投資家にとっての一般的な救済〔手段〕として利用可
能でなかったとの指摘である。ibid. 併せて、後掲注460)参照。

356　第3章　イギリス法

(3) *Hall v Cable and Wireless plc* 事件判決（2009年）[434)]

［事実］　会社（Cable and Wireless plc）の株主が、当該会社を被告として、当該会社が市場に対する情報開示を誤り、その結果として損失を被ったと主張する訴えを提起した[435)]。これに対して被告がサマリー・ジャッジメントの申立てを行った[436)]。

［判旨］　過失に基づく請求等について判断し[437)]、当該株主のうち3名に対するサマリー・ジャッジメントの申立てを認め[438)]、1名に対してはこれを否定したもののその請求の多くを却下した（Teare 裁判官）[439)]。

---

434)　[2009] EWHC 1793 (Com Ct), [2011] BCC 543 (Teare J).

435)　[2009] EWHC 1793 [2]. 当該会社が、他社に対するその持分を別の会社に売却した際に、当該他社の税債務に関する補償を与えるとともに、その債務格付が一定水準を下回った場合には当該別の会社に対して15億ポンドの銀行保証を提供するかまたは同額を条件付捺印証書（escrow）の形で支払うことに同意したところ〔これが「格付条項」と呼ばれている〕（ibid [3]）、当該会社の債務格付が当該水準を下回り、これらが義務付けられたとする声明を発出したことが背景にある（ibid [4]）。その根拠とされている訴訟原因は、①制定法上の義務に対する違反、②市場濫用（market abuse）、③不実表示および④過失であるとされ（ibid [8]）、〔具体的には、〕①FSMA73A条に基づく上場規則に対する違反、②その株価を損ない得るところの情報を故意に開示しなかったとして定義されるところの市場濫用を行った点での同法 118 条に対する違反、③2001 年および2002 年の会計における不実表示、④被告が原告に対して負う注意義務に対する違反が訴答されている（ibid [10]）。また、当該条件付捺印証書の必要性が開示されていなかったと訴答されている（ibid [9]）。

436)　ibid [1].

437)　過失に基づく請求については、勝訴するという現実の見込みがないと現段階において言い得るとは考えられないとした（ibid [27]）。その上で、①出訴期限（limitation）については、当該株主がその株式を購入した最終日（2002 年 8 月）が本件における訴訟手続が開始された日（2008 年 11 月 10 日）の 6 年以上前であるため、1980 年出訴期限法 32 条（Limitation Act 1980, s 32）の効果に服して出訴期限の制約が及ぶものの（[2009] EWHC 1793 [30]）、当該格付条項によって影響された株価により損害が引き起こされたところの 2002 年 12 月まで過失に基づく訴訟原因は完成されなかったとした（ibid [37]）。また、②因果関係（causation）については、当該格付条項が市場に開示された日（2002 年 12 月 6 日）より前に当該 3 名がその株式を売却しているため、当該 3 名については主張された過失とその損失との間に因果関係があると立証し得る現実の見込みがないものの（ibid [46]）、当該 1 名についてはこれより後（2002 年 12 月 12 日）にその株式を売却しており（ibid [47]）、当該 1 名は同月（2002 年 12 月）に損失を被ったと主張し得るが（ibid [48]）、同月より前に〔当該株式の〕市場価格は既に大きく下落しており、この下落は被告による主張された不履行〔不開示〕に帰せられないものであるため、その損失は訴答されたところよりもはるかに小さいであろうとした（ibid）。

第2節　上場会社の取締役の義務と責任　357

［検討］　本件では、発行会社の不開示によるその責任が個人投資家によって追及され、制定法上の義務に対する違反、市場濫用および過失による不実表示を理由とする当該株主の主張が否定されている[440]。

(4) 小括

流通市場における不実開示の場面で投資家が救済を求めようとする場合、コモン・ローがその根拠となり得るが、貴族院判決の中に、「投資決定」として〔株式の〕売却と購入を同一視することを否定し、会計監査人の報告書を信頼して追加的な株式を購入した者とあらゆる他の投資する公衆とが異ならない地位に立つとする立場がみられている。監査された会計の役割は株主の参加権の行使を可能とすることであり、個人として投資決定を行う際に株主を助けることではないことが連合王国において確立されているとの理解がみられる。

2　法制度の展開

(1) FSMA90A 条（2006 年）

2006 年会社法 1270 条が FSMA に 90A 条を加えた[441]。FSMA90A 条は、特定の開示における声明に対する賠償を規定し[442]、投資家に対する発行会社の責任

---

438)　ibid [51]. その際に、当該 3 名は、制定法上の義務に対する違反、市場濫用または 1967 年不実表示法に基づく過失による不実表示に対する訴訟原因を有しないとし、過失〔に基づく主張〕については訴訟原因を有するものの、当該 3 名がその株式を 2002 年 11 月 14 日および 18 日に売却しており、2002 年 12 月 6 日の格付条項の開示によって引き起こされた損害を被っていないため、主張された過失が当該 3 名に損害を被らせたと立証するであろう現実の見込みがないとした（ibid [49]）。

439)　ibid [51]. 当該 1 名は、制定法上の義務に対する違反、市場濫用および過失による不実表示に基づく限りにおいて勝訴するという現実の見込みがないとし、過失〔に基づく主張〕については訴訟原因を有するものの、これが生じさせ得た損害は格付条項の公表によって引き起こされた 2002 年 12 月 6 日以降の株式の市場価格の下落に限られるとした（ibid [50]）。

440)　前掲注 438) および前掲注 439) 参照。本判決に対する指摘については、前掲注 423) およびこれに対応する本文を参照。

441)　Companies Act 2006, s 1270. 2006 年会社法 1270 条は、FSMA に 90A 条および 90B 条を加え、〔いわゆる〕透明性指令（Transparency Directive〔後述補論第 2 款 3 参照〕）によって課された義

358　第3章　イギリス法

を規定した一方[443]、発行会社以外の者は発行会社に対するそれを除きあらゆる責任に服しないと規定した[444]。同条は、開示書類に対する投資家の信頼を要件としているが[445]、例えば損害額の算定については規定していない[446]。

務を履行する条項に対する応答として、規制市場（regulated market）における〔その株式の〕取引が認められた発行者による公表された開示に関する第三者に対する民事責任の枠組みを確立するものであるとされている。Explanatory Notes to the Companies Act 2006, para 1636. 併せて、記述的な報告書または財務諸表において示された声明に関してイギリス法の下で損害賠償責任を認められた発行者はないとされている。ibid para 1637.

　透明性指令が開示の主な目的として CG というよりもむしろ投資家保護を強調したことから懸念が生じ、この強調の変化が将来の裁判所に *Caparo* 事件判決〔前述本項1(2)参照〕を再考させ、不実の継続開示に基づく発行者および（発行会社の取締役のような）その他の者〔の行為〕についての発行者の投資家に対する責任を創出させることが懸念されたとの指摘がみられる。Gullifer and Payne (n 369) 562. これらの懸念に対する連合王国政府の応答は、その範囲内となる行動に対するあらゆるコモン・ロー上の責任を置き換えることが意図されたところの FSMA90A 条を導入することであったと指摘されている。ibid.

[442]　Companies Act 2006, s 1270.

[443]　ibid. 以下の通り規定している。ibid. ①「本条〔FSMA90A 条〕が適用されるところの証券の発行者は／──(a) 当該発行者により発行された当該証券を取得し、かつ/(b) (i) 本条が適用されるところの開示におけるあらゆる不実の又は誤導的な声明、又は/(ii) それに含めることが要求されているあらゆる事項のあらゆる当該開示からの不開示／の結果として当該証券に関して損失を被った者に対して賠償金を支払う責任を負う。」（同法90A 条3 項）。ibid. その上で、②「当該発行者の内部において経営上の責任を担う者が当該開示に関して──/(a) 当該声明が不実若しくは誤導的であると知っていたか又はそれが不実若しくは誤導的であるかどうかに関して無謀であった、又は/(b) 当該不開示が重要事実の不正直な隠匿であると知っていた／場合にのみ当該発行者がそのように責任を負う。」（同条4 項）と規定された。ibid. 併せて、③「本条の目的において──/(a) 次〔の者〕は開示との関係で『経営上の責任を担う』("discharging managerial responsibilities") 者である──/(i) 当該発行者のあらゆる取締役（又はどのような名称で呼ばれるかにかかわらず、取締役の地位を占める者）、/(ii) その業務がその株主によって経営されている発行者の場合においては、当該発行者のあらゆる株主、/(iii) 〔これらの〕(i)又は(ii)における者を有しない発行者の場合においては当該開示に関して責任を有する当該発行者のあらゆる上位の業務執行者」（同条9 項 a 号）と規定されている。ibid.

[444]　ibid. 以下の通り規定している。ibid. ①「本条〔FSMA90A 条〕は──/(a) 〔同法〕382 条及び384 条によって与えられた権限（原状回復命令〔restitution order〕を発出するという裁判所の権限及び原状回復を要求するという FSA の権限）、/(b) 民事罰に対する責任、/(c) 犯罪に対する責任/に影響しない。」（同法90A 条8 項）と規定されている。ibid. その上で、②「〔当該〕8 項において言及されるところを除き──/(a) /(i) 本条が適用されるところの開示における不実の又は誤導的な声明、又は(ii) それに含めることが要求されているところのあらゆる事項のあらゆる当該開示からの不開示へのあらゆる者による信頼の結果として被った損失に関して本条によって規定されるそれ以外のあらゆる他の責任に当該発行者は服さず、かつ/(b) 当該発行者

第2節　上場会社の取締役の義務と責任　359

(2) Davies Review(2007 年)

連合王国政府は、Paul Davies に対し、発行者またはその経営者によって開示された不実の情報等の結果として被った損害や損失に関する責任の独立した検証を行うことを依頼した[447]。その後、2007 年 6 月に最終報告書（以下「Davies Review」という）[448] が公表されている。

Davies Review は、不実開示の場面における責任が発行者に限られるべきか、または取締役およびアドバイザーに拡張されるべきかどうかを検討し[449]、〔FSMA90A 条に示される〕制定法上の枠組みの下での責任が発行者に限られ続けるべきであると結論づけた[450]。

以外の者はあらゆる当該損失に関して、当該発行者に対する〔それ〕以外に、あらゆる責任に服しない。」（同条 6 項）と規定されている。ibid.

[445]　損失は、それを被る者が関連する証券を①当該開示における情報を信頼して、かつ②当該情報を信頼することがその者にとって合理的であった時および状況において取得しない限り、当該開示における声明または不開示の結果として被ったものとみなされないと規定されている（同条 5 項）。ibid.

[446]　この点については、詐欺に対するコモン・ロー上の請求の事案におけるのと同じ手法を裁判所が採用するであろうように思われるとの指摘がみられる。Gullifer and Payne (n 369) 565.

[447]　HM Treasury, *Davies Review of Issuer Liability: Liability for Misstatements to the Market: A Discussion Paper by Professor Paul Davies QC* (2007) 3.

[448]　HM Treasury, *Davies Review of Issuer Liability: Final Report by Professor Paul Davies QC* (2007).

[449]　ibid 25 para 54-26 para 59.

[450]　ibid 26 para 59. Davies が 2007 年 3 月にディスカッション・ペーパー（HM Treasury (n 447)）を公表しこれに対するコメントを求めたところ、その大部分（30 のうち 23）が責任を取締役に拡張することに反対であった（HM Treasury (n 448) 25 para 55）。代位責任（vicarious liability）の通常の原則に基づき、会社または他の本人が代理人の権利侵害に対して代位して責任を負う一方、取締役または他の代理人は責任を負うままであり、本人に代位責任を課す目的は、原告が提訴するための財務上実行可能な被告を有する機会を増加させるためおよび当該代理人の行為を統制する誘因を本人に与えるためであるが、代理人は実務上ほとんど訴えを提起されないことから、実務上非常に大きくないにせよ、訴訟の脅威が、取締役が付保されていない限り、取締役が詐欺的な声明を行うことを抑止するために利用可能な武器の備えに対する有用な追加〔手段〕となるかどうかが問題であるとした（ibid）。その上で、①主な抑止の代替手段として FSA のサンクションがあり、発行者の側における違反行為に取締役が「故意に関与した」ならば、過失基準に従って正確な開示を要求するところの開示及び透明性規則（Disclosure and Transparency Rules）に違反する形で当該会社が行為したところの規制市場の会社の取締役に対してこれが用いられ得ること（Financial Services and Markets Act 2000, s 91(2)）等（HM Treasury (n 448) 25-26 para 56)、②市場

360 第3章 イギリス法

(3) その後の展開

財務省（HM Treasury）が、発行者の責任に対する制定法上の枠組みの拡張について 2010 年 3 月に報告書（以下「財務省報告書」という）[451]を公表している。財務省報告書も、〔制定法上の〕責任の枠組みが取締役およびアドバイザーを含む形で拡張されることが有益であるとは考えないとした[452]。

財務省報告書を踏まえ、2010 年に FSMA90A 条が改正され[453]、同法別表 10 の後に別表 10A が加えられている[454]。

に対する誤導的な声明の発行を含め、仮に取締役のその義務の過失のある履行がその会社に損失を生じさせたならば、当該会社は義務違反に対して取締役から原則として求償を求め得ること等（ibid 26 para 57）、③過去 15 年程の間に大規模な会社、特に上場会社の内部統制の構造が非常に改善し、取締役が詐欺的な声明を行う可能性をはっきりと減少させるところの内部統制の構造を創出することができること等（ibid 26 para 58）から、取締役に対する責任の賦課は抑止の目的にとって不必要であるとした（ibid 25 para 56）。

併せて、Davies の学説については、後述本款第 4 項 1(1)参照。

[451] HM Treasury, *Extension of the Statutory Regime for Issuer Liability: A Response to Consultation* (2010).

[452] ibid 25 para 8.8. 財務省が 2008 年 7 月に報告書（HM Treasury, *Extension of the Statutory Regime for Issuer Liability* (2008)）を公表しこれに対するコメントを求めたところ、その大部分が、発行会社の取締役およびアドバイザーを含む形で制定法上の枠組みが拡張されないよう当該報告書が提案したことを支持したとされている（HM Treasury (n 451) 25 paras 8.5-8.6）。

[453] The Financial Services and Markets Act 2000 (Liability of Issuers) Regulations 2010, SI 2010/1192, reg 2(2). 2010 年改正 FSMA90A 条は、「(a) 当該証券に関する特定の開示された情報における誤導的な声明若しくは不正直な不開示、又は／(b) 当該情報を開示する際の不正直な遅延／――の結果として損失を被った者に対して賠償金を支払うという証券の発行者の責任について別表 10A が規定する。」（ibid）と規定した。

[454] ibid reg 2(3). 別表 10A は、「当該発行者は――／(a)／(i) 本別表が適用されるところの開示された情報における不実の又は誤導的な声明、又は／(ii) それに含めることが要求されているあらゆる事項のあらゆる当該開示された情報からの不開示へのあらゆる者による信頼の結果として被った損失に関して〔本別表〕3 条が規定するところ以外のあらゆる責任に、／〔及び〕(b) 本別表が適用されるところの情報の開示における遅延の結果として被った損失に関して〔本別表〕5 条が規定するところ以外のあらゆる責任に服しない。」（ibid reg 2(3), sch 10A, para 7(1)）と規定している。その上で、「当該発行者以外の者はあらゆる当該損失に関して、当該発行者に対する〔それ〕以外の、あらゆる責任に服しない。」（ibid reg 2(3), sch 10A, para 7(2)）と規定している。

第2節　上場会社の取締役の義務と責任　361

3　小括

流通市場における不実開示の場面で投資家が救済を求めようとする場合、コモン・ローがその根拠となり得るが、貴族院判決の中に、「投資決定」として〔株式の〕売却と購入を同一視することを否定し、会計監査人の報告書を信頼して追加的な株式を購入した者とあらゆる他の投資する公衆とが異ならない地位に立つとする立場がみられている。

2006年会社法1270条がFSMAに90A条を加え、投資家に対する発行会社の責任を規定した一方、発行会社以外の者は発行会社に対するそれを除きあらゆる責任に服しないと規定した。Davies Reviewは、この立場を支持し、〔FSMA90A条に示される〕制定法上の枠組みの下での責任が発行者に限られ続けるべきであるとした。財務省報告書も、〔制定法上の〕責任の枠組みが取締役およびアドバイザーを含む形で拡張されることが有益であるとは考えないとしている。

第4項　学説の状況

1　開示のエンフォースメントの在り方

(1)　Paul Davies

Daviesは、2009年の論稿[455]で、Davies Reviewから生じる問題を検討し[456]、不実開示の抑止の観点から発行会社の取締役に対する責任の賦課を検討している[457]。

---

[455]　Paul Davies, 'Liability for Misstatements to the Market: Some Reflections' (2009) 9 JCLS 295.

[456]　ibid 295. 具体的には、Davies Reviewが発行者に課される継続開示義務の私的エンフォースメントに限定的な役割のみ提案したところ、同論稿は、このような限定的な役割が塡補賠償と抑止の見地の両方から正当化され得るかどうかを検討し、これらの義務の公的エンフォースメントの健全なシステムが設置されているならば、それは正当化され得るものであるが、FSAの役割における近年の変化が公的エンフォースメントの適切な水準を提供するであろうかどうかはなお明らかでないとした。ibid.

[457]　ibid 304-06. 具体的には、以下の通りである。提案された制定法上の枠組みを抑止の見地からみた場合、賠償責任を発行者よりも発行会社の取締役に賦課するルールを通して抑止がより実現され得るかどうかが問題となり、発行者の市場に対する声明を承認する責任を有しそうであるの

また、翌2010年の論稿[458]で、同年のFSMA90A条の改正および同法別表10A
について論じ[459]、発行者以外の者が発行者に対するそれを除いて責任を負わな
いとされている点についても論じている[460]。

は上位の経営者であるため、間接的にのみ取締役を抑止するところの発行者よりも取締役に責任
を課すことを支持する抑止の議論があり得るが、この議論は、取締役がD&O保険または会社の
補償義務を通して当該責任を当該会社に返すことができるならば存立しないであろう。この状況
において、当該責任は最終的に発行者によって負われるため、取締役を責任〔を負う主体〕から
除くことによって何も失われないと考え得る。換言すれば、取締役に効果的に責任を賦課する最
初の段階は、責任を会社に移す手段を禁じることであろう。しかし、連合王国においては、この
ような変化を立法が認める可能性は非常に低いように思われる。1989年から2004年における法
改正の結果として、会社による取締役の義務違反に対する付保条項および第三者に対する責任に
対する補償条項〔を設けること〕が容易になった。第三者に対する補償に関する2004年の法改
正は特にアメリカにおける証券に基づくクラス・アクションの懸念から行われたものである。こ
のため、2006年会社法におけるD&O保険と会社補償の条項に対するいかなる変更も、その行使
を検討することをDavies Reviewが依頼されたところの規制権限に基づいては達成され得ないた
め、提案された取締役の制定法上の責任〔規定〕を改正することをDavies Reviewが提案しなか
ったことは驚くべきことではない。ibid 304-05.

……発行者の責任というよりもむしろ取締役の責任が、抑止の観点から原則として適切な選択
であり得るとされ、しかし当該責任は市場における購入者が負う損失に必ずしも基づくわけでは
なく、救済は当該購入者の訴訟におけるものでさえないとされるかもしれない。実際のところ、
政府の提案は取締役の会社に対する責任を維持するものであるが、市場に対する不実記載が当該
会社にどのように損失をもたらすかについての理論が当該規則〔前掲注452)参照〕において不
在であり、このことは、当該発行者が投資家に対して〔賠償金の〕支払を行わなければならず、
かつ、その取締役からその回収を図る事案においてのみ問題になりそうである。〔当該取締役に
対する〕訴えを提起するという当該会社の誘因は乏しいかもしれない。ibid 305-06.

[458] Paul Davies, 'Liability for Misstatements to the Market' (2010) 5 CMLJ 443.

[459] 前掲注453)および前掲注454)ならびにこれらに対応する本文を参照。

[460] Davies (n 458) 449-50. 以下の通り述べている。取締役の投資家に対する直接の責任を〔別表
10Aが〕排除したことは、当該責任の抑止〔に果たす〕価値が実質的であり得るために誤りであ
ると議論のあるところであるが、D&O保険が普及している限り、取締役を責任にさらすことが
期待された影響を有するであろうかどうかは疑わしく、〔FSMA〕90B条における〔規則による〕
修正権は取締役の保険についての規則の修正に拡張されなかった。ibid 450.

しかし、取締役(および発行者)が市場に対する一般的な声明を行うことを超えた場合に責任
を負うべきであるという幅広い合意があった。Caparo事件判決〔前述本款第3項1(2)参照〕にお
いて、貴族院は、会計および報告書の配布が会計監査人(および同等の理由づけにより取締役お
よび発行会社)の側に投資家に対する注意義務を何も生じさせない一方、株主のガバナンス権の
行使に関して株主に対する注意義務を創出したことを承認した。同様に、市場に対するたんなる
一般的な声明を超えることによって、発行者またはその取締役は行われた声明の真実性に対する
責任を受け入れるかもしれない。これらの少々未発展の点を捕捉するための試みにおいて、当該

(2) Armour, Mayer, and Polo

Armour、Mayer および Polo は、2017 年の論稿[461]で、連合王国の規制機関による金融規制のエンフォースメントが罰された企業の市場価格に与える影響を分析している[462]。

2 ゲートキーパーの役割

ゲートキーパーの役割が論じられている[463]。このほか、格付機関の役割についても議論がみられる[464]。

第 5 項 小括

発行市場における不実開示の場面で、FSMA90 条が、不実または誤導的な〔開示書類の〕事項に対する賠償を規定するとともに、専門家に対する信頼による

規則〔前掲注 453）および前掲注 454）参照〕は、詐欺に対する発行者の責任の制限と制定法上の枠組みに基づく取締役の責任からの除外のいずれも、①契約違反に対する訴訟、②1967 年不実表示法に基づく請求または③「問題となっている情報の正確性又は完全性に対する、特定の目的での特定の者に対する、ある者の引き受けた責任から生じる」請求——不法行為における責任の引受けという観念を捕捉することを意図した公式——に適用されないと規定している。ibid.

[461] John Armour, Colin Mayer, and Andrea Polo, 'Regulatory Sanctions and Reputational Damage in Financial Markets' (2017) 52 JFQA 1429.

[462] ibid 1429. 具体的には、2001 年から 2011 年を対象に、連合王国の規制機関が罰した企業の株価が罰金および賠償金のおおむね 9 倍となる有意な超過損失（abnormal losses）を示したとしつつ、義務付けられた支払を超過する当該企業の株価の下落を、企業の名声における損失（reputational loss）として解釈している。ibid 1443. その上で、この名声における損失が、当該〔企業による〕権利侵害がその関係する当事者（消費者または投資家）に対するものである事案に限られる等としている。ibid.

[463] Jennifer Payne, 'The Role of Gatekeepers' in Niamh Moloney, Eilís Ferran, and Jennifer Payne (eds), *The Oxford Handbook of Financial Regulation* (OUP 2015) 254.

[464] Eg Arad Reisberg, 'The Future Role of Credit Rating Agencies in Contemporary Financial Markets: A Theoretical Perspective' in Dan Prentice and Arad Reisberg (eds), *Corporate Finance Law in the UK and EU* (OUP 2011) 169.

364　第3章　イギリス法

免責等を規定している。目論見書に対して責任を負う者に発行会社の取締役が含まれている。〔同法同条を根拠とする〕請求において2013年から条件付成功報酬契約を用いることが可能となっているとの指摘がみられ[465]、同法同条に基づく初めてと指摘されている集合訴訟の開始がみられている。当該事案において、2014年の判決が、集団訴訟命令が発出された場合における各当事者の費用の負担について包括的に検討し、これを明らかにしている。

　流通市場における不実開示の場面で、2006年会社法1270条がFSMAに90A条を加え、投資家に対する発行会社の責任を規定した一方、発行会社以外の者は発行会社に対するそれを除きあらゆる責任に服しないと規定した。Davies Review および財務省報告書がこの立場を支持している。

第5款　小括

　連合王国の上場会社においては、公式の私的エンフォースメントが存在しないと指摘されている[466]。また、公開会社の取締役に対するその義務違反を主張する訴訟の提起がほぼ見当たらないとの指摘がみられ[467]、〔取締役が〕個人の出捐を伴う責任を負う危険がゼロではないものの、わずかな水準にとどまっているとの指摘がみられる[468]。

　取締役の対会社責任については、決定が問題となる場面で、1990年代に、取締役がコモン・ロー上負う注意義務は、1986年破産法214条4項において正確に述べられているとするHoffmann裁判官による特徴的な判示がみられている。さらに、非業務執行取締役が会社に対して負う義務は、その定式においては業務執行取締役が負う義務と異ならないものの、その適用において異なり得るものであるとする判示が2003年にみられている。2006年会社法は経営判断原則を規定しておらず、判例も取締役の注意義務違反の有無を判断する際の同原則

---

[465]　前掲注402）参照。

[466]　前掲注158）およびこれに対応する本文を参照。

[467]　前掲注163）およびこれに対応する本文を参照。

[468]　前掲注185）およびこれに対応する本文を参照。

第 2 節　上場会社の取締役の義務と責任　　**365**

を定式として明確にし、かつ、確立しているわけでは必ずしもないようである。他の取締役の行為が問題となる場面では、非業務執行取締役の代表取締役に対する不作為による義務違反が争われ、当該非業務執行取締役に責任があるとされた特徴的な事案がみられている。また、詐欺を行った他の取締役に対する取締役の監視義務違反とこれによる責任の有無が問題とされた興味深い事案がみられており、当該事案では当該取締役が当該詐欺を知らず、疑う理由を有しなかったとして結論としてその責任が否定されている。

　取締役等の資格剥奪制度は、連合王国の上場会社における経営上のエージェンシーコストに制約を課す際の戦略として役割を担っていると指摘されている[469]。裁判所が資格剥奪命令の発出の適否を判断する際の判断枠組みは取締役の注意義務違反の有無を判断する際に参考にされており[470]、業務執行取締役と非業務執行取締役とで異なる資格剥奪期間を適用した事案がみられている[471]。決定が問題となる場面で、資格剥奪合意に基づいて取締役等としての資格が剥奪された事案がみられている。また、他の取締役の行為が問題となる場面で、上場会社の非業務執行取締役の資格が剥奪された事案がみられており、当該事案では、特に非業務執行取締役に対して「警笛が吹かれる」下でその地位にありその経験を有する者に期待される行為規準を深刻に下回ったとして当該非業務執行取締役の資格が剥奪されている。さらに、従業員等の行為が問題となる場面で、当該従業員の活動に責任を負う取締役の資格が剥奪されている。

　取締役の対第三者責任については、伝統的にかつ現在においても、株主に対して個々に負われるものとしての取締役の一般的義務を認めることにコモン・ローが謙抑的であるとの指摘がみられる[472]。発行市場における不実開示の場面では、〔FSMA90 条を根拠とする〕請求において 2013 年から条件付成功報酬契約を用いることが可能となっているとの指摘がみられ[473]、同法同条に基づく初

---

[469]　前掲注 159）およびこれに対応する本文を参照。

[470]　前掲注 256）における②および前掲注 280）参照。

[471]　前述本節第 3 款第 2 項 2(1)および同 2(3)参照。

[472]　前掲注 368）およびこれに対応する本文を参照。

[473]　前掲注 402）参照。

366　第3章　イギリス法

めてと指摘されている集合訴訟の開始がみられている。流通市場における不実開示の場面で、2006年会社法1270条がFSMAに90A条を加え、投資家に対する発行会社の責任を規定した一方、発行会社以外の者は発行会社に対するそれを除きあらゆる責任に服しないと規定されている。

第3節　責任からの救済制度

第1款　会社補償制度

第1項　総説

　2006年会社法は、「当該会社との関係におけるあらゆる過失、不履行、義務違反又は信託違反との関係でそうでなければその者に帰せられるであろうところのあらゆる責任から会社の取締役を（あらゆる程度において）免除しようとするところのあらゆる条項は無効である。」としつつ[474]、その対第三者責任については、一定の場合を除き、補償を認めている[475]。〔アメリカの証券取引所に上場しているイギリスの会社のように、〕アメリカ法を始めとする外国法に基づいて責任が生じる場合、〔取締役の〕対第三者責任が生じ得ると指摘されている[476]。

---

[474]　Companies Act 2006, s 232(1).
[475]　後掲注523）およびこれに対応する本文を参照。
[476]　Davies and Worthington (n 2) 580 para 16-130. 会社が倒産する場合には当該会社の約束〔補償契約等に基づく会社の補償義務〕があまり価値を有しないかもしれないため、取締役は当該約束よりもD&O保険を好むかもしれないとの指摘がみられる。ibid 580-81 para 16-130.

第3節　責任からの救済制度　367

第2項　法制度と判例の展開

1　2004年改正前

(1)　1929年会社法152条c号

　Wilfrid Greene を座長とする委員会が商務省（Board of Trade）によって1925年1月に設置され[477]、翌1926年に報告書（以下「Greene 報告書」という）[478]が公表されている。Greene 報告書は、取締役の責任については、「故意の懈怠又は不履行」によるもの以外の責任を免除する定款規定が、正当化できない保護を取締役に与えるものであるとしている[479]。

　Green 報告書を踏まえ、1929年会社法が、会社のあらゆる取締役等をあらゆる責任から免除しまたはそれに対して補償するあらゆる条項は無効であるものとする旨を規定した[480]。併せて、取締役等に有利に判決が与えられる等した場

---

[477]　The Board of Trade, *Company Law Amendment Committee 1925-26 Report: Presented to Parliament by Command of His Majesty* (Cmd 2657, 1926) 2 <https://catalog.hathitrust.org/Record/006570772>.

[478]　ibid.

[479]　ibid 19.〔具体的には、〕*Re City Equitable Fire Insurance Co Ltd* 事件判決〔前述本章第2節第2款第3項2(1)参照〕がその「故意の懈怠又は不履行」〔前掲注265）参照〕による場合を除き損失に対する取締役の責任を免除するところの一般的な定款に公衆の関心を向け、近年では現実の不正直（actual dishonesty）によるもの以外の全ての場合に取締役の責任を免除する定款が一般的となっているが（see *Re Brazilian Rubber Plantations and Estates Ltd* [1911] 1 Ch 425 (Ch)）、この種の定款はおよそ正当化できない保護を取締役に与えるものであり、これに基づき取締役は意図的に行うのでないならば、不当であると認識しているところの最も重い過失による責任を負わないことができるとした（The Board of Trade (n 477) 19)。

[480]　The Companies Act, 1929, s 152.〔具体的には、〕「役員及び会計監査人の責任に関する条項」として、「以下に規定されるところに従い、会社の定款に含まれるか又は会社若しくはその他とのあらゆる契約に含まれるかにかかわらず、当該会社のあらゆる取締役等、支配人又は役員、又は当該会社によって会計監査人として雇われるあらゆる者（当該会社の役員であるかどうかにかかわらず）を、そうでなければその者が当該会社に対する関係で責任を負い得るところのあらゆる過失、不履行、義務違反又は信託違反に関してあらゆる法規範によってその者に帰せられるであろうところのあらゆる責任から免除し、又はそれに対してその者に補償するためのあらゆる条項は無効であるものとする」(ibid) と規定されている。

　この1929年会社法152条は同法が新設したものであると指摘されている。Eg T Willes Chitty (ed), *The Complete Statutes of England: Classified and Annotated in Continuation of Halsbury's Laws of England and for Ready Reference Entitled "Halsbury's Statutes of England" Volume II* (Butterworth & Co. 1929) 874.

368 第3章 イギリス法

合に限り、定款または会社もしくはその他とのあらゆる契約における条項に従って、その負担した防御費用を会社が補償することについては、これを明示的に認めている[481]。この同法152条c号は、適法と認められる会社補償を会社法上規定しており、限られた範囲での会社補償制度がここに見受けられる。

(2) 1985年会社法310条3項

1985年会社法は、310条に、1929年会社法152条[482]に類似する規定を置いている[483]。取締役に有利に判決が与えられた場合に、定款または会社もしくはその他とのあらゆる契約における条項に従って、その負担した防御費用を会社が補償することが明示的に認められている点については同じである[484]。

---

[481] The Companies Act, 1929, s 152(c). 〔具体的には、〕「本条〔前掲注480）参照〕における全てにかかわらず、前述のあらゆる当該条項に従って、あらゆる当該取締役、支配人、役員又は会計監査人に、民事上であるか刑事上であるかにかかわらず、その者に有利に判決が与えられたところの又はその者が無罪を宣告されたところの又は裁判所によってその者に救済が与えられたところの本法三百七十二条に基づくあらゆる申立てとの関係でのあらゆる訴訟手続の防御においてその者によって負担されたあらゆる責任に対して、会社は補償することができる。」（ibid）と規定されている。

[482] 前述本項1(1)参照。

[483] Companies Act 1985, s 310. 〔具体的には、〕「本条〔1985年会社法310条〕は、会社の定款に含まれるか又は当該会社若しくはその他とのあらゆる契約に含まれるかにかかわらず、当該会社のあらゆる役員〔前掲注237）参照〕又は当該会社によって会計監査人として雇われるあらゆる者（〔当該会社の〕役員であるかどうかにかかわらず）を、その者が当該会社に対する関係で責任を負い得るところのあらゆる過失、不履行、義務違反又は信託違反に関してあらゆる法規範によってそうでなければその者に帰せられるであろうところのあらゆる責任から免除し、又はそれに対してその者に補償するためのあらゆる条項に適用する。」（ibid s 310(1)）と規定されている。〔その上で、〕「次項〔同条3項〕に規定するところを除き、あらゆる当該条項は無効である。」（ibid s 310(2)）と規定されている。〔さらに、〕「当該条項に従って、あらゆる当該役員又は会計監査人に、その者に有利に判決が与えられたか若しくはその者が無罪を宣告されたところの又は裁判所によってその者に救済が与えられたところの、〔本法〕144条3項若しくは4項（善意のノミニーによる株式の取得）若しくは727条（不履行があるが、不正直又は不合理でない取締役）に基づくあらゆる申立てとの関係でのあらゆる訴訟手続（民事上であるか刑事上であるかにかかわらず）の防御においてその者によって負担されたあらゆる責任に対して、会社は補償することができる。」（ibid s 310(3)）と規定されている。

[484] 前掲注481）および前掲注483）参照。

2　2004年改正──適法と認められる会社補償の範囲の拡大

(1)　概観

　会社法が適法と認める会社補償は、伝統的に、取締役等に有利に判決が与えられる等した場合にその負担した防御費用を会社が補償することに限られてきた[485]。この範囲を拡大したのが、2004年会社法である[486]。同法は、CLRSGの作業[487]およびHiggsによる検証[488]に基づいて通商産業省が2003年12月に公表した報告書[489]を踏まえている[490]。以下、これらを検討する。

(2)　CLRSG（2001年）

　CLRSGは、2001年の最終報告書[491]において、会社補償制度の見直しを提案している[492]。具体的には、勝訴の見通しおよび仮に敗訴した場合の返金義務に

---

[485]　前述本項1参照。

[486]　Companies (Audit, Investigations and Community Enterprise) Act 2004, s 19. 後述本項2(5)参照。

[487]　前掲注68）およびこれに対応する本文ならびに後述本項2(2)参照。

[488]　前掲注74）およびこれに対応する本文ならびに後述本項2(3)参照。

[489]　後掲注498）参照。

[490]　Explanatory Notes to the Companies (Audit, Investigations and Community Enterprise) Act 2004, para 103. 2004年会社法は、第三者が提起する訴訟手続および責任からの救済の申立てに関する会社による補償を認めており、第三者が提起する訴訟手続として、アメリカにおけるクラス・アクションを例示している（ibid para 109）。

[491]　The Company Law Review Steering Group (n 69).

[492]　ibid 132-33 ch 6.3. 具体的には、以下の通りである。①上位の従業員の雇用条件を決定することは最終的に取締役会の事項であり、1985年会社法310条が取締役以外の役員の責任に拡張されるべきであるとは考えないこと（ibid 132 ch 6.3）、②同条が用いる不明瞭で時代遅れの公式というよりもむしろ取締役の義務についての制定法上の声明において具体化される一般的な義務に基づく責任にのみ同条が適用されるべきこと（ibid）、③〔会社の定款に含まれるかまたは会社もしくは〕「その他」（"or otherwise"）〔とのあらゆる契約に含まれるかにかかわらず、〕という文言は、特定の株主や持株会社や第三者のような当該会社以外の者との間における補償等を定める契約が同条によって禁じられているかどうかについての不確実性を生じさせており、同条は当該会社との間における補償等を定める契約および当該会社の定款上の当該条項に対してのみ適用されるべきこと（ibid）、その際に、持株会社、それ以外の株主、または第三者との間で交渉される契約に対する異論はないこと（ibid）、④当該決定が利害関係のない取締役会のメンバーによって勝訴の見通しが良好であるという適切な法的アドバイスに基づいてされ、かつ、仮に結果が敗訴である場合には当該取締役が当該会社に対して返金する義務を負うならば、防御する訴訟手続のまたは〔同法〕727条に基づく救済の申立ての費用を事前に補償する〔前払いする〕ことを認め

370 第3章 イギリス法

基づいて会社がその取締役に対してその防御費用を前払いすることを例えば認めるよう提案している[493]。

(3) Higgs 報告書(2003 年 1 月)

続いて、Higgs 報告書[494]が、CLRSG の提案を支持する等とした[495]。ただし、防御費用の前払の要件として勝訴の見通しを取締役が事前に立証することは不要であるとした[496]。その際に、非業務執行取締役のなり手を確保するという側面を考慮している[497]。

るよう、D&O 保険に関する例外が拡張されるべきこと（ibid 133 ch 6.3)、および⑤その下で当該取締役自身があらゆる責任についてまず支払うべき責任を負うところの D&O 保険約款における損失要件に対する合理的で誠実な超過に対して会社が取締役に補償することが適法であるべきこと（ibid）を提案している。

[493] 前掲注 492）における④を参照。

[494] Higgs (n 72).

[495] ibid 65 paras 14.14-14.17. 具体的には、以下の通りである。①1985 年会社法 310 条は、防御において勝訴する場合でない限り、法的費用を補償するという事前の約束を無効としているところ（ibid 65 para 14.14)、②CLRSG の提案〔前掲注 492）における④および⑤〕を支持するとしつつ（ibid 65 paras 14.15-14.16)、当該事案における勝訴の見通しを事前に立証しようとすることなく、取締役が防御する訴訟手続における合理的な費用をその会社自体から会社が事前に補償することができることを連合王国政府がさらに規定すべきであると提案し（ibid 65 para 14.16)、当該取締役は仮に敗訴したならば当該費用を返金する義務を負うであろうとした（ibid)。〔続けて、〕③防御するという被告取締役の能力は原告の〔有する〕金員に依存し、会社は当該訴訟を提起することがその最善の利益におけるものであると当該会社が決定したであろうところの状況において当該取締役の防御費用を有効に支払っているであろうとし（ibid 65 para 14.17)、当該取締役は仮に敗訴した場合には当該費用を返金する義務を負うであろうが、実務上当該金員を回復することには困難があり得るとした（ibid)。それにもかかわらず、当該会社自身が利用可能なそれと同等の法的支援を当該取締役が有して防御されることを取締役が信頼し得ることを確保することの重要性、および非業務執行取締役のなり手が潜在的な法的アクションへの懸念によって縮小しないようにするというより広い側面を考慮し、当該提案が正当化されるであろうとした（ibid)。

[496] 前掲注 495）における②を参照。

[497] 前掲注 495）における③を参照。

第 3 節　責任からの救済制度　371

(4)　通商産業省報告書(2003 年 12 月)

　さらに、通商産業省報告書[498]が、取締役の責任および会社補償についての 3 つの主な選択肢等をパブリック・コメントに付した[499]。得られたコメントの大部分が、CLRSG の提案を実行するという選択肢を支持したとされている[500]。併せて、防御費用の前払の要件として勝訴の見通しを取締役が事前に立証することは不要であるとした Higgs 報告書の提案[501]に対して強い支持があったとされている[502]。

(5)　2004 年会社法

　2004 年会社法が、これらを踏まえ[503]、19 条で「取締役等を責任から保護する条項の禁止の緩和」を規定し[504]、同条 1 項が 1985 年会社法 309 条の後に 309A

---

[498]　Department of Trade and Industry, *Director and Auditor Liability: A Consultative Document* (2003).

[499]　ibid 17 para 5.3. 当該選択肢は、①取締役の責任の免除についての 1985 年会社法の条項の実質を維持するというもの（ibid 18 para 5.4）、②CLRSG の提案〔前掲注 492〕参照〕を実行するというもの（ibid 18 para 5.5-19 para 5.6）、③アメリカのモデルに基づく改革を行うというもの〔MBCA を参照している〕（ibid 19 para 5.7-21 para 5.13）である。

[500]　Department of Trade and Industry, Director and Auditor Liability: Summary of Responses to the Government's Consultation (2004) 13 <http://webarchive.nationalarchives.gov.uk/20060214071106/http://www.dti.gov.uk/consultations/files/publication-1368.pdf>.

[501]　前掲注 495）における②を参照。

[502]　Department of Trade and Industry (n 500) 15. また、回答者の約 3 分の 2 が、潜在的な責任に関する問題が有能な非業務執行取締役の採用に影響を与えるかもしれないと回答したとされている。ibid 11.

[503]　前掲注 490）およびこれに対応する本文を参照。特に通商産業省のパブリック・コメント〔前述本項 2(4)参照〕は、以下の 2 つの懸念を特定したとされている。Explanatory Notes to the Companies (Audit, Investigations and Community Enterprise) Act 2004, para 104.〔すなわち、〕①第三者による取締役に対する法的アクションから生じる責任にさらされること。アメリカにおける株主の集団によるクラス・アクションの件数の急速な増加が、アメリカ〔の証券取引所〕で上場しているイギリスの会社の取締役にこれを特に懸念させたこと。②長期にわたる裁判所手続の費用。会社は取締役に防御費用を補償することが現在認められているが、それは取締役に有利な判決が与えられたかまたは無罪が宣告された場合にのみ認められていること、である。ibid. それはさらに、これらの問題が取締役の採用および行動に影響を与えているという強力な論拠を提供し、〔2004 年会社法〕19 条および 20 条がそれゆえこれらの懸念に対処するために本法〔同法〕に含まれたとされている。ibid para 105.

372　第 3 章　イギリス法

条、309B 条および 309C 条を加えた[505]。具体的には、309A 条は「取締役を責
任から保護する条項」であり[506]、309B 条は「第三者補償の資格を与える条項」
であり[507]、309C 条は「第三者補償の資格を与える条項の開示」を規定してい

---

[504]　Companies (Audit, Investigations and Community Enterprise) Act 2004, s 19.

[505]　ibid s 19(1).

[506]　以下の通り規定している。ibid. ①「本条は、当該会社に対する関係におけるあらゆる過失、
不履行、義務違反又は信託違反との関係で会社の取締役に帰せられるあらゆる責任との関係で適
用される。」(309A 条 1 項)。②「〔本条〕1 項におけるあらゆる責任から会社の取締役を（あらゆ
る程度において）免除しようとするところのあらゆる条項は無効である。」(同条 2 項)。③「会
社がそれにより直接にまたは間接に／(a) 当該会社の、又は／(b) 関連会社の、――取締役に（あ
らゆる程度において）〔本条〕1 項におけるあらゆる責任に対する／補償を規定するところのあら
ゆる条項は無効である。」(同条 3 項)。④「〔本条〕3 項は第三者補償の資格を与える条項（309B
条 1 項参照）に適用しない。」(309A 条 4 項)。⑤「〔本条〕3 項は会社が／(a) 当該会社の、又は
／(b) 関連会社の、――取締役に〔本条〕1 項におけるあらゆる責任に対する保険を／購入し
保有することを妨げない。」(同条 5 項)。⑥「本条において――／『関連会社』("associate company")
とは、会社 ("C") との関係で、C の子会社、又は C の持株会社又は C の持株会社の子会社であ
るところの会社を意味し、／『条項』("provision") とは、会社の定款に又は会社とのあらゆる契
約に含まれているかどうかにかかわらず、あらゆる性質の条項を意味する。」(同条 6 項)。ibid.

[507]　以下の通り規定している。ibid. ①「309A 条 4 項の目的において、以下の A から C までの条
件が満たされるところの関係において 309A 条 3 項が言及するような条項である場合、ある条項
は第三者補償の資格を与える条項である。」(309B 条 1 項)。②「条件 A は、／(a) 当該会社に対
して、又は／(b) あらゆる関連会社に対して／――当該取締役が負うあらゆる責任に対するいか
なる補償をも当該条項が規定しないこと。」(同条 2 項)。③「条件 B は、／(a) 刑事手続において
科された料科、又は／(b) （どのように生じるものであれ）規制上の性質のあらゆる要求に対す
る不遵守に関して罰金の形で規制機関に対して支払われる合計額／――を支払うという当該取
締役が負うあらゆる責任に対していかなる補償をも当該条項が規定しないこと。」(同条 3 項)。
④「条件 C は、／(a) その者が有罪判決を得たところのあらゆる刑事の訴訟手続の防御において、
又は／(b) その者に不利に判決が与えられたところの当該会社、又は関連会社が提起したあらゆ
る民事の訴訟手続の防御において、又は／(c) 裁判所がその者に救済を与えることを拒否したと
ころの次の条項すなわち――／(i) 〔1985 年会社法〕144 条 3 項若しくは 4 項（善意のノミニー
による株式の取得）、又は／(ii) 〔同法〕727 条（正直で合理的な行為の事案において救済を与え
るという一般的権限）／のいずれかに基づくあらゆる申立てとの関係において／当該取締役が負
うあらゆる責任に対して当該条項がいかなる補償をも規定しないこと。」(309B 条 4 項)。⑤「〔同
条〕4 項の a 号、b 号又は c 号において、あらゆる当該有罪判決、判決又は救済の拒否は、確定
したところのそれへの言及である。」(同条 5 項)。⑥「〔同条〕5 項の目的において有罪判決、判
決又は救済の拒否は／(a) 上訴されなかった場合には、上訴期間の終わりに、又は／(b) 上訴され
た場合には、当該上訴（又はあらゆる再上訴）が処理された時に／――確定する。」(同条 6 項)。
⑦「上訴は――／(a) 決定がされあらゆる再上訴期間が終わった場合、又は／(b) 取り下げられ若

　　　　　　　　　　　　　　　　　　　　第 3 節　責任からの救済制度　**373**

る[508]。これにより、適法と認められる会社補償の範囲を拡大した[509]。併せて、
20 条で「防御する訴訟手続における取締役の支出に対する資金提供」を規定し
[510]、1985 年会社法 337 条の後に 337A 条を加えた[511]。

しくは効力を失った場合に／処理される。」（同条 7 項）。⑧「本条において『関連会社』及び『条
項』は 309A 条におけるのと同じ意味を有する。」（309B 条 8 項）。ibid.

[508]　以下の通り規定している。ibid. ①「〔本条〕2 項および 3 項は、会計年度に関する〔1985 年
会社法〕234 条に基づく取締役会報告書（directors' report）に関する開示の要求を課す。」（309C
条 1 項）。②「(a) 当該報告書が〔同法〕234A 条に基づいて承認された時に、あらゆる第三者補
償の資格を与える条項（当該会社によるものであれその他によるものであれ）が当該会社の 1 以
上の取締役の利益にとって有効である、又は／(b) 当該会計年度内のあらゆる時に、当該会社の
取締役であったところの 1 以上の者の利益にとってあらゆる当該条項が有効であった、／場合に
は──／当該報告書はあらゆる当該条項が有効である又は（場合により）有効であったことを述
べなければならない。」（309C 条 2 項）。③「当該会社が第三者補償の資格を与える条項を置き、
かつ、──／(a) 当該報告書が〔同法〕234A 条に基づいて承認される時に、当該会社が置いたあ
らゆる第三者補償の資格を与える条項が関連会社の 1 以上の取締役の利益にとって有効である、
又は／(b) 当該会計年度内のあらゆる時に、関連会社の取締役であったところの 1 以上の者の利
益にとってあらゆる当該条項が有効であった、／場合には当該報告書はあらゆる当該条項が有効
である又は（場合により）有効であったことを述べなければならない。」（309C 条 3 項）。④「〔本
条〕5 項は、会社が当該会社の又は関連会社の取締役の利益に対して第三者補償の資格を与える
条項を置いた場合に適用される。」（同条 4 項）。⑤「〔同法〕318 条は──／(a) 当該会社、及び／
(b) 当該取締役が関連会社の取締役である場合には、関連会社、／に当該条項の謄本、又は（書
面によるものでない場合には）その条件を定める覚書が、〔同法〕318 条 1 項における文書の一覧
に含まれるかのように適用するものとする。」（309C 条 5 項）。⑥「本条において──／『関連会
社』及び『条項』は 309A 条におけるのと同じ意味を有し、かつ／『第三者補償の資格を与える
条項』は 309B 条 1 項によって与えられる意味を有する。」（309C 条 6 項）。ibid.

[509]　2004 年改正 1985 年会社法 309A 条 4 項（前掲注 506）における④を参照）が、刑事手続にお
いて科された科料や規制機関に対する罰金を除き（前掲注 507）における①および③を参照）、か
つ、確定判決がその責任を認める等しない限り（前掲注 507）における①、④および⑤を参照）、
第三者に対する責任について、会社または関連会社が当該会社の取締役に補償することを認めて
いる。

　なお、この点に関して、会社は第三者が〔訴訟を〕提起した事案における損害賠償金について
補償することが伝統的に認められてこなかったようであるとの指摘がみられる。Cheffins and
Black (n 178) 1415.

[510]　Companies (Audit, Investigations and Community Enterprise) Act 2004, s 20.

[511]　ibid. 以下の通り規定している。ibid. ①「会社は──／(a) あらゆる刑事又は民事の訴訟手続
の防御において、又は／(b)〔本条〕2 項が言及するあらゆる条項に基づくあらゆる申立てとの
関係で／その者によって負担された又は負担される支出を満たす資金を取締役に提供するため
に何かを行うことを〔1985 年会社法〕330 条によって妨げられない。」（337A 条 1 項）。②「当該
条項は──／〔同法〕144 条 3 項及び 4 項（善意のノミニーによる株式の取得）、並びに／〔同法〕

374 第3章 イギリス法

3 2004年改正後

(1) 2006年会社法

2006年会社法は、232条から239条において取締役の責任について規定した[512]。これらは、2つの事項を扱うものであり[513]、①〔239条以外の〕1985年会社法309A条から309C条までを再述するとともに[514]、②239条が取締役の責任を生じる行為の追認に関する法の実質的な改正を行うものであるとされている[515]。このように、2006年会社法は232条から238条において会社補償に

727条（正直で合理的な行為の事案において救済を与えるという一般的権限）である。」（337A条2項）。③「〔同法〕330条は取締役が当該支出を負担することを避けられるように会社が何かを行うことをも妨げない。」（337A条3項）。④「――/(a) 当該取締役が当該訴訟手続において有罪判決を得る場合、当該有罪判決が確定する日、/(b) 当該訴訟手続においてその者に不利に判決が与えられる場合、当該判決が確定する日、又は/(c) 当該申立てに基づいてその者に救済を与えることを当該裁判所が拒否する場合、当該救済の拒否が確定する日/までにそれに基づいてそれ〔貸付又は他の事項〕が実行され又はされたところの約定（terms）が当該貸付が返金されない、又は問題となっている当該事項と関係するあらゆる取引に基づく当該会社のあらゆる責任が果たされない結果となるであろう場合、〔本条〕1項及び3項はこれらの項〔1項及び3項〕が言及する貸付又は他の事項にのみ適用する。」（337A条4項）。⑤「〔本条〕4項の目的において有罪判決、判決又は救済の拒否は/(a) 上訴されなかった場合には、上訴期間の終わりに、又は/(b) 上訴された場合には、当該上訴（又はあらゆる再上訴）が処理された時に/――確定する。」（同条5項）。⑥「上訴は――/(a) 決定がされあらゆる再上訴期間が終わった場合、又は/(b) 取り下げられ若しくは効力を失った場合に/処理される。」（同条6項）。ibid.

[512] Companies Act 2006, ss 232-39.

[513] Explanatory Notes to the Companies Act 2006, para 425.

[514] ibid. 〔239条以外における〕実質的な変更は、①会社が職域年金制度の受託者として行為する会社の取締役に補償することを認める新設条項（235条）、②第三者補償の資格を与える条項の謄本を請求する株主の権利の設定（238条2項）、③237条（補償の資格を与える条項の謄本が閲覧できるべきこと）の要求を遵守しなかった会社の側の刑事責任の排除、④登録オフィス（registered office）に加えて閲覧がされ得るところの場所を特定する規則を規定する条項（237条3項）および⑤全ての補償の資格を与える条項〔謄本または覚書〕がその期間が満了した後少なくとも1年会社によって保持されるべきであるとする要求（237条4項）であるとされている。ibid.

[515] ibid.

ついて規定しており[516]、その内容は、2004 年会社法 19 条および 20 条[517] に類似している[518]。

(2) 現状と検討

2006 年会社法 232 条から 238 条は、現在まで改正されていない[519]。

2006 年会社法の下で、取締役の対会社責任については、判決額および和解金のいずれについても、これに補償することが否定されている[520]。その対第三者責任については、刑事手続において科された科料や規制機関に対する罰金を除き[521]、かつ、確定判決がその責任を認める等しない限り[522]、和解金および争訟費用に補償することが認められている[523]。同法は、取締役が勝訴した場合を含め、義務的補償を明示的に規定していない[524]。また、会社が防御費用を前払いする際に、取締役が勝訴の見通しを立証することを明示的に要件としている

---

[516] Companies Act 2006, ss 232-38.〔特に同法 232 条 2 項は、以下の通り規定している。〕会社がそれにより当該会社の、または関連会社の取締役に直接にまたは間接に、その者が取締役であるところの当該会社との関係におけるあらゆる過失、不履行、義務違反または信託違反との関係でその者に帰せられるあらゆる責任に対して補償（あらゆる程度において）を提供するところのあらゆる条項は、(a)〔同法〕233 条（保険の条項）、(b)〔同法〕234 条（第三者補償の資格を与える条項）、または(c)〔同法〕235 条（年金制度補償の資格を与える条項）が認めるところを除き、無効である（ibid s 232(2)）。後掲注 537）およびこれに対応する本文を参照。

[517] 前述本項 2(5)参照。

[518] 前掲注 514）参照。

[519] 連合王国政府ウェブサイト（http://www.legislation.gov.uk/ukpga/2006/46/part/10/chapter/7）参照。

[520] Companies Act 2006, s 232(2). その者に不利に判決が出されたところの、当該会社または関連会社が提起した民事の訴訟手続の防御において当該取締役が負担した〔第三者に対する〕あらゆる責任に対して補償することが否定されている（ibid s 234(3)(b)(ii)）。すなわち、取締役の対会社責任が問題になる場合の争訟費用については、当該取締役に不利に判決が出されない限り、会社がこれを任意で補償することが認められているようである。この場合の争訟費用については、当該取締役が第三者〔である弁護士〕に対して負担し得る責任として整理されており、当該取締役が勝訴する場合であれ和解する場合であれ、当該取締役に不利に判決が出されない限り、当該取締役に争訟費用を補償することを当該会社に義務付ける条項〔補償契約等〕が許容されるとの指摘がみられる（Davies and Worthington (n 2) 581 para 16-130）。

[521] Companies Act 2006, s 234(3)(a).

[522] ibid ss 234(3)(b)-234(5).

[523] ibid s 234(1).

[524] Companies Act 2006.

376 第3章 イギリス法

わけではない[525]。第三者補償の資格を与える条項の開示、謄本等の備置ならびに株主の謄本等の閲覧および請求権を同法が規定している[526]。

第3項 小括と検討

1929年会社法が、会社のあらゆる取締役等をあらゆる責任から免除しまたはそれに対して補償するあらゆる条項は無効であるものとする旨を規定するとともに、同法152条c号が、取締役等に有利に判決が与えられる等した場合に限り、定款または会社もしくはその他とのあらゆる契約における条項に従って、その負担した防御費用を会社が補償することについては、これを明示的に認めた。

このように、会社法が適法と認める会社補償は、伝統的に、取締役等に有利に判決が与えられる等した場合にその負担した防御費用を会社が補償することに限られてきたが、2004年会社法19条が1985年会社法309条の後に309A条、309B条および309C条を加え、刑事手続において科された科料や規制機関に対する罰金を除き、かつ、確定判決がその責任を認める等しない限り、第三者に対する責任について、会社または関連会社が当該会社の取締役に補償することを認めた。

この2004年会社法は、CLRSGの作業およびHiggsによる検証に基づいて通商産業省が2003年12月に公表した報告書を踏まえており、特に①アメリカ〔の証券取引所〕で上場しているイギリスの会社の取締役を始めとして、第三者による取締役に対する法的アクションから生じる責任にさらされることへの懸念および②取締役に有利な判決が与えられたかまたは無罪が宣告された場合にのみ会社が取締役に防御費用を補償することが認められていたことへの懸念が、

---

[525] ibid. 前払の要件としての返金の約束も明示的に要件とされているわけではないが、取締役が後に確定判決で敗訴した場合には、判決額および争訟費用についてあらゆる補償が認められないことになるため（ibid ss 234(3)(b)-234(5)）、当該取締役は前払いされた当該争訟費用を返金する義務を負うものと解される。

[526] ibid ss 236-38.

取締役の採用および行動に影響を与えていると考えられたことを踏まえたものである。

2006年会社法は232条から238条において会社補償について規定し、取締役の対会社責任については、判決額および和解金のいずれについても、これに補償することを否定している。その対第三者責任については、刑事手続において科された科料や規制機関に対する罰金を除き、かつ、確定判決がその責任を認める等しない限り、和解金および争訟費用について補償を認めている。同法は、取締役が勝訴した場合を含め、義務的補償を明示的に規定していない。また、会社が防御費用を前払いする際に、取締役が勝訴の見通しを立証することを明示的に要件としているわけではない。第三者補償の資格を与える条項の開示、謄本等の備置ならびに株主の謄本等の閲覧および請求権を同法が規定している。

第2款　D&O保険

第1項　概観

以下、D&O保険を分析する[527]。1989年会社法137条1項が、1985年会社法310条3項を改め、会社がD&O保険を購入し保有できることを明確にした[528]。その後、2003年1月のHiggs報告書が、適切なD&O保険を提供する必要性にコードが言及すべきであるとし[529]、同年7月の改定統合コードが、'Comply or Explain'規範として、会社は適切な〔D&O〕保険の填補を確保すべきであると推奨した[530]。

---

[527]　例えば以下が参考になる。Robert Merkin, *Colinvaux & Merkin's Insurance Contract Law* (release 51, Sweet & Maxwell March 2018).

[528]　後掲注532）およびこれに対応する本文を参照。

[529]　後掲注539）参照。

[530]　後述本款第3項2参照。

378　第3章　イギリス法

第2項　会社法

1　1989年会社法137条

1989年会社法137条1項が、1985年会社法310条3項を改め[531]、会社がそのあらゆる役員または会計監査人のためにそれらの対会社責任について〔も〕D&O保険を購入し保有できることを明確にした[532]。この1989年改正後の1985年会社法310条は、D&O保険による填補責任の範囲を制限していない[533]。また、1989年会社法137条2項が、1985年会社法別表7の5条の後に5A条を加え[534]、会社が当該保険を購入または保有した場合にはその事実を開示することを求めた[535]。

2　2006年会社法233条

2006年会社法は、この1989年改正後の1985年会社法310条3項a号[536]に類似する規定を233条に置いている[537]。2006年会社法233条がD&O保険による填補責任の範囲を制限していない点については同じである[538]。

---

[531]　Companies Act 1989, s 137(1). 1985年会社法310条については、前掲注483）およびこれに対応する本文を参照。

[532]　ibid.〔具体的には、〕「本条は会社が──／あらゆる当該役員又は会計監査人のためにあらゆる当該責任〔前掲注483）参照〕に対する保険を購入し保有することを妨げない」（1985年会社法310条3項a号）と規定されている。ibid. 1989年会社法137条1項が1985年会社法310条3項を改めた中で、この1985年会社法310条3項a号のみが新たな規定であると指摘されている。Mary Arden and D D Prentice (eds) *Buckley on the Companies Acts* (14th edn, Special Bulletin the Companies Act 1989, Butterworths 1990) 260.

[533]　Companies Act 1989, s 137(1).

[534]　Companies Act 1989, s 137(2).

[535]　ibid.〔具体的には、〕「役員又は会計監査人に効果を有する保険」として、「当該会計年度において当該会社が310条3項a号〔前掲注532）参照〕において言及される通りのあらゆる当該保険（当該会社との関係における責任に対する役員又は会計監査人の保険）を購入し又は保有した場合には、その事実が当該報告書〔取締役会報告書〕において述べられるものとする。」（1985年会社法別表7の5A条）と規定されている。ibid.

[536]　前掲注532）参照。

第3節 責任からの救済制度 379

第3項 コードによる推奨

1 Higgs報告書（2003年）

2003年1月のHiggs報告書は、適切なD&O保険を提供する必要性にコードが言及すべきであるとした[539]。

2 改定統合コード（2003年）

2003年7月の改定統合コードは、会社はその取締役に対する法的アクションに関して適切な〔D&O〕保険の填補を確保すべきであるとした[540]。すなわち、この点を遵守しているかどうかについて、'Comply or Explain'規範としてその開示が求められた[541]。

---

[537] Companies Act 2006, s 233. 〔具体的には、〕「保険の条項」として、「〔2006年会社法〕232条2項（取締役に補償する条項の無効）〔前掲注516〕参照〕は、会社が当該会社の、又は関連会社の取締役に、同項において言及される通りのあらゆる当該責任に対して保険を購入し保有することを妨げない。」と規定している。ibid.

[538] ibid. 前掲注533）に対応する本文を参照。また、前掲注519）およびこれに対応する本文を参照。

[539] Higgs (n 72) 66 para 14.19. 以下の通り述べている。「〔D&O〕保険は第三者による訴訟に対する非業務執行取締役への基本的な保護であると私〔Higgs、以下同じ〕は考える。会社にとっての利点は、そのような訴訟に対して取締役に補償する必要を避ける〔ことができる〕という点である。適切なD&O保険を提供する必要性にコードが言及すべきである（提案されるコードの規定A.1.7）。会社はまた、潜在的な非業務執行取締役〔の候補者〕に対してその〔D&O〕保険の填補の詳細をその選任前に提供すべきであると私は考える。仮に〔会社〕法が改正される場合、会社はまた〔D&O保険における〕損害要件のあらゆる超過に対して取締役に補償すべきであると私は考える。」ibid. 前述本章第1節第1款第4項1(2)参照。

[540] FRC (n 80) 5 A.1.5.

[541] ibid.

380 第3章 イギリス法

3 現状

現在、UK CG コードが、これと同じ規定を置いている[542]。なお、当該条項
〔適切な〔D&O〕保険の填補を確保すべきであるとする推奨〕は、代表的な不
遵守条項に含まれていないとの調査がみられる[543]。

第4項 D&O保険約款──填補責任

典型的に、イギリスにおける D&O 保険は、被保険者の取締役としての資格
においてされた責任のある（culpable）作為または不作為から生じる「損失」に
対する填補を与えるものであるとの指摘がみられている[544]。〔イギリス法の下
においても、〕D&O 保険約款は Side A、Side B および Side C によって3種類の
請求による責任を潜在的に填補し得るとの指摘がみられる[545]。その填補責任の
範囲から、刑事法に反する行為に対して科される科料、懲罰的損害賠償（punitive
or exemplary damages）および数倍賠償（multiple damages）が一般的に除かれて
おり、D&O 保険約款は、制定法上の条項に対する違反から生じた民事責任お
よびあらゆる故意に不正直な（deliberately dishonest）または故意に詐欺的な
（deliberately fraudulent）行為をも〔その填補責任の範囲から〕典型的に除外し
ているとの指摘がみられる[546]。

---

[542] FRC, *The UK Corporate Governance Code* (2016) 7 A.1.3
<http://www.ecgi.global/code/uk-corporate-governance-code-2016>. 前掲注94）参照。

[543] Grant Thornton (n 155) 27-28.

[544] Cheffins and Black (n 178) 1415. 「責任のある作為」は、義務違反、信託違反、懈怠および不
当取引を含むよう通例広義に定義されるであろうと指摘されている。ibid 1416. また、「損失」は、
取締役が訴訟の防御または和解において負担した損害賠償金および法的費用として支払う責任
を負うところの合計額を含むとの指摘がみられる。Chris Parsons, 'Directors' and Officers' Liability
Insurance: A Target or a Shield?' (2000) 21 Co Law 77, 79.

[545] Merkin (n 527) B-0945. 前述第2章第3節第2款第2項2参照。

[546] ibid B-0952.

第4節　イギリス法の総括

　イギリス法における取締役会による監督の在り方は、1990 年代以降、会社不祥事の顕在化を背景に見直された。この見直しは、1992 年に公表された Cadbury報告書および最善慣行コードによって開始されたように見受けられ、これ以降、コードに示された'Comply or Explain'規範が取締役会およびその内部に設置される委員会の構成や独立非業務執行取締役の役割等を規定してきている。

　取締役会の構造、構成および機能については、連合王国において会社自身が決定する事項であると伝統的に考えられ、株主総会と取締役会との間および取締役会と経営者との間における権限分配は立法によって定められていないと指摘されており、2006 年会社法が提示するモデル定款は、取締役会がそのあらゆる権限を「者又は委員会」に委譲し得るとしている。

　この下で、UK CG コードは、LSE のメイン・マーケットにプレミアム上場として上場する会社に対し、その取締役会の内部に指名委員会、監査委員会および報酬委員会を設置すべきことを'Comply or Explain'規範として推奨し、取締役会から報酬委員会に対して全ての業務執行取締役および〔取締役会の〕議長の報酬を設定する権限を委譲すべきと推奨している点を除き、取締役会からこれら委員会への監督権限の委譲については、これを各会社に委ねている。

　連合王国の上場会社においては、公式の私的エンフォースメントが存在しないと指摘されている。また、公開会社の取締役に対するその義務違反を主張する訴訟の提起がほぼ見当たらないとの指摘がみられ[547]、〔取締役が〕個人の出捐を伴う責任を負う危険がゼロではないものの、わずかな水準にとどまっているとの指摘がみられる[548]。

　取締役の対会社責任については、決定が問題となる場面で、1990 年代に、取締役がコモン・ロー上負う注意義務は、1986 年破産法 214 条 4 項において正確に述べられているとする Hoffmann 裁判官による特徴的な判示がみられている。さらに、非業務執行取締役が会社に対して負う義務は、その定式においては業

---

[547]　前掲注 163）およびこれに対応する本文を参照。
[548]　前掲注 185）およびこれに対応する本文を参照。

382　第3章　イギリス法

務執行取締役が負う義務と異ならないものの、その適用において異なり得るものであるとする判示が 2003 年にみられている。2006 年会社法は経営判断原則を規定しておらず、判例も取締役の注意義務違反の有無を判断する際の同原則を定式として明確にし、かつ、確立しているわけでは必ずしもないようである。他の取締役の行為が問題となる場面では、非業務執行取締役の代表取締役に対する不作為による義務違反が争われ、当該非業務執行取締役に責任があるとされた特徴的な事案がみられている。また、詐欺を行った他の取締役に対する取締役の監視義務違反とこれによる責任の有無が問題とされた興味深い事案がみられており、当該事案では当該取締役が当該詐欺を知らず、疑う理由を有しなかったとして結論としてその責任が否定されている。

　取締役等の資格剥奪制度は、連合王国の上場会社における経営上のエージェンシーコストに制約を課す際の戦略として役割を担っていると指摘されている。裁判所が資格剥奪命令の発出の適否を判断する際の判断枠組みは取締役の注意義務違反の有無を判断する際に参考にされており、業務執行取締役と非業務執行取締役とで異なる資格剥奪期間を適用した事案がみられている。決定が問題となる場面で、資格剥奪合意に基づいて取締役等としての資格が剥奪された事案がみられている。また、他の取締役の行為が問題となる場面で、上場会社の非業務執行取締役の資格が剥奪された事案がみられており、当該事案では、特に非業務執行取締役に対して「警笛が吹かれる」下でその地位にありその経験を有する者に期待される行為規準を深刻に下回ったとして当該非業務執行取締役の資格が剥奪されている。さらに、従業員等の行為が問題となる場面で、当該従業員の活動に責任を負う取締役の資格が剥奪されている。

　取締役の対第三者責任については、伝統的にかつ現在においても、株主に対して個々に負われるものとしての取締役の一般的義務を認めることにコモン・ローが謙抑的であるとの指摘がみられる[549]。発行市場における不実開示の場面では、〔FSMA90 条を根拠とする〕請求において 2013 年から条件付成功報酬契約を用いることが可能となっているとの指摘がみられ[550]、同法同条に基づく初

---

549)　前掲注 368) およびこれに対応する本文を参照。
550)　前掲注 402) 参照。

めてと指摘されている集合訴訟の開始がみられている。流通市場における不実開示の場面で、2006年会社法1270条がFSMAに90A条を加え、投資家に対する発行会社の責任を規定した一方、発行会社以外の者は発行会社に対するそれを除きあらゆる責任に服しないと規定されている。

会社法が適法と認める会社補償は、伝統的に、取締役等に有利に判決が与えられる等した場合にその負担した防御費用を会社が補償することに限られてきたが、2004年会社法19条が1985年会社法309条の後に309A条、309B条および309C条を加え、刑事手続において科された科料や規制機関に対する罰金を除き、かつ、確定判決がその責任を認める等しない限り、第三者に対する責任について、会社または関連会社が当該会社の取締役に補償することを認めた。この2004年会社法は、取締役に有利な判決が与えられたかまたは無罪が宣告された場合にのみ会社が取締役に防御費用を補償することが認められていたこと等への懸念が、取締役の採用および行動に影響を与えていると考えられたことを踏まえたものである。

2006年会社法は232条から238条において会社補償について規定し、取締役の対会社責任については、判決額および和解金のいずれについても、これに補償することを否定している。その対第三者責任については、刑事手続において科された科料や規制機関に対する罰金を除き、かつ、確定判決がその責任を認める等しない限り、和解金および争訟費用について補償を認めている。同法は、取締役が勝訴した場合を含め、義務的補償を明示的に規定していない。また、会社が防御費用を前払いする際に、取締役が勝訴の見通しを立証することを明示的に要件としているわけではない。第三者補償の資格を与える条項の開示、謄本等の備置ならびに株主の謄本等の閲覧および請求権を同法が規定している。

D&O保険については、1989年会社法137条1項が、1985年会社法310条3項を改め、会社がD&O保険を購入し保有できることを明確にした。その後、2003年1月のHiggs報告書が、適切なD&O保険を提供する必要性にコードが言及すべきであるとし、同年7月の改定統合コードが、'Comply or Explain'規範として、会社は適切な〔D&O〕保険の填補を確保すべきであると推奨した。

第4章

ドイツ法

386　第 4 章　ドイツ法

第 1 節　業務執行に対する監督の在り方——業務執行と監督の株式法上の分離

　本章では、ドイツ法を分析する[1]。ドイツ法は共同決定（Mitbestimmung）を定めている点で日本法と異なるものの[2]、ドイツ法が会社内部において取締役員（Vorstandsmitglied）と監査役員（Aufsichtsratsmitglied）を株式法上分離する二層制を採用する下で[3]、その業務執行に対する監督の在り方や取締役員と監査役員の義務と責任の在り方に興味深い面がある。2005 年に経営判断原則が法定される等[4]、アメリカ法を踏まえた法改正も行われている[5]。

　本節では、業務執行に対する監督の在り方について、業務執行と監督の株式法上の分離の形成と展開を概観する[6]。具体的には、①取締役（Vorstand）と監

---

[1] 比較会社法の観点から分析が深められている。Paul Davies et al., *Boards in Law and Practice: A Cross-Country Analysis in Europe, in* CORPORATE BOARDS IN LAW AND PRACTICE: A COMPARATIVE ANALYSIS IN EUROPE 3 (Paul Davies et al. eds., 2013); Paul L. Davies & Klaus J. Hopt, *Corporate Boards in Europe—Accountability and Convergence*, 61 AM. J. COMP. L. 301 (2013); Klaus J. Hopt, *Comparative Corporate Governance: The State of the Art and International Regulation, in* COMPARATIVE CORPORATE GOVERNANCE: A FUNCTIONAL AND INTERNATIONAL ANALYSIS 3 (Andreas M. Fleckner & Klaus J. Hopt eds., 2013) [hereinafter Hopt, *Corporate Governance*]; Klaus J. Hopt, *Comparative Corporate Governance: The State of the Art and International Regulation*, 59 AM. J. COMP. L. 1 (2011). 併せて、以下が参考になる。Markus Roth, *Corporate Boards in Germany, in* CORPORATE BOARDS IN LAW AND PRACTICE: A COMPARATIVE ANALYSIS IN EUROPE, *supra*, at 253; Hanno Merkt, *Germany: Internal and External Corporate Governance, in* COMPARATIVE CORPORATE GOVERNANCE: A FUNCTIONAL AND INTERNATIONAL ANALYSIS, *supra*, at 521.

[2] 後掲注 18) およびこれに対応する本文を参照。また、ドイツは、大株主システムである、すなわち主要なドイツの会社の所有はその従属する会社の戦略を事実上支配する強力な大株主の手中にあると言われていたと指摘されている。Wolf-Georg Ringe, *Changing Law and Ownership Patterns in Germany: Corporate Governance and the Erosion of Deutschland AG, in* RESEARCH HANDBOOK ON SHAREHOLDER POWER 404, 405-06 (Jennifer G. Hill & Randall S. Thomas eds., 2015).

[3] 後述本節第 1 款第 1 項(3)および同第 2 款第 2 項 1(3)参照。

[4] 後述本章第 2 節第 2 款第 2 項 2(2)参照。

[5] 以下が参考になる。*Hein*, Die Rezeption US-amerikanischen Gesellschaftsrechts in Deutschland, 2008, S. 821-830, 913-933; *Hopt*, Aktienrecht unter amerikanischem Einfluss, in FS Canaris, Bd. II, 2007, S. 105; *Fleischer*, Legal Transplants im deutschen Aktienrecht, NZG 2004, 1129.

[6] ドイツ法の下での業務執行に対する監督の在り方については、前田重行による一連の論稿がみられている。前田重行「ドイツにおけるコーポレート・ガバナンスの問題」民商 117 巻 4＝5 号 34 頁以下（1998 年）、同「ドイツ株式会社法における経営監督制度の改革」菅原古稀『現代企業

査役会（Aufsichtsrat）の形成と展開および②それが会社内部における権限分配に伴った変化を分析する。併せて、③1990年代における会社不祥事の顕在化後の見直しを分析する。

第1款　取締役と監査役会の形成と展開

本款では、取締役と監査役会の形成と展開を概観する[7]。

第1項　1937年株式法前

(1) ドイツ普通商法典（1861年）

1861年にドイツ普通商法典が策定され[8]、株式会社の監査役会制度が規定されているが（225条）、監査役会の設置は任意とされている（同条1項）。

法の理論』592頁以下（信山社、1998年）、同「コーポレート・ガバナンスにおける金融機関の監視機能について──ドイツにおける銀行のモニタリング機能とその問題点について──」竹内追悼・前掲第1章注327) 621頁以下、同「監査役会の監督機能─業務執行に対する監査と関与・介入─」早川勝＝正井章筰＝神作裕之＝高橋英治編『ドイツ会社法・資本市場法研究』296頁以下（中央経済社、2016年）。また、正井章筰『ドイツのコーポレート・ガバナンス』（成文堂、2003年）、松井秀征「ドイツの株式会社における非業務執行役員について」監査役制度問題研究会・前掲第1章注11) 12頁以下がみられている。

[7]　ドイツ法における制度の沿革については、例えば菅原菊志「西独株式法における監査役制度（二・三）」民商57巻5号3頁以下、11頁～23頁（1968年）、59巻4号3頁以下、3頁～14頁（1969年）参照。その後、同「ドイツにおける監査役制度の変遷──一八九七年の新商法から一九三一年の緊急令まで──」法学（東北大学）46巻1号1頁以下（1982年）、同『取締役・監査役論〔商法研究I〕』147頁～234頁（信山社、1992年）がみられている。

[8]　Allgemeines Deutsches Handelsgesetzbuch. 以下に採録されている。Allgemeines deutsches Handelsgesetzbuch, von 1861, Allgemeine deutsche Wechselordnung, von 1848, in den Ausgaben für das Grossherzogtum Baden (Neudrucke privatrechtlicher Kodifikationen und Entwürfe des 19. Jahrhunderts, Bd. 1), 1973. その成立と存立の基盤について、松井秀征「商法典と会社法──わが国における商法典のあり方に関する考察・序論」岩原紳作＝山下友信＝神田秀樹編集代表『会社・金融・法［上巻］』1頁以下、4頁、10頁～20頁（商事法務、2013年）参照。

388　第 4 章　ドイツ法

(2) ドイツ普通商法典改正(1870 年)

1870 年にドイツ普通商法典が改正され[9]、監査役会の設置が義務付けられた（同年改正ドイツ普通商法典 209 条 6 号）。

(3) 商法典改正(1884 年)

1884 年に商法典の 173 条から 249a 条が改正され[10]、監査役員が取締役員等を兼務することが禁止されたが（同年改正商法典 225a 条 1 項）、同 225 条 1 項および 2 項に規定するところ以外の監査役会の職務（Obliegenheiten）は定款によって定めるとされている（同条 3 項）。

(4) 商法典(1897 年)

1897 年に商法典が制定されている[11]。

第 2 項　1937 年株式法以降

(1) 1937 年株式法

1937 年に株式法（以下「1937 年株式法」という）[12] が制定され、①取締役が自身の責任（Verantwortung）の下で会社を導くべきこと（70 条 1 項）、②監査役会が取締役員を選任すること（75 条 1 項）、③監査役員は株主総会によって選任されること（87 条 1 項）等が規定された[13]。同法は、業務執行と監督の分離を制度として明確にしている[14]。

---

[9]　„Gesetz, betreffend die Kommanditgesellschaften auf Aktien und die Aktiengesellschaften". Vom 11. Juni 1870, BGBl. des Norddeutschen Bundes, S. 375.

[10]　„Gesetz, betreffend die Kommanditgesellschaften auf Aktien und die Aktiengesellschaften". Vom 18. Juli 1884, RGBl. S. 123.

[11]　„Handelsgesetzbuch". Vom 10. Mai 1897, RGBl. S. 219.

[12]　„Gesetz über Aktiengesellschaften und Kommanditgesellschaften auf Aktien (Aktiengesetz)". Vom 30. Januar 1937, RGBl. I S. 107.

[13]　〔立法〕理由書(„Begründung zum Gesetz über Aktiengesellschaften und Kommanditgesellschaften auf Aktien". Vom 30. Januar 1937, Deutscher Reichsanzeiger und Preußischer Staatsanzeiger, Nr. 28.）が以下に採録されている。Matthes (Hrsg.), Aktienrecht, 1937, S. 155ff. 和訳として、司法省調査部『司法資

第 1 節　業務執行に対する監督の在り方——業務執行と監督の株式法上の分離　　389

(2) 1965 年株式法

1965 年に株式法（以下「1965 年株式法」という）[15] が制定され、同法が現在も有効である（同年後の同法を以下「株式法」という）[16]。

(3) 共同決定法（1976 年）

鉱業および鉄鋼業における共同決定法が 1951 年に制定された後[17]、2,000 人を超える従業員を雇用する株式会社等一般に適用される法律として「共同決定法」[18] が 1976 年に制定された（1 条 1 項）。

料第二百三十九号　一九三七年独逸株式法理由書』（司法省調査部、1938 年）がある。早期の研究として、特に大隅健一郎＝八木弘＝大森忠夫『独逸商法（III）株式法［復刊版］』（有斐閣、1956 年〔初版は 1938 年〕）参照。関連して、山口賢「会社の支配・従属関係と取締役の責任（一〜三・完）——ドイツにおける立法の変遷と学説（一九三七年株式法制定前後の時期）の考察——」民商 61 巻 1 号 29 頁以下（1969 年）、61 巻 4 号 3 頁以下（1970 年）、61 巻 6 号 3 頁以下（1970 年）も挙げられる。

[14] 後述本節第 2 款第 2 項参照。

[15] „Aktiengesetz". Vom 6. September 1965, BGBl. I S. 1089. 政府草案と対照する形での早期の和訳として、特に八木弘＝河本一郎＝正亀慶介「ドイツ株式法邦訳（一〜一〇・完）」神戸法学雑誌 15 巻 3 号 593 頁以下（1965 年）、15 巻 4 号 797 頁以下（1966 年）、16 巻 3 号 669 頁以下（1966 年）、16 巻 4 号 841 頁以下（1967 年）、17 巻 1＝2 号 231 頁以下（1967 年）、17 巻 3 号 127 頁以下（1967 年）、17 巻 4 号 99 頁以下（1968 年）、18 巻 1 号 126 頁以下（1968 年）、18 巻 2 号 327 頁以下（1968 年）、18 巻 3＝4 号 620 頁以下（1969 年）がある。

[16] 連邦司法及び消費者保護省（Bundesministerium der Justiz und für Verbraucherschutz）ウェブサイト（https://www.gesetze-im-internet.de/aktg/AktG.pdf）参照。

[17] „Gesetz über die Mitbestimmung der Arbeitnehmer in den Aufsichtsräten und Vorständen der Unternehmen des Bergbaus und der Eisen und Stahl erzeugenden Industrie". Vom 21. Mai 1951. BGBl. I S. 347.

[18] „Gesetz über die Mitbestimmung der Arbeitnehmer (Mitbestimmungsgesetz — MitbestG)". Vom 4. Mai 1976. BGBl. I S. 1153. 共同決定制度について、近年では例えばヤン・フォン・ハイン（齊藤真紀訳）「ドイツ共同決定制度のジレンマ」ジュリスト 1330 号 38 頁以下（2007 年）、神作裕之「ドイツにおける共同決定制度の沿革と実態」同［責任編集］『金融危機後の資本市場法制』307 頁以下（資本市場研究会、2010 年）がみられている。

390　第4章　ドイツ法

第3項　1990年代以降

(1) 会社不祥事の顕在化
1990年代に Metallgesellschaft AG 事件[19] を始めとする会社不祥事が顕在化している[20]。

(2) ARAG/Garmenbeck 事件判決（1997年）
後述する[21]。

(3) KonTraG（1998年）
1998年に「企業領域における監督及び透明性のための法律」（以下「KonTraG」という）[22] が制定された[23]。

---

[19]　Siehe *Hansen*, Der Fall MG und die Rolle des Aufsichtsrates, AG 1994, R44.

[20]　このほか、Philipp Holzmann AG 事件等がみられている。Vgl. *Hansen*, Kann Holzmann noch saniert werden?, AG 2000, R14.

[21]　本章第2節第2款第2項2(1)参照。

[22]　„Gesetz zur Kontrolle und Transparenz im Unternehmensbereich (KonTraG)". Vom 27. April 1998, BGBl. I S. 786.

[23]　以下が参考になる。Gesetzentwurf der Bundesregierung: Entwurf eines Gesetzes zur Kontrolle und Transparenz im Unternehmensbereich (KonTraG), BT-Drucks. 13/9712, S. 11ff (Begründung)〔後掲注43〕およびこれに対応する本文を参照〕; *Hopt*, Kontrolle und Transparenz im Unternehmensbereich, in FS Kübler, 1997, S. 435; *Hopt*, Corporate Governance: Aufsichtsrat oder Markt?, in Hommelhoff/Rowedder/Ulmer (Hrsg.), Max Hachenburg, 1999, S. 9.
　　KonTraG については、早期の論稿として、早川勝「会社法の規制緩和と会社内部の透明化——一九九六年ドイツ『株式法改正』参事官草案を中心として——」同志社法学48巻6号222頁以下（1997年）、前田重行「ドイツにおける株式法改正——『企業の領域におけるコントロールと透明性のための法律』案について——」証券取引法研究会国際部会編『欧米における証券取引制度の改革』190頁以下（日本証券経済研究所、1998年）、早川勝「ドイツにおけるコーポレート・ガバナンスの改正——一九九八年コントラック法における監査役監査と会計監査人監査制度の改正を中心として——」奥島還暦『比較会社法研究』317頁以下（成文堂、1999年）がみられている。

第 1 節　業務執行に対する監督の在り方──業務執行と監督の株式法上の分離　　391

第 4 項　2000 年代以降

(1) CG 政府委員会報告書(2001 年)

2001 年に CG 政府委員会報告書[24] が連邦政府に提出された。

(2) DCGK ならびに「透明性及び開示法」(2002 年)

2002 年 2 月にドイツ・コーポレート・ガバナンス・規準（以下「DCGK」という）[25] が策定された後[26]、同年 7 月に「透明性及び開示法」[27] が制定され、同法が株式法 161 条に「コーポレート・ガバナンス・規準〔DCGK〕に対する宣言（Erklärung）」を規定した[28]。同年 8 月にこの DGCK が序文（Vorwort）等

---

[24] Unterrichtung durch die Bundesregierung: Bericht der Regierungskommission „Corporate Governance", BT-Drucks. 14/7515. 以下に採録されている。Baums (Hrsg.), Bericht der Regierungskommission Corporate Governance, 2001. 後掲注 273) および後掲注 277) ならびにこれらに対応する本文を参照。

[25] „Deutscher Corporate Governance Kodex", vom 26. Februar 2002 (gültig bis 7. November 2002) <http://www.dcgk.de/de/kodex/archiv.html?file=files/dcgk/usercontent/de/download/kodex/D_CorGov_En dfassung_2002_02_23.pdf>.

[26] 以下が参考になる。Hopt, Der Deutsche Corporate Governance Kodex, in FS Hoffmann-Becking, 2013, S. 563; Ulmer, Der Deutsche Corporate Governance Kodex, ZHR 166 (2002) 150; Krieger, Corporate Governance und Corporate Governance Kodex in Deutschland, ZGR 2012, 202.

[27] „Gesetz zur weiteren Reform des Aktien- und Bilanzrechts, zu Transparenz und Publizität (Transparenz- und Publizitätsgesetz)". Vom 19. Juli 2002, BGBl. I S. 2681.

[28] 具体的には、「証券取引所の上場会社の取締役及び監査役会は連邦司法省が電磁的な連邦公報の公用部分に公告する『政府委員会 DCGK』の推奨を満たしたこと及び満たすであろうこと又はどの推奨を適用しなかったか若しくは適用するであろうかを毎年宣言する。当該宣言は株主が永続的に利用できなければならない。」(2002 年改正株式法 161 条) と規定した。ここでの名宛人は上場会社ではなく上場会社の取締役および監査役会とされており、また、DCGK の推奨を過去に遵守したかどうかおよび将来において遵守するかどうかを宣言することが求められている。立法理由として、まさに外国投資家に対する情報〔提供〕を考慮し、ドイツのための標準的なコーポレート・ガバナンス・規準〔DCGK〕を主導することが不可避となったとされている。Gesetzentwurf der Bundesregierung: Entwurf eines Gesetzes zur weiteren Reform des Aktien- und Bilanzrechts, zu Transparenz und Publizität (Transparenz- und Publizitätsgesetz), BT-Drucks. 14/8769, S. 21 (Begründung). 以上に関しては、公刊順に、正井章筰「ドイツの『透明化法・開示法』について」酒巻古稀『21 世紀の企業法制』711 頁以下、724 頁（商事法務、2003 年）、前田重行「ドイツにおけるコーポレート・ガバナンスの発展──コーポレート・ガバナンス・コードによる規律」石川古稀『経済社会と法の役割』875 頁以下、895 頁～898 頁（商事法務、2013 年）、ペーター・オー・ミュルベル

を除いて公告され[29]、例えば監査役会が監査委員会（Prüfungsausschuss）を設置すべきであると推奨（soll）されている（5.3.2）[30]。

(3) UMAG(2005 年)

後述する[31]。

(4) 2006 年以降の見直し

2007 年に DCGK が改定され[32]、株主代表のみから構成され、かつ、株主総会に提案する適切な〔監査役員〕候補者を監査役会に対して提案するための指名委員会（Nominierungsausschuss）を監査役会が設置すべきである（soll）と推奨した（5.3.3）[33]。

ト（神作裕之訳）「ドイツ株式法における『遵守せよ、さもなければ説明せよ』の準則と EU の背景：株式法 161 条とドイツ・コーポレート・ガバナンス・コード」ソフトロー研究 23 号 1 頁以下、10 頁～12 頁（2014 年）、舩津浩司「ドイツのコーポレートガバナンス・コード」同志社法学 68 巻 1 号 399 頁以下、412 頁～419 頁（2016 年）がみられている。

[29] Bundesministerium der Justiz, Bekanntmachung des „Deutschen Corporate Governance Kodex", Vom 20. August 2002, eBAnz AT1 2002 B1.

[30] DCGK における推奨（Empfehlungen）は、„soll"という文言によって示されており、この場合、会社は当該推奨から離脱することができるが、これを毎年公表する義務を負うとされている。Ebd. 1 (Präambel). また、DCGK における示唆（Anregungen）は、„sollte"または„kann"という文言によって示されており、この場合、会社は当該示唆を公表〔説明〕なしに遵守しないことができる。Ebd. DCGK におけるこれら以外の表現は、企業が現行法の下で遵守すべき条項に関係するとされている。Ebd. 本節では、以下、„soll"規定のみこれを本文で明示している。

[31] 後掲注 115）および後掲注 134）ならびにこれらに対応する本文を参照。

[32] Bundesministerium der Justiz, Bekanntmachung des „Deutschen Corporate Governance Kodex" (in der Fassung vom 14. Juni 2007), Vom 20. Juli 2007, eBAnz AT23 2007 B1.

[33] 2015 年に株式法 96 条 1 項の後に 2 項および 3 項が加えられ、2 項において、共同決定法等が適用される証券取引所の上場会社において、その監査役会は少なくとも 30%の女性および少なくとも 30%の男性から構成されなければならないとされ（1 文）、当該最少割合は全体としての監査役会によって満たされなければならないとされている（2 文）。„Gesetz für die gleichberechtigte Teilhabe von Frauen und Männern an Führungspositionen in der Privatwirtschaft und im öffentlichen Dienst". Vom 24. April 2015, BGBl. I S. 642, 655.

第5項　小括

　監査役員が取締役員等を兼務することを 1884 年改正が禁止し、取締役員と監査役員が分離された後、1937 年株式法が業務執行と監督の分離を制度として明確にしている。二層制の下で、1976 年に共同決定法が制定されている。

　1990 年代にドイツの株式会社における不祥事が顕在化し、CG の見直しがされている。二層制の下で業務執行に対する会社内部の監督者として監査役会の役割が明確にされるとともに、2002 年以降、株式法 161 条がそれに対する宣言を規定する DCGK が役割を担っている。

第2款　会社内部における権限分配の形成とその修正

第1項　検討の対象

　以下、本款では、ドイツ法の下での会社内部における権限分配の形成とその修正を分析する。ドイツ法は、取締役員と監査役員を株式法上分離しているため、①取締役と監査役会が有する権限および両機関の関係がまず問題となる。その上で、②業務執行の決定権限の委譲および③監督権限の委譲が問題となる。

第2項　業務執行と監督の分離の形成——1937 年株式法

　業務執行と監督の分離を明確にしたのが、1937 年株式法である。まず、同法を分析する。

394 第4章 ドイツ法

1 取締役と監査役会の間における権限分配

(1) 取締役

1937 年株式法が 70 条から 85 条において取締役について規定し、取締役が自身の責任の下で会社を導くべきこと（70 条 1 項）を規定した[34]。併せて、84 条が「取締役員の注意義務（Sorgfaltspflicht）及び責任（Verantwortlichkeit）」を規定し、「取締役員はその業務執行（Geschäftsführung）に際して通常のかつ誠実な業務指揮者（Geschäftsleiters）の注意を払わなければならない。」（同条 1 項 1 文）と規定した。

(2) 監査役会

また、同法は、取締役員は最長 5 年〔の任期〕で監査役会が選任するとした上で（75 条 1 項 1 文）[35]、86 条から 99 条において監査役会について規定し、監査役員は株主総会によって選任されるとした（87 条 1 項 1 文）[36]。また、監査役会は取締役員の総収入が各取締役員の職務および会社の状況に相当な関係にあることに注意を払わなければならないとした（78 条 1 項 1 文）。

---

[34] 前掲注 13）およびこれに対応する本文を参照。外部関係における会社代表権と内部関係における業務執行権を区別し、1937 年株式法 70 条 1 項が両者を取締役に与える下で、定款の規定により取締役員の間に事務を分配することが可能であるが、各取締役員は自己の担当部分に属しない業務の執行についてもこれを絶えず監督していなければならないとの解釈がみられている（大隅＝八木＝大森・前掲注 13）183 頁）。また、取締役〔員〕が数人ある場合、共同代表を原則とするところの代表に関する規定と照応して（同法 71 条 2 項）、共同執行主義として、疑いがあるときは各執行行為につき原則として取締役員全部の同意を必要とするとの解釈がみられた（同箇所）。なお、取締役員の任用契約（Anstellungsvertrag）の法律上の性質については、これを取締役員に対する報酬の有無に基づいて判断し、報酬があれば雇用（Dienstvertrag）であり、無報酬であれば委任（Auftrag）であるとの解釈がみられている（同書 190〜191 頁）。

[35] 〔立法〕理由書において、「取締役の選任および解任は、今日既に実務で通例であるように、監査役会によって行われる（75 条）。」（Matthes (Fn. 13), S. 177.）とされている。

[36] 同法は、監査役会は 3 名の監査役員から構成するとした上で（86 条 1 項 1 文）、定款がより多い人数を規定することができるとし（同項 2 文）、監査役員の人数が会社の資本金の額に応じて最大で 20 名に達することを認めている（同項 3 文）。

第1節　業務執行に対する監督の在り方──業務執行と監督の株式法上の分離　　395

この下で、監査役会が業務執行を監督（überwachen）しなければならないと
し（95条1項）[37]、監査役会が取締役に対していつでも会社の業務についての
報告を求めることができるとした（同条2項1文）。会社の福祉が必要とする場
合には、監査役会は株主総会を招集しなければならないとし（同条4項）、また、
監査役会は年度決算書、利益配当議案および営業報告書を検査しかつこれにつ
いて株主総会に報告しなければならないとした（96条1項）。監査役員の注意
義務および責任については、取締役員の注意義務および責任についての84条を
準用するとしている（99条）。

(3) 取締役と監査役会の関係

同法は、監査役員が同時に取締役員または取締役員の継続的代理人であるこ
とができないとし（90条1項1文）、監査役員は従業員として会社の業務を執
行する（führen）こともできないとした（同項2文）。また、業務執行の措置は
監査役会に委ねることができないとした上で（95条5項1文）、定款または監
査役会は、一定種類の業務は監査役会の同意によってのみ行うべきことを定め
ることができるとした（同項2文）[38]。

2　各機関からの権限委譲

(1) 取締役からの権限委譲

同法は、取締役は各取締役員に一定の業務または一定種類の業務を行う権限
を与えることができるとしている（71条2項2文）。

---

[37]　監督義務（Überwachungspflicht）は監査役〔会〕の主たる職務であり、その対象は業務執行の
全般であるとの解釈がみられている（大隅＝八木＝大森・前掲注13）231頁）。
[38]　同法は、株主総会は法律および定款において明示的に規定された場合に決議するとする（103
条1項）等の改正も行っている。

396 第4章 ドイツ法

(2) 監査役会からの権限委譲

同法は、監査役会は、特にその審議および決議を準備しまたはその決議の実行を監督する目的のためにその監査役員から 1 つまたはいくつかの委員会（Außchüsse）〔の構成員〕を選任することができるとした（92条4項）[39]。また、監査役会およびその委員会の会議には監査役会にも取締役にも属しない者は出席してはならないとするとともに（93条1項1文）、委員会に属しない監査役員は、定款または監査役会の議長が別に定めない限り、委員会の会議に出席することができるとした（同条2項）。

第3項 業務執行と監督の分離の修正

1 1965年株式法

1965 年株式法は、①取締役が数人で構成される場合には、全員の取締役員（sämtliche Vorstandsmitglieder）は共同してのみ業務執行をする権限を有するとした（77条1項1文）[40]。また、②委員会が監査役会の代わりに決定することができない任務を列挙した（107条3項2文）[41]。すなわち、当該任務以外に

---

[39] この下で、監査役会が一定の範囲でその決定権を委員〔会〕に委譲することができるが、基本的な問題についての決定権はこの限りでないとの解釈がみられている（大隅＝八木＝大森・前掲注13）225頁）。

[40] 併せて、定款または取締役の業務規程（Geschäftsordnung）が別に定めることができるとされている（77条1項2文）。この下で、実際に多くの業務規程が多数決によるとか、可否同数のとき議長にキャスティング・ボートを与える等の定めを置いているとの指摘がみられている（ハンス・ヴュルディンガー＝河本一郎編『ドイツと日本の会社法〔改訂版〕』33頁〔商事法務研究会、1975年〕）。

[41] 具体的には、〔107条〕1項1文、59条3項、77条2項1文、84条1項1文および3文、〔107条〕2項および3項1文、111条3項、171条、314条2項および3項および331条3項3文に定める任務ならびに一定種類の業務は監査役会の同意によってのみ行うことができるとする決定を挙げている（107条3項2文）。

政府草案における〔立法〕理由書は、以下の通り述べている。Kropff (Zgst.), Aktiengesetz, 1965, S. 149-150. 〔すなわち、1965年改正株式法107条〕3項2文は、監査役会の決定権限のみに取り組むものであり、取締役の監督のような、実際の領域においてより多く存在する権限を扱うものではない。Ebd. 149. 取締役の監督は監査役会の本来の本質的特徴を形成するため、その職務をもっ

第1節　業務執行に対する監督の在り方——業務執行と監督の株式法上の分離　397

ついては、監査役会から委員会にその権限を委譲し、当該委員会がこれを決定し得ることが明確にされている。さらに、③監査役会が〔一定種類の業務を行うことへの〕同意を拒否した場合、取締役は株主総会がその同意について決定することを求めることができるとした（111条4項3文）。

2　CGの見直しにおける修正①——KonTraG（1998年）

　1990年代における会社不祥事の顕在化後の見直しとして、1998年のKonTraGが[42]、①取締役が監査役会に対して報告すべき事項に「企図する業務政策及びその他の企業計画の基本的な問題（特に財務、投資、及び人員計画）」を加えるとともに（同年改正株式法90条1項1号）、②同法91条に2項を加え、「取締役は、会社の存続を危険にさらす〔事態の〕発生が早期に認識されるために、適切な対策をしなければならず、特に監督システム（Überwachungssystem）を整えなければならない。」と規定した[43]。

ばら委員会に委ねることができないことは自明である。Ebd. 149-150. しかし、監査役会が個々の監督任務を場合ごとに委員会に委ねることは妨げられない。Ebd. 150.〔政府〕草案は、〔同条〕3項2文において、委員会の形成および解散ならびに監査役会のための業務規程の公表を挙げることを考えていない。Ebd. これらの決定を委員会に割り当てることができないということは、それが監査役会の組織上の形成および仕事の方法に関係し、そしてそれゆえに全員の合議体（gesamten Kollegium）によってのみ決定され得るということから生じる。Ebd. 刊行物における現行法〔1965年改正前株式法〕についての非常に圧倒的に支持された見解によれば、監査役会は法律によって割り当てられた決定権限をその構成員〔監査役員〕に委譲することはできない。Ebd.〔政府〕草案は、この見解に従い、そしてこのような〔権限の〕委譲を定めていない。Ebd. 他の構成員〔監査役員〕の見解の認識なしにそしてもしかするとそれらの意志に反することなしに、監査役会のために決定を行う権利を監査役員に与えることは是認できないように思われる。Ebd.
[42]　前述本節第1款第3項(3)参照。
[43]　以下が立法理由とされている。BT-Drucks. 13/9712, S. 15 (Begründung).〔すなわち、〕適切なリスク管理および適切な内部監査を確保するための取締役の義務が明確にされるべきである。Ebd. それは株式法76条に従った取締役の一般的な管理任務の法律上の強調であり、組織をも含むものである。Ebd. この組織義務に対する違反は損害賠償義務につながり得るものである（株式法93条2項）。Ebd. 義務の具体的な発現は各企業の規模、業種、機構、資本市場へのアクセス等次第である。Ebd. これは法律において明示的な言及を必要としない。Ebd. 会社の存続を危険にさらす〔事態の〕発生として、特に会社またはコンツェルンの資産、財務および収益状況に本質的な影響を有する、リスクのある業務、計算の誤りおよび法律上の規定に対する違反が挙げられる。

398 第 4 章 ドイツ法

3 CGの見直しにおける修正②——「透明性及び開示法」(2002 年)

2002 年の「透明性及び開示法」[44]が、株式法 111 条 4 項 2 文における「しかしすることができる」(„kann jedoch")という文言を「しかししなければならない」(„hat jedoch zu")に改めた[45]。すなわち、「しかし定款又は監査役会は、一定種類の業務はその〔監査役会の〕同意によってのみ行うべきことを定めなければならない。」(同文)と規定した[46]。

4 CGの見直しにおける修正③——VorstAG(2009 年)

2009 年に制定された「取締役報酬の適切性のための法律」(以下「VorstAG」という)[47]が、①株式法 107 条 3 項 3 文に「87 条 1 項並びに 2 項 1 文及び 2 文」を加えたことにより、委員会が監査役会の代わりに決定することができな

Ebd. 内部監督の対策は、そのような発生が早期に、すなわち会社の存続を確保するために適切な対策が講じられ得る時に認識されるように整えられるべきである。Ebd. 商法典 290 条の意味における親会社の場合、子会社が会社の存続を危険にさらす〔事態を〕発生させ得るならば、監督および組織義務は現行の会社法上の可能性の範囲内でコンツェルン全体として理解されなければならない。Ebd. 公聴の結果として、監督義務は取締役の全体としての責任の一部であるため、当該規定〔91 条 2 項〕は〔株式法〕93 条ではなく 91 条に置かれている。Ebd.

[44] 前掲注 27)参照。

[45] A. a. O. (Fn. 27), S. 2681. 前掲注 38)に対応する本文を参照。

[46] 政府草案における〔立法〕理由書は、以下の通り述べている。BT-Drucks. 14/8769, S. 17 (Begründung).〔すなわち、〕その規模、業種および他の状況にかかわらず、適切なカタログが全ての会社に合うわけではなく、そして一般的で落ち着いたカタログを公式化することは難しく、誤解された誘因にもつながり得ると一方で言われる。Ebd. 他方で、同意〔に服する〕義務のある業務の法律上の最小限のカタログを定める際には、この法律上の基準を満たさない定款が判例によって無効であるとされなければならないという危険があり、このことから相当な係争の可能性が生じるであろう。Ebd. それゆえに、どの措置が個々に同意の留保〔後掲注 148〕およびこれに対応する本文を参照〕に服するかについての決定を監査役会あるいは株主総会に委ね、しかし同時に現在の株式法 111 条 4 項 2 文の「できる」という表現から離れ、監査役会または定款は今後一定種類の業務はその〔監査役会の〕同意によってのみ行うべきことを定めなければならないと規定することが望ましい。Ebd.

[47] „Gesetz zur Angemessenheit der Vorstandsvergütung (VorstAG)". Vom 31. Juli 2009, BGBl. I S. 2509.

第1節　業務執行に対する監督の在り方──業務執行と監督の株式法上の分離　399

い任務に、監査役会による各取締役員の総収入の決定が含まれた[48]。すなわち、監査役会がその各取締役員の総収入の決定権限を委員会に委譲することが否定された。併せて、②株式法 120 条に 4 項を加え、「証券取引所の上場会社の株主総会は取締役員の報酬に対するシステムの承認について決定することができる。」（同年改正株式法 120 条 4 項 1 文）と規定した。もっとも、「当該決定は権利も義務も基礎づけず、特にそれは〔株式法〕87 条に基づく監査役会の義務に影響しない。」（同年改正株式法 120 条 4 項 2 文）と規定され、当該決議が助言的決議であるとされている。

第 4 項　現状──現在の株式法と DCGK

1　取締役と監査役会の間における権限分配

　現在の株式法は、業務執行に対する監査役会による監督の在り方を明確にするとともに、会社内部における権限分配の在り方も明確にしている。

(1)　取締役

　まず、「取締役は自身の責任の下で会社を導かなければならない。」（株式法 76 条 1 項）としている。その上で、「取締役が数人で構成される場合には、全員の取締役員は共同してのみ業務執行をする権限を有する。」（77 条 1 項 1 文）とし[49]、「定款又は取締役の業務規程が別に定めることができる」（同項 2 文）としている[50]。さらに、「取締役は裁判上及び裁判外において会社を代表する。」（78 条 1 項 1 文）としつつ、「取締役の代表権は制限することができない。」（82

---

[48]　この理由として、透明性の向上が挙げられている。Gesetzentwurf der Fraktionen der CDU/CSU und SPD: Entwurf eines Gesetzes zur Angemessenheit der Vorstandsvergütung (VorstAG), BT-Drucks. 16/12278, S. 6 (Begründung).
[49]　「業務執行の問題については、株主総会は取締役がそれを求める場合にのみ、決定することができる。」（株式法 119 条 2 項）としている。
[50]　これらの現在の株式法 77 条 1 項は、1965 年株式法 77 条 1 項と同じである（前掲注 40）およびこれに対応する本文を参照）。

条1項）としている。また、「取締役は年度決算書及び営業報告書をその作成後直ちに監査役会に提出しなければならない。」（170条1項1文）としている。

(2) 監査役会

これに対して、「監査役会は業務執行を監督しなければならない。」（株式法111条1項）とし[51]、監査役会が会社内部で業務執行に対する監督を担うことを明確にしている。監査役会の権限として、特に①「取締役員は最長5年〔の任期〕で監査役会が選任する。」（84条1項1文）とし[52]、②監査役会が各取締役員の総収入を決定するとしている（87条1項1文）。さらに、業務規程の策定があり、③「監査役会が業務規程を策定すると定款が規定し又は監査役会が取締役のために業務規程を策定しない場合、取締役はその業務規程を策定することができる。」（77条2項1文）としている。

監督の一環として、「監査役会は、取締役に対し、会社の事項、結合企業に対する法律上及び業務上の関連並びに会社の状況に重大な影響を与え得る、当該〔結合〕企業における業務の経過についていつでも報告を求めることができる。」（90条3項1文）としている。また、監査役会は年度決算書、営業報告書および貸借対照表上の利益の利用〔剰余金の分配〕に対する提案を監査しなければならないとしている（171条1項1文）。

なお、監査役員の欠格事由に例えば原則として「直近二年間に同じ証券取引所の上場会社の取締役員であった者」（100条2項4号）が挙げられている。また、「監査役会は二分の一歴年に二回の会議を開催しなければならない。」（110条3項1文）としている。「取締役員に対して監査役会が裁判上及び裁判外において会社を代表する。」（112条1文）としている。

---

[51] この現在の株式法111条1項は、1937年株式法95条1項と同じである（前掲注37）に対応する本文を参照）。

[52] この現在の株式法84条1項1文は、1937年株式法75条1項1文と同じである（前掲注35）に対応する本文を参照）。

(3) 取締役と監査役会の関係①——株式法

取締役と監査役会の関係に関して、「業務執行の措置は監査役会に委ねることができない。」（111条4項1文）とした上で、「しかし定款又は監査役会は、一定種類の業務はその〔監査役会の〕同意によってのみ行うべきことを定めなければならない。」（同項2文）としている。

(4) 取締役と監査役会の関係②——DCGK

現在のDCGKは[53]、「取締役と監査役会は企業の福祉のために緊密に協働する。」（3.1）とし、「取締役は企業の戦略上の方針を監査役会と調整し戦略の実施状況を定期的な間隔で監査役会と協議する。」（3.2）としている。また、「取締役は企業の戦略上の方針を開発し、これを監査役会と調整しかつその実施に配慮する。」（4.1.2）としている。他方で、「監査役会の任務は、取締役に対して企業の指揮に際して定期的に助言しかつ〔これを〕監督することである。監査役会は企業にとって基本的な重要性のある決定に含まれなければならない。」（5.1.1）としている。

2 各機関からの権限委譲

以下、業務執行権限および監督権限の委譲を分析する。

(1) 業務執行権限の委譲

株式法は、「取締役が数人で構成される場合には、全員の取締役員は共同してのみ業務執行をする権限を有する。」（77条1項1文）[54]と規定しており、この場合に業務執行をする権限が共同する「全員の取締役員」に認められているが、

---

[53]　Bundesministerium der Justiz und für Verbraucherschutz, Bekanntmachung des „Deutschen Corporate Governance Kodex" (in der Fassung vom 7. Februar 2017), Vom 24. April 2017, BAnz AT 24.04.2017 B2; Bundesministerium der Justiz und für Verbraucherschutz, Berichtigung der Bekanntmachung des „Deutschen Corporate Governance Kodex" (in der Fassung vom 7. Februar 2017), BAnz AT 19.05.2017 B2. 以下、現在のDCGKについては、これらを参照している。

[54]　前掲注49）に対応する本文を参照。

併せて「定款又は取締役の業務規程が別に定めることができる」(同項2文) と
規定されている[55]。

　同条同項は「業務執行」概念を定義せずに用いているが、業務執行権限は取
締役の下にあり、いわゆる取締役委員会の設置は一般的に許容され、準備およ
び執行の任務はこれに容易に委ねられ得るとの指摘がみられる[56]。また、取締
役による権限の委譲には広い裁量の余地があり、その際に株式法76条1項が定
める原則を遵守しなければならないとの指摘がみられ[57]、学説において同条か
らの制約について論じられている[58]。

─────────────

[55]　前掲注50) およびこれに対応する本文を参照。この点について、全体での〔全員の取締役員
による〕業務執行は鈍重であり、〔この株式法〕77条1項2文に基づいてそれ〔全体での業務執
行〕を柔軟な解決によって廃止することができ、それが法実務において規則的に生じていること
であるとの指摘がみられる。*Fleischer*, in Spindler/Stilz (Hrsg.), Kommentar zum Aktiengesetz, Bd. 1, 3.
Aufl., 2015, § 77, Rdn. 10.〔その設計の可能性と制約については、〕全員一致原則を伴う全体での
〔全員の取締役員による〕業務執行の法律上の本来的モデルから、様々な離脱があり得ると指摘
されている。Ebd. § 77, Rdn. 11.

[56]　具体的には、以下の通りである。Ebd. § 77, Rdn. 3-4, 41.〔すなわち、〕〔株式法〕77条1項は、
業務執行の概念を定義せずに用いている。Ebd. § 77, Rdn. 3. 一般的な見解によれば、それは会社
のためのあらゆる現実のまたは法的な活動と理解され把握される。Ebd. このためたんに全取締
役 (Gesamtvorstand) の意思決定、監査役会に対する報告や商業帳簿の記入のような会社内部の
措置だけでなく、その有効性は取締役の代表権次第であるが、会社の名における契約の締結のよ
うな第三者に対する行為をも含むものである。Ebd. 業務執行権限 (Geschäftsfühlungsbefugnis) は
取締役の下にある。Ebd. § 77, Rdn. 4. 株式法77条はこれを明確に解決していないものの、それは
適切な権限〔が与えられること〕を想定している。Ebd. さらに、〔同法〕76条1項、78条およ
び82条2項の観念的な文脈から、取締役が株式会社の業務を執行するということが導かれる。
Ebd. さらなる論拠として、ある者は典型的な業務執行〔上の〕義務を取締役に課す〔同法〕83
条、90条、91条および92条を挙げ得る。Ebd. 機関としての〔取締役の〕業務執行任務をその
肩書にかかわらず指導的な従業員であるいわゆる部門幹部 (Bereichsvorstände) に委ねることは不
可能である。Ebd. しかし、準備および執行の措置 (Ausführungsmaßnahmen) は容易に委ねられ
得る。Ebd. いわゆる取締役委員会の設置は一般的に許容される。Ebd. § 77, Rdn. 41. しかし、〔取
締役〕全体〔としての〕責任の原則により、〔株式法〕76条1項の意味における指揮任務を〔取
締役委員会に〕委ねることは認められない。Ebd.

[57]　具体的には、以下の通りである。*Vetter*, in Krieger/Schneider (Hrsg.), Handbuch Managerhaftung, 3.
Aufl., 2017, § 22, Rdn. 22.29, 22.73, 22.76.〔すなわち、〕①部門形成および各業務執行権限につい
ての一般的な制限は、法律が取締役を名宛人としていると思われる際の任務、特に株式法83条、
90条、91条1項および2項、92条、110条1項、118条2項、121条2項、124条3項1文、126
条1項、131条、161条、170条、186条4項2文ならびに245条4号〔が規定するそれ〕につい

(2) 監督権限の委譲①――株式法

株式法107条が監査役会の内部組織について規定している。監査役会は、その内部に委員会を設置することが認められており（同条3項1文）[59]、特に監査委員会（Prüfungsausschuss）を設置することができるとされている（同項2文）[60]。この下で、委員会が監査役会の代わりに決定することができない任務が列挙されており（同項4文）[61]、これ以外の任務については、監査役会から委員会に監督権限を委譲することが株式法上否定されていない[62]。

て、株式会社が最初にこれを担うことになるというものである。Ebd. § 22, Rdn. 22.29. ②機能および責任の委譲は、取締役の指揮任務の一部であり、取締役が企業家の判断の範囲で決定しなければならない。Ebd. § 22, Rdn. 22.73. 権限を委譲する力をどの程度用いるかについて、取締役には基本的な広い裁量の余地がある。Ebd. ③〔権限委譲の制約については、〕株式会社の取締役は下位の部門への〔権限の〕委譲において、株式法76条1項に基づく〔会社を〕指揮〔する〕権限を行使する際の自身の責任の原則を遵守しなければならないだけでなく、当初の執行機能に関して組織内部における業務分配に適用される制約〔前述本注における①を参照〕をも遵守しなければならない。Ebd. § 22, Rdn. 22.76.

[58] 〔例えば〕企業政策上の目標の決定や、その目標を達成するための重要な措置の決定については、取締役自身の手中になければならないとの指摘がみられる。*Kort*, in Hirte/Mülbert/Roth (Hrsg.), Großkommentar Aktiengesetz, Bd. 4/1, 5. Aufl., 2015, § 76, Rdn. 49a. 〔なお、〕業務執行の任務を委任することの許容性の問題は、その任務におけるそれ〔委任〕が株式法76条1項における企業〔会社〕の指揮のそれであるかまたは同法77条1項1文のようなその他の業務執行であるかどうかという法律上の概念に基づいて答えることができず、……必然的に具体的な状況に依存する事案ごとの決定になる等との指摘もみられる。*Seibt*, Dekonstruktion des Delegationsverbots bei der Unternehmensleitung, in FS Schmidt, 2009, S. 1463, 1486.

[59] 前掲注39）およびこれに対応する本文を参照。

[60] 監査委員会は、①会計過程、②内部統制システム、リスク管理システムおよび内部監査システムの有効性ならびに③決算監査、ここで特に決算監査人の選任および独立性ならびに決算監査人が追加して提供する成果を監督するとされている（株式法107条3項2文）。

[61] 具体的には、107条1項1文（定款に従い、監査役員から監査役会の議長1名および〔その〕代行者1名を選出すること）、59条3項（貸借対照表〔上の〕利益の分割配当の際の監査役会の同意）、77条2項1文（取締役の業務規程の策定）、84条1項1文（取締役員の選任）および3文（取締役員の再選任または任期の延長）、2項（取締役議長の指名）および3項1文（重大な理由がある場合の取締役員の選任および取締役議長の指名の撤回）、87条1項（各取締役員の総収入の決定）および2項1文（各取締役員の総収入の決定後に会社の状況が悪化した場合の当該決定からの減額）および2文（この場合の年金等の減額）、111条3項（会社の福祉が必要とする場合の株主総会の招集）、171条（年度決算書、営業報告書および貸借対照表上の利益の利用〔剰余

404　第 4 章　ドイツ法

(3) 監督権限の委譲②——DCGK

　DCGK は、「監査役会は企業に特有の現状及びその監査役員の人数に基づい
て専門的な能力を有する委員会を設置すべきである（soll）。」（5.3.1）と推奨し
た上で、①監査委員会について、「監査役会は、——他の委員会に委託されてい
ない限り——特に会計、会計過程、内部統制システム〔の有効性〕、リスク管理
システム〔の有効性〕、内部監査システムの有効性、決算監査及び法令遵守の監
督に取り組む監査委員会を設置すべきである（soll）。」（5.3.2）と推奨し、「監査
委員会の委員長は独立しておりかつその任期が二年未満前に終わった当該会社
の元取締役員でないべきである（soll）。」（同）と推奨している。また、②指名
委員会について、「監査役会は株主代表のみから構成されかつ選任のために監査
役会が株主総会で提案するための監査役員の適切な候補者を監査役会に提案す
る指名委員会（Nominierungsausschuss）を設置すべきである（soll）。」（5.3.3）と
推奨している。

　このように、DCGK は、監査役会が監査委員会と指名委員会を設置すべきで
あると推奨しているが、これらに対する権限の委譲を推奨や示唆等していない
[63]。特に指名委員会については、その役割が監査役員候補者を監査役会に提案
することであるとしている（同）[64]。

　DCGK は、報酬委員会については、「監査役会総会（Aufsichtsratsplenum）が
各取締役員のその時々の総収入を決定する。取締役契約を扱う委員会がある場

金の分配〕に対する提案の監査を含む監査役会による監査）および 314 条 2 項（結合企業との関
係についての報告書の監査等）および 3 項（当該報告書における取締役の説明に対して異議を申
し立てるかどうかの説明）ならびに一定種類の業務は監査役会の同意によってのみ行うべきこと
を定める〔監査役会の〕決定が挙げられている（107 条 3 項 4 文）。前掲注 41）および前掲注 48）
ならびにこれらに対応する本文を参照。

[62]　例えば「監査役会はこれ〔会社の帳簿及び文書並びに財産、特に会社の現金高並びに有価証
券及び製品の在高を調べかつ監査すること〕を各監査役員又は一定の任務については特別の専門
家に委託することができる。」（111 条 2 項 2 文）と規定されている場合もある。

[63]　前掲注 61）およびこれに対応する本文を参照。

[64]　取締役員の選任および再選任等（株式法 84 条 1 項 1 文および 3 文）については、これらを委
員会が監査役会の代わりに決定することが同法上否定されている（同法 107 条 3 項 4 文）。前掲
注 61）およびこれに対応する本文を参照。

第1節　業務執行に対する監督の在り方──業務執行と監督の株式法上の分離　405

合、当該委員会はその提案を監査役会に説明する。」(4.2.2) としている。すなわち、DCGK は報酬委員会の設置を推奨や示唆等せず、監査役会が報酬委員会を任意で設置することを認めているが[65]、監査役会が各取締役員の総収入を決定するとしている[66]。

第5項　小括と検討──権限分配の形成とその修正

1　小括

　1965 年株式法が、委員会が監査役会の代わりに決定することができない任務を列挙し、監査役会から委員会に委譲できる権限を明確にした。1990 年代における会社不祥事の顕在化後の見直しとして、①1998 年の KonTraG が株式法 91 条に 2 項を加え、取締役が特に監督システムを整えなければならないと規定したこと、②2002 年の「透明性及び開示法」が、株式法 111 条 4 項 2 文における「しかしすることができる」という文言を「しかししなければならない」に改めたこと、③2009 年の VorstAG が株式法 107 条 3 項 3 文を改め、委員会が監査役会の代わりに決定することができない任務に、監査役会による各取締役員の総収入の決定を含めたことが挙げられる。

　現在のドイツ法の下で、株式法上、業務執行をする権限は「全員の取締役員」に認められているが（77 条 1 項 1 文）、定款または取締役の業務規程が別に定めることができるとされている（同項 2 文）。業務執行権限は取締役の下にあり、いわゆる取締役委員会の設置は一般的に許容され、準備および執行の任務はこれに容易に委ねられ得るとの指摘がみられる[67]。また、取締役による権限の委

---

[65]　前掲注 60) およびこれに対応する本文を参照。
[66]　各取締役員の総収入の決定等（株式法 87 条 1 項、2 項 1 文および 2 文）については、これらを委員会が監査役会の代わりに決定することが同法上否定されている（同法 107 条 3 項 4 文）。前掲注 61) およびこれに対応する本文を参照。
[67]　前掲注 56) 参照。

406 第4章 ドイツ法

譲には広い裁量の余地があり、その際に同法76条1項が定める原則を遵守しなければならないとの指摘がみられる[68]。

　監督権限については、監査役会が特に監査委員会を設置することができるとしており（株式法107条3項1文）、DCGKが監査委員会の設置を推奨（soll）しているが（5.3.2）、権限の委譲は推奨や示唆等されていない。指名委員会については、DCGKがその設置を推奨（soll）しているが（5.3.3）、権限の委譲は推奨や示唆等されていない。これらの委員会への権限委譲については、委員会が監査役会の代わりに決定することを同法107条3項4文が否定している任務がある[69]。報酬委員会については、DCGKがその設置を推奨や示唆等せず、監査役会がこれを任意で設置することが認められているが、報酬委員会が監査役会の代わりに各取締役員の総収入の決定等を行うことを同項同文が否定している。

2　検討

　業務執行をする権限を認められている「全員の取締役員」と監査役員およびそれゆえに監査役会が分離されており、業務執行に対する会社内部における監督の在り方に株式法上明確にされている面がある。この下で、取締役による権限の委譲における同法76条1項からの制約について学説が論じているが、業務執行をする権限は、定款または取締役の業務規程が別に定めることができるとされており（同法77条1項2文）、業務執行をする権限について会社内部における柔軟な設計が認められ得る。

　監督権限については、監査役会内部に設置される委員会が有する権限を株式法が画一的に規定しているわけではなく、株式法が各委員会に権限を与えているわけではない。監査役会からの監督権限の委譲について、委員会が監査役会の代わりに決定することを株式法107条3項4文が否定している任務を除いて、監査役会内部における柔軟な設計が認められ得る。

---

[68]　前掲注57）参照。
[69]　前掲注61）および前掲注64）参照。

第3款　学説の展開

以下、業務執行に対する監督の在り方をめぐる学説の展開を素描する[70]。

第1項　1980年代以前

1980年代以前における代表的な研究として、特にMestmäckerによる1958年の書籍[71]と、Grossfeldによる1968年の書籍[72]が挙げられる。

第2項　1990年代

1990年代には、会社不祥事の顕在化を受けて、監査役会の役割を始めとして議論が深められている[73]。

---

[70]　以下の文献一覧が参考になる。*Leyens*, Anhang, in Hommelhoff/Hopt/v. Werder (Hrsg.), Handbuch Corporate Governance, 2. Aufl., 2009, S. 931. 併せて、以下も挙げられる。Stefan Prigge, *A Survey of German Corporate Governance, in* COMPARATIVE CORPORATE GOVERNANCE: THE STATE OF THE ART AND EMERGING RESEARCH 943 (Klaus J. Hopt et al. eds., 1998); Jean J. du Plessis & Ingo Saenger, *An Overview of the Corporate Governance Debate in Germany, in* JEAN J. DU PLESSIS ET AL., GERMAN CORPORATE GOVERNANCE IN INTERNATIONAL AND EUROPEAN CONTEXT 17, 18 (3d ed. 2017)（ドイツにおけるCGに関する議論は1990年代後半における深刻さの中で開始されたとする）.

[71]　*Mestmäcker*, Verwaltung, Konzerngewalt und Rechte der Aktionäre, 1958. 後掲注168）およびこれに対応する本文を参照。

[72]　*Grossfeld*, Aktiengesellschaft, Unternehmenskonzentration und Kleinaktionär, 1968. 後掲注166）およびこれに対応する本文を参照。

[73]　例えば以下が挙げられる。*Baums*, Der Aufsichtsrat, ZIP 1995, 11; Feddersen/Hommelhoff/Schneider (Hrsg.), Corporate Governance, 1996; *Hopt*, Industriebeteiligungen und Depotstimmrecht der Großbanken als Problem des corporate governance, in Koslowski (Hrsg.), Shareholder Value und die Kriterien des Unternehmenserfolgs, 1999, S. 111. Klaus J. Hopt, *The German Two-Tier Board: Experience, Theories, Reforms, in* COMPARATIVE CORPORATE GOVERNANCE: THE STATE OF THE ART AND EMERGING RESEARCH, *supra* note 70, 227.

408　第4章　ドイツ法

第3項　2000年代以降

2000年代以降、比較会社法の観点からの分析が進み、特にHopt と Leyens による論稿[74] がみられている。また、Hopt らが、2013年の書籍[75] において、ヨーロッパ域内の各法域における一層制と二層制の在り方を分析し、その共通性等を論じている[76]。

第2節　上場会社の取締役員と監査役員の義務と責任

第1款　分析の視点

1　経営者の責任

Hopt は、2017年の論稿[77] で、以下の通り指摘している[78]。

　取締役員と監査役員の両者についてのドイツにおける責任の枠組みは、株式法のみをみる場合にはかなり広範にわたりかつ厳格である。しかし、特に有限会社（GmbH）および小規模な協同組合銀行（cooperative banks）に関して多くの事案が生じたけれども、伝統的に〔取締役員と監査役員の義務の〕エンフォースメントはわずかであった。これは社外取締役の責任あるいはむしろ責任の

---

[74]　Klaus J. Hopt & Patrick C. Leyens, *Board Models in Europe: Recent Developments of Internal Corporate Governance Structures in Germany, the United Kingdom, France and Italy, in* VOC 1602 - 2002: 400 YEARS OF COMPANY LAW 281 (Ella Gepken-Jager et al. eds., 2005). Leyens は、イギリスの取締役会とドイツの監査役会を以下の書籍（博士論文〔Dissertation〕）において比較している。*Leyens,* Information des Aufsichtsrats, 2006.

[75]　CORPORATE BOARDS IN LAW AND PRACTICE, *supra* note 1.

[76]　このほか、DCGK についての実証分析もみられている。Christian Andres & Erik Theissen, *Setting a Fox to Keep the Geese — Does the Comply-or-Explain Principle Work?*, 14 J. CORP. FIN. 289 (2008). なお、監査役員の独立性についても論じられている。*Roth/Wörle,* Die Unabhängigkeit des Aufsichtsrats, ZGR, 2004, 565; *Roth,* Unabhängige Aufsichtsratsmitglieger, ZHR 175 (2011) 605.

[77]　Klaus J. Hopt, *The German Law of and Experience with the Supervisory Board, in* FOREIGN INVESTMENTS ON CHINESE CAPITAL MARKETS 121 (Rüdiger Veil & Xujun Gao eds., 2017) (available at: https://ssrn.com/abstract=3083399).

[78]　*Id.* at 138-39. 以下、原注を省略している。

不在についての国際的な発見と一致し、中国においてもまた実情であるように思われる。それにもかかわらず、連邦通常裁判所の ARAG/Garmenbeck 事件判決[79] および金融危機が重要な変化へと導いた——前者の下で監査役会はその義務に違反した取締役員に対する訴訟を提起することが求められ、金融危機は非常に大きな損害を伴う重大な経営の誤りを立証した。現在、民事法および刑事法の両方に基づいて多くの訴訟[80] が提起されている。[81]

---

[79]　（紹介者注）後述本節第 2 款第 2 項 2(1)参照。

[80]　（紹介者注）以下に挙げられている。*Hopt*, Die Verantwortlichkeit von Vorstand und Aufsichtsrat, ZIP 2013, 1793, 1793ff.

[81]　Hopt, *supra* note 77, at 138-39. 続けて、以下の通り指摘している。*Id.* at 139. 〔すなわち、〕結果として、直近ではドイツ法律家会議がそのようなシステムを変更しないままでごくわずかな改革（取締役員側の立証責任の変更を含む）を求めたけれども、取締役員の責任の枠組みの改革について進行中で論議を呼ぶ議論が存在する。*Id.* ドイツの立法者は、当該会社が証券取引所に上場している場合に責任に対する請求の〔株式法 93 条が規定する請求権は義務違反の時から 5 年で時効になるとする同条 6 項の〕出訴期限期間を 10 年間に延長することに賛成する庶民派の主張に 2010 年に譲歩した後、現在まで〔取締役員の責任の枠組みの改革に〕介入するであろう兆候はない。*Id.*

　Hopt は、2013 年の論稿でエンフォースメントの在り方について以下の通り指摘している。Hopt, *Corporate Governance, supra* note 1, at 62. より一般的に、〔各〕法域は取締役の責任に対する現実の規制においてではなく、そのようなルールのエンフォースメントにおいて異なる。*Id.* 例えばアメリカおよびフランスにおいて判例法が豊富に存在する一方、これは大きな不祥事および金融危機の影響から変化しているけれども、ドイツ、スイスおよび日本においては裁判所における現実の責任の〔責任が問題となった〕事案は伝統的に非常にわずかであった。*Id.* 画期的な ARAG 〔/Garmenbeck〕事件において、ドイツの連邦の最上級審である連邦通常裁判所（Bundesgerichtshof）は、その義務に違反し会社に損害を与えた取締役員に対して訴訟を提起する義務を監査役会が負うと判断した〔後述本節第 2 款第 2 項 2(1)参照〕。*Id.* これは改善であるが、十分でない。*Id.* 最近の改革提案は、監督〔行政〕機関が民事訴訟を提起する権限を有すべきであると提案している。*Id.*

　また、以下の通り指摘されている。Holger Fleischer, *Liability of Managing Directors Under German Stock Corporation Law*, 6 J. JAPANESE L. (SPECIAL ISSUE) 61, 70 (2012). 〔すなわち、〕経営する取締役員（managing directors）に対して請求権を行使することへの意欲だけでなく取締役員の責任に対する公共の意識が近年高まっていると間違いなく言い得る。*Id.* 個人責任の法的条項はもはや切れない刀ではない。*Id.* 注目を集め広く公刊された事案は重要な予防的機能を明確に発展させている。*Id.* このことに対する良い基準は、D&O 保険への高まる関心およびその重要性である。高まる責任のリスクを反映する〔D&O 保険の〕保険料は今までにない高さに達している。*Id.*

410 第4章 ドイツ法

2 監督者の責任

(1) Cheffins & Black(2006年)

Cheffins と Black は、ドイツ法については監査役員を対象とし[82]、その責任について以下の通り指摘している[83]。

〔2005年の〕制定法上の経営判断原則の導入前でさえ、ドイツの公開会社の監査役員に対する訴訟〔の提起〕はきわめて例外的であり損害賠償が認められることはさらに稀であった。……監査役員個人に対する訴訟については、我々〔Cheffins と Black、以下同じ〕が最善を尽くして結論を出せたこととして、株式会社がそのような〔監査役員個人に対する〕訴訟を提起し審理において損害賠償が認められた事案は過去50年間に2件だけであるということである。当該2件において、被告は株式会社の倒産した会社の支配株主と密接な関係を有する1名の監査役員であった。これらの事案のうち1件において、損害賠償が認められたが当該事案が審理段階へ差し戻され、最終的な結果は知られていない。もう1件においては、150万ドイツ・マルク〔当時、以下同じ〕の損害賠償が認められており、これが個人の出捐を伴う責任の事例であった可能性がある。しかし、これら2件のいずれかが上場会社を含んでいたかどうかは明らかでない。[84]

手続的な考慮が訴訟の欠如を説明するために多くをなす〔であろう〕。監査役員の会社法上の〔株式法上の〕義務は会社に対するものであり、株主または債権者に対するものではない。監査役員に対して訴訟を提起するという決定は一般的に取締役に委ねられている。監査役会は取締役〔取締役員〕を選任および監督するため、もっともなことであるが、取締役は訴訟手続を開始することに対して乗り気でないであろう。……[85]

---

[82] Brian R. Cheffins & Bernard S. Black, *Outside Director Liability Across Countries*, 84 TEX. L. REV. 1385, 1420-32 (2006). 以下、原注を省略している。

[83] *Id.* at 1424-25, 1427, 1430.

[84] *Id.* at 1424.

[85] *Id.* at 1424-25.

第2節　上場会社の取締役員と監査役員の義務と責任　**411**

　……〔直接の株主訴訟については、〕株主が株式法 117 条に基づいて 1 名の監査役員に対する訴訟を提起し、〔当該株主の〕救済として損害賠償が認められた事案が 1 件あることを我々は知っている。しかし、当該事案は最終的にそれに続く〔判決の〕報告書なしに審理段階へ差し戻されたため、これが個人の出捐を伴う責任の事例であったかどうか明らかでない。また、当該会社が上場会社であったかどうかを見分けるには当該事案の報告書において詳細な記述が不十分であった。……[86]

　……〔会社が倒産している場合について、〕株式会社の監査役員に対して訴訟を提起することは破産管財人にとって稀である。実際、過去 50 年間において、株式会社の監査役員 1 名に当該会社に対するその義務違反の結果として損害賠償金を支払うべきであると裁判所が判断した、破産管財人が提起した公刊裁判例が 1 件のみみられたようであり、当該会社が上場会社であるかどうかは明らかでない。[87]

　Cheffins と Black は、以上の通り指摘した上で、株式会社の監査役員に損害賠償責任が認められたごくわずかな事案のみをその調査が明らかにしたとし[88]、このことが、ドイツにおいて、「実務上、事業の誤りおよび商業の失敗に対する最も重要なサンクションは、〔その〕地位に再任されないというそれである。」[89]との主張を支持するものであるとした[90]。

---

[86]　*Id.* at 1427.

[87]　*Id.* at 1430.

[88]　*Id.* at 1431.

[89]　Theodor Baums & Kenneth E. Scott, *Taking Shareholder Protection Seriously? Corporate Governance in the United States and Germany*, 53 AM. J. COMP. L. 31, 45 (2005).

[90]　Cheffins & Black, *supra* note 82, at 1431.

412　第4章　ドイツ法

(2) Roth（2008 年）

　Roth も、社外取締役としてドイツにおける監査役員の責任を分析し、2008年の論稿[91] で以下の通り指摘している[92]。

　ドイツにおいて、社外取締役〔監査役員〕の責任は 1930 年代まで実務上重要であり、1990 年代から再度そのようになった。1930 年代まで、監査役員の責任はたんなる書籍上の法ではなかった――ドイツの最高裁判所によって取締役〔社外取締役としての監査役員〕に責任があるとされたかなりの数の事案が存在した[93]。当時において、ドイツの監査役会は実務において事実上の取締役会であった。このほか、取締役にとっての安全港（safe harbour）という考えが一般的でなかった。……[94]

　戦後の〔1945 年以降の〕ドイツでの裁判所実務において監査役員の責任は何も役割を担わなかったが、それは 1990 年代に復活を経験し、ドイツ連邦最高裁判所〔連邦通常裁判所、以下同じ〕（……）の ARAG/Garmenbeck 事件判決[95] に主に焦点を当てた。一般的な感情は、取締役の責任に関する条項はたんなる書籍上の法ではなく〔その履行が〕強制もされるべきであるというものであった。当該事案において、保険会社である ARAG の財務担当取締役員が当該会社に他社（Garmenbeck Ltd）への無担保貸付をさせ、それがネズミ講を行うものであった。監査役会の統制決定（control decisions）、例えば監督の文脈（monitoring context）における決定、は、非常に限られた程度においてのみ監査役〔会〕の裁量に服し、取締役の事業裁量（経営判断原則と同義）の通常の範囲によって保護されないとドイツ連邦最高裁判所は判断した。[96]

---

[91]　Markus Roth, *Outside Director Liability: German Stock Corporation Law in Transatlantic Perspective*, 8 J. Corp. L. Stud. 337 (2008).

[92]　*Id.* at 340-45. 以下、原注を省略している。

[93]　（紹介者注）当該事案については、以下に掲げられている。*Id.* at 340 n.16.

[94]　*Id.* at 340.

[95]　（紹介者注）後述本節第 2 款第 2 項 2(1)参照。

[96]　Roth, *supra* note 91, at 340-41.

第2節　上場会社の取締役員と監査役員の義務と責任　**413**

　ドイツ連邦最高裁判所による 1997 年の ARAG/Garmenbeck 事件判決後、監査役員に責任があるとした少なくとも 9 件の判決が公刊されている[97]。1999 年以降、株式会社 6 社の監査役員、有限会社 1 社および協同組合 2 組合の監査役員が民事裁判所によりその注意義務違反を非難された。ここでの全ての会社は監査役員に責任があるとした当該訴訟手続が開始された時に倒産していた。公表された声明において明らかである限り、これらの事案の大部分において当該会社は監査役会がその義務を満たさなかった時には倒産していなかった。後に破棄されなかった 8 件の判決は、取締役〔社外取締役としての監査役員〕による個人の出捐につながったということが非常にありそうである。仮に当該会社が D&O 保険を購入している場合、DCGK は適切な自己保有 (a suitable deductible) を求めている。会社補償は強行法によりドイツの株式会社にとって選択肢でない。[98]

　監査役員による支払を伴って終わったドイツにおける他の事案は刑事手続の対象〔となる事案〕である。ドイツの刑事事件で最も顕著なものが Mannesmann 事件判決であり[99]、……当該事案では監査役員による約 1,000 万ユーロの支払により後に和解がされた。[100]

　アメリカおよび連合王国においてだけでなく、ドイツにおいても上場会社の社外取締役〔ドイツにおいては監査役員、以下同じ〕は会社法上の義務に対する違反により〔裁判所により〕責任が認められることは稀である。……[101]

　……1980 年以降、損害賠償金を支払うよう裁判所が監査役員に命じた事案が法律雑誌およびデータベースにおいて 10 件あまり報告されている。アメリカにおけるのと異なり、ドイツにおいて〔いわゆる〕証券訴訟による社外取締役の

---

[97]　(紹介者注) 1980 年から 2007 年までに公刊された当該事案が以下に掲げられている。*Id.* at 342 tbl.2.

[98]　*Id.* at 341.

[99]　(紹介者注) 特に以下を参照。BGH, Urt. vom 21. Dezember 2005, BGHSt 50, 331. 当該事件については、例えば正井章筰「企業買収における経営者への功労金の支払い——マンネスマン訴訟に見るドイツのコーポレート・ガバナンスと刑事司法制度——」早稲田法学 82 巻 3 号 59 頁以下、61 頁〜100 頁（2007 年）がみられている。

[100]　Roth, *supra* note 91, at 343.

[101]　*Id.* at 344.

責任は標準ではない——その証拠に、ドイツの事案は 1 件のみ存在する[102]。ド
イツにおける事案の大部分は〔2008 年からの〕過去 9 年間、それゆえ
ARAG/Garmenbeck 事件判決[103] の直後に生じたものである。これらの事案のほ
ぼ全てが監督の文脈に関係している——少なくとも 4 件は監査役会による意思
決定（decision-making）にも関係している。2 件においては、ドイツの監査役員
が唯一の（支配）株主に対する支払について責任があるとされている。[104]

　Roth は、以上の通り指摘するとともに、ドイツにおいては、アメリカにおけ
るのと同様に裁判所が意思決定の文脈と監督の文脈とを区別しているとした
[105]。監査役員は意思決定に従事し、新たに〔2005 年に〕導入された経営判断
原則によってこの点で保護されているが[106]、監督の文脈においては連邦通常裁
判所が伝統的に事業裁量を否定しており、アメリカにおけるのと同様に、不正
の兆候がある場合にのみより厳格な基準が適用されると論じられていると指摘
している[107]。

3　分析の視点

　このように、取締役員と監査役員の責任は伝統的に実際には追及されてこな
かったが、1997 年の ARAG/Garmenbeck 事件判決後、両者の対会社責任が実際
に追及され、責任があるとした判決も生じていると指摘されている[108]。

---

[102]　（紹介者注）当該 1 件として、Roth は以下を挙げている。OLG Hamburg, Urt. vom 18. Februar 2000, AG 2001, 141. Roth, *supra* note 91, at 345 n.43.

[103]　（紹介者注）後述本節第 2 款第 2 項 2(1)参照。

[104]　Roth, *supra* note 91, at 345.

[105]　*Id.* at 337.

[106]　（紹介者注）後述本節第 2 款第 2 項 2(2)参照。

[107]　Roth, *supra* note 91, at 337. Roth は、これ以前に特に経済〔財務〕危機における行為裁量の余地および責任の危険として企業家の裁量および取締役の責任を以下の書籍（博士論文）において論じている。*Roth*, Unternehmerisches Ermessen und Haftung des Vorstands, 2001.

[108]　各法域における取締役の責任とそのエンフォースメントの在り方を比較した論稿として、例えば以下も参考になる。Holger Fleischer, *The Responsibility of the Management and Its Enforcement*, *in* REFORMING COMPANY AND TAKEOVER LAW IN EUROPE 373 (Guido Ferrarini et al. eds., 2004).

第2節　上場会社の取締役員と監査役員の義務と責任　**415**

　以上を踏まえると、対会社責任については、ARAG/Garmenbeck 事件判決が
どのようなものであり、また、当該判決後、制定法上の経営判断原則の在り方
とともに、取締役員と監査役員の義務違反による責任がどのような場合に追及
され、裁判所が各場面においてそれらの有無をどのように判断しているかが特
に問題となる。不実開示の場面を例とする対第三者責任については、取締役員
と監査役員の責任に関する法制度と判例がどのようなものであるかが問題とな
る[109]。

　なお、実務の指摘として、例えば Thümmel は、〔経営者の対会社責任が問題となる〕典型的な
場面として、①倒産、②求償（Regress）〔アメリカにおいて会社の証券法上の責任や製造物責任
が追及される場合等、会社が第三者に対して責任を負う場合の当該会社によるその取締役員に対
する求償〕、③資産の減少（Vermögensminderungen）〔会社の貸借対照表上の資本の欠損〕、④分離
（Trennung）〔企業がその取締役員を自身から切り離し、取締役員の残余報酬請求権に対する可能
な責任請求権を計算すること〕を挙げている。*Thümmel*, Persönliche Haftung von Managern und
Aufsichtsräten, 5. Aufl., 2016, S. 38-40. このほか、Ihlas は、1885 年から 2008 年までの期間における
判決について、株式会社のみを対象としているわけではないが、裁判所、判決が出された日、掲
載誌等、被告および原告等を幅広く挙げている。*Ihlas*, D&O, 2. Aufl., 2009, S. 723-788. 同書は、以
下の調査を基礎にしている。*Towers Perrin/Ihlas & Köberich*, Directors and Officers Liability, 2007. 当
該調査については、Ihlas 博士からご送付を得た。後掲注 274）およびこれに対応する本文を参照。
[109]　なお、株式法 161 条の規定に違反したことによる民事責任の問題が考えられるが、「実務で
は、そのような責任追及訴訟はこれまで〔2013 年 11 月まで〕のところ観察されていない。」（ミ
ュルベルト・前掲注28）17 頁）との指摘がみられる。〔この背景として、〕①機関構成員の内部
関係における民事責任について、同条違反が株式法 93 条 2 項 1 文および同法 116 条 1 文の規定
の適用を受けることに異論がないため、会社の当該機関に対する賠償請求権が問題になるが、機
関構成員の義務違反と会社の計算可能な具体的な財産上の損害との間に相当因果関係があるこ
とについての立証責任を会社が果たすのが困難であり、実際の請求にまで至ったケースは知られ
ておらず、また、②株式法 161 条の規定は、民法〔典〕823 条 2 項にいう「保護法」〔後掲注 188〕
参照〕に該当しないとするのが圧倒的な通説であり、不法行為責任については、例えば会社機関
が故意に欺罔の意図をもって瑕疵のある遵守に関する説明を行うような場合にのみ問題となり、
機関構成員の側に故意があったことだけでなく、発生した損害との間の相当因果関係を証明しな
ければならず、困難に陥ると指摘されている（同書 19 頁〜20 頁）。

416 第4章 ドイツ法

第2款 会社に対する責任

第1項 概観

以下、分析の前提として、ドイツ法の下における取締役員と監査役員の義務と責任を概観する。

1 取締役員の義務と責任──株式法93条

現在の株式法は、93条において「取締役員の注意義務及び責任」を規定し、「取締役員はその業務執行に際して通常のかつ誠実な業務指揮者の注意を払わなければならない。」（同条1項1文）と規定し[110]、「取締役員が企業家の決定（unternehmerischen Entscheidung）の際に適切な情報に基づいて会社の福祉のために行為したと合理的に認められる場合には、義務違反はない。」（同項2文）と規定している。その上で、「その義務に違反する取締役員は、会社に対しこれによって生じる損害を連帯債務者として賠償する義務を負う。」（同条2項1文）と規定し、「取締役員が通常のかつ誠実な業務指揮者の注意を払ったかどうかが争われる場合には、取締役員が立証責任を負う。」（同項2文）と規定している[111]。

2 監査役員の義務と責任──株式法116条

株式法は、116条において「監査役員の注意義務及び責任」を規定し、「監査役員の注意義務及び責任については取締役員の注意義務及び責任についての〔同法〕93条を〔同条〕2項3文を除いて準用する。」（同条1文）と規定している[112]。ただし、116条は、「監査役員は特に入手する秘密の報告書及び秘密の審議について守秘義務を負う。」（同条2文）とし、「監査役員は特に適切でな

---

[110] この現在の株式法93条1項1文は、1937年株式法84条1項1文と同じである（前述本章第1節第2款第2項2 1(1)参照）。

[111] 後掲注137）に対応する本文を参照、後掲注136）参照。

[112] この株式法93条2項3文については、後掲注268）およびこれに対応する本文を参照。

第 2 節　上場会社の取締役員と監査役員の義務と責任　**417**

い〔取締役員の〕報酬を決定するならば（87条1項）、その賠償義務を負う。」
（116条3文）としており、固有の義務も規定している。

3　対会社責任の追及——株式法78条および112条

　株式法は、取締役員と監査役員の対会社責任を会社が追及する場合、取締役
員に対しては監査役会が（112条1文）、監査役員に対しては取締役が（78条1
項1文）、それぞれ会社を代表するとしている[113]。これに対して、株主による
責任追及としては、「46条から48条、53条に基づく義務を負う者に対する設立
による又は取締役員及び監査役員に対する業務執行による又は117条による会
社の賠償請求権は株主総会が単純過半数の得票で決議する場合には〔これを〕
行使しなければならない。」（147条1項1文）と規定し、「訴訟許可手続」（148
条）を規定している[114]。

第 2 項　法制度と裁判所の判断の展開

　以下、取締役員と監査役員の対会社責任について、2005年の株主代表訴訟制
度の導入を検討した上で、他の3法域と同じ類型に区分してこれを分析する。

1　序——UMAG（2005年）による株主代表訴訟制度の導入

　2005年に制定された「企業の清廉及び〔株主総会決議の〕取消〔に関する〕
法の現代化のための法律」（以下「UMAG」という）[115] が株式法5章の前に148

---

[113]　前述本章第1節第2款第4項1(1)および同(2)参照。

[114]　現在の株式法148条1項は、2005年改正株式法148条1項と同じである（後掲注116）およ
びこれに対応する本文を参照）。

[115]　„Gesetz zur Unternehmensintegrität und Modernisierung des Anfechtungsrechts (UMAG)“. Vom 22.
September 2005, BGBl. I S. 2802. 早期の検討として、ジェラルド・シュピンドラー（久保寛展＝早
川勝訳）「ドイツにおけるコーポレート・ガバナンス——『企業の健全性および総会決議取消に

条を加え、「訴訟許可手続」を規定し、「その持分が申立ての時に合計して基礎資本金（Grundkapitals）の 1% 分又は持分が 10 万ユーロ分の額に達する株主は、147 条 1 項 1 文が示す会社の賠償請求権を自身の名で行使することの許可を申し立てることができる。」（148 条 1 項 1 文）と規定した[116]。特に機関構成員の忠実義務違反（Treupflichtverletzungen）から生じる賠償請求権が緩和された条件の下で行使されるべきことが目的とされている[117]。

　もっとも、株主代表訴訟またはその前の訴訟許可手続さえも実務で役割を担っておらず、株式法 148 条以下は十分に「死せる法」（,,totes Recht"）であるとの指摘がみられる[118]。また、〔同条に基づく訴訟〕許可手続がほとんど行われ

関する法規制の現代化に関する法律（UMAG）』による変更——」同志社法学 58 巻 1 号 293 頁以下（2006 年）がみられている。

[116]　その上で、裁判所は、①株主が、主張される〔取締役員や監査役員の〕義務違反または主張される損害を、当該株主または権利の包括承継の場合にはその前権利者が公表を理由としてこれを知るべきであった時より前に株式を取得したことを立証する場合、②株主が、当該株主が適切な期間を定めて会社自身が訴訟を提起するよう求めたもののこれがされなかったことを立証する場合、③不誠実〔な行為〕（Unredlichkeit）または法律もしくは定款に対する重大な違反によって会社に損害が生じたという疑いを正当化する事実が提供される場合、および④損害賠償請求の主張が会社の福祉という優位する理由と矛盾しない場合には、当該訴訟の提起を許可するとした（148 条 1 項 2 文）。

[117]　Gesetzentwurf der Bundesregierung: Entwurf eines Gesetzes zur Unternehmensintegrität und Modernisierung des Anfechtungsrechts (UMAG), BT-Drucks. 15/5092, S. 20 (Begründung). 立法の目的が以下の通り述べられている。Ebd.〔すなわち、〕147 条の改正および新たな 148 条および 149 条の導入により、少数株主の〔責任〕追及権の従来の制度が新たに規制される。Ebd. これは KonTraG〔前述本章第 1 節第 1 款第 3 項(3)参照〕の施行以後、1999 年および 2000 年の株式市場における度を越した行為およびスキャンダルの印象の下で根本的な世論の変化（Stimmungswandel）が生じており、それは刊行物における批判的な意見およびフイブツィヒにおける 2000 年の第 93〔ママ〕回ドイツ法律家会議経済法部会の提案によって示されている。Ebd. 賠償請求権、特に機関構成員の忠実義務違反（不誠実〔な行為〕）から生じるそれが、今後緩和された条件の下で行使されるべきである。Ebd. 少数株主による賠償請求権のエンフォースメントの従来の規制が示した障害、およびこれによる誤った誘因は、可能な限り取り除かれるべきである。Ebd. 同時に濫用訴訟の危険も予防されるべきである。Ebd.

[118]　Schmolke, Die Aktionärsklage nach § 148 AktG, ZGR 2011, 398, 441. この指摘は、さらに、株主代表訴訟が実務上重要でないことは、会社の請求権を裁判上主張することに対する株主のというよりもむしろ少数株主の誘因の欠如によって説明されるとし、同条 6 項〔許可手続の費用は申立てが棄却される限りにおいて申立人が負担しなければならないとする〕が株主の集合行為問題に対処しようとしているが、同項は訴訟を提起する積極的な誘因を提供していないとしている。Ebd.

第2節　上場会社の取締役員と監査役員の義務と責任　419

ていないという推測が照会によって正しいと分かったとの指摘がみられる[119]。
そうであるとすれば、ARAG/Garmenbeck 事件判決後、取締役員と監査役員の
対会社責任は会社や破産管財人が追及していると考えられる。

2　決定が問題となる場面①──経営判断原則とその法定

ドイツ法の下においては、決定が問題となる場面で、特に①取締役による業
務執行の決定[120]、②監査役会の同意によってのみ行うべきと定款または監査役

---

[119]　*Peltzer*, Das Zulassungsverfahren nach § 148 AktG wird von der Praxis nicht angenommen! Warum?
Was nun?, in FS Schneider, 2011, S. 953, 955. 当該照会は、7の地方裁判所（ベルリン地方裁判所〔非
上場の株式会社について 2007 年に唯一の事案がみられているが、当該申立ては棄却されたと報
告〕、デュッセルドルフ地方裁判所〔株式法 148 条に基づく手続は知られていないとする〕、フラ
ンクフルト〔・アム・マイン〕地方裁判所〔当該裁判所および他のヘッセン州の地方裁判所にお
いて同じとする〕、ハンブルク地方裁判所〔同条に基づく事案は知られていないとする〕、ケルン
地方裁判所〔同条に基づく手続が 1 件のみ知られているが、許可の申立ては棄却されたとする〕、
ミュンヒェン地方裁判所〔同条に基づく 1 件の手続があり、申立ては棄却され、当該決定がミュ
ンヒェン上級地方裁判所によって是認され、このほかに手続はないとする〕、シュトゥットガル
ト地方裁判所〔同条に基づく手続は知られていないとする〕）に対して行われたものである。Ebd.
なお、株式法 149 条 1 項は、「〔同法〕148 条に基づく訴訟の確定した許可後、許可の申立てお
よび手続終了が証券取引所の上場会社によって会社公告紙（Gesellschaftsblättern）に即時に公告さ
れなければならない。」と規定している。この点に関して、現在〔2015 年 5 月 1 日時点〕までの
ところ同法 149 条 1 項に従って公表された適法な訴訟許可が電磁的な連邦公報において存在しな
いとの指摘がみられる。*Gaschler*, Das Klagezulassungsverfahren gem. § 148 AktG, 2017, S. 30. 〔同書
については、Dirk A. Verse 教授からご教示を得た。〕この指摘は、申立てが許可された場合のみ公
表義務が生じるため、株主がどれだけ多くの訴訟許可手続を申し立てているかが不明であるとし、
Peltzer による前述の照会を参照している。Ebd.
〔訴訟許可の申立てが許可された場合、〕通常の規定が適用される（民事訴訟法
〔Zivilprozessordnung〕91 条）と指摘されている。*Peltzer*, a. a. O., S. 967. 敗訴した当事者は、法律
上の争いの費用を負担しなければならず、特に反対者〔訴訟の相手方〕に生じた費用を、それが
目的にかなった法律上の提訴（Rechtsverfolgung）または法律上の防御（Rechtsverteidigung）のた
めに必要であった限りにおいて支払わなければならないとされている（同条 1 項 1 文）。なお、
注釈書として以下が挙げられる。*Baumbach/Lauterbach/Albers/Hartmann*, Zivilprozessordnung, 76.
Aufl., 2018, S. 314ff.
[120]　前掲注 56）参照。

420　第 4 章　ドイツ法

会が定めている一定種類の業務を行うことに同意するという監査役会の決定
[121]、③監査役会内部に設置される委員会の決定[122]が問題となり得る。

(1)　ARAG/Garmenbeck 事件判決（1997 年）[123]

　［事実］　権利保護保険を提供する保険企業を運営する株式会社（ARAG）に
おいて、財務部門に責任を負う取締役員に背任罪（Untreue）および脱税
（Steuerhinterziehung）が認められた[124]。当該会社がその取締役議長に対して有
する賠償請求権を行使するという議案が監査役会において否決されたため[125]、
当該会社の取締役および特に当該取締役議長がその注意義務に違反し会社に損
害を与えたとして[126]、当該会社の 2 名の監査役員が当該決議の無効を主張した
[127]。
　［原審の判断］　争われた監査役会の決定は有効であると考えられるとした[128]。
これに対して上告がされた。

---

[121]　前述本章第 1 節第 2 款第 4 項 1(3)参照。

[122]　前掲注 62）およびこれに対応する本文を参照。

[123]　BGH, Urt. vom 21. April 1997, BGHZ 135, 244. 早期の検討として、布井千博「取締役に対する
民事責任の追及と監査役の提訴義務——ARAG/Garmenbeck 事件を素材として——」奥島還暦・
前掲注 23）381 頁以下、383 頁～395 頁がみられている。

[124]　OLG Düsseldorf, Urt. vom 22. Juni 1995, ZIP 1995, 1183, 1183. Siehe BGHZ 135, 245-246. これは
当該会社と他社（Garmenbeck Ltd）との間におけるいわゆる「投資業務」（„Anlagegeschäft“）によ
るものであり、そのような取引において当該会社から当該他社グループへの金員の貸付が生じて
いたところ、当該他社グループが破綻し、当該会社に損害が生じている。ZIP 1995, 1184. Siehe
BGHZ 135, 246. 当該業務は、当該会社の当該取締役員が主に担い、当該会社の他の取締役員も関
与していたものである。ZIP 1995, 1184.

[125]　ZIP 1995, 1183. Siehe BGHZ 135, 245-246. 当該監査役会のために弁護士による報告書が作成
されており、当該報告書は、当該取締役員および当該取締役議長に対して賠償請求権を行使する
という監査役会の決定および〔両者に対して〕訴訟を提起しないという決定は、当該監査役会の
裁量の範囲内にあると言い得るとし、当該監査役会が損害賠償請求権を主張した場合の勝訴の見
通しは疑わしいとしている。ZIP 1995, 1186.

[126]　ZIP 1995, 1186. 当該他社との間における金融取引〔前掲注 124）参照〕は保険監督法
（Versicherungsaufsichtsgesetz）7 条 2 項に違反するものであると主張されている。Ebd.

[127]　Ebd. 1183. Siehe BGHZ 135, 245-247.

[128]　ZIP 1995, 1193. 〔その際に、〕結果として本件において監査役会による決定の裁量は「無にな
った」（„auf Null reduziert“）ものではなく、むしろ監査役会には裁量の逸脱（Ermessensüberschreitung）

第 2 節　上場会社の取締役員と監査役員の義務と責任　421

［判旨］　原審判決を破棄し、事案を原審に差し戻した[129]。その際に、会社事業の業務の指揮に際して取締役に広い行為裁量の余地（Handlungsspielraum）が与えられるべきであるとし[130]、また、会社がその取締役員に対する損害賠償請求権を主張することができると予想される場合における次の段階で当該請求権を行使するかどうかの決定に際して、監査役会は自律的な企業家の裁量の余地を有しないとした[131]。

または裁量の瑕疵ある利用（Ermessensfehlgebrauch）があるかどうかという問題に関してのみ司法上のコントロールに服する裁量の余地があるが、決定に際してのそのような裁量の瑕疵の存在──例えば誤った事実を基礎としているかまたは適切でない考慮を含んでいるというような──が原告によって示されておらず、明白でもないとしている。Ebd.

[129]　BGHZ 135, 247, 257.〔その際に、〕原審は、その徴収が十分な成功の見通しを示す、当該取締役議長に対する損害賠償請求権が存在するかどうかについて、その異なる法的見解のために何も確定しておらず、例外的に損害賠償請求権の主張を度外視するかどうかについて監査役会の裁量のある決定が可能となる、企業福祉の重要な理由が存在したかどうかを確定していないとした。Ebd. 256. 原審はまた、当該取締役議長による主張を肯定するおよび否定する観点の詳細な評価および重みづけをそれぞれ行うことを放棄しているとした。Ebd. 256-257. それゆえに、原審判決を破棄し、控訴審裁判所の新たな検討および決定のために事案を原審に差し戻すとしている。Ebd. 257.

[130]　Ebd. 253. 具体的には、以下のように述べている。Ebd. 253-254.〔すなわち、〕取締役員がその業務執行〔における〕義務への違反のために損害賠償請求権を行使されるべきかどうかについての監査役会の決定は、まず損害賠償義務を負う事実の事実的なおよび法的な観点での確定ならびに訴訟リスクおよび当該債権の回収可能性の分析を必要とする。Ebd. 253. 責任があり義務に違反する取締役の行動についての確認された非難の状況が正当化されるかどうかのその評価に際して、会社事業の業務の指揮に際して取締役に広い行為裁量の余地が与えられるべきであり、それなしでは企業家の活動がまさに考えられないということを監査役会は考慮しなければならない。Ebd. それは原則的に意識して業務における危険を冒すことに加え、誤った判断および誤った評価の危険も含むものであり、あらゆる企業指揮者が、どれだけ責任意識を持って行動するにせよさらされるものである。Ebd. 事業の成功する運営にとって必要なセンスを取締役が欠いているという印象を監査役会が得た場合、それはつまりその指揮任務を履行する際の「幸福な手」（»glückliche Hand«）を〔取締役が〕有しない場合、監査役会は取締役〔員〕にその交代（Ablösung）を通して誘因を与え得る。Ebd. 取締役員の損害賠償義務はここから導き得ないものである。Ebd. それ〔取締役員の損害賠償義務〕は、責任意識を伴い、企業福祉のみに向けられ、決定の基礎の注意深い調査に基づく企業家の行為が従わなければならない限度を明らかに越え、企業家の危険を冒すという意欲が無責任な方法で行き過ぎるかまたは取締役の行動が別の理由から義務違反となるべき場合に初めて問題となり得る。Ebd. 253-254.

[131]　Ebd. 254. 具体的には、以下のように述べている。Ebd. 254-255.〔すなわち、〕原審の見解に反して、裁判所における審査可能性を制限する「決定の優先権」（»Entscheidungsprärogative«）を、

422　第4章　ドイツ法

［検討］　本件では、その取締役員に対して会社が賠償請求権を行使しないと
する監査役会の決定が問題となっている。経営判断原則を法定した UMAG が
本判決を踏まえている[132]。本判決後、取締役員と監査役員の対会社責任が実際
に追及されていると指摘されている[133]。

(2)　UMAG（2005 年)による経営判断原則の法定

　UMAG[134] が株式法 93 条 1 項 1 文の後に「取締役員が企業家の決定の際に適
切な情報に基づいて会社の福祉のために行為したと合理的に認められる場合に
は、義務違反はない。」とする 2 文を加えた[135]。これは、経営判断原則を規定

監査役会はその決定のこの部分のために利用することはできない。Ebd. 254. ……そのような監査
役会によって実行される注意深く適切な訴訟リスク分析が、会社がその取締役員に対する損害賠
償請求権を主張することができると予想される——この点では確実性は要求され得ない——と
いう結論に至った場合、原審も的確に判断したように、次の段階で監査役会がそれにもかかわら
ず請求権を行使せず、会社が損害を負い得るかどうかを問わなければならない。Ebd. 原審の見
解に反して、監査役会はこの決定に際して自律的な企業家の裁量の余地を有しない。Ebd. 行為
の企業家の自由は取締役が義務を負う経営任務の一部で必要な相対物であり、監査役会のそれで
はない。Ebd. ……〔監査役会による〕その監督活動の一部として、義務に違反して行為した取
締役員に対して損害賠償請求権を主張することについての決定は、反対にその事後の監督活動の
一部であり、その目的は、取締役にその義務の履行を促し、会社の損害を防ぐことである（特に
Raiser, Pflicht und Ermessen von Aufsichtsratsmitgliedern, NJW 1996, 552, 554 に的確であるように)。
BGHZ 135, 255. このコントロール活動に際して、監査役会は取締役が権利を有する企業家の行為
の自由（上述）を義務違反となる取締役の行動の存在を検証する中で考慮しなければならない。
Ebd. その自身の決定のために、監査役会はしかし原審が考えた意味における企業家の裁量を利
用することはできない。Ebd. この決定は企業福祉のみに義務を負うものであり、それは害され
た会社資産の回復を基本的に要求するものであるため、義務に違反して行為した取締役に対して
見込まれる正当な損害賠償請求権の主張を、会社の重要な利益および利害がその生じた損害を賠
償なしで受け入れることを認める場合にのみ、監査役会は例外的に行わないことができる。Ebd.
この必要条件〔要件〕は一般的に、取締役が会社に与えた損害の賠償を会社が請求しないままに
することが賢明であるように思われ、会社の利益および利害が、法的請求を行うための観点より
も勝るかまたは少なくともおおむね等価である場合にのみ満たされる。Ebd. この文脈において、
業務活動および公衆における会社の評判への悪影響、取締役の仕事の妨害および労働環境の侵害
のような、原審が強調した観点は非常に重要性を獲得し得る。Ebd.

[132]　後掲注 136）参照。
[133]　前掲注 108）に対応する本文を参照。
[134]　前掲注 115）およびこれに対応する本文を参照。
[135]　2005 年改正株式法 93 条 1 項 2 文は、現在と同じである（前述本款第 1 項 1 参照)。

第2節　上場会社の取締役員と監査役員の義務と責任　423

したものであり、失敗した企業家の決定とその他の義務に対する違反との区別に基づいているとされている[136]。また、意識的な企業家の決定のない行為また

---

[136] BT-Drucks. 15/5092, S. 11 (Begründung). 以下が立法理由とされている。Ebd. 11-12.〔すなわち、〕少数株主の提訴権の予定された激化（株式法148条）〔前述本項1参照〕を展望するとともに、株式法93条1項の新たな2文は、会社に対する機関構成員の結果責任（Erfolgshaftung）が排除されるということ、それゆえに企業家の決定の〔裁量の〕余地の範囲での誤りに対して責任がないということを明らかにするものである（「経営判断原則」〔„Business Judgment Rule"〕）。Ebd. 11. これはまた第63回ドイツ法律家会議の決議およびCG政府委員会の提案〔前掲注24〕およびこれに対応する本文を参照〕に一致するものである。Ebd. この規定は、一方で失敗した企業家の決定と、他方でその他の義務に対する違反（忠実義務、情報義務〔Informationspflichten〕、その他の一般的な法律違反および定款違反）との区別に基づいている。Ebd. これらの後者の義務群に対する違反はこの規定によって把握されるものではない。Ebd. 企業家の決定は法的な拘束された決定と反対にある。Ebd. 違法な行動に対して、責任事実の免除という意味における「安全港」（„sicheren Hafen"）は存在せず、それは個々の事案において過失のために犯し得るものである。Ebd. この規定は、〔同法93条1項〕1文に基づく注意義務に対する違反となる事実から、企業家の行為の〔裁量の〕余地の領域を除外するものである。Ebd. この事実の制限は、5つの――部分的に黙示の――特徴、〔すなわち〕企業家の決定、善意（Gutgläubigkeit）、特別の利害および外部の影響のない行為、会社の福祉のための行為および適切な情報の基礎による行為、を定めている。Ebd. これは、アングロサクソンの法的サークルからの経営判断原則のモデルに相当するものであり、連邦通常裁判所の最近の最高裁判所判決（Urt. vom 21. April 1997, BGHZ 135, 244 „ARAG/Garmenbeck"）に類似点がみられるものである。BT-Drucks. 15/5092, S. 11 (Begründung).

出発点は、執行行為（Ausführungshandlungen）または不作為（Unterlassens）の基礎としての決定である。Ebd. 意識的な企業家の決定のない行為または不作為は、この規定の下にあるものではない。Ebd.

……取締役の想定が異議を唱えられるかどうかの検証のための基準として、「合理的に」（„vernünftigerweise"）というメルクマールが役立つ。Ebd. この点でも、ARAG/Garmenbeck判決における最高裁判所判決の詳述が引き合いに出される。Ebd. この事実のメルクマールの存在は、例えば企業家の決定に伴うリスクが完全に無責任な方法で誤って判断される場合には（vgl. BGHZ 135, 244, 253〔前掲注130〕参照）、否定して答えられるべきである。BT-Drucks. 15/5092, S. 11 (Begründung). 政府草案は、それが義務基準と注意基準を混合することを意味するという主張がそれに対してされた、参事官草案（Referentenentwurf）からの「重過失」（„groben Fahrlässigkeit"）の基準を引き継がない。Ebd. ……

〔同法93条1項〕2文の責任の自由利用の余地は、〔同項〕1文に対する例外および制限として表現されているため、事実のメルクマールの存在の詳述責任および立証責任は不利益を受ける機関〔取締役員〕にある。Ebd. 12. ……

は不作為は、この規定の下にあるものではなく、その立証責任は取締役員にあるとされている[137]。

(3) 小括と検討

　連邦通常裁判所の判決が、会社事業の業務の指揮に際して取締役に広い行為裁量の余地が与えられるべきであるとし、また、会社がその取締役員に対する損害賠償請求権を主張することができると予想される場合における次の段階で当該請求権を行使するかどうかの決定に際して、監査役会は自律的な企業家の裁量の余地を有しないとした。

　UMAG が、当該判決を踏まえ、株式法 93 条 1 項 2 文に経営判断原則を規定した[138]。同原則は、失敗した企業家の決定とその他の義務に対する違反との区別に基づいているとされており、また、意識的な企業家の決定のない行為または不作為は、この規定の下にあるものではなく、その立証責任は取締役員にあるとされている[139]。

---

[137]　前掲注 136) 参照。なお、福瀧博之「ドイツ法における経営判断の原則——株式法九三条一項二文と Marcus Lutter の見解——」関西大学法学論集 57 巻 4 号 132 頁以下（2007 年）、高橋均『株主代表訴訟の理論と制度改正の課題』198 頁以下、204 頁（同文館、2008 年）、福瀧博之「経営判断の原則についての覚書——ドイツ法における法解釈学的な位置付け——」関西大学法学論集 64 巻 5 号 1 頁以下（2015 年）、内藤裕貴「経営判断原則の再考（1 ～ 3・完）——ドイツにおける経営判断原則の立法化を中心として——」早稲田大学大学院法研論集 153 号 219 頁以下、154 号 183 頁以下、155 号 225 頁以下（2015 年）、高橋英治「ドイツと日本における経営判断原則の発展と課題」同『会社法の継受と収斂』338 頁以下、339 頁～361 頁（有斐閣、2016 年）等がみられている。

[138]　株式法 93 条 1 項 2 文は、それが適用されるための要件として、①企業家の決定、②善意、③特別の利害および外部の影響のない行為、④会社の福祉のための行為および⑤適切な情報の基礎による行為、を規定していると解される（前掲注 136) 参照）。以下も同じく解し、これを 5 つの積極的な事実の必要条件〔事実要件〕（Tatbestandsvoraussetzungen）であるとしている。*Hopt/Roth*, in Hirte/Mülbert/Roth (Hrsg.), Großkommentar Aktiengesetz, Bd. 4/2, 5. Aufl., 2015, § 93, Rdn. 71. 同書は併せて、1 つの消極的な事実の必要条件〔事実要件〕が、拘束された決定には適用がないこと（適法義務）であるとしている。Ebd. § 93, Rdn. 69-70.

[139]　前掲注 136) 参照。ドイツとアメリカにおける〔経営判断原則に関する〕規制の本質的な相違は、法定〔の形〕（Kodifikation）自体であり、〔それは、株式法 93 条 1 項 2 文がアメリカ法の下におけるような〕行為規準（standards of conduct）と審査基準（standards of review）との明確な

第2節 上場会社の取締役員と監査役員の義務と責任 **425**

3 決定が問題となる場面②

決定が問題となる場面において、株式法93条1項2文が適用されるための要件が満たされない場合[140]、同項1文に対する違反が問題となり得る[141]。また、監査役会の決定によりその監査役員の責任が問題となり得る[142]。

区別を断念していること、〔および〕特に立証責任の規制であると指摘されている。Ebd. § 93, Rdn. 22.

　近年では、以下の判決がみられている。①BGH, Urt. vom 22. Februar 2011, ZIP 2011, 766.〔すなわち、〕有限会社を唯一の株主とする、監査法人である株式会社において、そのある支店の指揮を引き受けたその取締役員が、当該支店の拡張を提案し、当該支店が拡張されたものの売上高の見通しが実現されず、当該支店が閉鎖されたことから当該会社が当該取締役員の責任を追及した事案において、連邦通常裁判所が、被告の主張された義務違反は企業家の決定であり、それは追求された成果を有しなかったという理由でそれだけで義務違反となるものではないため、被告は適切な情報に基づいて会社の福祉のために行為したと合理的に認められる場合には、株式法93条1項2文に従って〔義務違反を〕既に（schon）免れる（……）、としている。Ebd. 766-767. ② BGH, Urt. vom 15. Januar 2013, ZIP 2013, 455.〔すなわち、〕抵当銀行（Hypothekenbank）を運営する株式会社が、その取締役の決定により金利デリバティブ業務を行ったところ、取引量が当該会社の本来の抵当銀行業務の量を上回っており、当該取締役員が抵当銀行法

（Hypothekenbankgesetzes）5条に違反して許されない金利デリバティブ取引を行い、予定より早く解消された業務から損害を被ったとして当該会社が当該取締役員に賠償の支払を求めた事案において、連邦通常裁判所が、〔当該取引による〕ヘッジの方法は企業家の決定を基礎に置くものであり、当該取締役員は――当該取締役員が立証しなければならない――適切な情報に基づいて会社の福祉のために行為したと合理的に認められる場合には、〔義務違反を〕既に（bereits）免れる（……）、としている。Ebd. 455, 456, 458.

[140] 前掲注138）参照。株式会社（HSH Nordbank AG）の全取締役（Gesamtvorstand）〔前掲注56〕参照〕を形成していた取締役員が、銀行監督法上の自己資本比率（Eigenkapitalquote）の改善のための金融業務〔契約〕の締結を不十分な情報に基づいて行い当該会社の資産を害したとして、刑法典（Strafgesetzbuch）266条1項に基づく背任罪を理由として起訴された事案において、連邦通常裁判所による2016年の判決がみられている。BGH, Urt. vom 12. Oktober 2016, ZIP 2016, 2467, 2467. 当該判決は、以下の通り述べている。Ebd. 2470.〔すなわち、〕株式法93条1項2文が「安全港」を定義し、すなわちその必要条件〔要件〕の遵守が義務違反を排除するとしている。Ebd. 反対に情報義務に対する違反によりその限度を超えることは義務違反を基礎づけない。Ebd. むしろ同法93条1項1文に基づく義務にかなった行為が可能であるが、同法93条1項2文に対する違反が義務違反を示すものである（……）。Ebd. 結局、同法93条1項1文に基づく注意義務に対する違反は、全く是認できない取締役の行為が存在する場合にのみ常に肯定されなければならない（……）。Ebd.〔当該判決については、Klaus J. Hopt教授からご教示を得た。〕

426　第4章　ドイツ法

4　他の取締役の行為が問題となる場面

「しかし定款又は監査役会は、一定種類の業務はその〔監査役会の〕同意によってのみ行うべきことを定めなければならない。」（株式法 111 条 4 項 2 文）とされている[143]。これを定めない場合に監査役員の不作為による義務違反が他の取締役の行為が問題となる場面として問題となり得る[144]。

(1)　Balsam AG 事件判決（1999 年）[145]
［事実］　株式会社の破産手続における管財人が、当該会社の監査役員 1 名を被告として、その義務違反を理由として 500 万ドイツ・マルクの損害賠償請求訴訟を提起した[146]。

---

[141]　前掲注 110）およびこれに対応する本文を参照。

[142]　連邦通常裁判所の判決が、以下の通り述べている。BGH, Urt. vom 15. November 1993, BGHZ 124, 111, 127.〔すなわち、〕監査役会がこの手段〔株式法 111 条 4 項 2 文に基づいて一定種類の業務は監査役会の同意によってのみ行うべきことを定めること〕を用いるかどうかは原則的なその義務にかなった裁量に服するが、取締役の法律に違反する業務執行措置を監査役会が同意の留保を指示することによってのみ阻止し得る場合にはその裁量は義務となり得る（……）。Ebd. そのような事情があるならば、法律に違反する措置に対して同意を留保することを指示するという提案を拒否する決定は、その内容により法律に違反しそしてそのために無効であるとされなければならない。Ebd. しかしこのような必要条件〔要件〕は本件において満たされていない。Ebd.
　近年では、株式会社の監査役会がその議長の代行者である監査役員の提案に基づいて決議を行ったことから、当該会社の資産についての破産管財人（Insolvenzverwalter）が当該監査役員等の責任を追及した事案がみられている。BGH, Urt. vom 20. September 2011, ZIP 2011, 2097.

[143]　前述本章第 1 節第 2 款第 4 項 1(3)参照。

[144]　同意の留保を指示するかどうかについての決定が存在する場合には、当該決定が問題となり得る（前掲注 142）参照）。

[145]　LG Bielefeld, Urt. vom 16. November 1999, ZIP 2000, 20.

[146]　Ebd. 20. 破産手続において、〔当該会社の〕年度決算書によって与えられた印象に反して、当該会社が債務超過であったことが確定した。Ebd. 原告は、当該会社における認識できる不都合〔な状態〕にもかかわらず被告が適時に介入しておらず、〔被告の〕義務にかなった行動があれば、当該会社の資産に対する破産手続がはるかに早期に開始されたであろうとし、その結果著しくわずかな債務超過となったであろうと主張した。Ebd. 21.〔その〕基本的な根拠として、原告は 3 つの観点、〔すなわち、〕①1992 年 12 月末における疑わしい要素〔巨額の営業損失が生じ、信頼できず不正な業務が行われているとの評判等〕を伝えなかったという不作為（unterlassene

第 2 節　上場会社の取締役員と監査役員の義務と責任　**427**

　［判旨］　原告は被告に対し、株式法 116 条、93 条 2 項 1 文、111 条 1 項に基づき、500 万ドイツ・マルクの支払に対する請求権を有するとした[147]。この理由として、定款違反でありおよびそれゆえに違法である当該会社の取締役の行動に対して監査役会は遅くともこれを認識できた時に少なくとも株式法 111 条 4 項 2 文に従った同意の留保（Zustimmungsvorbehalts）を指示することを通して行為しなければならなかったとしている[148]。

　［検討］　本判決は、取締役の法律に違反する業務執行措置を監査役会が同意の留保を指示することによってのみ阻止し得る場合にはその裁量は義務となり得るとする連邦通常裁判所の判決を参照し[149]、違法な取締役の行動に対して監査役会が同意の留保を指示しなかったことから当該監査役員の義務違反と責任

Weiterleitung）、②定款に反する第三者に対する融資の許可、③ファクタリング量の真の大きさについての情報に対する 1994 年 3 月末における不十分な対応、に依拠している。Ebd.

[147]　Ebd. 22.

[148]　Ebd. 25. 以下の通り述べている。Ebd. 22-25　〔すなわち、〕被告は、通常のかつ誠実な監査役員が払う株式法 116 条、93 条 1 項 1 文が義務付ける注意とともに当該会社の取締役の業務を監督するという株式法 111 条 1 項に基づくその義務を果たさなかった。Ebd. 22. これにより、破産している当該会社は 500 万ドイツ・マルクの請求された額の損害を少なくとも被り、それは被告が株式法 116 条、93 条 2 項 1 文に基づいて会社（破産法〔Konkursordnung〕6 条に基づく破産管財人〔Konkursverwalter〕として原告を通して現在行為している）に賠償しなければならないものである。ZIP 2000, 22. ……ファクタリングの量についての情報をその同僚から得た際の 1994 年 3 月末におけるその対応が、株式法 116 条、93 条 1 項 1 文の注意の要求を満たさないことから、被告はいずれにせよ責任があるため、債務超過の増加およびその結果被告が賠償すべき損害は、少なくとも請求の額で引き起こされた。Ebd. 24. ……全ての情報が他の監査役員に説明されていれば、定期的な監査役会会議を待つのではなく直ちに介入し、正当な対応および義務にかなった決定を行ったであろう（……）。Ebd. 25. ……少なくともより少ない手段を用いることが可能であるだけでなく、必要であった。Ebd.〔すなわち、〕さらなるファクタリング業務および外国為替業務が株式法 111 条 4 項 2 文における監査役会の同意を必要とするものであるという指示である。Ebd. 同意の留保は監査役会の義務にかなった裁量において通例指示されるが、違法な業務執行措置を監査役会が阻止し得るのみである場合には義務となる（vgl. BGH, Urt. vom 15. November 1993, BGHZ 124, 111, 127〔前掲注 142〕参照〕……）。ZIP 2000, 25. この必要条件〔要件〕が〔本件において〕与えられている。Ebd. ……定款違反でありおよびそれゆえに違法である当該会社の取締役の行動に対して監査役会は遅くともこれを認識できた時に少なくとも株式法 111 条 4 項 2 文に従った同意の留保を指示することを通して行為しなければならなかった。Ebd. ……その誤った行動により被告は少なくとも請求額の損害を引き起こした。Ebd.

[149]　前掲注 142）および前掲注 148）参照。

428　第 4 章　ドイツ法

を導いている[150]。本件は、本判決の翌年に和解により決着したとの指摘がみられる[151]。

(2) 検討

　他の取締役の行為が問題となる場面では、株式会社の破産管財人が当該会社の監査役員の義務違反と責任を追及した事案において、違法な取締役の行動に対して監査役会が同意の留保を指示しなかったことから当該監査役員の義務違反と責任を導いた地方裁判所の判決がみられる。

5　従業員等の行為が問題となる場面

(1) Siemens AG 事件判決（2013 年）[152]

［事実］　株式会社（Siemens AG）が、その財務本部の部門長であるその取締役役員に対する損害賠償請求権の存在を争い、当該取締役役員が当該請求の棄却を求めるとともに、反訴としてその取締役としての職務による報酬請求権を争った[153]。

---

[150]　連邦通常裁判所の判決が、取締役の法律に違反する業務執行措置を監査役会が同意の留保を指示することによってのみ阻止し得る場合にはその裁量は義務となり得るとし、同意を留保することを指示するという提案を拒否する決定はその内容により法律に違反しそのために無効とされなければならないと述べていたところ（前掲注 142）参照）、監査役会が同意の留保を指示することを通して行為しなければならなかった〔のにしなかった〕という不作為が問題となった本件において本判決が当該監査役員の義務違反と責任を認めている（前掲注 148）参照）。本判決は、原告が被告に対して〔損害賠償〕請求権を有することの根拠として、業務執行に対する監査役会の監督義務（株式法 111 条 1 項、前掲注 51）およびこれに対応する本文を参照）を挙げている（前掲注 148）参照）。業務執行に違法がある場合、監査役員の義務違反と責任が問題となり得る。

[151]　ZIP 2000, A66, Nr. 153.〔具体的には、〕上級地方裁判所の前の口頭弁論において、法律上の争いが 2000 年 6 月 29 日に和解により決着した。その後で被告が法的義務の承認なしに破産財団に対して 1998 年 10 月 1 日以降の〔年間〕4%の金利を加えて 450 万ドイツ・マルクを支払う、との指摘である。Ebd.

[152]　LG München I, Urt. vom 10. Dezember 2013, ZIP 2014, 570.

[153]　Ebd. 571, 572. 当該会社は、全世界にわたって事業を営む企業であり、約 40 万人の従業員を有し、その株式はフランクフルト証券取引所（Frankfurter Wertpapierbörse）および NYSE に上場されていた。Ebd. 571. また、当該会社の全取締役（Gesamtvorstand）〔前掲注 56）参照〕が、取

第2節　上場会社の取締役員と監査役員の義務と責任　**429**

［判旨］　当該会社は当該取締役員に対し、1,500 万ユーロの損害賠償請求権を有するとした[154]。この理由として、外国における贈賄の許されない支払につながった出来事は、被告の固有の業務または責任領域におけるものであるとしている[155]。また、当該反訴は許可され、一部認容されるとした[156]。

締役の業務規程 5 条 1 号に基づき、株式法が定める取締役の権利および義務を行使していた。Ebd. これに加えて、業務規程 2 条 2 号に基づき、当該取締役員が適切なリスク管理および統制を確保する任務を負っていた。Ebd. 法律または定款が全取締役に割り当てていない残りの任務は、業務規程 5 条 2 号に基づき当該会社の主要な取締役（Zentralvorstand）によって担われ、当該会社の主要な取締役は、全取締役の委員会であった。Ebd. 当該委員会は、当該会社の業務領域において運営される営業業務を監督するという任務を有していた。Ebd. 当該委員会は、取締役議長ならびに財務本部および人事本部の部門長ならびに監査役会の同意とともに取締役が選任した他の取締役員から構成されていた。Ebd. 業務規程 10 条 1 号に従って、各業務領域および世界のある地域が各主要な取締役に割り当てられており、原告の本部は、主要な取締役自体によって運営されていたかまたは監督のためにそれらに割り当てられていた。Ebd. 原告の業務領域は、独立した企業家の単位で、いわゆる部門幹部（Bereichsvorständen）〔前掲注 56〕参照〕によって指揮されていたが、部門幹部は株式法上の機関の性質を与えられたものではなく、主要な取締役の監督に服し、業務規程 10 条 2 号に従ってそれらに報告しなければならなかった。Ebd. 1999 年 7 月 19 日に、被告は、アメリカの証券取引所に上場する全ての会社に FCPA〔前述第 2 章第 1 節第 1 款第 2 項 4(1)参照〕が適用されるとするメモを全取締役の構成員に回覧した。Ebd. 被告は内部調査を開始し、被告の同僚が当該会社の数人の従業員に照会することで、合計して 400 万ユーロが引き出され、選ばれた従業員によりナイジェリアに向けて費消されていたことを突き止めた。Ebd. 571-572. ミュンヒェン第 1 地方裁判所が刑事手続における関係人として、当該会社に対し 2007 年 10 月 4 日の決定で 2 億 100 万ユーロの罰金を科し、さらにアメリカで当該会社が 4 億 5,000 万米ドルの罰金を科される等された。Ebd. 572. 当該会社の監査役会の議長が、被告に対し、賠償義務を認めるとともに損害の調整に向けた提案を行うよう要求するとともに、これ以前に、当該監査役会による調査が、主要な取締役の構成員が、贈賄を阻止するためのそれらの義務に違反し、それゆえに生じた損害を当該会社に対して賠償する義務があると書簡において述べている。Ebd. 当該会社は、合計で 9 名の取締役員と和解すると結論づけ、〔当該議案が〕2010 年 1 月 26 日の株主総会にその承認のために提出され、当該和解が承認されている。Ebd.

[154]　Ebd. 572.

[155]　Ebd. 573. 以下の通り述べている。Ebd. 572-577.〔すなわち、〕当該会社は当該取締役員に対し、株式法 93 条 2 項 1 文の規定に基づいて 1,500 万ユーロの賠償を請求することができる。Ebd. 572. ……取締役員は、法主体としての企業に課される、外部関係における全ての規制を遵守しなければならず、これは外国における法規制の遵守に関しても有効である。Ebd. 572-573. ……取締役員は、そのような法律違反が生じないように企業が組織されかつ監督されるという配慮をしなければならない。Ebd. 573. この監督義務は特に株式法 91 条 2 項を通して明確に規定されており、それは、法律上の規定に対する違反も含め、その〔会社の〕存続を危険にさらす〔事態の〕発生を早期に認識できる監督システムを設置するというものである（……〔前掲注 43〕およびこれに

430 第4章 ドイツ法

［検討］　本件では、上場している大規模な株式会社の内部において従業員に
よる法令違反が生じ、本判決は当該会社の業務規程に基づき適切なリスク管理
および統制を確保する任務を負っていた当該取締役員に責任を認めている[157]。
本判決は株式法上の法令遵守義務の範囲についての今後の議論にとって重要な

対応する本文を参照]）。Ebd. この義務が株式法 91 条 2 項から直接に生じるかまたは同法 76 条 1
項、93 条 1 項の一般的な指揮義務から生じるかどうかが決定上重要であるということはなく、取
締役は、危険にさらされた状況において、損害の防止およびリスクの統制のための法令遵守組織
を設置する場合にのみ、このような組織義務を満たすものである（……）。Ebd. ……外国におけ
る贈賄の許されない支払につながった出来事は、被告の固有の業務または責任領域におけるもの
である。Ebd. ……まさに贈賄の支払の疑わしい状況が取締役および被告に絶えず報告されてい
たため、存在する法令遵守システムの能率を検査することが必要であったが、改善のための十分
な措置がされなかった。Ebd. 574. ……機能する法令遵守システムの実現およびその能率の監督に
向けた義務は、全取締役の構成員としての被告をも捉えていた。Ebd. ……これらの不作為、特
に有効な法令遵守システムを実装しおよびその有効性を検査することもまた、被告の義務違反と
なり、被告は主要な取締役および全取締役の内部における管轄部門の責任
（Ressortverantwortlichkeit）を引き合いに出すことはできない。Ebd. 575. ……いわゆる「部門幹
部」（„Bereichsvorstand“）は、株式法 76 条以下の意味における取締役ではなく、株式法上の機関
である「取締役」（„Vorstand“）の中心的な任務をその水準より下に位置する従業員に委任するこ
とは、義務違反を表すものである（……）。Ebd. 当該会社の他の機関構成員との和解の完了は、
損害の額に影響を有しない。Ebd. 377.

[156]　Ebd. 579.

[157]　前掲注 153）参照。本判決は、株式法 91 条 2 項（前掲注 43）およびこれに対応する本文を
参照）のみから当該取締役員の義務違反と責任を導いているわけではない（前掲注 155）参照）。
〔本判決に対する〕控訴がミュンヒェン上級地方裁判所に係属中であるとの指摘がみられている。
Ebd. 〔その後、〕2015 年 1 月 27 日の当該会社の株主総会において株主が当該会社の監査役会と
当該取締役員が達した和解に同意し〔後述本章第 3 節第 1 款 3 参照〕、本判決が当該取締役員に
1,500 万ユーロの支払を命じたのに対し、当該和解金額は 250 万ユーロであるとの指摘がみられ
る。Anmerkung der Redaktion, ZIP 2015, 275. なお、本件に関する別の訴訟において、当該会社の
幹部社員（leitender Angestellter）としてのいわゆる「部門幹部」の刑事責任が争われている。BGH,
Urt. vom 29. August 2008, ZIP 2008, 2315, 2316, 2317-2321.

参照点を形成するとの評釈や[158]、本判決は〔各取締役員の法令遵守責任を明確に述べており、〕衝撃であるとの評釈がみられる[159]。

(2) 検討

従業員等の行為が問題となる場面では、会社の業務規程に基づき適切なリスク管理および統制を確保する任務を負う取締役員に義務違反と責任を認めた地方裁判所の判決がみられている[160]。当該判決は、各取締役員の法令遵守責任を明確に述べたものであり、思い切った結論を導いたものと評釈されている[161]。

6 小括と検討

連邦通常裁判所による 1997 年の ARAG/Garmenbeck 事件判決が、監査役会の決定が問題となった事案において、会社事業の業務の指揮に際して取締役に広い行為裁量の余地が与えられるべきであるとし、また、会社がその取締役員に対する損害賠償請求権を主張することができると予想される場合における次の段階で当該請求権を行使するかどうかの決定に際して、監査役会は自律的な企

---

[158] *Fleischer*, Aktienrechtliche Compliance-Pflichten im Praxistest, NZG 2014, 321, 328. 続けて、以下の通り述べている。Ebd. 328-329. 〔すなわち、〕それ〔本判決〕は、たんに法令遵守システムを設置するだけでなく、法令遵守責任の実現が取締役の継続的任務であるということを強烈に示している。Ebd. それ〔取締役〕は、企業における容疑事実（Verdachtsmomenten）および〔法令〕違反に際して、特別な注意を払わなければならない。Ebd. 329.

[159] *Bachmann*, Anmerkung, ZIP 2014, 579. 以下の通り述べている。Ebd. 579-583. 〔すなわち、〕本判決は衝撃である。Ebd. 579. これまでドイツの民事裁判所は各取締役員の法令遵守責任（Compliance-Verantwortung）をこのように明確に述べておらず、そしてこのように思い切った結論を導いていなかった。Ebd. ……この具体的な事案に対する判決が正しいことを捉えているかどうかは、しかし疑われなければならず、裁判所はあまりに多く今日の眼鏡を通して物事を見ており、回顧〔事後的評価〕の誤りの非難に自身を置いている。Ebd. 583. この形の判決が持続するかどうかは、このために〔判例の到来が〕待たれるままである。Ebd. 併せて、後掲注 175）およびこれに対応する本文を参照。

[160] 監査役会と監査役員の義務違反と責任に関する学説については、後掲注 176）参照。

[161] 前掲注 159）参照。

432　第4章　ドイツ法

業家の裁量の余地を有しないとした後、取締役員と監査役員の対会社責任が実際に追及されていると指摘されている。

　2005年のUMAGが、当該判決を踏まえ、株式法93条1項2文に経営判断原則を規定した。同原則は、失敗した企業家の決定とその他の義務に対する違反との区別に基づいているとされており、また、意識的な企業家の決定のない行為または不作為は、この規定の下にあるものではなく、その立証責任は取締役員にあるとされている。連邦通常裁判所の判決において、取締役員の企業家の決定については、適切な情報に基づいて会社の福祉のために行為したと合理的に認められる場合には、〔義務違反を〕既に免れると述べられてきている[162]。

　UMAGは、併せて、特に機関構成員の忠実義務違反から生じる賠償請求権が緩和された条件の下で行使されるべきことを目的として、株式法に148条を加え、「訴訟許可手続」を規定したが、株主代表訴訟またはその前の訴訟許可手続さえも実務で役割を担っておらず、株式法148条以下は十分に「死せる法」であるとの指摘がみられる[163]。そうであるとすれば、ARAG/Garmenbeck事件判決後、取締役員と監査役員の対会社責任は会社や破産管財人が追及していると考えられる。

　決定が問題となる場面において、株式法93条1項2文が適用されるための要件が満たされない場合、同項1文に対する違反が問題となり得る。また、監査役会の決定によりその監査役員の責任が問題となり得る。この場合について、連邦通常裁判所による1993年の判決が、取締役の法律に違反する業務執行措置を監査役会が同意の留保を指示することによってのみ阻止し得る場合にはその裁量は義務となり得ると述べている。

　他の取締役の行為が問題となる場面では、当該判決を参照し、違法な取締役の行動に対して監査役会が同意の留保を指示しなかったことから監査役員の義務違反と責任を導いた地方裁判所の判決がみられる。

　従業員等の行為が問題となる場面では、会社の業務規程に基づき適切なリスク管理および統制を確保する任務を負う取締役員に義務違反と責任を認めた地

---

[162]　前掲注139）参照。
[163]　前掲注118）参照。

第 2 節　上場会社の取締役員と監査役員の義務と責任　**433**

方裁判所の判決がみられている。当該判決は、各取締役員の法令遵守責任を明確に述べたものであり、思い切った結論を導いたものと評釈されている。

第 3 項　学説の状況

1　株主代表訴訟と経営判断原則

(1)　Grossfeld（1968 年）——株主代表訴訟

Grossfeld は、1968 年の書籍[164] において、当時におけるアメリカ法の下での派生訴訟を検討した上で[165]、ドイツ法における株主の単独訴訟（Einzelklage des Aktionärs）の可能性について論じている[166]。

(2)　その後の見解——経営判断原則

Mestmäcker が 1958 年の書籍[167] において経営判断原則を取り上げている[168]。また、Ulmer が 1999 年の論稿[169] において経営判断原則の法定を論じている[170]。さらに、Hopt による 2015 年の論稿がみられている[171]。

---

[164]　*Grossfeld* (Fn. 72).

[165]　Ebd. 233-292.

[166]　Ebd. 292-310. 以下の通り述べている。Ebd. 311.〔すなわち、〕株主による経営（Verwaltung）および大株主（Großaktionärs）のコントロールにとって、集団内部の責任の貫徹は特に重要である。Ebd. しかしまさにここで〔当時における〕現行法には大きな欠陥がある。Ebd. 取締役員および監査役員ならびに大株主に対する会社の賠償請求権を自ら主張する権利を少数株主（Kleinaktionären）にも与えることが必要であるように思われる（株主の単独訴訟）。Ebd. 派生訴訟を有する北アメリカの法の経験は、単独訴訟が効果的であり目的にかなったコントロール手段であることを示している。Ebd. それは会社内部の力の要因として少数株主に効果を発揮させ、そしてそれゆえに会社内部の力の均衡の改善をもたらす。Ebd. それは株主の投資利益の保護をも、全体的な〔企業間の〕競争の維持における公共の利益をも満たすことになる。Ebd.

[167]　*Mestmäcker* (Fn. 71).

[168]　Ebd. 130-131.

[169]　*Ulmer*, Die Aktionärsklage als Instrument zur Kontrolle des Vorstands- und Aufsichtsratshandelns, ZHR 163 (1999) 290.

[170]　Ebd. 299. 以下の通り述べている。Ebd.〔すなわち、〕ARAG/Garmenbeck 事件判決の決定の根拠が株式法 93 条 2 項の注意基準の本質的な継続的発展を含むものであり、それは企業家の行為の特性を適切に考慮するものであるとした上で、この〔ような〕法の発展が成文法自体におい

434　第4章　ドイツ法

2 他の取締役の行為が問題となる場面における義務

連邦通常裁判所の裁判官である Henze が、1998 年の論稿[172] において当該裁判所の判決実務について論じている[173]。

3 従業員等の行為が問題となる場面における義務

2014 年の第 70 回ドイツ法律家会議経済法部会において、「適切でない〔事態の〕発生の具体的な根拠が存在しない限り、取締役員が他の取締役員の部門責任（Ressortverantwortlichkeit）の規則通りの遂行を原則として信頼することがで

ても表現されるのであれば役に立ちそして法の透明性の利益において歓迎されることであるとしている。Ebd. その後、経営判断原則の法定について、以下の論稿がみられている。*Ulmer*, Haftungsfreistellung bis zur Grenze grober Fahrlässigkeit bei unternehmerischen Fehlentscheidungen von Vorstand und Aufsichtsrat?, DB 2004, 859.

[171]　*Hopt*, Die business judgment rule, in FS Nobel, 2015, S. 217. このほか、以下も挙げられる。*Lutter*, Interessenkonflikte und Business Judgment Rule, in FS Canaris, Bd. II, 2007, S. 245; *Fleischer*, Die „Business Judgment Rule", ZIP 2004, 685; *Bachmann*, Reformbedarf bei der Business Judgement Rule?, ZHR 177 (2013) 1.

[172]　*Henze*, Prüfungs- und Kontrollaufgaben des Aufsichtsrates in der Aktiengesellschaft, NJW 1998, 3309.

[173]　Ebd. 以下の通り述べている。Ebd. 3312.〔すなわち、〕①……連邦通常裁判所は監督任務の内容を過去に即し（vergangenheitsbezogene）そして予防的な（präventive）コントロールとして具体化した。Ebd. ②監査役会は同意の留保の指示に際して裁量の余地を与えられ、その幅はその時々の監査の対象に依存しそして行為〔するという〕義務に濃縮され得る。Ebd. 監査の範囲で監査役会は取締役がその決定に際して広い企業家の裁量が役立つという事情を考慮しなければならない。Ebd. その〔監査役会の〕固有の裁量は承認され得ない。Ebd. ③取締役の行為がいずれの場合においても法律に従っていることが監査されなければならない。Ebd.〔取締役の行為が〕定款に従っていること、〔業務〕規程に従っていることおよび経済性（目的にかなっていること〔合目的性〕）の監査を行うという〔監査役会の〕義務をも、連邦通常裁判所が、持ち込まれた事案がそのような判決を要求するや否や承認するということを、このことから確かに導き得るということになる。Ebd. 監査役会の監督義務については、以下の論稿においても論じられている。*Henze*, Leitungsverantwortung des Vorstands, BB 2000, 209. さらに、連邦通常裁判所の判決の基準について論じられている。*Henze*, Entscheidungen und Kompetenzen der Organe in der AG, BB 2001, 53.

第 2 節　上場会社の取締役員と監査役員の義務と責任　　**435**

きることが明確にされるべきである。」[174] との決議が可決されている[175]。監査
役会と監査役員の義務違反と責任に関する学説もみられる[176]。

---

[174]　Deutscher Juristentag, Beschlüsse des 70. Deutschen Juristentages Hannover 2014, S. 21
<http://www.djt.de/fileadmin/downloads/70/djt_70_Beschluesse_141202.pdf>.

[175]　Ebd. この背景にある見解が、Siemens AG 事件判決〔前述本款第 2 項 5(1)参照〕を踏まえて
いる。Verhandlungen des 70. Deutschen Juristentages Hannover 2014, Bd. I, 2014, E 42.〔すなわち、当
該判決を参照した上で、〕そのような厳格さ〔近くの部門に絶えず目を向けそして必要ならば介
入する用意をすることを要求すること〕は、それが〔問題となる〕部門と縁遠い機関構成員を事
後的な二次的担当官の役割へと押しやり、そしてそれゆえに分業の効率性の利益を放棄するため、
問題がある。Ebd. それはさらに責任のわな（Haftungsfallen）を創出する。Ebd.〔すなわち、〕当
事者が、その〔近くの部門に対する〕監督義務〔の履行〕を認められるためにその自身の部門を
なおざりにするならば、その者はその自身の部門を問題ないように保つために逆にその〔近くの
部門に対する〕監督義務をなおざりにする場合と同様に責任がある〔ことになるが、このことに
は問題がある〕。Ebd.

[176]　監査役会は、①適法性の確保に向けて取締役がどのような措置を行ったか、②取締役がこの
〔法令遵守〕システムを監督しているかどうか、および③取締役の措置が納得のいくものであり
十分であると思われるかどうかを検査しなければならないとの指摘がみられる。*Lutter,*
Aufsichtsrat und Sicherung der Legalität im Unternehmen, in FS Hüffer, 2010, S. 617, 619. また、以下の
指摘がみられる。*Winter*, Die Verantwortlichkeit des Aufsichtsrats für „Corporate Compliance", in FS
Hüffer, 2010, S. 1103, 1125.〔すなわち、〕法令遵守問題の監督を監査委員会に委ねることは、監査
委員会の構成員でない他の監査役員の義務をも変えるものである。Ebd. 全監査役会
（Gesamtaufsichtsrat）は監査委員会への権限委譲に基づいて当該委員会がその任務を果たしてい
るかどうかを定期的な間隔でたんに確かめなければならない。Ebd. この目的のため、株式法 107
条 3 項 3 文〔現在の 5 文が、「監査役会は委員会の活動について定期的に報告されなければなら
ない。」とする規定〕は、委員会がその活動について〔監査役会〕総会に定期的に報告しなけれ
ばならないと規定している。Ebd. さらに、会社の現在の状況の観点から法令遵守部門が不要で
あるという決定が行われたため取締役（management board）がこれを設置していない場合、監査
役会は正規の法令遵守組織が本当に必要でないかどうかをリスク分析の枠組みの範囲で独立し
て検証しなければならないとの指摘がみられる。Matthias Casper, *Corporate Governance and
Corporate Compliance, in* Plessis et al., *supra* note 70, at 477, 494. この指摘は、取締役によって法令遵
守部門が設置されている場合、監査役会は取締役によって設定されたその業務に対する方針を当
該部門が遵守しているかどうかを少なくとも無作為抽出検査（spot-check）に基づいて検証しなけ
ればならないとしている。*Id.*

4 エンフォースメントの在り方

Hopt が 1996 年の論稿[177] において、株式法 93 条についての判決は実際には存在しなかったと述べている[178]。〔ARAG/Garmenbeck 事件判決後、〕実現の見込みがわずかである請求権を過度に高い費用で行使する傾向が実務において存在するとの指摘がみられる[179]。改革の焦点は責任の制限の領域にあるべきであり、最も明らかであり単純な改善は、会社の定款に責任を制限する規定を置くことを認めることであろうとの指摘もみられる[180]。

第 4 項　小括と検討

1996 年の論稿において、株式法 93 条についての判決は実際には存在しなかったと述べられている[181]。この翌年である 1997 年の連邦通常裁判所によるARAG/Garmenbeck 事件判決が、監査役会の決定が問題となった事案において、会社事業の業務の指揮に際して取締役に広い行為裁量の余地が与えられるべき

---

[177] *Hopt*, Die Haftung von Vorstand und Aufsichtsrat, in FS Mestmäcker, 1996, S. 909.

[178] Ebd. 910.〔以下の通り述べている。〕しかし監査役会の責任に対して取締役の責任を参照するのみである株式法 116 条も、ただ参照規範として付随的な関心のみがみられた。Ebd. 株式法 93 条自体は確かに常に教義上の議論の対象であったが、これについての判決は実際には存在しなかった。Ebd.

[179] *Reichert*, Das Prinzip der Regelverfolgung von Schadensersatzansprüchen nach „ARAG/Garmenbeck“, in FS Hommelhoff, 2012, S. 907, 910.〔具体的には、ARAG/Garmenbeck 事件判決後、〕これまで重荷〔検証〕に耐え得る統計調査が欠けているが、請求権の主張についての決定における〔その〕資格を有する機関の注意義務違反の危険を避けるために、実現の見込みがわずかである請求権を過度に高い費用で行使する傾向が実務において存在するとの指摘である。Ebd.〔他方で、〕ドイツの会社法〔株式法〕は、過失のある経営者に対する請求権のエンフォースメントのための仕組みをなお欠いており、この場面における 3 つの潜在的な主体――監査役会、株主総会、および個々の株主――のいずれもが、会社のために訴訟を提起し当該請求権を行使する必要な誘因を欠いているとの指摘もみられる。Gerhard Wagner, *Officers' and Directors' Liability Under German Law – A Potemkin Village*, 16 Theoretical Inquiries in L. 69, 89 (2015).

[180] Hans Christoph Grigoleit, *Directors' Liability and Enforcement Mechanisms from the German Perspective: General Structure and Key Issues*, *in* German and Asian Perspectives on Company Law 105, 137 (Holger Fleischer, Hideki Kanda, Kon Sik Kim & Peter Mülbert eds., 2016).

[181] 前掲注 178) およびこれに対応する本文を参照。

第2節　上場会社の取締役員と監査役員の義務と責任　437

であるとし、また、会社がその取締役員に対する損害賠償請求権を主張することができると予想される場合における次の段階で当該請求権を行使するかどうかの決定に際して、監査役会は自律的な企業家の裁量の余地を有しないとした後、取締役員と監査役員の対会社責任が実際に追及されていると指摘されている。

2005年のUMAGが、当該判決を踏まえ、株式法93条1項2文に経営判断原則を規定した。同原則は、失敗した企業家の決定とその他の義務に対する違反との区別に基づいているとされており、また、意識的な企業家の決定のない行為または不作為は、この規定の下にあるものではなく、その立証責任は取締役員にあるとされている。連邦通常裁判所の判決において、取締役員の企業家の決定については、適切な情報に基づいて会社の福祉のために行為したと合理的に認められる場合には、〔義務違反を〕既に免れると述べられてきている。

UMAGは、併せて、特に機関構成員の忠実義務違反から生じる賠償請求権が緩和された条件の下で行使されるべきことを目的として、株式法に148条を加え、「訴訟許可手続」を規定したが、株主代表訴訟またはその前の訴訟許可手続さえも実務で役割を担っておらず、株式法148条以下は十分に「死せる法」であるとの指摘がみられる[182]。そうであるとすれば、ARAG/Garmenbeck事件判決後、取締役員と監査役員の対会社責任は会社や破産管財人が追及していると考えられる。近年では、実現の見込みがわずかである請求権を過度に高い費用で行使する傾向が実務において存在するとの指摘がみられる[183]。

決定が問題となる場面において、株式法93条1項2文が適用されるための要件が満たされない場合、同項1文に対する違反が問題となり得る。また、監査役会の決定によりその監査役員の責任が問題となり得る。この場合について、連邦通常裁判所による1993年の判決が、取締役の法律に違反する業務執行措置を監査役会が同意の留保を指示することによってのみ阻止し得る場合にはその裁量は義務となり得ると述べている。

---

[182]　前掲注118）参照。
[183]　前掲注179）参照。

438 第4章 ドイツ法

　他の取締役の行為が問題となる場面では、当該判決を参照し、違法な取締役の行動に対して監査役会が同意の留保を指示しなかったことから監査役員の義務違反と責任を導いた地方裁判所の判決がみられる。

　従業員等の行為が問題となる場面では、会社の業務規程に基づき適切なリスク管理および統制を確保する任務を負う取締役員に義務違反と責任を認めた地方裁判所の判決がみられている。当該判決は、各取締役員の法令遵守責任を明確に述べたものであり、思い切った結論を導いたものと評釈されている。当該判決後、「適切でない〔事態の〕発生の具体的な根拠が存在しない限り、取締役員が他の取締役員の部門責任の規則通りの遂行を原則として信頼することができることが明確にされるべきである。」との学説が示されている[184]。

第3款　第三者に対する責任——不実開示の場面を例として

第1項　総説

1　序

　会社の債権者および他の第三者に対する〔取締役員の〕責任について論じられている[185]。また、第三者に対する監査役員の責任についても議論がみられる[186]。

　以下、発行市場および流通市場における不実開示の場面を例として、取締役員と監査役員の対第三者責任を分析する[187]。これらの場面で、投資家が発行会

---

[184]　前掲注175）およびこれに対応する本文を参照。

[185]　*Ihrig/Schäfer*, Rechte und Pflichten des Vorstands, 2014, § 38, Rdn. 1539-1550. ①株式法93条5項に基づく責任、②契約締結上の過失（culpa in contrahendo）による責任、③民法典823条以下が規定する不法行為による責任、④保護法の違反による責任、⑤納税債務（Steuerschulden）による責任、が挙げられている。Ebd.

[186]　*Lutter/Krieger/Verse*, Rechte und Pflichten des Aufsichtsrats, 6. Aufl., 2014, § 13, Rdn. 1030-1035. ①株主に対する責任、②投資家に対する責任、③会社債権者および他の第三者に対する責任、が挙げられている。Ebd.

[187]　全般については、例えば以下が手がかりになる。Habersack/Mülbert/Schlitt (Hrsg.), Handbuch der Kapitalmarktinformation, 2. Aufl., 2013. 以下も挙げられる。Dirk A. Verse, *Liability for Incorrect Capital*

第 2 節　上場会社の取締役員と監査役員の義務と責任　　439

社の取締役員や監査役員の外部責任 (Außenhaftung) を追及しようとする場合、
その根拠として民法典 823 条および 826 条が考えられるところ[188]、民法典 823
条 1 項に基づいて「純粋な財産損害」(»reiner Vermögensschäden«) を賠償する
義務が生じ得る状況がないように求められていたとの指摘がみられ[189]、主に同
法 823 条 2 項および 826 条が問題となり得る[190]。

　2　法制度の展開

　(1)　KapInHaG の討議草案(2004 年)
　連邦財務省 (Bundesministerium der Finanzen) が 2004 年に不実の資本市場情
報に対する責任の改善のための法律として「資本市場情報責任法」(以下
「KapInHaG」という)[191] の討議草案を示しているが[192]、当該草案は法律とし
て成立していない[193]。

Market Information, in GERMAN NATIONAL REPORTS ON THE 19TH INTERNATIONAL CONGRESS OF COMPARATIVE
LAW 415 (Martin Schmidt-Kessel ed., 2014).
[188]　民法典 („Bürgerliches Gesetzbuch") 823 条は、損害賠償義務として、「故意又は過失によって
他人の生命、身体、健康、自由、所有権又は他の権利を違法に侵害した者は、その他人に対し、
これによって生じた損害を賠償する義務を負う。」(1 項) と規定し、「同様の義務が他人の保護を
目的とする法律に違反する者に適用される。法律の内容によってこれ〔当該法律〕に対する違反
が過失なしにも可能であるならば、賠償義務は過失の場合にのみ生じる。」(2 項) と規定してい
る。また、同法 826 条は、良俗に反する故意の侵害として、「善良の風俗 (guten Sitten) に反する
方法で他人に対して故意に損害を加えた者は、当該他人に当該損害を賠償する義務を負う。」と
規定している。なお、例えば山田晟『ドイツ法概論　Ⅱ[第 3 版]』164 頁〜166 頁 (有斐閣、1987
年) 参照。
[189]　*Kötz/Wagner*, Deliktsrecht, 13. Aufl., 2016, S. 177, Rdn. 430.
[190]　民法典 826 条は「故意に」と規定していることが問題となる (前掲注 188) 参照、後掲注 206)
およびこれに対応する本文を参照)。
[191]　BMF: Diskussionsentwurf eines Gesetzes zur Verbesserung der Haftung für falsche
Kapitalmarktinformationen (Kapitalmarktinformationshaftungsgesetz – (KapInHaG), NZG 2004, 1042.
[192]　当該草案は、特に①WpHG〔後述本欵第 3 項 1 参照、以下同じ〕37a 条を改正し、同条 1 項
において、国内の取引所において取引を許可されたかまたはそのような許可が申請された金融手
段〔商品〕(Finanzinstrumenten) の発行者として、財務分析の作成のためにまたはより広い範囲
の人のために定められた、公的な公表または報告において業務上の状況について、当該金融手段
〔商品〕の評価にとって重要である不正確な事情についての情報を作成し、または現行法の規定

440　第 4 章　ドイツ法

　(2)　2005 年 KapMuG

　2005 年に「資本投資家モデル手続法」(以下「2005 年 KapMuG」という) [194)]
が制定され[195)]、2010 年 11 月 1 日に失効するとされていたが[196)]、2010 年にこ
れが「2012」年に改められた[197)]。

に反するそのような事情を秘匿する者は、当該情報または秘匿が、当該金融手段〔商品〕の取引
所価格に影響を与えるのにふさわしいものである場合、その者が当該情報の不正確性を知らずか
つ当該不知または当該秘匿が故意または重過失に基づいていないときを除き、次の規定に応じて
損害賠償責任を負う等とするとともに (ebd. 1042)、同条 2 項において、国内の取引所において
取引を許可されたかまたはそのような許可が申請された金融手段〔商品〕の発行者の指揮機関、
経営機関または監査役会機関の構成員として、〔同条〕1 項に基づく不正確な情報を作成するかま
たは事情を秘匿する者は、〔同条〕3 項から 7 項に応じて損害賠償の責任を負うとするものであり
(ebd.)、また、②取引所法〔後述本款第 2 項 1 参照、以下同じ〕44 条 1 項 1 文に 3 号を加え、「目
論見書の作成について責任のある〔、〕発行者の指揮機関、経営機関又は監査役会機関の構成員
に」と規定するものである (ebd. 1043)。これらは、流通市場および発行市場における不実開示
の場面における発行会社の取締役員および監査役員の投資家に対する外部責任をこれらの法律
上規定するものである。前者〔前述本注における①〕は、その金融手段〔商品〕がドイツにおい
て証券取引所に上場している発行者の不実のまたは不作為〔不開示〕の適時報告について発行者
の既存の責任を改めるもの〔の一環〕であり、人的なおよび実質的な観点の両方で責任が拡張さ
れる〔ものである〕とされている (ebd. 1046)。また、この規制の背景は、不実の情報によって
損害を被った投資家に、これに応じた情報について本来の責任のある者にまで拡張されたアクセ
スを与えるものであるとされている (ebd.)。後者〔前述本注における②〕について、新たな〔取
引所法 44 条 1 項〕3 号は、外部に対する責任を引き受けていない監査役会機関および経営機関の
その構成員も、会社の個々の事案においてまたは他の者と協働して不正確な目論見書の提出につ
いて決定を行いそしてそれゆえに当該目論見書に対して責任があるならば、〔同項〕1 号に基づく
目論見書責任のように全目論見書について責任があるということを明確にする〔ものである〕と
されている (ebd. 1050)。

[193)]　KapInHaG をめぐる学説の状況については、後述本款第 4 項参照。
[194)]　„Gesetz über Musterverfahren in kapitalmarktrechtlichen Streitigkeiten
(Kapitalanleger-Musterverfahrensgesetz – KapMuG)." Vom 16. August 2005, BGBl. I S. 2437, 3095.
[195)]　2005 年 KapMuG は、特に WpPG〔後掲注 221〕およびこれに対応する本文を参照〕に基づく
目論見書ならびに発行者の年度決算書、営業報告書および中間報告書等における情報に関して (1
条 1 項)、「不実の、誤導的な又は不作為〔不開示〕の公開の資本市場情報による損害賠償請求権」
(同項) 等について、第 1 審の手続においてモデル確認の申立て (Musterfeststellungsantrag) がさ
れ得る等とし (同項)、モデル手続 (Musterverfahrens) の参加者は、①モデル原告 (Musterkläger)、
②モデル被告 (Musterbeklagte) および③呼出を受けた者 (Beigeladenen) である (8 条 1 項) 等と
規定した。2005 年 KapMuG は、Deutsche Telekom AG 事件〔後掲注 227〕参照〕を踏まえており、
政府草案における〔立法〕理由書は、以下の通り述べている。Gesetzentwurf der Bundesregierung:

第2節　上場会社の取締役員と監査役員の義務と責任　**441**

(3) 2012 年 KapMuG

2012 年に「資本投資家モデル手続法」（以下「2012 年 KapMuG」という）[198]
が制定され、2012 年 11 月 1 日に効力を有し[199]、2020 年 11 月 1 日に失効する
とされており（28 条）、同条は現在も同じである[200]。

3　裁判所の判断の展開

(1) Infomatec 事件判決（2004 年）[201]

［事実］　弁護士である原告が、主張された不正確で虚偽の適時報告を原因と
する株式の購入による資本投資家の損害賠償の譲渡された権利を主張した[202]。

Entwurf eines Gesetzes zur Einführung von Kapitalanleger-Musterverfahren, BT-Drucks. 15/5091, S. 27
(Begründung).〔すなわち、2005 年 KapMuG の 9 条 4 項に基づいて〕連邦政府および州政府は訴
答書面が電磁的な記録として裁判所に提出されるべき時を決定する権限を与えられている。Ebd.
……電磁的な情報伝達の長所は、約 15,000 名の原告によって Deutsche Telekom AG に対して提起
された法律上の争いの例において特に明らかである。Ebd.

[196]　A. a. O. (Fn. 194), S. 2445. なお、2005 年 KapMuG について、以下がみられている。
Hess/Reuschle/Rimmelspacher (Hrsg.), Kölner Kommentar zum KapMuG, 2008.

[197]　„Gesetz zur Einführung einer Musterwiderrufsinformation für Verbraucherdarlehensverträge, zur
Änderung der Vorschriften über das Widerrufsrecht bei Verbraucherdarlehensverträgen und zur Änderung
des Darlehensvermittlungsrechts." Vom 24. Juli 2010, BGBl. I S. 977, 979.

[198]　„Gesetz über Musterverfahren in kapitalmarktrechtlichen Streitigkeiten
(Kapitalanleger-Musterverfahrensgesetz – KapMuG)." Vom 19. Oktober 2012, BGBl. I S. 2182.

[199]　Ebd. 2191.

[200]　ただし、政府草案における〔立法〕理由書は、以下の通り述べている。Gesetzentwurf der
Bundesregierung: Entwurf eines Gesetzes zur Reform des Kapitalanleger- Musterverfahrensgesetzes,
BT-Drucks. 17/8799, S. 16 (Begründung).〔すなわち、〕同法〔2012 年 KapMuG〕に新たな期限を付
す動機がない。Ebd. 資本投資家モデル手続についてのこれまでの経験は、同法が民事手続法に
永続的に取り入れられ得ることを示している。Ebd.

[201]　BGH, Urt. vom 19. Juli 2004, BGHZ 160, 149.

[202]　OLG München, Urt. vom 1. Oktober 2002, ZIP 2002, 1989, 1989. 当該訴訟は当初当該株式を発行
した株式会社（Infomatec AG）および当該会社の取締役員 2 名を被告としていたが、当該会社の
破産手続の開始後に原告は当該会社に対する訴訟を取り下げた。Ebd.

442　第4章　ドイツ法

これは、株式会社の適時報告に対して当該会社の取締役議長およびその代行者の責任が民法典826条等を根拠に追及されたものである[203]。

〔原審の判断〕　結論において追求された訴訟の成功に導くものは原告によって援用された請求権の根拠に〔存在し〕ないとした[204]。これに対して上告がされた。

〔判旨〕　原審判決を破棄し第1審の決定に原状回復（Wiederherstellung）するとした[205]。その際に、民法典826条の枠組みにおける故意にとって「未必の故意」（»Eventualdolus«）で足りるとしている[206]。

---

[203]　Siehe BGHZ 160, 149, 151.

[204]　ZIP 2002, 1990.

[205]　BGHZ 160, 151. さらなる事情の解明は必要でなくそして特に民法典826条の事実の必要条件〔事実要件〕にとって決定に関連するさらなる陳述（Vortrag）が待ち望まれないため、当部は本件において自ら決定しなければならないとした。Ebd. 158-159. 〔その上で、〕前述の詳論により、地方裁判所〔第1審〕が既に的確に決定したように、〔善良の〕風俗に反する故意の侵害を通して譲渡人に生じた損害について当該会社の1,150有価証券株の譲渡に対する段階的に90,945.70ドイツ・マルクおよび金利という主張された全体の支出の額での民法典826条に従った損害賠償について、被告は原告に対して責任がある——このことはさらなる詳論を必要としない——とした。Ebd. 159.

[206]　Ebd. 156. 以下の通り述べている。Ebd. 154-156. 〔すなわち、〕確かに立法者はWpHG15条6項1文の旧規定において——既に詳述したように——WpHG15条1項から3項の旧規定の意味における適時開示〔義務〕への違反に対する特別の損害賠償責任が明確に除外されそしてそれゆえに同時に、この規範が民法典823条2項の意味における保護法〔前掲注188〕参照）でないということを明確にした。Ebd. 154. ……発行者の法律上の代理人（Vertreter）として不実の適時報告に責任のある取締役〔員〕にとって——いずれにせよ除外されていないが——民法典826条の領域において損害賠償の種類および範囲に関して一般的な制限はない。Ebd. ……適時報告としての1999年5月20日の報告の公表は、法律（WpHG15条1項の旧規定）に基づいて、伝えられた新たな事実が「許可された有価証券の証券取引所価格に相当な影響を与えるのにふさわしい」ということを既に想定した〔ものである〕。Ebd. 155. 報告義務のある事実の報告からの予期された反応として個々の市場参加者の購入および売却の決定なしにこれは可能でないため、責任のある取締役〔員〕は、不実の適時情報によって〔それに〕対応する投資決定が生じるということを知っている（Fuchs/Dühn, Deliktische Schadensersatzhaftung für falsche Ad-hoc-Mitteilungen, BKR 2002, 1063, 1067に的確であるように）。BGHZ 160, 155. 彼らが適時報告の不正確さを知っているならば、彼らはそれゆえに不実の事実の基礎から有価証券の購入がされたということも知っている。Ebd. ……民法典826条の枠組みにおける故意にとって「未必の故意」で足りる。Ebd. 156. その際にどのまたはどれだけの人がその行動を通して損害を被るかを加害者〔違反者〕が詳細に知っている必要はなく、むしろその行動が誰かある他人の損害をもたらし得る方向〔にあるというこ

第 2 節　上場会社の取締役員と監査役員の義務と責任　　443

　［検討］　本判決は、発行会社の適時報告としての不実の報告の公表について、当該適時報告が WpHG15 条 1 項の旧規定に基づくものであることを踏まえ、その取締役議長およびその代行者の民法典 826 条の枠組みにおける故意にとって「未必の故意」で足りるとしている[207]。本件には、関連する別の判決がみられている[208]。本判決後、発行会社の取締役員に対する民法典 826 条を根拠とする責任追及がみられている[209]。

と〕、およびもしかすると生じる損害の性質を彼〔加害者〕が予見しそして少なくともこれを甘受したということで足りる（RG, Beschl. vom 27. Mai 1903, RGZ 55, 57, 60 および民法典 826 条〔における〕損害の故意……〔として〕BGH, Urt. vom 20. November 1990, NJW 1991, 634 において既に問題となっている）。BGHZ 160, 156. 全事情を考慮して、1999 年 5 月 20 日の報告に関して被告の故意のある行為の仕方に疑いがない。Ebd.

[207]　前掲注 206) 参照。

[208]　連邦通常裁判所は以下の通り述べている。BGH, Urt. vom 19. Juli 2004, BGHZ 160, 134, 138.〔すなわち、〕目論見書は投資に関心を有する者にとって通例重要で頻繁な情報源であり、一般にその投資決定の基礎となる。Ebd. 連邦通常裁判所の判決によれば、投資家は、その投資対象についての的確な表象を自身が得るということ、つまり、その決定にとって本質的に重要であるかまたはそうであり得る全ての事情について目論見書が事実に基づいて正確にそして完全に情報を伝えることを予期し得る（vgl. BGH, Urt. vom 5. Juli 1993, BGHZ 123, 106, 109f……）。BGHZ 160, 138. WpHG15 条 1 項の旧規定の意味における適時報告はこの要求を通例満たし得ない。Ebd. それは二次市場〔流通市場〕において既に知られた情報をただ補完する、新しい、これまで公表されていない重要な単独事実に原因があるものである。Ebd. しかし、そのような資本市場に即した個々の情報の公表は――一次市場〔発行市場〕に関係する（発行）目論見書の開示と異なり――二次市場〔流通市場〕の公衆に包括的に情報を伝える記述であると主張するようには認められない。Ebd. このようにそれはいずれにせよここで当該会社〔Infomatec AG〕の 1999 年 5 月 20 日および同年 9 月 13 日における 2 件の適時報告に関することである。Ebd. これらはその都度の個々の業務決算に関係するものであり、株式の購入にとって全ての重要な事情についての完全な表象では明らかになく、そしてそれゆえにこれに伴うリスクを伝えるものではない。Ebd.
　連邦通常裁判所は以上の通り述べている。このように適時報告を行った発行会社の取締役議長およびその代行者の責任が目論見書責任として追及された事案がみられているが（BGHZ 160, 135)、同裁判所は当該適時報告を以上のように目論見書と認めておらず、このような事案は発行市場における不実開示の場面における事案であるとはいえない。

[209]　後掲注 213) 参照。ドイツにおいて豊富な決定において最高裁判所〔連邦通常裁判所〕の判決が投資家に対する故意の〔善良の〕風俗に反する侵害による民法典 826 条に基づく機関構成員の個人責任を受け入れており、〔これは〕明らかにその Infomatec 事件判決〔本判決〕以降であるとの指摘がみられる。*Hopt*, Die Haftung für Kapitalmarktinformationen, in Kalss/Torggler (Hrsg.), Kapitalmarkthaftung und Gesellschaftsrecht, 2013, S. 55, 76.

444　第4章　ドイツ法

(2) 2005年以降の判決

連邦通常裁判所による2005年のEM.TV事件判決[210]がみられている[211]。また、同裁判所による2006年のComroad事件決定[212]がみられている[213]。なお、

---

[210]　BGH, Urt. vom 9. Mai 2005, ZIP 2005, 1270.

[211]　株式会社およびその元取締役議長およびその元財務〔担当〕取締役〔員〕を被告として、故意の不実の情報により当該会社の株式を購入しあるいは売却することができずそしてそれゆえに相当な損害を被ったことによる損害賠償の主張がされた事案である。OLG München, Urt. vom 18. Juli 2002, NZG 2002, 1110, 1110. 当該控訴は不成功であった。Ebd.

これに対して、連邦通常裁判所は以下の通り述べている。ZIP 2005, 1271-1274. 〔すなわち、〕原告の上告はその許可の範囲で根拠づけられておりそしてその限りにおいて争われた判決の破棄および本件の原審への差戻しとなる。Ebd. 1271. ……ここで特にコンツェルン半期計数についての適時報告の形での2000年8月24日の当該元取締役議長および当該元財務〔担当〕取締役〔員〕によって責任を負われるべき四半期報告書（Quartalsbericht）は、それが——刑事手続において当該元取締役議長および当該元財務〔担当〕取締役〔員〕に対して立証されたように——会社の経済状況についての適切でない全表象（Gesamtbild）を可能としそしてその完全性の印象を呼び起こす場合、株式法400条1項1号に対する責任のある違反となる（……）。Ebd. 1272. ……民法典826条に基づく損害賠償請求権を別として、2000年8月24日に適時報告の形で公表された四半期報告書に関して、当該元取締役議長および当該元財務〔担当〕取締役〔員〕の——それに対して当該会社に責任がある——株式法400条1項1号と関連しての民法典823条2項に基づく責任がここに問題となり、当該元取締役議長および当該元財務〔担当〕取締役〔員〕が関係する上告手続におけるこれに関する刑事第1部の確認（BGH, Urt. vom 16. Dezember 2004, ZIP 2005, 78）が再度加えて指摘される。ZIP 2005, 1274.

連邦通常裁判所は以上の通り述べている。このように、本件では当該会社の四半期報告書が適時報告の形で公表されている。

[212]　BGH, Hinweisbeschl. vom 26. Juni 2006, ZIP 2007, 326.

[213]　上場している株式会社（Comroad AG）の株式の証券取引所を通した取得との関連で、原告がその取締役議長、その妻である元監査役員および当該会社を被告として損害賠償を請求した事案である。OLG München, Urt. vom 28. April 2005, ZIP 2005, 1141, 1141 („Comroad"). 以下の通り述べている。Ebd. 1142-1143. 〔すなわち、〕当該取締役議長の責任について、民法典826条、249条に従った損害賠償請求権のための必要条件〔要件〕が満たされている。Ebd. 1142. ……それ〔本件〕は、連邦通常裁判所の引用された決定〔前掲注208〕参照）のように、当該株式会社の経済的な状況についての全表象を可能とするのに適しない、分離された各業務上の出来事についての適時報告についてのものではないということを、本件においてしかし考慮しなければならない。Ebd. これに対して、本件において当該取締役議長は主張された全売上高および利益についての不実の報告を通して全ての興味を持った公衆を欺くことに成功した。Ebd. これは株式法400条1項1号に対する違反に少なくとも近いものであった（vgl. ZIP 2005, 78 = WM 2005, 227 - EM.TV AG〔前掲注211〕参照）。ZIP 2005, 1142. ……当該元監査役員は主張された損害について民法典830条2項に従った幇助の観点からいずれにせよ原告に対して連帯責任がある。Ebd. 1143. ……当該取締

第 2 節　上場会社の取締役員と監査役員の義務と責任　　**445**

2017 年改正前 WpHG37b 条等を根拠に発行会社の責任が追及された事案もみられている[214]。

第 2 項　発行市場における不実開示の場面

1　法制度の展開

(1)　取引所法(1896 年)

1896 年に取引所法が制定され[215]、目論見書に不正確な情報がある場合における発行者〔発行会社〕の投資家に対する責任が規定された (43 条 1 項 1 文)。

(2)　取引所法(1996 年)

1996 年に取引所法が全部改正された[216]。

(3)　取引所法改正(1998 年)

1998 年に取引所法が改正され[217]、有価証券の評価にとって重要な情報が不正確または不完全である目論見書に関する責任が規定された (45 条 1 項)[218]。

役議長がその機関として自らに属する職務の実行において損害を生じさせたため(民法典 31 条)、当該会社は当該損害に対して責任がある。Ebd.
　〔これに対して連邦通常裁判所は、〕それにもかかわらず争われた決定は因果関係についての原審の追加の理由づけに基づいて結果として正しいと証明しているとした。ZIP 2007, 326. 株式の購入の直前に原告が被告に電話で連絡しそして被告が購入時の約 1 週間前に不正確な見解を示したため、8 件の ComROAD〔ママ〕事件判決のうち 1 件〔本決定〕のみにおいて連邦通常裁判所は請求を認めたとの指摘がみられる。*Möllers*, Konkrete Kausalität, Preiskausalität und uferlose Haftungsausdehnung, NZG 2008, 413, 414. なお、当該 7 件は以下である。BGH, Hinweisbeschl. vom 28. November 2005, ZIP 2007, 681; BGH, Beschl. vom 15. Februar 2006, ZIP 2007, 679; BGH, Urt. vom 4. Juni 2007, ZIP 2007, 1560 („Comroad IV"); BGH, Urt. vom 4. Juni 2007, ZIP 2007, 1564 („Comroad V"); BGH, Urt. vom 7. Januar 2008, ZIP 2008, 407 („Comroad VI"); BGH, Urt. vom 7. Januar 2008, ZIP 2008, 410 („Comroad VII"); BGH, Urt. vom 3. März 2008, ZIP 2008, 829 („Comroad VIII").

[214]　BGH, Urt. vom 13. Dezember 2011, BGHZ 192, 90.

[215]　„Börsengesetz". Vom 22. Juni 1896, RGBl. S. 157.

[216]　„Bekanntmachung der Neufassung des Börsengesetzes". Vom 17. Juli 1996, BGBl. I S. 1030.

446 第4章 ドイツ法

「その者から当該目論見書が発行された者」(同項) として、当該発行に自身の経済的な利益を有する者が問題であるとされており[219]、目論見書の立案に対する不正確な資料のたんなる提供だけでは、当該発行に自身の取引上の利益がない限り、責任を生じないとされている[220]。

(4) 2005年以降の法整備

2005年に有価証券目論見書法 (以下「WpPG」という) [221] が制定された。2007年に取引所法が制定〔全部改正〕され[222]、44条が「不正確な有価証券目論見

---

[217] „Gesetz zur weiteren Fortentwicklung des Finanzplatzes Deutschland (Drittes Finanzmarktförderungsgesetz)". Vom 24. März 1998, BGBl. I S. 529.

[218] 1998年改正取引所法45条1項は、具体的には、「当該有価証券の評価にとって重要な情報が不正確又は不完全である目論見書に基づいて取引所取引が許可された有価証券の取得者」は、「当該目論見書に対する責任を引き受けた者」および「その者から当該目論見書が発行された者」に対し、当該目論見書の公表後かつ当該証券の最初の導入〔発行〕から6か月以内に当該取得業務が完了したならば、〔これらの者を〕連帯債務者として当該証券の最初の支出〔取得〕価額を超えない限りにおいて当該取得価額、および当該取得に要する通常の費用を対価に当該証券を譲り受けるよう求めることができると規定した。

[219] Gesetzentwurf der Bundesregierung: Entwurf eines Gesetzes zur weiteren Fortentwicklung des Finanzplatzes Deutschland (Drittes Finanzmarktförderungsgesetz), BT-Drucks. 13/8933, S. 78 (Begründung). 政府草案における〔立法〕理由書は、以下の通り述べている。Ebd. 〔すなわち、〕目論見書に対して責任があるのは、現行法の立場と一致して、当該目論見書に対する責任を引き受けた者、およびその者から当該目論見書が発行された者である。Ebd. 責任は目論見書の署名者によって引き受けられ、それは取引所許可令 (Börsenzulassungs-Verordnung) 13条1項3文と関連する取引所法36条2項に基づく発行者〔発行会社〕および発行に付随する機関である。Ebd. 当該目論見書が取引所許可令14条に従って、当該目論見書の内容について責任を引き受ける他の者または会社を挙げている場合、これらも同じく45条以下の責任に服する。Ebd. 当該目論見書の実際の首唱者 (Urheber) は、その者から当該目論見書が発行された者に含まれる。Ebd. 典型的にはそれは当該発行に自身の経済的な利益を有する者が問題である。Ebd. 例えば当該親会社の指示により有価証券を発行する金融子会社のコンツェルン親会社が責任を負うと考えられる。Ebd. その持分を売却しそして当該目論見書の作成に重要な影響を与えた大株主が状況に応じて責任を負うとされ得る。Ebd. これに対して、目論見書の立案に対する不正確な資料のたんなる提供だけでは、当該発行に自身の取引上の利益がない限り、責任を生じない。Ebd.

[220] 前掲注219) 参照。

[221] „Gesetz über die Erstellung, Billigung und Veröffentlichung des Prospekts, der beim öffentlichen Angebot von Wertpapieren oder bei der Zulassung von Wertpapieren zum Handel an einem organisierten Markt zu veröffentlichen ist (Wertpapierprospektgesetz - WpPG)". Vom 22. Juni 2005, BGBl. I S. 1698.

書」について規定した[223]。2011 年改正が WpPG20 条の後に「目論見書責任」についての 21 条から 25 条を加え[224]、21 条において「不実の取引所許可目論見書に際しての責任」を規定した[225]。

(5) 小括

1998 年改正取引所法 45 条 1 項、2007 年取引所法 44 条 1 項および 2011 年改正 WpPG21 条 1 項のいずれも、発行会社の取締役員および監査役員の投資家に対する外部責任を明示的に規定しておらず、これらの規定における「その者から当該目論見書が発行された者」について、政府草案における〔立法〕理由書が、1998 年改正取引所法 45 条 1 項について、当該発行に自身の経済的な利益を有する者が問題であるとし、目論見書の立案に対する不正確な資料のたんなる提供だけでは、当該発行に自身の取引上の利益がない限り、責任を生じないとしている[226]。

2 裁判所の判断

〔2005 年および 2012 年〕KapMuG に基づく手続の枠組みにおいて、発行会社の責任が追及された事案（Deutsche Telekom AG 事件決定）がみられている[227]。

---

[222] „Börsengesetz (BörsG)". Vom 16. Juli 2007, BGBl. I S. 1351.

[223] 2007 年取引所法 44 条 1 項は、1998 年改正取引所法 45 条 1 項と同じである（前掲注 218）参照）。なお、2009 年 3 月 20 日最終改正時点における取引所法の和訳として、日本証券経済研究所編『新外国証券関係法令集ドイツ　有価証券取引法　取引所　投資法他』105 頁～145 頁、特に 141 頁～142 頁〔小宮靖毅訳、神作裕之監訳〕（日本証券経済研究所、2009 年）がみられている。

[224] „Gesetz zur Novellierung des Finanzanlagenvermittler - und Vermögensanlagenrechts". Vom 6. Dezember 2011, BGBl. I S. 2481, 2498ff.

[225] 2011 年改正 WpPG21 条 1 項は、1998 年改正取引所法 45 条 1 項のうち前掲注 218）に記載の事項と同じ規定を置いており、また、現在の WpPG21 条 1 項と同じである。

[226] 前掲注 219）参照。

[227] 〔2005 年および 2012 年〕KapMuG に基づく手続の枠組みにおいて、モデル被告〔前掲注 195）参照〕である株式会社（Deutsche Telekom AG）の 1999 年 6 月 28 日のいわゆる第 2 次証券取引所上場に際して 1999 年 6 月 25 日に発行された目論見書の正しさについて、当事者が争った。OLG

448 第 4 章 ドイツ法

第 3 項 流通市場における不実開示の場面

1 法制度の展開

(1) WpHG(1994 年)

1994 年に「第 2 次金融市場振興法」[228]が制定され、「有価証券取引法」(以下「WpHG」という)[229]が制定された。

(2) WpHG(1998 年)

1998 年に WpHG が全部改正された[230]。

(3) WpHG 改正(2002 年)

2002 年に「第 4 次金融市場振興法」[231]が制定され、WpHG が改正された[232]。同年改正 WpHG は、7 章に「公表の不作為〔不開示〕による損害賠償」(37b

---

Frankfurt/M., Beschl. vom 3. Juli 2013, ZIP 2013, 1521, 1522. これに対して、連邦通常裁判所が 2016 年に決定を示している。BGH, Beschl. vom 22. November 2016, BGHZ 213, 65. 今世紀の始めに、目論見書における主張された不実開示に基づいて何千名もの個人投資家が当該会社の株式を購入し、フランクフルト〔・アム・マイン〕事実審裁判所が 700 名の弁護士によって助けられた 15,000 名の個人原告によって提起された 2,100 件の個人訴訟によって氾濫され、結果としての裁判所の混雑に対する応答において、ドイツの立法者が〔2005 年〕KapMuG を制定したとの指摘がみられる。Brigitte Haar, *Investor Protection Through Model Case Procedures - Implementing Collective Goals and Individual Rights Under the 2012 Amendment to the German Capital Markets Model Case Act (KapMuG)*, 15 Eur. Bus. Org. L. Rev. 83, 84 (2014). なお、適時報告を行った発行会社の取締役議長およびその代行者の責任が目論見書責任として追及された事案については、前掲注 208) 参照。

[228] „Gesetz über den Wertpapierhandel und zur Änderung börsenrechtlicher und wertpapierrechtlicher Vorschriften (Zweites Finanzmarktförderungsgesetz)". Vom 26. Juli 1994, BGBl. I S. 1749. 同法の政府草案の概略について、神作裕之「ドイツ第二次資本市場振興法案の概略〔上・下〕」商事法務 1348 号 13 頁以下、1353 号 21 頁以下(1994 年)参照。

[229] „Gesetz über den Wertpapierhandel (Wertpapierhandelsgesetz – WpHG)". Vom 26. Juli 1994, BGBl. I S. 1749. 早期の紹介として、前田重行「海外金融法の動向 ドイツ」金融法研究 11 号 116 頁以下、特に 117 頁以下(1995 年)参照。

[230] „Bekanntmachung der Neufassung des Wertpapierhandelsgesetzes". Vom 9. September 1998, BGBl. I S. 2708.

条および 37c 条）を規定した[233]。同法 37b 条 1 項および 37c 条 1 項は、いずれも有価証券の発行者〔発行会社〕の損害賠償責任を規定しているところ[234]、前者に基づく損害賠償義務および後者に基づく一般的な請求権は、いずれも〔同法〕15 条に基づく適時報告の遅延または不作為の〔不開示の〕即時の公表についてのみ問題となり得るとされている[235]。

(4) 2. FiMaNoG（2017 年）

2017 年に「第 2 次金融市場改正法」（以下「2. FiMaNoG」という）[236] が制定され、同年改正前 WpHG37b 条が同年改正 WpHG97 条となり、また同じく 37c 条が 98 条となり、いずれも改正されている[237]。

---

[231] „Gesetz zur weiteren Fortentwicklung des Finanzplatzes Deutschland (Viertes Finanzmarktförderungsgesetz)". Vom 21. Juni 2002, BGBl. I S. 2010.

[232] Ebd. 2028.

[233] 37b 条に「相場に影響を及ぼす事実の即時の公表の不作為〔不開示〕による損害賠償」を、37c 条に「相場に影響を及ぼす事実の報告における虚偽の事実の公表による損害賠償」を規定した。

[234] 〔この下で、2002 年改正 WpHG37b 条〕1 項に基づく発行者〔発行会社〕に対する〔権利の〕主張による取締役員に対する発行者の請求権を事前に軽減または免除する取り決めは無効であるとされ（同法同条 6 項）、〔同法 37c 条〕1 項に基づく発行者〔発行会社〕に対する〔権利の〕主張による取締役員に対する発行者〔発行会社〕の請求権を事前に軽減または免除する取り決めは無効であるとされている（同法同条 6 項）。

[235] Gesetzentwurf der Bundesregierung: Entwurf eines Gesetzes zur weiteren Fortentwicklung des Finanzplatzes Deutschland (Viertes Finanzmarktförderungsgesetz), BT-Drucks. 14/8017, S. 93-94 (Begründung).〔すなわち、37b 条 1 項について〕損害賠償義務はそれゆえに〔同法〕15 条に基づく「適時」（„ad hoc") に公表されるべきそのような事実の遅延するまたは不作為の〔不開示の〕即時の公表についてのみ問題となり得るとされている。Ebd. 93.〔また、37b 条 6 項について〕その義務に違反する取締役員は、その会社に対して損害賠償義務を負うとされている。Ebd. 94.〔37c 条 1 項について〕一般的な請求権の必要条件〔要件〕（Anspruchsvoraussetzungen）は、37b 条 1 項のそれに一致するとされている。Ebd.

[236] „Zweites Gesetz zur Novellierung von Finanzmarktvorschriften auf Grund europäischer Rechtsakte (Zweites Finanzmarktnovellierungsgesetz - 2. FiMaNoG)". Vom 23. Juni 2017, BGBl. I S. 1693.

[237] Ebd. 1750-1751.

450　第4章　ドイツ法

(5) 小括

2002年改正WpHG37b条1項および37c条1項が有価証券の発行者〔発行会社〕の損害賠償責任を規定しているが、これらはいずれも〔同法〕15条に基づく適時報告の遅延または不作為の〔不開示の〕即時の公表についてのみ問題となり得るとされており、また、これらはいずれも発行会社の取締役員および監査役員の投資家に対する外部責任を規定していない。これらに基づく発行会社に対する〔権利の〕主張によってその取締役員に対する当該発行会社の請求権〔求償〕が生じることが前提とされている[238]。

〔他方で、〕不実の財務報告書に対する特別な法律上の責任規定は欠けていると指摘されている[239]。また、適時開示の場合におけるのと異なり、ドイツ法は不実のまたは不開示の定期的な報告（periodic reporting）に対する民事責任についての特定の条項を有していないと指摘されている[240]。

---

[238]　前掲注234）参照。

[239]　*Fleischer*, Haftung für fehlerhafte Kapitalmarktkommunikation, in Assmann/Schütze (Hrsg.), Handbuch des Kapitalanlagerechts, 4. Aufl., 2015, § 6, Rdn. 61. 以下の指摘がみられる。Ebd. § 6, Rdn. 59-61.〔すなわち、〕不実の定期的な開示に対する取締役員の個人責任については、個々の開示義務が区別されなければならない。Ebd. § 6, Rdn. 59. ……責任のある（verantwortlichen）取締役員は、期首貸借対照表（Eröffnungsbilanz）、年度決算書および営業報告書ならびにコンツェルン決算書（Konzernabschluss）およびコンツェルン営業報告書（Konzernlagebericht）の不正確な記載に対して、商法典331条1号および2号とともに民法典823条2項に基づいて責任を負う。Ebd. § 6, Rdn. 60. 現在のおよび潜在的な投資家のためのこの規定〔商法典331条1号および2号〕の保護法〔前掲注188〕参照〕としての性格は一般的に認められているが、それは加害者〔違反者〕が不実の説明が存在し得ると実際に認識しそしてこれを甘受しているということを主観的な観点で要求する。Ebd. ……2007年から、定期的な財務報告は〔2017年改正前〕WpHG37v条〔同年改正WpHG114条〕以下において規制されており、それは国内の発行者に年度財務報告書、半期財務報告書および中間報告書の作成および公表を義務付けている。Ebd. § 6, Rdn. 61.〔しかし、〕不実の財務報告書に対する特別な法律上の責任規定は欠けている。Ebd. 時々に検討された〔2017年改正前〕WpHG37b条および37c条〔同年改正WpHG97条および98条〕の類推は、規制の欠缺（Regelungslücke）がないため根拠づけられない。Ebd. しかし、不実の財務報告書に対する民法典826条に基づく不法行為責任が問題となる。Ebd. さらに、保護法とともに民法典823条2項に基づく責任が考えられる。Ebd.

[240]　Verse, *supra* note 187, at 447.

第2節　上場会社の取締役員と監査役員の義務と責任　**451**

2　裁判所の判断

適切でない定期的な開示に対する民事責任の基礎がドイツ法において不明確なままであり、裁判所がこの問題をどのように解決するであろうかは今後分かるべきままであるとの指摘がみられる[241]。

第4項　学説の状況

1　機関構成員の外部責任を否定する見解

経営〔機関〕の構成員の外部責任は基本的に勧めることができないとの指摘がみられる[242]。また、KapInHaG への法律〔討議〕草案[243] は機関内部責任という伝統的な株式法上の構想を必要もなしに破壊するとの指摘がみられる[244]。

---

[241]　*Id.*

[242]　*Veil*, Die Ad-hoc-Publizitätshaftung im System kapitalmarktrechtlicher Informationshaftung, ZHR 167 (2003) 365, 397. 具体的には、以下の通りである。Ebd.〔すなわち、〕〔責任保険の〕保険費用は会社によって負担されているため、損害賠償請求権を主張することのできない債権者および株主が間接的に〔当該費用を〕負担しなければならないことから、結果は不実のおよび不作為の〔不開示の〕適時報告の結果として生じる責任のリスクのゲマインシャフト化（Vergemeinschaftung）となる。Ebd. 外部責任によって不実の報告への誘因が本当に減少するかどうかはそれゆえに疑わしい。Ebd. さらに取締役員に対する訴訟は、取締役員が損害賠償〔請求〕訴訟の防御に集中しなければならないため、その職務上の義務をおろそかにすることになり得る。Ebd. 最後に外部責任は煩わしさを生み出す目的で訴訟が提起されるという危険をも伴う。Ebd. 経営〔機関〕の構成員の外部責任はそれゆえに基本的に勧めることができない。Ebd.

[243]　前述本款第1項 2(1)参照。

[244]　*Casper*, Persönliche Außenhaftung der Organe bei fehlerhafter Information des Kapitalmarkts?, BKR 2005, 83, 90. 具体的には、以下の通りである。Ebd.〔すなわち、〕株式法は内部求償（Binnenregresses）の構想によって特徴づけられる。Ebd. 外部責任は例外的な事例に限定される。Ebd. 資本市場における不実の情報に対する取締役〔員〕の個人の外部責任は、しかし改革の立法者の構想によれば通常の事例である。Ebd. この累積的な機関責任について、KapInHaG への法律〔討議〕草案は機関内部責任という伝統的な株式法上の構想を必要もなしに破壊する。Ebd.

452　第4章　ドイツ法

2　機関構成員の外部責任を肯定する見解

　個人の外部責任の導入は投資家の状況の改善に相当な貢献をするであろうとの指摘がみられる[245]。また、資本市場法上の情報責任が少なくとも欠額責任（Ausfallhaftung）として機関構成員にも拡張されるということを長期的に考慮に入れなければならないとの指摘がみられる[246]。

3　小括

　機関構成員の外部責任の適否については、見解が分かれている[247]。

---

[245]　*Hopt/Voigt*, Grundsatz- und Reformprobleme der Prospekt- und Kapitalmarktinformationshaftung, in Hopt/Voigt (Hrsg.), Prospekt- und Kapitalmarktinformationshaftung, 2005, S. 9, 71. この指摘は、続けて以下の通り述べている。Ebd. 71-72.〔すなわち、〕機関構成員が今後発行者〔発行会社〕を通した唯一の制御ではなく、むしろ個人の損害を被ったポートフォリオ投資家を通した制御に服するであろうため、個人の外部責任は追加の行動制御の（verhaltenssteuernde）刺激となるということが予期される。Ebd. 71.　……この点において唯一の問いは、この責任がさらに拡張されそして必要ならば補完的な措置（証明〔責任〕の緩和〔Beweiserleichterungen〕、集団での権利の主張）を通してより効果的になるかどうかである。Ebd. 72. 責任体制の再編において投資家保護の規定の累積によって責任の危険が際限なく高まらないという注意が払われなければならないけれども、この問いには原則として肯定で答えられる。Ebd.

[246]　*Hopt*, Die Haftung für Kapitalmarktinformationen, WM 2013, 101, 109.

[247]　2002 年の第 64 回ドイツ法律家会議経済法部会において、「責任のある取締役員および監査役員の個人の外部責任を伴う発行者〔発行会社〕の責任を規定することが推薦に値する。」との決議が可決されているが、賛成が 27 票に対し反対が 26 票となっている。Die Beschlüsse des 64. Deutschen Juristentages Berlin 2002, S. 41 <https://www.djt.de/fileadmin/downloads/64/beschluesse.pdf>. 以下が当該決議の背景にある。Ständigen Deputation des Deutschen Juristentages (Hrsg.), Verhandlungen des Vierundsechzigsten Deutschen Juristentages Berlin 2002, Bd. I, 2002, F 142. 機関構成員の外部責任の適否については、これを否定する論拠および肯定する論拠を例えば以下が整理している。*Fleischer* (Fn. 239), § 6, Rdn. 9-10. 併せて以下も挙げられる。*Fleischer*, Erweiterte Außenhaftung der Organmitglieder im Europäischen Gesellschafts- und Kapitalmarktrecht, ZGR 2004, 437, 464-467.

第2節　上場会社の取締役員と監査役員の義務と責任　453

第5項　小括

　法制度については、発行市場における不実開示の場面で、1998年改正取引所法45条1項、2007年取引所法44条1項および2011年改正WpPG21条1項のいずれも、発行会社の取締役員および監査役員の投資家に対する外部責任を明示的に規定しておらず、これらの規定における「その者から当該目論見書が発行された者」について、政府草案における〔立法〕理由書が、1998年改正取引所法45条1項について、当該発行に自身の経済的な利益を有する者が問題であるとし、目論見書の立案に対する不正確な資料のたんなる提供だけでは、当該発行に自身の取引上の利益がない限り、責任を生じないとしている。

　また、流通市場における不実開示の場面で、2002年改正WpHG37b条1項および37c条1項が有価証券の発行者〔発行会社〕の損害賠償責任を規定しているが、これらはいずれも〔同法〕15条に基づく適時報告の遅延または不作為の〔不開示の〕即時の公表についてのみ問題となり得るとされており、また、これらはいずれも発行会社の取締役員および監査役員の投資家に対する外部責任を規定していない。〔他方で、〕不実の財務報告書に対する特別な法律上の責任規定は欠けていると指摘されている。また、適時開示の場合におけるのと異なり、ドイツ法は不実のまたは不開示の定期的な報告に対する民事責任についての特定の条項を有していないと指摘されている。

　発行市場および流通市場における不実開示の場面における発行会社の取締役員および監査役員の投資家に対する外部責任を法律上規定するものとして、連邦財務省が2004年にKapInHaGの討議草案を示しているが、当該草案は法律として成立していない。

　以上から、これらの場面で、投資家が発行会社の取締役員や監査役員の外部責任を追及しようとする場合、その根拠として主に民法典823条2項および826条が問題となり得る。

　裁判所の判断について、連邦通常裁判所による2004年のInfomatec事件判決が、発行会社の適時報告としての不実の報告の公表について、当該適時報告がWpHG15条1項の旧規定に基づくものであることを踏まえ、その取締役議長およびその代行者の民法典826条の枠組みにおける故意にとって「未必の故意」

454　第4章　ドイツ法

で足りるとしている。また、関連する別の判決において、当該裁判所の判決によれば、投資家は、その投資対象についての的確な表象を自身が得るということ、つまり、その決定にとって本質的に重要であるかまたはそうであり得る全ての事情について目論見書が事実に基づいて正確にそして完全に情報を伝えることを予期し得るところ、WpHG15条1項の旧規定の意味における適時報告はこの要求を通例満たし得ないと述べている[248]。

　Infomatec事件判決後、連邦通常裁判所による2005年のEM.TV事件判決は、適時報告の形での四半期報告書は、それが会社の経済状況についての適切でない全表象を可能としそしてその完全性の印象を呼び起こす場合、株式法400条1項1号に対する責任のある違反となるとしている[249]。これらの事案においては、適時報告が問題となっている。

　発行市場における不実開示の場面では、〔2005年および2012年〕KapMuGに基づく手続の枠組みにおいて、発行会社の責任が追及された事案がみられている。流通市場における不実開示の場面では、適切でない定期的な開示に対する民事責任の基礎がドイツ法において不明確なままであり、裁判所がこの問題をどのように解決するであろうかは今後分かるべきままであるとの指摘がみられる[250]。

　学説の状況として、機関構成員の外部責任の適否については、見解が分かれている。

---

[248]　前掲注208）参照。

[249]　前掲注211）参照。

[250]　前掲注241）参照。

第3節　責任からの救済　　455

第3節　責任からの救済

第1款　概観

1　定款等による責任の免除または制限の可否

〔連邦通常裁判所が1975年の判決において、〕株式法93条1項2文と関連する116条の沈黙の要求（Schweigegebot）に、同法23条5項に基づき定款または業務規程を通して軽減も厳格化もされ得ない完結した規制があると控訴審裁判所が的確に判断した（……）[251]と述べている。〔また、株式法〕93条は支配的な学説によれば強行法であり、任用契約を通しても定款を通しても完全にまたは部分的に失効され得ないとの指摘がみられる[252]。

2　責任解除

現在の株式法は、「株主総会は取締役員の責任解除（Entlastung）および監査役員の責任解除について業務年度の最初の八か月のうちに毎年決議する。」（120条1項1文）としている。併せて、「責任解除は賠償請求権の放棄を含まない。」（同条2項2文）としている。

3　賠償請求権の放棄または和解

同法は、「会社は請求権の発生から三年後に初めて、そして株主総会が同意しかつその持分が合計で基礎資本金の十分の一に達する少数株主が議事録に異議をとどめない場合にのみ、賠償請求権を放棄し又はそれ〔賠償請求権〕につい

---

[251]　BGH, Urt. vom 5. Juni 1975, BGHZ 64, 325, 326-327.〔当該判決等を踏まえ、株式法〕116条および93条の規定は例外なしに強行法的な性質〔のもの〕であるとの指摘がみられる。*Habersack,* in Goette/Habersack/Kalss (Hrsg.), Münchener Kommentar zum Aktiengesetz, Bd. 2, 4. Aufl., 2014, § 116, Rdn. 4.

[252]　*Hopt/Roth* (Fn. 138), § 93, Rdn. 47.

456　第4章　ドイツ法

て和解することができる。」（93条4項3文）としている。同文は、監査役員の
注意義務および責任について準用されている（116条1文）[253]。

第2款　会社補償

第1項　序

　「株式法上は米国の補償制度のようなものはないが、」[254]と指摘されており、
明示的かつ明確な制度として会社補償が株式法上規定されているわけではない
[255]。

第2項　法制度と実務の状況

　民法典670条が費用の補償を、257条1文が免脱請求権を、それぞれ規定し
ている[256]。実務は、取締役員と監査役員の対第三者責任がその会社に対して義
務違反とならない場合において当該責任に対する会社による免除（Freistellung）
と払戻し（company reimbursement）に適法と認められるときがあることを前提
としているようである[257]。

---

[253]　前掲注112）に対応する本文を参照。

[254]　山下友信「D&O保険と会社法——ドイツ法の場合——」青竹古稀『企業法の現在』525頁以
下、528頁（信山社、2014年）。

[255]　なお、監査役会が決定する各取締役員の総収入として、費用の補償金
（Aufwandsentschädigungen）が挙げられている（87条1項1文）。前述本章第1節第2款第4項
1(2)参照。

[256]　以下の指摘がみられる。*Gruber/Mitterlechner/Wax*, D&O-Versicherung mit internationalen Bezügen,
2012, S. 42, Rdn. 15.〔すなわち、〕例えば有限会社において業務執行者の行為
（Geschäftsführerhandlung）について第三者に対する責任（外部責任）があるが、会社に対する内
部責任が基礎づけられない場合、〔その〕業務執行者は常に民法典670条、257条1文に従ってま
たは〔その〕類推により〔当該責任についての〕免除請求権（Freistellungsanspruch）を有すると
ころ、会社の取締役員の外部関係において基礎づけられる責任のある行動が〔内部関係において〕
義務違反とならない場合、このことは株式会社の取締役においても同様である。Ebd.

[257]　まず、後掲注276）に対応する本文および後掲注275）参照。次に、後掲注271）における②
を参照。

第3節　責任からの救済　**457**

第3款　D&O 保険

第1項　形成と展開

1　D&O 保険約款

　以下、D&O 保険を分析する[258]。まず、その形成と展開を概観する。

　1986 年に D&O 保険の保険約款がみられており[259]、これがドイツ市場におい
て最初に導入された D&O 保険であるとの指摘がみられる[260]。その後、ドイツ
保険経済全連合会（以下「GDV」という）[261]が最初のモデル約款
（Musterbedingungen）を開発し、これが 1997 年に公表されたとの指摘がみられ
る[262]。GDV は、現在、「監査役会、取締役及び業務執行者の財産責任保険のた
めの普通保険約款」（以下「AVB-AVG 2017」という）[263]を提示している。

---

[258]　例えば以下が手がかりになる。*Voit*, Allgemeine Versicherungsbedingungen für die
Vermögensschaden-Haftpflichtversicherung von Aufsichtsräten, Voständen und Geschäftsführern
(AVB-AVG) (D&O-Versicherung), in Prölss/Martin, Versicherungsvertragsgesetz, 30. Aufl., 2018, S. 1756;
Beckmann, D&O-Versicherung, in Beckmann/Matusche-Beckmann (Hrsg.), Versicherungsrechts-Handbuch,
3. Aufl., 2015, § 28; *Seitz/Finkel/Klimke*, D&O-Versicherung, 2016; *Ihlas*, Directors & Officers
Versicherung, in Langheid/Wandt (Hrsg.), Münchener Kommentar zum Versicherungsvertragsgesetz, Bd. 3,
2. Aufl., 2017, S. 1141. 先行研究として、特に山下・前掲注 254) 参照。本款は、同論稿に負うとこ
ろが多い。

[259]　*Chubb Insurance Company of Europe S.A.*, Allgemeine Bedingungen für die
Vermögensschadenhaftpflicht-Versicherung von Unternehmensleitern (AVBU 86). 例えば以下に採録さ
れている。*Wollny*, Die Directors' and Officers' Liability Insurance in den Vereinigten Staaten von Amerika
(D&O-Versicherung), 1993, Anhang.

[260]　*Finkel/Seitz*, Allgemeines, in *Seitz/Finkel/Klimke* (Fn. 258), S. 5, 43, Rdn. 72.

[261]　Gesamtverband der Deutschen Versicherungswirtschaft e.V.

[262]　*Finkel/Seitz* (Fn. 260), S. 43, Rdn. 74.

[263]　Allgemeine Versicherungsbedingungen für die Vermögensschaden-Haftpflichtversicherung von
Aufsichtsräten, Voständen und Geschäftsführern (AVB-AVG): Musterbedingungen des GDV (Stand:
August 2017)
<https://www.gdv.de/resource/blob/6044/658f74bf7d24e9afbc21a885e95dda25/05-allgemeine-versicherung
sbedingungen-fuer-die-vermoegensschaden-haftpflichtversicherung-von-aufsichtsraeten--vorstaenden-und-g
eschaeftsfuehrern--avb-avg--data.pdf>.

458 第4章 ドイツ法

2 実態面

〔2013 年の論稿において、〕D&O 保険〔契約〕は会社によってその機関構成員のために典型的に締結されており、ドイツにおける保険料総額は約 5 億ユーロと見積もられていると指摘されている[264]。

第2項 自己保有の合意

1 2002 年 DCGK

2002 年 8 月に公告された DCGK は[265]、「会社が取締役及び監査役会のために D&O 保険〔契約〕を締結する場合、適切な自己保有（Selbstbehalt）が取り決められるべきである（soll）。」（3.8）と推奨した[266]。

2 2009 年株式法改正および同年 DCGK 改定

(1) 2009 年株式法改正

VorstAG[267] が株式法 93 条 2 項に「会社が当該会社のためのその専門的活動からの危険に対して取締役員の安全を確保するために〔D&O〕保険〔契約〕を締結する場合、損害の少なくとも 10%の自己保有が取締役員の固定年間報酬額の少なくとも 1.5 倍の額まで規定されなければならない。」とする 3 文を加える

---

[264] *Hopt* (Fn. 80), S. 1800.〔ドイツにおける D&O 保険の〕保険料総額〔の見積もり〕は、2001 業務年度の 1 億ユーロから 2006 業務年度には既に 3 億から 3.5 億ユーロに達したとの指摘がみられる。*Beckmann* (Fn. 258), § 28, Rdn. 7.

[265] 前掲注 29）およびこれに対応する本文を参照。

[266] Bundesministerium der Justiz, Bekanntmachung des „Deutschen Corporate Governance Kodex" (in der Fassung vom 6. Juni 2008), Vom 8. August 2008, eBAnz AT93 2008 B1.

[267] 前掲注 47）およびこれに対応する本文を参照。

とともに[268]、116条1文に「2項3文を除いて」という文言を加え[269]、監査役員の注意義務および責任についてこれを準用しないとした。

(2) 2009年DCGK改定

2009年にDCGKが改定され[270]、「会社が取締役のためにD&O保険〔契約〕を締結する場合、損害の少なくとも10%の自己保有が取締役員の固定年間報酬額の少なくとも1.5倍の額まで取り決められなければならない。」(3.8)とした。また、「監査役会のためのD&O保険において〔取締役に〕相当する自己保有が取り決められるべきである（soll）。」（同）と推奨した。

第3項 塡補責任——AVB-AVG 2017

1 保険の対象

AVB-AVG 2017は、保険の対象について規定している[271]。

---

[268] 2009年改正株式法93条2項3文は、現在と同じであり、また、以下の草案（前掲注48）参照）には含まれていない。BT-Drucks. 16/12278. 立法過程において、以下の見解が挙げられている。Beschlussempfehlung und Bericht des Rechtsausschusses (6. Ausschuss), BT-Drucks. 16/13433, S. 11 (Bericht der Abgeordneten Dr. Jürgen Gehb, Klaus Uwe Benneter, Joachim Stünker, Mechthild Dyckmans, Wolfgang Neskovic und Jerzy Montag). 〔すなわち、〕同時にこの規制は行動制御の影響を有する。Ebd. その個人資産についての責任は取締役員の義務違反に予防的な効果がある。Ebd. 会社財産の負担（そしてそれゆえにその株主の負担）になる取締役員の責任状況における会社のより大きな損失リスクの結果という危険は、必要な自己保有の大きさの制限を通して考慮される。Ebd.

[269] 前掲注112）に対応する本文を参照。

[270] Bundesministerium der Justiz, Bekanntmachung des „Deutschen Corporate Governance Kodex" (in der Fassung vom 18. Juni 2009), Vom 5. August 2009, eBAnz AT79 2009 B1.

[271] ①保険者は保険契約者または子会社の現在のまたは過去の監査役員、取締役員または業務執行者（被保険者たる者）がその職務の遂行に際して法律上の責任規定に基づく義務違反により財産損害に対して損害賠償を請求されるという場合について保険保護を与える等としている(1.1)。その上で、②保険契約者または子会社の債務が存在し、被保険者たる者が、それが第三者に対して、それゆえに保険契約者または子会社またはその他の被保険者たる者に対してではなく〔本約款〕1.1項において記述された範囲において賠償責任を負い、免除される（freizustellen）（会社による払戻し（company reimbursement））という場合には、本契約に基づく保険保護の請求権は被保険者たる者から保険契約者またはその子会社に、その免除債務（Freistellungsverpflichtung）が

460　第4章　ドイツ法

2　保険保護の除外

AVB-AVG 2017 は、保険保護の除外について規定し（5.1〜5.17）、例えば「故意の損害惹起」（5.1）による責任請求権を挙げているが[272]、被保険者の重過失によるそれを挙げていない。

第4項　保険料——負担者と報酬性

1　負担者

CG 政府委員会報告書は、会社による責任保険の保険料の支払に対しても、少なくとも重過失がある行動の場合に自己保有が規定されるのであれば懸念がないとした[273]。

〔なお、2007 年の D&O 保険についての調査の〕参加者の97%でその保険料が完全に〔全額〕会社によって支払われているとの調査がみられる[274]。

満たされる範囲において移転するとしている（1.2）。〔続けて、〕当該保険保護の当該移転のための必要条件〔要件〕は、当該免除債務が種類および範囲に応じて法的に許容されることであるとしている（同）。

[272]　懲罰的損害賠償に基づく損害による責任請求権も挙げている（5.10）。

[273]　BT-Drucks. 14/7515, S. 53, Rdn. 75. 前掲注 24）およびこれに対応する本文を参照。以下の通り述べている。Ebd. 〔すなわち、〕政府委員会は、D&O 保険の許容性および権限を規制する提案に取り組まなければならない。Ebd. この点で、取締役〔員〕および監査役会〔の構成員〕のための D&O 保険の許容性は問いの外にある〔当然である〕という政府委員会の〔意見の〕一致がある。Ebd. 会社による責任保険の保険料の支払に対しても、少なくとも重過失がある行動の場合に自己保有が規定されるのであれば懸念がない。Ebd. D&O 保険の許容性についての法律上の規制はそれゆえに政府委員会の見解によれば必要でない。Ebd. これに反して、D&O 保険〔契約〕の締結の範囲で機関構成員の十分な自己保有を選択することによる責任の行動制御の機能が保証されるべきであるという推奨をする最善慣行コード（Code of Best Practice）における規制が検討された。Ebd.

[274]　*Towers Perrin/Ihlas & Köberich* (Fn. 108), S. 20. 〔当該調査を参照し、〕会社による D&O 保険〔契約〕の締結は、実務において今日通例であるように会社がその保険料を負担する場合においても、〔株式法 93 条〕4 項 3 文（請求権の放棄）に違反しないと指摘されている。*Hopt/Roth* (Fn. 138), § 93, Rdn. 453.

第3節 責任からの救済 461

2 報酬性

連邦財務省が2002年に、一定の必要条件〔要件〕に従う〔D&O保険の〕保険料の支払を税法上の義務のある出捐（Zuwendung）から除くとしたとされている[275]。当該必要条件〔要件〕に、そのD&O〔保険〕契約が会社担保（Firmenhaftung）またはいわゆる会社による払戻し（Company Reimbursement）のための特別な条項を含み、その結果として保険給付のための保険請求権が保険契約者としての企業に帰属すること、が含まれているとされている[276]。

第5項 開示の在り方

CG政府委員会報告書は、商法典289条、314条の対応する修正〔改正〕を通して取締役員および監査役員のためのD&O保険のために支払われた保険料額および当該機関構成員のそれぞれの自己保有の額が付録（Anhang）あるいはコ

---

[275] Steuerrechtliche Behandlung von Prämienzahlungen für D & O-Versicherungen weitgehend geklärt durch Schreiben des BMF vom 24.1.2002 - IV C 5 - S 2332 - 8/02, AG 2002, 287. 具体的には、以下の通りである。Ebd. 287.〔すなわち、〕次の必要条件〔要件〕の下で、財務〔税〕当局は〔D&O保険の〕保険料の支払が主として会社の自身の経営上の利益によるものであるとする。Ebd. ①そのD&O保険が、企業のために責任を伴って行為しそして決定する機関および指揮責任者の活動または不活動にその根拠のある、企業に対する第三者の損害賠償債権に対して、企業または企業価値の保護に第一に役立つ財産損害責任保険であること。Ebd. ②そのD&O〔保険〕契約が会社担保またはいわゆる会社による払戻しのための特別な条項を含み、その結果として保険給付のための保険請求権が保険契約者としての企業に帰属すること。Ebd. ③D&O保険は、経営者が全体として被保険者とされそして個々の者のための保険保護が問題にならず、保険料計算の基礎が被保険者である機関構成員の個人的なメルクマールでなく、企業の経営データであり、保険の金額が典型的な個人資産〔の額〕よりも明らかに高いということによって特徴づけられる。Ebd. これらの必要条件〔要件〕に従う〔D&O保険の〕保険料の支払に対して主として会社自身の利益がある場合、書簡において取締役員に対して明確に定めたように、それだけでなく監査役員に対しても、〔当該支払を〕税法上の義務のある出捐から除く。Ebd.

[276] 前掲注275）参照。

ンツェルン付録（Konzernanhang）において述べられるよう定めることを勧める
とした[277]。

　この提案は立法者によって取り上げられず、D&O 保険〔契約〕の締結およ
びそのために支払われた保険料は強制的に公開〔開示〕されているわけではな
いとの指摘がみられる[278]。

第 4 節　ドイツ法の総括

　1937 年株式法が業務執行と監督の分離を制度として明確にした。1990 年代に
ドイツの株式会社における不祥事が顕在化し、CG の見直しがされている。2002
年以降、株式法 161 条がそれに対する宣言を規定する DCGK が役割を担ってい
る。

　1965 年株式法が、委員会が監査役会の代わりに決定することができない任務
を列挙し、監査役会から委員会に委譲できる権限を明確にした。1990 年代にお
ける会社不祥事の顕在化後の見直しとして、①1998 年の KonTraG が株式法 91
条に 2 項を加え、取締役が特に監督システムを整えなければならないと規定し
たこと、②2002 年の「透明性及び開示法」が、株式法 111 条 4 項 2 文における
「しかしすることができる」という文言を「しかししなければならない」に改
めたこと、③2009 年の VorstAG が株式法 107 条 3 項 3 文を改め、委員会が監査

---

[277]　BT-Drucks. 14/7515, S. 54, Rdn. 75. 前掲注 24）およびこれに対応する本文を参照。以下の通り
述べている。Ebd.〔すなわち、〕これに反して、（コンツェルン）年度決算書の付録において会
社によって支払われた D&O 保険の保険料を報告〔開示〕する規制のために商法典 285 条〔ママ〕、
314 条を拡張するという提案について同意がみられた。Ebd.〔CG〕政府委員会は、商法典 289
条、314 条の対応する修正〔改正〕を通して取締役員および監査役員のための D&O 保険のため
に支払われた保険料額および当該機関構成員のそれぞれの自己保有の額が付録あるいはコンツ
ェルン付録において述べられるよう定めることを勧める。Ebd.
[278]　*Bachmann*, in *Kremer/Bachmann/Lutter/v. Werder*, Deutscher Corporate Governance Kodex, 7. Aufl.,
2018, S. 174-175, Rdn. 681.〔この指摘は併せて、〕株式法 131 条 1 項に従った株主の質問権が D&O
保険の詳細に及ぶかどうかは確定的に明らかにされているわけではないとし、〔また、〕一致宣言
（Entsprechenserklärung）（株式法 161 条）により少なくとも監査役員のための D&O 保険の存在が
公開〔開示〕されるとしている。Ebd. 175, Rdn. 681. 前述本款第 2 項 2(2)参照。

第 4 節　ドイツ法の総括　　463

役会の代わりに決定することができない任務に、監査役会による各取締役員の
総収入の決定を含めたことが挙げられる。

　現在のドイツ法の下で、株式法上、業務執行をする権限は「全員の取締役員」
に認められているが（77 条 1 項 1 文）、定款または取締役の業務規程が別に定
めることができるとされており（同項 2 文）、業務執行をする権限について会社
内部における柔軟な設計が認められ得る。業務執行権限は取締役の下にあり、
いわゆる取締役委員会の設置は一般的に許容され、準備および執行の任務はこ
れに容易に委ねられ得るとの指摘がみられる[279]。

　監督権限については、監査役会が特に監査委員会を設置することができると
しており（株式法 107 条 3 項 1 文）、DCGK が監査委員会の設置を推奨（soll）
しているが（5.3.2）、権限の委譲は推奨や示唆等されていない。指名委員会につ
いては、DCGK がその設置を推奨（soll）しているが（5.3.3）、権限の委譲は推
奨や示唆等されていない。報酬委員会については、DCGK がその設置を推奨や
示唆等せず、監査役会がこれを任意で設置することが認められているが、報酬
委員会が監査役会の代わりに各取締役員の総収入の決定等を行うことを同項同
文が否定している。監査役会内部に設置される委員会が有する権限を株式法が
画一的に規定しているわけではなく、株式法が各委員会に権限を与えているわ
けではない。監査役会からの監督権限の委譲について、委員会が監査役会の代
わりに決定することを株式法 107 条 3 項 4 文が否定している任務を除いて、監
査役会内部における柔軟な設計が認められ得る。

　取締役員の対会社責任については、1996 年の論稿において、株式法 93 条に
ついての判決は実際には存在しなかったと述べられている。この翌年である
1997 年の連邦通常裁判所による ARAG/Garmenbeck 事件判決が、監査役会の決
定が問題となった事案において、会社事業の業務の指揮に際して取締役に広い
行為裁量の余地が与えられるべきであるとし、また、会社がその取締役員に対
する損害賠償請求権を主張することができると予想される場合における次の段
階で当該請求権を行使するかどうかの決定に際して、監査役会は自律的な企業

---

[279]　前掲注 56）参照。

464　第4章　ドイツ法

家の裁量の余地を有しないとした後、取締役員と監査役員の対会社責任が実際に追及されていると指摘されている。

2005年のUMAGが、当該判決を踏まえ、株式法93条1項2文に経営判断原則を規定した。同原則は、失敗した企業家の決定とその他の義務に対する違反との区別に基づいているとされており、また、意識的な企業家の決定のない行為または不作為は、この規定の下にあるものではなく、その立証責任は取締役員にあるとされている。連邦通常裁判所の判決において、取締役員の企業家の決定については、適切な情報に基づいて会社の福祉のために行為したと合理的に認められる場合には、〔義務違反を〕既に免れると述べられてきている。

UMAGは、併せて、特に機関構成員の忠実義務違反から生じる賠償請求権が緩和された条件の下で行使されるべきことを目的として、株式法に148条を加え、「訴訟許可手続」を規定したが、株主代表訴訟またはその前の訴訟許可手続さえも実務で役割を担っておらず、株式法148条以下は十分に「死せる法」であるとの指摘がみられる[280]。そうであるとすれば、ARAG/Garmenbeck事件判決後、取締役員と監査役員の対会社責任は会社や破産管財人が追及していると考えられる。近年では、実現の見込みがわずかである請求権を過度に高い費用で行使する傾向が実務において存在するとの指摘がみられる[281]。

決定が問題となる場面において、株式法93条1項2文が適用されるための要件が満たされない場合、同項1文に対する違反が問題となり得る。また、監査役会の決定によりその監査役員の責任が問題となり得る。この場合について、連邦通常裁判所による1993年の判決が、取締役の法律に違反する業務執行措置を監査役会が同意の留保を指示することによってのみ阻止し得る場合にはその裁量は義務となり得ると述べている。

他の取締役の行為が問題となる場面では、当該判決を参照し、違法な取締役の行動に対して監査役会が同意の留保を指示しなかったことから監査役員の義務違反と責任を導いた地方裁判所の判決がみられる。

---

[280]　前掲注118）参照。
[281]　前掲注179）参照。

第4節　ドイツ法の総括　**465**

　従業員等の行為が問題となる場面では、会社の業務規程に基づき適切なリスク管理および統制を確保する任務を負う取締役員に義務違反と責任を認めた地方裁判所の判決がみられている。当該判決は、各取締役員の法令遵守責任を明確に述べたものであり、思い切った結論を導いたものと評釈されている。当該判決後、「適切でない〔事態の〕発生の具体的な根拠が存在しない限り、取締役員が他の取締役員の部門責任の規則通りの遂行を原則として信頼することができることが明確にされるべきである。」との学説が示されている[282]。

　発行市場における不実開示の場面で、1998 年改正取引所法 45 条 1 項、2007 年取引所法 44 条 1 項および 2011 年改正 WpPG21 条 1 項のいずれも、発行会社の取締役員および監査役員の投資家に対する外部責任を明示的に規定しておらず、これらの規定における「その者から当該目論見書が発行された者」について、政府草案における〔立法〕理由書が、1998 年改正取引所法 45 条 1 項について、当該発行に自身の経済的な利益を有する者が問題であるとし、目論見書の立案に対する不正確な資料のたんなる提供だけでは、当該発行に自身の取引上の利益がない限り、責任を生じないとしている。流通市場における不実開示の場面で、適時開示の場合におけるのと異なり、ドイツ法は不実のまたは不開示の定期的な報告に対する民事責任についての特定の条項を有していないと指摘されている。発行市場および流通市場における不実開示の場面における発行会社の取締役員および監査役員の投資家に対する外部責任を法律上規定するものとして、連邦財務省が 2004 年に KapInHaG の討議草案を示しているが、当該草案は法律として成立していない。以上から、これらの場面で、投資家が発行会社の取締役員や監査役員の外部責任を追及しようとする場合、その根拠として主に民法典 823 条 2 項および 826 条が問題となり得る。

　裁判所の判断について、連邦通常裁判所による 2004 年の Infomatec 事件判決が、発行会社の適時報告としての不実の報告の公表について、当該適時報告が WpHG15 条 1 項の旧規定に基づくものであることを踏まえ、その取締役議長およびその代行者の民法典 826 条の枠組みにおける故意にとって「未必の故意」

---

[282]　前掲注 175) およびこれに対応する本文を参照。

で足りるとしている。また、関連する別の判決において、当該裁判所の判決によれば、投資家は、その投資対象についての的確な表象を自身が得るということ、つまり、その決定にとって本質的に重要であるかまたはそうであり得る全ての事情について目論見書が事実に基づいて正確にそして完全に情報を伝えることを予期し得るところ、WpHG15条1項の旧規定の意味における適時報告はこの要求を通例満たし得ないと述べている。Infomatec事件判決後、連邦通常裁判所による2005年のEM.TV事件判決は、適時報告の形での四半期報告書は、それが会社の経済状況についての適切でない全表象を可能としそしてその完全性の印象を呼び起こす場合、株式法400条1項1号に対する責任のある違反となるとしている。これらの事案においては、適時報告が問題となっている。

　発行市場における不実開示の場面では、〔2005年および2012年〕KapMuGに基づく手続の枠組みにおいて、発行会社の責任が追及された事案がみられている。流通市場における不実開示の場面では、適切でない定期的な開示に対する民事責任の基礎がドイツ法において不明確なままであり、裁判所がこの問題をどのように解決するであろうかは今後分かるべきままであるとの指摘がみられる[283]。

　責任からの救済については、〔株式法〕116条および93条の規定は例外なしに強行法的な性質〔のもの〕であるとの指摘がみられる[284]。明示的かつ明確な制度として会社補償が株式法上規定されているわけではないが、実務は、取締役員と監査役員の対第三者責任がその会社に対して義務違反とならない場合において当該責任に対する会社による免除と払戻しに適法と認められるときがあることを前提としているようである。

　VorstAGが株式法93条2項に「会社が当該会社のためのその専門的活動からの危険に対して取締役員の安全を確保するために〔D&O〕保険〔契約〕を締結する場合、損害の少なくとも10%の自己保有が取締役員の固定年間報酬額の少なくとも1.5倍の額まで規定されなければならない。」とする3文を加えるとともに、116条1文に「2項3文を除いて」という文言を加え、監査役員の注意義

---

[283]　前掲注241）参照。
[284]　前掲注251）参照。

務および責任についてこれを準用しないとした。2009年にDCGKが改定され、「会社が取締役のためにD&O保険〔契約〕を締結する場合、損害の少なくとも10%の自己保有が取締役員の固定年間報酬額の少なくとも1.5倍の額まで取り決められなければならない。」(3.8) とした。また、「監査役会のためのD&O保険において〔取締役に〕相当する自己保有が取り決められるべきである (soll)。」(同) と推奨した。

　CG政府委員会報告書は、商法典289条、314条の対応する修正〔改正〕を通して取締役員および監査役員のためのD&O保険のために支払われた保険料額および当該機関構成員のそれぞれの自己保有の額が付録あるいはコンツェルン付録において述べられるよう定めることを勧めるとした。この提案は立法者によって取り上げられず、D&O保険〔契約〕の締結およびそのために支払われた保険料は強制的に公開〔開示〕されているわけではないとの指摘がみられる[285]。ただし、一致宣言により少なくとも監査役員のためのD&O保険の存在が公開〔開示〕されると指摘されている[286]。

---

[285]　前掲注278) 参照。
[286]　前掲注278) 参照。

第 5 章

日本法の課題とその検討

470 第 5 章 日本法の課題とその検討

第 1 節　業務執行に対する監督の在り方

第 1 項　比較法の総括

1　3 法域の共通点および類似点

3 法域の共通点として、会社不祥事の顕在化が CG の見直しにつながった点が挙げられる。

CG の見直しを経て、アメリカ法およびイギリス法は、取締役会の内部における委員会と社外取締役の役割が明確にされている点で類似している。アメリカにおける取締役会による監督制度は、連邦法と NYSE の上場規則に基づき、独立取締役と委員会の活用を通して形成されたものであり[1]、イギリスにおける取締役会による監督の在り方の見直しは、Cadbury 報告書および最善慣行コードによって開始されたように見受けられ、これ以降、コードに示された規範が取締役会およびその内部に設置される委員会の構成や独立非業務執行取締役の役割等を規定してきている[2]。アメリカ法では、現在、NYSE の上場規則が、普通株式を上場する原則として全てのその上場会社に対してその取締役会の過半数を独立取締役から構成するとともに、その全数を独立取締役とする 3 委員会（指名・CG 委員会、報酬委員会および監査委員会）を設置することを要求している[3]。また、イギリス法では、UK CG コードが、LSE のメイン・マーケットにプレミアム上場として上場する会社に対し、その取締役会の内部に 3 委員会（指名委員会、監査委員会および報酬委員会）を設置すべきことを‘Comply or Explain’規範として推奨し、指名委員会についてはその過半数を、監査委員会および報酬委員会についてはその全数を、それぞれ独立非業務執行取締役から構成すべきであると推奨している[4]。これらに対して、ドイツ法は会社内部に

---

[1]　前述第 2 章第 1 節第 1 款第 6 項参照。
[2]　前述第 3 章第 1 節第 1 款第 5 項参照。
[3]　前述第 2 章第 1 節第 2 款第 4 項参照。
[4]　前述第 3 章第 1 節第 2 款第 4 項参照。

おいて取締役員と監査役員を株式法上分離する二層制を採用しつつ[5]、DCGK
が監査委員会の設置を推奨（soll）するとともに（5.3.2）、指名委員会の設置も
推奨（soll）している（5.3.3）[6]。

　取締役会内部における権限分配については、アメリカにおける「監督する取
締役会」の形成前に、業務執行の決定権限を取締役会が執行委員会に委譲でき
るとする裁判所の判断がみられ、また、1927 年改正 DGCL 以降、取締役会が
委員会に監督権限を委譲することも認められてきたようである[7]。イギリス法
では、取締役会の構造、構成および機能については、連合王国において会社自
身が決定する事項であると伝統的に考えられ、株主総会と取締役会との間およ
び取締役会と経営者との間における権限分配は立法によって定められていない
と指摘されている[8]。このように、取締役会からの業務執行の決定権限および
監督権限の委譲に対して寛容な立場を法制度および判例が CG の見直し前に採
用していた点で両法域が共通している。両法域においては、一般的な原則とし
て一定の重要な業務執行の決定を取締役会が行うべきことを DGCL や 2006 年
会社法が定めているわけではない。

　アメリカ法では、取締役会から業務執行の決定権限や監督権限を委譲するこ
とまで NYSE の上場規則が要求しているわけではなく、業務執行の決定権限と
監督権限のいずれをも DGCL が取締役会に与え、これらを委譲することを認め
る DGCL と判例の立場の下で、その特性と実務上の要請に応じて個別の会社が
その取締役会からこれらの権限を委譲し、その内部で業務執行の決定と監督の
分離を図ることが可能とされている[9]。また、イギリス法では、UK CG コード
が、取締役会から報酬委員会に対して全ての業務執行取締役および〔取締役会
の〕議長の報酬を設定する権限を委譲すべきと推奨している点を除き、取締役

---

[5]　前述第 4 章第 1 節第 1 款第 5 項参照。

[6]　前述第 4 章第 1 節第 2 款第 5 項 1 参照。

[7]　前述第 2 章第 1 節第 2 款第 4 項参照。

[8]　前述第 3 章第 1 節第 2 款第 4 項参照。

[9]　前述第 2 章第 1 節第 2 款第 4 項参照。

472　第5章　日本法の課題とその検討

会からその内部に設置すべきと推奨している3委員会への監督権限の委譲については、これを各会社に委ねている[10]。

このように、取締役会からの業務執行の決定権限および監督権限の委譲の有無について各会社の特性と実務上の要請に応じた柔軟性が確保されている点で両法域が共通している。ドイツ法の下で、株式法上、業務執行をする権限は「全員の取締役員」に認められているが（77条1項1文）、定款または取締役の業務規程が別に定めることができるとされており（同項2文）、業務執行をする権限について会社内部における柔軟な設計が認められ得る[11]。ドイツ法の下でも、監査役会内部に設置される委員会が有する権限を株式法が画一的に規定しているわけではなく、株式法が各委員会に権限を与えているわけではない[12]。このため、各委員会の権限を会社法や株式法が規定し、これらが各委員会の権限を与えているわけではない点で3法域が共通している。

2　3法域の相違点

アメリカ法では、連邦法とNYSEの上場規則に基づき、強行法として独立取締役と委員会の活用を図っているのに対し[13]、イギリス法ではUK CGコードが'Comply or Explain'規範として3委員会の設置および独立非業務執行取締役による構成を推奨している[14]。また、取締役会から委員会への監督権限の委譲について、アメリカ法ではNYSEの上場規則が取締役会から報酬委員会に対する権限委譲を要求しているわけではないのに対し[15]、イギリス法ではUK CGコードが取締役会から報酬委員会に対して全ての業務執行取締役および〔取締役会の〕議長の報酬を設定する権限を委譲すべきと推奨している[16]。

---

[10]　前述第3章第1節第2款第4項参照。
[11]　前述第4章第1節第2款第5項参照。
[12]　前述第4章第1節第2款第5項2参照。
[13]　前述第2章第1節第1款第6項参照。
[14]　前述第3章第1節第2款第4項および前掲第3章注98）参照。
[15]　前述第2章第1節第2款第4項参照。
[16]　前述第3章第1節第2款第4項参照。

第1節　業務執行に対する監督の在り方　473

　ドイツ法は、会社内部において取締役員と監査役員を株式法上分離している
点で両法域と異なる[17]。また、ドイツ法には、委員会が監査役会の代わりに決
定することを株式法 107 条 3 項 4 文が否定している任務がある[18]。当該任務と
して、例えば同法 84 条 1 項 1 文（取締役員の選任）、87 条 1 項（各取締役員の
総収入の決定）、171 条（年度決算書、営業報告書および貸借対照表上の利益の
利用〔剰余金の分配〕に対する提案の監査を含む監査役会による監査）が挙げ
られている[19]。ドイツ法では株式法 161 条が DCGK に対する宣言を規定して
いる点で両法域と異なる面がある[20]。

第2項　日本法の課題とその検討

1　日本法の特徴と課題

　日本法の下では、経営と業務執行に対する監督の担い手が必ずしも明確にさ
れてこなかった面があるように思われる[21]。3 法域では会社不祥事の顕在化を
受けて CG が見直されているのに対し、日本法では取締役会の監督機能を確保
する目的として不正の抑止と効率性の向上の両方が目指されている[22]。上場会
社が採用すべき 3 種類の機関設計を会社法が規定し、各会社にその選択を委ね
ている点は日本法の特徴であるが、このような「制度間競争」の評価は必ずし

---

[17]　前述第 4 章第 1 節第 1 款第 5 項参照。
[18]　前述第 4 章第 1 節第 2 款第 5 項 1 参照。
[19]　前掲第 4 章注 61）およびこれに対応する本文を参照。
[20]　前述第 4 章第 1 節第 1 款第 5 項参照。
[21]　監督の任務が日本の CG において分散していると言うことは容易であるが、仮にこれが正し
い場合でさえも、各主体が日本の公開事業会社において経営をどれだけ確かに監督しているかを
示すことは難しいと指摘されている。Hideki Kanda, *Notes on Corporate Governance in Japan, in*
COMPARATIVE CORPORATE GOVERNANCE: THE STATE OF THE ART AND EMERGING RESEARCH 891, 896 (Klaus J.
Hopt et al. eds., 1998).
[22]　ただし、前掲第 3 章注 48）および前掲第 3 章注 75）ならびにこれらに対応する本文を参照。

474 第 5 章 日本法の課題とその検討

も明らかでない[23]。日本法の下で、指名委員会または報酬委員会に相当する任意の委員会の設置は現時点においては必ずしも一般的でない[24]。

日本法では、業務執行の決定権限の委譲について、取締役会設置会社全般（指名委員会等設置会社および重要な業務執行の決定を取締役に委任することができる監査等委員会設置会社を除く）において、特別取締役制度を除き、取締役会が重要な業務執行を決定すべきことを会社法が画一的に要求している（会社法 362 条 4 項）点で 3 法域と異なる。このように取締役会が重要な業務執行を決定する場合、当該決定に社外取締役も参加することになる。日本法では、各会社の特性と実務上の要請にかかわらず会社法がこれを画一的に生じさせていることが特徴的である。

日本法では、平成 14 年商法改正が「委員会等設置会社」を、平成 26 年会社法改正が「監査等委員会設置会社」を、それぞれ導入した[25]。このように、これらの機関設計を商法および会社法が導入した経緯から、各委員会（指名委員会等設置会社における 3 委員会と監査等委員会設置会社における監査等委員会、以下同じ）の権限が会社法上規定され、会社法によって与えられている。3 法域のいずれにおいても、会社法（DGCL、2006 年会社法および株式法）が委員会に監督権限を与えているわけではなく、この点においても日本法は特徴的である。

以上のように、取締役会による重要な業務執行の決定に社外取締役が参加する必要を会社法が画一的に生じさせており、また、各委員会の権限が会社法によって与えられていることから[26]、日本法における社外取締役は、法制度として、アメリカ法における独立社外取締役やイギリス法における独立非業務執行取締役よりもその権限が大きく、その職責が重い面がある[27]。

---

[23] 「制度間競争」については、これをどのように評価することができるのかが問題となる。この点に関する検討については、別稿を展望している。

[24] 前述第 1 章第 1 節第 2 款第 3 項参照。

[25] 前述第 1 章第 1 節第 1 款第 3 項(1)および同(3)参照。

[26] 平成 14 年商法改正当時において、「委員会等設置会社」における 3 委員会の行った決定を取締役会が覆すことができないものとされたとされている（前掲第 1 章注 78）参照）。

[27] この点に関して、加藤貴仁教授からご示唆を得た。

第1節　業務執行に対する監督の在り方　475

2　検討

　取締役会内部における最適な権限分配——業務執行の決定権限および監督権限の各委譲の有無——は、その特性と実務上の要請に応じて、各会社によって異なる可能性がある。そうであるとすれば、日本法の下では、このような最適な権限分配を実現するための柔軟性が確保されていないといえる。また、各委員会の権限が会社法によって与えられていることから、各委員会の決定に対する委員会のメンバーでない取締役の監視の誘因がその義務違反と責任の面から確保されておらず[28]、この点は3法域と異なるように見受けられるところ[29]、これらにより、日本法の下で各委員会のメンバーである取締役に与えられている誘因もアメリカ法およびイギリス法の下でのそれと異なる可能性がある。

　以上を踏まえると、①業務執行の決定権限の委譲について、取締役会設置会社全般（指名委員会等設置会社および重要な業務執行の決定を取締役に委任することができる監査等委員会設置会社を除く）において、特別取締役制度を除き、取締役会が重要な業務執行を決定すべきことを会社法が画一的に要求する（会社法362条4項）のではなく、各会社の特性と実務上の要請に応じて、取締役会からの業務執行の決定権限の柔軟な委譲を認めるための法制度の在り方について、立法論として検討を深めることが有益であるように思われる[30]。また、②指名委員会等設置会社および監査等委員会設置会社において、各委員会の権限を会社法が画一的に規定するのではなく、取締役会が監督権限を有する下で、取締役会からの当該監督権限の委譲について各会社の特性と実務上の要請に応じた柔軟な設計を認めることを、立法論として検討する必要が生じてきているように思われる。その際には、3委員会についてのアメリカ法およびイギリス法の在り方を踏まえ、上場規則を通してそれらの設置を要求または推奨

---

[28]　なお、後掲注80）およびこれに対応する本文を参照。
[29]　前掲第2章注319）および前掲第3章注268）参照。なお、前掲第4章注176）参照。
[30]　併せて、取締役会による監督の対象は、「取締役の職務の執行」（会社法362条2項2号）ではなく、業務執行とした方が良いように思われる（神田・前掲序注1）219頁参照）。

476　第 5 章　日本法の課題とその検討

するとともに、権限委譲の有無についてはこれを各会社に委ねることが考えられる。

　これらにより、取締役会による重要な業務執行の決定に社外取締役が参加する必要を会社法が画一的に生じさせることがなく、また、監督権限についても取締役会から委譲されたそれを委員会が行使しまたは委員会が取締役会に対して推奨を行うにとどまる場合、日本法における社外取締役が、法制度として、アメリカ法における独立社外取締役やイギリス法における独立非業務執行取締役にその権限と職責の面でより類似することになる。

第 2 節　上場会社の経営者と監督者の義務と責任

第 1 款　総説

　アメリカ法の下では派生訴訟や証券クラス・アクションがしばしば提起されているものの[31]、経営者と監督者が判決で責任を認められ得る場合がどのような場合であるかが明確にされている。この下で、会社補償制度が確立され、D&O保険も実務上活用されていることから、大部分の事案では審理前に早期に和解がされているようである[32]。デラウェア州においては、執行役員や取締役が敗訴して判決が誠実義務違反を認めると会社補償が認められないことから[33]、判決が出される前に和解することへの誘因が両当事者に与えられている。イギリス法の下では、公開会社の取締役に対するその義務違反を主張する訴訟の提起がほぼ見当たらないとの指摘がみられる下で[34]、さらに会社補償制度が確立され[35]、会社はその取締役に対する法的アクションに関して適切な〔D&O〕保険の填補を確保すべきであると UK CG コードが推奨している[36]。BCK は、8 法

---

[31]　前述第 2 章第 2 節第 1 款 2(1)参照。

[32]　前述第 2 章第 2 節第 1 款 2(1)および同 2(3)および同 2(5)参照。

[33]　前述第 2 章第 3 節第 1 款第 5 項参照。

[34]　前掲第 3 章注 163）およびこれに対応する本文を参照。

[35]　前述第 3 章第 3 節第 1 款第 3 項参照。

[36]　前述第 3 章第 3 節第 2 款第 3 項 3 参照。

第 2 節　上場会社の経営者と監督者の義務と責任　　477

域において、社外取締役（ドイツにおいては監査役員）がその賠償責任を追及
され、これが当該社外取締役（同）個人の出捐につながった場合は稀であると
指摘した[37]。この指摘は、アメリカ法およびイギリス法の下においては経営者
についても妥当する面があると考えられる。

　ドイツ法の下では、1997 年の ARAG/Garmenbeck 事件判決後、取締役員と監
査役員の対会社責任を会社や破産管財人が追及しており[38]、明示的かつ明確な
制度として会社補償が株式法上規定されているわけではない下で[39]、D&O 保
険について自己保有を求めている点で両法域と異なる面が生じてきている[40]。

　日本法の下では、株主代表訴訟の提起に要する手数料額が 1993 年に引き下げ
られた後、上場会社の取締役や監査役の責任を株主が株主代表訴訟で追及し、
または会社が追及した事案がそれなりにみられている[41]。また、社外取締役の
設置が進むとともに、その責任が追及された事案がみられている[42]。しかし、
日本法の下では、どのような場合に経営者と監督者の義務違反と責任を認める
かについての判例に必ずしも明確でない面がある。また、会社補償制度が確立
されておらず、どのような会社補償が適法と認められるかについての裁判所の
判断も明らかでないことから、判決が出される前に和解することへの誘因が両
当事者に与えられていない面がある。

　一般論として、法制度と判例は、当事者が行為する際の前提となり、また、
当事者の誘因を形成している。当事者が合理的に行為するためには、法制度と
判例が明確であり、その行為の結果についての予測可能性が高いことが望まし
いと考えられる。

---

[37]　前述序第 4 項参照。
[38]　前述第 4 章第 2 節第 2 款第 2 項第 6 参照。
[39]　前述第 4 章第 3 節第 2 款第 1 項参照。
[40]　前述第 4 章第 3 節第 3 款第 2 項 2 参照。
[41]　前述第 1 章第 2 節第 2 款第 2 項参照。
[42]　前述第 1 章第 2 節第 2 款第 2 項 2(2)、同 2(3)、同 2(4)、同 2(5)、同 3(3)参照。

478　第5章　日本法の課題とその検討

第2款　会社に対する責任

第1項　分析の枠組み

　日本法の判例は取締役の対会社責任が問題となる場面における監視義務および監督義務の定義と内容を必ずしも明確にしていない。このことは、社外取締役について特に問題となる。このため、本書は、これらの義務を明確にする試みとして、経営者と監督者の対会社責任が問題となる場面を、①決定が問題となる場面、②他の取締役の行為が問題となる場面および③従業員等の行為が問題となる場面、という3類型に区分して、各法域における裁判所の判断を分析した。

　決定が問題となる場面では、取締役会や委員会の決議が存在し、当該決議の違法に伴ってこれに賛成した取締役の義務違反と責任が問題となる場合が典型である[43]。本書は、決定が問題となる場面として、各法域における経営判断原則による保護の有無を分析した。次に、取締役会や委員会の決定の違法が問題となるのではなく、特に決定自体が存在しない下で経営者と監督者の対会社責任が問題となる場合を、他の取締役の行為が問題となる場面および従業員等の行為が問題となる場面に区分した。他の取締役の行為に違法がある場合に、当該他の取締役を監視すべき取締役が何をすべきであったかが不作為として問題となり得る。これが、取締役の他の取締役に対する監視義務違反である。他方で、会社内部において従業員等の行為に違法がある場合に、これを監督すべき取締役が何をすべきであったかが特に不作為として問題となり得る[44]。これが、取締役の従業員等に対する監督義務違反である。

---

[43]　この場面には、取締役会から委譲された業務執行の決定権限を有する取締役（代表取締役を含む）が業務執行の決定をした場合が含まれる（前掲第1章注117）参照）。
[44]　従業員等の行為が問題となる場面は、内部統制システムが問題となる場面でもあり、内部統制システムの構築の決定については、「決定が問題となる場面」としての面がある。

第 2 項　比較法の総括

1　総説

　取締役の会社に対する義務について、3 法域においては、判例上または法律上、注意義務が忠実義務から区別され、この点で注意義務の内容が明確にされている。特にイギリス法では、2006 年会社法が取締役の注意義務に関する条項と忠実義務に関するそれを異なる条項として区別しつつ[45]、同法 174 条が取締役の注意義務を規定した[46]。両者の区別に基づいて、アメリカ法では DGCL102条 b 項 7 号が取締役の注意義務違反による責任を免除または制限する規定を事前に定款に置くことを認めている[47]。また、デラウェア州で設立された実質的に全ての上場会社が定款免責規定を有していると指摘されている[48]。定款免責の下で、取締役の責任は忠実義務違反あるいは誠実義務違反として問題となり得る[49]。注意義務と忠実義務の区別は、ドイツ法において経営判断原則による保護が及ぶ決定を定める際の基礎にもなっている（株式法 93 条 1 項 2 文）[50]。

　3 法域においては、派生訴訟または株主代表訴訟が提起される場合に、当該訴訟が本案に進む前の制約が設けられている。アメリカ法の下で、派生訴訟の提起には、会社の取締役会に対してその取締役を提訴すべきであるという請求を事前に行う必要があると解されている[51]。また、派生訴訟が本案で審理されるまでの要件とその下での特別訴訟委員会の役割が明確にされている[52]。さらに、本案前の訴訟却下が問題となる場面で経営判断原則による保護が認められている[53]。イギリス法では、2006 年会社法が、派生訴訟を提起する株主はこれを係属させるために裁判所の許可を申し立てなければならないと規定している

---

[45]　前掲第 3 章注 193）参照。

[46]　前掲第 3 章注 208）および前掲第 3 章注 212）参照。

[47]　前掲第 2 章注 54）およびこれに対応する本文を参照。

[48]　前掲第 2 章注 263）およびこれに対応する本文を参照。

[49]　前掲第 2 章注 54）および前掲第 2 章注 263）ならびにこれらに対応する本文を参照。

[50]　前掲第 4 章注 136）参照。

[51]　前掲第 2 章注 284）に対応する本文および前掲第 2 章注 292）参照。

[52]　前掲第 2 章注 292）に対応する本文を参照。

[53]　前述第 2 章第 2 節第 2 款第 2 項 2(1)参照。

480　第5章　日本法の課題とその検討

54)。ドイツ法では、株式法が株主代表訴訟制度として訴訟許可手続を規定している（148条）55)。

2　決定が問題となる場面①――経営判断原則

アメリカ法およびドイツ法において、経営判断原則が判例上または株式法上確立されている。アメリカ法では、1984年の *Aronson v. Lewis* 事件判決が、同原則とは、「経営判断を行う際に会社の取締役が十分な情報に基づいて、誠実にかつ当該行為が会社の最善の利益になると偽りのない信頼において行為したとする推定」56) であるとしている。また、2006年の *In re Walt Disney Co. Derivative Litigation* 事件判決では、雇用契約の内容を決定する権限が報酬委員会に委譲されておらず、取締役会の承認を要するとされている下で、社長の雇用を主導した経営者の義務違反が特に争われた事案において、当該判決は審理における経営判断原則の下で当該経営者を含む取締役の義務違反を否定している57)。一般的な射程を有する判例として経営判断原則が確立されており、派生訴訟における提訴請求の無益性の判断に際して同原則の推定とその保護が及び、事案が審理に進む場合が限られている上に、審理においても、同原則の推定とその保護が及んでいる58)。ドイツ法では、UMAG が株式法93条1項1文の後に「取締役員が企業家の決定の際に適切な情報に基づいて会社の福祉のために行為したと合理的に認められる場合には、義務違反はない。」とする2文を加え、経営判断原則を規定した59)。

経営判断原則が確立されている下では、同原則による保護が及ぶための要件をその行為あるいは決定が満たしている限り、その経営判断の結果から事後的にその義務違反と責任を問われることがないことを経営者が当該判断の時に予

---

54)　前掲第3章注216）およびこれに対応する本文を参照。
55)　前掲第4章注116）およびこれに対応する本文を参照。
56)　前掲第2章注300）参照。
57)　前述第2章第2節第2款第2項2(2)参照。
58)　前述第2章第2節第2款第2項2(3)参照。
59)　前述第4章第2節第2款第2項2(2)参照。

測することが可能とされ、責任の脅威による経営判断の萎縮が回避されること
で、経営者の意思決定の最適化が図られる。このことは、株主利益の最大化に
資すると考えられる。

イギリス法およびドイツ法では、経営判断原則を制定法上規定すべきかどう
かについての検討がされ、両法域はこの点について反対の結論に至っている。
すなわち、イギリス法では、法律委員会が 1999 年に提言を行った際に、制定法
上の経営判断原則〔を規定すること〕を提案しないとされている[60]。これに対
して、ドイツ法では、株主代表訴訟制度の導入を踏まえて、株式法 93 条 1 項 2
文に経営判断原則が規定されている[61]。

イギリス法では、2006 年会社法は経営判断原則を規定しておらず[62]、また、
判例も取締役の注意義務違反の有無を判断する際の同原則を定式として明確に
し、かつ、確立しているわけでは必ずしもないようである[63]。これに対して、
ドイツ法では株式法が経営判断原則を規定しているところ、ドイツとアメリカ
における〔経営判断原則に関する〕規制の本質的な相違は、法定〔の形〕自体
であり、〔それは、株式法 93 条 1 項 2 文がアメリカ法の下におけるような〕行
為規準と審査基準との明確な区別を断念していること、〔および〕特に立証責任
の規制であると指摘されている[64]。

3 決定が問題となる場面②

決定が問題となる場面で、経営判断原則による保護が否定され、またはこれ
が認められていないと解される場合について、特に取締役会や委員会の決議に
違法がある場合が問題となる。

---

[60]　前掲第 3 章注 214）参照。
[61]　前掲第 4 章注 136）およびこれに対応する本文を参照。
[62]　前掲第 3 章注 214）参照。
[63]　前掲第 3 章注 223）参照。
[64]　前掲第 4 章注 139）およびこれに対応する本文を参照。

482 第 5 章 日本法の課題とその検討

　アメリカ法では、1985 年の *Smith v. Van Gorkom* 事件判決が、社外取締役を含む取締役が取締役会決議で賛成することによりその信認義務違反を認められた代表的な事案であり、当該判決の翌年に DGCL が改正され、定款免責が認められている[65]。定款免責の下で、取締役の責任は忠実義務違反あるいは誠実義務違反として問題となり得る[66]。2014 年の *In re Rural/Metro Corp. Stockholders Litigation* 事件判決では、各自連帯して不法行為責任を負う者の間の求償において定款免責の可否が問題となり、裁判所は個々の取締役ごとにこれを判断した上で、免責が認められる者に対する求償を否定している[67]。2015 年の *In re Dole Food Co. Stockholder Litigation* 事件判決は、CEO 兼取締役およびその右腕のような社外取締役でない取締役が、少数株主からの株式の購入価格が当該会社の取締役会内部に設置された委員会で決定された際に故意の詐欺があったとしてその誠実義務違反および忠実義務違反とともに各自連帯して責任があるとしているが、当該判決は、取締役の故意と誠実義務違反およびその責任が判決で認められている点で珍しい公刊裁判例であるように見受けられる[68]。委員会の決定について当該委員会のメンバーでない取締役がどのような責任を負い得るのかについては、裁判所の判断は必ずしも明らかにされていないとの指摘がある[69]。

　イギリス法においても、決定が問題となる場面で取締役の責任が追及された事案がみられており[70]、非業務執行取締役が会社に対して負う義務は、その定式においては業務執行取締役が負う義務と異ならないものの、その適用において異なり得るものであり、通例異なるものであると述べられている[71]。なお、会社が倒産した場合、その決定が問題となりその取締役の資格が剥奪され得る[72]。

---

[65] 前述第 2 章第 2 節第 2 款第 2 項 3(1)参照。

[66] 前掲第 2 章注 54）および前掲第 2 章注 263）ならびにこれらに対応する本文を参照。

[67] 前述第 2 章第 2 節第 2 款第 2 項 3(2)参照。

[68] 前述第 2 章第 2 節第 2 款第 2 項 3(3)参照。

[69] 前掲第 2 章注 344）参照。

[70] 前述第 3 章第 2 節第 2 款第 3 項 1 参照。

[71] 前掲第 3 章注 256）参照。

[72] 前述第 3 章第 2 節第 3 款第 2 項 1 参照。

第 2 節　上場会社の経営者と監督者の義務と責任　　483

　ドイツ法においても、決定が問題となる場面で、株式法 93 条 1 項 2 文が適用されるための要件が満たされない場合、同項 1 文に対する違反が問題となり得る[73]。

4　他の取締役の行為が問題となる場面

　アメリカ法では、他の取締役の行為が問題となる場面において、*Francis* 事件判決は例外であり[74]、取締役の監視義務違反とこれによる責任を認めないのが裁判所の立場であると指摘されている[75]。このため、違法行為を行った他の取締役自身がその責任を追及されている一方、当該他の取締役に対する監視義務違反による責任が追及されにくい面がある[76]。

　イギリス法では、非業務執行取締役の代表取締役に対する不作為による義務違反が争われ、当該非業務執行取締役に責任があるとされた特徴的な事案がみられている[77]。また、詐欺を行った他の取締役に対する取締役の監視義務違反とこれによる責任の有無が問題とされた興味深い事案がみられており、当該事案では当該取締役が当該詐欺を知らず、疑う理由を有しなかったとして結論としてその責任が否定されている[78]。これらは、いずれも会社が倒産している事

---

[73]　前述第 4 章第 2 節第 2 款第 2 項 3 参照。

[74]　前掲第 2 章注 371) 参照。

[75]　前掲第 2 章注 372) 参照。

[76]　前掲第 2 章注 373) 参照。

[77]　前述第 3 章第 2 節第 2 款第 3 項 2(2)参照。もっとも、当該判決は、背任を行った当該代表取締役の姉である当該非業務執行取締役 2 名に責任があるとしたものであり、当該代表取締役が詐欺により過去に禁固刑を受けていたことを〔当該 2 名の姉が〕知っていたことを考慮していると指摘されている（前掲第 3 章注 283) 参照）。イギリス法の下では、公開会社の取締役に対するその義務違反を主張する訴訟の提起がほぼ見当たらないとの指摘がみられており（前掲第 3 章注 163) およびこれに対応する本文を参照）、また、当該判決が上場会社にも射程を有するものであるかどうかが必ずしも明らかでない上に、このような事情には上場会社の独立非業務執行取締役には妥当しにくい面があるように思われる。

[78]　前述第 3 章第 2 節第 2 款第 3 項 2(3)参照。

484 第5章 日本法の課題とその検討

案である[79]。なお、委員会のメンバーでない取締役の監視義務について、1925年の判決が既に述べている[80]。

　ドイツ法では、株式会社の破産管財人が当該会社の監査役員の義務違反と責任を追及した事案において、違法な取締役の行動に対して監査役会が同意の留保を指示しなかったことから当該監査役員の義務違反と責任を導いた地方裁判所の判決がみられている[81]。

5　従業員等の行為が問題となる場面

　アメリカ法では、従業員等の行為が問題となる場面で、会社の情報報告システムを確保する義務が取締役の義務の内容に含まれるとされ、当該システムの具体的な設計は当該会社の経営判断であるとされている[82]。適切と認められる当該システムが会社内部に構築されている場合、「不正の兆候」の存在が訴答されなければ請求が棄却されている[83]。

　イギリス法では、取締役等の資格が剥奪された事案がみられている[84]。当該事案においては、従業員の活動に責任を負う取締役の資格が剥奪されている[85]。

　ドイツ法では、会社の業務規程に基づき適切なリスク管理および統制を確保する任務を負う取締役員に義務違反と責任を認めた地方裁判所の判決がみられている[86]。

---

[79]　前掲第3章注274）および前掲第3章注287）ならびにこれらに対応する本文を参照。
[80]　前掲第3章注268）参照。
[81]　前述第4章第2節第2款第2項4参照。
[82]　前述第2章第2節第2款第2項5(5)参照。
[83]　前述第2章第2節第2款第2項5(5)参照。
[84]　前述第3章第2節第2款第3項3参照。
[85]　前述第3章第2節第3款第2項3参照。
[86]　前述第4章第2節第2款第2項5参照。

第 3 項　日本法の課題とその検討

1　総説

　日本法の下では、取締役の会社に対する義務について、注意義務が忠実義務から明確に区別されておらず、この点で注意義務が明確にされていない面がある。特に判例が、「商法二五四条ノ二の規定は、同法二五四条三項民法六四四条に定める善管義務を敷衍し、かつ一層明確にしたにとどまるのであつて、所論のように、通常の委任関係に伴う善管義務とは別個の、高度な義務を規定したものとは解することができない。」[87] としている。日本法においても、注意義務と忠実義務の区別を明確にするとともに、注意義務の内容およびこれに対する違反が問題となる場合を明確にすることが解釈論として有益であると考えられる[88]。

　日本法における株主代表訴訟制度では、6 か月前から引き続き株式を有する株主（会社法 847 条 1 項）に原告適格が認められており、株主が会社に対して訴えの提起を請求した日から 60 日以内に当該会社が当該訴えを提起しない場合に株主が訴えを提起することができるとされ（同条 3 項）、株主代表訴訟の提起に裁判所の許可を要するものとはされていない。さらに、株主代表訴訟の提起に要する手数料額が引き下げられていることから、日本法の下では、株主が代表訴訟を提起し当該訴訟が本案に進むことが容易とされている。これに対して、3 法域においては派生訴訟または株主代表訴訟が本案に進む前の制約が設けられている[89]。日本法の下でも、このような制約の在り方について、解釈論および立法論として検討を深める余地があるように思われる[90]。また、株主代

---

[87]　最判昭和 45・6・24 民集 24 巻 6 号 625 頁、632 頁。

[88]　当該判決については、「現在では善管注意義務と忠実義務の区別が一般的に承認されてきたので、判例の立場は改められるべきである。」（四宮和夫＝能見善久『民法総則［第 8 版］』125 頁〔弘文堂、2010 年〕）との指摘がみられている。

[89]　前述本款第 2 項 1 参照。

[90]　「仮に責任追及について会社経営者の判断が尊重されてよい責任を類型として括り出すことができるのであれば、そのような責任類型に限り、株主代表訴訟提起の手続を厳格にすることが現行法の枠内（担保提供制度など）の解釈論として、または立法論として検討されてよいのではなかろうか。」（加藤・前掲第 1 章注 215）351 頁）と指摘されている。

486 第5章 日本法の課題とその検討

表訴訟において、原告株主の訴訟代理人である弁護士主導で訴訟が遂行されている状況があるとすれば[91]、株主代表訴訟における和解は裁判所の承認の下でされるものとする旨を規定することを、立法論として検討する余地があると考えられる[92]。

2 決定が問題となる場面①——経営判断原則

　日本法の下で、下級審裁判所は、決定の過程、内容に著しく不合理な点がないかどうかを本案審理において個別かつ詳細に審査し、取締役の義務違反の有無を判断しているが[93]、経営判断原則が会社法上規定されていない下で、下級審裁判所の判断を統一する一般原則として最高裁判所が同原則を示しているわけではないと理解されており[94]、経営判断原則が一般的な射程を有する原則として必ずしも確立されているわけではない。

　経営判断原則については、経営判断の結果から事後的にその義務違反と責任を問われることがないことを経営者が当該判断の時に予測するために、同原則による保護が認められるための要件が明確である必要があると考えられる。しかし、「その決定の過程、内容に著しく不合理な点がない限り、」[95] という基準には不明確性があり、一般的な基準として必ずしも妥当でない面があるように思われる。また、当該基準の下で、決定の内容についての「著しく不合理な点」の有無を裁判所が判断する場合、当該判断が当該決定についての裁判所による事後的評価となり得るという面もあるように思われる。

　経営判断原則を一般的な原則として確立する際には、まず、これを判例として確立するか、あるいは会社法上規定するかが問題となり得る。この点自体について、解釈論および立法論として検討を深める余地があるように思われる。

---

[91]　前掲第1章注212）参照。
[92]　前掲第1章注212）参照。併せて、前掲第2章注287）およびこれに対応する本文を参照。
[93]　前掲第1章注134）参照。
[94]　前掲第1章注133）およびこれに対応する本文を参照。
[95]　前掲第1章注132）およびこれに対応する本文を参照。

第 2 節　上場会社の経営者と監督者の義務と責任　487

結論として制定法上の経営判断原則〔を規定すること〕を提案しないとしたイギリス法の下での法律委員会の提言も、取締役が二重の客観的かつ主観的テストを懸念しているという根拠がある場合には制定法上の経営判断原則を導入する主な理由が存在するであろうとしており[96]、日本法の下で取締役の責任が追及された事案がそれなりにみられていることを踏まえると[97]、同原則を会社法上規定することの適否についても、議論を深める余地があるように思われる。

　経営判断原則による保護が認められるための要件については、アメリカ法における判例およびドイツ法における株式法が明確にしているため、参考になる面が両法域にあると考えられる。また、ドイツ法が同原則を規定した際に、取締役員の注意義務違反が問題となる場合について経営判断原則を規定した点は[98]、同原則を判例として確立するか、会社法上規定するかにかかわらず、日本法に参考になる点であるように思われる。日本法の判例が注意義務と忠実義務の区別を明確にすることは、この点との関係においても有益であり得る[99]。併せて、同原則による保護の有無が問題となる場合における立証責任の在り方についても、検討を深める余地があるように思われる。

3　決定が問題となる場面②

　アメリカ法では、派生訴訟における提訴請求の無益性の判断に際して経営判断原則の推定とその保護が及び、事案が審理に進む場合が限られている[100]。1985 年の *Smith v. Van Gorkom* 事件判決では、取締役会の決定の重過失を理由として経営判断原則の適用が否定され、社外取締役を含む取締役の信認義務違反が認められているが[101]、これは定款免責が認められる前の判決である。定款免責の下で、取締役の責任は忠実義務違反あるいは誠実義務違反として問題とな

---

[96]　前掲第 3 章注 214）参照。
[97]　前述第 1 章第 2 節第 2 款第 2 項参照。
[98]　前掲第 4 章注 136）およびこれに対応する本文を参照。
[99]　前述本項 1 参照。
[100]　前述第 2 章第 2 節第 2 款第 2 項 2(3)参照。
[101]　前述第 2 章第 2 節第 2 款第 2 項 3(1)参照。

488 第5章 日本法の課題とその検討

り得るところ[102]、会社の売却を取締役会で決議したこと等に信認義務違反があるとして株主がクラス・アクションを提起した事案においては、社外取締役 5名が被告とされている一方で[103]、少数株主からの株式の購入価格が会社の取締役会内部に設置された委員会で決定された事案においては、当該委員会のメンバーである社外取締役 4 名は被告に含まれず[104]、CEO1 名、社外取締役でない取締役 2 名および投資銀行の責任が追及されている[105]。このように、取締役会の決議や委員会の決定に伴って CEO や社外取締役の責任が問題となる場合にも、違法性の強い行為をした者が明確である場合にはその者の責任が追及されている一方、必ずしもそうでない場合には当該決議に参加した者の責任が社外取締役を含めて幅広く追及されることもあり得るようである。このように、アメリカ法の下においても、社外取締役の責任が一切追及されていないというわけではないようであるが、アメリカ法の下では、各自連帯して不法行為責任を負う者の間の求償において定款免責の可否が問題となり、裁判所が個々の取締役ごとにこれを判断した上で、免責が認められる者に対する求償が否定されている[106]。

　日本法の下では、自社が販売する食品への違法な添加物混入を「自ら積極的には公表しない」との方針が取締役会で事実上決定されたと判断し、当該取締役会に出席していたことから代表取締役等以外の取締役（社外取締役を含む）の善管注意義務違反に基づく責任を導き、代表取締役等以外の取締役に等しく連帯責任を認めた判決がみられている[107]。取締役会や委員会の決定については、取締役会決議事項や委員会の決議事項が会社法および当該会社の内部規程によって明確にされている場合には、当該決議事項から決定の有無および当該決定に対する各メンバーの賛否を明確にするとともに、これに基づいてその義務違反と責任の有無を本来判断すべきであるように思われる。また、当該判決にお

---

[102]　前掲第 2 章注 54）および前掲第 2 章注 263）ならびにこれらに対応する本文を参照。

[103]　前述第 2 章第 2 節第 2 款第 2 項 3(2)参照。

[104]　前掲第 2 章注 339）参照。

[105]　前述第 2 章第 2 節第 2 款第 2 項 3(3)参照。

[106]　前掲第 2 章注 337）参照。

[107]　前述第 1 章第 2 節第 2 款第 2 項 2(2)参照。

第 2 節　上場会社の経営者と監督者の義務と責任　**489**

いては、社外取締役の善管注意義務違反に基づく責任が認められている点およ
び社外取締役を含む代表取締役等以外の取締役に等しく連帯責任が認められて
いる点で、アメリカ法における定款免責の下での状況と異なる。

　また、業務執行の決定についての取締役会決議において賛成したことから、
社外取締役を含む取締役の責任が追及された事案がみられている[108]。日本法で
は、取締役会設置会社全般（指名委員会等設置会社および重要な業務執行の決
定を取締役に委任することができる監査等委員会設置会社を除く）において、
特別取締役制度を除き、取締役会が重要な業務執行を決定すべきことを会社法
が画一的に要求しているため（会社法 362 条 4 項）、重要な業務執行の決定に社
外取締役が参加する必要を会社法が画一的に生じさせているとともに、業務執
行の決定に違法がある場合には、当該決定に参加した社外取締役の責任も生じ
させ得る点で、日本法はアメリカ法およびイギリス法と異なる[109]。

　さらに、指名委員会等設置会社において、委員会の権限が会社法上与えられ
ている下で、監査委員会の不提訴の決定について監査委員 4 名を被告とする株
主代表訴訟が提起されている[110]。委員会の決定についてそのメンバーの義務違
反と責任のみが争われている点で、当該事案はアメリカ法の下で報酬委員会の
決定について経営者の義務違反が特に争われた *In re Walt Disney Co. Derivative
Litigation* 事件判決と対照的である[111]。アメリカ法の下では、取締役会からそ
の内部に設置される委員会への権限委譲の有無について柔軟性が確保されてい
ることが両者の相違の背景にある。指名委員会等設置会社および監査等委員会
設置会社において、各委員会の権限を会社法が画一的に規定するのではなく、
取締役会が監督権限を有する下で、取締役会からの当該監督権限の委譲の有無
について各会社の特性と実務上の要請に応じた柔軟な設計を認めることを、社

---

[108]　前述第 1 章第 2 節第 2 款第 2 項 2(3)参照。
[109]　ドイツ法については、前掲第 4 章注 46）およびこれに対応する本文ならびに前掲第 4 章注
121）に対応する本文を参照。
[110]　前述第 1 章第 2 節第 2 款第 2 項 2(5)参照。会社を代表する監査委員を監査委員会が選定する
とされている（会社法 408 条 1 項 2 号、前掲第 1 章注 77）および前掲第 1 章注 161）参照）。
[111]　前掲第 2 章注 316）およびこれに対応する本文を参照。

490　第5章　日本法の課題とその検討

外取締役の責任との関係においても、立法論として検討する必要が生じてきているように思われる。

4　他の取締役の行為が問題となる場面

　日本法の下で、会社の代表取締役に対する社外取締役の監視義務違反による責任が追及された事案がみられている[112]。当該事案においては、「〔社外取締役と常勤監査役に〕監視義務ないし監査義務の違反があるというためには、被告らが、代表取締役の違法な業務執行行為を認識していたか、又は少なくとも代表取締役の違法な業務執行を発見することができるような事情若しくは違法な業務執行を行っていることに疑いを抱かせる事情が存在し、かつ、被告らが当該事情を知り得ることが必要である」[113]と判示されている。

　アメリカ法では、社外取締役が特別訴訟委員会のメンバーとして会社の監督権限の行使に携わっており、*AIG*事件判決においては社外取締役は被告に含まれていない[114]。また、会計不正が行われる場合、監査委員会を構成する独立取締役の対会社責任が派生訴訟で追及され得るが、当該会計不正の発見が期待できないと判断されるときは、訴訟却下の申立てが認められている[115]。このように、日本法とアメリカ法では、監視義務違反を認めるために、問題となった違法な業務執行を発見することができるような事情もしくは違法な業務執行を行っていることに疑いを抱かせる事情を知り得ることまたは不正の発見が期待できないと判断されるわけではないことが少なくとも求められてきているように見受けられ、そうであるとすれば、この点においては両法域に類似してきている面が認められる。他方で、アメリカ法の下では、取締役の監視義務違反とこれによる責任を認めないのが裁判所の立場であると指摘されていることが問題

---

112)　前述第1章第2節第2款第2項3(3)参照。

113)　前掲第1章注180)参照。

114)　前掲第2章注370)およびこれに対応する本文を参照。

115)　前述第2章第2節第2款第2項4(1)参照。

第 2 節　上場会社の経営者と監督者の義務と責任　491

となる[116]。また、アメリカ法では会社補償制度が確立されていることから、取締役の監視義務違反とこれによる責任が追及される場合にも、誠実義務違反を判決が認める前に和解することへの誘因が両当事者に与えられていることは、日本法と異なる。

　イギリス法の下で非業務執行取締役の代表取締役に対する不作為による義務違反が争われ、当該非業務執行取締役に責任があるとされた特徴的な事案では、当該代表取締役が詐欺により過去に禁固刑を受けていたことを当該代表取締役の姉である当該非業務執行取締役 2 名が知っていたことを考慮していると指摘されている[117]。また、ドイツ法の下で監査役員の義務違反と責任を導いた地方裁判所の判決では、当該監査役員がファクタリングの量についての情報をその同僚から得たとしている[118]。これらの判決は、他の取締役の違法な業務執行を発見することができるような事情や他の取締役が違法な業務執行を行っていることに疑いを抱かせる事情が存在したということだけでなく、当該非業務執行取締役や当該監査役員がそのような事情を実際に認識していたことを踏まえてそれらの義務違反と責任を認めており、興味深い判決であるように思われる[119]。

　なお、経営判断原則が一般的な原則として確立される場合に、監視義務違反の有無についてこれによる保護が及び得ると考えるべきかどうかが問題となり得るが、監視義務違反は不作為として問題となるため、同原則による保護になじまない面が生じ得るように思われる[120]。

---

[116]　前掲第 2 章注 372）参照。

[117]　前掲注 77）および前掲第 3 章注 283）参照。

[118]　前掲第 4 章注 148）参照。

[119]　ただし、前掲注 77）参照。

[120]　前掲第 1 章注 183）および前掲第 2 章注 373）参照。なお、ドイツ法においては、意識的な企業家の決定のない行為または不作為は、株式法 93 条 1 項 2 文の下にあるものではないとされている（前掲第 4 章注 136）参照）。

492   第5章　日本法の課題とその検討

5　従業員等の行為が問題となる場面

　日本法では、従業員等の行為が問題となる場面における内部統制システム構築義務違反の有無について、取締役の対会社責任の場面で一般的な射程を有する最高裁判例は示されていない[121]。リスク管理体制の内容については「経営判断の問題」であるとして取締役に「広い裁量」を認めた判決が地裁段階でみられている[122]。アメリカ法では、会社の情報報告システムを確保する義務が取締役の義務の内容に含まれるとされており、①いかなる当該システムをも全く構築しなかったか、または、②そのようなシステムを構築したものの、その運用を意識的に監督もしくは監視せずそれゆえに自身の注意を引くべき危険や問題を認識しなかった場合が、取締役の監督義務違反による責任を基礎づける必要条件であるとされている[123]。その上で、当該システムの具体的な設計は当該会社の経営判断であるとされており、取締役に重過失が認められれば経営判断原則の推定を覆し得るが、誠実義務違反を示すことはさらに難しいとされている[124]。このように、アメリカ法では一般的な射程を有する判例として経営判断原則が確立されている下で、会社の情報報告システムの具体的な設計が当該会社の経営判断であることが明確にされている[125]。日本法においても、内部統制システムの具体的な設計が各会社の経営判断であり、経営判断原則による保護が及び得ることを明確にすることについて、一般的な原則としての同原則の在り方を検討することと併せて、解釈論あるいは立法論として検討を深めることが有益であるように思われる。

　日本法において、下級審裁判例には、会社内部の権限分配上、違法行為を行った従業員を監督すべき取締役（代表取締役を含む）の監督義務違反と責任を認めたものがみられており、従業員等の行為が問題となる場面において責任を

---

[121]　前述第1章第2節第2款第2項4(5)参照。

[122]　前掲第1章注194）参照。

[123]　前述第2章第2節第2款第2項5(5)参照。

[124]　前述第2章第2節第2款第2項5(5)参照。

[125]　前掲第2章注386）参照。

第2節　上場会社の経営者と監督者の義務と責任　　493

負い得る役員とその根拠が明確にされてきているように見受けられる[126]。アメリカ法では、適切と認められる報告・情報システムが会社内部に構築されている場合、「不正の兆候」の存在が訴答されなければ請求が棄却されており、「不正の兆候」は、当該会社の「内部統制が不適切であり、その不適切性が〔会社内部の〕違法行為をもたらすであろうこと、および当該取締役会が主張されたところによれば存在を知るところの問題について何もしないことを選択したということを示す事実」と定義されている[127]。なお、アメリカ法では、伝統的な不法行為に基づく注意義務から忠実義務に基づくものへと監督義務の位置づけが変化し、これによる責任を課すには取締役がその客観的な注意義務を主観的な欺罔の意図によっておろそかにしたことを〔原告が〕示すことが必要になったとの指摘がみられている[128]。

　イギリス法では、従業員等の行為が問題となる場面で、取締役等の資格が剥奪された事案がみられており[129]、経営の役割を担っていた取締役3名に資格剥奪命令が発出されている[130]。その際に、金融商品部門の部門長として当該従業員の活動に責任を負うとされている取締役の資格が剥奪されている[131]。ドイツ法でも、会社の業務規程に基づき適切なリスク管理および統制を確保する任務を負う取締役員に義務違反と責任を認めた地方裁判所の判決がみられている[132]。このように、従業員等の行為が問題となる場面で、当該従業員の活動に責任を負う取締役もしくは執行役または適切なリスク管理および統制を確保する任務を負う取締役もしくは執行役が当該事案において明確である場合には、当該取締役または執行役の義務違反と責任が問題となり得ると解することは、日本法の下においても可能であろう。他方で、特に当該従業員を監督すべき取締役が当該事案において不明確である場合における社外取締役の義務違反と責任

---

[126]　前述第1章第2節第2款第2項4(5)参照。

[127]　前掲第2章注405）およびこれに対応する本文を参照。

[128]　前掲第2章注372）参照。

[129]　前述第3章第2節第2款第3項3参照。

[130]　前掲第3章注358）参照。

[131]　前掲第3章注359）参照。

[132]　前述第4章第2節第2款第2項5参照。

についてどのように考えるべきか、解釈論として検討を深める必要が生じているように思われる。

第3款　第三者に対する責任——不実開示の場面を例として

第1項　比較法の総括

1　総説

　アメリカ法の下で、不実開示の場面における証券クラス・アクションでは、会社補償やD&O保険の保険金の支払を前提に早期に和解がされることが多い。この背景として、判決で誠実義務違反が認められると会社補償が認められず、故意が認められるとD&O保険の保険金の支払が認められないため、両当事者ともこれらを好まないことが挙げられる。また、訴訟却下の申立てが否定された事案は限られており、審理に至ることや、審理を経て判決に至ることが稀となっている。[133]

　発行市場における不実開示の場面では、1933年証券法11条を根拠とする訴訟が特に問題になるところ、判決が社外取締役の責任を認めない背景として、経営者に対する信頼等を理由としてそのデュー・ディリジェンスの抗弁を裁判所が認めていることが挙げられる。同条の下で合理的な調査および信頼への合理的な根拠を何が構成するかについての決定に影響を与える状況を1982年の証券法規則176条がより具体化している。[134]

　流通市場における不実開示の場面では、1934年証券取引所法10条b項および規則10b-5を根拠とする訴訟が特に問題になるところ、判決が社外取締役の責任を認めない背景として、1976年の*Ernst & Ernst*事件判決が被告における欺罔の意図を主張することを原告に要求したこと、また、社外取締役については

---

[133]　前述第2章第2節第3款第7項参照。
[134]　前述第2章第2節第3款第7項参照。

この立証が難しいため、投資家が社外取締役をその訴訟の被告に含めた上で審理に進む誘因が乏しい面があることが挙げられる。[135)

　以上の状況は、「監督する取締役会」が形成された 1970 年代とこれが確立された 1980 年代に主として形成されている。社外取締役が責任を負う場合が限られ、かつ、このことが明確にされたことは、そのなり手の確保を容易にすることを通して、「監督する取締役会」の形成と確立に寄与した面があると考えられる。[136)

　その後、1990 年代にも、投資家が社外取締役をその証券クラス・アクションの被告に含める誘因が低下したと考えられる。特に 1995 年の私的証券訴訟改革法が責任の割合による求償の規定を設け、故意がある場合を除いて社外取締役が執行役員や社外取締役でない取締役を始めとする他の被告との間で連帯責任を負わず、その責任が自身の比例責任のみに制限されたことや、1990 年代後半頃から Side C の D&O 保険が普及したこと、が挙げられる。[137)

　ドイツ法では、発行市場および流通市場における不実開示の場面における発行会社の取締役員および監査役員の投資家に対する外部責任を法律上規定するものとして、連邦財務省が 2004 年に KapInHaG の討議草案を示しているが、当該草案は法律として成立しておらず、これらの場面で投資家が発行会社の取締役員や監査役員の外部責任を追及しようとする場合、その根拠として主に民法典 823 条 2 項および 826 条が問題となり得る[138)]。

2　発行市場における不実開示の場面

　アメリカ法の下で、1979 年以前には、発行市場における不実開示の場面におけるデュー・ディリジェンスの抗弁の可否について、連邦地方裁判所がその採

---

135)　前述第 2 章第 2 節第 3 款第 7 項参照。
136)　前述第 2 章第 2 節第 3 款第 7 項参照。
137)　前述第 2 章第 2 節第 3 款第 7 項参照。
138)　前述第 4 章第 2 節第 3 款第 5 項参照。

496　第 5 章　日本法の課題とその検討

られた具体的な行為に応じて社外取締役を含む個々の取締役ごとにこれを判断
している[139]。

　その後、1933 年証券法 11 条の下で合理的な調査および信頼への合理的な根
拠を何が構成するかについての決定に影響を与える状況を 1982 年証券法規則
176 条がより具体化し、執行役員や従業員に対する合理的な信頼等が規定され
た。1980 年から 2005 年の期間では、1933 年証券法 11 条を根拠とする訴訟が提
起され、審理に至った事案のうち、社外取締役を被告に含むものは見当たらな
いとされている。取締役からの訴訟却下の申立てに対するサマリー・ジャッジ
メントにおいて判例が形成されており、経営者に対する信頼等を理由として、
社外取締役のデュー・ディリジェンスの抗弁が認められている。[140]

　イギリス法では、発行市場における不実開示の場面で、FSMA90 条が、不実
または誤導的な〔開示書類の〕事項に対する賠償を規定するとともに、専門家
に対する信頼による免責等を規定している。目論見書に対して責任を負う者に
発行会社の取締役が含まれている。〔同法同条を根拠とする〕請求において 2013
年から条件付成功報酬契約を用いることが可能となっているとの指摘がみられ
[141]、同法同条に基づく初めてと指摘されている集合訴訟の開始がみられている。
当該事案において、2014 年の判決が、集団訴訟命令が発出された場合における
各当事者の費用の負担について包括的に検討し、これを明らかにしている。[142]

　ドイツ法では、発行市場における不実開示の場面で、〔2005 年および 2012 年〕
KapMuG に基づく手続の枠組みにおいて、発行会社の責任が追及された事案が
みられている[143]。

---

[139]　前述第 2 章第 2 節第 3 款第 4 項 1(3)参照。

[140]　前述第 2 章第 2 節第 3 款第 4 項 2(5)参照。

[141]　前掲第 3 章注 402) 参照。

[142]　前述第 3 章第 2 節第 4 款第 5 項参照。

[143]　前述第 4 章第 2 節第 3 款第 5 項参照。

第 2 節　上場会社の経営者と監督者の義務と責任　497

3　流通市場における不実開示の場面

アメリカ法では、「監督する取締役会」の形成期である 1970 年代に、1934 年証券取引所法 10 条 b 項および規則 10b-5 に基づく責任を認める際の基準が明確にされている。控訴裁判所によっては過失基準を明示的に認めるものもみられたとされる状況を連邦最高裁判所による *Ernst & Ernst* 事件判決が否定し、被告における欺罔の意図を主張することを原告に要求した。このことには、これらを根拠とする訴訟の被告に社外取締役を含めるという原告の誘因を低下させた面があると考えられる。その後、欺罔の意図の立証として無謀が十分であるとする控訴裁判所の立場に基づく地方裁判所の判決がみられている。[144]

1980 年から 2005 年の期間には、1934 年証券取引所法 10 条 b 項および規則 10b-5 を根拠とする訴訟について、判例がさらに明確にされている。被告における欺罔の意図を主張することが原告に要求されている下で、無謀が責任の基礎として十分であるとする立場を多くの控訴裁判所が採用したようであるが、これらを根拠として発行会社やその執行役員や取締役の責任が追及された事案は、審理に進むことが稀となっている。審理を経た確定判決が社外取締役の責任を認めた事案はこの期間において見当たらないとされている。多くの場合、審理に進む前に和解がされるか、訴訟却下の申立てが否定されており、また、原告がこれらを根拠とする訴訟に社外取締役を含めた上で審理に進む誘因が乏しい面がある。なお、これらを根拠とする訴訟のうち、この期間に社外取締役個人の出捐につながった事案が 3 件指摘されており、これらはいずれも発行会社が倒産し、かつ、D&O 保険が購入されていなかったかまたはその塡補責任限度額が少額であったとされている。その出捐は争訟費用と和解金であるとされている。[145]

イギリス法では、流通市場における不実開示の場面で、2006 年会社法 1270 条が FSMA に 90A 条を加え、投資家に対する発行会社の責任を規定した一方、

---

[144]　前述第 2 章第 2 節第 3 款第 5 項 1(6)参照。
[145]　前述第 2 章第 2 節第 3 款第 5 項 2(3)参照。

498　第5章　日本法の課題とその検討

発行会社以外の者は発行会社に対するそれを除きあらゆる責任に服しないと規定した[146]。

　ドイツ法では、流通市場における不実開示の場面で、適切でない定期的な開示に対する民事責任の基礎がドイツ法において不明確なままであり、裁判所がこの問題をどのように解決するであろうかは今後分かるべきままであるとの指摘がみられる[147]。

第2項　日本法の課題とその検討

1　総説

　日本法は、発行市場および流通市場における不実開示に係る役員の責任について、条文の文言上、同一の「役員」に対して義務を課している。公刊裁判例では、「相当な注意」が払われたかどうかが個別の役員ごとに判断されているが、業務執行者であるかどうかや社外性の有無等を考慮要素とする明確な判断枠組みが示されているわけではなく、取締役会における報告資料等から不実開示を知るべきであったと判断された役員に責任が認められている。このため、投資家が社外取締役や社外監査役を被告に含めない誘因が乏しく、これらが責任を追及され、社外監査役の責任を認めた裁判例が生じている。[148]

　アメリカ法では、発行市場と流通市場のいずれにおける不実開示の場面でも、判決が社外取締役の責任を認めない状況が、「監督する取締役会」が形成された1970年代とこれが確立された1980年代に主として形成されていることを踏まえると[149]、社外取締役の設置が進む下で、日本法においても不実開示の場面における役員の義務違反と責任の在り方について検討を深める必要が生じているように思われる。

---

[146]　前述第3章第2節第4款第5項参照。

[147]　前掲第4章注241）参照。

[148]　前述第1章第2節第3款第2項(6)参照。

[149]　前述本款第1項1参照。

第 2 節　上場会社の経営者と監督者の義務と責任　　499

　アメリカ法では、例えば証券クラス・アクションにおいて社外取締役が被告
に含まれている場合、当該社外取締役に故意が認められない限り、他の被告と
の間で連帯責任が生じず、当該社外取締役の責任が自身の寄与したところのみ
に限定され、かつ、当該責任を超えて他の被告から求償されることが否定され
ている[150]。この改正を行った 1995 年私的証券訴訟改革法が、訴答の要件とし
て詐欺を強く推認させる事情を原告が立証する必要があるとしたところ、社外
取締役についてはこの立証が非常に難しく、同法には証券クラス・アクション
の被告から社外取締役を除いた面があるとの指摘がある[151]。これらの点につい
て、解釈論あるいは立法論として検討を深めることが日本法の下においても有
益であるように思われる。

2　発行市場における不実開示の場面

　発行市場における不実開示の場面として、エフオーアイ事件判決（平成 28
年）は、上場時に提出された有価証券届出書等の虚偽記載による損害を被った
投資家が、同社の役員（代表取締役 2 名および社外監査役 2 名を含む）等を被
告として金商法等を根拠に損害賠償請求訴訟を提起した事案において、当該社
外監査役 2 名が「相当な注意」を用いて監査を行っていなかったとして責任を
認めている[152]。

　日本法では、発行市場における不実開示の場面において、何をすれば「相当
な注意」を用いたことに伴う免責が認められるのか、「相当な注意」の具体的内
容が明確にされていない。アメリカ法では SEC が 1933 年証券法 11 条の下で合
理的な調査および信頼への合理的な根拠を何が構成するかについての決定に影
響を与える状況を 1982 年にその証券法規則 176 条でより具体化したこと[153]、

---

[150]　前掲第 2 章注 463）およびこれに対応する本文を参照。
[151]　前掲第 2 章注 466）参照。
[152]　前掲第 1 章注 263）参照。
[153]　前述第 2 章第 2 節第 3 款第 4 項 2(1)参照。

500　第5章　日本法の課題とその検討

およびその後の裁判所の判断には[154]、立法論および解釈論として参考になる面があるように思われる。アメリカ法の下での裁判所の判断として、社外取締役には会社について詳細な知識を有する社外取締役でない取締役よりも緩やかな義務が綿密な調査を行う義務について課されていると例えば述べられている[155]。また、社外取締役は社外取締役であるため、登録届出書に含まれる全ての書類の正確性についての独立した調査を行うことが義務付けられるわけではなく、当該社外取締役は当該状況の下でその自身の行為と調査の水準が合理的であるならば、経営者の合理的な表明を信頼することができると述べられている[156]。このように、アメリカ法では、発行市場における不実開示の場面で、取締役に課される義務の内容として社外取締役でない取締役と社外取締役の相違が明確にされているように見受けられる。日本法の下においても、「相当な注意」を具体化する際に両者の相違を考慮することが考えられる。

3　流通市場における不実開示の場面

　流通市場における不実開示の場面として、ライブドア事件（一般投資家集団訴訟）判決（平成23年）は、各役員には一律に最低限要求される「相当な注意」があるとし、技術担当取締役について「相当な注意」を用いたことに伴う免責を否定する際に、当該取締役が取締役会の上程案件についてメーリングリストを通して情報を得ており、稟議書を決済していたことを考慮している[157]。この判旨は社外取締役にも射程を有すると解されるため、流通市場における不実開示に伴う責任を社外取締役にも認める可能性がある判断枠組みと解される[158]。また、アーバンコーポレイション事件（役員責任追及訴訟）判決（平成24年）の判断枠組みからは、取締役会に出席していた役員には、仮に社外取締役であ

---

[154]　前掲第2章注514）および前掲第2章注518）参照。

[155]　前掲第2章注514）参照。

[156]　前掲第2章注518）参照。

[157]　前述第1章第2節第3款第2項(3)参照。

[158]　前掲第1章注255）参照。

っても、「非関与役員のうち取締役会出席役員」として責任が認められた可能性がある[159]。日本法の下では、流通市場における不実開示の場面においても、「相当な注意」を用いたことに伴う免責の可否が特に問題となるが、この場面においても、何をすれば「相当な注意」を用いたことに伴う免責が認められるのか、「相当な注意」の具体的内容が明確にされていない。

アメリカ法では、1976 年の *Ernst & Ernst v. Hochfelder* 事件判決が、連邦最高裁判所の判例として、1934 年証券取引所法 10 条 b 項および規則 10b-5 に基づいて損害賠償を求める訴訟の私的な訴訟原因を有するために、被告における欺罔の意図を主張することが必要であるとした[160]。このことには、これらを根拠とする訴訟の被告に社外取締役を含めるという原告の誘因を低下させた面があると考えられる[161]。この下で、欺罔の意図の立証として無謀が十分であるとする控訴裁判所の立場に基づく地方裁判所の判決がみられており[162]、その後の判決においても、サマリー・ジャッジメントの申立てが問題となる場面で、被告における欺罔の意図の立証がどのように認められ得るかが明確にされている[163]。このように、アメリカ法では、流通市場における不実開示の場面で、被告における欺罔の意図の立証が必要であるとされていることから社外取締役でない取締役と社外取締役の被告としての相違が生じているように見受けられる。日本法の下においても、このような相違を考慮するための在り方について、解釈論あるいは立法論として検討を深めることが有益であるように思われる。日本法の下においては、「相当な注意」を具体化する際に両者の相違を考慮することも考えられる。

---

[159]　前掲第 1 章注 259）参照。

[160]　前述第 2 章第 2 節第 3 款第 5 項 1(3)参照。

[161]　前掲第 2 章注 540）参照。

[162]　前述第 2 章第 2 節第 3 款第 5 項 1(5)参照。

[163]　前掲第 2 章注 561）参照。

502　第5章　日本法の課題とその検討

第3節　責任からの救済制度

第1款　責任限定契約

　日本法の下で、責任限定契約については、これを業務執行取締役等と締結することを認めるべきかどうかについて議論がみられる[164]。

　この点について、アメリカ法では、DGCL が定款免責を認めていることが比較の対象となるように思われるところ[165]、両者の相違点として、特に①DGCLの下では執行役員が取締役を兼務すれば当該執行役員にも定款免責が認められること[166]、②責任限定契約と異なり、定款免責においては責任の制限だけでなく免除も認められていること、③責任限定契約と異なり、定款免責の対象となる責任には対会社責任だけでなく対第三者責任も含まれており、各自連帯して不法行為責任を負う者の間の求償において定款免責の可否が問題となった事案において、免責が認められる者に対する求償が否定されていること[167]、④定款免責においては注意義務違反による責任が対象とされているのに対し、責任限定契約では「職務を行うにつき善意でかつ重大な過失がない」（会社法427条1項）ことが求められていること[168]、が挙げられる。

　これに対して、イギリス法とドイツ法は、DGCL が認めているような定款免責を認めていない[169]。イギリス法の下では、公開会社の取締役に対するその義務違反を主張する訴訟の提起がほぼ見当たらないとの指摘がみられる[170]。これに対して、ドイツ法の下では実現の見込みがわずかである請求権を過度に高い

---

[164]　前述第1章第3節第1款第2項参照。

[165]　前掲第2章注54）参照。

[166]　例えば前掲第2章注334）およびこれに対応する本文を参照。ただし、特に前掲第2章注85）およびこれに対応する本文を参照。

[167]　前掲第2章注337）およびこれに対応する本文を参照。

[168]　ただし、会社法428条2項参照。制限や免除の対象となるべき責任は、本来、注意義務違反によるそれであるべきであるように思われる。日本法の下においても、解釈上、注意義務と忠実義務の区別を明確にし、これによって注意義務の内容を明確にすることが有益であると考えられるところ（前述本章第2節第2款第3項1参照）、責任限定契約の在り方についても、これらを踏まえた立法論として検討を深める余地があるように思われる。

[169]　前掲第3章注474）および前掲第4章注251）ならびにこれらに対応する本文を参照。

[170]　前掲第3章注163）およびこれに対応する本文を参照。

第3節　責任からの救済制度　503

費用で行使する傾向が実務において存在するとの指摘がみられる[171] 中においてもこのような立場をドイツ法が維持している[172]。

　日本法の下で、少なくとも社外取締役がその権限と職責の面でアメリカ法における独立社外取締役に類似し[173]、かつ、注意義務の内容およびこれに対する違反が問題となる場合が解釈上明確にされる場合には、社外取締役の注意義務違反による責任について、DGCL が認める定款免責におけるような免除も認めることを、立法論として検討する余地があるように思われる。また、責任限定契約を業務執行取締役等と締結することを認めるべきかどうかについても、3法域における在り方を踏まえて、立法論として検討を深める余地があるように思われる。併せて、責任限定契約について規定する会社法427条において「業務執行」概念を用いるべきかどうかについても、立法論として検討の余地がある[174]。

第2款　会社補償制度

第1項　比較法の総括

　アメリカ法およびイギリス法においては、会社補償制度が会社法上の制度として明確にされ、確立されている。すなわち、両法域においては、適法と認められる会社補償の対象や手続が会社法上明確にされている。デラウェア州においては、執行役員や取締役が敗訴して判決が誠実義務違反を認めると会社補償

---

[171]　前掲第4章注179）およびこれに対応する本文を参照。
[172]　ただし、学説の指摘として、前掲第4章注180）およびこれに対応する本文を参照。
[173]　前述本章第1節第2項2参照。
[174]　神田ほか・前掲第1章注54）85頁［神田秀樹発言］参照。なお、平成26年改正前会社法は、責任限定契約を締結することができる者を、「社外取締役等」（社外取締役、会計参与、社外監査役または会計監査人）に限定していたが（同年改正前会社法427条1項）、同年改正が社外取締役および社外監査役の要件を厳格化することに伴い、これまで社外取締役または社外監査役として責任限定契約を締結することができた者がこれを締結することができなくなる場合があり得ること等から、責任限定契約を締結することができる取締役または監査役を「社外」かどうかではなく「業務執行」を行うかどうかで区分することとしたとされている（坂本編著・前掲第1章注55）129頁）。

504 第 5 章 日本法の課題とその検討

が認められないことから[175)]、判決が出される前に和解することへの誘因が両当事者に与えられている。

アメリカ法において、会社補償制度を DGCL に初めて明示的に規定したのは 1943 年改正であるが、この下では、会社が適法に行うことができる会社補償の対象や手続が条文上明確にされておらず、各会社の附属定款や補償契約等が補償を規定する一方、裁判所が公序に基づいて課すであろうと示してきた制約を超え得るかどうかについて不確実性があった。また、裁判所が、1967 年改正前 DGCL における会社補償制度に有能な者が取締役等として務めることを促進するという目的があると解し、さらに、制定法の明確化が必要である点を指摘した上で立法による明確化を促している。これらが、1967 年改正 DGCL145 条における会社補償制度の明確化と確立につながった。同法同条には、同年改正後の約 50 年間にも様々な改正が行われている。[176)]

現在の DGCL145 条の下で、会社は、その取締役、執行役員および従業員等が誠実にかつ会社の最善の利益になるかまたはこれに反しないと合理的に信じるところに従って行為した場合、任意的補償として、①対第三者責任に関して、これらの者によって実際にかつ合理的に負担された費用（弁護士費用を含む）、判決額、罰金または和解金を補償することが認められるとともに（同条 a 項）、②対会社責任（派生訴訟を含む）に関して、防御または和解との関係で実際にかつ合理的に負担された費用（弁護士費用を含む）について、その者が会社に対する責任があるとの判決が出されるべきところの請求等を原則として除き、これらの者によって実際にかつ合理的に負担された費用（弁護士費用を含む）を補償することが認められている（同条 b 項）。さらに、その取締役または執行役員が防御において本案等において勝訴した場合、義務的補償として、その者によって実際にかつ合理的に負担された費用（弁護士費用を含む）について、その者は補償されるものとされている（同条 c 項）。これらのうち任意的補償については、当該特定の補償に関して、当事者でない取締役の過半数投票等によってこれが決定されるものとされるとともに（同条 d 項）、返金の約束に基づい

[175)] 前掲第 2 章注 756) およびこれに対応する本文を参照。

[176)] 前述第 2 章第 3 節第 1 款第 5 項参照。

第3節　責任からの救済制度　505

て防御費用の前払を会社が任意で行うことができるとされている（同条 e 項）。発行会社はその定款、附属定款または補償契約等による補償規定の効果をその登録届出書において開示することが求められている。[177]

　イギリス法において、会社法が適法と認める会社補償は、伝統的に、取締役等に有利に判決が与えられる等した場合にその負担した防御費用を会社が補償することに限られてきたが、2004 年会社法 19 条が 1985 年会社法 309 条の後に 309A 条、309B 条および 309C 条を加え、刑事手続において科された科料や規制機関に対する罰金を除き、かつ、確定判決がその責任を認める等しない限り、第三者に対する責任について、会社または関連会社が当該会社の取締役に補償することを認めた。この 2004 年会社法は、取締役に有利な判決が与えられたかまたは無罪が宣告された場合にのみ会社が取締役に防御費用を補償することが認められていたこと等への懸念が、取締役の採用および行動に影響を与えていると考えられたことを踏まえたものである。[178]

　2006 年会社法は 232 条から 238 条において会社補償について規定し、取締役の対会社責任については、判決額および和解金のいずれについても、これに補償することを否定している。その対第三者責任については、刑事手続において科された科料や規制機関に対する罰金を除き、かつ、確定判決がその責任を認める等しない限り、和解金および争訟費用について補償を認めている。同法は、取締役が勝訴した場合を含め、義務的補償を明示的に規定していない。また、会社が防御費用を前払いする際に、取締役が勝訴の見通しを立証することを明示的に要件としているわけではない。第三者補償の資格を与える条項の開示、謄本等の備置ならびに株主の謄本等の閲覧および請求権を同法が規定している。[179]

　ドイツ法では、明示的かつ明確な制度として会社補償が株式法上規定されているわけではないが、実務は、取締役員と監査役員の対第三者責任がその会社

---

[177]　前述第 2 章第 3 節第 1 款第 5 項参照。
[178]　前述第 3 章第 3 節第 1 款第 3 項参照。
[179]　前述第 3 章第 3 節第 1 款第 3 項参照。

506 第5章 日本法の課題とその検討

に対して義務違反とならない場合において当該責任に対する会社による免除と
払戻しに適法と認められるときがあることを前提としているようである[180]。

第2項 日本法の課題とその検討

1 日本法の課題

　日本法の下では、取締役や監査役の責任を株主が株主代表訴訟で追及し、ま
たは会社が追及した事案がそれなりにみられている[181]。また、発行市場および
流通市場における不実開示の場面でも、取締役や監査役の責任が追及されてい
る[182]。このような状況において、社外取締役の設置が進んでいるが、日本法の
下では、社外取締役の義務違反と責任の有無を判断する際に、その対会社責任
および不実開示の場面における対第三者責任のいずれについても、その責任を
認めないとする裁判所の判断枠組みが必ずしも明確にされているわけではない。
責任からの救済制度として、責任限定契約の締結が認められているが、これに
よる責任の免除は認められておらず、また、対第三者責任はその対象とされて
いない（会社法427条1項）。しかし、アメリカ法の下で、*Smith v. Van Gorkom*
事件判決が社外取締役を含む取締役の信認義務違反を認めたことにより[183]、
D&O保険の保険料の高騰が生じ[184]、取締役のなり手が不足することへの懸念
が生じたことを踏まえると[185]、責任の一部免除および責任限定契約等（会社法
425条～427条）を別として、社外取締役の責任からの救済の役割を実質的に
D&O保険のみに求めることは必ずしも妥当でないように思われる。日本法が
社外取締役の設置を進めるとすれば、社外取締役の責任との関係においても、

---

[180]　前掲第4章注255）および前掲第4章注257）ならびにこれらに対応する本文を参照。

[181]　前述第1章第2節第2款第2項参照。

[182]　前述第1章第2節第3款第2項参照。

[183]　前述第2章第2節第2款第2項3(1)参照。

[184]　前掲第2章注52）参照。

[185]　前掲第2章注53）およびこれに対応する本文を参照。

第3節　責任からの救済制度　　507

会社補償を会社法上の制度として明確にし、これを確立することが立法論として課題となる。

2　検討

現行法の下においても、民法650条（受任者による費用等の償還請求等）および同法649条（受任者による費用の前払請求）ならびに個別の契約により、会社補償が認められる場合があると考えられる。しかし、民法におけるこれらの条項に基づく請求では、例えば損害賠償金については無過失が要件とされている（650条3項）。また、例えば損害賠償請求訴訟の防御に要する費用について会社に前払を請求しようとする場合に（649条）、勝訴の見通しを立証することを要するかどうかが必ずしも判然としない。さらに、これらを任意規定と解し、契約による上乗せを行う場合にも、どのような上乗せが適法と認められるかが明らかでない。

日本法の下では、適法と認められる会社補償の対象や手続が判例によって明確にされているわけではないため、会社補償を法制度として明確にしない場合、適法と認められる会社補償の対象や手続についての不明確性が残ると考えられる。また、アメリカ法の下では、会社補償制度が確立されていることが、判決が出される前に和解することへの誘因を両当事者に与えているのに対し[186]、日本法の下では会社補償制度が確立されておらず、会社補償が判例によっても明確にされていない点で、和解への誘因が両当事者に与えられていない面がある。

現在、一部の実務において、取締役や従業員に対する責任追及訴訟の防御費用等の支払を会社が行っているとしても、どこまでの責任についてこれが認められるべきかが現行法の下では不明確な状況にあるように思われる[187]。そうであるとすれば、このような実務を法制度としてどのように考えるかを検討し、会社補償を法制度として明確にすることが必要であるように思われる。このよ

---

[186]　前述第2章第2節第1款2(3)参照。

[187]　前掲第1章注312)　参照。

508 第5章 日本法の課題とその検討

うに会社補償を制度化する際には、適法と認めるべき会社補償の対象、手続および開示の在り方が特に問題となる。

アメリカ法では、DGCL145条a項が、会社は、その取締役、執行役員および従業員等が誠実にかつ会社の最善の利益になるかまたはこれに反しないと合理的に信じるところに従って行為した場合、任意的補償として、対第三者責任に関して、これらの者によって実際にかつ合理的に負担された費用（弁護士費用を含む）、判決額、罰金または和解金を補償することが認められることを明確にしている[188]。また、イギリス法でも、2006年会社法234条1項が、取締役の対第三者責任について、刑事手続において科された科料や規制機関に対する罰金を除き、かつ、確定判決がその責任を認める等しない限り、和解金および争訟費用に補償することが認められることを明確にしている[189]。これらを踏まえると、日本法においても、少なくとも、取締役、監査役および執行役等の対第三者責任について、これに補償することが適切でないと認められる場合を除き、会社が任意で判決額、和解金および争訟費用を補償することが適法と認められることを会社法上明確にすることが考えられる。その際に、特にどのような場合に補償を認めるべきでないかが問題となる。この点については、DGCL145条a項における「誠実にかつ会社の最善の利益になるか又はこれに反しないと合理的に信じるところに従って行為し」という要件に、参考になる面があるように思われる[190]。同項が誠実義務違反による責任に対して補償することを認めていない点を日本法の下でどのように考えるかについても、立法論として検討を深めることが有益であるように思われる。

対会社責任については、責任があるとの判決が出された際の当該判決額に対して補償することを認めるべきでないことは当然であると考えられ、この点については、DGCL145条b項と2006年会社法232条2項の立場が同じである[191]。

---

[188] 前述第2章第3節第1款第5項参照。
[189] 前掲第3章注521〜523）およびこれらに対応する本文を参照。
[190] 併せて、前掲第2章注659）およびこれに対応する本文を参照。
[191] 前述第2章第3節第1款第5項ならびに前掲第3章注520）およびこれに対応する本文を参照。

第3節　責任からの救済制度　509

和解金に対する補償については、DGCL145 条 b 項は派生訴訟における和解金に対する補償の可否を明確にしていない[192]。これに対して、2006 年会社法 232 条 2 項は和解金に補償することを否定している[193]。争訟費用については、DGCL145 条 b 項が、防御または和解との関係で実際にかつ合理的に負担された費用（弁護士費用を含む）について、その者が会社に対する責任があるとの判決が出されるべきところの請求等を原則として除き、これらの者によって実際にかつ合理的に負担された費用（弁護士費用を含む）を補償することを認めている[194]。2006 年会社法の下でも、取締役の対会社責任が問題になる場合の争訟費用については、当該取締役に不利に判決が出されない限り、会社がこれを任意で補償することが認められているようである[195]。これらを踏まえて補償が認められる対象を明確にすることが日本法の下での立法論として有益であると考えられる。

　争訟費用の前払については、アメリカ法では、取締役が勝訴するであろうという訴訟の開始時点における肯定的な認定の必要性が望ましくないものと認識され、この認定を不要とする改正が DGCL145 条 e 項についてされた旨が指摘されている[196]。また、2006 年会社法も、会社が防御費用を前払いする際に、取締役が勝訴の見通しを立証することを明示的に要件としているわけではない[197]。

　これらと併せて、DGCL145 条 f 項のような非排他的条項を置くべきかどうか、あるいは、補償契約等による上乗せを認めるべきかどうかが問題となる。DGCL の下では、会社補償制度を確立した 1967 年改正前から裁判所が公序による制約を課してきているのに対し[198]、日本法の下ではこのような制約を判例が明確にしているわけではなく、また、裁判例も蓄積されていないため、日本法が

---

[192]　前掲第 2 章注 724) およびこれに対応する本文を参照。なお、前掲第 2 章注 716) 参照。

[193]　前掲第 3 章注 520) およびこれに対応する本文を参照。

[194]　前述第 2 章第 3 節第 1 款第 5 項参照。

[195]　前掲第 3 章注 520) 参照。

[196]　前掲第 2 章注 702) およびこれに対応する本文を参照。

[197]　前掲第 3 章注 525) 参照。併せて、前掲第 3 章注 495) における②を参照。

[198]　前掲第 2 章注 701) およびこれに対応する本文を参照。

510　第 5 章　日本法の課題とその検討

DGCL145 条 f 項のような非排他的条項を置く場合や、会社補償についての法律上の規定を任意規定としこれに対する補償契約等による上乗せを認める場合、どのような上乗せが適法と認められるかについての不明確性が生じる点に留意すべきであるように思われる[199]。なお、イギリス法では、2006 年会社法 232 条 2 項が会社補償を原則として無効であるとしているため[200]、この点についての不明確性は生じていない。日本法の下では、例えば適法と認められる任意的補償の対象を会社法が規定するとともに、これに対する上乗せとしてはこれを義務化する補償契約等のみを認めることも、立法論として考えられる。

　さらに、開示の在り方についても、立法論として検討を深めることが有益であるように思われる。アメリカ法では、発行会社はその定款、附属定款または補償契約等による補償規定の効果をその登録届出書において開示することが求められている[201]。イギリス法では、2006 年会社法 236 条から 238 条が、第三者補償の資格を与える条項の開示、謄本等の備置ならびに株主の謄本等の閲覧および請求権を規定している[202]。

第 3 款　D&O 保険

第 1 項　比較法の総括

　DGCL145 条 g 項は、取締役、執行役員および従業員等の会社補償の対象にならない責任についても、会社がその保険料全額を負担して購入した D&O 保険によってこれを塡補できることを明確にしている[203]。また、2006 年会社法 233 条も、会社が D&O 保険を購入し保有できることを明確にしている[204]。

---

[199]　前掲第 2 章注 683〜687）およびこれらに対応する本文を参照。
[200]　前掲第 3 章注 516）参照。
[201]　前掲第 2 章注 731）参照。
[202]　前掲第 3 章注 526）およびこれに対応する本文を参照。
[203]　前述第 2 章第 3 節第 2 款第 2 項 1 参照。
[204]　前掲第 3 章注 537）参照。

アメリカ法は、D&O 保険の購入を要求あるいは推奨しているわけではないが、イギリス法では、UK CG コードが、会社がその取締役に対する法的アクションに関して適切な〔D&O〕保険の填補を確保すべきであると推奨している[205]。ドイツ法の特徴として、株式法 93 条 2 項 3 文が取締役員の自己保有を規定するとともに[206]、DCGK が監査役会のための D&O 保険における自己保有を推奨（soll）している（3.8）[207]。

第 2 項　日本法の課題とその検討

D&O 保険契約の内容等の開示が特に問題となる。アメリカ法では、連邦レベルで、発行会社にはその購入している D&O 保険契約の一般的な効果を述べることが求められている[208]。イギリス法では、会社が〔D&O〕保険の填補を確保しているかどうかについて、'Comply or Explain' 規範としてその開示が求められている[209]。ドイツ法では、DCGK が監査役会のための D&O 保険における自己保有を推奨（soll）しており（3.8）[210]、この点についての一致宣言（株式法 161 条）が求められている[211]。学説においては、開示を義務付けるべきであるとする議論がみられる[212]。日本法の下における議論の深まりが期待される。

---

[205]　前掲第 3 章注 542）およびこれに対応する本文を参照。

[206]　前掲第 4 章注 268）およびこれに対応する本文を参照。

[207]　前述第 4 章第 3 節第 3 款第 2 項 2(2)参照。

[208]　前掲第 2 章注 800）参照。なお、前掲第 2 章注 801）およびこれに対応する本文を参照。

[209]　前掲第 3 章注 541〜542）およびこれらに対応する本文を参照。

[210]　前述第 4 章第 3 節第 3 款第 2 項 2(2)参照。

[211]　前掲第 4 章注 278）参照。

[212]　前述第 2 章第 3 節第 2 款第 4 項 1 参照。

補論 ヨーロッパにおける規範形成とその影響——会社法と資本市場法

イギリス法とドイツ法は、ヨーロッパ[1]における規範形成の影響を受けている[2]。以下、これを会社法と資本市場法の領域について概観する。

第1款 ヨーロッパ会社法

以下、①ヨーロッパ会社（Societas Europaea、以下「SE」という）の形成と展開、②SEにおける機関設計と責任法制および③会社形態と機関設計の選択における競争の評価について概観する[3]。これらは、イギリス法とドイツ法における会社法（2006年会社法および株式法）の在り方にも一定の示唆がある。

---

[1] 本書は、「ヨーロッパ」として、欧州連合（European Union、以下「EU」という）の加盟国を念頭に置いている。ヨーロッパを中心とする国際的な議論の場が形成され、学説が進展している。Klaus J Hopt and others (eds), *Comparative Corporate Governance: The State of the Art and Emerging Research* (OUP 1998); Klaus J Hopt and others (eds), *Corporate Governance in Context: Corporations, States, and Markets in Europe, Japan, and the US* (OUP 2005); Reinier Kraakman and others, *The Anatomy of Corporate Law: A Comparative and Functional Approach* (3rd edn, OUP 2017). また、2001年にECGI（European Corporate Governance Institute）が設立され、学説の形成に重要な役割を果たしている。ECGIウェブサイト（http://www.ecgi.global/）参照。

[2] 連合王国では、そのEUからの脱退——いわゆる'Brexit'——についての国民投票が2016年6月に行われ、これが支持されている。この点に関して議論が深められている。John Armour, Holger Fleischer, Vanessa Knapp, and Martin Winner, 'Brexit and Corporate Citizenship' (2017) 18 EBOR 225; Wolf-Georg Ringe, 'The Irrelevance of Brexit for the European Financial Market' (2018) 19 EBOR 1.

[3] ヨーロッパ会社法については、例えば以下がみられている。Vanessa Edwards, *EC Company Law* (OUP 1999); *Habersack/Verse*, Europäisches Gesellschaftsrecht, 4. Aufl., 2011; Habersack/Drinhausen (Hrsg.), SE-Recht mit grenzüberschreitender Verschmelzung, 2. Aufl., 2016. 関連規範が以下に採録されている。Klaus Hopt and Eddy Wymeersch (eds), *European Company and Financial Law: Texts and Leading Cases* (4th edn, OUP 2007).

先行研究として、特に森本滋『EC会社法の形成と展開』181頁～212頁（商事法務研究会、1984年）がみられている。その後の論稿として、例えばウヴェ・ブラウロック（高橋英治＝山口幸代訳）「ヨーロッパ会社法とドイツ会社法（一～二・完）——ヨーロッパ法への適応過程の総決算と将来の展望」法学雑誌（大阪市立大学）45巻3＝4号474頁以下（1999年）、47巻2号213頁以下（2000年）、野田輝久「ヨーロッパ株式会社法の成立とその評価—ドイツ法の視点から—」青山経営論集37巻4号239頁以下（2003年）、ジェラルド・スピンドラー（早川勝訳）「ヨーロッパ株式会社——その構造と法政策的展開の状況——」同志社法学61巻7号1頁以下（2010年）、

514　補論　ヨーロッパにおける規範形成とその影響——会社法と資本市場法

1　概観——SE の形成と展開

(1)　*Centros Ltd* 事件判決（1999 年）[4]

EU 司法裁判所（Court of Justice of the European Union、以下「CJEU」という）
による 1999 年の *Centros Ltd* 事件判決が特に重要である。

［事実］　連合王国において 1992 年 5 月に登記された非公開の有限責任会社
（Centros Ltd）が、同年夏にデンマークにおいてその支店の登記を申請したと
ころ、デンマークの行政機関がこれを拒絶した[5]。当該行政機関は、当該会社
が連合王国において取引を行っておらず、実際にはデンマークの国内法上の 20
万デンマーク・クローネの最低資本金規制を回避することによって支店ではな
く会社を設立しようとしているため、当該申請を拒絶したものである[6]。当該
拒絶が EC 条約（EC Treaty）の 52 条および 58 条に反するかどうかが問題とな
った[7]。

［判旨］　加盟国にとって、登録オフィス（registered office）を有するものの事
業を行っていないところの他の加盟国の法に従って設立された会社の支店を登
記することを拒否することは EC 条約の 52 条および 58 条に反するとした[8]。

［検討］　本判決が、ヨーロッパ域内における加盟国の国内法上の会社形態の
選択における競争を明確に生じさせるとともに[9]、規制上の競争（regulatory
competition）も明確に生じさせたと考えられる[10]。

新津和典「ドイツにおけるヨーロッパ会社での一層制の選択肢——集中的経営モデルを中心に——
—」藤田古稀『グローバル化の中の会社法改正』352 頁以下（法律文化社、2014 年）、前田重行
「EU におけるコーポレート・ガバナンスの改革—経営管理機構の改革について—」学習院法務
研究 10 号 15 頁以下（2016 年）がみられている。

[4]　Case C-212/97 *Centros Ltd v Erhvervs- og Selskabsstyrelsen* [1999] ECR I-1459.

[5]　ibid I-1487 para 2 to -1488 para 7. 当該会社の資本金の額は 100 ポンドであり、デンマーク国籍を
有しデンマークに居住する者がその株式を保有していた。ibid I-1487 para 3.

[6]　ibid I-1488 para 7.

[7]　ibid I-1488 para 10 to -1489 para 13.

[8]　ibid I-1497.

(2) SE の形成と展開等

Centros Ltd 事件判決後、2001 年に策定された理事会規則（Council Regulation）
（以下「SE Statute」という）[11] が、ヨーロッパ域内において SE を設立するこ
とができるとした[12]。これにより、*Centros Ltd* 事件判決が明確に生じさせたヨ
ーロッパ域内における加盟国の国内法上の会社形態の選択における競争に加え
て、加盟国の国内法上の会社と SE との間での会社形態の選択における競争も
生じたと考えられる[13]。

その後、SE Statute は特に 2004 年に改正されている[14]。また、CJEU による
Centros Ltd 事件判決後の判決も会社形態の選択における競争をさらに明確にし
ている[15]。

---

[9] 例えば会社形態を用いてドイツで事業を行おうとする者が、ドイツの株式法を根拠に株式会社
を設立するのではなく、ヨーロッパ域内のドイツ法域外で会社を設立した上でドイツにおいてそ
の支店を通して事業を行い得ることが明確にされたためである。

[10] ヨーロッパ域内の各法域がどのような規制を設計し、自国の国内法を根拠として会社を設立
させるかについての競争が、規制上の競争である。本判決との関係で、例えば以下が参考になる。
Eddy Wymeersch, 'Centros: A Landmark Decision in European Company Law' in Theodor Baums, Klaus J
Hopt and Norbert Horn (eds), *Corporations, Capital Markets and Business in the Law: Liber Amicorum
Richard M Buxbaum* (Kluwer Law International 2000) 629, 652-53. なお、ヨーロッパレベルでの規範
形成と加盟国の間における規制上の競争のいずれによって会社法が形成されるかが望ましいか
について、加盟国の間における規制上の競争が、適切な法的ルールの発展を促すためにヨーロッ
パ〔レベルで〕の立法過程よりも良い方法でありそうであるとの指摘がみられる。John Armour,
'Who Should Make Corporate Law? EC Legislation *versus* Regulatory Competition' (2005) 58 CLP 369,
369-70. 本判決に関する文献が、例えば以下に掲げられている。ibid 380 n 42.

[11] Council Regulation (EC) 2157/2001 of 8 October 2001 on the Statute for a European company (SE)
[2001] OJ L294/1. See Council Directive 2001/86/EC of 8 October 2001 supplementing the Statute for a
European company with regard to the involvement of employees [2001] OJ L294/22.

[12] Reg (EC) 2157/2001 [2001] OJ L294/3, art 1(1).

[13] SE Statute の全般については、例えば以下が参考になる。Klaus J Hopt, 'Chapter 5. Board
Structures - The Significance of the Rules on the Board of the European Company' in Jonathan Rickford
(ed), *The European Company: Developing a Community Law of Corporations* (Intersentia 2003) 47.

[14] Council Regulation (EC) 885/2004 of 26 April 2004 adapting Regulation (EC) No 2003/2003 of the
European Parliament and of the Council, Council Regulations (EC) No 1334/2000, (EC) No 2157/2001,
(EC) No 152/2002, (EC) No 1499/2002, (EC) No 1500/2003 and (EC) No 1798/2003, Decisions No
1719/1999/EC, No 1720/1999/EC, No 253/2000/EC, No 508/2000/EC, No 1031/2000/EC, No

516 補論 ヨーロッパにおける規範形成とその影響──会社法と資本市場法

2 SE における機関設計と責任法制

(1) SE における機関設計

SE Statute は、それによって定められた条件の下で、SE が①株主総会ならびに②監督機関および経営機関（二層制）または運営機関（一層制）のいずれかを構成するものとするとしている[16]。

当該二層制の下で、経営機関が当該 SE の経営に対して責任を負うものとするとされ[17]、経営機関の構成員は原則として監督機関によって選任されかつ解任されるものとするとされている[18]。欠員が生じた場合に監督機関がその構成員1名を経営機関の構成員として行為するよう指名することができることを除き、いかなる者も同時に同じ SE の両機関の構成員であることはできないとされている[19]。

当該一層制の下で、運営機関は当該 SE を経営するものとするとされている[20]。運営機関の構成員は株主総会によって選任されるものとするとされている[21]。

163/2001/EC, No 2235/2002/EC and No 291/2003/EC of the European Parliament and of the Council, and Council Decisions 1999/382/EC, 2000/821/EC, 2003/17/EC and 2003/893/EC in the fields of free movement of goods, company law, agriculture, taxation, education and training, culture and audiovisual policy and external relations, by reason of the accession of the Czech Republic, Estonia, Cyprus, Latvia, Lithuania, Hungary, Malta, Poland, Slovenia and Slovakia [2004] OJ L168/1.

[15] Case C-208/00 *Überseering BV v Nordic Construction Company Baumanagement GmbH (NCC)* [2002] ECR I-9919; Case C-167/01 *Kamer van Koophandel en Fabrieken voor Amsterdam v Inspire Art Ltd* [2003] ECR I-10155; Case C-411/03 *SEVIC Systems AG* [2005] ECR I-10805. 例えば以下が参考になる。Marco Becht, Luca Enriques, and Veronika Korom, 'Centros and the Cost of Branching' (2009) 9 JCLS 171; Mathias M Siems, 'SEVIC: Beyond Cross-Border Mergers' (2007) 8 EBOR 307.

[16] Reg (EC) 2157/2001 [2001] OJ L294/12, art 38. SE Statute は〔SE について一層制と二層制のいずれかのみを規定するのではなくこれらを選択可能としており、〕一層制および二層制を経路依存的な事象（path-dependent phenomena）として尊重していると指摘されている。Hopt (n 13) 63.

[17] Reg (EC) 2157/2001 [2001] OJ L294/12, art 39(1).

[18] ibid art 39(2).

[19] ibid art 39(3).

[20] ibid [2001] OJ L294/13, art 43(1).

補論　ヨーロッパにおける規範形成とその影響——会社法と資本市場法　**517**

(2) SE における責任法制

SE の経営機関、監督機関および運営機関の構成員は、当該 SE の登録オフィスが位置するところの加盟国において公開有限責任会社に適用される条項に従って、法律上の、定款上のまたはそれらの義務に備わっている他の義務に対するそれらの側のあらゆる違反によって当該 SE が被った損失または損害に対して責任を負うものとするとされている[22]。

3　会社形態と機関設計の選択における競争の評価①——実態面

〔新たに〕設立された SE の数は 2005 年に 21 社、2006 年に 40 社、2007 年に 85 社と増加しているとの指摘がみられる[23]。現在、設立された SE が最も多く本拠（headquarter）を置いているのがチェコ共和国であり、次がドイツであるとの調査がみられる[24]。

4　会社形態と機関設計の選択における競争の評価②——学説の状況

アメリカにおける州間競争（state competition）について蓄積された議論を踏まえ[25]、ヨーロッパ域内における会社形態と機関設計の選択における競争をどのように考えるかについて論じられている[26]。

---

[21]　ibid art 43(3).

[22]　ibid [2001] OJ L294/14, art 51.

[23]　Horst Eidenmüller, Andreas Engert, and Lars Hornuf, 'Incorporating under European Law: The Societas Europaea as a Vehicle for Legal Arbitrage' (2009) 10 EBOR 1, 18.

[24]　European Trade Union Institute, 'European Company (SE) Database' <http://ecdb.worker-participation.eu>. 当該調査は、設立された SE の数が 3,036 社（2018 年 6 月 22 日時点）であるとし、このうちチェコ共和国に本拠を置いている SE が 2,109 社、ドイツに本拠を置いている SE が 524 社であるとしている。ibid. なお、連合王国に本拠を置いている SE は 38 社であるとしている。ibid.

[25]　州間競争については、これが底辺への競争（race for the bottom）であるとの指摘もみられる。William L. Cary, *Federalism and Corporate Law: Reflections upon Delaware*, 83 YALE L.J. 663, 705 (1974). その後、議論が深められている。ROBERTA ROMANO, THE GENIUS OF AMERICAN CORPORATE LAW (1993). ま

518 補論 ヨーロッパにおける規範形成とその影響——会社法と資本市場法

第2款 ヨーロッパ資本市場法

1 序

以下、発行市場および流通市場における開示のヨーロッパレベルでの規範におけるエンフォースメントの在り方を概観する[27]。

た、各州が会社の設立地となることを目指して競争しているとの見解に対する反論もみられている。*E.g.*, Marcel Kahan & Ehud Kamar, *The Myth of State Competition in Corporate Law*, 55 STAN. L. REV. 679 (2002). さらに、会社訴訟の裁判地としてのデラウェア州の人気が脅かされているとの指摘もみられている。John Armour, Bernard Black & Brian Cheffins, *Delaware's Balancing Act*, 87 IND. L.J. 1345 (2012). 紹介として、白井正和「会社訴訟の流出をめぐるデラウェア州の困難な舵取り」アメリカ法 2014-1 号 138 頁以下（2014 年）参照。

〔日本における州間競争に関して、〕日本の会社法は他の法域の会社法によって影響を受けてきており、世界における会社法の収斂（convergence）または分岐（divergence）についてのよく知られた議論は世界中の会社法の間での競争が存在することを示唆していると指摘されている。Hideki Kanda, *Corporate Governance in Japanese Law: Recent Trends and Issues*, 11 HASTINGS BUS. L.J. 69, 84 (2015).

[26] 以下が挙げられる。Luca Enriques, 'Silence is Golden: The European Company as a Catalyst for Company Law Arbitrage' (2004) 4 JCLS 77; Luca Enriques, 'EC Company Law and the Fears of a European Delaware' (2004) 15 EBLR 1259; Tobias H. Tröger, 'Choice of Jurisdiction in European Corporate Law – Perspectives of European Corporate Governance' (2005) 6 EBOR 3; Wolf-Georg Ringe, 'The European Company Statute in the Context of Freedom of Establishment' (2007) 7 JCLS 185; Horst Eidenmüller, Andreas Engert, and Lars Hornuf, 'How Does the Market React to the Societas Europaea?' (2010) 11 EBOR 35; Wolf-Georg Ringe, 'Corporate Mobility in the European Union – A Flash in the Pan? An Empirical Study on the Success of Lawmaking and Regulatory Competition' (2013) 10 ECFR 230.

[27] 全般について、以下がみられている。Eilís Ferran, *Building an EU Securities Market* (CUP 2004); Niamh Moloney, *How to Protect Investors: Lessons from the EC and the UK* (CUP 2010). さらに以下が挙げられる。Rüdiger Veil (ed), *European Capital Markets Law* (2nd edn, Hart Publishing 2017); Niamh Moloney, EU Securities and Financial Markets Regulation (3rd edn, OUP 2016). なお、ヨーロッパにおける資本市場の形成についての概観として、以下が挙げられる。Jennifer Payne and Elizabeth Howell, 'The Creation of a European Capital Market' in Panos Koutrakos and Jukka Snell (eds), *Research Handbook on the Law of the EU's Internal Market* (Edward Elgar 2017) 241.

補論　ヨーロッパにおける規範形成とその影響──会社法と資本市場法　　519

2　発行市場における開示のエンフォースメント

(1)　概観──形成と展開

　発行市場における開示については、2003 年にいわゆる目論見書指令[28] が策定された後、翌 2004 年にいわゆる目論見書規則[29] が策定されている。2010 年に目論見書指令が改定された後[30]、2017 年にいわゆる新目論見書規則が策定されるとともに[31]、目論見書指令が原則として 2019 年 7 月 21 日を効力発生日として廃止されている[32]。

(2)　エンフォースメントの在り方

　新目論見書規則は、加盟国が、目論見書において与えられる情報、およびそれについてのあらゆる付録に対する責任が、場合に応じて、少なくとも発行者〔発行会社〕またはその運営機関、経営機関もしくは監督機関、募集人 (offeror)、規制市場における取引の許可を求める者または引受人（guarantor）に付されることを確保するものとするとしている[33]。〔続けて、〕目論見書、およびそれについてのあらゆる付録に対して責任を負う者は、それらの名前および役割によって、または法人の場合には、それらの最善の知識に照らして、当該目論見書

---

[28]　Directive 2003/71/EC of the European Parliament and of the Council of 4 November 2003 on the prospectus to be published when securities are offered to the public or admitted to trading and amending Directive 2001/34/EC [2003] OJ L345/64.

[29]　Commission Regulation (EC) No 809/2004 of 29 April 2004 implementing Directive 2003/71/EC of the European Parliament and of the Council as regards information contained in prospectuses as well as the format, incorporation by reference and publication of such prospectuses and dissemination of advertisements [2004] OJ L149/1.

[30]　Directive 2010/73/EU of the European Parliament and of the Council of 24 November 2010 amending Directives 2003/71/EC on the prospectus to be published when securities are offered to the public or admitted to trading and 2004/109/EC on the harmonisation of transparency requirements in relation to information about issuers whose securities are admitted to trading on a regulated market [2010] OJ L327/1.

[31]　Regulation (EU) 2017/1129 of the European Parliament and of the Council of 14 June 2017 on the prospectus to be published when securities are offered to the public or admitted to trading on a regulated market, and repealing Directive 2003/71/EC [2017] OJ L168/12.

[32]　ibid [2017] OJ L168/66-67, art 46(1).

[33]　ibid [2017] OJ L168/41, art 11(1).

520 補論 ヨーロッパにおける規範形成とその影響——会社法と資本市場法

に含まれる情報が事実と調和しておりかつ当該目書見書がその意味に影響を与えそうである不作為〔不開示〕をしていないというそれらによる宣言とともにそれらの名前および登録オフィスによって、当該目論見書において明確に特定されるものとするとしている[34]。

〔また、〕加盟国は、行政上の制裁を課し、かつ効果的で、比例しており制止的であるところの適切な他の行政上の手段をとる権限を所管の行政機関が有するよう〔その〕国内法と調和して規定するものとするとしている[35]。

以上には、従来の目論見書指令の立場と類似している面がある[36]。

3 流通市場における開示のエンフォースメント

(1) 概観——形成と展開

流通市場における開示については、2004年にいわゆる透明性指令[37]が策定された後、2007年にその特定の条項の履行のための詳細なルールが定められるとともに[38]、2013年に透明性指令が改正等されている[39]。

---

[34] ibid.

[35] ibid [2017] OJ L168/62, art 38(1). 加盟国は、〔これらの〕11条および38条等を遵守するために必要な手段を2019年7月21日までにとるものとするとされている。ibid [2017] OJ L168/68, art 49(3).

[36] 目論見書指令は責任の枠組みを調整しまたは調和させるよう試みることを切望しなかったとの指摘がみられる。Pierre Schammo, *EU Prospectus Law: New Perspectives on Regulatory Competition in Securities Markets* (CUP 2011) 240. 〔また、目論見書指令の下で、〕民事責任の実質的なおよび手続的な面は国内法によって定められるよう委ねられていると指摘されている。ibid.

[37] Directive 2004/109/EC of the European Parliament and of the Council of 15 December 2004 on the harmonisation of transparency requirements in relation to information about issuers whose securities are admitted to trading on a regulated market and amending Directive 2001/34/EC [2004] OJ L390/38.

[38] Commission Directive 2007/14/EC of 8 March 2007 laying down detailed rules for the implementation of certain provisions of Directive 2004/109/EC on the harmonisation of transparency requirements in relation to information about issuers whose securities are admitted to trading on a regulated market [2007] OJ L69/27.

[39] Directive 2013/50/EU of the European Parliament and of the Council of 22 October 2013 amending Directive 2004/109/EC of the European Parliament and of the Council on the harmonisation of transparency requirements in relation to information about issuers whose securities are admitted to trading on a regulated market, Directive 2003/71/EC of the European Parliament and of the Council on the prospectus to be

(2) エンフォースメントの在り方

透明性指令は、加盟国が、〔当該指令〕4 条〔年次財務報告〕、5 条〔半期財務報告〕、6 条〔中間経営声明〕および 16 条〔追加情報〕に従って作成されかつ公開されるべき情報に対する責任が、少なくともその発行者〔発行会社〕またはその運営機関、経営機関もしくは監督機関にあることを確保するものとするとし[40]、責任についてのそれらの法律、規制および行政上の条項が、当該発行者〔発行会社〕、本条において言及される機関または発行者〔発行会社〕の内部で責任を負う者に適用されることを確保するものとするとしている[41]。

2013 年に透明性指令 28 条が改正され[42]、行政上の手段および制裁について規定された[43]。同条 1 項は、加盟国は、当該指令の国内法化において採用される国内法上の条項に対する違反に適用される行政上の手段および制裁についてのルールを定めるものとするとし[44]、それらが履行されることを確保するために必要な全ての手段をとるものとするとしている[45]。〔同項は、続けて、〕それらの行政上の手段および制裁は、効果的で、比例しており制止的であるものとするとしている[46]。

---

published when securities are offered to the public or admitted to trading and Commission Directive 2007/14/EC laying down detailed rules for the implementation of certain provisions of Directive 2004/109/EC [2013] OJ L294/13.

[40] Dir 2004/109/EC [2004] OJ L390/46, art 7.

[41] ibid.

[42] Dir 2013/50/EU [2013] OJ L294/24, art 1(20).

[43] ibid.

[44] ibid.

[45] ibid.

[46] ibid.

資料

資料 1(1)　1967 年改正 DGCL145 条[1]

§ 145. Indemnification of officers, directors, employees and agents; insurance

(a) A corporation shall have power to indemnify any person who was or is a party or is threatened to be made a party to any threatened, pending or completed action, suit or proceeding, whether civil, criminal, administrative or investigative (other than an action by or in the right of the corporation) by reason of the fact that *he* is or was *a* director, officer, employee or agent of the corporation, or is or was serving at the request of the corporation as a director, officer, employee or agent of another corporation, partnership, joint venture, []trust or other enterprise, against expenses (including attorneys' fees), judgments, fines and amounts paid in settlement actually and reasonably incurred by him in connection with such action, suit or proceeding if he acted in good faith and in a manner he reasonably believed to be in or not opposed to the best interests of the corporation, and, with respect to any criminal action or proceeding, had no reasonable cause to believe his conduct was unlawful. The termination of any action, suit or proceeding by judgment, order, settlement, conviction, or upon a plea of *nolo contendere* or its equivalent, shall not, of itself, create a presumption that the person did not act in good faith and in a manner which he reasonably believed to be in or not opposed to the best interests of the corporation, and, with respect to any criminal action or proceeding, had reasonable cause to believe that his conduct was unlawful.

(b) A corporation shall have power to indemnify any person who was or is a party or is threatened to be made a party to any threatened, pending or completed action or suit by or in the right of the corporation to procure a judgment in its favor by reason of the fact that he is or was a director, officer, employee or agent of the corporation, or is or was serving at the request of the corporation as a director, officer, employee or agent of another corporation, partnership, joint venture, trust or other enterprise against expenses

---

[1]　56 Del. Laws ch. 50 (1967). デラウェア州ウェブサイト
（http://delcode.delaware.gov/sessionlaws/ga124/chp050.shtml）参照。

(including attorneys' fees) actually and reasonably incurred by him in connection with the defense or settlement of such action or suit if he acted in good faith and in a manner he reasonably believed to be in or not opposed to the best interests of the corporation and except that no indemnification shall be made in respect of any claim, issue or matter as to which such person shall have been adjudged to be liable for negligence or misconduct in the performance of his duty to the corporation unless and only to the extent that the Court of Chancery or the court in which such action or suit was brought shall determine upon application that, despite the adjudication of liability but in view of all the circumstances of the case, such person is fairly and reasonably entitled to indemnity for such expenses which the Court of Chancery or such other court shall deem proper.

(c) To the extent that a director, officer, employee or agent of a corporation has been successful on the merits or otherwise in defense of any action, suit or proceeding referred to in subsections (a) and (b), or in defense of any claim, issue or matter therein, he shall be indemnified against expenses (including attorneys' fees) actually and reasonably incurred by him in connection therewith.

(d) Any indemnification under subsections (a) and (b) (unless ordered by a court) shall be made by the corporation only as authorized in the specific case upon a determination that indemnification of the director, officer, employee or agent is proper in the circumstances because he has met the applicable standard of conduct set forth in subsections (a) and (b). Such determination shall be made (1) by the []board of directors by a majority vote of a quorum consisting of directors who were not parties to such action, suit or proceeding, or (2) if such a quorum is not obtainable, or, even if obtainable a quorum of disinterested directors *so* directs, by independent legal counsel in a written opinion, or (3) by the stockholders.

(e) Expenses incurred in defending a civil or criminal action, suit or proceeding may be paid by the corporation in advance of the final disposition of such action, suit or proceeding as authorized by the board of directors in the manner provided in subsection (d) upon receipt of an undertaking by or on behalf of the director, officer, employee or agent to repay such amount unless it shall ultimately be determined that he is entitled to be indemnified by the corporation as authorized in this section.

(f) The indemnification provided by this section shall not be deemed exclusive of any other rights to which those indemnified may be entitled under any by-law, agreement, vote of stockholders or disinterested directors or otherwise, both as to action in his official capacity and as to action in another capacity while holding such office, and shall continue as to a person who has ceased to be a director, officer, employee or agent and shall inure to the benefit of the heirs, executors and administrators of such a person.

(g) A corporation shall have power to purchase and maintain insurance on behalf of any person who is or was a director, officer, employee or agent of the corporation, or is or was serving at the request of the corporation as a director, officer, employee or agent of another corporation, partnership, joint venture, trust or other enterprise against any liability asserted against him and incurred by him in any such capacity, or arising out of his status as such, whether or not the corporation would have the power to indemnify him against such liability under the provisions of this section.

526　資　　料

資料 1(2)　1967 年改正 DGCL145 条（和訳）[2]

第 145 条。　執行役員、取締役、従業員及び代理人〔へ〕の補償と〔これらへの〕
保険

　（a 項）会社は、民事上の、刑事上の、行政上の又は調査（会社による又は会
社の権利における〔コモン・ロー上の〕訴訟〔action〕を除く）に関するもので
あれ、訴訟を提起されるおそれがある、係属中の又は終結したあらゆる〔コモ
ン・ロー上の〕訴訟、〔エクイティ上の〕訴訟（suit）又は訴訟手続（proceeding）
における過去若しくは現在の当事者又は現在当事者となるおそれがある者に対
して、その者（he）が現在若しくは過去に会社のある（a）取締役、執行役員、
従業員若しくは代理人であるか、又は現在若しくは過去に会社の求めに応じて
他の会社、パートナーシップ、ジョイント・ベンチャー、信託若しくはその他
の事業形態の取締役、執行役員、従業員若しくは代理人として務めているとい
う事実に基づいて〔それが生じて〕いる場合において、その者が誠実に（in good
faith）かつ会社の最善の利益になるか又はこれに反しないと合理的に信じると
ころに従って行為し、かつ、あらゆる刑事訴訟又は刑事手続に関してその者の
行為が違法であると信じる合理的な理由（cause）がないときは、当該〔コモン・
ロー上の〕訴訟、〔エクイティ上の〕訴訟又は訴訟手続との関係でその者によっ
て実際にかつ合理的に負担された費用（弁護士費用を含む）、判決額、罰金又は
和解金について、何人に対しても補償する権限を有するものとする。判決、命
令、和解、有罪判決、又は不抗争の答弁（plea of *nolo contendere*）若しくはこれ
と同等の事由による〔コモン・ロー上の〕訴訟、〔エクイティ上の〕訴訟又は訴
訟手続の終了は、それ自体として、その者が誠実にかつその者が会社の最善の
利益になるか又はこれに反しないと合理的に信じるところに従って行為しなか
ったという推定をもたらさないものとし、かつ、あらゆる刑事訴訟又は刑事手

---

[2]　以下の仮訳および後掲資料 2(2)における「不抗争の答弁」（plea of nolo contendere）とは、刑事
訴訟における公訴事実を争わない旨の被告人の答弁（pleading）であり、この答弁が裁判所によ
って受理されると、犯罪事実について審理を行うことなく有罪とみなされ、直ちに量刑手続に入
ることになるとされている（田中編集代表・前掲第 2 章注 126）643 頁）。

続に関してその者の行為が違法であると信じる合理的な理由があったという推定をもたらさないものとする。

（b 項）会社は、会社による又は会社の権利におけるその有利になるよう判決を得るための、訴訟を提起されるおそれがある、係属中の又は終結したあらゆる〔コモン・ロー上の〕訴訟又は〔エクイティ上の〕訴訟において過去若しくは現在の当事者又は現在当事者となるおそれがある何人に対しても、その者が現在若しくは過去に会社の取締役、執行役員、従業員若しくは代理人であるか、又は現在若しくは過去に会社の求めに応じて他の会社、パートナーシップ、ジョイント・ベンチャー、信託若しくはその他の事業形態の取締役、執行役員、従業員若しくは代理人として務めているという事実に基づいて〔それが生じて〕いる場合において、当該〔コモン・ロー上の〕訴訟又は〔エクイティ上の〕訴訟の防御又は和解との関係でその者によって実際にかつ合理的に負担された費用（弁護士費用を含む）について、その者が誠実にかつ会社の最善の利益になるか又はこれに反しないと合理的に信じるところに従って行為したときは、補償する権限を有するものとする。ただし、当該〔コモン・ロー上の〕訴訟又は〔エクイティ上の〕訴訟が提起されたところの衡平法裁判所その他の裁判所が、責任があるとの判決にもかかわらず当該事案の全ての状況を考慮し衡平法裁判所その他の裁判所が適切であると考えるところの当該費用についてその者が補償を受ける資格を公平にかつ合理的に有すると申立てに基づいて決定する場合をこの限りで除き、その者が会社に対する義務の履行における過失又は違法行為により責任があるとの判決が出されるべきところのあらゆる請求（claim）、争点（issue）又は事実（matter）に関して補償はされないものとする。

（c 項）会社の取締役、執行役員、従業員又は代理人が、〔本条〕a 項及び b 項において規定されたあらゆる〔コモン・ロー上の〕訴訟、〔エクイティ上の〕訴訟若しくは訴訟手続の防御、又はそれらに関するあらゆる請求、争点若しくは事実の防御において、本案（merits）その他において勝訴（successful）した程度まで、これとの関係でその者によって実際にかつ合理的に負担された費用（弁護士費用を含む）について、その者は補償されるものとする。

528 資　料

　(d 項)（裁判所が命令する場合を除き）〔本条〕a 項及び b 項に基づくあらゆる補償は、取締役、執行役員、従業員又は代理人に補償することが、〔本条〕a 項及び b 項において示された適用される行為規準（standard of conduct）をその者が満たすがゆえにその状況において適切であるという決定に基づいてその特定の事案において認められるものとしてのみ、会社によってされるものとする。当該決定は、(1) 当該〔コモン・ロー上の〕訴訟、〔エクイティ上の〕訴訟又は訴訟手続の当事者でない取締役から構成される定足数（quorum）の過半数投票（majority vote）で取締役会によって、又は(2) 仮に当該定足数に満たない場合、若しくは、仮に定足数を満たす場合であっても定足数の利害関係のない取締役がそのように（so）指示した場合には、独立した法律顧問（independent legal counsel）による意見書によって、又は(3) 株主によって、されるものとする。

　（e 項）民事上の又は刑事上の〔コモン・ロー上の〕訴訟、〔エクイティ上の〕訴訟又は訴訟手続の防御において負担された費用は、本条が認めるように会社によって補償される資格をその者が有すると最終的に決定されない限り当該金額を返金するという取締役、執行役員、従業員又は代理人による又はこれらの者のための約束（undertaking）の受領に基づいて、当該〔コモン・ロー上の〕訴訟、〔エクイティ上の〕訴訟又は訴訟手続の最終的な終結前に、〔本条〕d 項が規定するところに従って取締役会による承認の通りに会社が支払うことができる。

　（f 項）本条によって規定される補償は、補償を受ける者が、その者の公的な能力（capacity）における〔コモン・ロー上の〕訴訟及び当該職務を有している間の他の能力における〔コモン・ロー上の〕訴訟の両方に関し、あらゆる附属定款、合意（agreement）、株主若しくは利害関係のない取締役の投票又はその他に基づいて資格を有し得るところのあらゆる他の権利を排除するものと考えられないものとし、取締役、執行役員、従業員又は代理人を辞任した者について存続するものとし、その者の相続人、遺言執行者及び管財人の利益に対して効力を有するものとする。

　（g 項）会社は、現在若しくは過去に会社の取締役、執行役員、従業員若しくは代理人であるか、又は現在若しくは過去に会社の求めに応じて他の会社、パ

資　料　529

ートナーシップ、ジョイント・ベンチャー、信託若しくはその他の事業形態の
取締役、執行役員、従業員若しくは代理人として務めている何人のためにも、
本条の規定に基づいて当該責任に対して会社がその者に補償する権限を有する
であろうかどうかにかかわらず、その者に対して主張された及びあらゆる当該
能力においてその者によって負担された、又はその者の当該地位から生じてい
るあらゆる責任について、保険を購入し保有する（purchase and maintain）権限
を有するものとする。

530 資 料

資料 2(1) 現在の DGCL145 条[3]

§ 145. Indemnification of officers, directors, employees and agents; insurance

(a) A corporation shall have power to indemnify any person who was or is a party or is threatened to be made a party to any threatened, pending or completed action, suit or proceeding, whether civil, criminal, administrative or investigative (other than an action by or in the right of the corporation) by reason of the fact that the person is or was a director, officer, employee or agent of the corporation, or is or was serving at the request of the corporation as a director, officer, employee or agent of another corporation, partnership, joint venture, trust or other enterprise, against expenses (including attorneys' fees), judgments, fines and amounts paid in settlement actually and reasonably incurred by the person in connection with such action, suit or proceeding if the person acted in good faith and in a manner the person reasonably believed to be in or not opposed to the best interests of the corporation, and, with respect to any criminal action or proceeding, had no reasonable cause to believe the person's conduct was unlawful. The termination of any action, suit or proceeding by judgment, order, settlement, conviction, or upon a plea of nolo contendere or its equivalent, shall not, of itself, create a presumption that the person did not act in good faith and in a manner which the person reasonably believed to be in or not opposed to the best interests of the corporation, and, with respect to any criminal action or proceeding, had reasonable cause to believe that the person's conduct was unlawful.

(b) A corporation shall have power to indemnify any person who was or is a party or is threatened to be made a party to any threatened, pending or completed action or suit by or in the right of the corporation to procure a judgment in its favor by reason of the fact that the person is or was a director, officer, employee or agent of the corporation, or is or was serving at the request of the corporation as a director, officer, employee or agent of another corporation, partnership, joint venture, trust or other enterprise against expenses (including attorneys' fees) actually and reasonably incurred by the person in connection

---

[3] DEL. CODE. ANN. tit. 8, § 145 (2018).

with the defense or settlement of such action or suit if the person acted in good faith and in a manner the person reasonably believed to be in or not opposed to the best interests of the corporation and except that no indemnification shall be made in respect of any claim, issue or matter as to which such person shall have been adjudged to be liable to the corporation unless and only to the extent that the Court of Chancery or the court in which such action or suit was brought shall determine upon application that, despite the adjudication of liability but in view of all the circumstances of the case, such person is fairly and reasonably entitled to indemnity for such expenses which the Court of Chancery or such other court shall deem proper.

(c) To the extent that a present or former director or officer of a corporation has been successful on the merits or otherwise in defense of any action, suit or proceeding referred to in subsections (a) and (b) of this section, or in defense of any claim, issue or matter therein, such person shall be indemnified against expenses (including attorneys' fees) actually and reasonably incurred by such person in connection therewith.

(d) Any indemnification under subsections (a) and (b) of this section (unless ordered by a court) shall be made by the corporation only as authorized in the specific case upon a determination that indemnification of the present or former director, officer, employee or agent is proper in the circumstances because the person has met the applicable standard of conduct set forth in subsections (a) and (b) of this section. Such determination shall be made, with respect to a person who is a director or officer of the corporation at the time of such determination:

(1) By a majority vote of the directors who are not parties to such action, suit or proceeding, even though less than a quorum; or

(2) By a committee of such directors designated by majority vote of such directors, even though less than a quorum; or

(3) If there are no such directors, or if such directors so direct, by independent legal counsel in a written opinion; or

(4) By the stockholders.

(e) Expenses (including attorneys' fees) incurred by an officer or director of the corporation in defending any civil, criminal, administrative or investigative action, suit or proceeding may be paid by the corporation in advance of the final disposition of such action, suit or proceeding upon receipt of an undertaking by or on behalf of such director or officer to repay such amount if it shall ultimately be determined that such person is not entitled to be indemnified by the corporation as authorized in this section. Such expenses (including attorneys' fees) incurred by former directors and officers or other employees and agents of the corporation or by persons serving at the request of the corporation as directors, officers, employees or agents of another corporation, partnership, joint venture, trust or other enterprise may be so paid upon such terms and conditions, if any, as the corporation deems appropriate.

(f) The indemnification and advancement of expenses provided by, or granted pursuant to, the other subsections of this section shall not be deemed exclusive of any other rights to which those seeking indemnification or advancement of expenses may be entitled under any bylaw, agreement, vote of stockholders or disinterested directors or otherwise, both as to action in such person's official capacity and as to action in another capacity while holding such office. A right to indemnification or to advancement of expenses arising under a provision of the certificate of incorporation or a bylaw shall not be eliminated or impaired by an amendment to the certificate of incorporation or the bylaws after the occurrence of the act or omission that is the subject of the civil, criminal, administrative or investigative action, suit or proceeding for which indemnification or advancement of expenses is sought, unless the provision in effect at the time of such act or omission explicitly authorizes such elimination or impairment after such action or omission has occurred.

(g) A corporation shall have power to purchase and maintain insurance on behalf of any person who is or was a director, officer, employee or agent of the corporation, or is or was serving at the request of the corporation as a director, officer, employee or agent of another corporation, partnership, joint venture, trust or other enterprise against any liability asserted against such person and incurred by such person in any such capacity, or arising out of such person's status as such, whether or not the corporation would have the power to indemnify such person against such liability under this section.

(h) For purposes of this section, references to "the corporation" shall include, in addition to the resulting corporation, any constituent corporation (including any constituent of a constituent) absorbed in a consolidation or merger which, if its separate existence had continued, would have had power and authority to indemnify its directors, officers, and employees or agents, so that any person who is or was a director, officer, employee or agent of such constituent corporation, or is or was serving at the request of such constituent corporation as a director, officer, employee or agent of another corporation, partnership, joint venture, trust or other enterprise, shall stand in the same position under this section with respect to the resulting or surviving corporation as such person would have with respect to such constituent corporation if its separate existence had continued.

(i) For purposes of this section, references to "other enterprises" shall include employee benefit plans; references to "fines" shall include any excise taxes assessed on a person with respect to any employee benefit plan; and references to "serving at the request of the corporation" shall include any service as a director, officer, employee or agent of the corporation which imposes duties on, or involves services by, such director, officer, employee or agent with respect to an employee benefit plan, its participants or beneficiaries; and a person who acted in good faith and in a manner such person reasonably believed to be in the interest of the participants and beneficiaries of an employee benefit plan shall be deemed to have acted in a manner "not opposed to the best interests of the corporation" as referred to in this section.

(j) The indemnification and advancement of expenses provided by, or granted pursuant to, this section shall, unless otherwise provided when authorized or ratified, continue as to a person who has ceased to be a director, officer, employee or agent and shall inure to the benefit of the heirs, executors and administrators of such a person.

(k) The Court of Chancery is hereby vested with exclusive jurisdiction to hear and determine all actions for advancement of expenses or indemnification brought under this section or under any bylaw, agreement, vote of stockholders or disinterested directors, or

534　資　　料

otherwise. The Court of Chancery may summarily determine a corporation's obligation to advance expenses (including attorneys' fees).

資　料　535

資料2(2)　現在の DGCL145 条（和訳）

第 145 条。　執行役員、取締役、従業員及び代理人〔へ〕の補償と〔これらへの〕保険

　(a 項) 会社は、民事上の、刑事上の、行政上の又は調査（会社による又は会社の権利における〔コモン・ロー上の〕訴訟〔action〕を除く）に関するものであれ、訴訟を提起されるおそれがある、係属中の又は終結したあらゆる〔コモン・ロー上の〕訴訟、〔エクイティ上の〕訴訟 (suit) 又は訴訟手続 (proceeding) における過去若しくは現在の当事者又は現在当事者となるおそれがある者に対して、その者 (the person) が現在若しくは過去に会社の取締役、執行役員、従業員若しくは代理人であるか、又は現在若しくは過去に会社の求めに応じて他の会社、パートナーシップ、ジョイント・ベンチャー、信託若しくはその他の事業形態の取締役、執行役員、従業員若しくは代理人として務めているという事実に基づいて〔それが生じて〕いる場合において、その者が誠実に (in good faith) かつ会社の最善の利益になるか又はこれに反しないと合理的に信じるところに従って行為し、かつ、あらゆる刑事訴訟又は刑事手続に関してその者の行為が違法であると信じる合理的な理由 (cause) がないときは、当該〔コモン・ロー上の〕訴訟、〔エクイティ上の〕訴訟又は訴訟手続との関係でその者によって実際にかつ合理的に負担された費用（弁護士費用を含む）、判決額、罰金又は和解金について、何人に対しても補償する権限を有するものとする。判決、命令、和解、有罪判決、又は不抗争の答弁 (plea of nolo contendere) 若しくはこれと同等の事由による〔コモン・ロー上の〕訴訟、〔エクイティ上の〕訴訟又は訴訟手続の終了は、それ自体として、その者が誠実にかつその者が会社の最善の利益になるか又はこれに反しないと合理的に信じるところに従って行為しなかったという推定をもたらさないものとし、かつ、あらゆる刑事訴訟又は刑事手続に関してその者の行為が違法であると信じる合理的な理由があったという推定をもたらさないものとする。

　(b 項) 会社は、会社による又は会社の権利におけるその有利になるよう判決を得るための、訴訟を提起されるおそれがある、係属中の又は終結したあらゆる〔コモン・ロー上の〕訴訟又は〔エクイティ上の〕訴訟において過去若しく

は現在の当事者又は現在当事者となるおそれがある何人に対しても、その者が現在若しくは過去に会社の取締役、執行役員、従業員若しくは代理人であるか、又は現在若しくは過去に会社の求めに応じて他の会社、パートナーシップ、ジョイント・ベンチャー、信託若しくはその他の事業形態の取締役、執行役員、従業員若しくは代理人として務めているという事実に基づいて〔それが生じて〕いる場合において、当該〔コモン・ロー上の〕訴訟又は〔エクイティ上の〕訴訟の防御又は和解との関係でその者によって実際にかつ合理的に負担された費用（弁護士費用を含む）について、その者が誠実にかつ会社の最善の利益になるか又はこれに反しないと合理的に信じるところに従って行為したときは、補償する権限を有するものとする。ただし、当該〔コモン・ロー上の〕訴訟又は〔エクイティ上の〕訴訟が提起されたところの衡平法裁判所その他の裁判所が、責任があるとの判決にもかかわらず当該事案の全ての状況を考慮し衡平法裁判所その他の裁判所が適切であると考えるところの当該費用についてその者が補償を受ける資格を公平にかつ合理的に有すると申立てに基づいて決定する場合をこの限りで除き、その者が会社に対する責任があるとの判決が出されるべきところのあらゆる請求（claim）、争点（issue）又は事実（matter）に関して補償はされないものとする。

　(c項) 会社の現在又は過去の取締役又は執行役員が、本条a項及びb項において規定されたあらゆる〔コモン・ロー上の〕訴訟、〔エクイティ上の〕訴訟若しくは訴訟手続の防御、又はそれらに関するあらゆる請求、争点若しくは事実の防御において、本案（merits）その他において勝訴（successful）した程度まで、これとの関係でその者によって実際にかつ合理的に負担された費用（弁護士費用を含む）について、その者は補償されるものとする。

　(d項) （裁判所が命令する場合を除き）本条a項及びb項に基づくあらゆる補償は、現在又は過去の取締役、執行役員、従業員又は代理人に補償することが、本条a項及びb項において示された適用される行為規準（standard of conduct）をその者が満たすがゆえにその状況において適切であるという決定に基づいてその特定の事案において認められるものとしてのみ、会社によってされるもの

とする。当該決定は、当該決定の時に会社の取締役又は執行役員である者について、

(1) 仮に定足数（quorum）に満たない場合であっても、当該〔コモン・ロー上の〕訴訟、〔エクイティ上の〕訴訟又は訴訟手続の当事者でない取締役の過半数投票（majority vote）によって、又は

(2) 仮に定足数に満たない場合であっても、当該〔〔コモン・ロー上の〕訴訟、〔エクイティ上の〕訴訟又は訴訟手続の当事者でない〕取締役の過半数投票によって指名された当該〔〔コモン・ロー上の〕訴訟、〔エクイティ上の〕訴訟又は訴訟手続の当事者でない〕取締役からなる委員会によって、又は

(3) 仮に当該〔〔コモン・ロー上の〕訴訟、〔エクイティ上の〕訴訟又は訴訟手続の当事者でない〕取締役がいない場合、又は当該〔〔コモン・ロー上の〕訴訟、〔エクイティ上の〕訴訟又は訴訟手続の当事者でない〕取締役が指示する場合における、独立した法律顧問（independent legal counsel）による意見書によって、又は

(4) 株主によって、
されるものとする。

(e項) あらゆる民事上の、刑事上の、行政上の又は調査に関する〔コモン・ロー上の〕訴訟、〔エクイティ上の〕訴訟又は訴訟手続の防御において会社の執行役員又は取締役によって負担された費用（弁護士費用を含む）は、仮に本条が認めるように会社によって補償される資格をその者が有しないと最終的に決定されるならば当該金額を返金するという当該取締役若しくは執行役員による又はこれらの者のための約束（undertaking）の受領に基づいて、当該〔コモン・ロー上の〕訴訟、〔エクイティ上の〕訴訟又は訴訟手続の最終的な終結前に、会社が支払うことができる。会社の元取締役及び元執行役員若しくはその他の従業員及び代理人によって又は会社の求めに応じて他の会社、パートナーシップ、ジョイント・ベンチャー、信託若しくはその他の事業形態の取締役、執行役員、従業員若しくは代理人として務めている者によって負担された費用（弁護士費用を含む）は、仮にある場合には当該契約条件に基づいて、適切であると会社が考えるとおりに、支払うことができる。

538 資 料

(**f 項**) 本条の他の項によって規定され、又はそれにより与えられる補償及び費用の前払は、補償又は費用の前払を求める者が、その者の公的な能力（capacity）における〔コモン・ロー上の〕訴訟及び当該職務を有している間の他の能力における〔コモン・ロー上の〕訴訟の両方に関し、あらゆる附属定款、合意（agreement）、株主若しくは利害関係のない取締役の投票又はその他に基づいて資格を有し得るところのあらゆる他の権利を排除するものと考えられないものとする。設立定款又は附属定款の規定により生じる補償又は費用の前払を受ける権利は、そのために補償又は費用の前払が求められているところの民事上の、刑事上の、行政上の又は調査に関する〔コモン・ロー上の〕訴訟、〔エクイティ上の〕訴訟又は訴訟手続の対象であるところの作為又は不作為の発生後に、当該作為又は不作為の時に有効な規定が当該作為又は不作為が生じた後の当該除外又は侵害を明示的に認めている場合を除き、設立定款又は附属定款の修正によって除外され（eliminated）又は侵害され（impaired）ないものとする。

(**g 項**) 会社は、現在若しくは過去に会社の取締役、執行役員、従業員若しくは代理人であるか、又は現在若しくは過去に会社の求めに応じて他の会社、パートナーシップ、ジョイント・ベンチャー、信託若しくはその他の事業形態の取締役、執行役員、従業員若しくは代理人として務めている何人のためにも、本条に基づいて当該責任に対して会社がその者に補償する権限を有するであろうかどうかにかかわらず、その者に対して主張された及びあらゆる当該能力においてその者によって負担された、又はその者の当該地位から生じているあらゆる責任について、保険を購入し保有する（purchase and maintain）権限を有するものとする。

(**h 項**) 本条の目的のため、「会社」は、現在若しくは過去に当該合併当事会社（constituent corporation）の取締役、執行役員、従業員若しくは代理人であるか、又は現在若しくは過去に当該合併当事会社の求めに応じて他の会社、パートナーシップ、ジョイント・ベンチャー、信託若しくはその他の事業形態の取締役、執行役員、従業員若しくは代理人として務めている何人も、仮にその分離した存在（separate existence）が存続していたならば当該合併当事会社においてその者が有していたであろうところと同じ地位に本条に基づいて新設会社（resulting

資　料　539

corporation）又は存続会社（surviving corporation）において立つものとするため、新設会社に加え、仮にその分離した存在が存続していたならばその取締役、執行役員、及び従業員又は代理人に補償する権限と権原（power and authority）を有していたであろうところの新設合併（consolidation）又は吸収合併（merger）において吸収されたあらゆる合併当事会社（当事会社〔a constituent〕の関連会社〔any constituent〕を含む）を含むものとする。

（i 項）本条の目的のため、「その他の事業形態」は、従業員給付制度（employee benefit plans）を含むものとし、「罰金」は、あらゆる従業員給付制度との関係である者について評価されるあらゆるペナルティ税（excise taxes）を含むものとし、「会社の求めに応じて務めている」は、従業員給付制度、その参加者又は受益者について、当該取締役、執行役員、従業員若しくは代理人に義務を課すところの、又はそれによる務め（services）を含むところの会社の取締役、執行役員、従業員又は代理人としてのあらゆる務めを含むものとし、誠実にかつ従業員給付制度の参加者及び受益者の利益になるとその者が合理的に信じるところに従って行為した者は、本条において規定する「会社の最善の利益に反しない」形で行為したとみなすものとする。

（j 項）本条によって規定され、又はこれにより与えられる補償及び費用の前払は、承認され又は追認された時における別段の定めのない限り、取締役、執行役員、従業員又は代理人を辞任した者について存続するものとし、かつその者の相続人、遺言執行者及び管財人の利益に対して効力を有するものとする。

（k 項）衡平法裁判所は、ここに、本条に基づいて又はあらゆる附属定款、合意、株主若しくは利害関係のない取締役の投票、又はその他に基づいて提起されるところの費用の前払又は補償を求める全ての〔コモン・ロー上の〕訴訟を審理し決定する排他的な管轄を与えられる。衡平法裁判所は、費用（弁護士費用を含む）を前払いする会社の義務を略式で決定することができる。

判例索引

（日本法）[1]

最判昭和 31・10・5 集民 23 号 409 頁‥‥‥‥‥‥‥‥‥‥‥‥‥‥‥‥‥‥注 333)
神戸地姫路支決昭和 41・4・11 下民集 17 巻 3=4 号 222 頁‥‥‥‥‥‥‥‥注 176)
最判昭和 45・6・24 民集 24 巻 6 号 625 頁‥‥‥‥‥‥‥‥‥‥序注 15)、第 5 章注 87) 以下
最判昭和 48・5・22 民集 27 巻 5 号 655 頁‥‥‥‥‥‥‥‥‥‥注 124)、注 169)
最判昭和 55・3・18 集民 129 号 331 頁‥‥‥‥‥‥‥‥‥‥‥‥‥‥‥‥注 169)
福岡高判昭和 55・10・8 高民集 33 巻 4 号 341 頁‥‥‥‥‥‥‥‥‥‥‥注 129)
最判昭和 60・3・26 集民 144 号 247 頁‥‥‥‥‥‥‥‥‥‥‥‥‥‥‥‥注 333)
最判平成 5・9・9 民集 47 巻 7 号 4814 頁‥‥‥‥‥‥‥‥‥‥‥‥‥‥‥注 129)
神戸地裁尼崎支判平成 7・11・17 判時 1563 号 140 頁‥‥‥‥‥‥‥‥注 135) 以下
東京地判平成 8・6・20 判時 1572 号 27 頁‥‥‥‥‥‥‥‥‥‥‥‥‥注 185) 以下
大阪高判平成 10・1・20 判タ 981 号 238 頁‥‥‥‥‥‥‥‥‥‥‥‥注 135) 以下
大阪地判平成 12・9・20 判時 1721 号 3 頁‥‥‥‥‥‥‥‥‥‥‥‥‥注 190) 以下
最判平成 12・10・20 民集 54 巻 8 号 2619 頁‥‥‥‥‥‥‥‥‥‥‥注 135) 以下
東京地判平成 13・7・26 判時 1778 号 138 頁‥‥‥‥‥‥‥‥‥‥‥注 197) 以下
東京高判平成 14・4・25 判時 1791 号 148 頁‥‥‥‥‥‥‥‥‥‥‥注 197) 以下
東京地判平成 16・5・20 判時 1871 号 125 頁‥‥‥‥‥‥‥‥‥‥‥‥‥注 202)
東京地判平成 16・9・28 判時 1886 号 111 頁‥‥‥‥‥‥‥‥‥‥‥‥‥注 129)
東京地判平成 16・12・16 判時 1888 号 3 頁‥‥‥‥‥‥‥‥‥‥‥‥‥‥注 129)
東京地判平成 17・2・10 判時 1887 号 135 頁‥‥‥‥‥‥‥‥‥‥‥‥‥注 202)
大阪高判平成 18・6・9 判時 1979 号 115 頁‥‥‥‥‥‥‥‥注 142) 以下、注 176)
大阪高判平成 19・3・15 判タ 1239 号 294 頁‥‥‥‥‥‥‥‥‥‥‥‥‥注 142)
東京地判平成 19・11・26 判時 1998 号 141 頁‥‥‥‥‥‥‥‥‥‥‥‥注 203)
東京地判平成 19・11・28 判タ 1283 号 303 頁‥‥‥‥‥‥‥‥‥‥‥‥注 250)
東京地判平成 19・12・4 金判 1304 号 33 頁‥‥‥‥‥‥‥‥‥‥‥‥‥‥注 130)
最決平成 20・2・12 平 18 (オ) 1487 号～1489 号・平 18 (受) 1720 号～1723 号 LEX/DB28141097、
　　LEX/DB28141098、LEX/DB28141099、LEX/DB28141100‥‥‥‥‥‥‥‥注 142)
大分地判平成 20・3・3 金判 1290 号 53 頁‥‥‥‥‥‥‥‥‥‥‥‥‥‥‥注 250)

---

[1] 以下、日本法についての「注」は、特に断りのない限り、第 1 章におけるそれである。以下に掲げるもののほか、西武鉄道各事件における各判決については、前掲第 1 章注 249) 参照。

判例索引　541

東京高判平成 20・5・21 判タ 1281 号 274 頁‥‥‥‥‥‥‥‥‥‥‥‥‥‥‥注 129)

東京高判 20・6・19 金判 1321 号 42 頁‥‥‥‥‥‥‥‥‥‥‥‥‥‥‥‥‥‥‥注 203)

東京高判平成 20・10・29 金判 1304 号 28 頁‥‥‥‥‥‥‥‥‥‥‥‥‥注 130) 以下

最判平成 21・3・10 民集 63 巻 3 号 361 頁‥‥‥‥‥‥‥‥‥‥‥‥‥‥‥‥注 116)

東京地判平成 21・5・21 判時 2047 号 36 頁‥‥‥‥‥‥‥‥‥‥‥‥‥注 251) 以下

最判平成 21・7・9 集民 231 号 241 頁‥‥‥‥‥‥‥‥‥‥‥‥‥‥‥‥注 203) 以下

東京地判平成 21・10・22 判時 2064 号 139 頁‥‥‥‥‥‥‥‥‥‥‥‥‥‥注 206)

東京地判平成 22・3・9 判時 2083 号 86 頁‥‥‥‥‥‥‥‥‥‥‥‥‥‥‥注 256)

最判平成 22・7・15 集民 234 号 225 頁‥‥‥‥‥‥‥‥‥‥‥‥‥‥‥注 130) 以下

東京高判平成 22・11・24 判時 2103 号 24 頁‥‥‥‥‥‥‥‥‥‥‥‥‥‥‥注 256)

最決平成 22・12・3 平 20（オ）1188 号・平 20（受）1440 号 LEX/DB25470403‥‥‥‥注 129)

名古屋地判平成 23・11・24 金判 1418 号 54 頁‥‥‥‥‥‥‥‥‥‥‥‥注 147) 以下

東京高判平成 23・11・30 判時 2152 号 116 頁‥‥‥‥‥‥‥‥‥‥‥‥注 251) 以下

福岡高判平成 24・4・10 判タ 1383 号 335 頁‥‥‥‥‥‥‥‥‥‥‥‥‥‥‥注 147)

東京地判平成 24・6・22 金判 1397 号 30 頁‥‥‥‥‥‥‥‥‥‥‥‥‥注 256) 以下

最判平成 24・12・21 集民 242 号 91 頁‥‥‥‥‥‥‥‥‥‥‥‥‥‥‥‥‥注 256)

大阪地判平成 25・1・25 判時 2186 号 93 頁‥‥‥‥‥‥‥‥‥‥‥‥‥‥‥注 134)

東京地判平成 25・2・22 判タ 1406 号 306 頁‥‥‥‥‥‥‥‥‥‥‥‥注 260) 以下

東京地判平成 25・2・28 金判 1416 号 38 頁‥‥‥‥‥‥‥‥‥‥‥‥‥‥‥注 134)

名古屋高判平成 25・3・28 金判 1418 号 38 頁‥‥‥‥‥‥‥‥‥‥‥‥注 147) 以下

大阪地判平成 25・12・26 判時 2220 号 109 頁‥‥‥‥‥‥‥‥‥‥‥‥注 170) 以下

東京高判平成 26・1・21 平 25（ネ）2121 号 Westlaw2014WLJPCA01216004‥‥‥‥‥注 134)

神戸地判平成 26・10・16 判時 2245 号 98 頁‥‥‥‥‥‥‥‥‥‥‥‥注 152) 以下

大阪高判平成 27・5・21 判時 2279 号 96 頁‥‥‥‥‥‥‥‥‥‥‥‥‥注 170) 以下

大阪高判平成 27・10・29 判時 2285 号 117 頁‥‥‥‥‥‥‥‥‥‥‥‥注 152) 以下

最決平成 28・2・25 平 27（受）1529 号 Westlaw2016WLJPCA02256005‥‥‥‥‥注 170)

東京地判平成 28・7・14 判時 2351 号 69 頁‥‥‥‥‥‥‥‥‥‥‥‥‥注 178) 以下

東京高判平成 28・7・20 金判 1504 号 28 頁‥‥‥‥‥‥‥‥‥‥‥‥‥‥‥注 134)

東京地判平成 28・7・28 金判 1506 号 44 頁‥‥‥‥‥‥‥‥‥‥‥‥‥注 160) 以下

東京高判平成 28・12・7 金判 1510 号 47 頁‥‥‥‥‥‥‥‥‥‥‥‥‥注 160) 以下

東京地判平成 28・12・20 判タ 1442 号 136 頁‥‥‥‥‥‥‥‥‥‥‥‥注 262) 以下

東京高判平成 30・3・23 平 29（ネ）1110 号 Westlaw2018WLJPCA03236003‥‥‥‥‥‥注 263)

542　判例索引

（アメリカ法——連邦裁判所）[2]

Briggs v. Spaulding, 141 U.S. 132 (1891)···注 275) 以下、注 381)

Barnes v. Andrews, 298 F. 614 (S.D.N.Y. 1924)···注 372)

Social Sec. Bd. v. Warren, 142 F.2d 974 (8th Cir. 1944)··注 95)

Mooney v. Willys-Overland Motors, Inc., 106 F. Supp. 253 (D. Del. 1952), *aff'd*, 204 F.2d 888 (3d Cir. 1953)··注 610) 以下

Escott v. BarChris Constr. Corp., 283 F. Supp. 643 (S.D.N.Y. 1968)·························注 487) 以下

Feit v. Leasco Data Processing Equip. Corp., 332 F. Supp. 544 (E.D.N.Y. 1971)··········注 496) 以下

SEC v. First Sec. Co., 463 F.2d 981 (7th Cir. 1972)··注 532)

Lanza v. Drexel & Co., No. 64 Civ. 3557, 1970 U.S. Dist. LEXIS 9920 (S.D.N.Y. Oct. 9, 1970), *aff'd*, 479 F.2d 1277 (2d Cir. 1973)···注 519) 以下

Cohen v. Franchard Corp., 478 F.2d 115 (2d Cir. 1973), *cert. denied*, 414 U.S. 857 (1973)···注 528) 以下

Hochfelder v. Ernst & Ernst, 503 F.2d 1100 (7th Cir. 1974), *rev'd*, 425 U.S. 185 (1976), *reh'g denied*, 425 U.S. 986 (1976)······································注 531) 以下、注 550) 参照、注 561) 参照

TSC Industries, Inc. v. Northway, Inc., 426 U.S. 438 (1976)····································注 183)

Franke v. Midwestern Okla. Dev. Auth., 428 F. Supp. 719 (W.D.Okla. 1976)···········注 544)、注 561)

Murphy v. McDonnell & Co., 553 F.2d 292 (2d Cir. 1977)·······································注 550)

Sundstrand Corp. v. Sun Chem. Corp., 553 F.2d 1033 (7th Cir. 1977), *cert. denied*, 434 U.S. 875 (1977)··注 541) 以下、注 561)

Steinberg v. Carey, 439 F. Supp. 1233 (S.D.N.Y. 1977)··注 547) 以下

McLean v. Alexander, 599 F.2d 1190 (3d Cir. 1979)···注 561)

Lewis v. Anderson, 615 F.2d 778 (9th Cir. 1979)···注 107)

Maldonado v. Flynn, 485 F. Supp. 274 (S.D.N.Y. 1980)···注 290)

Greene v. Emersons, Ltd., 86 F.R.D. 66 (S.D.N.Y. 1980)··································注 473)、注 530)

Chiarella v. United States, 445 U.S. 222 (1980)···注 561)

Panter v. Marshall Field & Co., 486 F. Supp. 1168 (N.D. Ill. 1980), *aff'd*, 646 F.2d 271 (7th Cir. 1981)··注 469)

Decker v. Massey-Ferguson Ltd., 681 F.2d 111 (2d Cir. 1982)··································注 473)

Edgar v. MITE Corp., 457 U.S. 624 (1982)···注 59)

Dirks v. SEC 463 U.S. 646 (1983)···注 561)

In re Baldwin-United Corp., 43 B.R. 443 (S.D. Ohio 1984)·····································注 256)

Radol v. Thomas, 772 F.2d 244 (6th Cir. 1985)···注 469)

Michelson v. Merrill Lynch, Pierce, Fenner & Smith, Inc., 619 F. Supp. 727 (S.D.N.Y. 1985)···注 739) 以下

Eisenberg v. Gagnon, 766 F.2d 770 (3d Cir. 1985), *cert. denied*, 474 U.S. 946 (1985)··············注 561)

---

[2]　以下、アメリカ法についての「注」は、第 2 章におけるそれである。

判例索引　543

Steinberg v. Chem-Tronics, Inc., 786 F.2d 1429 (9th Cir. 1986)······································注508）

Loral Corp. v. Sanders Assocs., Inc., 639 F. Supp. 639 (D.Del. 1986)·····························注60）

Basic, Inc. v. Levinson, 485 U.S. 224 (1988)···注563）

Laven v. Flanagan, 695 F. Supp. 800 (D.N.J. 1988)························注511）以下、注518）参照

In re Phillips Petroleum Sec. Litig., 881 F.2d 1236 (3d Cir. 1989)······························注561）

In re Par Pharm. Inc. Sec. Litig., 733 F. Supp. 668 (S.D.N.Y. 1990)···············注473）、注556）

Weinberger v. Jackson, No. C-89-2301-CAL, 1990 U.S. Dist. LEXIS 18394 (N.D. Cal. Oct. 12, 1990)······
··注515）以下

In re Ramtek Sec. Litig., No. C 88-20195 RPA, 1991 WL 56067 (N.D. Cal. Feb. 4, 1991)··········注257）

In re Sahlen & Assocs., Inc. Sec. Litig., 773 F. Supp. 342 (S.D.Fla. 1991)···············注473）、注556）

In re Am. Cont'l Corp./Lincoln Sav. & Loan Sec. Litig., 140 F.R.D. 425 (D.Ariz. 1992)··········注508）

NL Indus. v. Lockheed Corp., No. CV 90-1950-RMT(Sx), 1992 U.S. Dist. LEXIS 22650 (C.D. Cal. May 29, 1992)···注469）

In re Zenith Labs. Sec. Litig., No. 86-3241A, 1993 U.S. Dist. LEXIS 18478 (D.N.J. Feb. 11, 1993)··········
··注557）以下

Musick, Peeler & Garrett v. Employers Ins. of Wausau, 508 U.S. 286 (1993)························注563）

Central Bank of Denver v. First Interstate Bank of Denver, 511 U.S. 164 (1994)·················注563）

Grassi v. Info. Res., Inc., 63 F.3d 596 (7th Cir. 1995)···注469）

Waltuch v. Conticommodity Servs., Inc., 833 F. Supp. 302 (S.D.N.Y. 1993), *aff'd in part and rev'd in part*, 88 F.3d 87 (2d Cir. 1996)··注736）以下

Abromson v. Am. Pac. Corp., 114 F.3d 898 (9th Cir. 1997)···注508）

In re Biogen Sec. Litig., 179 F.R.D. 25 (D. Mass. 1997)···注469）

TLC Beatrice Int'l Holdings, Inc. v. CIGNA Ins. Co., 97 Civ. 8589 (MBM), 1999 U.S. Dist. LEXIS 605 (S.D.N.Y. Jan. 25, 1999)··注724）

In re Reliance Sec. Litig., 135 F. Supp.2d 480 (D.Del. 2001)······································注556）

In re Sensormatic Elecs. Corp., Sec. Litig., No. 01-8346-CIV-HURLEY, 2002 U.S. Dist. LEXIS 10715 (S.D. Fla. June 8, 2002)··注556）

In re Abbott Labs. Derivative S'holders Litig., 325 F.3d 795 (7th Cir. 2003)·······················注390）

（アメリカ法──州裁判所）[3]

Hoyt v. Thompson's Ex'r, 19 N.Y. 207 (1859)··注95）

Figge v. Bergenthal, 109 N.W. 581 (1906)···注605）

Haldeman v. Haldeman, 197 S.W. 376 (1917)··注95）

Godley v. Crandall & Godley Co., 168 N.Y.S. 251 (1917)···注605）

Jesse v. Four-Wheel Drive Auto Co., 189 N.W. 276 (1922)··注605）

---

[3] 前掲注2）参照。

Bodell v. Gen. Gas & Elec. Corp., 140 A. 264 (Del. 1927)······························注 297）

New York Dock Co. v. McCollum, 16 N.Y.S.2d 844 (1939)························注 599） 以下

In re E.C. Warner Co., 45 N.W.2d 388 (1950)······································注 605）

Kaufman v. Shoenberg, 91 A.2d 786 (Del. Ch. 1952)································注 101）

Essential Enters. Corp. v. Automatic Steel Prods., Inc., 159 A.2d 288 (Del. Ch. 1960)···········注 617）

Essential Enters. Corp. v. Automatic Steel Prods., Inc., 164 A.2d 437 (Del. Ch. 1960)········注 616） 以下

Luts v. Boas, 171 A.2d 381 (Del. Ch. 1961)···注 278）

Essential Enters. Corp. v. Dorsey Corp., 182 A.2d 647 (Del. Ch. 1962)···················注 622） 以下

Graham v. Allis-Chalmers Mfg. Co., 182 A.2d 328 (Del. Ch. 1962), *aff'd*, 188 A.2d 125 (Del. 1963)·······
···注 375） 以下

Sinclair Oil Corp. v. Levien, 280 A.2d 717 (Del. 1971)······························注 297）

In re Brandywine Volkswagen, Ltd., 306 A.2d 24 (Del. Super. Ct. 1973), *aff'd sub nom*, 312 A.2d 632 (Del. 1973)···注 344）

Merritt-Chapman & Scott Corp. v. Wolfson, 321 A.2d 138 (Del. Super. Ct. 1974)··············注 754）

Auerbach v. Bennett, 393 N.E.2d 994 (N.Y. 1979)··································注 289）

Zapata Corp. v. Maldonado, 430 A.2d 779 (Del. 1981)·····注 106）、注 108） 以下、注 288） 以下、注 295）

Francis v. United Jersey Bank, 392 A.2d 1233 (N.J. Super. Ct. Law Div. 1978), *aff'd*, 407 A.2d 1253 (N.J. Super. Ct. App. Div. 1979), *aff'd*, 432 A.2d 814 (N.J. 1981)··················注 346） 以下

Aronson v. Lewis, 473 A.2d 805 (Del. 1984)·······································注 297） 以下

Lewis v. Anderson, 477 A.2d 1040 (Del. 1984)·····································注 283）

Smith v. Van Gorkom, 488 A.2d 858 (Del. 1985)····································注 321） 以下

Unocal Corp. v. Mesa Petroleum Co., 493 A.2d 946 (Del. 1985)························注 297）

Polk v. Good, 507 A.2d 531 (Del. 1986)··注 287）

Tandycrafts, Inc. v. Initio Partners, 562 A.2d 1162 (Del. 1989)························注 286）

Citron v. Fairchild Camera & Instrument Corp., 569 A.2d 53 (Del. 1989)················注 328）

Rales v. Blasband, 634 A.2d 927 (Del. 1993)·······················注 285）、注 301）、注 354）

Grimes v. Donald, 673 A.2d 1207 (Del. 1996)······································注 292）

In re Caremark Int'l Inc. Derivative Litig., 698 A.2d 959 (Del. Ch. 1996)···························
·····························注 358） 参照、注 372）、注 383） 以下、注 404） 参照

Box v. Box, C.A. No. 14238, 1996 Del. Ch. LEXIS 16 (Del. Ch. Feb. 15, 1996), *aff'd*, 687 A.2d 572 (Del. 1996)···注 344）

Mayer v. Executive Telecard, Ltd., 705 A.2d 220 (Del. Ch. 1997)·······················注 744）

In re Walt Disney Co. Derivative Litig., 731 A.2d 342 (Del. Ch. 1998)··················注 303）

VonFeldt v. Stifel Fin. Corp., No. 15688, 1999 Del. Ch. LEXIS 131 (Del. Ch. June 11, 1999)···注 744）

Brehm v. Eisner, 746 A.2d 244 (Del. 2000)······························注 304）、注 414） 参照

Forge v. Nat'l Semiconductor, No. CV770082, 2000 WL 1591422 (Cal. Super. Ct. July 11, 2000)··········
···注 469）

In re Bigmar, Inc., No. 19289-NC, 2002 Del. Ch. LEXIS 45 (Del. Ch. Apr. 5, 2002)················注747）

Harrah's Entm't, Inc. v. JCC Holding Co., 802 A.2d 294 (Del. Ch. 2002)·······················注113）以下

Guttman v. Huang, 823 A.2d 492 (Del. Ch. 2003)···注350）以下

In re Walt Disney Co. Derivative Litig., 825 A.2d 275 (Del. Ch. 2003)·····················注305）、注311）

Tooley v. Donaldson, Lufkin & Jenrette, Inc., 845 A.2d 1031 (Del. 2004)··········注281）、注449）以下

May v. Bigmar, Inc., 838 A.2d 285 (Del. Ch. 2003), *aff'd*, 854 A.2d 1158 (Del. 2004)·········注746）以下

In re Walt Disney Co. Derivative Litig., Consol. C.A. No. 15452, 2004 WL5382048 (Del. Ch. Aug. 13, 2004)···注306）

In re Walt Disney Co. Derivative Litig., 907 A.2d 693 (Del. Ch. 2005), *aff'd*, 906 A.2d 27 (Del. 2006)
···注269）、注302）以下

Stone v. Ritter, C.A. No. 1570-N, 2006 Del. Ch. LEXIS 20 (Del. Ch. Jan. 26, 2006), *aff'd*, 911 A.2d 362 (Del. 2006)··注392）以下

N. Am. Catholic Educ. Programming Found., Inc. v. Gheewalla, C.A. No. 1456-N, 2006 Del. Ch. LEXIS 164 (Del. Ch. Sept. 1, 2006), *aff'd*, 930 A.2d 92 (Del. 2007)·······························注451）以下

Desimone v. Barrows, 924 A.2d 908 (Del. Ch. 2007)·····································注372）、注406）

ATR-Kim Eng Fin. Corp. v. Araneta, C.A. No. 489-N, 2006 Del. Ch. LEXIS 215 (Del. Ch. Dec. 21, 2006), *aff'd*, 2007 Del. LEXIS 270 (Del. June 14, 2007)···注391）

Gantler v. Stephens, 965 A.2d 695 (Del. 2009)···································注203）以下、注300）

In re Am. Int'l Grp., Inc., 965 A.2d 763 (Del. Ch. 2009)·······································注360）以下

In re Citigroup Inc. S'holder Derivative Litig., 964 A.2d 106 (Del. Ch. 2009)··················注407）以下

Hermelin v. K-V Pharm. Co., 54 A.3d 1093 (Del. Ch. 2012)···注729）

In re Rural Metro Corp. S'holders Litig., No. 6350-VCL, 2013 WL 6634009 (Del. Ch. Dec. 17, 2013)·····
···注330）

In re Rural Metro Corp. Stockholders Litig., 88 A.3d 54 (Del. Ch. 2014)·····························注330）

Kahn v. M & F Worldwide Corp., 88 A.3d 635 (Del. 2014)···注341）

In re Rural/Metro Corp. Stockholders Litig., 102 A.3d 205 (Del. Ch. 2014), *appeal dismissed*, 105 A.3d 990 (Del. 2014)··注329）以下

In re Dole Food Co., Stockholder Litig., Consol. C.A. Nos. 8703-VCL & 9079-VCL, 2015 Del. Ch. LEXIS 223 (Del. Ch. Aug. 27, 2015)···注338）以下

In re Trulia, Inc. Stockholder Litig., 129 A.3d 884 (Del. 2016)······································注215）

OptimisCorp v. Waite, C.A. No. 8773-VCP, 2015 Del. Ch. LEXIS 222 (Del. Ch. Aug. 26, 2015), *aff'd*, 137 A.3d 970 (Del. 2016)···注344）

546 判例索引

（イギリス法）[4]

Foss v Harbottle (1843) 67 ER 189······················注 220）参照
Turquand v Marshall (1869) LR 4 Ch App 376 (CA)······················注 223）
Re County Palatine Loan and Discount Co (1874) LR 9 Ch App 691 (CA)······················注 104）
Re Cardiff Savings Bank [1892] 2 Ch 100 (Ch)······················注 272）
Lagunas Nitrate Co v Lagunas Syndicate [1899] 2 Ch 392 (CA)······················注 266）
Re National Bank of Wales Ltd [1899] 2 Ch 629 (CA)······················注 266）
Derry v Peek (1889) 14 App Cas 337 (HL)······················注 385）
Dovey v Cory [1901] AC 477 (HL)······················注 268）
Re Brazilian Rubber Plantations and Estates Ltd [1911] 1 Ch 425 (Ch)······················注 479）参照
Adams v Thrift [1915] 1 Ch 557 (Ch), affd [1915] 2 Ch 21 (CA)······················第 2 章注 494）参照
Re City Equitable Fire Insurance Co Ltd [1925] Ch 407 (CA)······················
······················注 256）参照、注 260）以下、注 479）参照
Hedley Byrne & Co Ltd v Heller & Partners Ltd [1964] AC 465 (HL)······················注 374）
Howard Smith Ltd v Ampol Petroleum Ltd [1974] AC 821 (PC)······················注 223）
Dorchester Finance Co Ltd v Stebbing [1989] BCLC 498 (Ch)······················注 226）以下
Caparo Industries plc v Dickman [1988] BCLC 387 (QB)······················注 430）
Caparo Industries plc v Dickman [1989] 1 QB 653 (CA)······················注 430）
Caparo Industries plc v Dickman [1990] 2 AC 605 (HL)······················注 424）以下
Norman v Theodore Goddard [1992] BCC 14 (Ch)······················注 212）
Re Sevenoaks Stationers (Retail) Ltd [1991] Ch 164 (CA)······················注 337）
Re Carecraft Construction Co Ltd [1994] 1 WLR 172 (Ch)······················注 357）参照
Re D'Jan of London Ltd [1993] BCC 646 (Ch)···注 212）、注 236）以下、注 256）参照、注 293）参照
Ward v Guinness Mahon plc [1996] 1 WLR 894 (CA)······················注 415）参照
Re Continental Assurance Co of London plc [1996] BCC 888 (Ch)······················注 333）以下
Secretary of State for Trade and Industry v Ivens [1997] 2 BCLC 334 (Ch)······················注 344）
Re Westmid Packing Services Ltd [1998] 2 All ER 124 (CA)······················注 342）以下
AXA Equity and Law Life Assurance Society plc v National Westminster Bank plc (CA, 7 May 1998)······················
······················注 396）
Re Barings plc (No 5) [1999] 1 BCLC 433 (Ch)······················注 358）
Re Westlowe Storage and Distribution Ltd [2000] BCC 851 (Ch)······················注 293）
Equitable Life Assurance Society v Hyman [2000] UKHL 39, [2002] 1 AC 408······················注 249）
Baker v Secretary of State for Trade and Industry [2001] BCC 273 (CA)······注 256）参照、注 355）以下
Re Barings plc (No 6) [2001] 2 BCLC 159 (Ch)······················注 396）

---

[4] 以下、イギリス法についての「注」は、特に断りのない限り、第 3 章におけるそれである。

判例索引　547

Equitable Life Assurance Society v Bowley [2003] EWHC 2263 (Com Ct), [2003] BCC 829⋯⋯⋯
⋯⋯⋯⋯⋯⋯⋯⋯⋯⋯⋯⋯⋯⋯⋯⋯⋯⋯⋯⋯⋯⋯⋯⋯⋯⋯⋯⋯⋯⋯⋯⋯⋯⋯注 248) 以下
The Secretary of State for Trade and Industry v Swan [2005] EWHC 603 (Ch), [2005] BCC 596⋯⋯⋯
⋯⋯⋯⋯⋯⋯⋯⋯⋯⋯⋯⋯⋯⋯⋯⋯⋯⋯⋯⋯⋯⋯⋯⋯⋯⋯⋯⋯⋯⋯⋯⋯⋯⋯注 347) 以下
Lexi Holdings plc (in administration) v Luqman [2008] EWHC 1639 (Ch), [2008] 2 BCLC 725⋯⋯⋯⋯
⋯⋯⋯⋯⋯⋯⋯⋯⋯⋯⋯⋯⋯⋯⋯⋯⋯⋯⋯⋯⋯⋯⋯⋯⋯⋯⋯⋯⋯⋯⋯⋯⋯⋯注 275) 以下
Lexi Holdings plc (in administration) v Luqman [2009] EWCA Civ 117, [2009] BCC 716⋯注 273) 以下
Hall v Cable and Wireless plc [2009] EWHC 1793 (Com Ct), [2011] BCC 543⋯⋯⋯⋯⋯⋯注 434) 以下
Re Langreen Ltd (Ch, 21 October 2011)⋯⋯⋯⋯⋯⋯⋯⋯⋯⋯⋯⋯⋯⋯⋯⋯⋯⋯⋯⋯⋯⋯⋯注 115)
Madoff Securities International Ltd (in liquidation) v Raven [2013] EWHC 3147 (Com Ct)⋯注 284) 以下
Greenwood v Goodwin [2014] EWHC 227 (Ch)⋯⋯⋯⋯⋯⋯⋯⋯⋯⋯⋯⋯⋯⋯⋯⋯⋯⋯注 405) 以下
Re RBS Rights Issue Litigation [2017] EWHC 463 (Ch), [2017] 1 WLR 3539⋯⋯⋯⋯⋯⋯⋯注 420)

（ドイツ法）5)
RG, Beschl. vom 27. Mai 1903, RGZ 55, 57⋯⋯⋯⋯⋯⋯⋯⋯⋯⋯⋯⋯⋯⋯⋯⋯⋯⋯注 206) 参照
BGH, Urt. vom 5. Juni 1975, BGHZ 64, 325⋯⋯⋯⋯⋯⋯⋯⋯⋯⋯⋯⋯⋯⋯⋯⋯⋯⋯⋯⋯注 251)
BGH, Urt. vom 20. November 1990, NJW 1991, 634⋯⋯⋯⋯⋯⋯⋯⋯⋯⋯⋯⋯⋯⋯⋯注 206) 参照
BGH, Urt. vom 5. Juli 1993, BGHZ 123, 106⋯⋯⋯⋯⋯⋯⋯⋯⋯⋯⋯⋯⋯⋯⋯⋯⋯⋯注 208) 参照
BGH, Urt. vom 15. November 1993, BGHZ 124, 111⋯⋯⋯⋯⋯⋯⋯⋯⋯⋯注 142)、注 148) 参照
OLG Düsseldorf, Urt. vom 22. Juni 1995, ZIP 1995, 1183⋯⋯⋯⋯⋯⋯⋯⋯⋯⋯⋯⋯⋯注 124) 以下
BGH, Urt. vom 21. April 1997, BGHZ 135, 244⋯⋯⋯⋯⋯⋯⋯⋯⋯⋯注 123) 以下、注 136) 参照
LG Bielefeld, Urt. vom 16. November 1999, ZIP 2000, 20⋯⋯⋯⋯⋯⋯⋯⋯⋯⋯⋯⋯⋯注 145) 以下
OLG Hamburg, Urt. vom 18. Februar 2000, AG 2001, 141⋯⋯⋯⋯⋯⋯⋯⋯⋯⋯⋯⋯⋯⋯⋯注 102)
OLG München, Urt. vom 18. Juli 2002, NZG 2002, 1110⋯⋯⋯⋯⋯⋯⋯⋯⋯⋯⋯⋯⋯⋯⋯⋯注 211)
OLG München, Urt. vom 1. Oktober 2002, ZIP 2002, 1989⋯⋯⋯⋯⋯⋯⋯⋯⋯⋯⋯⋯⋯注 202) 以下
BGH, Urt. vom 19. Juli 2004, BGHZ 160, 134⋯⋯⋯⋯⋯⋯⋯⋯⋯⋯⋯⋯⋯⋯⋯⋯⋯⋯⋯⋯注 208)
BGH, Urt. vom 19. Juli 2004, BGHZ 160, 149⋯⋯⋯⋯⋯⋯⋯⋯⋯⋯⋯⋯⋯⋯⋯⋯⋯⋯注 201) 以下
BGH, Urt. vom 16. Dezember 2004, ZIP 2005, 78⋯⋯⋯⋯⋯⋯⋯⋯⋯⋯⋯注 211)、注 213) 参照
OLG München, Urt. vom 28. April 2005, ZIP 2005, 1141⋯⋯⋯⋯⋯⋯⋯⋯⋯⋯⋯⋯⋯⋯⋯注 213)
BGH, Urt. vom 9. Mai 2005, ZIP 2005, 1270⋯⋯⋯⋯⋯⋯⋯⋯⋯⋯⋯⋯⋯⋯⋯⋯⋯⋯注 210) 以下
BGH, Hinweisbeschl. vom 28. November 2005, ZIP 2007, 681⋯⋯⋯⋯⋯⋯⋯⋯⋯⋯⋯⋯⋯注 213)
BGH, Urt. vom 21. Dezember 2005, BGHSt 50, 331⋯⋯⋯⋯⋯⋯⋯⋯⋯⋯⋯⋯⋯⋯⋯⋯⋯⋯注 99)
BGH, Beschl. vom 15. Februar 2006, ZIP 2007, 679⋯⋯⋯⋯⋯⋯⋯⋯⋯⋯⋯⋯⋯⋯⋯⋯⋯注 213)
BGH, Hinweisbeschl. vom 26. Juni 2006, ZIP 2007, 326⋯⋯⋯⋯⋯⋯⋯⋯⋯⋯⋯⋯⋯⋯注 212) 以下
BGH, Urt. vom 4. Juni 2007, ZIP 2007, 1560⋯⋯⋯⋯⋯⋯⋯⋯⋯⋯⋯⋯⋯⋯⋯⋯⋯⋯⋯⋯注 213)

5) 以下、ドイツ法についての「注」は、第 4 章におけるそれである。

548　判例索引

BGH, Urt. vom 4. Juni 2007, ZIP 2007, 1564‥‥‥‥‥‥‥‥‥‥‥‥‥‥‥‥‥‥‥‥‥注213)
BGH, Urt. vom 7. Januar 2008, ZIP 2008, 407‥‥‥‥‥‥‥‥‥‥‥‥‥‥‥‥‥‥‥‥‥注213)
BGH, Urt. vom 7. Januar 2008, ZIP 2008, 410‥‥‥‥‥‥‥‥‥‥‥‥‥‥‥‥‥‥‥‥‥注213)
BGH, Urt. vom 3. März 2008, ZIP 2008, 829‥‥‥‥‥‥‥‥‥‥‥‥‥‥‥‥‥‥‥‥‥‥注213)
BGH, Urt. vom 29. August 2008, ZIP 2008, 2315‥‥‥‥‥‥‥‥‥‥‥‥‥‥‥‥‥‥‥注157)
BGH, Urt. vom 22. Februar 2011, ZIP 2011, 766‥‥‥‥‥‥‥‥‥‥‥‥‥‥‥‥‥‥‥注139)
BGH, Urt. vom 20. September 2011, ZIP 2011, 2097‥‥‥‥‥‥‥‥‥‥‥‥‥‥‥‥‥注142)
BGH, Urt. vom 13. Dezember 2011, BGHZ 192, 90‥‥‥‥‥‥‥‥‥‥‥‥‥‥‥‥‥‥注214)
BGH, Urt. vom 15. Januar 2013, ZIP 2013, 455‥‥‥‥‥‥‥‥‥‥‥‥‥‥‥‥‥‥‥‥注139)
OLG Frankfurt/M., Beschl. vom 3. Juli 2013, ZIP 2013, 1521‥‥‥‥‥‥‥‥‥‥‥注227)
LG München I, Urt. vom 10. Dezember 2013, ZIP 2014, 570‥‥‥‥‥‥‥‥‥注152) 以下
BGH, Urt. vom 12. Oktober 2016, ZIP 2016, 2467‥‥‥‥‥‥‥‥‥‥‥‥‥‥‥‥‥‥注140)
BGH, Beschl. vom 22. November 2016, BGHZ 213, 65‥‥‥‥‥‥‥‥‥‥‥‥‥‥‥‥注227)

（ヨーロッパ法） 6)
Case C-212/97 *Centros Ltd v Erhvervs- og Selskabsstyrelsen* [1999] ECR I-1459‥‥‥‥‥‥注4) 以下
Case C-208/00 *Überseering BV v Nordic Construction Company Baumanagement GmbH (NCC)* [2002]
　　　ECR I-9919‥‥‥‥‥‥‥‥‥‥‥‥‥‥‥‥‥‥‥‥‥‥‥‥‥‥‥‥‥‥‥‥‥‥‥‥‥注 15)
Case C-167/01 *Kamer van Koophandel en Fabrieken voor Amsterdam v Inspire Art Ltd* [2003] ECR
　　　I-10155‥‥‥‥‥‥‥‥‥‥‥‥‥‥‥‥‥‥‥‥‥‥‥‥‥‥‥‥‥‥‥‥‥‥‥‥‥‥‥注 15)
Case C-411/03 *SEVIC Systems AG* [2005] ECR I-10805‥‥‥‥‥‥‥‥‥‥‥‥‥‥‥‥注 15)

---

6)　以下、ヨーロッパ法についての「注」は、補論におけるそれである。

●著者紹介

山中利晃（やまなか・としあき）

2007 年 3 月　東京大学法学部卒業
2007 年 4 月　日本銀行入行（2013 年 9 月退職）
2012 年 10 月　米国コロンビア大学国際公共政策大学院修士課程修了
　　　　　　　M.P.A. in Economic Policy Management
2013 年 4 月　東京大学大学院法学政治学研究科博士課程入学
2015 年 4 月　英国オックスフォード大学 Recognised Student（2016 年 3 月まで）
2016 年 3 月　東京大学大学院法学政治学研究科博士課程修了、博士（法学）
2016 年 4 月　東京大学大学院法学政治学研究科特任研究員
2017 年 4 月　東京大学大学院法学政治学研究科特任講師（2018 年 3 月退職）
2018 年 1 月　米国イェール・ロー・スクール准研究員
　　　　　　　（Associate Research Scholar in Law）、現在に至る

上場会社の経営監督における法的課題とその検討
──経営者と監督者の責任を中心に

2018年 8 月30日　初版第 1 刷発行

著　　者　山　中　利　晃

発　行　者　小　宮　慶　太

発　行　所　株式会社　商　事　法　務
　　　　　　〒103-0025 東京都中央区日本橋茅場町 3-9-10
　　　　　　TEL 03-5614-5643・FAX 03-3664-8844〔営業部〕
　　　　　　TEL 03-5614-5649〔書籍出版部〕
　　　　　　http://www.shojihomu.co.jp/

落丁・乱丁本はお取り替えいたします。　　　　印刷／広研印刷㈱
© 2018 Toshiaki Yamanaka　　　　　　　　Printed in Japan
　　　　　　　　　　　　Shojihomu Co., Ltd.
ISBN978-4-7857-2661-4
＊定価はカバーに表示してあります。

JCOPY ＜出版者著作権管理機構　委託出版物＞
本書の無断複製は著作権法上での例外を除き禁じられています。
複製される場合は、そのつど事前に、出版者著作権管理機構
（電話 03-3513-6969、FAX 03-3513-6979、e-mail: info@jcopy.or.jp）
の許諾を得てください。